中国哲学概论

张学智　著

『十三五』国家重点图书中国传统文化概论丛书
北京大学国际汉学家研修基地概论系列丛书
第一辑之三

高等教育出版社·北京

内容简介

本书是一部关于中国哲学的总论性著作，在西方哲学的整体观照下，从综论、形上学、知识论与逻辑学、政治哲学、伦理学五个方面对中国哲学展开阐释，并设专章从天人关系角度，纵向检讨中国哲学发展脉络，间有对中国哲学思维特点的提揭与阐述。与思想史、文化史的写法不同，本书彰显“哲学”性，突出概念思维，注重理论分析，在内容全面、观点稳妥的基础上求创新。

本书可作高校中国哲学概论课程教材，也可供一般读者学习中国哲学之用。

张学智，生于1952年，宁夏中卫人。北京大学哲学学士、硕士、日本东京大学文学博士。现为北京大学哲学系、国学研究院教授。兼任国际儒学联合会副会长，中国哲学史学会副会长，中华孔子学会副会长，《中国哲学史》副主编。主要研究领域为中国哲学史、儒家哲学、宋明理学、中国现代哲学。著作有《明代哲学史》《中国儒学史·明代卷》《心学论集》《贺麟思想研究》《儒学的精神与演进》《缁门警训注译》等，译著有《莱布尼兹和儒学》。

张学智

前　言

进入 21 世纪以后，中国文化的自信力大为增强，走向世界的步伐加快，与域外文化的融合会通更加深入、多元。我们所处的，是一个各方面都蓄势待发，需要通过创新焕发创造活力的时代。哲学方面，经过改革开放以来几十年对西方哲学的译介、研究，沉淀、发酵，东西方的交融互动，已经达到相当广泛的程度。在哲学总体发展的刺激、带动下，中国哲学通过中外哲学比较研究，方法论研究，各专题探讨，特别是域外汉学成果的引入，教条式研究方法遭到否弃，对自身的性质、特点有了越来越真切、全面的认识。在这种情势下，一部适应新的时代潮流，体现新的思想高度，反映中国哲学近年发展的总体性论著，应是学界需要的。本着这一愿望，本书在构想之初就设定了几项原则。

一、突出哲学性

哲学本为西方译名，中国传统思想是不是“哲学”，这在西方哲学界是饱受质疑的。即使在国内，也有相当多的人对“中国哲学”持疑惑态度，宁愿从思想文化角度去研究中国传统思想。要使人相信中国思想系统是哲学，有哲学的“合法性”，就得使写出来的东西符合人们对哲学的一般认知，体现出“哲学”性。为了达到这一点，本书按哲学的典型内容形上学、知识论与逻辑学、政治哲学、伦理学等安排章节。本书认为，中国哲学当然是哲学，但形态独特，风格殊异，需要用西方哲学问题意识突出、思辨性强、有组织架构、论证细密的长处，来抉发中国传统思想的深层内容，拓展阐释面向，豁显问题意识，增加论证力度，使包裹在浑融体貌中的深刻、丰富处彰显出来，展现它的“哲学”性质，给世界文化贡献中国智慧。所以本书不取思想史的写法，而以哲学问题为纲，突出概念思维，加强理论论证，呈现传统表达方式中蕴涵的一般意义。

二、加大西方哲学的楔入

第一章中国哲学综论，其中有较多中西哲学关系的讨论；在每章开头，也有对西方哲学相关内容的简单追述，以便在各个方面与西方对照、比较，在哲学总体格局中显现中国哲学的特点。当前，中国文化正大步走向世界，其优长逐渐彰显，鄙薄民族文化的人越来越没有市场。在这种情况下，越要警惕狭隘民族主义抬头。必须坚定一个信念，即任何时候，拥有宽广的国际视野，吸收一切有价值的思想壮大自己，是哲学从业者必须有的立场和胸襟。从西方哲学传入中国之始，一代又一代中国哲学家在吸收域外思想中建立、发展自己的思想。以各种各样的理由拒绝接受域外思想成果，狭隘封闭，妄自尊大，恰是没有文化自信的表现。本书追述西方哲学的文字，或多或少，或深或浅，不拘学派，目的在帮助剖开题旨，豁显问题意识，增加阐释力度。但又不机械比附，生搬硬套，一切以思想的内在含蕴为依据。

三、纵横结合

已有的中国哲学概论性著作，有的采取哲学史的写法，可算作简明中国哲学史；有的按哲学问题来写，但机械套用西方哲学内容，缺乏哲学史的观照维度。本书采取纵横结合的布局，第二章是纵的写法，从“天人之际”角度，展开中国哲学的历史发展脉络。其余各章是横的写法，对中国哲学内容分门别类展开论述。即使在横的写法中，对各个专题的论述也以纵的脉络为主。纵的写法容易把握中国哲学总体，全局在胸，各期哲学思潮兴起、转进的关节，其兴替的依据、因果，容易明了于心，但其中包含的具有普遍价值的思想不容易展现。横的写法，能借哲学的思考深度、分析方法，把具体人物、思潮中包含的有价值的思想阐发出来，但其内在发展脉络不易理清。纵横结合，能把两者的长处充分发挥出来。中国哲学的内容主要在古代，古朴的形式中包含着精深的义蕴，与具有普遍形态的哲学在许多方面是相通的。它既是特殊，也是一般。纵横结合的写法，能在总体的观照下把握部分，在相互关联中发现具体思想系统的价值，在历史发展中理解其本质。纵的方向，也不像一般哲学史那样全面铺开，而是着眼于中国哲学的根本性质天人合一，以天人之学为纲带出其他方面，以免内容过于繁复。

四、返本与开新

“哲学”输入中国的历史相较几千年中国文化史不算长，“中国哲学”的性质与方法也还在讨论、探索中，任何关于中国哲学的著作实际上都以对历史的研究为主，哲学史是“中国哲学”所面对的主要内容。离开思想的历史的所谓哲学，都是凿空立论、无根之谈。一部好的中国哲学著作，应是既忠实把握哲学史的原本内容，又结合中外相关成果和时代需求进行新的阐发。当然，所谓忠实把握和新的阐发都不是容易做到的。按照解释学的说法，后人对前人的理解与把握必然是双方视域融合的结果，因此只有相对的意义，但这绝非任意造作、不受学术规范约束的借口。本书虽是概论，也本“良史三长”原则，有所论说，必据史料；选材范围，以最能代表哲学家根本思想和独特思维方法的为准；论述务求明畅、简洁。本书在选材上不拟过简，过简则无法展现内容之精深，且将陷入材料少而分析多、过度诠释之弊，也与现有的多种概论、简明教程之类无法区别。过繁则庞杂、臃肿，失去概论把握精要、删去繁冗的用意。概论不似专著，具体观点的创新不易体现。本书力求在内容全面、观点稳妥的基础上求新，在同类著作中突出自己的特色。因此只按照问题和人物原本的思想高度去实现以上设想，不刻意求新而趋奉时流。

五、提揭中国哲学思维特点

世界上各大文化系统，由于地理条件、历史传统、所受域外文化影响不同，因而有不同的思维特点，这是实际存在的。当然人有共通的理性能力、思维原理。同与异共在，这是各大文化系统虽不同但仍能互相理解、互相取益的原因。哲学面貌不同、理论形态各异，归根结蒂是思想方法不同带来的。如法国人性格浪漫，偏于文学艺术，长于现象思维的特点，就与德国人长于哲学、长于理论思维的文化性格不同。儒家的质实博厚、长于现实思考，也与道家的空灵、长于了悟超验事物的思维特性不同。儒家重视心灵、境界对外象的陶铸作用，也与佛家的心性清静、追求出缠离障不同。本书所论中国哲学的各个方面，如形上学、知识论、逻辑学、政治哲学、伦理学，都指出它思维方法上不同于西方的地方；同时说明，这些不同都是“生命的学问”这一哲学根本趋向带来的。

中国哲学虽主要是农耕文化的产物，但它历史悠久，内容丰富，具有解决实际问题的现实取向与突出的人本主义精神。这些特性都使它能满足现代社会对人与自然、人与社会、人的身与心和谐相处及跨文化对话的智慧需求，而不陷于琐屑的细节分析和对貌似客观、真实的证据、步骤的追求。对人的精神修养、心灵境界、超越需求等大的方面的探寻，是哲学与实证科学分途之后返归它的本有功能的主要途径。中国哲学当在面向未来、融入世界文化的归趋中逐渐抹去它的胎记而成为各民族共享的思想利器。

本书是北京大学国际汉学家研修基地“概论”系列中的一本。从整个丛书的风格、体例到其中每一本的内容、结构，都浸含着袁行霈教授的心血和智慧，谨此致以深深的谢意。这部书是我从教以来积年所思的总体表达。几十年下来，深知其中甘苦，对学问之道越来越心存敬畏。中国哲学博大精深，一人之力，可谓汲深绠短。不惬当之处，企盼各界同仁不吝指正。

目　录

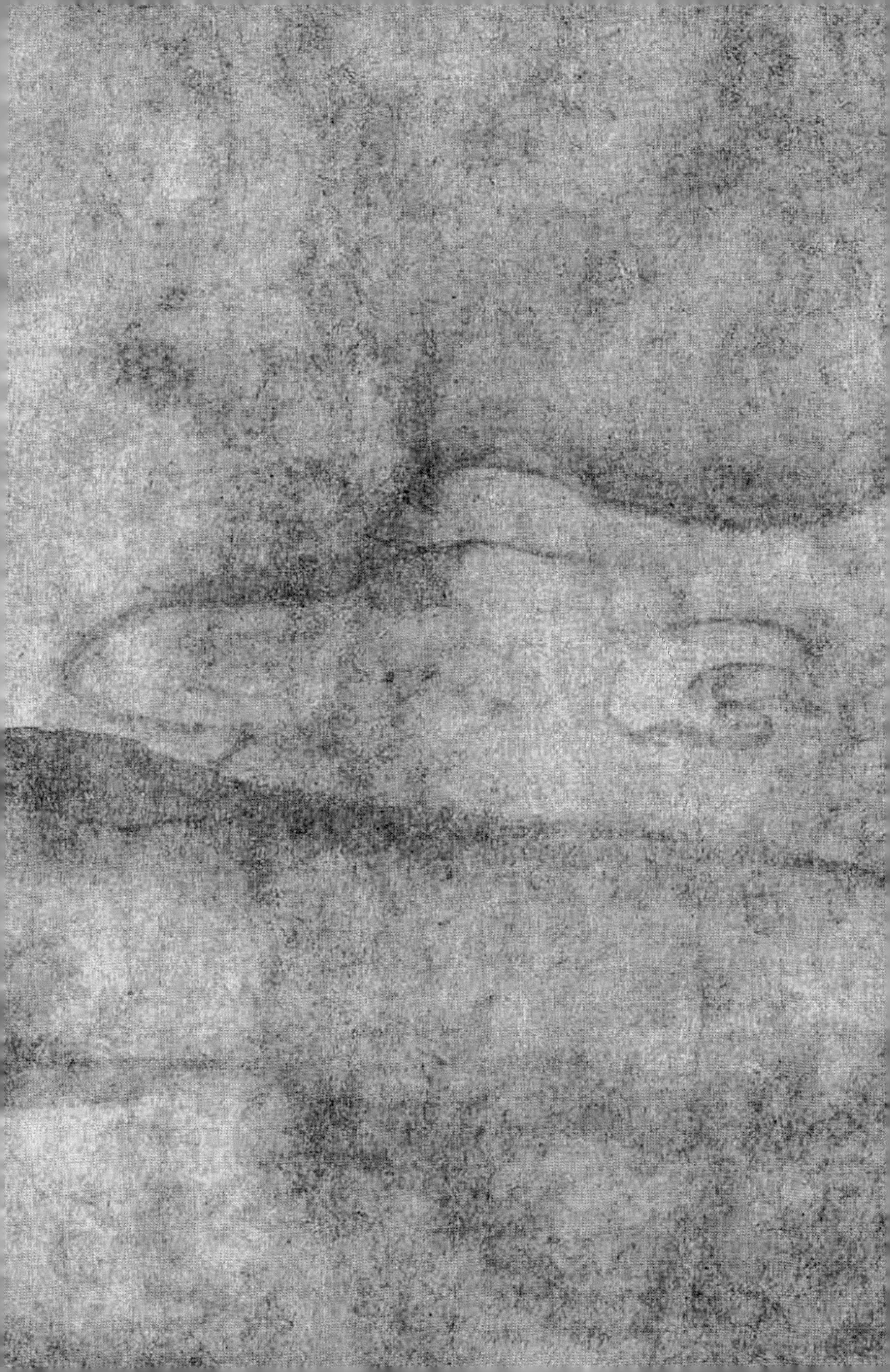

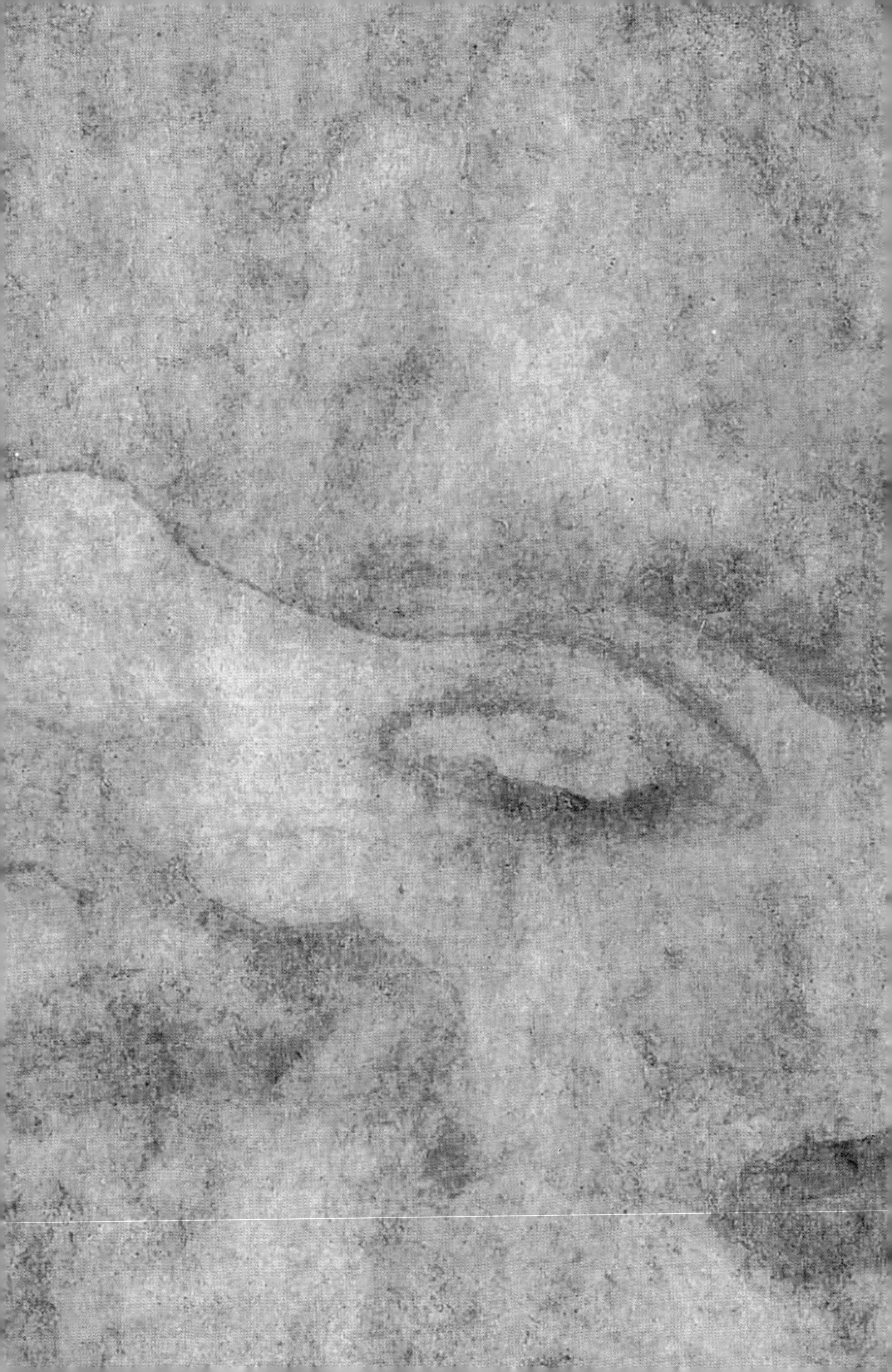

第一章　中国哲学综论

第一节　哲学与中国哲学

一、哲学的不同形态

“哲学”是拉丁文 philosophy 的译名，意思是“爱智慧”。中国典籍中只有“哲人”“明哲”，其中“哲”字皆睿智、明达之意，但没有“哲学”。日本学者西周（1829—1897）将它译为“哲学”，传入中国后被广泛接受，逐渐流行起来。哲学是一门古老的学问。人自从有了一定的思维能力，对周围的世界和自己的行为有了初步的回思、反省之后，哲学就诞生了。何为哲学？古往今来无数哲学家给出了自己的定义，较为典型的，如德国著名哲学史家文德尔班（W. Windelband）的定义：“所谓哲学，按照现在习惯的理解，是对宇宙观和人生观一般问题的科学论述。”[1] 他进一步说明，这个定义有较高的普遍性，它抑制了许多将“哲学”一词确切化的企图，是以西方人精神生活的长期发展中形成的某种定势对古希腊“哲学”一词的限制和改造。他在总结了西方哲学从古希腊到中世纪再到近代的发展后补充道：“‘哲学’的职责总仍然是古代所规定的，即从科学的洞见中提供宇宙观和人生观的理论基础……它的权利和义务是向人们阐明事物真相，

[1]［德］文德尔班：《哲学史教程》，罗达仁译，商务印书馆 1987 年版，第 7 页。

并从这种认识的高度去处理个人生活和社会生活。”[1]

中西方哲学的发展历史昭示我们，如果把哲学分作不同的系统，则可有纵横两个系统。纵的系统是根据历史文化的积淀作出的，横的系统根据的是对剖面的结构、要素的分析。在西方，两者皆源出于古希腊。前者的典型表现是黑格尔哲学。首先，在他看来，哲学是活动的，是古今有价值的思想体系的总和、抽象。这个总和叫绝对观念，或曰绝对精神。从古至今对人类文化的发展有贡献的思想，都是绝对精神的外化。外化了的思想以正反合的形式辩证发展，发展至绝对精神，将前此一切思想，连同这些思想背后所包蕴、所贯注的所有探索与努力统统吸纳于、沉淀于、概括于自身。所以黑格尔哲学最突出的品格是它的历史性，黑格尔在他的《哲学史讲演录》中提出，“传统”是理解他的哲学的基础：“特别在哲学里，我们必须感谢过去的传统，这传统有如赫尔德所说，通过一切变化的因而过去了的东西，结成一条神圣的链子，把前代的创获给我们保存下来，并传给我们。……这种传统并不是一尊不动的石像，而是生命洋溢的，有如一道洪流，离开它的源头愈远，它就膨胀得愈大。”[2] 历史感是最重要的，所以黑格尔有一句名言：“密纳发的猫头鹰要等黄昏到来才会起飞”。这句话的意思是，哲学是用概念把握的真实世界，重要的有价值的概念往往产生于某一历史时期终结之时：“无论如何哲学总是来得太迟。哲学作为有关世界的思想，要直到现实结束其形成过程并完成其自身之后，才会出现。概念所教导的也必然就是历史所呈示的。”[3] 这同时告诉我们，历史不是人

[1] ［德］文德尔班：《哲学史教程》，罗达仁译，商务印书馆 1987 年版，第 10—11 页。

[2] ［德］黑格尔：《哲学史讲演录》第一卷，贺麟、王太庆译，商务印书馆 1959 年版，第 8 页。

[3] ［德］黑格尔：《法哲学原理》，范扬、张企泰译，商务印书馆 1961 年版，第 13—14 页。

物和事件的杂乱堆积，而是遵循其发展逻辑的，它的逻辑就是正反合构成的范畴的辩证升进。在看似杂然纷呈、诡谲万端的历史中寻绎出能代表其本质的概念，需要通透的眼光和深沉的智慧。黑格尔教给我们的，就是这样的思维瑰宝。其次，哲学是反思的活动。人之区别于其他生物族类的本质是人能反思，但系统的、有深度的反思是哲学家独有的。哲学家把他反思的结果用概念表达为一种思想，概念使思想更严整、简洁和深邃。哲学说到底是概念的活动。概念是一个名词，一个语言单位，同时是一个思想浓缩。概念式思维是哲学不同于其他思想形式的独特之处。这是哲学的易处：把握了一个哲学家的概念系统，也就把握了其思想；这也是哲学的难处：概念是高度抽象的，不习惯于抽象思维的人，不喜欢在现象的直观、鲜活之外另觅对象的人，是做不好哲学的。而黑格尔哲学呈现给我们的，是一个深刻的思想家对人类精神活动各个侧面的展示。首先是精神的不安于现状、创进不已的本性，这是人的创造活动之所以永不枯竭的根源。《精神现象学》展示的就是这一点。其次是概念系统所展示的哲学思维的深度和广度，这是《逻辑学》展示的。再次是《逻辑学》所据以提炼概括、层级地达成的自然、精神领域的真实活动，这是《自然哲学》《精神哲学》《法哲学》《历史哲学》《美学》《宗教哲学》等所展示的。黑格尔哲学包贯了哲学所赖以存在和展开的概念系统及这些概念由以得出的人类精神生活的全部。由现实生活到概念的提炼，显示出一个百科全书式的头脑对现实的洞穿力和将概念架构为一个宏大、精致系统的思想力。

黑格尔哲学的又一伟大之处在于他把概念创设为一个活动系统。他曾说："世界精神并不沉陷在这种没有进展的静止中。单就它的本质看来，它就不是静止的。它的生命就是活动。"[1] 这活动就是对前人的思想遗产进

[1] ［德］黑格尔：《哲学史讲演录》第一卷，贺麟、王太庆译，商务印书馆 1959 年版，第 9 页。

行保存、加工、转化，使它成为下一代人进行同样转化的基础。哲学就是这种转化活动的总体，直到它把目前为止所有的思想成果包融于自身而瓜熟蒂落地显现出来。各个概念之间是有联系的，整个思想系统呈现为一个活动的、互相联系的整体。所以在黑格尔这里，哲学就是哲学史。它是精神本体不断创进向前，各成分间紧密联系、积累，并改变前此思想成果的创造活动本身。哲学是理性的、冷峻的，也是激情昂扬的，是精神自身调动全部创造力的思维活动，所以黑格尔说："哲学史的过程并不昭示给我们外在于我们的事物的生成，而乃是昭示我们自身的生成和我们的知识或科学的生成。"[1] 在这个意义上，哲学是思想对自己的巡礼。也正因为此，哲学是各思想门类中最高的："我们必须认为，惟有当思想不去追寻别的东西而只是以它自己——也就是最高尚的东西——为思考的对象时，即当它寻求并发现它自身时，那才是它的最优秀的活动。"[2] 这样，哲学史上那些看似分歧甚至自相矛盾的观念对于哲学本身不但不是有妨碍的，反而是绝对必要的，它是思想自在自为的必然要求。哲学就是精神由自己出发，从自身分离，最后又回复到自身的过程。这其中，精神的自由、创进始终是动力，又是基础，是起始，又是目标。在此，我们接触到了黑格尔思想最宝贵的东西：精神自由。精神靠这自由，才有对自身的超出、分离、复归。不安分的精神自创理则，自辟道路，自己显现自己。所以黑格尔说："由于具有理性，所以就形式方面说，人是自由的，自由是人的本性。"[3]

在哲学就是哲学史、概念就是对真实世界的思想提炼这一基本识见

[1] ［德］黑格尔：《哲学史讲演录》第一卷，贺麟、王太庆译，商务印书馆 1959 年版，第 9 页。

[2] ［德］黑格尔：《哲学史讲演录》第一卷，贺麟、王太庆译，商务印书馆 1959 年版，第 10 页。

[3] ［德］黑格尔：《哲学史讲演录》第一卷，贺麟、王太庆译，商务印书馆 1959 年版，第 26 页。

下，黑格尔对哲学的定义便是："那自身决定的真理有一种冲力去发展它自身。只有那有生命的和精神的事物，才有自身冲动、自身发展，所以作为自身具体、自身发展的理念，乃是一个有机的系统，一个全体，包含很多的阶段和环节在它自身内。而哲学就是对于这种发展的认识，并且作为概念的思维，哲学就是这种思维的发展。这种发展愈增进，则哲学便愈完善。"[1] 一句话，哲学就是对人类精神自身发展历程的思维把握。这一识见若用庄子的话说就是"参万岁而一成纯"。"参万岁"者，以人类精神的长期发展为考量；"一成纯"者，用概念精炼、提纯现实世界，构成一个由概念组成的链条来展现绝对精神。它充满了历史感，充满了对用概念这一思想工具把握动态对象的信任。黑格尔扭转了康德以知识论替代本体论的偏向，在吸收消化康德并加入费希特、谢林后形成德国古典哲学的最高形态，在人文传统深厚的欧洲大陆获得了众多拥护者和仿效者。在现代科学思维当令以前，人们对黑格尔思想并无太多质疑。

而以剖面思维为主的哲学则用理性追求知识的确定性。古希腊哲学摆脱神话诗意的想象和从超自然的原因说明事物的倾向，着力于探求并解释客观世界的本质。所以西方哲学起源于"惊异"。最初的哲学追求的是外在事物的统一性，遵循的是理性原则，即使智者学派对人认识世界的能力产生怀疑，转而研究人本身，但所用的方法仍然是理性的。柏拉图和亚里士多德在苏格拉底奠定的基础上，用唯理的方法研究知识论、伦理学、政治学。在形上学的研究上，柏拉图追求经验事物之外的永恒形式，对人可以靠理性认识永恒形式因而获得确定知识有坚定的信念。亚里士多德保留了永恒形式，但把它从天上移到经验世界。形式不脱离事物，它永远与构成事物的质料结合在一起；理性有认识外在事物的能力，形式、质料都是

[1] ［德］黑格尔：《哲学史讲演录》第一卷，贺麟、王太庆译，商务印书馆1959年版，第32页。

可以被理性认知的。他在心理学上主张人有概念思维的能力，在伦理学上主张节制、条理秩序、中庸之道等，使理性基调贯彻到其他方面。亚里士多德是古希腊哲学当之无愧的代表，他的如下个性代表了正统西方哲学的性格："他极爱真理，判断精确、不偏不倚而且尖锐。他精通论辩学，探究入微，博览群书，观察缜密，是一个专家。他文笔的风格有如他的思维，清晰、科学、平易，没有雕琢和空洞的幻想，乃至有点枯燥。……精读他的著作时，我们似乎是位于一个冷静而无个性的理性面前。但是，他是思想史上最伟大的人物之一，一个博学的天才。"[1] 这一典型性格确定了西方哲学的基调，无论哲学史上各种眼花缭乱的观点有多大冲击力和重塑力，都只能丰富以上基调而不能根本改变它。

中世纪经院哲学是宗教哲学，宗教以信仰为主。但因为它一开始就以唯理的古希腊哲学为其重要来源和底色，所以对宗教基本信条的论证，对异端所持论点的辩驳，对教会统治体系合理性的辩护，依然延续了唯理的精神；所用的工具依然是逻辑和知识论的一般原则。经院哲学欢迎并普遍使用亚里士多德哲学，除了其中关于纯粹精神性上帝的存在、彻底的目的论之外，使知识有条理这一点也可以用在宗教教义上，使之成为同样有条理的体系。著名经院哲学家托马斯·阿奎那始终用亚里士多德的方法、概念术语和解释原则来建立天主教思想体系。而教会中经院哲学的反对者、泛神论、逻辑学和自然科学的研究者，用的是同样的工具和原则。这说明，教会中的大多数人，不论正统和异端，都对人的理性能力抱持信任态度；理性同信仰的矛盾可以调和，理性甚至能确证宗教中的神秘成分。正如论者指出的："经院哲学本身之所以已经产生，是由于人们渴望在理论上有参悟的能力，希望了解和寻求它所信仰者的理由。这反映同样的思索

[1] ［美］梯利：《西方哲学史》，葛力译，商务印书馆 2015 年版，第 79 页。

和探究的精神，这种精神曾使人在希腊思想的黄金时代建立起伟大的形而上学体系。……教会的神父和学者热衷于理解，决心使他们的信仰理论化，他们希望用智慧来认识上帝。”[1] 这段对中世纪经院哲学理性传统的论述，对我们理解西方哲学的基本精神很有启发意义。西方文化即使在启示真理高于一切，哲学是神学婢女的中世纪，理性精神、概念解析、逻辑推演方法，以及知识与对象、主体与客体相对的思维格局，仍然沿袭不绝，并在排斥各种干扰中径直前行。亚里士多德哲学中包含的突出的理性精神，既是遏止异端自由探索的手段，也是鼓励独立思考精神的因素，有助于加强对西方古代传统的正视与尊敬，有助于激发对自然事物的探究兴趣。正是这些因素，导致了经院哲学的衰落以至解体。

文艺复兴和宗教改革实质上是世俗精神对教权和经院哲学的反抗，是自由思考和批判精神对规定的真理的反抗。这是一个政治、经济、宗教、文化上追求更多自主权的时代，理性代替权威、科学代替神学逐渐居于首要地位，这一切都以更加强烈、更加丰富的方式延续到近代哲学中。正如论者所指出的：“近代哲学一开始就体现近代的精神，……它独立地寻求真理，在这方面同古希腊的思想相仿。它追求知识时以人类理性为最高权威，在这个意义上它是唯理主义的。它试图解释精神和物质现象时并不预设超自然的东西，因而是自然主义的。”[2] 就是说，西方近代哲学延续了古希腊以唯理主义、自然主义为主的精神，在与经院哲学残留的斗争中，在欧洲大陆理性主义与英国经验主义的对峙、争辩中，这种精神不断得到加强。培根重视对旧有权威的反抗，提倡独立思考，张扬自然科学的效用，

[1] ［美］梯利：《西方哲学史》，葛力译，商务印书馆 2015 年版，第 245—246 页。

[2] ［美］梯利：《西方哲学史》，葛力译，商务印书馆 2015 年版，第 282 页。

主张一切建基于对经验事物的观察、研究之上，认为知识来源于对具体事物的感觉，以归纳法为新工具、新逻辑。霍布斯从感官经验归纳出本质，又以本质作为原则和出发点从中推论出具体知识，是归纳和演绎的结合。而笛卡儿强调知识的确实性和明晰性，因而推重数学，把数学当作哲学方法的典范，把观念的明晰与否当作对与错、真与假的标准之一。他的身心平行论，认定精神和肉体是两个属性完全不同的实体，不能互相作用；知识得以产生的某些概念和原理是固有的、自明的，但必须在经验材料中才能显现出来，于是他把主与客、思想与存在二元结构牢牢地筑定为西方哲学的基本原则。斯宾诺莎同笛卡儿一样，对人靠心中本有的自明的公理和数学一样严密的推理获得对于事物的真确知识有坚定信念。他的名著《伦理学》就是按几何学的论证方法写作的。上帝这唯一的实体是绝对的，受自己内在性质的规定因而是无目的的；一切事物都是这唯一实体自然推演的产物，就如数学证明中一个命题是其他命题的必然结果。上帝和现实世界是一而二、二而一的。斯宾诺莎的泛神论在上帝的外衣下表现的是物质世界的自然无目的性、内在合逻辑性，和可以被照原样认知的清晰性。用理性的直观即可以直接把握事物的本质，得到"真观念"。完善这种知性和理性是人生最大的幸福。这筑牢了西方哲学的又一理论基石。

莱布尼兹在唯理论前辈和英国经验论的诱导下，又综合、融会了当时许多科学成果得出的"二重真理论"代表了西方哲学的正宗知识论："必然真理的最后证明只来自知性，其他真理导源于经验或感官的观察。心灵能够认识两种真理，但是，它是必然真理的泉源。不管我们有多少关于普遍真理的个别经验，除非通过理性而认识它的必然性，我们永远不能靠归纳来绝对确定这种普遍的真理。"[1] 这种理论成为康德"先天综合判断"

[1] [美]梯利：《西方哲学史》，葛力译，商务印书馆 2015 年版，第 415 页。

的先导。“思维无直观是空的，直观无概念是盲的”，必然导出对两者的综合。

康德的体系也主要是横的品格，他着力解决的主要问题是，知识是怎样一回事。他对客体作了模糊的处理，即一个知识无法达到的“物自体”，它的作用是给人的知觉提供材料，对人试图认识超感官的东西的“僭越”意图提供限制：人能认识的，只是经过人的天赋形式整理过的现象，传统形上学的超验对象是无法认识的。康德把几乎全部力量放在知识何以可能的主体因素的分析上，得出感性的纯形式、知性的纯范畴、先验的“统觉”这些天赋的能力是知识得以形成的先决条件的结论，知识的达成不是镜子式的心灵对客体的直接、被动的反映。康德将认识中主体的作用作了显著加强，使它成为德国古典哲学的基调。经费希特、谢林对主客体不同因素的强化，到黑格尔的“绝对精神”，即主即客、即知即行、即内即外，逻辑与历史、概念与实在一致的庞大系统遂告完成。康德回答了休谟的怀疑论，也回答了莱布尼兹的“独断论”，把传统的形上学问题转化成了广义的知识论问题。康德实际上为后来的实证论、逻辑经验论之“去形上学”奠定了基础。但他的理性阶段必须有的设准如上帝存在、意志自由、灵魂不灭等又将形上学找了回来。这又为德国古典哲学所钟爱的形上学奠定了基础。

横的哲学系统发展到现代哲学达到了高峰。随着科学方法的深入发展，随着知识体量的快速扩张，随着人对自己的思维能力和创造科学语言的极度信任，实在论和分析哲学愈来愈居于哲学的主流地位。人文性的哲学派别如现象学、结构主义也愈来愈具有“科学”的意味。横的哲学往往就对象的横截面分析其构成要素和结构形式，所用的方法主要是逻辑推证，所以往往从批判纵的哲学的历史意识和宏大叙事风格开始。罗素的实在论和逻辑原子论所代表的观念和方法是其最显著的表现。

和西方哲学相比，中国哲学是另一种形态。它没有强烈的主客对立，也没有严密的逻辑推理；它不是对于知识的确证，也不是对于像上帝那样的超验本体的论证。在许多西方哲学家眼里，它不是哲学，至多是一套思想系统和文化类型。这套思想系统缺乏概念式思维，没有对概念的定义、对概念的思辨推论、对概念与它对应事物两者关系的考察。如在黑格尔眼里，中国哲学是类似于宗教的东西，因为它最重视的是“普遍的本体”：“在东方宗教中主要的情形就是，只有那唯一自在的本体才是真实的，个体若与自在自为者对立，则本身既不能有任何价值，也无法获得任何价值。只有与这个本体合而为一，它才有真正的价值。但与本体合而为一时，个体就停止其为主体，主体就停止其为意识，而消逝于无意识之中了。”[1] 这是黑格尔以自己的哲学为标准来看中国哲学。在他看来，中国哲学中主体直接与本体合一，没有个体意识，没有精神创进，没有概念思辨，没有矛盾统一，这样的思想系统便不是哲学。另外，在大部分西方哲学家眼里，中国哲学缺乏有系统的哲学的诸多要素，特别是缺乏定义、推论、反诘等思辨过程，只是一些感觉和体悟，尽管往往充满洞见，但属于玄言诗、哲理寓言，只能算作思想，不能算作哲学。这代表了大多数西方人对中国哲学的看法。在这样的看法的支配下，中国哲学被放在宗教或东亚思想学科中去研究讲习。除了专门从事这些学科的人之外，中国哲学是被漠视、误解的。

但中国哲学是哲学，而且是内容精深丰富、形式生动多样、浓缩了中国文化精神、代表了中国人的思维方法、蕴藏了中国人的生活智慧的学问体系。在数千年的文明发展中，中华民族在不断地探索自然，思考人自身，认识和追寻社会、历史，从来没有停下思想的脚步，也从来没有放弃

[1] ［德］黑格尔：《哲学史讲演录》第一卷，贺麟、王太庆译，商务印书馆 1959 年版，第 117 页。

对思考成果的记述和表达，不过是以不同于西方的内容和形式实现的。说中国哲学不是哲学的，大多以近代以后的哲学形态来比拟中国哲学。实际上近代以前的西方思想也有很多没有严整的形式和严密的系统，零散的、碎片式的论述极多。尽管重视逻辑、重视概念思维在西方远有端绪且为哲学著作与讲论之大端，但感悟式的名言隽语集也并非少数，特别是那些诗人式思维和喜用诗性文字表达思想的哲学家。

中华文明有悠久的历史和辉煌的成就，也有对世代传承的文明成果的不断反思。这些成果涉及“哲学”的，包括：天地万物的发生、运化及其普遍法则；人在万物中的地位及天人、物我关系；人如何认识客体世界，知识的本质及其形成机理，人的运思过程及其规则；人如何构建社会，社会的组织形式和职能架构是怎样的，如何实现其和谐运行；人作为既单个又群体的动物，靠什么维持其生存繁衍；人从草昧到文明有什么样显性的、隐性的、精神的、物质的改变，这些改变靠什么实现；有无终极者，作为有限者的人能否与终极者为一。这些方面中国历代思想家做过深入探索，有大量的相关记录。如果用通行的哲学语言“按图索骥”，这些内容可以装到本体论、宇宙论、知识论、逻辑学、伦理学、政治哲学、社会哲学、艺术哲学、宗教哲学等框架中。这些方面是哲学的基本内容，中国历代累积的思想中关于这些方面的探讨是哲学。

由于独特的文化特性、思维习惯、概念系统和表述方法，特别是经学总揽其他学科门类，儒释道长期融合，重视精神修养及其实践工夫，宗教精神即蕴涵在学问体系中，形上形下体用不二等特点，中国哲学呈现独特面貌。中国哲学本是农耕文化的产物，丰富的内容装裹在浑融、朴素的外壳中。相较中国哲学，西方哲学传播更久远、广泛，内容更具有普遍性，所用概念范畴更加系统、深刻，特别是有近代自然科学这一最有说服力、带来最多实际功效和思想变革的产儿，更助生了它作为典型哲学、普遍语言的力量。中国哲学需要借助西方哲学，把自己的丰富内容更好地阐释出来。

中国古代哲学缺乏系统性、逻辑推理和概念思辨，这一点已为大多数中国现代哲学家所自觉，并力图在他们的著作中加以弥补。冯友兰就曾说："中国哲学家之哲学，在其论证及说明方面，比西洋及印度哲学家之哲学，大有逊色。……盖中国哲学家多未有以知识之自身为自有其好，故不为知识而求知识。……故在中国哲学史中，精心结撰，首尾贯串之哲学书，比较少数。往往哲学家本人或其门人后学，杂凑平日书札语录，便以成书。成书既随便，故其道理虽足自立，而所以扶持此道理之议论，往往失于简单零碎，此亦不必讳言也。"[1] 他的《新理学》《新原道》《新知言》诸书即旨在用充分的论证、细密的逻辑、首尾一贯的结构为现代中国哲学的著述方式开出新的局面。金岳霖也说："中国哲学的特点之一，是那种可以称为逻辑和认识论的意识不发达。……所以在表达思想时显得芜杂不连贯，这种情况会使习惯于系统思维的人得到一种哲学上料想不到的不确定感，也可能给研究中国思想的人泼上一瓢冷水。"[2] 他的《论道》《知识论》可算是中国哲学著作中体系最完整、逻辑最严密、和西方人的著述风格最接近的了。他的意图也在弥补以上所说的缺陷，客观上起到了为中国哲学树立样板的作用。可惜当时和以后中国的哲学从业者学养和志向都没有达到这一高度。张岱年也说："中国哲学不注重形式上的细密论证，亦无形式上的条理系统。……中国哲学只重生活上的实证，或内心之神秘的冥证，而不注重逻辑的论证。体验久久，忽有所悟，以前许多疑难涣然消释，日常的经验乃得到贯通，如此即是有所得。中国思想家的习惯，即直

[1] 冯友兰：《中国哲学史》，中华书局 1961 年版，第 8—9 页。

[2] 金岳霖：《中国哲学》，载《金岳霖学术论文选》，中国社会科学出版社 1990 年版，第 352—353 页。

接将此所悟所得写出，而不更仔细证明之。所以中国哲学家的文章常是断片的。但中国哲学家并不认为系统的长篇较断片的缀集更为可贵。”[1] 而张岱年除《中国哲学大纲》外，另有记述、阐发哲学思想的《天人五论》《认识·实在·理想》，虽因时代条件所限，没有充分展开，但已表明了以西方哲学弥补中国哲学短处的意愿。在此后的中国哲学发展中，这一点成为大多数中国哲学从业者的共识。20 世纪 80 年代之后，西方哲学典籍大量翻译到中国，中国自己培养的哲学工作者逐渐增多，解决现实问题的理论需求日益迫切；另外，随着中外哲学交流日益频繁，关于中国哲学是否是哲学的讨论不断深入，要求中国哲学具备更高的理论性，更加靠近西方哲学所代表的一般哲学的需求日益强烈。要求著作更有“哲学味”是近年新起的中国哲学从业者的普遍趋势。

二、对哲学定义的探索

哲学必须具备较强的理论性，这一要求逐渐成为从业者的共识。但如何定义哲学，仍然言人人殊。这在现代西方也是如此。哲学之所以难以定义，主要在于人的爱智活动的复杂与漫长。哲学最初是各种知识活动的总称，后来随着认识的逐渐深入，那些较确定而体系化的知识逐渐从“哲学”中独立出去，剩下的那些没有一致答案，不像科学那样有确定对象，无法再独立出去的，就成了哲学。一般说，它考虑的是宇宙的本原、人生的本质与最终归宿、人类社会的一般法则、知识的构成及评价等最根本的问题。由于思考角度、立场观点甚至思考者的性格特点各不相同，答案亦纷纭多端。20 世纪中叶西方一些哲学家在科学的刺激下试图把哲学改造

[1] 张岱年：《张岱年全集》第二卷，河北人民出版社 1996 年版，第 8—9 页。

成像科学一样精密的有确定性的学问，试图创造出一套像科学术语一样严格的哲学语言和逻辑规则，所以提出“摒弃形上学”，这实际上是否定了整个西方哲学的基本方向，所以陷入偏颇。而作为古今中外许多伟大人物孤苦探索的知识结果，作为一系列的高尚心灵、许多理性思维的英雄们为我们赢得的最高珍宝[1]，哲学当然有很实际的用处，但它的最大功用是帮助人摆脱狭隘的个体局限，站在更宏阔的立场去思考，激发人的想象力，树立批判意识，消减人由于本能的依赖性而放弃理性的天平对一些居之不疑的教条的称量。在这一点上罗素曾经说过：“哲学的价值大部分须在它的极其不确定性之中去追求。没有哲学色彩的人一生总免不了受束缚于种种偏见，由常识、由他那个时代或民族的习见、由未经深思熟虑而滋长的自信等等所形成的偏见。……哲学虽然对于所提出的疑问不能肯定告诉我们哪个答案对，但却能扩展我们的思想境界，使我们摆脱习俗的控制。”[2]

虽然关于哲学的定义众说纷纭，但大多数哲学或哲学史著作仍给出了自己的定义。如前述黑格尔对哲学的定义就很典型。文德尔班的哲学定义是：“哲学力图把人类理性呈现其活动的必需形式和原则自觉地表现出来，力图把这些形式和原则从原始的知觉、感情和冲动的形式转化为概念的形式。……就这样，在这些艰苦尝试的历史过程中，理智生活和精神生活的结构也就逐步地显示出来了。哲学史是一个发展过程，在这过程中欧洲人用科学的概念具体表现了他们对宇宙的观点和对人生的判断。”[3] 文德尔班

[1] 参见［德］黑格尔：《哲学史讲演录》第 1 卷，贺麟、王太庆译，商务印书馆 2017 年版，第 7 页。

[2] ［英］罗素：《哲学问题》，何兆武译，商务印书馆 1999 年版，第 131 页。

[3] ［德］文德尔班：《哲学史教程》，罗达仁译，商务印书馆 1987 年版，第 18 页。

的哲学史是欧洲哲学史，这是他的狭隘处。但他的哲学观代表了 19 世纪中叶大多数西方哲学家的观点。另外他虽是新康德派，但他的哲学史却扭转了康德将哲学变成理性对其自身的批判活动和将以本体论为主的哲学变为以知识论为主的哲学，这一点让古希腊以来的传统形上学重新走到哲学舞台的中心。他的哲学观体现了这一努力。

罗素的《西方哲学史》对哲学的定义是："哲学，就我对这个词的理解来说，乃是某种介乎神学与科学之间的东西。它和神学一样，包含着人类对于那些迄今仍为确切的知识所不能肯定的事物的思考；但是它又象科学一样是诉之于人类的理性而不是诉之于权威的，不管是传统的权威还是启示的权威。"[1] 也就是说，哲学是用理性思索那些不能像科学一样确知的普遍性问题，如宇宙有无统一性和目的、物与心的本质、自然有无规律、生活方式有无高贵与卑贱之分、善是否永恒、有无"智慧"这种东西等。对于这些问题的研究，就是哲学的业务。在后来的《西方的智慧》中罗素提到，哲学的任何定义都是有争议的，但这恰是哲学应有的态度。哲学既不像科学能给我们解决实际困难，也不像宗教能拯救我们的灵魂，它是出于自身需要的一种猎奇活动。要明白哲学是什么，唯一的途径是从事哲学。他甚至说，只有先弄清了哲学不做什么，才会知道哲学做什么。这当然不是故作玄虚，而是深入其中遍尝甘苦之后的经验之谈。另一本著名的《西方哲学史》的作者梯利对哲学史的定义间接回答了哲学是什么这个问题："哲学史旨在有联系地阐述那为解决存在问题或使人了解我们的经验世界而作的各种尝试。它是从古至今探源究理的人类思想的发展史。"[2] 就是说，哲学是对人与他身处的经验世界的存在问题的探源究理。从此书的

[1] ［英］罗素：《西方哲学史》上卷，何兆武、李约瑟译，商务印书馆 1963 年版，第 11 页。

[2] ［美］梯利：《西方哲学史》，葛力译，商务印书馆 2015 年版，第 1 页。

内容看，这些问题包括客观世界的本质、人是何种存在、上帝及他与人的关系、心与物的关系、至善与人生的目标、国家政治理想等，由此形成形上学、逻辑与知识论、伦理学、宗教学、政治学等。按照德国当代哲学家施太格缪勒的看法，其实哲学的对象和它所涉及的问题始终无变，变的是对这些问题的解决方案。他认为的哲学基本问题是：（1）形上学问题，研究宇宙的根本性质和基本法则；（2）宗教哲学问题，研究神的世界的原理和一切有限存在的意义和目的；（3）伦理学问题，研究作为行为主体的人应该遵守的有效规范；（4）逻辑问题和知识论问题，研究人类认识所能达到的范围、可靠程度和方式。[1]

自“哲学”传入中国，即有中国思想家仿照西方哲学的内容撰作《中国哲学史》。最早且有影响的是胡适的《中国哲学史大纲》，它给哲学下的定义是：“凡研究人生切要的问题，从根本上着想，要寻一个根本的解决，这种学问叫做哲学。”这些切要问题包括：（1）天地万物怎样来的（宇宙论）。（2）知识思想的范围、作用及方法（名学及知识论）。（3）人生在世应该如何行为（人生哲学，旧称“伦理学”）。（4）怎样才可使人有知识、能思想、行善去恶（教育哲学）。（5）社会国家应该如何组织、如何管理（政治哲学）。（6）人生究竟有何归宿（宗教哲学）。[2] 这个哲学的定义是高度抽象的，但对其门类、范围说得很明确。如果按这个设计写出来，他的中国哲学史应该是很全面、很深入的。但受美国实用主义的影响，胡适欲在方法论上大力挖掘，加上受中国哲学逻辑学和知识论不发达的刺激，胡适的这部著作侧重于“名学”。他说：“我这本书的特别立场是要抓住

[1] 参见［德］施太格缪勒：《当代哲学主流》（上卷），王炳文、燕宏远、张金言等译，商务印书馆 1986 年版，第 15 页。

[2] 参见胡适：《中国哲学史大纲》，载《胡适学术文集》，中华书局 1991 年版，第 9 页。

每一位哲人或每一个学派的‘名学方法’（逻辑方法，即是知识思考的方法），认为这是哲学史的中心问题。”[1] 所以此书大部分用力在先秦诸子年代和著作的考证上，先秦以后哲学，只在写于20世纪30年代的《中国中古思想史长编》中对汉代学术思想有所述及，魏晋玄学、隋唐佛学、宋明理学等重要内容，皆付之阙如。他认为乾嘉朴学方法是最符合实证的、科学的方法，虽然只将之应用于书本的研究，未能从中发展出自然科学，但其中显示出的冷静而严格的探索精神、靠证据说话的思想、大胆怀疑与小心求证相结合的方法，可以部分地彰显中国古代的科学精神。这是胡适治中国哲学的基本思路。

冯友兰对胡适这本书的撰作意图与方法进行了评论。他认为，自己与胡适的不同，首先是汉学和宋学的不同。胡书最大的缺点在义理的了解、体会、阐发上比较肤浅，他的《中国哲学史》避免了胡适的短处，加强了哲学义理的阐释。这与冯友兰对哲学的定义相应：“哲学乃理智之产物，哲学家欲成立道理，必以论证证明其所成立。”[2]“哲学即说得出道理的道理”，“道理”即哲学家的主张、观点，哲学必须有主张、观点，同时必须有对主张、观点之所以成立的论证。观点多得自经验的归纳、直觉的感悟，甚至对前人的因袭。论证则必须用逻辑。冯友兰的哲学研究起步于人生哲学，写于留学美国时期的《人生哲学之比较研究》中曾说：“哲学之功用及目的，即在确立一理想人生，以为批评实际人生，及吾人行为之标准。哲学即所谓‘人生理想’。”[3] 但他认为，欲确定人生理想，必须对宇宙间事物及其与人的关系作深入考察，人生哲学必会带出一般哲学。而

[1] 胡适：《中国哲学史大纲》，载《胡适学术文集》，中华书局1991年版，第5页。

[2] 冯友兰：《中国哲学史》，中华书局1961年版，第6页。

[3] 冯友兰：《人生哲学之比较研究》序言，载《三松堂全集》第一卷，河南人民出版社1985年版，第577页。

所谓一般哲学，其内容即西方哲学所含。西方哲学包含三大部分：宇宙论——目的在于求“对于世界之道理”，人生论——目的在于求“对于人生之道理”，知识论——目的在于求“对于知识之道理”。宇宙论又分为研究存在的本体或其物质构成要素的“本体论”，和研究世界之发生及其历史与归宿的“宇宙论”；人生论又分为研究人的物质属性的心理学，和研究人的行为应该如何的伦理学、政治学、社会学；知识论又分为研究知识的性质的狭义知识论，和研究知识的规范的逻辑学。由于哲学的整体性、系统性，它的各部分是相互联系的，尤其宇宙论和人生论联系紧密，因为人生观往往建基于其对世界的看法；而对世界的看法又往往和知识论有关，如康德的物自体不可知论和中国佛教唯识宗的“唯识无境”说。哲学的方法是逻辑的、科学的，直觉虽不能说无价值，但直觉到的是某种神秘经验，必须用逻辑的方法表现它，用论证说出它的道理。

冯友兰据此哲学定义规定中国哲学的内容。他认为，既然哲学是从西方输入的学问，中国本无“哲学”，则欲建立中国哲学，自当将中国历史上各种学问中与以上所说内容相关者选出，按照哲学所要求的逻辑论证方法来构造。其内容以义理之学为大端，包括先秦诸子学、两汉经学中涉及义理的部分、魏晋玄学、隋唐佛学、宋明理学、清代义理之学。此范围在胡适的《中国哲学史大纲》及之前的谢无量、之后的钟泰的《中国哲学史》中已经涉及，但都没有冯友兰在留学西方后以中西哲学的素养、中西对比的意识、中西互补的眼光所做的深切著明。这种方法在创立中国哲学史之初是绝对必要且十分适时的。后来在中国哲学史方法论的讨论中有人指责冯友兰用西方哲学甚至自己所持的新实在论来规范中国哲学，皆为离开历史情境，不明白当时中国学界所需为何的偏颇之论。

冯友兰作为中国哲学史学科的实际奠基人，他的哲学观影响至大。他的以上哲学观自提出后一直没有改变过。如在《新理学》中他说：“照我们的看法，哲学乃自纯思之观点，对于经验作理智底分析，总括，及解释，而又以名言说出之者。哲学之有靠人之思与辩。”[1] 在方法上，强调哲学是一种对于思想活动的反思。在《新知言》中他说：“假使我们要只用一句话，说出哲学是什么，我们就可以说，哲学是对于人生底，有系统底，反思底，思想。”[2] 这是说，哲学的性质是思想，它的内容是对人的全部活动的理论反思，即“思想”思想、思想的“回光返照”。它的特点是有系统、有内在逻辑、按一定的观点重新架构。这一定义在他晚年的《中国哲学史新编》中仍重现出来：“哲学是人类精神的反思。所谓反思就是人类精神反过来以自己为对象而思之。人类的精神生活的主要部分是认识，所以也可以说，哲学是对于认识的认识。”[3] 西方哲学家柏拉图的理念论、康德的批判哲学、黑格尔的精神现象学是反思，《周易》、王充的《论衡》、朱熹的《四书章句集注》也是反思。“哲学史中的大哲学体系都是一套人类精神的反思”，这是冯友兰一贯的看法。所以哲学的作用有两个方面，一是在反思中锻炼、发展人的理论思维能力，二是丰富、提高人的精神境界。

张岱年关于哲学的定义也很有代表性。他在《中国哲学大纲》中说：“总各家哲学观之，可以说哲学是研讨宇宙人生之究竟原理及认识此种原理的方法之学问。”[4] 这个定义特别重视方法论。张岱年的哲学方法论最重要的是采自英美分析哲学家罗素、博若德的逻辑分析方法，加入中国哲学擅长的洞观，用之分析、厘清中国思想诸流派、范畴。另外，他承认有一

[1] 冯友兰：《三松堂全集》第四卷，河南人民出版社 1985 年版，第 7 页。

[2] 冯友兰：《三松堂全集》第五卷，河南人民出版社 1985 年版，第 165 页。

[3] 冯友兰：《中国哲学史新编》第一册，长春出版社 2017 年版，第 8 页。

[4] 张岱年：《张岱年全集》第二卷，河北人民出版社 1996 年版，第 1 页。

个总的哲学，西方哲学、中国哲学都是其支派，中国哲学的内容主要是先秦诸子学、魏晋玄学、宋明清的理学。但他的“哲学”概念，仍以西方为标准：“凡与西洋哲学有相似点，而可归入此类者，都可叫作哲学。以此意义看哲学，则中国旧日关于宇宙人生的那些思想理论，便非不可名为哲学。”[1] 此中没有提到隋唐佛学，因为张岱年将之归于宗教哲学，与艺术哲学、政治哲学、历史哲学相类，属于“特殊哲学”，而自己所注目的，在“中国系的一般哲学”。所以在他的所有著作中，都未涉及佛教哲学。这与冯友兰有较大不同。

张岱年的中国哲学，大致可分为宇宙论（天道论）、人生论（人道论）、致知论（方法论）、修养论、政治论五部分，其中宇宙论、人生论、致知论为主干。在 1942 年整理成书的研思札记《认识·实在·理想》中，他对此有更详细的说明：“1. 哲学是天人之学——关于宇宙人生的究竟原理与最高理想之学。2. 哲学是衡鉴之学——衡量一切事物，鉴别一切价值，彻底批判、彻底诘问之学。3. 哲学是有理的信念之学——提供生活行动的最高准则。”[2] 在这个说明中，加强了哲学的批判功能，即对于事物不盲从、不轻信、不服从既成的道理、价值、习俗的彻底理性精神；也加强了理性信念对人生的指导作用，防止堕入虚无主义、怀疑主义。关于哲学的功用，张岱年特别重视的是它的分析功能：（1）对于生活经验进行分析，以获得客体事物与知识的真实情况；（2）厘清基本概念范畴，以达到思想对于自己的认识；（3）厘清理想与价值，以确立行为的准则。在《哲学思维论》（《天人五论》之一）中，张岱年延续了他在《中国哲学大纲》

[1] 张岱年：《张岱年全集》第二卷，河北人民出版社 1996 年版，第 2—3 页。

[2] 张岱年：《张岱年全集》第一卷，河北人民出版社 1996 年版，第 403 页。

中对哲学的定义："哲学之研究，实以探索最根本的问题为能事。不论何派哲学家，其主要工作，或在研究宇宙之根本原理，或在探讨人类生活之根本准则，或在考察人类认识之根本规律。总而言之，凡关于自然世界、人类生活或人类认识之根本问题之研究，统谓之哲学。"[1] 即是说，哲学主要包括三个方面：宇宙论、人生论、知识论。在中西思想会通之下，他的宇宙论的根本要点是"生生两一，一本多级"，即视宇宙为一生生不息、变化无穷的大流行，变化之根据在宇宙本身的对立统一，宇宙为一物质实体之多层次展现。人生论要点是"克服矛盾，与群为一"，即人生在于克服与自然、与他人的矛盾，达到与社会群体和谐一致。知识论要点是"物为知基，由感而思"，即以客观事物为知识基础，由与物相接产生感觉，由感觉与语言而有思维。基于如上哲学观点，张岱年认为神秘主义、理想主义、逻辑实证主义为三大"反哲学的哲学思想"。因为神秘主义以神秘的直觉为主，主张冥契，反对论证。理想主义非为求真，而在证明自己所设立的信念，实为哲学与宗教的混合。逻辑实证主义认为哲学只是概念、命题的语义的厘清，抛弃了哲学作为行动指针的功用，以宇宙、人生根本问题为形上学之虚妄，实是否定哲学。张岱年的唯物主义、理性主义、群体主义哲学观是毕生坚持、一以贯之的。

牟宗三的哲学观也很有影响，他在讨论中国有没有哲学时说："中国有没有哲学，这问题甚易澄清。什么是哲学？凡是对人性的活动所及，以理智及观念加以反省说明的，便是哲学。"[2] 他认为，中国文化独立地发展了数千年，它是中国人活动的历史记载，并伴随着中国思想家对自身文明

[1] 张岱年：《张岱年全集》第三卷，河北人民出版社 1996 年版，第 5 页。

[2] 牟宗三：《中国哲学的特质》，上海古籍出版社 2008 年版，第 3 页。

的反省、说明。但由于民族气质、地理环境、社会形态及历史传统的独特性，中国自始就与西方有不同的文化发生路向。如果以西方哲学为标准来衡量和判断，那么可以说中国无哲学。如果以以上哲学定义来衡量和判断，则中国有哲学，而且有风格独特、内容精深的哲学。大多西方人说中国无哲学，是他们的西方中心论作祟，更因为他们对古老的中国文化缺乏了解，因此把中国文化视为博物馆中死的藏品，而非一直以来存在于中国人心中的未曾中断的活的精神。中国哲学如果用一句话来概括，就是“生命的学问”；它的特点，即注重主体性与内在道德性。中国学问主体儒释道三大系统莫不如此。牟宗三说：“它没有西方式的以知识为中心，以理智游戏为一特征的独立哲学，也没有西方式的以神为中心的启示宗教，它是以‘生命’为中心，由此展开他们的教训、智慧、学问与修行。这是独立的一套，很难吞没消解于西方式的独立哲学中，亦很难吞没消解于西方式的独立宗教中。……以当下自我超拔的实践方式，‘存在的’方式，活动于‘生命’，是真切于人生的。……因此都是以生命为中心而可通宗教境界的。”[1] 它的主体性特点，突破了主客两分的、以知识论和逻辑学为主的形式，而以整幅生命——包括理智、情感、意志等精神性因素的修炼为主；它的内在道德性突破了道德与宗教的截然区分，而把学问系统看作即道德即宗教、即此岸即彼岸、即内在即超越的；它的整体性突破了存在者与存在的区分，在天人合一的背景下洞观人与他的存在根据的一而二、二而一的性质。它重视精神修养而不废知识获取，它的即学即修、一而不二的教育哲学，强调实践中的活智慧，突破了知行分离造成的重知轻德。它的“生命的学问”的总特征与西方现代哲学中的存在主义、新宗教哲学的精神方向一致，它融会不同哲学、不同宗教的宽容精神和博大胸怀与消除

[1] 牟宗三:《中国哲学的特质》，上海古籍出版社 2008 年版，第 5 页。

隔阂、和而不同的未来文化趋势一致。牟宗三并且强调，“生命的学问”是中国数千年文化发展形成的，几乎是各派中国哲学共同具有的。理解、把握中国哲学，必须要有相应的识度和胸怀，如果以西方哲学为唯一哲学而先入为主，则会“方凿圆枘”，隔碍难通。

但牟宗三不是一个狭隘的民族主义者，而是主张立足于中国哲学，对西方哲学取精用宏，融会贯通而创造出更富于时代精神、更能避免两方弱点的新哲学。所以他不仅全面深入地重新解析中国各阶段哲学思想，而且花费大量时间和精力翻译、解释康德和维特根斯坦的著作，梳理西方哲学的三大主干：柏拉图、亚里士多德至圣·托马斯，莱布尼兹至罗素，及康德。他的《中国哲学十九讲》《中西哲学之会通十四讲》《四因说演讲录》充满了中西对比以资加深对双方特质理解的文字。牟宗三是现代新儒家中最有创造力的哲学家，深刻、圆融而睿智，他的哲学观特别是对中国哲学特点的揭示，是富有启发意义的。

张世英在 20 世纪 90 年代之后提出的哲学定义也颇具特色。首先，他根据海德格尔的考证提出，中国哲学界都知道“哲学”是古希腊“爱智慧”的译名，但“爱智慧”原意并非喜爱智慧从而追求之。在赫拉克利特著作中，“爱”指事物间的和谐一致、相互适应，“智慧”指所有的存在者都在存在之中，存在把存在者聚为一体。“爱智慧”即人对万物和谐地合而为一的意识。如果用中国哲学的术语表达，“爱智慧”约略类似“天人合一”。这里的“天”指合为一体的一切存在者，“人”指意识到这一点的主体。“哲学”即天人合一的意识。而智者学派热衷于对外在事物作理智的解释、说明，概念性的东西是这一派追求的目标，合一的于是成了彼此外在的，它是和以上“爱智慧”的原意相矛盾的。为了反击智者学派，存在者统一的智慧成了人们的渴望与追求。通过这种转变，“爱智慧”变成了对哲理的探索，所探索的问题也就变成了“什么是存在者”。苏格拉底、柏拉图、亚里士多德对存在者究竟是什么的追问成了西方哲学最主要的问题，几千年来居于主流。而早期思想家如赫拉克利特、巴门尼德追求万物合一的哲学，即“爱智慧”的本意，反而被掩蔽了。哲学变成了以进入抽象概念的王国为最终目标的学问，这种方向直到黑格尔之后现代西方哲学兴起才有所改变。现代西方哲学主张从抽象概念返回现实生活，反对主客二分，回到人与万物合一、物我交融的生活世界。

张世英的哲学观是在追溯“哲学”一词在古希腊前期的本意和对中国天人一体古老观念的融会以后得出的，目的在改变传统哲学概念所造成的理论上、实践上的偏颇，特别是主客二分观念对人们精神生活的漠视，导致社会片面追求利益最大化，他说：“哲学应是以进入人与世界融为一体的高远境界为目标之学。我对于哲学目标的这一界定，意在把中国传统哲学的人与万物一体的思想和西方现当代关于人与世界融合为一的思想同西方近代的主客关系思想结合起来。……总之，这种境界不是单纯精神上的安宁或精神享受，而是对人世间一切现实活动的高远态度。”[1] 张世英的哲学观与彻底扭转传统西方哲学方向的海德格尔不同，他主张中西哲学相互吸收对方的长处。中国哲学虽有万物一体的高远识度，但缺乏西方擅长的主客式思维所必然包含的逻辑学和知识论；中国式思维虽长于境界体悟，活的智慧，但弱于对现象背后的规律、法则这类静态、恒定的东西的把握；万物一体这样的伦理的、美学的境界，并不是要抛弃对合理的功利的追求。所以，他是要取双方之长而融会之，不是要以此代替彼。他对这一方向有清楚说明：“这种境界不是抛弃主客关系，而是需要和包括主客关系却又超越之；这种境界不是不需要知识和规律性、必然性，不是‘弃智’，而是需要广泛的知识和规律性、必然性而又超越知识、超越规律性、

[1] 张世英：《哲学导论》，北京大学出版社 2002 年版，第 9 页。

必然性；不是不要功利追求，而是既讲功利追求又超越功利追求。”[1] 总之，哲学应当是一种超越知识和科学，在它们的基础之上以提高精神境界为最终目标的学问。张世英的这种哲学观，除了中国古代的万物一体、民胞物与思想之外，也吸收了冯友兰的“天地境界”，及天地境界中真善美通而为一、既“极高明”又“道中庸”的思想，所以他的哲学体系包含本体论、知识论、美学、伦理学、历史哲学五个部分。

值得注意的是，晚年张世英把自己的哲学定名为“希望哲学”，以表示与他早年倾注了极大心力的黑格尔哲学告别。他认为黑格尔的哲学着重于哲学史，故可称为“猫头鹰哲学”，而自己的哲学着重于批判旧哲学，面向未来，故可称为“希望的哲学”。“希望哲学”张扬哲学的虚拟性，突破人执着于现实而缺乏诗意、缺乏创造激情的状态。“希望哲学”强调“希望就是战斗”，要人树立克服艰难险阻的内在动力和坚韧不拔的意志，在劳作中实现自己的理想。希望是痛苦与幸福、黑暗与光明的转换，一次希望就是一场不平静的战斗；希望是命运的参与和塑造，希望意味着抉择，抉择代表着不自由，但也代表着自由，自由是主动的，所以希望塑造命运，也改变命运。希望哲学帮助人超越有限，从众多的限制和束缚中挣脱出来，在不断向未来趋进中达到无限。可以看出，张世英的哲学观既吸收了黑格尔思想，又在吸收了中国古代、西方现代哲学思想后力图有新的拓展，在现代中国众多的哲学观中别具一格。

以上主要追溯了现代中国几种有影响的哲学观，改革开放初期出版的多种中国哲学史专著和教材，关于哲学和中国哲学的定义大同小异，且受时代思潮影响较大。从一个较长的时段看对本学科影响有限，这里就不赘述了。

[1] 张世英：《哲学导论》，北京大学出版社 2002 年版，第 9 页。

通过以上的简单追溯可以看出，中国自有“哲学”以来，各种哲学与哲学史著作中关于哲学的定义是多种多样的，但因为哲学的高度抽象性和内容的复杂性，在不同的哲学定义中所讲述的内容是大致相同的。随着西方哲学的不断加强和旧的学问方法逐渐被抛弃，一种新的中国哲学范式慢慢确立起来。本书也试着提供一个关于哲学的定义：哲学是人对自己所处环境的觉解和对自己的行动及其结果的有系统的反思。普通人也有对环境的觉解和对自己行为的反思，但未必是有系统的。有系统指的是对它进行总体的、综合性的理论概括，且这种理论概括是有主旨的、合逻辑的。普通人要么是浅显的、零碎的偶然感想，要么虽有深刻信念但不能严密论证。所以严格来说，只有哲学家的觉解和反思符合以上定义，因而有“哲学上的”价值。

对环境的觉解指人对自己居住的自然环境、社会环境、人文环境的认知、理解与证悟。对环境觉解的第一个方面是自然。首先，人居住在自然环境中，只有依靠自然界的空气、阳光、山水、草木、鸟兽等才能生存，天地万物是人赖以生存的物质材料。人对自然的理解首先是功利性的，万物于人是征服、取用以保持类的存续的对象。所以人首先发展出的是科学与技术，当然是幼稚状态的。其次是人对于环境的美的感觉。云霓染色、飞瀑溅珠、绿草滴翠、山花欲燃、鸟的美丽羽毛、兽的斑斓皮色，都使人心神怡乐，流连其中。此种情境中人忘掉了它们的有用性能，唯停留在对美的观照中。由此，人发展出了关于艺术和美的感受。最后，人在群居生活中形成了基本的伦理并逐渐定型化，人视伦理为必然的、神圣的，并把它和自然事物的某些性质相比附，于是在自然物中投射了人的伦理观察和情感。比如“虎狼之父子、蜂蚁之君臣”，羔跪乳、獭祭鱼之类。伦理的投射是最后的一步，它是在功利、美感的基础上得出的，在人对自然的觉解中是最后、最弱的。对自然物，人首先是觉知，觉知最主要的是表象；

其次是理解，理解有感性的表象，也有理智的解释；最后是证悟，证悟具有浑融的、顿现的、与终极关怀的对象冥合的性质。对自然的觉解需要人文性理解和修养来对机械的、主客对立的、功利的层面进行升华，最后进到即审美即宗教的境界，使人在对自然物的观照中获得精神的欣趣和襟怀的润泽。孟子所说的美、大、圣、神给人以“沛然莫之能御”的力量，就是对这种境界的描述。

对环境的觉解的第二个方面是社会。人是群居动物，揖别草昧进入文明的标志是对其赖以生存的群居形式及对它进行组织和管理有了初步意识。人组织生产、流通、分配劳动产品，人对自己由于天然的、人为的、体力的、脑力的不同条件而必然形成的等级，人对血缘关系中自然具有的情感上的厚薄差别，人为了平衡、调和各种等级差别而订立的制度、契约，为监督和奉行这种制度、契约而建立的防范、惩戒机构等等都属于社会环境。总之，人为了更好地过群居生活而形成的经济、政治、法律诸结果是他必须面对的社会环境，人对这些外在对象理论上、实践上的探求，是人对其觉解的最初形态。社会性对象与自然对象相比，有更明显的契约性，对它的理解很大程度上是对这些契约的本质的理解。另外，人对自然物的觉解有功利性和现实性、精神性和理想性两个方面，而对社会的理解主要是功用的和现实的。对自然物功利的、实证的一面的理解需要冷静、真实、恰如其分，对美的、宗教性的东西的觉解需要更多的浪漫、象征和诗意；对社会性的对象的理解则需要更多的实用、直截。由此构成的不同思维方式、做派风格和学问格套，便是这种觉解的自然结果。人文性的东西需要觉解，觉解需要附加、铺陈，附加需要思维上的引申和跳跃，而功利的、实用的、契约性的东西与之相反，需要真实、简单、如其所是。于是便有古希腊的学派林立、互相攻讦和中国的儒墨道法的趋向各异、气象万千。

人对人自己的觉解晚于人对自然、对社会的觉解，人是在认识自然和社会的过程中充分认识自身的，因为只有这种活动给人提供认识自己的素材和契机。就这一点说，人是文化的动物。人具有认知和反省能力，人在认知和据此进行的实践活动中创造产品——物质的和精神的产品，

人在反省中发现这些产品的意义。发现意义的活动是文化活动。人与动物的最大不同在于人有“文化”，文化创造活动是人的基本存在方式。动物也有产品，但这是它的本能的自然结果，只有人的产品是主动创造的，哪怕这些创造活动出自本能的目的。但人又被自己的文化创造所形塑，离开了文化的各种形式，人无法生活；人在文化中成就自己，变得复杂而多样。就这一点说，把人定义为理性动物可能失之简单了。即使这个定义可以成立，“理性”二字也绝不是数学、逻辑所用的那种“纯粹理性”，而是复杂的精神总体。文化成果被人归纳为不同门类，各门类又被抽象为某种符号，符号凝结了人的过去，又潜在地具有对未来的理想。符号中自然地包含着过去与未来、现实与理想、对立与统一的矛盾。人所据以展开他的活动、运用他的反省功能的，是符号，不是具体的产品。符号是具体与抽象的统一，它不是本来就有的实体，而是人创造出的，但它又反过来造就人。人类文化学家卡西尔曾说：“人的突出特征，人与众不同的标志，既不是他的形而上学本性，也不是他的物理本性，而是人的劳作（work）。正是这种劳作，正是这种人类活动的体系，规定和划定了‘人性’的圆周。语言、神话、宗教、艺术、科学、历史，都是这个圆的组成部分和各个扇面。因此，一种‘人的哲学’一定是这样一种哲学：它能使我们洞见这些人类活动各自的基本结构，同时又能使我们把这些活动理解为一个有机整体。”[1] 这是一个不从人的抽象性质和生物机体来解释的

[1] ［德］卡希尔：《人论》，甘阳译，上海译文出版社 1985 年版，第 87 页。

关于人的定义，它对人的符号式存在这一特性的解说是富于启发的。它把人的存在看作理一分殊的：分殊指不同文化门类的表现，理一指通过人的反思把这些表现统合成一个。本来分殊就已经是通过反思把具体表现抽象为一个门类，而把不同门类统合成一个文化整体是更大的、更高层次的反思。这个整体是矛盾的因而是和谐的。在矛盾中实现和谐的过程就是人突破旧有体系建设新的更符合理想的体系的过程。这都是人反思的成果。反思才能超越，才能构造系统，才能安排理想和设定实现理想的力量，才能把文化成果看成矛盾的统一。因而反思是人的基本功能，是人之为人的特质。

严格说任何文化活动都是反思，都有哲学贯彻其中，如政治学、道德学、艺术学、宗教学等，但只有哲学专以反思为务，即前所说“思想”思想。所以它是最一般层面的，它的对象是宇宙、人类社会、人的物质的精神的活动。这是哲学的普遍性。但各文化系统对它的反思侧重点和表现形式不一样，这是哲学的特殊性。即使在同一个文化系统中，不同哲学家反思的结果也大为不同，中国哲学筚路蓝缕的先贤们就是最明显的例证。西方哲学是在哲学的普遍性下讲西方的内容，因为它最早讲、最早提出哲学的标准，它的内容又最典型，所以有人认为它是唯一的，其他的都不算哲学。但从以上哲学定义看，中国哲学当然是“哲学”，不过从内容到表现形式都与西方哲学不同，它与西方哲学、印度哲学等都是“哲学”的特殊形态。

第二节　中国哲学的起源与地域特点

一、中国哲学的起源

哲学既然是人对自然、社会及人本身的活动成果的反思，那么中国先民面对的自然、社会不同于其他民族，提供给他们的反思内容也会不同。也就是说，反思是一切哲学活动的共同形式，但被反思的素材是不同的。中国先民是农耕民族，首先，他们面对的是“天”这一包含万类的总体，日月星辰的运行、阴阳四时的变化、草木枯荣的规律、畜禽蕃长的原因，使他们习惯于现象地、实际地考虑问题；其次，他们面对的是安土重迁的部落、部落联盟形成的早期社会，血缘纽带、等级尊卑、礼乐教化、法条惩诫等文化，使他们习惯于伦理地、人格修养地考虑问题。中国最早的思想者是由这样的素材开始他们的反思活动的，他们的哲学脚步一开始便履踏在这样的土壤上。用一句话说，这是一个长于处理实际问题，长于如何使所治理的共同体更加安居乐业的民族。由于各部落都是在河流冲积扇处兴起的，且有广大的地域空间，所以不因土地贫瘠、食物匮乏、生活空间狭窄而去掠夺、侵占；战争多出于对掠夺、侵占的反击。所以总体上不是雄鸷的、剽悍的，而是文雅的、和平的。虽然碰到强悍民族的侵略常处于劣势，但又常以文化上的优越而同化侵略者。所以他们经营的主要领域是政治，而处理政治问题惯常用伦理思路。

中国最早的哲学家是先秦诸子。先秦诸子的思想是中国文化、中国哲学特点最鲜明而直接的表现。对于他们的思想来源，前人有不同说法，有一种观点认为源于各家在官府中所任职事，职事不同，所学所长也就不同，后来在社会动荡中失去职事，即以所长为谋生之具，此为“诸子出于王官说”。《汉书·艺文志》即主此说，如儒家出于司徒之官，道家出于史官，墨家出于清庙之守，法家出于理官（主司法刑狱）等。此说认为当时文化教育的情形是“学在官府，非吏无由得师”。有的认为是出于解决实际问题的需要，诸子皆救世之人，但救世的主张不同，故形成不同学派。诸子之学皆“应时而生”，与王官无关。此两说影响最大，貌似水火不容，其实并不构成绝对对立：救世而起，此为目的；王官之学，此为所用手段。救世者必用其学，其学非无来源。王官者援据前人，而历史并非一成不变，所学非可拿来就用。故两说并不矛盾。实际的矛盾是历史为重还是现实为重，是文化形塑为主还是实效经验为主。主张前说的多是本土文化本位主义者，主张后说的多是西方实效主义的信奉者，仍是现代中国不同哲学立场及其思维方向之间矛盾的体现。另有学者认为可以调和两者，把先秦诸子各家都看作对“周文疲敝”这一时代问题的不同应对之道[1]，但所用的思想工具，却远有端绪。夏商两代，以礼乐典章制度为代表的文化系统尚未完备，周朝特别是周公奠定基础以后，在各代的努力下周礼始灿然明备。但至春秋末期，随着整个社会政治、经济、军事、法律制度的变革，原有的礼乐制度不适用了，对它的“损益”及背后根据的追寻，便勃然而兴。如果说“轴心时代”这个说法可以成立，中国哲学的轴心便是由对周礼的不同思考而兴起的百家之学。若把它看作世界文明的一部分追溯而观之，可以说有个“轴心时代”；若从本土文化的角度看，它只是中国绵延不断的历史过程的必然环节而已。远在夏商，中国文化的诸特点已经形成，西周的礼乐文化是在它的基础上踵事增华、发展壮大。而灿然明备以后，由于礼乐形式的固化，必然引起对它的改革，而对一种体量极大又源远流长的文明结果的改革，必然采取“损益”即有因循、有改变的办法。

[1] 参见牟宗三:《中国哲学十九讲》，上海古籍出版社 1997 年版，第 58 页。

孔子代表儒家作出的应对之道是：第一，提出一条渐进的、温和的道路——损益。孔子继承西周礼乐文化的基本方面，反对作不切实际的激进改变，因为周礼是对夏商两代积累起来的礼乐制度的继长增高，“周监于二代，郁郁乎文哉！吾从周。”（《论语·八佾》）但也主张根据实际情况将它修补得更合理，所以提出“行夏之时，乘殷之辂，服周之冕，乐则《韶》《舞》。放郑声、远佞人”（《论语·卫灵公》），主张对各时代的礼择善而从。这是当时士大夫群体的主流看法，也是可以坐而谈论、起而实行的稳健的道路。第二，揭示礼乐形式背后的精神本质。“礼云礼云，玉帛云乎哉？乐云乐云，钟鼓云乎哉？”（《论语·阳货》）“人而不仁，如礼何？人而不仁，如乐何？”（《论语·八佾》）礼乐形式固然重要，值得修习，更重要的是其中包含的精神意蕴。推广开来，礼乐是一套有形式有内容的整体，徒习其形式，乃是买椟还珠。而体会其内蕴的精神意味，只有通过作修养工夫从而具备觉解能力才能获得。第三，证悟超越层面。孔子是入世的，“发愤忘食，乐以忘忧，不知老之将至”（《论语·述而》），但他向往的是“曾点之趣”“孔颜之乐”之“上下与天地同流”境界，自然而人文，下学而上达，即世而超越，为士大夫阶层指出精神修养方向。第四，删诗书、订礼乐，整理古代文献，使中华文化赖以不坠，形成团结、融合多民族的文化基础；并提炼其中的精要教授弟子，使以六经为代表的中华核心文化走向不同层次的群体，使之具有更加宽阔、广泛的受众。以孔子为代表的儒家，在道、学、政几个方面，奠定了中华文化的基础。儒家成为中华文化的主干，并非徒然。

墨家是提出对治“周文疲敝”之策的另一大学派，与孔子代表的士大夫阶层不同，墨家主要是从事手工业的普通劳动者，他们的主张处处与儒家对立。他们“背周道而用夏政”，抬出大禹反对周公，用蓑衣草履、手执耒锸对抗规行矩步、宽袍大袖；面对六经，取舍不同，认为礼乐是繁文缛节，对它不是损益，而是抛弃，更不去体会其中的文化意蕴；用俭约、功用来反对靡费、虚文，用大众趣味反对士大夫文化。墨家在中国数千年等级森严、礼文繁盛的制度文化中几乎中绝，却在崇尚平等、主张劳工神圣的近代中国某个时段中找到嗣响。墨家后学为了辩论需要所作的关于知识形成、逻辑方法的片段记载，也成了差可与西方知识论、逻辑学相对接的知识资本。墨家虽对治“周文疲敝”的道路难以全面推行，但也以其苦行卓异、忘我工作、服务大众的侠义精神拥有广大的拥护者，成为与儒家并行的“显学”。

道家对西周礼乐文化采取了比墨家更为彻底的抛弃态度。他们看到了人世的苦难源于争夺，争夺源于多欲，多欲是由西周礼乐文化中的礼乐、教化引发的，须从根源上疗治人的精神顽疾，于是幻想一个至德之世。至德之世的法则是道法自然，一切不合自然法则的皆在破除之列。道家的一切主张几乎皆针对儒家而发。如“道德”，道家有自己的道、自己的德。道家的“道”是自然无为，“德”是对此道体之于身心，见之于行为。儒家的道德，是至德之世失去后无奈的选择：“失道而后德，失德而后仁，失仁而后义，失义而后礼。”（《老子》第 38 章）仁义是人的桎梏，礼乐是强迫人就范的借口，道德仁义这些儒家自诩的治国利器，恰是残害人的用具。道家不但抨击儒家，也创造了“懦弱谦下，守柔不争”的自处之道，“上善若水”“抟气至柔，能婴儿乎”是代表道家根本精神的象征物。还有“不谴是非，以与世俗处”的精神解脱方法，这就是：齐一万物，泯灭差别；消解是非，无系无缚；忘却生死，夭寿不二。甚至不要国家、不要社会、不要后世文明所创造的一切。对西周礼乐文化所采取的极端看法，使得它只能避世、隐遁，但这恰也造就了道家对世间不平的批判精神，对一切离开自然法则作无谓附加的反抗，及一种负的思想方法。作为保持社会平静、保持精神平衡的两极中的一端，道家与儒家处在对立互补中。它始终是儒家的对立面经常拈起的思想武器，如王充批判汉代天人感应说的种种虚妄附加，魏晋人批判五经解释中的各种天人比附、碎义逃难，都以道家的自然无为为理论根据。

法家沿续了周礼的某些方面而又掺入了思想家的个人创造。周礼是一套大到国家政权形式、典章文物、等级爵位，小到士大夫的礼貌仪节的制度规定、行为规范。法家以法为重，法是由国家颁布使民众知晓并遵守的成文系统，这是任何时代、任何政权形式都有的治国工具。法家以此为重，是对这一文明成果的顺遂。“势”也是周公之礼自然有的内容，等级制度、国家政令本来就靠政权的威势推行，否则就会太阿倒持，大权旁落，国家统治也不会长久。前期法家如李悝、吴起，都曾学儒，但他们感到儒家思想不能较快地解决现实问题而改宗法家。法家站在最高统治者的立场思考问题，所以处处以国家强盛、君主安全为最重要的考量。它以道家的冷静、不掺杂个人情感为心灵基础，以功利为考虑问题的出发点，但这必然触动贵族利益，所以法家思想家个人可以说是改革的英雄，但他们又大多是政治的牺牲品。法家的罢封建、立郡县，废除井田制，使农民从贵族的附从地位解放出来，变为国家耕战的工具。特别是后期法家的韩非，糅合商鞅的法、慎到的势、申不害的术，及纵横家的机巧，讲法术势结合，发展出一套“抱法处势怀术”的统治方法。特别是其中的“术”，将担负辅弼之任的臣下玩于股掌之上，失去了手足、腹心关系，臣下成了君主完成其统治的工具。在法家眼里，君臣之间并无私恩可言，完全是利益交换关系，“君臣互市”：君用官爵交换臣下的智慧，臣下以所学交换君主的高官厚禄。孔子的“君事臣以礼，臣事君以忠”，完全是无用的门面话。君主的深藏不露、变幻莫测、无法揣摩才是最有用的御臣之术。儒家的顺天、敬德、亲亲、仁民、爱物等治国之道，在法家眼里都是不急之务；礼乐、教化是无用的靡费，儒家是腐蚀社会的蠹虫，“以法为教、以吏为师”才是唯一应该遵行的。法家顺应了战国中期以后各诸侯急于富国强兵、统一天下的时势，但抛弃了西周礼乐文化中的治国常道，发展出一套急功近利、苛法暴政、残民以逞的统治思想和具体法术。后世对其兴之也暴、亡之也速的教训多有总结，反证出儒家和风细雨式的治国方略是恒久的、可持续的。即使在某些需要霹雳手段重典治国的历史环境，往往也要以儒家为掩护方得施行。

儒墨道法是先秦最重要的四家，其他都是这四家的派生。对“周文疲敝”的不同应对之道，这四家及其衍生出的各学派之间相互斗争、融合，构成了中国思想波澜壮阔、气象万千的展开。这样的自然、社会、人文环境，为哲人的反思提供了肇始期的主要思想资料，也为后来中国哲学的面貌奠定了底色。

二、中国哲学的地域特点

中国自古即幅员广阔、地大物博。由于它的地理特点，南北差别尤大。由不同的地理地貌、风土人情、饮食习俗、方言土语形成的地域差异，也在思想风格上表现出来。孔子即有南方之强、北方之强的分别。南方之强主要是“宽柔以教，不报无道”，北方之强表现为“衽金革，死而不厌”。南人的特点是宽柔巽顺，含忍力强，北人的特点是刚劲果敢，勇于实行。这是一个总的特点，后来虽因交通逐渐发达，人口流动增多，特别是数次大战乱引发南北人口迁徙，地域色彩有所减弱，但这一基本特点一直保存了下来。

《管子》从不同地域的物质特性来解释人的特点。《管子》视水为万物本原，故以水流之急缓曲直、水质之清浊酸碱解释各地民性、气质之不同：“水者何也？万物之本原也，诸生之宗室也，美恶、贤不肖、愚俊之所产也。”（《管子·水地》）后世以地理环境之不同因而民性不同解说文化差异的，代不乏人。

儒家从地域说，主要是邹鲁文化。鲁国是周公之子伯禽代父受封之地。周公制礼作乐以礼乐治国的传统，是鲁文化的基础。春秋时代，王纲解纽，礼坏乐崩，各诸侯国的礼乐设施大多遭到废弃或破坏，唯鲁国保存最多，鲁国成了当时礼乐的中心，故有“周礼尽在鲁”之说。当时多有诸侯国派使者到鲁国观摩、学习礼乐。孔子尊崇周文化，对在鲁之周礼遗存有极大的学习兴趣，以“发愤忘食、乐以忘忧，不知老之将至”的精神，“述而不作，信而好古”的志趣，“子入太庙，每事问”的精细钻研，成了著名的礼乐专家。孔子删诗书，订礼乐，也以鲁地的丰富典籍和礼器乐器为基本依据。另外，鲁地属古东夷之地，东夷人“仁而好生”“天性柔顺，易以道御”，故有“君子之国”之称。[1]孔子仁的学说，是对东夷之风的继承和改造。孔子创始的儒家，自始即以仁礼为两大支柱，为其学说核心；孔子教授弟子，即以此两者为主要内容。内以成就仁德，外以娴习礼乐，两者互相依持、互相成就。儒家尚德行、好礼乐、守矩范、重传统的底色就此奠定。另外，孔子其先为宋国人，宋人的尊天事鬼文化对孔子的影响，首先表现在对待天与命的态度上。孔子“五十而知天命”，教导弟子“获罪于天，无所祷也”，在难以辩白不得已表明心迹时只好说：“予所否者，天厌之！天厌之！”（《论语·雍也》）在孔子心目中，天无言作，但万物自然成就：“天何言哉。四时行焉，百物生焉。”（《论语·阳货》）故“巍巍乎唯天为大”（《论语·泰伯》）。对己则尽人事而听天命，故“不怨天，不尤人，下学而上达，知我者其天乎！”（《论语·宪问》）“道之将行也与，命也；道之将废也与，命也。”（《论语·宪问》）对天命必须有所

[1] 参见《后汉书·东夷列传》，贾庆超：《邹鲁文化研究》，中华书局2004年版，第676页。

忌惮、有所敬畏："君子有三畏：畏天命，畏大人，畏圣人之言。"（《论语·季氏》）"不知命，无以为君子。"（《论语·尧曰》）对待贫富寿夭，穷达通塞，则付之天命："死生有命，富贵在天。"（《论语·颜渊》）唯以仰不愧于天，俯不怍于地自处："吾谁欺？欺天乎！"（《论语·子罕》）认为朝代更替政权转移，某种程度有天的作用："天之历数在尔躬，允执其中。四海困穷，天禄永终。"（《论语·尧曰》）天命在孔子这里并非仅各种人力无法抗拒的外部机缘凑聚之合力，更是某种值得人敬畏、顺从的神秘力量，它不必是有人格的神灵，但也并非完全是物质的、人事的，只能是一种说不清的神秘力量。这种力量不是指向彼岸、指向宗教的统一神，而是指向人的敬畏，指向尽人事而听天命，它是积极的、达观的。它给崇德、好礼等人世间的努力一种形而上的思考维度，给完全的理智主义有可能导致的功利、算计以人文性的中和、扭转，使之更加合理地对待面临的问题。这可能是鲁、宋地域文化带给孔子的不同反思因素，因之而有孟子"尽心知性知天"的神秘联想与发挥，和荀子"制天命而用之"的理智主义、现实主义的反诘与批判。但孔子奠定的思想底色是最基本、最主要的，后来者则是某些侧面的推阐、拓展。

墨家思想的地域特色主要表现在宋人文化中天、鬼观念的影响上。宋人作为殷商之后，其文化有较强的殷人特色。墨子的主要哲学主张都是针对儒家的，他有极强的现实主义精神，故功利主义明显，一切都以是否"兴天下之大利、除天下之大害"为标准。儒家为维护等级社会而有的礼乐设施都被看作无用的靡费，虚文耗国；提倡兼爱是为了交相利，批评命定论是为了鼓励人强力作为："强必贵，不强必贱；强必荣，不强必辱。"（《墨子·非命下》）墨家搬出来用以加强学说推行力量的工具是"天志"：非攻、兼爱是天的意志，仁义值得赞扬不是因为本身即善，而是因为出自天的意志。天能赏善罚暴，天欲去人之疾病祸患，是最高贵、最明智、最公正无私的。天是人间正义的奉行者、守护者，而墨家的主张是符合天意的。墨家也相信鬼神，认为鬼神赏善罚恶，明察秋毫，而且鬼神在人左右，是人可以感知到的。天志、鬼神是墨子从殷商文化遗留中接受的重要内容，以之为治国牧民、攻击儒家学说的有力武器。同时墨家学说用功利思想、实用主义抑制和改造儒家思想中的精英主义、理想主义，是促使儒家向下层推展的重要因素。而其对于天命、鬼神的过于经验主义和实用主义的援用，是对儒家思想中的形上关怀和宗教性超越精神的一种减杀。鲁地和宋地文化的融合，是中国哲学一次重要中和。

道家具有浓厚的浪漫风格，这一风格受南方文化影响较深。南方文化指江汉楚地一带的文化。楚人原是中原华夏集团，因与殷人联盟支持武庚，周公东征得胜，此联盟退往江汉地区，与该地东夷、殷人、祝融族文化融合而成。南方文化的重要特色是重神权、重巫觋、重占卜[1]，故形成富于玄想，喜怪幻之事，放浪不喜节度，好纵酒歌舞等传统。这一传统融入诗经，特别是《周南》《召南》诸篇。朱熹解释“周南”“召南”之名时曾说：“其得之国中者，杂以南国之诗，而谓之《周南》。……其得之南国者，则直谓之《召南》。”[2]《召南》中的许多诗产生于今襄阳、宜昌、江陵等地。老子生于陈，陈地之俗，好巫觋歌舞。《诗经·陈风》多记民间乐舞及男女期会之事。其中有以荷花、兰花起兴者，皆“美人香草”之喻。而《衡门》之诗，为隐居者自道其隐居之乐趣。庄子生于宋，宋地文化中殷文化的遗留甚重。“殷人尊神，率民以事神，先鬼而后礼，先罚而后赏，尊而不亲。其民之敝，荡而不静，胜而无耻。”(《礼记·表记》)《诗经》这些文化要素为我们勾勒出老庄据以产生的地域文化特点：喜言天道，尊

[1] 劳思光：《新编中国哲学史》第一卷，广西师范大学出版社 2005 年版，第 53 页。

[2] (宋)朱熹：《诗经集传》，中国书店 1994 年版，第 1 页。

信鬼神；富于想象，不乐拘管；厌弃礼乐，不事虚文。经过史官老子由“历记成败”而有的现实主义改造，于是天为自然万物，道为效法自然之原则，德为自然原则得之于身，鬼神等儒墨常常道及的东西，则无容身之地。南方文化中原有的浪漫色彩在《老子》思想中有所减杀，显得更加冷峻、沉毅，但在《老子》简约又富于想象、《庄子》婉转低迴又汪洋恣肆的诗性思维和语言中保留下来。《老子》五千言为玄言诗，这自不待言；《庄子》散文是诗，不是所有人都认同。诗之为诗，不在其是否谐声押韵，不在其是否有整齐的句式，也不在其是否有比兴，而在其是否有形象化的思维与抒发情志的韵致。章学诚曾说：“学者惟拘声韵为之诗，而不知言情达志，敷陈讽喻，抑扬涵泳之文，皆本于《诗》教。”（《文史通义·诗教下》）可以说，整部庄子就是诗，就是艺术家精神生活的传神写照。徐复观也说：“庄子之所谓道，落实于人生之上，实际乃是崇高的艺术精神；而他由心斋的工夫所把握到的心，实际乃是艺术精神的主体。”[1] 老庄是在社会现实中发现了他们欲批判、抨击的对象，据此反思、构想出一个理想世界，一个包贯天人的完整哲学系统，然后用艺术精神、艺术手法把他们的哲学思想表现出来。在他们的反思结果及所采取的表现手法中，南方地域特点所孕育的文化起了很大作用。加上楚地山水明丽、人物聪颖，人们喜好玄想、善于解悟，进而形成独特的文化韵味。文学上的楚骚与哲学上的老庄有相同的渊源和较为接近的艺术风格。老庄与楚骚共同构成南方文化的理想主义、浪漫主义基调，与北方的现实主义、好礼乐规范的传统形成鲜明对比。名家之富于形上兴趣，好论辩、喜吊诡之言，受南方思想影响较多。而阴阳家的代表人物“谈天衍”虽受燕齐方士的影响，但好怪异之谈，喜闳大不经之思，则有道家的影响在其中。

[1] 徐复观：《中国艺术精神》，春风文艺出版社 1987 年版，第 3 页。

法家则主要在北方的齐国与晋秦一带兴起。齐法家的代表人物是管仲，晋法家代表人物春秋时期有郭偃，战国时期有三家分晋之后的李悝、申不害、商鞅、韩非。之所以这些地方法家特盛，一是由于晋秦等地地处中原，农业发达，国富兵强，而齐国则有鱼盐之利和手工业传统，所以这些诸侯国对春秋时期的社会大变动反应较早，对旧的社会制度改革较多。齐桓公、晋文公的霸业很大程度上依靠管仲、郭偃的法家政策。法家在齐国、在韩魏，韩魏的商鞅、韩非在秦国被重用，推行法家之道，与这些地方的地域文化有很大关系。《管子・水地》较早以水文地貌来说明一个地区的民风特点，其中说，齐国的水道迂回而流急，故其民贪鄙粗顽而好勇。秦国的水道浑浊缓慢，淤集滞留而诸水相杂，故其民贪戾狡诈而好杀伐。晋国的水苦涩无甘多杂质，且干旱缺水，故其民善阿谀而暗藏诈伪，乖巧而尚财好利。根据水文地貌来说明一地民风，虽难免挂一漏万、以偏概全，但在古代交通不便、转徙不易、较多受制于特定地理条件的情况下，也可窥见一斑。另，北方苦寒，多山石瘦硬之地，农作物多耐低温干旱，故民风剽悍刚直、尚武好勇。其民易以刑罚治理而难以道德教化，易行军伍制度而难以自由散居。而法家多认为人性趋利避害，人与人为利益交换关系，故须靠法律规范，靠强力威慑。这些地域文化特点都容易产生法家。

儒墨道法是中国哲学主要的四家，但是墨学战国以后中绝，儒道法三家构成了中国思想的主要成分，它们是源头期中国哲学的底色。沿之而下，后世南北学风明显不同。两汉经学最盛。治经首分今古文，西汉今文学盛，东汉古文学盛。今古文之特点，经学家皮锡瑞说得最为分明："前汉今文说，专明大义微言；后汉杂古文，多详章句训诂。"[1] 后汉末经学大师郑玄兼宗今古文，义理训诂皆精，所注三礼，冠绝同侪。但多以阴

[1] （清）皮锡瑞：《经学历史》，中华书局 1959 年版，第 89 页。

阳五行解说，又杂以谶纬。三国魏时王弼以老庄之义注《周易》，大畅玄风，扫去阴阳谶纬，解经之风大变。加之南北民风政俗与性情特点不同，北方治经者多宗郑玄，南方治经者多学王弼，南学北学遂致大别。《北史·儒林上》谓："南人约简，得其英华；北学深芜，穷其枝叶。"《世说新语·文学》也说，北人学问渊综广博，南人学问清通简要。北人看书如显处视月，南人学问如牖中窥日。"显处视月"者，渊综广博但不简约深刻；"牖中窥日"者，清通简要而不广博核实。南北不同的治经风格也影响到了南北佛教，使之呈现不同特点。佛教传入中国之始，即有般若、禅数两大派，前者重悟，后者重修。南北朝时南北分立，尤其是北方加入了较多的少数民族宗教、文化，加剧了南北不同文化的差异。南方重义解，辅之以修持，北方重修持，辅之以义解的总体格局形成，于是有隋统一中国后的南北佛教融合，天台宗首倡"破斥南北，禅义均弘"。但南北风格之差异，依然存在。如禅宗大兴之后的"南能北秀"顿、渐二宗。而空有两宗，空宗盛于南方，有宗之唯识学则从未在南方大行。道教之南北差异也存在，北方的新天师道、楼观道和南方的上清派、灵宝派就大不一样，前者重教规戒律、斋醮仪式、符箓丹鼎等，后者则对道教教义、经典、哲学思想加以阐发。后来南宋、金元的道教，主要是盛于南方的金丹派南宗和北方的全真教。虽然两家都主张儒、释、道（实际是理学、禅、全真）合一，性命双修，但在具体修炼方法上有不同。南宗重视炼内外丹，主张先命后性，同时擅长理论著述，受理学和禅宗影响，将两者的理论引入丹道实践中。而北宗则厌弃肉体，重在修养心性，主张通过心性的修炼达到生命之永恒，可谓先性后命，但对丹道理论阐发较弱。这仍是南方重义解、北方重修持这一总体特点的表现。但在明代，全真道因在元朝受宠而遭诸帝冷落，江南之正一道兴盛得宠。正一道依附权势，侧重于斋醮、符箓、为王庭祈福禳灾等礼仪形式，理论所造不深，而全真道潜学独修，注重道教理论的阐发。

理学兴起并壮大后各派思想受地域风格的影响也很明显。濂溪之学与楚湘文化渊源极深，其“无极而太极”的宇宙观，其人格之“胸怀洒落如光风霁月”，受道家影响较大。洛学则受河洛文化影响较大，所得多由熟读经书悠游涵泳而来，故对五经之体悟语特多。又重视下学上达，形上形下贯通：“知尽性至命，必本于孝悌；穷神知化，由通于礼乐。”[1]亦受佛教影响，重视体验空静之本心。而由弟子传到南方之后，则衍生出不同学派。张载关学刚毅强劲，苦学力行，以《周易》《中庸》刚健、灵动的形上学下贯质实的礼学，有秦人朴实、硬朗之风。注重实修，倡导“知礼成性，变化气质”。同时的苏轼蜀学、王安石荆公新学，地域特色也较突出。朱熹出于洛学而有闽方特点，即广博、精微兼有，善于捕捉精要，简化繁复，善平衡对立之两端而推究其所以然，经学、理学兼修而互相依持。其学传承自北方而大行于南方。江西陆九渊则善抓关键而易走极端，喜先立其大，以一御万，内省强而不善细思具体事物之理。永嘉、永康之学虽同属浙东功利之学，但永嘉叶适以经学为本，对诸子择善而从，批评理学“专以心性为主”是偏离儒家，故以经制言事功。永康陈亮则心高气雄，专言王霸事功，不以经学、理学为高，更反对诚意正心等内省工夫。同属浙东的吕祖谦则着重治史，但治史须参稽典章制度、先贤言论掌故，既有史实之纪录，又有史评之致用，故传“中原文献之学”。元代理学，由赵复等人把南方朱子学回传北方而后始有发展：“当是时，南北不通，程、朱之书不及于北，自先生而发之。”[2]至明清则有“浙东贵专家，浙西尚博

[1] （宋）程颢、程颐：《二程集》，王孝鱼点校，中华书局2004年版，第638页。

[2] （清）黄宗羲：《宋元学案》第四册，中华书局1986年版，第2994页。

雅”(《文史通义·浙东学术》)之说，指虽同奉儒学，王阳明事功大成，刘宗周气节皎然，黄宗羲、万斯同、全祖望师弟史学卓著，各有千秋，天人性命必落实于经世实学，与顾炎武朴实治经、考据真确、不空言性命、以经学代理学之风不同。湖湘学派承继北方洛学，胡安国在注释《春秋》中发挥儒学，认为五经之蕴皆体现于《春秋》中，孔子重修《春秋》犹如五经总旨之事例体现，传承正学可以通过经史注释来实现。这一方向奠定了湖湘学派的基础，此后的胡寅、胡宏、张栻等皆循此方向，重视经典注疏。至明末清初王夫之，遍注群经，将经学之广大与理学之精微、天人性命与经世致用、继承传统与开创新局熔于一冶，集湖湘学派之大成。明代学术，以理学为主，而理学又以阳明学为其大端。由于南方经济、文化教育强于北方，理学的地域特点更表现在南方各地，如阳明弟子，浙中、江右、楚中、粤闽、南中王门，学风各有不同。清代朴学之吴皖两派，手法与风格大异，章太炎在《訄书·清儒》中说："吴始惠栋，其学好博而尊闻。皖南始戴震，综形名，任裁断。此其所异也。"[1] 即吴派尊信前人特别是汉代注经之言，皖派则多思考、推断而坚持自己之独得。桐城方氏几代都是著名学者，尤其方以智以易学融会庄子，又喜佛禅之书，其学儒释道兼宗，又与方氏文学传统相结合，其文恢诡谲怪，极富特色。近代西学传入之后，因风气之开化与闭塞，学问领域之偏中与偏西，对旧制之保守与革新，此问题更加纷繁复杂。

中国哲学的地域性是个十分明显而又不易理清其原委、明晰其流变的问题。可以肯定的是，中国哲学的早期，因交通所限，迁徙不易，学术传承全靠书院教育，师徒授受，传播不甚广远，又因宗族制度的牵绊，受地域影响尤深。中国长期的南北政权对峙，特别是晋人南渡、宋人南渡对南

[1] 章太炎:《章太炎全集》第三卷，上海人民出版社 1984 年，第 156 页。

北方文化交融影响极大。而分裂之后的统一，又是各种地域文化减弱其特色，形成更广大、统一的文化的契机。中国哲学因为有了不同的地域文化，才显得这样风格各异、气象万千；而其一多、分合之际，正是哲学家发舒思考、展开论说的切入点。

第三节　中国哲学与其他学术门类

一、哲学与经学

在西方学术大量输入由此中国现代学术系统建立之前，经学是中国所有学术的总揽与核心。从汉代经学建立至辛亥革命推翻帝制结束旧的学术体系之前，经学一直是中国学术最重要的部类，处于所有学术的顶端。经学，即以六经《诗》《书》《礼》《乐》《易》《春秋》及其传注疏释为研究对象的学问系统。“六经”之名源自《庄子·天运》：“孔子谓老聃曰：‘丘治《诗》《书》《礼》《乐》《易》《春秋》六经，自以为久矣。’”孔子是否说过此话，已不可考，但肯定的是，“六经”之名及所指典籍，《庄子》此段出现最早。“经”本指织布之纵线，因其为关键、基础，所以引申为常道、法典、不易之道理之意。此六部经典所以称经，是因为它包含了中华文化最基本的、传之久远的知识、价值、历史、文字系统。关于它的内容和功能，《庄子·天下》说：“《诗》以道志，《书》以道事，《礼》以道行，《乐》以道和，《易》以道阴阳，《春秋》以道名分。”这是说，《诗》是抒发人的意志和情感的，《书》是记载历史（包括事件和话语）的，《礼》是确定人的行为规范的，《乐》是宣示和谐平正的，《易》是显示宇宙阴阳法则的，《春秋》是表达各等级名分的职责的。《礼记·经解》则指出修习各经的人容易养成的人格特点：《诗》因讽诵涵泳，易于使人温柔敦厚；《书》因以史为鉴，易于使人通达宏远；《乐》因和谐广大，易于使人宏阔而平易、良善易教；《易》因无所不包，简易而又切于事物之细微，故易于使人简捷不枝蔓，而又洞达精微；《礼》因诏告人的行为规范，故易于使人谦恭俭约、庄重诚敬；《春秋》因多记载会盟、聘问之事，故易于使人善于辞令，掌握事机。也就是说，六经是全面培养士大夫的品质、能力的教材，更是中国古代文化的百科全书。后世由七经、九经到十三经的扩大、完备过程，特别是经过各时代思想家的注解、诠释、阐发，它成了理论府库、实践渊薮，能提供一个国家所需要的政治、经济、军事、社会、文化、教育等各种思想资源，能满足各个方面的不同需求。

经学与哲学关系密切。因为经学是所有学术部类中最核心、最基本的，而哲学是对时代思潮的集中体察，所以哲学必以经学为首要对象展开其反思。具体来说，其一，经学的成立是思想家对中国文化基本经典选择、确立的结果，这一过程贯彻了对中国文化成果的全面思考。哲学家是以他的价值观为基础构建经典系统的。旧时学者认为，孔子删《诗》《书》，订《礼》《乐》，作《易传》，修《春秋》，是经学的实际开创者。而现代学者一般认为，经书是由历代学者选择、删补而成。如《易经》，相传是由伏羲画八卦，周文王重为六十四卦并作卦辞，周公作爻辞而成，虽然包含一些对万物的观察与概括，但主要是用来卜筮的。孔子作“十翼”，阐发其中包含的哲学思想，《周易》遂成为一部讲形上学的哲学典籍。如果没有十翼，《周易》只是卜筮之书。由卜筮到哲学，是历代思想家修补、完备的结果。更重要的是，在十翼的诠释中，天下无穷的事物归于六十四卦，每一卦代表一类，同类的事物可以连类而通。“其称名也小，其取类也大”（《易传·系辞下》），这就使象征、类比、通约的思维方法成为易学主流。卦爻辞与它象征的事物，是一与多的关系：卷束则约而为一，舒开则散而为多。也就是说，《周易》使符号化思维逐渐形成。符号化思维是一种结合理智与形象的思维方法。《周易》是由数成象的，数由理智推算而成，象是直觉地整体呈现的。而两者都是简约的。《周易》这种方法，造就了中国人喜欢归约、连类而通、简单理智、主要靠形象呈现的思维特点。《周易》由历代哲人修补完备，作为在一定框架中寄托形上关怀、驰骋玄想的工具，满足了一个文化系统的哲理需求，成为中国形上学的主要根据。其他如“四圣一揆”，奠定了儒家道统论的基础；乾坤两卦为父母生出其余六十二卦的思想，又为“天不变，道亦不变”、天地为万物归宿的思想奠定了基础。又如它的阴阳互转，否极泰来、无往不复，与老子的“反者道之动”，是最早的对立面相互转化的思想。可以说，《周易》是中国古代哲学的源泉和宝库。

又如《诗经》，本是上古时期的诗歌总集，其中的十五国风多是采自民间的歌谣，涉及劳作、爱情、怀乡、怨愤等，是当时社会生活的生动画卷，属民间文学。大雅、小雅是士大夫所作的高雅文辞，多为歌颂圣王的美政，讥刺贪暴淫逸，属庙堂文学。颂包括商颂、周颂，鲁颂，多为对古代圣王事迹的追溯和美德伟绩的歌颂，多用为郊庙、祭祀时的乐歌。并且《诗经》是当时诸侯会盟、行人出使、朝臣宴享时的辞令渊薮，故为当时士大夫所重，被视为训练口才，提高教养的必备工具。但后世的注释，特别是作于西汉的《诗序》，把《诗经》政治化、道德化，似乎除美刺之外，《诗经》没有别的义旨。此后的《诗经》诠释，多沿此路数。这虽然狭隘化、单一化了《诗经》，但其中对圣人美好政治、崇高人格的颂扬，对贪暴之君骄奢淫逸、残民以逞的讥刺、抨击，文以载道的文学传统，乐而不淫、哀而不伤、温柔敦厚的诗教，及以诗性思维创造哲学产品的方法，却大大加强了。这对中国古代的政教设施、德性修养、人格类型的养成，都产生了重大影响。

其二，经学是时代思潮的集中体现。由于经学经典的基础性，经学内容的广泛性，经学与社会政治的联系的紧密性，经学研习、讲论者地位的重要性，所以它最受关注。它往往是各种改革理论、改革措施的提供者、来源地，处在社会舆论的风口浪尖。如《尚书》今古文之争，是持续两汉数百年的一大公案，聚讼纷纭，其实它折射出的是知识分子在朝在野之争。秦朝本设有博士官，主要培养通晓礼乐的人才，并有管理宫廷典籍、议政等职责。但治理国家的指导思想以法家为主，并且当楚汉大乱之时，博士无法发生作用，甚至因为儒家的身份遭到迫害。汉朝定鼎之后，儒生叔孙通帮刘邦制定朝仪，在国家政治生活中起了重要作用。文景之时虽有博士之设，但用黄老之学的清静无为思想与民休息，纾解战争造成的困局，儒学不甚通显。随着汉武帝独尊儒术，经学也在职官、礼乐诸制度的改造、创设方面起到重要作用。但此时通行的是今文经学，古文经学遭到压制。东汉以后，古文经学不断抗争，渐渐取得了经学主导地位。经学今古文之争的主要争论点在于，是通过解释者的种种附加把六经变成经世致用的工具，还是恢复其历史典籍的本来面目？是挖掘其中的微言大义，还是平实地进行文本解释？天是神秘的主宰者，还是“四时行焉、百物生焉，天何言哉”的自然界本身？孔子是为后世立法的“素王”，还是出类拔萃的学者、教育家？在中国历史的不同阶段，这些问题作为政治斗争的曲折反映，以不同的形式表现出来。经学作为时代精神的缩影，引发了各时代学者经久不息的研究热情。

又如，魏晋时期的时代潮流是玄学，玄学起源于对《周易》《老子》《庄子》“三玄”的新型注释风尚。尤其王弼用老庄注《周易》并作《周易略例》阐发其要义，对“大畅玄风”有着决定性影响。王弼又注释《论语》，开启了儒学与老庄互通的先河。此后阮籍作《乐论》《通易论》《达庄论》《通老论》，将儒道会通为一，说："道者，法自然而为化，侯王能守之，万物将自化。《易》谓之'太极'，《春秋》谓之'元'，老子谓之'道'。"[1] 皆用五经来解释。宋明理学的兴起，也以经学的重新解释为根据。其先驱韩愈据《尚书》《诗经》建立道统谱系，以《大学》的三纲八目作为抨击佛教的工具，以《春秋》的夷夏之防抨击佛教为夷狄之教，倡言全面恢复儒学："其文《诗》、《书》、《易》、《春秋》，其法礼、乐、刑、政，其民士、农、工、贾，其位君臣、父子、师友、宾主、昆弟、夫妇……其为道易明，而其为教易行也。"[2] "宋初三先生"胡瑗、孙复、石介借《春秋》大一统消除五代以来的分裂、动荡；李觏、王安石、张载将《周礼》作为变法的依据；邵雍以《周易》为原理创立其先天学；程颐解说《周易》《诗经》《春秋》，以此发挥"理学"；朱熹则手注《周易》《诗经》，自己发凡起例嘱咐弟子完成《尚书》、三《礼》注释，而其花费四十年时间精力所作的《四书章句集注》，是元、明、清三代科举取士的标准教科书，为读书人家弦户诵之书。陆九渊、王阳明心学，虽重在发挥精神的蕴藏，但亦依附经学。如陆九渊与朱熹书信辩论，多援据《尚书》《周易》。王阳明则以良知之学融贯五经、四书中的重要内容。叶适以经制言政治，其学"根柢六经，折衷诸子"，经学是其根本。吕祖谦以五经为中原文献之传的主要内容，以经学为史学的基础。明代经学理学分河饮水，经学家剥离理学的缠夹，理学家摆落经学的章句训诂，双方沿着各自的方向有更加纯粹的发展。明末清初顾炎武、黄宗羲、王船山诸家，反省明亡

[1] （三国魏）阮籍著，陈伯君校注：《阮籍集校注》，中华书局 2012 年版，第 160 页。

[2] （唐）韩愈著，孙昌武选注：《韩愈选集》，上海古籍出版社 1996 年版，第 270 页。

教训，莫不从纠正理学片面强调天人性命，离开了笃实解经，从而导致学风空疏、士人糜滥、蹈虚无实之弊开始。而谋划未来中国文化的建立，也莫不从经学理学结合，以经学之笃实纠理学之空疏，以理学之切己有用纠经学之琐碎饾饤、不切世用开始。清代乾嘉之学，专注于经书字句的训诂，名物制度的考证，义理之发挥不为所重。至清代晚期，由于列强的欺凌引发的对国事的反省、对以往学术的批评，皆从检讨经学开始，如常州今文经学和康有为的春秋公羊学。冯友兰《中国哲学史》甚至将汉初至清末的中国哲学发展历史，归于“经学时代”，以廖平的经学为结束。从经学与哲学的关系看，因中国古代经学是一切学问的总揽与核心，所以凡属于哲学范围内的问题，莫不与经学有关。哲学中的形上学、知识论、政治哲学、伦理学，莫不导源于经学，莫不围绕经书而起；各期哲学所用的概念范畴，大部分从经书中来。最重要的是，中国沿袭了几千年的大一统的中央集权的政权形式，需要经学这种总揽万学、道学政一体不分、一切皆围绕一个核心展开、一切皆是这一核心的不同表现的学问形式。经学与哲学在历史的磨合中被证明是相互适应、行之有效的。

二、哲学与史学

中国是世界文明古国之一，世界上没有哪个民族像中国人这样重视官、私修史，重视历史典籍的保存、传承，重视在历史的诠释中歌颂或针砭现实，也没有任何国家的国民有中国人这样浓厚的历史意识和经久不衰的历史兴趣。所以史学是中国历史最悠久、传统最深厚的学科。

中国最早的典籍六经，本皆政府文件，因部类不同，而别为六种。中国历史上多有“六经本上古政典”的说法，至王阳明，明确说“五经皆史”：“以事言谓之史，以道言谓之经。事即道，道即事。《春秋》亦经，五经亦史。”（《传习录》上）王阳明以价值理念与事迹表现来区别经与史，从两者“体用一源，显微无间”出发，认为两者不可截然相离：《周易》是伏羲之史，《尚书》是尧舜禹等之史，《礼》《乐》是夏商周三代之史。并且他明确说，史的意义在于显示道所蕴含的价值训诫，而道须借事以明。明代倡言“六经皆史”的还有王世贞、李贽、胡应麟、顾炎武等。清代主张此说最著名的是章学诚，他明确说：“六经皆史也。古人不著书，古人未尝离事而言理，六经皆先王之政典也。”（《文史通义・易教上》）章学诚此言意在恢复史学合价值与史实为一的传统，视史学为经世之具，反对把史学当作经学的附庸。现代学者章太炎、梁启超、钱穆、侯外庐、钱钟书、余英时等皆对此问题有所讨论，皆有反对经学独尊、主张学术平等、消减价值意识、重视史实本身的意思。同时这些学者多是史学家，更有史学含括百学、无所不包的意思在其中。“六经皆史”其实是某种历史哲学的表现。

西方史学也有哲学与史学何者为重、为先的讨论，如德国新康德主义哲学家文德尔班、李凯尔特与意大利历史学家克罗齐的争论。文德尔班秉承“自然是必然王国，历史是自由王国”的说法，认为科学以总结普遍规律为目的，而历史学则以描述个别事实为目的；前者重一般，后者重个别。而描述个别事实主要是对它的伦理价值的描述。因此，历史学家的思想实际是伦理思想，历史学是伦理学的一个分支，它不具有“科学”的性质。这个结论与科学、历史学的性质的讨论相关。李凯尔特则走得更远，首先他认为历史学与科学的区别主要是价值判断与非价值判断的区别。其次，他认为一切实在的都是历史。自然科学是用人类理智建构起来的公式、原理描述自然存在物，历史学是在价值观念的指导下描述、刻画人的行为这类存在物，两者都隶属于历史。在他看来，历史学是唯一的、真正的知识，因为它是由一个事实导向另一个事实的过程。但他又追随实证主义，把历史看作个体事实的堆积，即使是价值事实。李凯尔特的这一思想受到英国历史学家柯林武德的批评："与现在相割裂的过去被转化为一种单纯的景观之后，就可能一点也没有价值了；它就成了被转化为自然的历史。……历史事实就变成了不相关联的偶然事件，而如此这般的历史事实就象自然的事实那样，可以是彼此间仅处于同样的时间和空间、偶然性、相似性和因果作用的那种外部关系之中。"[1] 他强调，历史不是单纯过去了的事实，而是历史学家用某种哲学观点对个体事实的统观；历史不是已死的，而是对过去的继承，是活着的过去的整体。哲学是历史的灵魂。

与柯林武德观点相近的克罗齐看重的也是哲学与历史的关系，他不认为哲学与历史是彼此相外的两个领域，而是通过一般和个别这一对范畴，两者不可分割地关联在一起：历史事件是个别，哲学思想是一般，对历史事件的判断总是体现着哲学观点。被判断的主语是个体，谓语是一般。因此，"哲学就是历史思维本身的一个组成部分；对历史的个别判断之所以是判断，就只因为它自身中包含着哲学思想作为它的成分之一"[2]。在这一看法下，历史其实是由体现在个别事实中的观念、思想构成的，个体只不过是观念这一共相的化身而已。所以便有了克罗齐那句广为人知的名言：我们只能以我们今天的心灵去思想过去，在这种意义上，一切历史都是当代史。

西方历史理论这两大派的争论说到底是历史与哲学何者更根本之争。现代中国学者余英时与牟宗三关于良知的争论，现代史学方法中"诠释史学"和"实证史学"的争论，其实表现的是同一问题。

在中国，历史学与哲学的关系最集中地表现在，历史著作的撰写中必

[1] ［英］柯林武德：《历史的观念》，何兆武、张文杰译，中国社会科学出版社 1986 年版，第 193 页。
[2] ［英］柯林武德：《历史的观念》，何兆武、张文杰译，中国社会科学出版社 1986 年版，第 223 页。

然有哲学思想贯彻其中；历史不仅是对已经发生的事件的机械摹写，而且是通过史学家的重新构思，使史书彰显某种道理，传达某种价值观念，在纪录史实的基础上，表达史学家个人的哲学思想。纯粹的“实录”在许多史学家眼里，不过是资料长编和史事备忘录。真正的史书应该是精心撰作、体现哲学理念的伟构。这是中国自司马迁、班固以来一以贯之的史学传统。司马迁的治史名言是：“究天人之际，通古今之变，成一家之言。”这句话实际上是司马迁的历史哲学，它为中国史学奠定了基本路向。“究天人之际”是说史学首先须究明天道、人道之实。天道是自然的原理。天道有无原理？其原理为何？司马迁认为天是有原理的。他父亲司马谈虽心仪黄老之学，在《论六家要旨》中对黄老赞扬最多，认为它综合六家而又能应时代需要加以完善，“因阴阳之大顺，采儒墨之善，撮名法之要，与时迁移，应物变化，立俗施事，无所不宜，指约而易操，事少而功多”（《史记·太史公自序》），并批评世儒经生“博而寡要，劳而少功”，但又对六经中的《诗》《书》《礼》《乐》充满赞佩之情。尤其作为史官，司马谈对孔子承继周公重视礼乐的精神，作《春秋》以表彰忠臣孝子、贬斥乱臣贼子、保存典章文物、兴废继绝以佐天下之治的丰功伟绩神往不已。司马迁继承了其父而有发展，他心目中的史学有着神圣的职责，对实现理想政治有着重要责任：“夫《春秋》，上明三王之道，下辨人事之纪，别嫌疑，明是非，定犹豫，善善恶恶，贤贤贱不肖，存亡国，继绝世，补敝起废，王道之大者也。”（《史记·太史公自序》）在他看来，六经所代表的价值就是天道，所以他反复解释六经的本质，将六经之义归结到《春秋》上，说“《春秋》者，礼义之大宗也”；史官的责任是把追寻天道的杰出人物、事件书写出来，选材、叙写、评断，都要贯彻这一历史精神。他的志向是效法孔子，以书写的历史彰善瘅恶，把那些符合真美善的人物表彰出来，把那些做出突出业绩因而推动历史发展的人物表彰出来。这些人的品德、业绩是客观存在的，史官不是编写故事，而是把已有的故事用文字展现出来。这就是孔子“述而不作”的意指。他要彰显的一大主旨便是“恃德者昌，恃力者亡”的儒家道德史观。虽然历代史书体裁不同，宗旨各异，但《史记》以来“绍明世，正《易传》，继《春秋》，本《诗》《书》《礼》《乐》”的传统却是中国史学的主流。纵观二十四史之撰作，其欲以史为鉴、佐成美治的意图是一贯的。著名历史学家柳诒徵即说，中国思想以儒家为主干，而儒家又以礼为维系社会之命脉，故中国史著，多以礼所代表的思想为核心：“礼者，吾国数千年全史之核心也。……而赖此一脉之传，维系世教，元凶巨慝有所畏，正人君子有所宗。虽社会多晦盲否塞之时，而史书自有其正大光明之域。”[1]

由此，价值与知识并重，史料的采撷、纪录、评断与价值的彰显结合，是中国史学的优良传统。史著的主要形式是纪传体，二十四史皆纪传体。纪传体的长处在于以人物、事件、制度等有一定独立意义的对象为中心全面地进行描述、评论，它突破了时间空间的限制，使史书中的纪、表、志、传之间有灵活的联系，互相衬托、互相补充。尤其是可以通过各传之后的人物、事件评论，把史家的价值目标显示出来，起到垂训鉴戒的作用。并且通过表、志等，把一个朝代的政治、经济、文化、教育、民族、外交等制度、活动记录下来，不但可以印证人物、事件，而且可以作为知识传承下去。此外，中国史书还有一大体裁即编年体。如果说纪传体价值、知识并重，那么编年体主要在纪录知识，但价值自在知识中显露。其他各种专门史也是这样。由此形成中国史学价值与知识并重，在知识中彰显价值，由价值统领知识的优良传统。

这一传统对史家要求很高，史家不仅是史学专家，还须有传信之德、

[1] 柳诒徵：《国史要义》，中国人民大学出版社 2007 年版，第 11 页。

通识之才。前者强调撰作史书要坚持信史原则，不为势劫、不为利诱，故“在齐太史简，在晋董狐笔”一直为后世所称颂。后者要求史家具备才、学、识三者，即“良史三长”。“三长”自唐代史学家刘知几提出以后，一直为历代史家所遵奉。关于三长之内容，古今人解释极多，但以冯友兰的解释最为准确简明：“学者，史料精熟也；识者，选材精当也；才者，文笔精妙也。”[1] 史家首先要有对史学的敬畏。撰作史著绝非闲情逸致的赏玩，也非学识才情的卖弄，更非对某人某事的讥刺影射。著史须有高度的历史责任感和充沛的家国情怀，还要透过层层迷雾，在无数人物、事件中，把最能代表历史精神、最能说明历史线索的材料选出来，这需要通透的识度、睿智的眼光和广博的知识。学须博，蕴蓄须厚，否则可供筛选的材料太少，论据太薄弱，缺乏论证力量。有的史家，虽史料积累极富，但缺乏鉴识力，所作之史只是资料之堆积，无有观点之提炼、鉴戒之宣示。这两种作史者犹如刘知几所批评的“有学无才，犹愚贾操金，不能殖货；有才无学，犹巧匠无楩楠斧斤，弗能成室”（《新唐书·刘子玄》）。好的历史著作既能展现客观历史事件，又有自己的哲学思想贯注其中；既有广博的史料基础，又有精当的识力选择。而这一目标最终要通过史才来体现，该雄健者雄健，该婉约者婉约，该壮烈者壮烈，该凄美者凄美；文笔有波澜，有韵致，才能引起读史者的共鸣。著史须有才情，才情依凭气韵。文无气韵，则味同嚼蜡；而一有气韵，则情随所摹写之人之事而发，稍一过当，则“文为事役”。章学诚对此有一段极好的议论，涉及哲学上的“性情”：“凡文不足以动人，所以动人者，气也。凡文不足以入人，所以入人者，情也。气积而文昌，情深而文挚；气昌而情挚，天下之至文也。……情本于性，天也；情能汩性以自恣，人也。……人有阴阳之患，

[1] 冯友兰：《中国哲学简史》，江苏文艺出版社 2010 年版，第 1 页。

而史文即忤于大道之公，其所感召者微也。”(《文史通义·史德》) 而欲气合于理，情合于性，端赖心术之修养；心术之修养又全在仁义之心、中和之德的养成：“仁者情之普，义者气之遂也。”(《文史通义·史德》) 这里反复指出的是，著史须具备多方面学养，而哲学是历史的灵魂，决定史著的思想高度、艺术高度，而这两者是“成一家之言”的关键。

哲学对历史的重要性，还体现在它为史家提供评价历史人物、事件所必需的立场、观点、价值取向。历代史书，特别是纪传体史书，多在纪、传之后有评论，如《史记》的“太史公曰”,《汉书》的“赞曰”,《后汉书》的“论”“赞”,《三国志》的“评曰”等。另有一类史著，专门对历史事件、人物、制度等进行评论。最著名者如刘知几的《史通》，范祖禹的《唐鉴》，王夫之的《读通鉴论》《宋论》。评史最难，稍有常识者，皆可就一事、一人发论，抑扬褒贬，纯出己意。故隔靴搔痒者多，精彩中肯者少。评史涉及历史评价和道德评价。历史评价将历史人物、事件的发生发展、意义价值放在较大范围和特定框架中加以评断，此非有哲学特识不能为功。道德评价依据一定的价值标准衡断人物、事件，其是非、正邪的标准，其实皆有背后的哲学立场。如《史记》受司马谈的影响，有明显的黄老思想，是汉初道家氛围浓重的表现。班固对此不满，《汉书》衡断人物多扭转《史记》，多以儒家思想为归。这也是汉末儒家思想昌炽的反映。从中可见哲学对于史学的基础作用。

又如刘知几《史通》，为史评类翘楚，对以前的史书，多有中肯的评价，而其成就之取得，全凭哲学慧识。如他论史书的类别，列为六种，其中以《春秋》体例最为完备：“逮仲尼之修《春秋》也，乃观周礼之旧法，遵鲁史之遗文；据行事，仍人道；就败以明罚，因兴以立功；假日月而定历数，藉朝聘而正礼乐；微婉其说，志晦其文；为不刊之言，著将来之法，故能弥历千载，而其书独行。”(《史通·六体》) 虽以孔子为圣人，其言不无过誉之处，但他确实认为就通史言，《春秋》有明确的哲学思想，这就是将正统的价值观寄寓史实之上，将真实记叙人物、事件与宣示价值观念相结合，揭示兴亡成败之由，保存礼乐制度，定正朔、明秩序，而又文辞宛转，讳避得体，合于温柔敦厚的诗教。这是刘知几评判史著的哲学标准。在此基础上，他认为后世《春秋》衍为两体：以《左氏春秋》为代表的编年体与以《汉书》为代表的纪传体。两体各有所长，前者文字简要而叙事详博；后者为断代史，克服了通史的浮泛和缺略，叙事易核实，范围易全面。此后各朝之正史，皆纪传体，以《汉书》为典范；而编年史的伟构，如荀悦的《汉纪》及其仿作，皆以《左氏春秋》为参照。这是他心目中的史书样板，他的哲学观念亦于中显出。

又如王夫之的《读通鉴论》，是史评中最富于哲学思想的，卷末《叙论》集中述说了此书的特点。其一，不言正统。中国历史上有所谓正统论之争，而王夫之认为，无所谓“正”，无所谓“统”。天下一治一乱，朝代一兴一替，分合无常，绝续相仍。当其治时，即为正；当其乱时，即为不正。既无“统”，又何来“正统”？他尝以历史上的治乱为证：“夫上世不可考矣。三代而下，吾知秦、隋之乱，汉、唐之治而已；吾知六代、五季之离，唐、宋之合而已。治乱合离者，天也；合而治之者，人也。舍人而窥天，舍君天下之道而论一姓之兴亡，于是而有正闰之辨，但以混一者为主。”[1] 王夫之反对正统论，是从历史形态着眼，认为一治一乱乃历史之必然，天地之大公。天下非夷狄盗贼所可长据，也不是一家一姓的私产。从一朝一代看，孤臣孽子不忍心本朝灭亡，更不忍心天下落于夷狄盗贼之手，常以正统自居，宣发流连、惋惜，以至愤懑之情。但从历史的长时段看，朝代已改，天命已移，不能强使之存续，人无法以德之顺逆定天命之

[1] （清）王夫之：《读通鉴论》，《船山全书》第十册，岳麓书社 2011 年版，第 611 页。

去留。言正统者，多为一家一姓的江山计，甚至为末代之暴君昏主延续国运，是不必要也不合理的。后世辩正统者多以夷狄、篡夺、盗贼之得国为不正，而王夫之认为，所谓“篡夺”“盗贼”实难定义，所谓以“正”得国者，少之又少；夷狄入据中原，自不能长久，必为汉族所推翻、所驱逐，其“不正”自不待言，不能因为它混一中国就视为正统。故王夫之对宋濂所修之《元史》以元为正统进行驳斥，认为“乱华夷之辨”；对五胡乱华窃据中原，王夫之也持贬斥态度，但以之为“乱”而非以之为“不正”。并指出，正统论源于邹衍“五德终始”说，此说汉以后虽未绝响，但言之者极少。而正统论则相沿不绝，又衍生出许多枝蔓，究其实，皆篡窃得国者为政权的合法性寻找借口而已。故王夫之说：“天下之势，一离一合，一治一乱而已。离而合之，合者不继离也；乱而治之，治者不继乱也。明于治乱合离之各有时，则奚有于五德之相禅，而取必于一统之相承哉！”[1]

其二，因理事而论得失。主张评论人物、事件，必须放在时代背景下，不能以当时的成功，作为后世效法的榜样。他在《叙论》中表明他评论古人的方法：“编中所论，推本得失之原，勉自竭以求合于圣治之本；而就事论法，因其时而酌其宜，即一代而各有张弛，均一事而互有伸诎，宁为无定之言，不敢执一以贼道。”[2] 即评论人物，分理事两项标准。理的标准，取自《尚书》，折衷于孔子，具体来说：（1）观君心之敬肆，戒其荒怠与苛刻，不及者为荒怠，过者为苛刻、欲速求效。（2）观其政之仁与暴，能否任用贤能，能否兴起教化；其政施之于民，能否以仁爱为心。这

[1]（清）王夫之：《读通鉴论》，《船山全书》第十册，岳麓书社 2011 年版，第 610 页。

[2]（清）王夫之：《读通鉴论》，《船山全书》第十册，岳麓书社 2011 年版，第 1180—1181 页。

一标准，为治国原理、不二法门。而具体措施则须因时制宜，不能把一时一地的成功，视为可通行于万世的模范。对史家称道不置且认为可行于后世的封建、井田、乡举、里选、寓兵于农、恢复肉刑等制度，王夫之皆认为是刻舟求剑，食古不化。

其三，从对书名《读通鉴论》的解释中可以看出王夫之的历史哲学。如对“资治”二字，王夫之有明确论说，认为能“资治”者，不是历史知识，而是对现实治理有作用的意见。对历史徒作知识性理解，则闻见虽多，辨证虽详，不过“玩物丧志”而已。世间无放之四海而皆准的善法良制，任何设施、议论须经过自心的省视，进行创造性转化，变为对自己施政的助缘。他说：“无不可为治之资者，无不可为乱之媒。然则治之所资者，一心而已矣。以心驭政，则凡政皆可以宜民，莫匪治之资；而善取资者，变通以成乎可久。……得可资，失亦可资也；同可资，异亦可资也。故治之所资，惟在一心，而史特其鉴也。”[1] 对于“鉴”字，他发挥说，鉴能照出人之妍媸，故整衣冠、尊瞻视者可对镜理妆，整齐衣冠。但真正的鉴须是人心对所照之影的反思：“于其得也，而必推其所以得；于其失也，而必推其所以失。其得也，必思易其迹而何以亦得；其失也，必思就其偏而何以救失；乃可为治之资，而不仅如鉴之徒悬于室，无与照之者也。”[2] 仍在强调自心在读史中的决定作用。对于“通”字，王夫之强调的是“全”，即《读通鉴论》所涉及的领域之广泛：“‘通’者，何也？君道在焉，国是在焉，民情在焉，边防在焉，臣谊在焉，臣节在焉，士之行己以无辱者在焉，学之守正而不诐者在焉。虽扼穷独处，而可以自淑，可以

[1] （清）王夫之：《读通鉴论》，《船山全书》第十册，岳麓书社 2011 年版，第 1181—1182 页。

[2] （清）王夫之：《读通鉴论》，《船山全书》第十册，岳麓书社 2011 年版，第 1182 页。

诲人，可以知道而乐，故曰‘通’也。”[1] 王夫之的重点在君道、臣道、国是、民瘼，及士大夫的节义与学殖。这是王夫之反省的重点。中国史书以帝王将相为记述中心，不管是纪传体还是编年体。王夫之的论述重心也在此，但最后都落在国是民情上，而国是以民情为转移。民是国家的根本，这仍是“民为邦本，本国邦宁”的民本论思想。另一点是士大夫之学。学包括两个方面：德是否固，学是否正。在清廷统治已经稳固，明朝兴复无望的情况下，王夫之强调德与学，就是强调士大夫保持节义不为异族政权所用，及保存、传承中华文化不使废坠断绝，并发扬光大。他评论《资治通鉴》的目的在此，他通过评史传达的哲学思想亦在此。最后是“论”字，王夫之表明他论史的方法是：“引而伸之，是以有论；浚而求之，是以有论；博而证之，是以有论；协而一之，是以有论；心得而可以资人之通，是以有论。”[2] 引而申之，就历史事件的结果作不同方面的推论。浚而求之，就历史事件的成因作进一步挖掘。博而证之，对历史事件引证其相近者加深说明。协而一之，就不同历史事件的相同点综而论之以寻求规律性的东西。也就是从历史事件的因果、同异、偏正、一多处多方寻觅，加深对它们的认识与把握。王夫之此识度缘于他的根本哲学观念：道与物的体用关系。他曾说：“道无方，以位物于有方；道无体，以成事之有体。”[3] 道非别为一物，就自然哲学来说，道体现在具体物上；就历史哲学来说，道体现在具体事上。体用一源，显微无间。故对历史事件见得越是明晓透彻，取资于它的范围就越是广泛；心之体验越深，资取后的反应链接就越

[1] （清）王夫之：《读通鉴论》，《船山全书》第十册，岳麓书社 2011 年版，第 1182 页。

[2] （清）王夫之：《读通鉴论》，《船山全书》第十册，岳麓书社 2011 年版，第 1182 页。

[3] （清）王夫之：《读通鉴论》，《船山全书》第十册，岳麓书社 2011 年版，第 1182 页。

多。历史事件是一，对它的观照、引申却是无穷的。可以看到，王夫之的《读通鉴论》在“通”“鉴”“论”几方面都有考量和发挥，他的史评是在他的哲学的指引下作出的。这一点在《宋论》中也表现得很明显。历史与哲学的关系在他这里体现得最为鲜明。

三、哲学与文学艺术

中国哲学与文学、艺术密不可分，这首先是因为中国古代文学、史学、哲学及其他学问间并无明确区分，它们有一个共同源头：六经。六经是一个整体，各经虽有不同侧重，但它是不分文史哲的。照后世的学科分类标准，《易经》偏于哲学，但它的卦爻辞简练、优美，“以言者尚其辞”，而它的观象玩辞、因象生心的思想方法，为后世无数文学家所取法。《诗经》重在“六义”，偏于文学，但它对圣君明王的颂扬、对暴君昏主的讽刺中富含政治哲学，对普通生活的歌咏中有很多正确价值观念的提揭。《尚书》是典、谟、诰、誓的集合，偏于政治，但文辞富赡，气象正大，是后世散文创作的不竭源头。三《礼》是国家典章、文物、制度及士大夫行为规范的说明，但它典雅细密，中和有度。《乐经》虽无明文，无法窥其全豹，但从先秦典籍对它的定位、描述看，它以冲和、雍容之气度对礼进行中和、融贯。《春秋》偏重于史学，文辞质实简略，但通过三《传》对它不同面向的发挥而呈现多方意蕴：《左传》以华丽的文字，灵动的叙事风格，《公羊传》《谷梁传》以恢奇的叩问方式，辗转曲折的阐释方法，将哲学与文学完美地结合在一起。它们文史哲浑合不分，以其深度思想和完美形式整体地对后世产生影响。特别是在战国时代，诸子勃兴，各以其学鸣，文章之道大行，文史哲不分的传统也基本定型。章学诚说：“九流之学，承官曲于六典，虽或原于《书》《易》《春秋》，其质多本于礼教，为其体之有所该也。及其出而用世，必兼纵横，所以文其质也。古之文质合于一，至战国而各具之质；当其用也，必兼纵横之辞以文之，周衰文弊之效也。”（《文史通义·诗教上》）就是说，战国时的诸子之学，从内容上说，因各自王官之职不同，皆出于六经之一隅，但皆用诗经之文学形式修饰其质朴而增加其效用。故诸子之学从内容到形式其源头皆在六经。虽不同于上古时的文质合一，但加强了它形式上的文学性。这是说战国时散文体式已基本定型，文史哲不分的传统也就此奠定。

中国古代文学艺术的大端是散文，文学与哲学的关系最多地体现在作为文章灵魂的哲学与其载体文字之道的关系上，“文以载道”是源远流长的传统。《尚书》即有“玩人丧德，玩物丧志。志以道宁，言以道接”的主张，提倡“以道驭志，以言显道”，不以华美之辞为高。孔子说：“《诗》三百，一言以蔽之，曰‘思无邪’。”（《论语·为政》）以思想纯正无邪为诗之第一要旨。又说：“有德者必有言，有言者不必有德。”（《论语·宪问》）以道德修养为言之有物的根据。对音乐的评价，则以内容上符合善的价值和形式上符合美的法则为理想。而人格的养成，则在“志于道，据于德，依于仁，游于艺”，以道德修养带动艺能发展。至孟子，以知言养气为人格修养的基本方法。养气者，集义以养浩然之气，属德行方面；知言者，知言辞之弊，属知识方面。而以前者为后者的基础：养气愈充沛，则知言愈明彻。论诗则曰：“不以文害辞，不以辞害志；以意逆志，是为得之。”（《孟子·万章上》）主张以志意为骨干，文辞为辅从。荀子提出“不全不粹之不足以为美”，而全与粹的基础是道德修养：“德操然后能定，能定然后能应，能定能应，夫是之谓成人。”（《荀子·劝学》）并以玉喻君子，具备君子之德，其文辞才能传播久远，如玉之质美，其声才“清扬而远闻”。故天下之至文，情与文兼尽；其次，情与文交替而胜；其下，情与文皆无。而六经乃天下之至文，因为它是圣人的制作，是道的体现，是永恒的法则，其形式与内容的融合达到最完美的程度："圣人也者，道之管也。天下之道管是矣，百王之道一是矣，故《诗》《书》《礼》《乐》之归是矣。"（《荀子·儒效》）先秦儒家道德为文章之本的思想对后世文论影响深远。

汉代王充言"文德"，说："德弥盛者文弥缛，德弥彰者人弥明。大人德扩，其文炳；小人德炽，其文斑。"（《论衡·书解》）认为德行与文采两皆重要，而德为基础。德愈高，文章愈富于色彩。修养好的人，其文章绚烂鲜明；修养稍逊的人，也能文采美厚。《文心雕龙》也论文德，说："道沿圣以垂文，圣因文而明道，旁通而无滞，日用而不匮。"（《文心雕龙·原道》）认为天地之道是文章的灵魂，道借圣人发而为文章，圣人凭文章阐明大道，将道推广于具体事物。而文辞侈丽，空洞无物，则是背道之文。故"文以行立，行以文传，……励德树声，莫不师圣"（《文心雕龙·宗经》）。理想的文章是以道德为骨干，形式则辞清理明："标以显义，约以正辞，文以辨洁为能，不以繁褥为巧；事以明核为美，不以深隐为奇。"（《文心雕龙·议对》）唐代韩愈论作文之道，说："行之乎仁义之途，游之乎《诗》《书》之源，无迷其途，无绝其源，终吾身而已矣。"[1] 为文须德艺并重，而道德修养是根本，文章之光华是果实，"养其根而俟其实，加其膏而希其光。根之茂者其实遂，膏之沃者其光晔；仁义之人，其言蔼如也"[2]。柳宗元提出"文以明道"的说法，对徒追求文字华美的弊病提出批评："文者以明道，是固不苟为炳炳烺烺，务采色、夸声音而以为能也。"[3]

至宋明理学，以德为基、德本艺末的思想愈加发展，周敦颐明确提出

[1] （唐）韩愈著，孙昌武选注：《答李翊书》，《韩愈选集》，上海古籍出版社 1996 年版，第 188 页。

[2] （唐）韩愈著，孙昌武选注：《答李翊书》，《韩愈选集》，上海古籍出版社 1996 年版，第 187 页。

[3] （唐）柳宗元：《答韦中立论师道书》，《柳宗元集》，中华书局 1979 年版，第 873 页。

“文以载道”的主张，为此后理学的文德关系奠定基础：“文，所以载道也。轮辕饰而人弗庸，徒饰也，况虚车乎？文辞，艺也；道德，实也。笃其实而艺者书之，美则爱，爱则传焉……不知务道德而第以文辞为能者，艺焉而已。”（《通书·文辞》）程颐批评片面追求文字华美的风气，斥之为徒悦人耳目的俳优，玩物丧志：“古之学者，惟务养情性，其他则不学。今为文者，专务章句，悦人耳目。既务悦人，非俳优而何？”[1] 并引孔子“有德者必有言”之语，认为应把修养道德作为首务，有德者胸中蕴蓄自然发而为文章。朱熹继承周、程，提出“道者文之根本”的主张：“道者，文之根本；文者，道之枝叶。惟其根本乎道，所以发之于文，皆道也。三代圣贤文章，皆从此心写出，文便是道。”[2]

王阳明以良知为道的落实、宣发之地，说：“六经者非他，吾心之常道也。”[3] 文学、艺术皆所以调习此心，使之熟于道，“是故专于道，斯谓之专；精于道，斯谓之精。专于弈而不专于道，其专溺也；精于文词而不精于道，其精僻也。夫道广矣大矣，文词技能于是乎出，而以文词技能为者，去道远矣。”[4] 李贽倡“童心说”，以合于自然而无造作者为高，谓之化工。化工才是天下之至文，如风行水上，波纹自现。违逆自然，追求种种人为之巧，则落下乘，他说：“风行水上之文，决不在于一字一句之奇。若夫结构之密，偶对之切；依于理道，合乎法度；首尾相应，虚实相生：种种禅病皆所以语文，而皆不可以语于天下之至文也。”[5] 李贽用得自老庄和禅学的“自

[1] （宋）程颢、程颐：《二程集》，王孝鱼点校，中华书局 2004 年版，第 239 页。

[2] （宋）朱熹：《朱子语类》卷第一百三十九，中华书局 1986 年版，第 3319 页。

[3] （明）王阳明：《稽山书院尊经阁记》，《王文成公全书》（一），中华书局 2015 年版，第 309 页。

[4] （明）王阳明：《送宗伯乔白岩序》，《王文成公全书》（一），中华书局 2015 年版，第 276 页。

[5] （明）李贽：《杂说》，《焚书》，中华书局 2009 年版，第 97 页。

然”，反对理学，反对理学所依据的五经，认为真正的圣人是“童心”未失者。世间真能文者，皆非有意于为文，而是心中蓄积的情感，借相应之景物，自然喷涌而出。工巧可以人力为之，而天下之至文皆自然成就。自然之文成于自然之人，仍强调人格修养对于文章的基础作用。

至明清之际顾炎武、黄宗羲、王夫之，在对明朝灭亡的反省中，惩文才之士多驰骛于辞章之学，鄙薄理学，放弃道德修养，声言“酒色财气不碍菩提路”，故重新强调道德修养对文学创作的决定作用，强调文学须有益于国事民瘼，须对阐明正道、整饬纲纪、教化百姓有助益作用。顾炎武说：“文之不可绝于天地间者，曰明道也，纪政事也，察民隐也，乐道人之善也。若此者，有益于天下，有益于将来，多一篇，多一篇之益矣。若夫怪力乱神之事，无稽之言，剿袭之说，谀佞之文，若此者，有损于己，无益于人，多一篇，多一篇之损矣。”[1]

黄宗羲则倡导“至文生于至情”，认为文章以理为主，但无情则理无以伸展，而情生于人格修养带来的境界提升，即“心明”。他说：“所谓文者，未有不写其心之所明者也。心苟未明，劬劳憔悴于章句之间，不过枝叶耳，无所附之而生。故古今来不必文人始有至文，凡九流百家以其所明者，沛然随地涌出，便是至文。”[2] 心之所明，首先在知天地间元气乃文章之本。元气在平时，畅达郁茂，布于万物，平顺无奇。而一旦阻塞，则元气壅蔽累积，情满力盈，鼓荡而出，于是发为至文，如宋亡之时谢皋羽之《登西台恸哭记》之类。心明则情至，情至则文至。而至文非限于文士所作，凡情真意切自然流出而具备一定形式者，皆可为至文：“天地间街谈巷语、邪

[1] （明）顾炎武：《文须有益于天下》，《日知录集释》，花山文艺出版社 1990 年版，第 841 页。

[2] （清）黄宗羲：《论文管见》，《黄宗羲全集》第十册，浙江古籍出版社 1994 年版，第 651 页。

许呻吟、无一非文；而游女、田夫、波臣、戍客，无一非文人也。”[1] 其次，情分一时之情与万古之情。一时之情者，出于偶然之真情流露，触景感物，佳句美什自然涌出。而万古之情，指合于孔子“诗可以兴、观、群、怨”“思无邪”之旨。“兴观群怨”者，诗文须关乎国事民瘼，有益于治道；“思无邪”者，诗文须旨趣雅正，有益于美风良俗之养成。论诗论文，皆当以此为标准，故“苟言其诗，亦必当以孔子之性情为性情，如徒逐逐于怨女逐臣，逮其天机之自露，则一偏一曲，其为性情亦末矣。”[2] 黄宗羲在明亡后大倡浙东豪杰精神，于诗文亦大力表彰出于真性情之作，但最高标准是孔子之旨、六经之文。此亦可见他心目中哲学与文学的关系，及明清鼎革之际这一思想对他立身处世、诗文创作的指导作用。

王夫之关于哲学与文学关系的思想主要体现在质与文、才情与物理的讨论上。王夫之认为，客观物体皆有形有象，形指事物的形体，象指事物的相状。形必有象，象以显形。但形与象的认知、获取方式不同，形只需“视”，指远观得其轮廓而知其必有；象须“察”，指近处熟知而得其细微。形为质，象为文，“故统文为质，乃以立体；建质生文，乃以居要。体无定也，要不可扼也。有定体者非体，可扼者非要。文离而质不足以立也。”[3] “体无定”，指事物存在于不同的时间空间中；“要不可扼”，指万物之象非同一。物之差别，全靠文来彰显，两相比较，对于认知、获取事物的性质来说，文比质更加重要。这一观点，王夫之得之于《易传》的“修辞立其诚”。质者，诚体本身，但欲立起此诚体、彰显此诚体，必须靠文。文虽然重要，但以质即诚体本身为标准；而立诚之文，又以六经为典范。

[1] （清）黄宗羲：《明文案序上》，《黄宗羲全集》第十册，浙江古籍出版社 1994 年版，第 18 页。

[2] （清）黄宗羲：《马雪航诗序》，《黄宗羲全集》第十册，浙江古籍出版社 1994 年版，第 91 页。

[3] （清）王夫之：《尚书引义》，《船山全书》第二册，岳麓书社 2011 年版，第 412 页。

于是他据此判定，《尚书》之典、谟、诰、誓高于《春秋》之文，《春秋》之文又高于战国诸子之游谈，可谓“体趋卑而失要，文趋靡而离质”[1]。体趋卑者，偏离内容实质、偏离合于理想的价值观念这一标准；文趋靡者，文字表达趋于虚浮疲软，游离无根。理想的文字是“集文以成质，因用而显体”。所以事物的形式是其成败的关键。王夫之在体用、文质上的根本观点是：文靠质而立，因而体的展开有章可循；质靠文来实现，因而体得以饱满厚重。这里对于《论语》“文质彬彬”的吸取是显然的。

王夫之据他的文质体用说评论历朝文章大家。如苏洵之文议论明畅，气势雄健，其胜场在体；韩愈之文辞锋犀利，感情充沛而主题鲜明，其胜场在用。二人在体用上各极其妙。但天下群起效法，于是文章形式雷同，失去多彩之姿。皎然之诗，王鏊、钱福之制义亦如此，于是诗文之道为之破裂。王夫之提倡百花齐放、各呈其美，反对模仿，表彰创新。天下事物丰富多彩，貌样无穷，好文字就在将此丰富多彩充分摹写出来，因此必须“内极才情，外周物理”，“含情而能达，会景而生心，体物而得神，则自有灵通之句，参化工之妙”[2]。可以看出，王夫之关于文质、体用的哲学观点是他文学思想的基础。

章学诚是清代文史大家，在哲学对文史的指导作用上深有所见，他的《文史通义》中有《文德》《文理》两篇，论述文章的德与理。文德者，作家的写作态度，人格修养；文理者，文章技法。他认为中国古代文论，曾有文心、文气之说，前者如陆机、刘勰，后者如韩愈、苏辙，但倡言文德者尚乏其人。而己之文德，说本孔子的“有德必有言”和《周易》的“修

[1] （清）王夫之：《尚书引义》，《船山全书》第二册，岳麓书社 2011 年版，第 413 页。

[2] （清）王夫之：《姜斋诗话》，《船山全书》第十五册，岳麓书社 2011 年版，第 830 页。

辞立其诚”。并且他追溯古人不言文德的原因，认为源于古人德行与文章合而为一，本末兼有，内外并具，故不必于作家之才学识之外，另言文德。文德的主要内容为敬与恕，古人临文必敬，论古必恕，这是作家应有的修养。文德必包文心、文气。敬则气自然收敛，行文自能合文章之节度规范；恕则自然宽容不严苛，自能设身处地平心而论。至于文理，章学诚指出，对于描写对象的神似，不以外在的形式美如声音之和谐、文字之华美为高。他以明代文章大家归有光、唐顺之为例说明之。认为明初文章承袭宋元，崇尚自然、诚朴，不过多讲求技法，如刘基、宋濂之文。永乐至成化，三杨之台阁体盛行，文风雍容华贵，但平庸空泛。李梦阳、何景明等前七子起而纠之，提倡复古，“文必西汉，诗必盛唐”，其余皆不足观，文字以古为高。嘉靖、隆庆时，李攀龙、王世贞为文坛宗主，对仿古之风推波助澜，甚至官名、地名皆改用古称，文字佶屈聱牙。归有光、唐顺之以司马迁的自然脱洒、欧阳修的清新有致为宗，力排仿古派，斥其为妄庸。徐渭、汤显祖等呼应之，文风为之一变。但章学诚对归有光的文章，有赞有否。赞其不随流俗，敢标新规，文字亦气体清朗，尤其适合于科举文体。否其名为宗《史记》，但未得《史记》之精髓。《史记》的特点是苍凉质实中叙事跌宕有波澜，文字不修饰而自然有生气。归有光徒追求形式之波澜有致，而言之有物却未尝学得，故“不免于浮滑，而开后人以描摩浅陋之习”（《文史通义·文理》）。章学诚向往的是孟子的“持其志，无暴其气”：志者，立言之主，即文章须有明道的立意；气者，文章自然涌现的气势，内容形式两不相妨。宋明儒者惩专尚文辞、内容空洞之流弊，谓之为溺于器而不知道，故尊道德而薄文辞，但往往又走入另一个极端，“舍器而言道”。章学诚主张文章须志识与文辞两相富厚，明道但不鄙薄文辞，说：“文辞，犹舟车也；志识，其乘者也。……知此义者，可以以我用文，而不致以文役我者矣。……文辞，犹金石也，志识，其炉锤也。神

奇可化臭腐，臭腐可化神奇。知此义者，可以不执一成之说矣。”（《文史通义·说林》）

可以看出，中国古代哲学家大都主“文以载道”之说，认为文章的灵魂、生命在于宣示价值理想，故首贵有载道之内容。但由于文史哲不分、道与器合一、形式内容互相依持、“言之无文，行而不远”诸观念传统深厚，力量强大，故大多数哲学家并不鄙薄文辞；对于文辞侈丽华美的批评，也多出于补偏救弊，导正文风以改善世教的目的。中国文人重诗文、喜形式美是一个显著特点。故辞章是与义理、考据并行的学术门类。

哲学对文学艺术的影响还体现在文学艺术创作、欣赏中对主体因素的强调。由于中国哲学没有明显的主客二分意识，逻辑学和知识论不发达，思想方法上注重现象，重视体验，所以在文学艺术的创作和欣赏中，强调主体的决定意义，呈现出强烈的主体精神。如有学者将中国美学的基本特征概括为四个统一：美与善的统一，情与理的统一，认知与直觉的统一，人与自然的统一。在这种统一中，主体居于主导地位。[1] 也有学者提出，中国艺术的精神主要有两大源头：一是孔子的仁与乐统一的思想，一是庄子及由他生发出的玄学所体现的心灵超越精神。后者更加强调“心”的作用，对中国艺术影响更加巨大：“心是多数性中的统一，也是统一中的多数性。在‘一’中有超越性，在‘多’中有‘即自’性。……凡在《庄子》一书中所提到的自然事物，都是人格化，有情化，以呈显出某种新的意味的事物。而顺着这种新的意味的自身体味下去，都是深、远、玄，都是当下通向无限。”[2] 也就是说，孔子的仁与乐的统一，庄子的即物即道，都是感悟、觉解对心物、主客两者的连通、引申。这些看法都是中肯的、有见地的。

[1] 李泽厚、刘纲纪主编：《中国美学史》第一卷，中国社会科学出版社 1984 年版，第 23—31 页。

[2] 徐复观：《中国艺术精神》，春风文艺出版社 1987 年版，第 93 页。

中国古代文学艺术中，诗为最大端，出现最早，创作最为繁荣，诗论在文学批评中发展最为充分，故诗被看作一切文学艺术的基础。诗之六义：风、雅、颂、赋、比、兴，其中风雅颂为诗的体制形式，赋比兴是诗的表现手法。赋指铺陈描述，比指比喻，兴指先言别物以兴起此物。铺陈须对对象作细致观察，面面俱到。比与兴需要类比、引申、衍生等思维形式的随机参与，需要灵动、活泼、不断游移的心理过程。另外，比兴由对物象的直观作出，需要把逻辑和直觉有机结合起来，使两者迅捷地合为一体。而诗是讲究意境的，意境是主体的意绪和客观外境吻合为一，形成一个和主体的意绪相应和的景象，此景象能引起审美的欣趣并激发相应的情感。赋比兴是需要人的心灵的多方位参与和多方面修养的艺术创造活动，创作者的精神修养直接决定着诗歌艺术水平的高低。它最需要的是心中积累、沉淀的各种艺术因素与眼前景物相契会的能力，故“眼处心生句自神”。

《尚书》提出：“诗言志，歌永言，声依永，律和声。八音克谐，无相夺伦，神人以和。”（《尚书·舜典》）认为诗是抒发人的情感的，歌是用音乐咏唱诗的，因此音乐要依据诗句的内容来选定，而选定的音律要和歌声相和谐。这样的音乐才是整体和谐、不相扰乱的，才能实现显示人和人、人和自然和谐一致的功能。《尚书》这一对诗、乐的说明，强调的是心对艺术品的决定作用。孔子论诗，除了内容的善之外，还强调形式的美；学诗除了提高人的表达能力之外，更重要的在涵养志意，兴发情感，所以诗可以“兴、观、群、怨”。道家所重者在自然，老子提出“希言自然”，认为自然地呈现是最好的，任何对自然之大美的文字描述都是多余的，只能靠心去契会它，故“信言不美，美言不信”。并且美与丑相对而生，只有超越了具体美丑、与自然为一的“大美”才是真正的美。老子多言自然本身，而庄子多言心对自然之道的体验。虽然“天地有大美而不言”（《庄子·知北游》），作为表达工具的文字也无须言，但心灵必须有言。心灵对自然所产生的反应即言，这种言虽在形式上是缄默的，但有无限丰富的心理内容，所谓“默然不言声如雷”。试看庄子对体道之心的描述：“物固有所然，物固有所可。无物不然，无物不可。故为是举莛与楹，厉与西施，恢恑憰怪，道通为一。其分也，成也；其成也，毁也。凡物无成与毁，复通为一。唯达者知通为一，为是不用，而寓诸庸。……因是已。已而不知其然，谓之道。”（《庄子·齐物论》）有物必有对，对者两端而已，而在知道者眼里，天下之两端皆可通而为一。知道者能泯灭两端，同时寄寓于两端。而此寄寓，也视之为自然而然。这都是心灵的观照，心与心之间的默契，以言语表出已是第二义。所以就心而论，老子冷峻，庄子热烈；老子以明白的语言直接显示无之本体，庄子“以谬悠之说，荒唐之言，无端涯之辞”曲折地言心之觉解，“充实而不可以已”。所以有以庄子为存在主义的，其根据恐怕就在这里。

私淑孔子无待而兴的孟子，是心学大师。《孟子》七篇，气势恢宏，爽朗明快，议论酣畅淋漓，是后世司马迁、韩愈等散文圣手摹写的蓝本。他的“尽心知性知天”与“充实之谓美”，是哲学对艺术、宗教指导作用的写照。“尽心知性知天”实际上是对《中庸》“天命之谓性，率性之谓道”的“逆觉体证”。子思是由天到人，认为人性是天性的体现、落实，而人性须通过心来表现。孟子是穷尽其心，了知其性，因而觉解其天。天的内容就是性的内容，也是心的内容，三者一贯，逆而上通。性与天的内容为何，完全靠对心的理解。而对心的理解，一方面靠经验性的恻隐之心，一方面靠养浩然之气得到的对天的觉解。性是二者的中介。而对天的觉解更加重要。因为天的义蕴较心远为大。有了天作理想、背景，心就有了上通的图景，这样孟子就有了美、大、圣、神不同层次的逐级提升，也可以说是心由感知到审美再到宗教的提升。其中最低一层是“善”。这个善是道德意义上好的人格、品德，所以“可欲”。再上是“信”，信即优秀品质真实地、一以贯之地表现出来。以善、信为基继续修养上进，就有因充满善信而有的“美”，就有因美的积累而发散出的人格光辉之“大”，就有因纯熟而产生的与物融会不隔的“圣”，就有神妙不可测度的最高自由，即“神”。这是哲学识度的层次升进，也是心灵觉解的层次升进。到达最高层面时，哲学、艺术、宗教融会贯通。这种境界貌似神秘，但在长于直觉体证的孟子哲学中，却是真实的心灵经验。而这一点，正是强调理性，不喜直觉，强调主客二分，反对浑融一体的荀子批评他“甚僻违而无类，幽隐而无说，闭约而无解”（《荀子·非十二子》）的理由。

孔子提出“礼云礼云，玉帛云乎哉！乐云乐云，钟鼓云乎哉”（《论语·阳货》），认为礼乐非仅是外在的器具，更重要的是内含的思想。这一观点在《礼记·乐记》对乐的阐发中得到充分体现。《乐记》首先对乐的本质进行规定，认为乐是人的情感的宣发，而情感则与政治、文化紧密相连，所以乐的创作与欣赏是政治、文化的一部分。乐起源于人心对外物的感应：“凡音者，生人心者也。情动于中，故形于声，声成文，谓之音。是故治世之音安以乐，其政和；乱世之音怨以怒，其政乖；亡国之音哀以思，其民困。声音之道，与政通矣。”（《礼记·乐记》）这是说，音乐是人心的产物。情感生于心，必表现于声音；不同强弱、高低的声音连缀起来表达某种情感，就是音乐。政治清明，人心安乐，所以表现它的音乐也安乐；政治昏乱，人心怨怒，表现它的音乐也怨怒；亡国之世，人心哀痛，思念故国，生活困穷，音乐也就表达哀痛、表达思念。所以音乐是观察政治的窗口。除了政治这个维度外，音乐还有修养身心的作用，《礼记》说：“奸声乱色，不留聪明；淫乐慝礼，不接心术；惰慢邪僻之气，不设于身体。使耳目口鼻心知百体，皆由顺正以行其义，然后发以声音而文以琴瑟，动以干戚，饰以羽旄，从以箫管，奋至德之光，动四气之和，以著万物之理。”（《礼记·乐记》）演奏、欣赏音乐之前，澄静其心，调摄其气，胸无邪慝；演奏、欣赏音乐之时，将人之德行、气度、识见灌注于音乐中，音乐是个人修养的表现。“德者，性之端也；乐者，德之华也；金石丝竹，乐之器也。诗，言其志也；歌，咏其声也；舞，动其容也。三者本于心，然后乐气从之。”（《礼记·乐记》）德是人的善性的外化，乐是德的光华，是人的美德、修养的体现。乐有诗有歌有舞，可以将人的志向、情感充分表现出来。人的品德、艺术修养越高，表现出来的音乐就越丰富、鲜明而自然。所谓“情深而文明，气盛而化神，和顺积中，而英华发外”（《礼记·乐记》），乐是人的内在修养的真实表现。

中国书法绘画中，也贯彻了鲜明的主体精神。如东汉末文学家、书法家蔡邕论书法要领说：“欲书先散怀抱，任情恣性，然后书之。……夫书先默坐静思，随意所适，言不出口，气不盈息，沉密神彩，如对至尊，则无不善矣。”[1] 即作字前须遣散各种执著，让作者的创作意念自由发挥；凡阻遏创作意念的，都要绝去，包括语意、情态、气息，这样才能有好的作品。又如东晋书法家卫夫人，有“意前笔后者胜，意后笔前者败”之说。“意”谓创作意念，“笔”谓对此意念的笔墨落实。先有意念，酝酿成熟，了然于心，然后笔墨将意念形诸纸上。有时率意而成，看似无酝酿，实则意念无形而已。因先“心存委曲”，故能“每为一字，各象其形，斯造妙矣，书道毕矣[2]。”书圣王羲之也强调这一点，说“意在笔前，然后作字”，并以战阵比喻：创作意念者，将军；贯彻意念者，副将；谋篇布局者，军师；扬笔作字者，兵卒；出入收放者，号令。若字点画平直相似，大小齐一，则如算盘之珠，非书法作品。东晋书画家王廙有“画乃

[1] 于民：《中国美学史资料选编》，复旦大学出版社 2008 年版，第 108 页。

[2] 于民：《中国美学史资料选编》，复旦大学出版社 2008 年版，第 132 页。

吾自画，书乃吾自书”之言，强调书画家须保持独特个性，不与时流相同。[1] 南朝宋画家宗炳论绘画之妙，有“畅神”之说，认为绘画这一艺术活动，实际是用笔墨贯彻艺术家的哲学思想，说“圣人含道映物，贤者澄怀味像。至于山水，质有而趣灵”[2]。圣贤之间有等差：圣者心中有道，将之反映于物象之上；贤者澄澈胸怀，体味物象而通道。山水本是有形质之物，但因体现了创作者的意趣因而显出灵动之态。“智者乐水，仁者乐山”，是仁智之士在欣赏山水中实现了对道的觉解而有的悦乐。“圣人以神法道，而贤者通，山水以形媚道，而仁者乐。”[3] 所谓畅神，即在艺术欣赏中通畅神思，充分体验道物一体。这充分肯定了艺术家的哲学修养在艺术创作和欣赏中的决定作用。

唐代画家张璪有“外师造化，中得心源”之名言。外师造化者，以实际景物为师法对象；中得心源者，以己心的哲学理解来刻画、体现景物。此时笔下的景物已不全是摹拟外物，而有创作者的哲学思想灌注、凝结其中，艺术家的思想皆体现在画的题材、构图、气韵、笔墨趣味上。这是对艺术创作中主客体关系的精练概括，更是对艺术中哲学解释学的极好说明。因为“心源”的本性就是把自然语言转换为艺术语言：“如果我们想定义美学和解释学的关系，那末我们从艺术品出发而不是从自然美出发便是完全正当的。无论如何，当我们说艺术品向我们述说着什么东西，因而它属于我们必须理解的东西的范围，那末我们这种断定决不是一种比喻，相反它

[1] 于民：《中国美学史资料选编》，复旦大学出版社 2008 年版，第 133 页。
[2] 于民：《中国美学史资料选编》，复旦大学出版社 2008 年版，第 144 页。
[3] 于民：《中国美学史资料选编》，复旦大学出版社 2008 年版，第 144 页。

具有正确的、可论证的意义。因此，艺术品是解释学的一种对象。”[1]唐代画家朱景玄论画，重视艺术创造中，心对隐没的、无形无象的东西的彰显作用；意蕴正是在隐与显、形与不形的互相包含、互相映衬中展现，他说：“画者，圣也。盖以穷天地之不至，显日月之不照。挥纤毫之笔，则万类由心；展方寸之能，而千里在掌。至于移神定质，轻墨落素，有象因之以立，无形因之以生。”[2]万类由心，指创作的无尽源泉在心中之哲思、艺趣；千里在掌，指心中的景物一时凑聚于艺术品中。心中景物不是眼前景物的简单模仿、再现，而是据艺术表现的需要而作增减。有哲思贯彻其中、自然无痕又传神达意的，为逸品、神品，其次笔墨精妙、景物生动逼真的，为妙品、能品。白居易论诗文，特重视“气势”。气势大分为阴阳两型，近阴者纯粹，近阳者灵动。气势有禀赋的因素，也有积学而成的因素，共用构成人格类型。气势凝成人之个性，发为独特的志趣，并通过诗文显现。粹气胜过灵气，则文章冲和恬淡；灵气胜过粹气，则文章鲜明华丽；两气均平，则文章温和雅驯，疏朗平正，古淡而不鄙吝，新奇而不怪诞。

明初画家王履的“吾师心，心师目，目师华山”，与此有异曲同工之妙。王履善山水，曾画《华山图》四十幅，画前有序，论心、意、形三者的关系，认为意境是画作的灵魂，是其成功与否的关键。画中之形，是灌注了意境的形，若是原形的简单模仿，则非艺术品。“吾师心”者，意境产生于心的阐释；“心师目”者，意境依托原形之象；“目师华山”者，艺术家对原形的真实摄取。意境不是凭空产生的，它得之于灵感，也得之于对目中之象的独特加工：“存乎静室，存乎行路，存乎床枕，存乎饮

[1] ［德］伽达默尔：《哲学解释学》，夏镇平、宋建平译，上海译文出版社 1994 年版，第 99 页。

[2] 于民：《中国美学史资料选编》，复旦大学出版社 2008 年版，第 229 页。

食……”[1]念念在兹，不去心目；忘记家法，忘记套路规矩，一旦豁然独悟，意境油然而生，施之于目中形象，心、目、华山三者浑然而成。此时之华山，乃解释学所谓“视域融合”“理解后的再现”的结果。这与伽达默尔说的“只要我们在世界中与艺术作品接触，并在个别艺术作品中与世界接触，那么这个他物就不会始终是一个我们刹那间陶醉于其中的陌生的宇宙。我们其实是在他物中学会理解我们自己”[2]一致。创作者如此，欣赏者也如此。中国哲学特别重视心物交融，重视情境在艺术实践中的作用，这一点在绘画中体现得尤为深切。

入宋以来，由于理学坐大，愈加重视思想对艺文的指导作用，在艺文中贯彻主体精神愈加自觉。如邵雍的“观物”说，即是他诗文创作的指导思想，他认为，人虽用耳目观察世界，但耳目受心的指挥，而心又受哲学思想的指挥，故人皆“以我观物”。而人是感情动物，排除感情的观物是“以物观物”。以物观物，公而明；以我观物，偏而暗：“任我则情，情则蔽，蔽则昏矣；因物则性，性则神，神则明矣。”[3]而须如《周易》“穷理尽性以至于命”，才能“以物观物”。邵雍自谓世事可忘，而诗不可忘。作诗的理想状态是“不由己累”：“不限声律，不沿爱恶，不立固必，不希名誉，如鉴之应形，如钟之应声。”[4]皆因时顺物，自然而生，结果自能达到孔子所谓“乐而不淫，哀而不伤”。可见邵雍是以道家的不起意动心达到儒家诗教。他的诗集命名为“击壤”“渔樵问对”，适与他的哲学相统一。诗的最

[1] 于民：《中国美学史资料选编》，复旦大学出版社 2008 年版，第 329 页。

[2] ［德］伽达默尔：《真理与方法》，洪汉鼎译，上海译文出版社 1999 年版，第 124 页。

[3] （宋）邵雍：《观物外篇》，《邵雍集》，郭彧整理，中华书局 2010 年版，第 152 页。

[4] （宋）邵雍：《伊川击壤集序》，《邵雍集》，郭彧整理，中华书局 2010 年版，第 180 页。

高境界是“天人合一”，达此境界，“人和心尽见，天与意相连”。[1]

苏东坡以诗文书画大匠极言哲学思想对创作的指导作用，主张“寓意而不留意”。“寓意”者，意境为体，景物为用，思想寄寓于叙写之物象上；“不留意”者，不以寓意对象扰乱心境。留意者缘于没有广阔净明的胸襟，不能如庄子所谓“游于物之外”。他的创作思想受佛道以静制动、以空观假影响极大，如他论诗之创作：“欲令诗语妙，无厌空且静。静故了群动，空故纳万境。阅世走人间，观身卧云岭。咸酸杂众好，中有至味永。”[2]认为妙文以自然为工，常绚烂之极后归于平淡。

朱熹论诗，受《尚书》“诗言志”的影响，在思想观念与言词载体两者之间，特别重视前者的统领地位，认为言为心声，志意为大，言词不过表达之载体，精粗工拙，余事耳。重要的是德性修养，专属意于辞藻，则志反为所掩。尝说：“古之君子德足以求其志，必出于高明纯一之地，其于诗固不学而能之。至于格律之精粗，用韵属对、比事遣辞之善否，今以魏晋以前诸贤之作考之，盖未有用意于其间者，而况于古诗之流乎？”[3]以此意为评鉴标准，故对苏轼之文，既肯定其文辞伟丽、当世无匹的一面，认为学习作文者不妨模仿揣摩，但又嫌其辞意矜豪诡谲，非求道君子所宜学。他从“温柔敦厚”的诗教出发，认为作文应志意正大，文辞平实，“去轻扬诡异之态，树沉潜温厚之风”。陆九渊更是强调，文章须如《易传》所谓“和顺于道德而理于义，穷理尽性以至于命”才是至文，故虽“艺即是道，道即是艺”，但须以道制艺：“主于道则欲消，而艺亦可

[1] （宋）邵雍：《谈诗吟》，《邵雍集》，郭彧整理，中华书局2010年版，第489页。

[2] （宋）苏轼：《送参寥师》，《苏轼诗集》，中华书局1982年版，第906—907页。

[3] （宋）朱熹：《答杨宋卿》，《朱熹集》，四川教育出版社1996年版，第1757页。

进。主于艺则欲炽而道亡，艺亦不进。”[1]

王阳明是心学大师，在艺术见解上也贯彻了他的心物关系说，首重心的统御、生发作用。如他论音乐，主张“元声只在你心上求”(《传习录下》)。元声指乐律的基本音，引申开指艺术的心理基础。如音乐，先要心气和平，悦乐惬适，然后依心之原有自然展开。在“诗言志，歌永言，声依永，律和声”这一儒家诗乐传统中，志是诗之本，而志生于心；音乐中声音是言词之本，乐音产生于心的创造，言词采自已有的诗句。乐律最重要的是和谐，和谐源自人的平和心境，都不是求之于外而得到的。至于有名的“南镇观花”时提出的“天下无心外之物”，更是心学思想的经典表述。“心外无物”者，眼中所现之物，都是主体的认知功能加之于客体之后呈现出的“象”。“象”是主体与客体两相融合的产物。人未观花时，此花与人无交涉，两者“同归于寂”；“寂”不涉及物本身之有无，只与隐显有关。人来观花，此花的物象在心中“一时明白起来”。离开了人，便不能有所谓“象”；而离开了“象”，物便无法为人所知。“心外无物”能作为他哲学思想的普遍命题，就因为其中鲜明的主体精神。德国美学家立普斯的“移情说”，可以与心学的艺术见解相通：“美的事物的感性形状当然是审美欣赏的对象，但也当然不是审美欣赏的原因。毋宁说，审美欣赏的原因就在我自己，或自我，也就是‘看到’‘对立的’对象而感到欢乐和愉快的那个自我。”[2]

哲学对于文学、艺术的创作与欣赏至关重要。文学说到底是人的精神世界的境象表达。而人的精神世界是一种本体性存在，它不是心理活动，

[1] （宋）陆九渊：《杂说》，《陆九渊集》，钟哲点校，中华书局 1980 年版，第 272 页。

[2] 北京大学哲学系美学教研室编：《西方美学家论美和美感》，商务印书馆 1980 年版，第 272 页。

不是理智能力，也不是黑格尔的绝对理念，精神是一种总体性的文化积累，是人的真善美理想的统一，是人的现实活动背后的内在依据。海德格尔说："精神是对在者整体本身的权能的授与。精神在哪里主宰着，在者本身在哪里随时总是在得更深刻。"[1] 文学的最高境界是对精神这一本体性存在的接近真实的刻画。在刻画中精神显现得越丰满、真实、生动，其文学价值就越高。因此，哲学对于文学的指导作用是无处不在的。以上主要论述其最直接、最关乎大体的方面。至于作品风格、表现手法等形式方面的细微之处，一部中国美学史可以说无处无之，这里就不多说了。

第四节　中国哲学的概念范畴及特点

一、中国哲学的概念范畴

哲学在思维方法上不同于其他学科如文学、历史等的显著特点，在于它的概念思维。"概念"指定义一类事物共同性质的名词，"范畴"指内容更广泛、适用场域更宽、抽象度更高的概念。在使用中两者往往统称"概念范畴"，哪些是概念，哪些属范畴，不易界定。概念思维指对概念内涵的界定，对概念外延的区划，对概念诸方面关系的推论。西方哲学长于概念思维，亚里士多德著有《范畴篇》，提出描述物体的十大范畴并详细解释了它们的意思。实体、数量、性质、关系、地点、时间、姿态、状况、

[1]［德］海德格尔：《形而上学导论》，熊伟、王庆节译，商务印书馆 1996 年版，第 49 页。

活动、遭受，[1] 这十大“范畴”指事物最一般的、必然具有的属性。所用思维方法主要是逻辑的、理性的；得出这些范畴主要靠对事物的静态分析。西方哲学数千年的发展，基本遵循对范畴进行详细论证的路数。在哲学各个分支如政治哲学、道德哲学、法律哲学、艺术哲学等方面，也延续了重视概念因而重视事物的性质、重视对概念内在含蕴的逻辑论证这一传统。“据界说以思想，依原则而求知”是西方哲学的突出特点。黑格尔吸收了亚里士多德诸范畴，但用正反合矛盾统一的模式构造出范畴系统的动态演进，其方法主要是逻辑分析的，所以名之为“逻辑学”，用以刻画事物从简单到复杂、从单一到整全的逻辑进程。他曾说：“我们可以说逻辑学是研究思维、思维的规定和规律的科学。……理念并不是形式的思维，而是思维的特有规定和规律自身发展而成的全体，这些规定和规律，乃是思维自身给予的，决不是已经存在于外面的现成的事物。”[2] 黑格尔将他的逻辑学分为三大部分：存在论、本质论、概念论。存在论又分为质、量、尺度，本质论分为根据、现象、现实，概念论分为主观概念、客体、理念，而以绝对理念为整个范畴系统的终结。亚里士多德和黑格尔的思想分别代表横的和纵的哲学系统的思想方法，对概念作详细分析是两者的共同特征，在现代西方哲学兴起之前最能代表西方哲学的一般特点。

中国哲学由于文史哲无清楚界限，也无概念分析传统，所以它的概念多是经验直观的和现象描摹的，是思想的直接承载者，不是反思、概括后重新给予的，所以呈现生动、灵活、直观的特点。又由于中国哲学的对立统一性质，中国哲学概念范畴多是成对的。历史上专门研究哲学概念范畴的著作少之又少，宋代以后，有陈淳的《北溪字义》，列有程朱学派的 28

[1] 见亚里士多德:《范畴篇 解释篇》，方书春译，三联书店 1957 年版，第 11 页。

[2] ［德］黑格尔:《小逻辑》，贺麟译，商务印书馆 1980 年版，第 63 页。

个重要概念，又有戴震的《孟子字义疏证》，列有孟子的 8 个重要概念，其中“字”即概念。

从来源上说，中国哲学概念范畴来自儒、道、佛三家者最多，各家概念，都有一个发展演变的过程，各个思想家赋予同一概念的内容往往有较大不同。哲学创造往往体现在给予旧概念以新内容上，所谓“旧瓶装新酒”。一个思想家的诸多概念往往构成一个系统，各概念间有逻辑联系，思想体系靠概念体系表出。分析概念的内涵，辨别概念的差异，阐发概念间的关系，指出概念背后的蕴含是哲学的主要工作。需要指出的是，佛教概念名相丰富，但多数属于宗教修行、仪范等方面，无哲学上的普遍性。属于佛教哲学的概念范畴，经过魏晋以来的“格义”，许多已经转化为中国哲学的概念，如法、性、有、无、动、静、理、欲、界、际等。自中国佛教宗派创立，僧人多用汉文撰写解释佛经的著作，把中国本土的概念范畴带入佛教中，使之成为两者融通的桥梁。

中国哲学概念范畴，可按天道、人道、知识论区别为三大类。天道类又可分为主要刻画存在和主要刻画状态两类，前者有天、道、德、易、性、命、理、气、心、物、五行、无极、太极、皇极、阴阳、神、化、诚、事、器、象、数、势、能、宇、宙、有、无、自然、玄、独、精神、太虚、形、质、鬼神、形上、形下等；后者有常、变、动、静、体、用、反、复、虚、实、同、异、两、一、健、顺、中、和等。人道类又可分为表示个人道德的和表示人伦关系的两类。前者如道、德、性、情、仁、义、礼、智、信、善、美、良知、理、欲、习、志、诚、明、忠、恕、敬、孝等；后者如伦、常、公、私、序、别、经、权、法、则、中、和、功、利、贵、尚等。知识论则有心、物、理、形、神、知、行、能、所、类、故、学、思、感、名、实、真、伪、是、非、言、意、格物、致知、表、见闻、推、证、悟、解、觉等。以上概念多为单音词，也有少数复合词。由于天人合一这一普遍性特点，相当多的概念既表示天道，也表示人道；既表示本体，也表示工夫；既是知识论的，也是修养论的。

以上概念过于繁复琐碎，如果从中找出最常用范畴，则可有如下成对概念：天人、有无、体用、一多、道器、阴阳、动静、常变、理气、性情、心物、力命、诚明、能所、知行等。[1] 哲学是靠概念思维的，但概念有多义性。如“道”，有道家之道，有儒家之道；有最高原理、普遍法则之义，也有万物的终极根据、最高实体之义，更有万物的产生、流行总体过程之义，及最高价值、最通达的道路之义。又如“德”，指道的落实，有什么样的道，就有什么样的德。所以它既有自然哲学的根本属性义，又有道德哲学的修养目标义。自然哲学是道德哲学的依据和理想。又如“命”，既有自然哲学的境遇义，又有人生哲学的命运义，更有命令义、生命义。而在自然哲学中，境遇指个体的适然如此：“乾道变化，各正性命。”它表示存在的状况及与其他存在者的关系。而其所以如此的原因，既有必然性，又有偶然性。所以命又指必然性与偶然性。如“知其不可奈何而安之若命”之命，指必然性；而“莫之致而至者，命也”（《孟子·万章上》）“节遇之谓命”（《荀子·正名》）之命，则指偶然性。但所谓必然、偶然，从外在的、总体的方面着眼，则偶然实际上即必然；而从内在的、个体的方面着眼，则必然表现为偶然。若在不易认识“命”字本质的情况下，亦可将之归于命运，如孔子哀叹弟子冉伯牛之死：“亡之，命矣夫！”（《论语·雍也》）又如“天”，既有主宰义，又有义理义、自然义、命运义等。从中可以引申出关于自然哲学、道德哲学、宗教哲学等方面的阐释。又如“神”，既有神灵义，又有神妙义、精神义、鬼神义。古人往往将恍惚难明而又灵妙非常的东西叫做鬼神，即因其有某种精神性。又如“理”，原义指玉、石上的纹

[1] 以上概念范畴细目参考了张岱年：《中国古典哲学概念范畴要论》，载《张岱年全集》第四卷，河北人民出版社 1996 年版。

路，而攻治玉石使之成为艺术品必须依照它的纹路，故可引申为道理义、治理义。而所谓“道理”既有所以如此之根据义，又有当然之法则义。此即朱熹以“所以然之故”与“所当然之则”释理的原因。研究中国哲学，一定要注意概念的多义性，将它放在上下文语境中，找出其确切含义，然后阐释发挥，否则其立论将建基于沙滩之上，底于无成。

二、中国哲学的特点

自从有了明确的“中国哲学”意识之后，中国哲学的特点何在就成了学者共同感兴趣的问题。早期从事中国哲学研究的人大都有启蒙心态，他们首先指出的是中国哲学最明显的弱点：逻辑学和知识论不发达，故胡适的《中国哲学史大纲》即反其道而行之，专门挖掘中国古代哲学中的“逻辑方法”。冯友兰《中国哲学史》的长篇绪论中也在亮明他的哲学观后随即有“中国哲学之弱点及其所以”。而首先说明中国哲学特点的是张岱年的《中国哲学大纲》，其中指出，中国哲学的特点最重要的有三点：合知行、一天人、同真善。“合知行”即不以纯知识的探求为高，而以解决实际问题为务，同时通过实践，加强自身修养。“一天人”即认为天是人的生命的来源，也是人的本性的根据，去除昏蔽从而与天合一是人的最高理想。“同真善”即认为真理即是至善，科学上的真与伦理上的善是统一的，穷理即尽性，崇德即致知。以上三点即后人经常提到的天人合一、知行合一、真善美合一。从以上三点中派生出次要之三点：重人生不重知论、重了悟不重论证、既非依附科学亦不依附宗教。张岱年以上对中国哲学特点的概括是精当的，后来论者多本于此。20 世纪 50 年代之后，中国哲学的大部分被认为是封建糟粕，不能实事求是地进行研究与评判，所下结论多偏颇难遵。此时我国港台地区哲学界对此问题则讨论比较充分。钱穆、唐君毅从文化上立论，寻找中西文化所以不同的源头。钱穆认为，中国文化起源于农耕社会，非如游牧、商业民族那样总是向外寻求，因而是静定的、保守的；亦非由于战胜、克服之欲望特强而重视对立，如天人对立、人我对立、内外对立等，而是主张天人相应，物我一体，和平为本，安足为高。[1] 唐君毅认为，中国文化的特点在其悠久、无间断，因而对历史文化产生亲和感、统绪感；中国文化重视天人合一因而缺乏超越的宗教，重视集体生活因而缺乏西方文化尊重个体自由意志的精神和将理性活动客观化的精神。[2] 牟宗三、韦政通则直接在东西哲学之不同处着眼。牟宗三认为，中国哲学的特质如用一句话来概括，即“生命的学问”，因为它特别重视主体性与内在道德性，与西方哲学重视客观的、分解的本体论和宇宙论，有很好的逻辑思辨与工巧的架构的哲学形态大为不同。[3] 韦政通除概括出中国文化的十大特征外，又将中国哲学的特点概括为四个方面：（1）重主体，包括重视生命，重视感通之情，重视实践，以人为中心；（2）重直觉，故不重视思辨过程，不重视理智分析；（3）天人合一，包括天地万物的有机性，万物有价值意味，人心之仁具感通性；（4）境界形态，体现为主体与客体合一、超越与内在合一、教与学合一、知与行合一。又特重宗教文化，认为中国宗教的特征一是多神崇拜，而首重祖先崇拜；二是人文立本，政指导教；三是轻超越重现世，如儒释道皆有很强的现世精神，与基督教、印度教富于超越感大为不同；四是宗教情绪不强烈，因而世俗政权不易为宗教控制，而有宗教宽容精神。[4] 港台学者的著作在 20 世纪

[1] 参见钱穆：《中国文化史导论》，商务印书馆 1994 年版，第 2 页。

[2] 参见唐君毅：《中国文化之精神价值》，广西师范大学出版社 2005 年版，第 3—4 页。

[3] 参见牟宗三：《中国哲学的特质》，上海古籍出版社 1997 年版，第 4—7 页。

[4] 参见韦政通：《中国文化概论》，吉林出版集团有限责任公司 2008 年版，第 17—20 页。

80年代之后传入内地，对内地学者的文化观、哲学观产生了很大影响。

改革开放之后，随着西方哲学著作的大量译述，中国哲学的特点、东西文化对比受到特别关注。进入21世纪以来，中国文化世界化的步伐加快，对中国哲学方法论的反省和讨论逐步深入，对中国哲学特点的认识也越来越趋同。以下的概括与总结代表了多数学者关于中国哲学特点的意见：（1）存有的连续与生机的自然；（2）整体和谐与天人合一；（3）自强不息与创造革新；（4）德性修养与内在超越；（5）具体理性与象数思维；（6）经世致用与知行合一。[1] 中国哲学的思维特点可以概括为“经验综合型的主体意向性思维”，它包括两个方面：就方法而言，是经验综合型的整体思维和辩证思维；就形式而言，是意向性的直觉、意象思维和主体内向思维。[2] 中国学者在对比中西印不同思维特点之后作出的以上总结和概括大体一致。对中国哲学之所以有如此面貌的原因，本书特别从文字与语言的形象性和中国文化受《周易》影响而有的“象”思维方面加以解释。

中国的文字是表意文字，其造字、用字原理主要建基于象形之上。象形文字的特点是现象地、具体地、感觉地表达其意义，与拼音文字倾向于抽象地、逻辑地、本质地表达意义不同。语言是思维的形式，思维是语言的内容。其实在创造出文字以前，中国语言的象形性质就已经确定了，而象形文字加强了思维的形象特点。孔子的“天何言哉”，老子的“道法自然”，庄子的“圣人怀之，众人辩之以相示”，佛教的“般若无知”，后来禅宗的“口是祸门”，都指向对意义的直觉体悟，反对概念式思维对意义完整性的破坏。另外，象形语言要求空间感，语言在心中呈现直觉性画

[1] 参见郭齐勇：《中国人的智慧》，中华书局2018年版，第406—412页。

[2] 参见蒙培元：《中国传统思维方式的基本特征》，载张岱年等著：《中国思维偏向》，中国社会科学出版社1991年版，第19页。

面，这种认知方式，容易形成主客合一的具象概念系统。而这一特点助长了对事物的整体性把握。整体的是现象的、活动的，要求思想者用以摹画事物的概念也须是表象的、灵动的，这也和静态地、个别地思考事物的原理、本质有很大不同。表音文字的词义是约定俗成的，语句是词义在时间中的连缀，画面感、形象感较弱，但概念性强，所以容易走向抽象、本质。这加深了它的逻辑性与论证性，消解了它的趣味感与技巧性。而汉字由于它的象形性质，连类、象征、不确定性强，再加上复杂的声调系统，所以容易走向趣味性、技巧性。总之，中国人整体的、动态的、形象的语言特征是中国哲学思维形式的肇造者之一。

另一点，《周易》的“象”与经验思维加深了中国哲学的以上思维特点。哲学靠概念思维，但概念的构成及其特点却是不同的。中国哲学以形象思维为基础的概念系统，具有经验性、具体性的特点。这是因为，中国哲学的许多概念来自《周易》，或受《周易》的影响。《周易》是一套模拟、刻画万物的符号系统，它历经伏羲画卦、文王重卦、后世儒者作《易传》的过程，概念系统越来越庞大。八卦由阴阳二画三重而成，它象征的天、地、雷、风、水、火、山、泽，都是具体物，具有现象性、生动性、经验性特点；八卦两两为一组，具有均衡性；八卦构成自然现象整体，具有整体性；而八卦的产生是由于阴阳相推，含具对立面的和谐。八卦及六十四卦的推演及其定名，是在对万物仰观俯察基础上的抽象：“《易》与天地准，故能弥纶天地之道”。通过对八卦、六十四卦的揣摩、了解，理解它的蕴含和各卦之间的关系，可以深刻认识万物，体察其功能，理解其原理，实现“崇德广业”的目的。《周易》每一卦代表一种境遇，卦中每一爻代表这个境遇中的具体态势。六十四卦构成天地万物的整体，每一卦代表这个整体中的局部。《周易》通过卦爻的阴阳、时位、升降、来去，呈现的是一幅运动着的万物整体。卦只有六十四种，而天下之事物无穷，

《周易》靠比类、引申、象征等思维，实现了对事物的全覆盖："八卦而小成，引而伸之，触类而长之，天下之能事毕矣。"(《周易·系辞上》)在比类、引申中，需要文字的提示，卦爻辞就是这种提示，它们多来自经验过的事项。通过提示，可以起到举一反三、触类旁通、把握更多事物的效果。卦爻辞的功能是诱发性的、阐释性的，它能使人得到主体精神的创发和发散性、关联性的思维训练。这都要靠"象"思维来获得。形象是呈现的、生动的、具体的、非逻辑的，不是隐蔽的、静态的、概念定义的、线性推证的；而象与象之间，是同类相求、异类相斥的。同类则同中有异，异类则相反相成。象的系统所刻画的万物是矛盾的统一，是相参相合的整体，故"参伍以变，错综其数。通其变，遂成天地之文；极其数，遂定天下之象"(《周易·系辞上》)。周易通过"象"思维的比类、引申作用诱发人探索那些隐蔽、繁复、深远的东西："探赜索隐，钩深致远，以定天下之吉凶，成天下之亹亹者，莫大乎蓍龟。"(《周易·系辞上》)

"象"思维贯穿于中国的几乎一切学术门类中。如医学中的脏象、经络之说，天文中的星宿名称、天象运动，器物制造中的观象制器，艺术中的形象思维，如诗的赋比兴，音乐中的律吕分阴阳、乐器象万物，绘画中的"外师造化，中得心源"，宗教中的偶像崇拜、杂神并祭等，皆是"象"思维的产物。它总的特点是生动、直观、当下、易于理解，但缺乏本质的、概念的思考，表现出明显的经验论、实证论倾向。

第二章　天人视域中的中国哲学

天是人生活环境的总和，人在有了存在的自觉后，即意识到了与他相对的天的关系问题。特别是以农耕为主的中国文化，人与天的关系最为直截，对天人关系的思考最为深切，故中国哲学可以称为“天人之学”。本章试图以纵的线索为主，选取中国哲学史上最重要的思想家，勾勒天人视域下中国哲学的发展。

第一节　先秦诸子

一、儒家、墨家

人从自觉其与万物为不同之类别起，就在追问人的本质、人与天的关系。但人既有物质属性，又有精神属性、社会属性；既有先天禀气之不同，又有后天所受熏化之不同；人之智愚、贤否等差别很大，所处的境遇又千差万别，所以这一问题具有相当大的复杂性。《诗经》是最早对人的本质、人的来源、人与天的关系作出明确定义的，如：“天生烝民，有物有则。民之秉彝，好是懿德。”（《诗经・大雅・烝民》）这是说，人是天所生，在万物中是一个独特的类别。天既给人以物质存在，也就赋予他性质和法则。人禀受了天给予的性质、法则，这性质就是他的美好德行，故人天生是喜好、追求美好德行的。这首诗对人性充满了乐观，是后来性善说的滥觞。但同属《诗经·大雅》的另一首诗，却给了与此相反的结论："天生烝民，其命匪谌。靡不有初，鲜克有终。"（《诗经·大雅·荡》）这是说，天生出人类，人的本性是不诚实、不能坚守的。人做事莫不有开始，但鲜有人能坚持到终了。这种说法又有性恶论的味道。中国上古文献中，对作为一个物类的人定义、论说很少，对人中的个体如圣君贤相、暴君奸臣等的褒贬之语则甚多，但这都不能算作对人这一物类的哲学定义。

把人视为一个物类作有深度、有哲学意义的定义和评价的是先秦诸子。孔子作为六经的整理者、传承者、诠释者，首先注目于人。孔子曾说："鸟兽不可与同群，吾非斯人之徒与而谁与？"（《论语·微子》）他对人的独特性质、人的意义与价值有清醒的意识。孔子心目中的人首先对同类有充沛的爱心，这是人的本质特点："仁者爱人"。孔子认为儒家有一个一以贯之的原则，这就是"忠恕"。忠者，"已欲立而立人，已欲达而达人"；恕者，"己所不欲，勿施于人"。孔子心目中的理想人格是集仁、智、勇为一的，是内有充沛爱心、外能坚守礼乐规范的，是有毅力、有道义、有担当的，是自觉地、始终不渝地践行道德理想的："子路问成人。子曰：'若臧武仲之知，公绰之不欲，卞庄子之勇，冉求之艺，文之以礼乐，亦可以为成人矣。'曰：'今之成人者何必然？见利思义，见危授命，久要不忘平生之言，亦可以为成人矣。'"（《论语·宪问》）孔子用仁这一包含多种德目的"全德"来代表理想人格。

孔子的人格理想是在深切的天人情怀的观照下得出的。天在孔子思想中有着复杂的意蕴，孔子继承周代以礼乐系统为社会秩序的保证者、承担者的理性主义传统，反对盲目信天，主张对天保持敬畏与距离感。在他这里，天既是圣王的德行、功烈的效法对象："唯天为大，唯尧则之"，又是他们的超越精神、淡泊情怀的来源："巍巍乎，舜禹之有天下也而不与焉”（《论语·泰伯》）。孔子对天，既有“天何言哉，四时行焉，百物生焉”（《论语·阳货》）这样的宏大理解，又有“子在川上曰：‘逝者如斯夫’”（《论语·子罕》）这样的具体情感。孔子把天视为一个既在整体上有秩序又在个体上有自由的客体，他的最后境界是与天为一：“从心所欲不逾矩”（《论语·为政》），既实现内在的精神自由，又符合外在的自然秩序。他自己既“发愤忘食，乐以忘忧，不知老之将至”（《论语·述而》），又重视外在势能汇聚而作用于己的“天命”。对自己立志从事的文化事业、政治抱负，既矢志不渝地去做，又将成功与否归之天命；既身体力行并且教导弟子去践行仁义这些普遍伦理价值，又对道之不能实现有清醒自觉：“君子之仕也，行其义也。道之不行，已知之矣。”（《论语·微子》）孔子继承三代礼乐而根据当世需要加以损益。商代尊天信天的文化遗留对他仍有影响，但周代礼乐文化以人为本、以人道合天道的传统对他强调人的能动性，以人的努力冲破天的束缚同样有影响。在这样双重影响下，孔子做着平衡两者的工作：既尊崇天为万物立法这一面，以去除巫卜与天沟通、窥测天意、削弱人的能动努力的功能，又强调人效法天道，修养德行，实现天人合德这一面。所以孔子即使在丧祭这些容易走向彼岸世界、神灵世界的方面，也使它具有浓重的人间色彩、道德色彩；“慎终追远，民德归厚”（《论语·学而》），消解了中国文化趋向一神宗教的可能性。孔子面对春秋末期礼坏乐崩的状况，对自己的使命有清醒意识，他将六经中中华文化的核心价值提挈出来，通过士大夫的实践，形成强固的传统，使之延续久远，并对道、墨、法诸家对传统的片面发展进行纠正。所以他不以形上学的阐释为重点，而以具体道德规范的确立、养成为目标：“子以四教：文、行、忠、信。”（《论语·述而》）“夫子之文章，可得而闻也。夫子之言性与天道，不可得而闻也。”（《论语·公冶长》）他以仁为纲领，通过对仁的内涵的多方面阐发，实现对六经的深厚蕴藏的简约展现。这就是宋代陆九渊说“夫子以仁发明斯道，其言浑无罅缝”[1]的意义。

孔子有着浓厚的形上兴趣和强烈的文化意识，他的思想与言行建基于对天道的觉解与体验。不过面对礼坏乐崩的现实和拨乱反正的志愿，他更多思考和言说的是具体事物，这表现为对礼乐的重视和强调。当然他在言说礼乐的时候，不仅重视其中的知识性仪节，更重视礼乐所包含的文化、道德意蕴。在孔子这里，作为国家典章制度的礼本来就有天、道的深刻内涵，它是天道所代表的秩序、法则、条理在人间的仪文性落实。“礼以顺天”，是对传统看法的继承，也是孔子文化意识、形上意趣的表现。孔子更用仁来收摄礼，用人心对天的生生之德的贯彻，来主宰和调适礼：“礼云礼云，玉帛云乎哉？乐云乐云，钟鼓云乎哉？”（《论语·阳货》）礼乐不仅是外在仪文，更重要的是它所具有的文化内涵、价值内涵。

在天人合德的文化意识和形上意趣的观照下，孔子对士人应该具备的品德修养作了相当多的阐发，他的讲学中充满了对“文行忠信”的强调，对“女为君子儒，无为小人儒”（《论语·雍也》）的期许。在义利之辨上，则曰：“君子喻于义，小人喻于利。”（《论语·里仁》）对君子价值观的树立，则曰：“君子之于天下也，无适也，无莫也，义之与比。”（《论语·里仁》）对君子品德的强调，则曰：“知者不惑，仁者不忧，勇者不惧。”（《论语·子罕》）对士人行道所应具备的精神意志，则曰：“士不可以不弘毅，任重而道远。仁以为己任，不亦重乎？死而后已，不亦远乎？”（《论语·泰伯》）对士人的志节操守，则曰：“岁寒然后知松柏之后凋也。”（《论语·子罕》）“可以托六尺之孤，可以寄百里之命，临大节而不可夺也。”（《论语·泰伯》）对士人人格修养的指引，则曰：“志于道，据于德，依于仁，游于艺。”（《论语·述而》）对士人成德步骤的指引，则曰：“兴

[1]（宋）陆九渊：《语录上》，《陆九渊集》，钟哲点校，中华书局1980年版，第398页。

于诗，立于礼，成于乐。”（《论语·泰伯》）孔子对中国文化和践行这种文化的士人作了全面规定：民族文化的类型是道德人文主义；士人的精神方向是以德统礼；经典诠释方式是简赅而重义；文化走向是重视现世而非彼岸世界；士人的执政方式是为政以德，入世行道，否则独善其身；儒学的核心观念是忠恕之道。这对中国文化和士阶层的走向产生了决定性影响，并为后世孟子、荀子等大儒的理论发展奠定了基调。

孔子突出的人文情怀，得自于对天、对人的道德生活的深切理解，这种理解给他一种融化、通透的眼光，使他在具体事物背后，发现它蕴含的一般意义。如仁的絜矩之道、由此及彼，义的正义、公平、无私，礼的规范、秩序、克己，智的变通从道、与物宛转，勇的志一动气、“虽千万人吾往也”，信的坦荡、宽裕、刚毅、持守。这些都是孔子在对天道的觉解之下对具体德目的抉发，并使之互摄互释。

孔子的下学上达也是对天道深切体悟的产物。下学即从事具体事务，上达即达到对天理、天道的超越性理解。这种理解是少数有天人情怀、有形上兴趣且具备较高的超验思维的人才具有的。一般人的兴趣在形下事务，在经验性知识，没有对形下事物中包含的形上因素的觉解，所以孔子有孤零感，多次兴“知我其天”之叹。孔子一方面要把士人从具体的经验思维中超拔出来，倡导下学而上达；另一方面要矫正过于高远、不切实际的追求。如孔子认为子贡的“博施济众”理想是尧舜这样的圣王都难以达到的，他主张脚踏实地，从身边可以做到的小事做起：“己欲立而立人，己欲达而达人，能近取譬，可谓仁之方也已。”（《论语·雍也》）没有高妙，没有虚浮，积累细行，可亲可即。孔子的天人之学既有高远的理想，又有切近的行动，这种品格是它行之久远、入人之深的基础，也是中国文化俗世性格的根源，更是儒学“内在超越”的哲学源头。所以孔子自谓：“不怨天，不尤人，下学而上达。知我者，其天乎？”（《论语·宪问》）这种强大的文化意识和通透的具体智慧，使他能在长期而多样的道德生活中保持一贯的灵活。孟子说孔子是“圣之时者”，就是对这种蕴积深厚而适切当下的品格的赞扬。

这种具体通透的智慧还使孔子奠定了儒学道、政、学三者为一的格局。相较先秦其他各家，儒家是六经全方位的继承者、弘扬者、传播者。孔子自觉地将六经中的主要思想提炼出来，舍掉包裹于其上的次要成分，加以集中、整合、简化、升华，对它进行工夫实践，并用之教授弟子。经过孔子的这一步工作，六经从专家的高文典册中解放出来，日益成为士君子传道、修身、从政、治学的有用工具，完成了以六经为主体的中国文化由贵族向中层知识者的渗透、下移，引发了春秋末期以后百家之学的形成。这一点对中国文化发展具有划时代意义。六经中的“道”，指中华文化的核心价值体系，其中最主要的是处理社会关系的五伦（父子有亲，君臣有义，长幼有序，夫妇有别，朋友有信）和个人道德规范的五常（仁、义、礼、智、信）。“政”，指治国理政的观念、法则，及具体措施。“学”，指对六经的解释、阐发、传承。在儒家道、政、学三统并建格局的形成中，孔子起了奠基作用。《论语》中的话语，可以归并为这三类。后世各朝代对这三者虽有侧重，但三者并行是不变的通则。由此孔子为士阶层奠定了以德为基础，政、学出于德，三者互相辅助、共同提高的精神方向。这一格局对后世士阶层的修养方法、发展路向影响极大。以强烈的文化意识和深厚的天人情怀为基础构成的人格理念，是孔子对中国天人合一文化性格的自觉体现。

墨家是与儒家同时或稍后的一个学派，与儒家在当时并称显学。墨家的创始人墨翟是一位有名的木匠，精于制造攻守城的器械。墨家以手工工匠为主，有突出的侠义精神，有严密的组织纪律，《淮南子·泰族训》说“墨子服役者百八十人，皆可使赴火蹈刃，死不旋踵”。墨子带领弟子奔走列国间，“突不暇黔”，救民之急。早期儒家理论的主要作用对象是士阶层，兼及诸侯国君、卿大夫，法家纯为最高统治者立论，墨家则代表下层民众，所以它提出的理论多针对现实社会问题，有较强的功利色彩。孔子有深厚的历史文化意识和形上意趣，故其“天”意蕴复杂，而墨子虽也大讲天，但他所谓“天”其实是人的意愿的投射，是弱势人群面对各种强大势力不得已抬出来加强立论效果或威慑力量所借用的工具，远没有儒家的“天”那样深刻的历史、文化、宗教意蕴。

墨子认为天有意志，最有力量，为所有人畏恐和慑服；天最有智慧，能主宰天下万物：“然则孰为贵？孰为知？曰：天为贵，天为知，而已矣。然则义果自天出矣。”（《墨子·天志中》）天之所以尊贵、智慧，就在于天是社会正义的来源和保证。天通过显示它的意志来实现社会公平正义。天的意志首先在赏善罚暴，赏罚的对象首先是作为国家和人民的代表的国君：“天子为善，天能赏之；天子为暴，天能罚之；天子有疾病、祸祟，必斋戒沐浴，洁为酒醴粢盛以祭祀天鬼，则天能除去之。”（《墨子·天志中》）天的意志是实现社会公平正义：“子墨子曰：天之意，不欲大国之攻小国也，大家之乱小家也。强之劫弱，众之暴寡，诈之谋愚，贵之傲贱，此天之所不欲也。不止此而已，欲人之有力相营，有道相教，有财相分也。又欲上之强听治也，下之强从事也。”（《墨子·天志中》）良好的社会秩序，公平正义的人间氛围，凡是符合美好理想的，都是天所想望的，都在天的意志之内。面对春秋战国之交社会动荡、战乱频仍的现实，墨子特别提出天的此种意志：“诸侯之冤不兴矣，边境甲兵不作矣；内有以食饥息劳，持养其万民，则君臣上下惠忠，父子弟兄慈孝。故惟毋明乎顺天之意，奉而光施之天下，则刑政治，万民和，国家富，财用足，百姓皆得暖衣饱食，便宁无忧。”（《墨子·天志中》）墨子告诫世人特别是诸侯国的统治者，必须遵从天意，为民兴利除害，树立仁义之本，实现社会和谐。墨子还说，天的意志是爱民，所以自然事物、社会设施都是天实现爱民意志的有意安排：日月星辰，是天给人以光明；冬夏四时，是天给人季节变换以调节农事；风霜雨露，是天给人种植五谷丝麻的资养；山川溪谷，是天给人以选择有利之事的根源；表显社会等级的王公侯伯，是天实现自己意志的人间代理者。总之，一切都是天的意志的表达，一切都是天为了实现自己爱养百姓的美好愿望而有的设施，不是徒然而有的。并且天选择古代圣王尧、舜、禹、汤、文、武来奖赏，选择著名暴君桀、纣、幽、厉来处罚，都是为了彰显天赏善罚恶、爱人利人的意志。墨子总结他的天志论的意图说："故子墨子之有天之意也，上将以度天下之王公大人之为刑政也，下将以量天下之万民为文学、出言谈也。观其行，顺天之意，谓之善意行，反天之意，谓之不善意行。观其言谈，顺天之意，谓之善言谈，反天之意，谓之不善言谈。观其刑政，顺天之意，谓之善刑政，反天之意，谓之不善行政。故置此以为法，立此以为仪，将以量度天下之王公大人、卿大夫之仁与不仁，譬之犹分黑白也。"（《墨子·天志中》）这很清楚地说明，墨子以是否符合天的意志作为思想、议论、行为乃至国家治理活动的最高标准、最高法则。用这个标准、法则判断一切，黑白立辨。并且墨子宣称，以天志为标准和法则不仅自己提倡，古代经典也一贯主张，如《诗经·大雅》的"不识不知，顺帝之则"就是明证。"天志"实际是下层百姓的政治诉求和社会愿望的曲折表达。它是墨家的思想纲领，墨家的其他主张，都是天志在不同领域的表现。

与天志关系密切的是有鬼论。墨子认为，世上种种恶行的产生，是因为怀疑鬼神的存在，怀疑鬼神赏善罚暴的功能。若信从有鬼论，人自然不敢为恶，种种社会乱象就会灭息。但墨子对鬼神存在的论证，却是根据某些人的错觉和传闻："诚或闻之见之，则必以为有；莫闻莫见，则必以为无。若是何不尝入一乡一里而问之，自古以及今，生民以来者，亦有尝见鬼神之物，闻鬼神之声，则鬼神何谓无乎？”（《墨子·明鬼下》）这是狭隘经验论和极端功利主义通常采取的方法，与儒家“敬鬼神而远之”的理性主义和有限现实主义取径完全不同。

孔子虽有强烈的形上关怀和对“天道”的深切体悟，但教授弟子却多为做事做人的道理和方法，对“性与天道”，鲜有提及，而这为孔子弟子及后学留下了阐释空间。子思和孟子在这方面有深入发挥。《中庸》提出“天命之谓性，率性之谓道，修道之谓教”，认为人、物之性是天赋予的，顺着天赋的善性行动就是人的现实道路，将善的本性具体化为日常行为就是对人的教化。《中庸》有纵向的天人贯通，有横向的日用扩充，开启了中国哲学“十字打开”的修养模式，为后来宋明理学的天道论、人性论、修养论奠定了基础。《中庸》提出“中和”论，认为中和不仅是人心的本来面貌，也是万物的“大本达道”，即根本法则和必须遵行的道路。中和是人的最高目标，获致中和就可以使万物包括人处在和谐的总体中因而各遂其用。

《中庸》还提出“仁者人也，亲亲为大；义者宜也，尊贤为大。亲亲之杀，尊贤之等，礼所生也”的命题，认为仁义是人之为人的根本，礼是践行仁义的必由之路，智、仁、勇三者是人应该具备的基本德行，父子、君臣、夫妇、昆弟、朋友五伦是人必须履行的伦常。人生来即有生知安行的圣人、学知利行的贤人、困知勉行的众人的差等，但经过后天努力，皆可成为理想人格。《中庸》提出“诚”这一重要哲学命题，认为“诚者天之道，诚之者人之道”，主张天是人的蓝本，人必须效法天道，具体做法是择善而固执。还提出“诚明两进”的修养方法：一是“由诚至明”，即体证人的独特本质从而产生一种超越的觉解，这种超越的觉解产生聪明睿智，此谓“自诚明，谓之性”。另一个是“由明至诚”，即经由不断地学习积累获得聪明睿智从而体证人的本性，由此产生一种对性体所代表的形上本体的觉解，此谓“自明诚，谓之教”。两者皆可达到人格修养的理想之域。达到此境地，则由明晓人性而明晓物性，最后达到参赞天地之化育，与天地并立为三才的最高境界。到此境界，也就融入天地万物的生长发育中，与万物自然无痕地成为一体，此即“德輶如毛”“上天之载，无声无臭”的境界。《中庸》是先秦儒家讲“人的形上学”最为深切著明的，对人的来源、人的性质、人在天地中的地位、人的修养方法，提出了全面论述，对后世特别是宋明理学影响极大。

作为《中庸》的后继者、思孟学派中坚的孟子，对孔子创始的儒家理论进行了多方面推进。孟子首先对孔子论述较少的“性与天道”作了深入阐发，并将之延展到政治和个人修养方面。孟子认为人既有同于动物的一面，也有异于动物的一面。同于动物者在“食色，性也”，即人的生物本能方面；异于动物者在人有善性：“人之所以异于禽兽者几希，庶民去之，君子存之。”（《孟子·离娄下》）前者是小体，后者是大体。“从其大体为大人，从其小体为小人”（《孟子·告子上》），这是人禽之辨，也是性善论的基础。孟子用仁义来定义人，把仁义作为人之所以为人的根本特征：“仁者，人也。”“仁，人心也；义，人路也。”（《孟子·告子上》）只有奉行仁义，才是居于安宅中，行在正路上。对于仁义的违反甚至伤害就是“残贼”。孟子的另一功绩是在《中庸》的“天命之谓性”的基础上将贯通天人向纵深发展，把天、人与人的心理联系起来，提出“尽心知性知天”的命题。即充分体验人的恻隐之心，就可以知道人性是善的；知道了人性是善的，就可以知道天性。天的生生不息的创造精神和永不枯竭的生命力是人性的根据、人心的来源，心、性、天直接统一。这一点是宋明理学“人是天地的心”“本心即天”“良知即天理”的直接来源。

孟子对孔子的发展突出体现在提出儒家士君子的修养方法——“养浩然之气”。浩然之气指一种基于物质性的气的精神力量。人天生有恻隐之心，将它扩充、长养到至大至刚状态，就成为一种刚强、亢壮、充满道德的崇高感的精神力量。浩然之气是靠积累道义培养起来的，有不合于道德理想的意念与行为，气就疲软了。而行为合于道德理想，则没有任何力量能阻挡，“虽千万人吾往也”。有了浩然之气，就有了“富贵不能淫，贫贱不能移，威武不能屈”（《孟子·滕文公下》）的大丈夫精神，就能傲视世间的荣华富贵，以天爵抗人爵。孟子以上关于人的论说，把人的道德根源放在心内，而心的内容就是天的内容，为人的内在超越找到了最切近的基点，为儒家的即道德即宗教、美善合一的文化特质奠定了心性基础。

《易传》立基于对天地万物的深刻体察、对《周易》这套符号系统所具有的诠释能力的充分信任，故对天人关系的阐发别具一格。《周易》将六爻分为上中下三组，以此比拟天、地、人三才：“昔者圣人之作《易》也，将以顺性命之理，是以立天之道曰阴与阳，立地之道曰柔与刚，立人之道曰仁与义。兼三才而两之，故《易》六画而成卦。分阴分阳，迭用柔刚，故《易》六位而成章。”（《周易·说卦传》）天、地、人处在一个统一体中，人只有在与天地的关联与比照中才能得到充分解释。

天、地、人是一个系统中的不同类别，但遵循相同的法则，这就是一阴一阳之道。道是总的原理、法则，它的内容是阴阳两种互相对反的势用的对立统一。任何事物都是这一总原理的体现与成就，所以“一阴一阳之谓道，继之者善也，成之者性也”（《周易·系辞上》）。而道本身是本然的、自若的，并不以人之用否改其数度，它是“显诸仁，藏诸用，鼓万物而不与圣人同忧”（《周易·系辞上》）的。

《易传》认为《易》不仅可以用来卜筮，也可以用来成就德行和建功立业，所以“易其至矣乎！夫易，圣人所以崇德而广业也。知崇礼卑，崇效天，卑法地，天地设位而易行乎其中矣。成性存存，道义之门。”（《周易·系辞上》）《易传》处处在天地人三才的系统中观照人，认为智与礼，代表天地的品格。天辽阔广远，日月星辰系焉，象征智慧广远明睿；地宽广深厚，万物承载、包容于中，象征礼的撙节与广泛。天地人三才，人居中，以天地为效法对象，修养道德，掌握知识。在《易传》看来，《周易》是人的伟大创造，目的在借助人为的工具，使神秘的东西理智化，幽深的东西清晰化，繁赜的东西规约化，复杂的东西简单化。人通过揲筮产生数，通过数产生卦，通过卦中之爻的位置、阴阳、关系来决定吉凶，通过爻的流动来刻画事物的变化，通过观象玩辞、观变玩占来决定人的行为，同时也可以通过体证其中的义理来成就道德。所以《周易》既可以用来预测未来，也可以作“穷理尽性至命”之书：“昔者圣人之作《易》也，幽赞于神明而生蓍，参天两地而倚数，观变于阴阳而立卦，发挥于刚柔而生爻，和顺于道德而理于义，穷理尽性以至于命。”（《周易·说卦传》）在人对《周易》的利用中，既有人的理性参究、思考（人谋），也有神秘的偶然所遇（鬼谋），特别是在揲筮成卦过程中。人通过理性的、非理性的各种方式，窥探宇宙的奥秘：“天地设位，圣人成能。人谋鬼谋，百姓与能。八卦以象告，爻象以情言，刚柔杂居，而吉凶可见矣。”（《周易·系辞下》）

《易传》的一个深刻之处，在于通过体证和诠释，把天地万物描摹成一个充满生气、内蕴着生命精神、创造精神的活体。《易传》说：“天地之大德曰生。”（《周易·系辞下》）“日新之谓盛德，生生之谓易。”（《周易·系辞上》）这是说，天地最大的德行就是它的生生不息、日新不已；宇宙如果停止了“生生”，停止了创造，就会走向死灭。天地间万类繁衍，欣欣向荣，就在于它生生不息。“生生”代表的是永不枯竭的创造力，蓬勃旺盛的生命精神。它是宇宙的本质，是天地万物运动变化的动力和实际过程。天地的本质如此，作为天地间一个物类的人的本质也如此。天的“生生”是人的“生生”的形而上根据，人的“生生”是天的“生生”

的表现，天人合德，体用不二。这一点是儒家的重要传统，董仲舒曾说："天，仁也。……察于天之意，无穷极之仁也。人之受命于天也，取仁于天而仁也。"(《春秋繁露·王道通三》) 后来宋明理学对这一点发挥甚多。周敦颐"窗前草不除"，张载喜听驴鸣，程颐的"鸡雏可以观仁"，是人们熟知的佳话。

《周易》在天人关系上的另一创造，是《大象传》的设立及其独特的表达方式。十翼中有《象传》,《象传》分"大象"和"小象"。解说卦象的称为"大象"，解说爻象的称为"小象"。"大象"多根据构成一卦的内外两卦所象征的事物来说明人事。如果说《周易》可以通过卜筮预测未来，也可以通过学习和体证以增进德行，则《大象》纯为进德之事，无关卜筮。如《乾》："天行健，君子以自强不息。"《坤》："地势坤，君子以厚德载物。"《蒙》："山下出泉，蒙。君子以果行育德。"《大有》："火在天上，大有。君子以遏恶扬善，顺天休命。"《谦》："地中有山，谦。君子以裒多益寡，称物平施。"《蛊》："山下有风，蛊。君子以振民育德。"《噬嗑》："雷电，噬嗑。先王以明罚敕法。"《无妄》："天下雷行，物与无妄。先王以茂对时，育万物。"《损》："山下有泽，损。君子以惩忿窒欲。"……天是人效法的榜样，人是天教育和警示的对象，天人一体，顺天才能休命。这里强调的是人的诠释，而诠释能力的养成要靠人对万物真善美合一性质的思考和体验。天给人的是自然物，而人要把自然物诠释成价值物，这种意义的附加和给予，需要对天人关系有深刻理解，具备"穷理尽性以至于命""不离日用常行内，直造先天未画前"(王阳明《别诸生》)的超越精神和形上觉解。这是《易传》对天人、主客关系的一种杰出理解。

荀子是先秦儒学大师。与孟子偏于哲学、宗教的理想主义不同，荀子代表儒家现实主义一派。荀子注重士君子的人格修养，但方法与孟子不同。他着眼于人的动物性一面，强调用政治、法律手段改变人与生俱来的某些本能、欲望，所以将人性设定为恶；他强调礼乐、法律的基础作用，所以提倡“隆礼”“重法”。荀子处于战国后期百家争鸣的高峰时期，又长期在稷下学宫讲学，思想受稷下各派特别是道家、法家、名家影响较大。

荀子思想也基于对天人关系的深切思考。他首先在与其他物类的对比中来看人的特质：“水火有气而无生，草木有生而无知，禽兽有知而无义，人有气、有生、有知，亦且有义，故最为天下贵也。力不若牛，走不若马，而牛马为用，何也？曰：人能群，彼不能群也。人何以能群？曰：分。分何以能行？曰：义。故义以分则和，和则一，一则多力，多力则强，强则胜物。”（《荀子·王制》）荀子认为在万物序列中，人处于首出位置。人之杰特，首先在于他有思想，故能组成社会，并创造出道德法则来调节人与人的关系。能自觉地用思想、道德来克服人的自然本能中危害社会秩序、自然秩序的潜在弱点是人区别于其他生物的根本特点，所以人是天地间最尊贵、最聪明的动物。荀子认为维持社会和谐主要靠礼和法。礼是社会等级制度、行为规范、礼节法度的总称。法是对违反礼制的制度性惩罚。礼法两者中，礼是更根本的，因为它管摄面更广，更能调节各方面关系因而起到“明分使群”的作用。同时在用法过程中，律条触及不到的，要根据法理和以往案例推论，而法理又参考了礼的制定原理。荀子既提倡“隆礼”，又提倡“重法”，但根本在隆礼。所以荀子有关于礼的专论而无关于法的专论。荀子对礼的起源及其功用有全面论述：“礼起于何也？曰：人生而有欲，欲而不得，则不能无求；求而无度量分界，则不能不争；争则乱，乱则穷。先王恶其乱也，故制礼义以分之，以养人之欲，给人之求，使欲必不穷乎物，物必不屈于欲，两者相持而长，是礼之所起也。”（《荀子·礼论》）强调礼起源于调节人的利益争夺，礼的功能在于制定等级名分以及与之相应的礼文仪节，合理满足人的利益诉求，灭息争夺，维持整个社会的和谐运行。荀子援法入儒，在儒家中加强了礼法的作用，体现出比孟子更多的王霸杂用的倾向。但荀子终究是儒家，除了强调士君子的修身以外，始终注重用礼来中和法，使礼的核心、主导作用时时彰显，以消除法家对与农业宗法社会相适应的礼乐制度的伤害。

荀子天人关系论的显著特点是对天人相分的强调。儒家自孔子、《中庸》、孟子、《易传》以来都强调天人合一，而荀子由于稷下学者的身份，长期处于学术中心，吸收了多种当时流行的思想学说，特别是道家黄老之学，因此他倾向于自然之天。此外，由于他的学说重点在修治自然人性中的弱点，所以他在自然观上持天人相分之说。荀子指出，天和人各有其职分，不能逾越，更不能淆乱。天的职分是自然运行：“列星随旋，日月递炤，四时代御，阴阳大化，风雨博施，万物各得其和以生，各得其养以成，不见其事而见其功，夫是之谓神。皆知其所以成，莫知其无形，夫是之谓天。”（《荀子·天论》）天有其法则，不为尧存，不为桀亡，是不得不然的客观存在。人的职分在遵从自然规律，掌握自然规律，利用自然规律为人服务。此即“制天命而用之”。徒然仰慕天、歌颂天，想望天自然赐予，不如发挥人的能动性蓄养、驯服、役使万物，与天相参。这是处理天人关系应该有的态度。荀子的天人相分，补充了孟子以来的天人合一路向，使儒道统合开始进入儒家思想视野，消减了儒家诠释者加在天道之上的种种神秘、玄想成分，使儒家思想进一步向理性、清晰、现实的道路迈进，对后世儒家注重天的物质性、自然性产生了很大影响。

二、老子、庄子

儒家之外，先秦时代对天人关系有杰出发挥的是道家。道家对形上学本有极高兴趣，又多隐世之士，无治平之事劳心悴形，且对世俗社会充满批判精神，对生命存在有深刻体验，故对人的本质、人在宇宙中的地位、人生的意义与价值作了充分论述。老子本是史官，有记载朝中事务之责，又借管理宫廷藏书之便，饱读典籍。他以一个冷峻的哲人写就的五千言《道德经》，是一部玄言诗，其中处处体现着他的天人观。老子以虚静为入路，以道法自然为核心，以谦下不争为归趋，认为一切不符合自然的，都是违反事物本性的造作。

老子首先把人放在天地万物中来观照，认为“道大、天大，地大、人亦大。域中有四大，而人居其一焉”（第 25 章）。[1] 道是万物的本原与法则，故大；道派生出产生万物的天地，故天地亦大；人是天地间独特的一类，是万物中最聪明、最尊贵的，“万物之灵人为首”，故人亦大。但因为人首出庶物，为万物之灵，所以有穷奢极欲的可能。人必须效法产生他的地，地效法产生它的天，天效法产生它的道，道则根据它的本性表现为自然而然。《老子》中有大量描摹道的文字，充满了比喻、暗示、恍惚不定、曲径通幽式的表达，但都是为了显示道的本质属性——自然的多重含义：本体论的、宇宙发生论的、知识论的、修养论的。

老子也重视“德”。“德者，得也”，所谓德就是道的自然本性在具体事物上的体现。道是万物的总法则，德是具体事物对此总法则的获得与实现。所以老子认为万物都是靠道产生，靠德畜养，靠物质性成为一个具体存在，靠与他物的关系构成现实境况。其中最重要的是体现其法则与本性的道与德，故老子说：“道生之，德畜之，物形之，势成之。是以万物莫不尊道而贵德，道之尊，德之贵，夫莫之命而常自然。”（第 51 章）既然道法自然，作为道的直接派生物的天地和完满体现者的圣人，其一切行为无不遵循自然法则。所以老子说：“天地不仁，以万物为刍狗；圣人不仁，以百姓为刍狗。”（第 5 章）即天地并无仁爱万物的品质，圣人并无慈爱百

[1] 本书凡引《老子》，只出章次。引文据陈鼓应：《老子今注今译》，商务印书馆 2003 年版。

姓的品质，严格说道也无品质意识，一切皆如其本性地自然呈现。天地如此，圣人如此，一切人亦应“见素抱朴，少私寡欲”（第19章）。理想的人应是虚其心、实其腹、无知无欲，如水之随形逶迤。所以老子常以水与婴儿取譬：水善利万物而不争，婴儿则纯朴如初，元气充实。老子看到人多因贪欲、逞强而杀身亡国，故提倡“不自见，故明；不自是，故彰；不自伐，故有功；不自矜，故能长。夫唯不争，故天下莫能与之争”（第22章）。不自我表现的，才能明智；不自以为是的，才能真正彰显；不居功自傲的，才能真正有功；不自我膨胀的，才能存在长久。这些都说明，按照道的“不争”法则去行动，结果是“天下莫能与之争”，此即“无为而无不为”。人常据此以为老子之道是阴谋权术，实则老子有见于道向相反的方向转化的规律，教人掌握此法则，勿作私见私欲的牺牲品。宇宙间有此道理，老子孤明先发，别人见不到或见到而不能遵行罢了。

据此自然无为、守柔不争之道，老子对世间的道德观念、伦理规范等提出了尖锐批评。儒家是入世的代表，老子首先抨击儒家的核心仁义圣智、礼乐教化。老子认为，世间道德观念是一些违离大道、妄逞私欲的大人物造作出来统治百姓的工具，道家的至德之世，是不知有道德这回事的，故无有体现道德的仁义圣智观念：“功成事遂，百姓皆谓：‘我自然’。”（第17章）后来真正的道德丧失了，才有世俗所谓德，故“上德不德，是以有德；下德不失德，是以无德”（第38章）。“大道废，有仁义；六亲不和，有孝慈；国家昏乱，有忠臣。”（第18章）儒家推崇的仁义礼智这些道德项目，是真正的忠信丧失之后，不得已而有的，是引致丧乱的祸首，所以必须抛弃：“绝圣弃智，民利百倍；绝仁弃义，民复孝慈；绝巧弃利，盗贼无有。”（第19章）对于百姓，不应使他们有世俗的聪明才智，而应使他们违离之：“古之善为道者，非以明民，将以愚之。民之难治，以其智多。故以智治国，国之贼；不以智治国，国之福。知此两者亦稽式。常知稽式，是谓‘玄德’。玄德深矣，远矣，与物反矣，然后乃至大顺。”（第 65 章）大顺即顺从大道。懂得顺从大道的，是谓玄德；具备玄德，才能跳出世俗的眼光，以超越的智慧观照万物的本来面目。所以老子主张：“以正治国，以奇用兵，以无事取天下。”（第 57 章）他的根据是：“天下多忌讳，而民弥贫；人多利器，国家滋昏；人多伎巧，奇物滋起；法令滋彰，盗贼多有。故圣人云：‘我无为，而民自化；我好静，而民自正；我无事，而民自富；我无欲，而民自朴。’”（第 57 章）老子甚至用寓言的方式设想了一个至德之世，在这个世界里，不需要国家组织、军队、进步的技术、甚至文字，百姓只知满足最低的自然欲求，不知有其他，人与人之间了无干涉，“鸡犬之声相闻，民至老死，不相往来”（第 80 章）。

老子作为一个深刻而冷峻的哲人，有见于文明社会进步过程中产生的种种弊病，特别是统治者私意造作、祸害百姓的种种恶行，想要以自然无为规避之、改变之。《老子》五千言，无不是对此种社会弊病的箴规、控诉，想要返回到人原始的纯朴状态。但文明之路是一条直线往前的不归路，没有倒回到原点的可能；另外，人原始纯朴、自然无为的一面，被老子片面夸大了。老子的天人观作为一剂凉心败火之药，对世俗人的种种好大喜功、私欲膨胀、违反事物本性的任意妄行起了抑制、中和，甚至消解的作用。他的致虚守静的精神修养方法，一直为遗世独立者所喜好。他的抟气致柔、复归于婴儿的身体炼养方法，又是养生者的不二法门，后来从中产生了道教的外、内丹法理论。以老子为宗师的道家学派，老子的天人关系理论及从中细绎出的各个方面，是中国哲学中不可或缺的要素。

战国前期的杨朱也是道家的著名代表，他的思想散见于中国古籍记载，最为集中的是在《孟子》《庄子》《列子》与《吕氏春秋》。他最为后世所知的是“贵己”的人生学说。杨朱以老子的天道自然无为为法式，所以认为生命是最为贵重的，任何世俗所崇尚的价值如荣名、高位、多金都不能与之相比。如果不懂得无为之道，这些恰是戕害生命的祸根。在杨朱的眼里，出入高车大马，适为病足之机；餐餐肥厚美甘，适为烂肠之食；美女如云，夜夜笙歌，适为伐性之斧。这些都是富贵带来的祸患，而富贵是世俗之人孜孜以求的。世人不知大道，所求的恰是招来祸害的。这是老子道家之学在人生论上的直接体现。

对道家天人之学有大发展的是庄子。庄子哲学是典型的天人之学，他所处的战国时代，周天子名存实亡，诸侯坐大，战争频仍，兵连祸结，思想界百家争鸣，理论交锋异常活跃，这对社会动荡和混乱起了推波助澜的作用。尤其是儒墨这些对社会政治和思想道德有浓厚兴趣的学派，在庄子看来对社会危害更大。庄子对这种局面充满厌恶、离弃之感，想回到平和、宁静、自然的至德之世。他接过老子的道的自然、清静一面，抛弃了老子思想中知雄守雌、知白守黑、柔弱胜刚强这一面，着重发展了自然、天然、去欲、去私、致虚、守静这一面，虽然这两个方面不是无关联的，但仍有重点的不同。如果说《老子》既有宇宙论、本体论，又有人生论和社会治理学说，是无所不包的宇宙法则的玄言诗的话，《庄子》则主要着眼于人生，是人的存在和实际生活亦真亦幻、亦梦亦醒的真实状态的哲学描述。所以庄子被当作存在主义的标本在中国和外国研究者中屡屡提到。《庄子》内七篇对此提揭得最为明白和深刻，庄子不仅为我们设计了一个理想世界，而且设计了达到这个理想世界的办法。《逍遥游》刻画了一个其翼若垂天之云、即将高飞远举的大鹏，并将其作为超越世俗，不为世务羁绊的理想形象。具体事物有大小、长短、高下等性质的不同，性质即束缚，即“有待”，而“乘天地之正，御六气之辩以游无穷”的至人、神人、圣人则“无待”。无待的人，超越了一切凭借、一切资取，才得到充分自由，与本然的世界为一。

但人都是处在现实世界的人，天然有待。要去除有待，要靠哲学，靠观察世界的眼界。人生在世最大的束缚是个体性质的束缚。人根据自己的本性去言语、行为，言语有是非的判定标准，行为有是否符合道德的法则。但从超越的大道看，一切言语、行为、标准、法则皆是一偏之见，皆是对道的损害："道隐于小成，言隐于荣华。故有儒墨之是非，以是其所非而非其所是。"（《庄子·齐物论》）与其有这样的是非，不如放弃是非观念而任由事物的天然分际，不加争辩。此谓"照之以天"，或"莫若以明"。在庄子时代，名辩之家各以自己所据的理论与别家辩论，以此取名诸侯间。在庄子看来，事物的名称都是约定俗成的，判断所据的规则也是自己设定的，肯定与否定，都有自己所据的理由。但这些都是没有固定不变的本然法则的，从同一个根据出发，既可以得出此种结论，也可以得出彼种结论。从道的观点看，事物的差别是相对的，与其在这些仅有相对性的结论中各据其是，不如从道的眼光泯灭差别。在知道者眼里，道通为一。而对此强作分别，劳神明、费口舌，有如养猴人喂橡实，朝三而暮四，名实未变而喜怒为用。庄子主张"休乎天钧"，即听任万物的天然分际、自然均平而不强生是非。这也叫"两行"。两行者，不同甚至相反的事物各行其是。在庄子这里，与物相对的是道。道是全，是一，它只具有象征意义，象征万物的本始状态、自然呈现，它不能用任何概念描述，只有"混沌"一词勉强能形容它。它不是老子宇宙本体论的道，老子的道是万物本源，宇宙法则，故"道生一,一生二,二生三,三生万物"（第42章）。而庄子的道不具有能生的性质，它也不是万物的来源。庄子主张"通天下一气耳"（《庄子·知北游》），气是构成事物的质料，而事物的形式则是天然的、自生的。自然哲学关注万物的本原、质料、形式等属于事物性质的方面，庄子的是人生哲学，它关注的是事物形式上的不同对于心灵的意义。庄子说："是非之彰也，道之所以亏也。道之所以亏，爱之所以成。”（《庄子·齐物论》）但从终极处说，连成与亏这些价值判断也是多余的、不应该有的。在这种境界的观照下，辩论尤其显得无稽。庄子相信“大道不称，大辩不言”“道昭而不道，言辩而不及”（《庄子·齐物论》）。人皆是其所是，非其所非，故辩论时你胜，不证明你就是对的；我胜，也不证明我就是对的；对辩论双方都赞成或都反对，也不能证明就是对的。言论是没有共同的是非标准的：“自我观之，仁义之端，是非之途，樊然淆乱，吾恶能知其辩。”（《庄子·齐物论》）与其分别，不如不分别；与其辩论，不如不辩论。这就是“和之以天倪，因之以曼衍”。天倪就是事物的天然差别，对此最好是因任、顺承，“是不是，然不然”，这就是“齐物”。齐物才可以保持心灵的宁静，在冥漠的“无何有之乡”遨游，得到精神自由。

接下来是《养生主》。“生主”就是肉体生命的主宰——精神。如何修养精神？《齐物论》的齐一万物、齐同是非，已经奠定了基础，《养生主》更进一步，加强了因任自然，不劳费精神这一面。庄子认为人的求知活动贯穿人的生命全过程，但待求的知识是无限多的，以有限的生命追求无限的知识，结果一定是疲惫而无所底止。所以，须因任、顺承事物的自然分际，不必强去求知。如庖丁解牛，顺牛的天然骨节、肯綮进刀，才能游刃有余。对人的精神伤害最大的是人过分的情感。现世中的人不能没有情感，但绝大多数情感过分，这是违背天道自然的，所以可称为“倒悬”。安于所遇，接受当下，与万物的自然存在融为一体，“哀乐不能入”，就是“倒悬”的解除。

如果说《齐物论》过于超越、不食人间烟火的话，《养生主》则已经变得有几分入世向俗了，而《人间世》则更多地就人在世俗生活中如何达到心灵的超越展开议论。在庄子看来，人世就是机诈百出，处处陷阱，为争名求利相轧相争的险恶世界，他描绘为“方今之世，仅免刑焉”。在乱世中存身，首先须放弃世俗所追求的一切，尤其是名位，达到心静如水、心空如镜，即“心斋”。其次不要表现得异于众人，有用的木材先被砍伐，有才能的人先行凋谢。在得道之人眼里，不祥之物才是大祥，不才之人才是大才。这就是庄子所说的：“山木自寇也，膏火自煎也。桂可食，故伐之；漆可用，故割之。人皆知有用之用，而莫知无用之用也。”（《庄子·人间世》）知晓无用适为大用，才是真正有智慧的人。

接下来的《德充符》要说明的是，道家眼里的有德者，是忘怀一切、心与道俱的。道德充满于内，此谓“德充”；充满于内必有在外之相应表现，此为“符”。庄子为了表现有道者的忘怀一切，特意勾画了几个肢体残缺的人，以便在强烈的对比中彰显得道者的精神世界。他们虽肢体有缺，但道心无缺；他们忘生死得丧，忘荣辱是非，忘肢体形骸；他们心如止水，死生不能挠其心，天覆地坠不能使之变，随物俯仰而无有隔碍，心与道一而不知有他；他们洞悉人世的真相：每个人都游于羿之彀中，侥幸没有中箭的，不过是偶然逃脱而已。了解了这一点，生不足喜，死不足忧，一切顺天安命，享受得道的快乐。“死生存亡，穷达贫富，贤与不肖，毁誉、饥渴、寒暑，是事之变，命之行也；日夜相代乎前，而知不能规乎其始者也。”一切都不能扰乱得道者精神的愉悦、心灵的宁静，时时与眼前的事物相冥相合，是为“才全”，才全是保持超越精神的坚强支撑，才全才可以真正认识道。

接下来是《大宗师》。庄子的宗师是道，以道为师的人是真人，真人的本质是“不以心捐道，不以人助天”。所以庄子首先描述天和道：道自本自根，是能生而非所生，它是一切存在之所以产生和活动的根据，故“神鬼神帝，生天生地”。庄子对道的描述重点不在宇宙论而在本体论，即本体的超越义、质性义而非它的物质义、存在义，所以它是人生论的而非宇宙论的，是美学的而非自然哲学的。人须用文学性的体悟而不是逻辑性的推理才能得到它，所以对道的描述极尽铺排、恍惚之能事。道可否掌握，学道是否可能？在庄子看来，道唯“畸人”可学。畸人者，异于世俗之人而同于天。学道须“撄宁”。撄宁者，在俗世的汩乱和纷扰中保持心的安宁。俗世对人扰乱最大的是生死，所以《大宗师》中论述生死的文字较多。庄子要人知晓，人与物都是造物者适然造成，造物者的造物是没有计度、没有设意的，一切皆自然而然。所以被造之物只能安之、顺之，不能究问，不能追溯。如果造物者造我为鸡，我即啼鸣；造我为弹，我即打鸟为炙；造我为轮、为马，我即驾车而行。一切安顺，不知其他。“安时而处顺，哀乐不能入也，此古之所谓悬解也。”不顺造化，是为不祥。在这样的视野中，生为附赘悬疣，死为疽痈溃破，又何知生为可贵死为可忧？此为相忘于江湖，反之则天之戮民。庄子的大宗师是“齑万物而不为义，泽及万世而不为仁，长于上古而不为老，覆载天地刻雕众形而不为巧”。而要游于宗师之门，必须达于坐忘。坐忘者，忘记身体，绝去精神活动，与道为一。《大宗师》给人提出了道为宗师的理想，也给人指出了进入宗师之门的途径。

最后是《应帝王》。从名称上就可以看出来，这是庄子的为政主张。庄子本无意为政，因为当世是无可为之世，诸侯皆穷兵黩武，知识人皆以才智驰说各国间以博取高官厚禄，儒、墨、名、法各家皆欲有为于当世，完成自己的治平志愿。庄子不愿做卿相，只求全身于乱世。他认为自己的政治主张是对治当世浊乱的良药，但注定不被采纳；他是为万世立法，故虽知无所用仍强聒不舍。他根据自己的天道观提出了一个顺乎天德物情，不私意造作的理想之世：“无为名尸，无为谋府，无为事任，无为知主。体尽无穷，而游无朕；尽其所受乎天，而无见得。”有明王才能实现理想之世，理想之世的执政者应是“功盖天下而似不自己，化贷万物而民弗恃；有莫举名，使物自喜；立乎不测，而游于无有者也”。这里说到执政者，也说到民众。执致者于民有功而不居功，甚至没有名称把功劳说出来；百姓受美好政治的膏泽但不知感恩私人，也不知有所谓明王存在。君民相忘于无何有之境。相反，离开这样的境地，则为凿破混沌，美好政治灭亡。

最后要讨论的是庄子哲学的言说方式。庄子自言他的言说“寓言十九，重言十七，卮言日出，和以天倪”（《庄子·寓言》）。《庄子·天下》也说：“以天下为沉浊，不可与庄语。以卮言为曼衍，以重言为真，以寓言为广。”寓言即将意谓寄托于其他事物上，重言即借重古人之言，庄子借重最多的是孔子及其弟子，其次是儒家圣王尧、舜、禹、汤等。重言的目的在通过古代名人之口，使所说更有分量。卮言即无心而自然流出之言。庄子认为，在一个昏乱污浊的世道，讲庄重的正经话是不合时宜的。另外，庄子独与天地精神相往来，但又不得不将此不可言说之境寄寓在昏浊的现实上，因此就需要一种特别的语言。庄子所用的“三言”恰好与他的言说目标是吻合的。这种语言的特点是“以谬悠之说，荒唐之言，无端涯之辞，时恣纵而不傥，不以觭见之也”（《庄子·天下》），也即悠远广大，恣纵而不落实地，不清楚地肯定或否定具体事物，恢诡谲怪而又宛转关情。正是这种语言，使庄子的思想、庄子的情感、庄子的不能与外人道的深层意绪得到充分表达。当然在意蕴表达的同时，这种语言也使人体会到了中国式言说的另一种美：意境的高远，文字的瑰丽，叙述的低回婉转，用意的浓烈与用语的淡远完美结合。庄子本想用“三言”来表达他想止息争辩之意，因为它是无谓的、徒劳的，但他文字的气象万千，意趣的波澜有致却使后人更加沉浸在其文字中。形式和内容的合一在庄子无与伦比的语言技巧中恰切地实现了。

庄子对中国哲学有深远影响的另一点是，以寓言、故事讲哲学的方式在后世得到了长足发展。哲学思想，无论内容多么深奥，情感多么复杂，都可以用故事来表达。寓言、重言结合的方式，也为后世许多哲学家所采用。这一点，使中国本就重现象、轻本质，重体悟、轻逻辑的思维倾向得到进一步加强，注重直观感悟的言说方式为更多哲学家接受，形上思考与现世关怀不着痕迹地融合在一起。中国文化中文史哲相融合的形式因此得到加强。文学中有哲学，历史中有哲学，哲学中有文学和历史。文学因有哲学而深刻隽永，历史因有哲学而厚重博大，哲学因有文学而更加精巧耐读，因有历史而更加渊深厚重。中国文史哲不分的品格使士大夫在情与理的结合上走得更远。虽然减弱了其思辨的、纯理论的方向，但对中国古代哲学重情感、重当下、重人生的现象学方向有决定性影响。这一点在玄学、禅宗、理学的发展脉络中表现得很清楚。还有一点是，庄子哲学自其问世之日起，就受到各类知识者的欢迎。作为儒家入世的、刚健的、昂扬的、直遂的文化类型的对应，庄子始终以其隐世的、阴柔的、低回婉转、激流勇退的特质，与儒家文化相辅而行、互补共存。这是中国文化呈现刚柔相济、曲直相通、平实中和的品格的重要来源。庄子从他的天人之学中，延展出了无比丰富的精神世界。

三、黄老

道家在战国发展出两个大的系统，一是庄子，一是黄老。黄老者，黄帝与老子。黄帝是古代圣君，善于治国，尤善治兵；老子是道家学派的创始人。黄老并称，指将老子的理论用于治理国家，也用于修养身心，治国治身，同一法则。自战国前期到西汉前期，黄老一直是显学，治黄老学者代不乏人。战国时齐国稷下黄老最盛，其理论成果收入《管子》一书。汉初司马谈《论六家要旨》所说道家即黄老，其中说："其术以虚无为本，以因循为用。无成势，无常形，故能究万物之情。不为物先，不为物后，故能为万物主。有法无法，因时为业；有度无度，因物与合。”就是说，黄老道家首先重视的是心的虚静，没有先入之见。因为精神过用则枯竭，有先入之见则不能平允地看待事物。“因循”即因任自然，不造作，不逞臆见，故无有执著，无有固定的标准、法则，一切按事物当下呈现的自然样态处置，时时与之为一。黄老道家认为采取这样的方法就可以“与时迁移，应物变化，立俗施事，无所不宜”(《论六家要旨》)，并认为自己采集了儒、墨、名、法、阴阳各家的优点，故有宗旨简约、易于把握、操作便捷、事少功多的优点。从这里看，黄老道家从老子“道法自然”和“见素抱朴，少私寡欲”的治人事天原则出发，吸收老子“不自见故明，不自是故彰，不自伐故有功，不自矜故长。夫唯不争，故天下莫能与之争”（第22章）的思想，吸收儒、墨、名、法各家积极入世的精神，集各家之长，避各家之短，建构了一个本天道以行人事，本道家以成各家的思想体系。对儒家，肯定其以六经中的伦理思想和礼乐规范协调社会秩序的长处，但欲避免其博而寡要、劳而少功的弱点。对墨家，肯定其强本节用从而家给人足的长处，但批评其不别尊卑、俭而难遵的弱点。对法家，肯定其严刑峻法、尊主卑臣的长处，又批评其不别亲疏贵贱，“严而少恩”的弱点。对名家，肯定其概念明晰，以名责实的长处，又批评其苛察缴绕，专决于名而失人情的弱点。对阴阳家，肯定其据天道运行以授时，使人的行为与天时吻合的长处，又批评其拘泥时日，使人多所忌讳的弱点。对自己，则夸赞说：“道家使人精神专一，动合无形，赡足万物。其为术也，因阴阳之大顺，采儒墨之善，撮名法之要。……至于大道之要，去健羡，绌聪明，释此而任术。”(《论六家要旨》)黄老道家因为有这样的特点，所以它从战国前期到汉代，拥有众多信持者，在社会上产生了极大影响，持续时间相当长。许多自称为道家的，其实都是黄老学派，与老子、庄子有很大不同。

1973年长沙马王堆出土的帛书《经法》《十大经》《称》《道原》四篇，学者一般认为即《史记》所说的《黄帝四经》。《黄帝四经》继承了老子，本天道而论治国之术。《黄帝四经》四篇的排列，似仿《道德经》，道之功用在前，道之本体在后。《道原》篇即是对道的本性和功用的描述，其中说："恒无之初，迵同太虚。虚同为一，恒一而止。湿湿梦梦，未有明晦，神微周盈，精静不熙。"[1] 这是说，道是宇宙之初混沌一气、万物未形的状态。此时一气充周，无处不到，虚静寥廓，即有而无。道既是本体论意义上的本原、法则，也是生成论意义上的根源、起始。它是一切可经验事物的根据："小以成小，大以成大。……万物得之以生，百事得之以成。人皆以之，莫知其名，人皆用之，莫见其形。"[2] 这里对道的描述完全是为了彰显它的如下性质："一者其号也，虚其舍也，无为其素也，和其用也。"[3] 道本无名，凡有指称，皆强为之名。"一"者，浑一、统一意，强调的是其遍为万物本体的性质。"虚"者，空虚无形，无有质碍，本体之气住舍无有障碍。"无为"者，自然而然，无有造作，顺循气之自然流行。"和"者，气之阴阳和合生物，万物并育而不相害，其规则并行不悖，道之元气及所生之物整体呈现和谐。道的这四种性质，强调的只是一点：自然无为。强调道的自然无为是为了给圣王的治国理念奠定天道基础："故唯圣人能察无形，能听无声。知虚之实，后能大虚；乃通天地之精，通同而无间，周袭而不盈。服此道者，是谓能精。"[4] 圣人指掌握自然无为法则的人，能与道通同为一的人，这样的人才能将道的法则贯彻于一切时地。《道原》篇对此说："得道之本，握少以知多；得事之要，操正

[1] 陈鼓应:《黄帝四经今注今译》，商务印书馆 2007 年版，第 399 页。
[2] 陈鼓应:《黄帝四经今注今译》，商务印书馆 2007 年版，第 399 页。
[3] 陈鼓应:《黄帝四经今注今译》，商务印书馆 2007 年版，第 402 页。
[4] 陈鼓应:《黄帝四经今注今译》，商务印书馆 2007 年版，第 406 页。

以正奇。前知太古，后能精明。”[1] 这仍是老子“执大象，天下往。往而不害，安平太”（第 35 章）之意。

《黄帝四经》的杰出之处是，它明确指出道是社会各项法度的根源，道指宇宙的本原与法则，社会人事必须遵循道这个法则。首先，法度的产生是社会生活的必然要求，必然要求自然会产生符合治理需要的规矩仪则，这些仪则是是非得失的标准：“道生法。法者，引得失以绳，而明曲直者也。故执道者，生法而弗敢犯也，法立而弗敢废也。故能自引以绳，然后见知天下而不惑矣。”[2] 掌握道，就能根据道制定相应的法度；依据法度去思想和行动，就不会有疑惑。道产生法是自然的，因为人的欲望是与生俱来而且永无止息的。满足欲望的方法违逆事理，患害即会产生。所以必须建立法度，树立刑名，使人的行为遵循一定的法则。

其次，道所代表的自然无为是最高的公平正义，法律制度、政治制度必须以道为根据，反对一切私智造作对自然的附加。《经法·道法》篇说：“公者明，至明者有功。至正者静，至静者圣。无私者智，至智者为天下稽。称以权衡，参以天当，天下有事，必有巧验。事如直木，多如仓粟。斗石已具，尺寸已陈，则无所逃其神。”[3] 这是说，明智产生于公正，功效产生于明智。要想公正，必须静定，静定就是与道为一。与道为一才能去除私心。无私心的、与道为一的人才是真正明智的人。明智的人是天下取法的楷式。道即是万物的权衡、万事的准则。准则立，则是非曲直立见。《黄帝四经》继承了老子归根复命的思想，认为道是事物的本根，万化的原始。本根即潜在地包含此后发展的过程和应达到的理想秩序，它会自然地生出达到秩序的法度。所以回归于道，是人达到明智的唯一途径。

[1] 陈鼓应：《黄帝四经今注今译》，商务印书馆 2007 年版，第 409 页。
[2] 陈鼓应：《黄帝四经今注今译》，商务印书馆 2007 年版，第 2 页。
[3] 陈鼓应：《黄帝四经今注今译》，商务印书馆 2007 年版，第 16 页。

可以看出，黄老道家提出“道生法”是为了纠正儒家对礼法过度强调导致的对社会自然秩序的破坏。黄老之学既有黄帝的圣王治世，又有老子的“镇之以无名之朴”，它在反对儒家礼乐制度方面虽没有老子、庄子那样出语激烈，但仍自觉地把有为和无为、经世和出世结合起来，使两者达到平衡。它的治国原则立基于天道的无私无为：“天地无私，四时不息。天地位，圣人故载。过极失当，天将降殃。人强胜天，慎避勿当。天反胜人，因与俱行。先屈后伸，必尽天极，而毋擅天功。”[1] 圣人效法天的无私无为，所以成功；不法天道，必招致灾殃。因任而不求胜天，是为正途；强求胜天，必为天所胜。《经法·国次》篇提出“天地之道，不过三功”的说法，“三功”者，指天地的春生、夏长、秋收的功用。此三者，皆天道自然而成。故执政者灭敌国后，要及时分封，分散资财，不能独自占有。要顺从民心，拔擢有德，有节度地征收赋税，勿夺农时。加上信赏必罚，使百姓养成敬法、畏法、守法的习惯，国家就可以获得美政良俗，达到大治。

《经法·论》篇对黄老之学的治国思想有更加深入、概括的论述：“人主者，天地之稽也，号令之所出也，为民之命也。不天天则失其神，不重地则失其根，不顺四时之度而民疾，不处外内之位，不应动静之化，则事窘于内而举窘于外。”[2] 认为君主须效法天道，否则失去天的庇佑；须重视地道，否则失去生存的根本；须遵从万物的法则，否则人民困穷、国事窘迫。并提出“建八政、行七法、执六柄”的具体主张。这些主张，不外顺应天时，动静合度，洞察先机，尊重规律，应合变化，信赏必罚之类。按这些措施治理，国家就会强大，强大自然产生威严，有威严恩惠才能发生作用。

[1] 陈鼓应:《黄帝四经今注今译》，商务印书馆 2007 年版，第 35—36 页。

[2] 陈鼓应:《黄帝四经今注今译》，商务印书馆 2007 年版，第 123 页。

恩威并用是为正道，行此正道才能使国人畏服、安定。百姓安定则国政平，国政平则气象宁静，气象宁静则朴素无华，朴素无华则心境空灵精爽，心境空灵精爽才能认识和掌握天道之神妙变化。《黄帝四经》总结道对于治国的根本作用说："道者，神明之原也。神明者，处于度之内而见于度之外者也。处于度之内者，不言而信；见于度之外者，言而不可易也。处于度之内者，静而不可移也；见于度之外者，动而不可化也。静而不移，动而不化，故曰神。神明者，见知之稽也。"[1] 所谓神明，指得于道的神妙莫测又明白显示的内在法则。它既有规则法守义，又有呈显可知义。前者为静，后者为动，动静二者奇妙地统于一身，故为"神明"。遵循神明是人的各项活动的最高准则，认识和掌握神明是黄老之学一以贯之的宗旨和目标。

也正因为此，黄老学家重视形名，提出"审三名"之说。审三名者，一曰建立正确的名实关系，形正名当、名实相符，则国家有正确严密的法度可以遵循；二曰废除形名不正、名实不符的名辞、称谓，因为它将导致法度紊乱，无所适从；三曰改变形名不立、有实无名、有名无实、秩序混乱的局面，因为它将导致国家削弱、威严不立的结果。《经法·名理》篇说道："天下有事，必审其名。名理者，循名究理之所之，是必为福，非必为灾。是非有分，以法断之；虚静谨听，以法为符。审察名理终始，是谓究理。唯公无私，见知不惑，乃知奋起。故执道者之观于天下也，见正道循理，能与曲直，能与终始。"[2] 这里明确说，名理是认识和判断是非的重要方法。名理者，根据其名，逻辑地、思辨地推究其所包含的多方面道理。它是依法判断的有力辅助，因为它的逻辑推论性质，所以须虚静谨听，不附加丝毫己意，从始至终是逻辑延伸的过程。这是执政者据天道无

[1] 陈鼓应：《黄帝四经今注今译》，商务印书馆 2007 年版，第 176 页。

[2] 陈鼓应：《黄帝四经今注今译》，商务印书馆 2007 年版，第 187—188 页。

为法则虚静谨听以精审事物的重要方法。名理法强调的是遵守逻辑法则，按照事物自己的性质推论，没有无根据的附加，《十大经·名刑》篇对此也说："欲知得失，请必审名察形。形恒自定，是我愈静。事恒自施，是我无为。静翳不动，来自至，去自往。能一乎？能止乎？能毋有己，能自择而尊理乎？……我不藏故，不挟陈。向者已去，至者乃新。新故不翏，我有所周。"[1]这仍是说，名理方法是心专一静定，去掉猜测、想象，恰如其分地认识事物的方法。其中的"不藏故，不挟陈"，或是后来荀子"虚一而静"说的渊源。将名实问题提到关乎国家兴衰存亡的高度来认识，这是黄老学的特识。名实问题的强调，对稷下道家的名实之辩，荀子的正名、解蔽，韩非的综核名实，以及名家惠施、公孙龙对名理、名辩的专深探讨，起了重要作用。

第二节　汉代哲学

一、董仲舒

沿先秦儒家之波，在天人关系上有重大建树的是董仲舒。董仲舒以春秋公羊学为基础，对天与人的关系，人在宇宙中的地位有充分说明。董仲舒提出"王道通三"之说，认为天地人三才，只有圣王才能通而一之，所以造字者以"王"字为一竖连通三横。作为天地在人间的代理的君主，一

[1]　陈鼓应：《黄帝四经今注今译》，商务印书馆2007年版，第336页。

切都承接天道，效法天道：动静要合乎天时，做事要符合天的规律，对人性的认识要参照天道，治国方略的制定要以天道为根据。在董仲舒看来，天以仁爱万物为心，人心是对天心的贯彻与奉行："天，仁也。天覆育万物，既化而生之，又养而成之，事功无已，终而复始，凡举归之以奉人。察于天之意，无穷极之仁也。人之受命于天也，取仁于天而仁也。"（《春秋繁露·王道通三》）人的政教、伦理，如尊天事天、孝悌仁爱、忠信慈惠、礼义廉耻等皆取法天而有。天的意志是爱利人类，天通过长养抚育万物而实现天志，王者也应爱利百姓，以给予百姓美好生活为自己的职责。天的春夏秋冬就是王的好恶喜怒的蓝本，故人主顺适天之四时则岁美，顺适自然的好恶喜怒则世治。这是"人理副天道"的表现。政治措施也应效法天，天任阳不任阴，人也应以礼乐教化为主，法律刑罚为辅："天之亲阳而疏阴，任德而不任刑也。是故仁义制度之数，尽取之天。……天出阳，为暖以生之；地出阴，为清以成之。不暖不生，不清不成，然而计其多少之分，则暖暑居百，而清寒居一。德教其与刑罚，犹此也。故圣人多其爱而少其严，厚其德而简其刑，以此配天。"（《春秋繁露·基义》）

董仲舒的春秋公羊学，也以天人关系为基础。他认为，孔子作《春秋》，就是上揆之天道，下质诸人情，参之于古，酌之于今，所以其中之褒贬一准于天道。《春秋》所讥刺的，必是天惩罚的；《春秋》所厌恶的，必是天施以灾害的。《春秋》通过灾异来警示君主的过错。政治之美恶是与天地相流通的，天人相应，所以《春秋》代天宣教，为人立法。天道万古不变，圣王是天道的贯彻者，其不同的政治措施，只是互相补偏救弊，不会有根本改变。故"王者有改制之名，无变道之实"。所变者，如夏尚忠、殷尚敬、周尚文等政教风格之不同；改正朔、易服色，只是顺天命而已。董仲舒着重强调的是，汉朝乘乱秦而起，应损周之文，用夏之忠。忠者，忠于圣王之法，遵守国家教命，风俗以朴厚质实为主，革去繁文缛节。

董仲舒还用天人合一来论证学术文化归于一统之必要。他的理论基础是公羊春秋之“大一统”：既然孔子作《春秋》是代天立言，一统便是天之意志。一统不仅是政治的统一、疆域的统一，也是思想文化的统一。他所谓一统是统一于儒学：“《春秋》大一统者，天地之常经，古今之通谊也。今师异道，人异论，百家殊方，指意不同。是以上亡以持一统，法制数变，下不知所守。臣愚以为，诸不在六艺之科，孔子之术者，皆绝其道，勿使并进；邪僻之说灭息，然后统纪可一而法度可明，民知所从矣。”（《汉书·董仲舒传》）这使儒家正式走向政治舞台的中心，开启了后世儒家为主的政治、学术模式。

董仲舒的天人合一论将天道与人君的统治紧密连接起来，一方面起到了以天限制君权，防止君主权力无限膨胀，儆戒君主勤勉为国，勿骄奢淫逸的作用，另一方面，它又过分夸大了人与天的紧密关联，使种种妖妄不经、诈伪夸饰的理论如“寒温”“谴告”“变动”“招致”等大行其道，政治活动掺杂了许多神秘甚至迷信的成分如图谶、方术等，招致后来思想家的批评。

二、王充

王充以黄老的天道自然为武器，高举“疾虚妄”的旗帜，以对自然和人事的“实知”为标准，对汉代流行的谶纬之学及天人关系上的种种偏邪之说提出批评，具有很强的战斗精神。王充以气为万物本原，气产生万物，非有目的，非有欲望；万物各有其自然性质，人在实践中认识并利用万物，非天地有目的地生出万物供人使用：“天地合气，万物自生，犹夫妻合气，子自生矣。……天动不欲以生物而物自生，此则‘自然’也；施气不欲为物而物自为，此则‘无为’也。”（《论衡·自然》）即使是人这样有情感、有本能欲望的生物，其本性也是自然无为的。如至德之人禀得天地之气多，故出于自然本性，效法天道；不肖之人禀得天地之气少，故不遵天地自然之性，有意造作。所谓“不肖者”，即不似天之自然无为，不似圣贤之不起造作。而禀气纯渥，能似天地之道者为黄老学者：“黄老之操，身中恬澹，其治无为，正身共己而阴阳自和，无心于为而物自化，无意于生而物自成。”（《论衡·自然》）但王充也认为，所谓自然无为，并非无所作为，而是其作为一遵天道，无有私意造作。如农夫耕种，因天时而动，用耒耜耕耘，这是人为；但播种之后，长养在地，人不能为，这是自然。强代天地而为，是取败之道，如宋人揠苗助长之类。顺此而下，王充心目中的理想政治是无为而治。他抓住儒家经典中合于自然无为的语句，作了黄老之学的解释。比如《周易》中的“黄帝、尧、舜垂衣裳而天下治”，说的即是自然无为。《论语》中“大哉尧之为君也！巍巍乎！唯天为大，唯尧则之”，即是以自然无为为法则；“巍巍乎！舜禹之有天下也，而不与焉”，就是效法天道，任贤使能，恭己无为而天下治。因其无为而化自成，功成而不邀名，故“荡荡乎！民无能名焉”。王充总结说：“黄帝、尧、舜，大人也，其德与天地合，故知无为也。……本不求功，故其功立；本不求名，故其名成。沛然之雨，功名大矣，而天地不为也，气和而雨自集。”（《论衡·自然》）

王充以黄老之说为武器，批判了儒者崇信的“谴告”“寒温”“变动”“招致”等说法。谴告者，人君为政失道，天用灾异谴告之。招致者，人不善的言论能招来灾祸。寒温者，天气的或寒或温是对君主的或怒或喜的应和。变动者，人君政治的善否和个人品德的诚伪可感动天地，使天象、天气发生变动。此数者，以谴告说影响最大，所以王充着重就谴告进行剖析，认为上古之时，民尚草昧，智慧低下，此时无谴告之说；即使天有异常之象，人也不以为谴告。末世衰微，人心大坏，上下相非，才有借殊异天象以相非难之事。如此看来，谴告之说为末世衰乱之语。王充借老子“礼者，忠信之薄，乱之首也”之语，认为谴告说起于一些德薄信衰之君，心险而行诐，于是违犯盟约，辜负圣人之教；教约不行，则相谴告；谴告不改，举兵相灭。由此言之，谴告之言，衰乱之语也；而谓天之所为，乃污蔑上天。王充认为，天无为，不会有意谴告人；异常天象的出现，是元气自然造成的。而占候家借异常天象附会人事，有其他目的。并且王充反复强调，以上批评之言，皆本道家天道自然无为之说，“虽违儒家之说，合黄老之意也”。王充还对当时流行的种种迷信说法如雷、龙、死生、祸福、鬼神、成仙、符瑞、感应等进行剖析批判，虽然限于当时的认识水平、科技知识，以及他过于实证的思想方法，许多批评未见得中肯。特别是把人事的许多复杂现象皆简单地归于气禀的做法，虽然批判了命运由天决定的偏颇，但又陷入命运由气禀决定的另一种偏颇。如说：“凡人受命，在父母施气之时，已得吉凶矣。……性自有善恶，命自有吉凶。使命吉之人，虽不行善，未必无福；凶命之人，虽勉操行，未必无祸。”“命在初生，骨表著见。今言随操行而至，此命在末，不在本也。则富贵贫贱，皆在初禀之时，不在长大之后随操行而至也。”（《论衡·命义》）这些表现出王充在汉代特重门第出身的境况下，由于出身细族孤门，虽勉力奋斗仍不得志的无可奈何之情。

从汉代两大思想家董仲舒和王充身上可以看出，汉代儒家与阴阳家合流，阴阳五行作为宇宙图式和万物范型笼罩一切，加上浑天说的宇宙观和元气论的自然科学观，广泛而深刻地影响着哲学的各个方面。元气论既能以其有机性、系统性、整体流动性产生延展到一切处的天人合一论，为儒家的人文性解释增添理论维度，又能在政治上限制、弹压人君过分膨胀的权力、私欲，但也容易夸大天的主宰性，夸大天与人的整体性、系统性以及互相影响。王充要消解此种人文性解释所带来的负面影响，但又因其实证思维，一切从科学的、实证的角度出发，将天人关系简单化、狭隘化。从中也可以看出，儒家和道家在哲学发展中作为阴阳两极始终如孪生兄弟般不可或缺地扮演着各自的角色。一个热烈，一个冷峻；一个倾向于人文性建构，一个倾向于自然性消解；一个有艺术、宗教特质，一个有科学、实证特质；一个有着强烈的修齐治平兴趣，一个总想返归自然无为。两者缠绕在一起，共同构成中华文化的主干。中国哲学中的其他派别，都受到这两大派的深刻影响。

第三节　魏晋玄学

玄学是魏晋时期的思想主潮，魏晋玄学的特点是在思辨的哲学语言中蕴含深刻的社会关怀，而它的社会关怀建立在对天人关系的深刻思考上。魏晋玄学的天人关系鲜明地体现在名教和自然的关系上，自然代表天道，名教代表人事，自然与名教的关系就是天人关系。玄学以老庄思想为骨架，通过本末、有无、体用、动静、一多等抽象概念表达名教和自然的关系。魏晋玄学的研究方法大致分为历史的和哲学的两种。历史方法将玄学按历史顺序分为以何晏、王弼为代表的正始时期，以阮籍、嵇康、向秀为代表的竹林时期，以裴頠、郭象为代表的元康时期，以道安、张湛为代表的东晋时期四个阶段。哲学方法按照黑格尔的正反合，将魏晋玄学分为何晏、王弼为代表的贵无派，此为正；以裴頠为代表的崇有论，此为反；以郭象为代表的无无派，此为以上两派之合。本文以哲学分法为主，以彰显论述的思想维度。

一、何晏、王弼

正始时期不同政治派别的斗争尚未至激烈程度，所以哲学上也表现得比较温和，以理论本身为主，其中含摄的政治观念不特别激烈。何晏是曹魏宗室，亦是此时的玄学领袖，他领导完成的《论语》注释，主要选录、萃集他人的注语，自己的思想不多。从传世不多的语录片段看，何晏是兼宗儒道的，他的《道论》以道为最高概念，他所谓“无”即道。道是万物的本原，是无形无象的抽象本体，所以不能以描述经验事物的语言描述它，故谓之无。而此无，是万有所以存在的根据：“故能昭音响而出气物，包形神而章光影；玄以之黑，素以之白，矩以之方，规以之圆。圆方得形而此无形，白黑得名而此无名也。”[1] 这个道，包万有而己无有，虽有名而实际是强为之名。如《论语》中孔子称赞尧既“荡荡无能名”，又“巍巍其有成功”，前者是无，后者是有。孔子是道的体现，道无名无象，但它是有名有象的万物的本体。何晏眼中的孔子，是体现了有无合一之道的圣人。

另何晏所作的《景福殿赋》颂扬魏明帝曹叡说：“大哉惟魏，世有哲圣。武（武帝曹操）创元基，文（文帝曹丕）集大命。皆体天作制，顺时立政。至于帝皇（曹叡），遂重熙而累盛。远则袭阴阳之自然，近则本人物之至情。上则崇稽古之弘道，下则阐长世之善经。庶事既康，天秩孔明。故载祀二三（指明帝年号太和六年），而国富刑清。”[2] 此虽是谀辞，但他心目中的圣君，是儒道兼宗之人，既能体无形无名的天道，又能察人

[1] （汉）何晏：《道论》，见杨伯峻《列子集释》，中华书局 1979 年版，第 10—11 页。

[2] （清）严可均校辑：《全上古三代秦汉三国六朝文》，中华书局 1958 年版，第 1271 页。

情物理之精微；俗事既成，天道亦明。故何晏认为自己与夏侯玄、司马师二人，可当《周易》之极深、研几、神妙三种层次：“夏侯玄、何晏等名盛于时，司马景王亦预焉。晏尝曰：‘唯深也，故能通天下之志，夏侯泰初是也；唯几也，故能成天下之务，司马子元是也；唯神也，不疾而速，不行而至，吾闻其语，未见其人。’盖欲以神况诸己也。”（《三国志·魏书·桓范》）深者，深究形上玄远之学，有道家品格，夏侯玄当之；几者，善于把握庶物众事之关节，有儒家品格，司马师当之；神者，善于以道家之无为应对儒家之庶事，无为而无不为，故不疾而速，不行而至，有儒道合一的品格，何晏自己当之。此中仍可见何晏儒道兼宗的意向。儒道兼宗，在天人关系上便主张孔子的“天何言哉！四时行焉，百物生焉”所体现的自然无为与奋勉有为的统一。心目中的圣人便是玄远境界和处事练达高度统一的人，即孔老合一的内圣外王人格。在名教和自然的关系上，便是主张名教本于自然，礼乐刑政都是必要的，都是圣人治天下之具，但理想之治是“国富刑清”。

何晏留下的著作不多，玄学思想未见大成。正始玄学的真正代表是王弼。王弼英年早逝，只活到23岁，但他留下的两部经典注释《老子注》和《周易注》却是千古不朽之名著。在这两部著作中，王弼充分阐发了他关于天人关系的根本主张，并本其天人关系论对政治问题作了大量论述。

王弼继承了老子，但消解了老子的发生论成分，专讲本体论。王弼所说的“无”不同于老子的“无”。老子的无有不同的用法。一种是与有相对的具体的无，即时间上的无绵延和空间上的无衍展。如老子所说的“有无相生”之无、“当其无，有车之用、器之用、室之用”之无。一种是指代道的“无”，如“无，名天地之始”之无。这两种用法并行，表明老子对负的功能有深刻体察，也表明在他的思维方法中，宇宙论与本体论尚缠绕在一起，具象和抽象尚不甚区分，形而上与形而下尚混搭在一起。具体的“无”和指代道的“无”的既直观又抽象的性质，共同成为老子守柔、谦下、不争宗旨的根据。而王弼的“无”则专指作为宇宙本体的道，在本体论的思辨性和丰富性上超越了老子。

王弼的思想主旨是“以无为本”。以无为本就是以道为本，“贵无”就是贵道。王弼认为，万物之所以存在，其属性之所以成立，功能之所以发挥，就是因为有一个无形无名的道作它的本体。既是本体，就是超越的；超越的本体不是经验对象，不能用把握经验事物的方法、工具去把握它，故谓之“无”。这个无不是空无所有，而是众有的抽象。既然是抽象，就是可以为人所知的，知的方法只能是由用以达体，由对经验事物的观察、推论、体证达到对道的理解。王弼在《老子指略》中的一长段话集中展示了他的以无为本的本体论：“夫物之所以生，功之所以成，必生乎无形，由乎无名。无形无名者，万物之宗也。不温不凉，不宫不商。听之不可得而闻，视之不可得而彰，体之不可得而知，味之不可得而尝。故其为物也则混成，为象也则无形，为音也则希声，为味也则无呈。故能为品物之宗主，苞通天地，靡使不经也。若温也则不能凉矣，宫也则不能商矣。形必有所分，声必有所属。故象而形者，非大象也；音而声者，非大音也。然则，四象不形，则大象无以畅；五音不声，则大音无以至。四象形而物无所主焉，则大象畅矣；五音声而心无所适焉，则大音至矣。故执大象则天下往，用大音则风俗移也。”[1] 王弼所谓“无”，即道，这段话中形容无的语言，全是《老子》用来形容道的。王弼之所以表彰道，就在于它具有超越的性质。具体事物都有其性质，性质既是事物的存在得以实现、功能赖以发挥的根据，又是它的限制。有限制即不自由，不自由即不能达到精神

[1] （魏）王弼著，楼宇烈校释：《王弼集校释》，中华书局 1980 年版，第 195 页。

的最高追求。王弼希望用思辨的方法达到自由的境界，这个境界能够满足人追求精神自由的本性，不为具体所限制、所束缚。王弼心目中仍有庄子《逍遥游》中“怒而飞，其翼若垂天之云”的大鹏的形象。在王弼年青的心灵中有一种不受名教束缚，冲决桎梏网罗，对超然境界的向往。但他没有庄子的悲凉和无奈，也没有庄子的激愤酸楚和恢诡谲怪，更没有庄子在“卮言日出”中表现的随物俯仰与模棱两可。王弼只是作为一个不谙世事的天才形上学家，在思辨世界中创造他向往的逍遥境界。他的基调是昂扬的、直抒胸臆的，文字是明快直截的。

王弼表彰道，就是表彰整体性思想方法。因为道既是本体，就代表整体；个体是经验对象，整体才是抽象的、超越的。整体逻辑地包括了其中的个体之间的不可分割，以及个体之间功能的互相作用和运动的互相影响。这样，中国哲学重视普遍联系，重视系统的秩序、均衡、和谐统一等特性就彰显了出来。它不同于西方哲学重视现象背后的本质，重视构成事物的物质基元，重视个体上体现的总体的原理等特性。王弼是充分体现魏晋清谈的哲学家：注重抽象、思辨、逻辑，不喜就事论事、拖泥带水等。王弼表彰道，是为了避免个体的局限，希望在全体的观照下减少此种局限带来的自是、狭隘、见木不见林等弊病。如王弼指出，先秦各家皆有其优长之处，但长处同时也就包含短处：如法家崇尚整齐划一，于是用法律来纠察、检束使人整齐，却引出钻法律的空子逃避惩罚的人；名家崇尚名的确定性，所以强调以名正实，却引出只认名词概念不顾实际情理的人；儒家崇尚仁爱，所以奖掖、赞美奉行仁德的人，却引出沽名钓誉之事；墨家崇尚俭约，所以表彰减损人的欲望，却引出矫情立异、不近人情的人和事。杂家崇尚集合众美，所以采择各家之长萃集于己身，于是杂乱不加简别的情形就产生了。这些弊病皆起于“用其子而弃其母。物失所载，未足守也”[1]，即丢弃了整体性观照所带来的全面与深入，只见局部之一偏，未足以成就事物。王弼主张由道的立场来观察事物，处理事物，由道的整全性、和谐性来养护、调节事物：“故涉之乎无物而不由，则称之曰道；求之乎无妙而不出，则谓之曰玄。妙出乎玄，众由乎道，故‘生之畜之’，不壅不塞，通物之性，道之谓也。‘生而不有，为而不恃，长而不宰’，有德而无主，玄之德也。”[2]

在王弼眼里，老子的道其功用在教人返回到道的整全、浑朴、和谐的原本状态，消除由杂多的个体的私欲兴起的各种巧伪、浇薄、虚浮。此即崇本息末。王弼说：“老子之书，其几乎可一言而蔽之，噫！崇本息末而已矣。观其所由，寻其所归，言不远宗，事不失主。文虽五千，贯之者一；义虽广瞻，众则同类。解其一言而蔽之，则无幽而不识；每事各为意，则虽辩而愈惑。尝试论之曰：夫邪之兴也，岂邪者之所为乎？淫之所起也，岂淫者之所造乎？故闲邪在乎存诚，不在察善；息淫在乎去华，不在滋章；绝盗在乎去欲，不在严刑；止讼存乎不尚，不在善听。故不攻其为也，使其无心于为也；不害其欲也，使其无心于欲也。谋之于未兆，为之于未始，如斯而已矣。故竭圣智以治巧伪，未若见质素以静民欲；兴仁义以敦薄俗，未若抱朴以全笃实；多巧利以兴事用，未若寡私欲以息华竞。故绝司察，潜聪明，去劝进，剪华誉，弃巧用，贱宝货，唯在使民爱欲不生，不在攻其为邪也。故见素朴以绝圣智，寡私欲以弃巧利，皆崇本以息末之谓也。”[3]“末”者，世俗的各种治平之术；“本”者，抱道怀德。

[1]（魏）王弼著，楼宇烈校释：《老子指略》，《王弼集校释》，中华书局1980年版，第196页。
[2]（魏）王弼著，楼宇烈校释：《老子指略》，《王弼集校释》，中华书局1980年版，第197页。
[3]（魏）王弼著，楼宇烈校释：《老子指略》，《王弼集校释》，中华书局1980年版，第198页。

只有抱道才能勘破世俗的治平之术的徒劳无益，不仅无益，尚且生害。遵道而行，才能消除世俗的道德伦理、社会规范、礼乐刑政的虚伪之害，回到其本来面目，才能取得真正的治平之效。故崇本才能举末，“守母”才能“存子”。此意王弼说得很清楚：“夫载之以大道，镇之以无名，则物无所尚，志无所营。各任其贞事，用其诚，则仁德厚焉，行义正焉，礼敬清焉。弃其所载，舍其所生，用其成形，役其聪明，仁则尚焉，义则竞焉，礼则争焉。故仁德之厚，非用仁之所能也；行义之正，非用义之所成也；礼敬之清，非用礼之所济也。载之以道，统之以母，故显之而无所尚，彰之而无所竞。用夫无名，故名以笃焉；用夫无形，故形以成焉。守母以存其子，崇本以举其末，则形名俱有而邪不生，大美配天而华不作。”[1] 这里王弼儒道兼宗的意思很明显。他不像老子那样抨击儒家，要绝去圣智仁义，也不像庄子那样遗世独立，追求“心斋”“坐忘”的个人修养。王弼要用道家来消除儒家可能产生的弊害，用儒家来补足道家的消极避世；道家为本、为母，儒家为末、为子，崇本举末，守母存子，以收道儒之双美，消除道儒之不足。

王弼兼宗儒道，是立基于他对天道的基本观点之上的。天道与万物体用不二，本末兼赅，所以可以效法天道以治世事，崇本举末、守母存子即以天则人，以人合天。他心目中的理想人格即崇本举末之人。但天道远，人道迩，从法则、原理来说，天道高于人事，但就人的生活世界的切实性、须在人事中体验天道来说，人事重于天事，故孔子高于老子。而王弼心目中的孔子是包贯了老子的优长之处的。故王弼有“老不及圣”之说。老不及圣是因为“圣人体无，无又不可以训，故不说也。《老子》是有者

[1] （魏）王弼著，楼宇烈校释：《老子道德经注》（下篇），《王弼集校释》，中华书局 1980 年版，第 95 页。

也，故恒言其所不足[1]。”从形上学的高度说，代表万物本原和根本原理的道本不可言说，言说者表示其不识真正的道。从体用关系来说，体用不二，说人事正所以显天道。老子恒言道，正说明他遗落人事，背离了体用不二、本末一如的法则。

另一个说王弼兼宗儒道的理由是王弼认为“圣人有情”。如果说老不及圣是批评老子，圣人有情便是批评庄子，因为虽然老子也说“天道无情”，但要说绝去情感、欲望、意志、思虑，“堕肢体，黜聪明，离形去知，同于大通”，留给人印象最深的还是庄子。何晏亦以为圣人与天道为一，未尝有情。王弼则说：“圣人茂于人者神明也，同于人者五情也。神明茂，故能体充和以通无；五情同，故不能无哀乐以应物。……今以其无累，便谓不复应物，失之多矣。”[2]圣人体无是道家，应物是儒家；以“无”之境界做“有”之事业，做“有”之事业而心无粘滞，兼体而无累，正是儒道兼宗者的基本路向。王弼此说，是玄学中合老庄的虚无意趣与儒者的有为事功为一者的基调。这个基调为当世和后世的许多人奉行。郭象的圣人观即导源于此。此外汉代儒者往往神化圣人，纬书中的孔子形象即半人半神。而玄学则用道家冷峻的理性主义消解儒家出于政治和学术需要加在圣人身上的许多虚浮、夸饰的光环，还圣人以人中英杰的本来面目，将圣人返归实地。由此情感问题、圣人的本质问题成为魏晋玄学的基本问题，这是王弼作为魏晋玄学创立者的功绩之一。

王弼在中国哲学史、经学史上另一大功绩是他对《周易》义理诠释路向的创立，这也是立基于他的天人观之上的。以无为本、崇本举末是他的

[1] （魏）王弼著，楼宇烈校释：《何劭王弼传》，《王弼集校释》，中华书局 1980 年版，第 639 页。

[2] （魏）王弼著，楼宇烈校释：《何劭王弼传》，《王弼集校释》，中华书局 1980 年版，第 640 页。

哲学宗旨，这一宗旨体现在对《周易》的诠释上便是彖为卦主，爻主变化，意为言象之本，得意可忘言象。王弼《周易注》只注六十四卦，十翼由韩康伯补注。但王弼有《周易略例》，对《周易》之统观于中可见。其《明彖》说："夫《彖》者，何也？统论一卦之体，明其所由之主者也。夫众不能治众，治众者，至寡者也。夫动不能制动，制天下之动者，贞夫一者也。故众之所以得咸存者，主必致一也；动之所以得咸运者，原必无二也。物无妄然，必由其理；统之有宗，会之有元，故繁而不乱，众而不惑。故六爻相错，可举一以明也；刚柔相乘，可立主以定也。……故举卦之名，义有主矣。观其《彖辞》，则思过半矣！"[1] 此中之彖，指卦辞。而卦辞多半解释卦名，一卦即表示一种境遇，天下之境遇无穷，而卦只有六十四种，《周易》通过比类、象征、隐喻等方式，将天下无穷之事物，代入六十四卦中，所以《周易》是"宇宙代数学"（冯友兰语）。由于比类、象征、隐喻等方法的普遍运用，《周易》充满了解释的张力。《周易》的辞、象、变、占四大要素中，王弼所重视的在前三项，尤其在辞，即卦爻辞中表现的哲学道理。王弼用老庄思想解《周易》，将西汉费直所开创的路向引向深入，是以义理解《周易》最大的代表。王弼的《周易注》《老子注》充满了哲学思辨所拥有的瑰丽智慧与逻辑充实感。他的《明彖》体现了他的以无为本、以一统众的思想。卦辞所包含的卦名、卦义是一卦的根本。卦名即此境遇，卦义即此境遇的内涵、性质及可能出现的吉凶。六爻刻画此境遇的阶段、变化，故王弼说："夫卦者，时也；爻者，适时之变者也。"[2] 须先明了一卦所象征之境遇，才能了解此境遇的变化。卦辞

[1] （魏）王弼著，楼宇烈校释：《周易略例》，《王弼集校释》，中华书局 1980 年版，第 591 页。

[2] （魏）王弼著，楼宇烈校释：《周易略例》，《王弼集校释》，中华书局 1980 年版，第 604 页。

是体，爻辞是用，体是用的根本和基础，所以最重要。体是一，用是多；体是静，用是动，所以静以制动、一以统众。掌握了卦辞的意义、地位，就掌握了一卦的多半。卦辞把杂多的爻辞用一个道理贯穿起来，使分立时无解的辞句变得有解，使分立时杂乱的辞句在一个统一整体中逻辑秩然，变化无方而不荡越无归。博化为约，繁化为简；约以统博，简以赅繁，所以王弼说："繁而不忧乱，变而不忧惑，约以存博，简以济众，其唯彖乎？乱而不能惑，变而不能渝，非天下之至赜，其孰能与于此乎？故观彖以斯，义可见矣。"[1]

以无为本在六爻的关系上的体现是以少为贵、以一统众。王弼说："夫少者，多之所贵也；寡者，众之所宗也。一卦五阳而一阴，则一阴为之主矣；五阴而一阳，则一阳为之主矣。夫阴之所求者阳也；阳之所求者阴也。阳苟一焉，五阴何得不同而归之？阴苟只焉，五阳何得不同而从之？故阴爻虽贱，而为一卦之主者，处其至少之地也。或有遗爻而举二体者，卦体不由乎爻也。"[2] 此即一爻为主说，是王弼解易的重要原则。此原则消解了以一卦的内外或上下所代表的卦象、卦德解易的方法，纯以六爻的关系为根据，加强了卦爻的整体性、运动性和具体时空节点对境遇的重要性。

以无为本在卦的言、象、意三者的关系上的体现是得象忘言、得意忘象。在一卦中，卦爻辞、卦爻象是显，是有；卦蕴含的意义是隐，是无。在三者中，王弼最重视的是卦所表示的意义："夫象者，出意者也。言者，明象者也。尽意莫若象，尽象莫若言。言生于象，故可寻言以观象；象生于意，故可寻象以观意。……是故，存言者，非得象者也；存象

[1] （魏）王弼著，楼宇烈校释：《周易略例》，《王弼集校释》，中华书局 1980 年版，第 592 页。

[2] （魏）王弼著，楼宇烈校释：《周易略例》，《王弼集校释》，中华书局 1980 年版，第 591—592 页。

者，非得意者也。象生于意而存象焉，则所存者乃非其象也；言生于象而存言焉，则所存者乃非其言也。然则，忘象者，乃得意者也；忘言者，乃得象者也。得意在忘象，得象在忘言。故立象以尽意，而象可忘也；重画以尽情，而画可忘也。”[1] 言和象都是得意的工具，掌握了目的，工具即可忘掉；执著于工具，适是得意的障碍。故须单刀直入，斩断缠绕。如乾卦的意义是刚健，“元亨利贞”卦辞和“潜龙勿用”“见龙在田”等爻辞都是解说天地刚健之德的。掌握了刚健之德，则卦爻辞、卦爻象皆可忘。王弼这一解易方法，目的是要把汉儒象数学、阴阳五行解易中的种种繁琐缠绕、相生相克、坐实配平、牵强附会等离开了易学简易原则的义例统统去除掉，还《周易》以简要清通的本来面目。王弼举例说：“是故触类可为其象，合义可为其征。义苟在健，何必马乎？类苟在顺，何必牛乎？爻苟合顺，何必坤乃为牛？义苟应健，何必乾乃为马？而或者定马于乾，案文责卦，有马无乾，则伪说滋漫，难可纪矣。互体不足，遂及卦变；变又不足，推致五行。一失其原，巧愈弥甚。从复或值，而义无所取。盖存象忘意之由也。忘象以求其意，义斯见矣。”[2] 这是说《周易》是比类、象征性文本，不能坐实。一坐实，卦与事物一一对应，则六十四卦难以解释无穷的事物，穿凿附会必然发生。已有方法不足以解释，遂造出许多解卦体例，穿凿说通。王弼的得意忘象，好似“奥卡姆剃刀”，将汉儒象数学辗转相生的种种方法一举廓清，在中国易学史上意义非凡，对此后以义理解易的学者，如胡瑗、程颐、苏轼、杨万里、王夫之等影响极大。而他的基本方法，建基于他的以无为本的天道观之上。

[1] （魏）王弼著，楼宇烈校释：《周易略例》，《王弼集校释》，中华书局 1980 年版，第 609 页。

[2] （魏）王弼著，楼宇烈校释：《周易略例》，《王弼集校释》，中华书局 1980 年版，第 609 页。

二、阮籍、嵇康

以阮籍、嵇康为代表的竹林玄学是贵无论的另一种形态。三国末期，曹氏和司马氏两大政治集团斗争激烈，此时既不容竹林玄学家们以优悠的心境阐发本体论，进行深刻的哲学思辨，也不容他们以乐观的态度出入儒道，畅论政治见解。毋宁说在此多事之秋，名士少有全身之时，他们更多地以放达、怪诞、佯狂表达他们对世道的激忿、抗议甚至逃避。他们是哲学家，更是诗人，他们长于用诗的语言表现生命的脆弱、变幻与无奈。正始名士所继承、运用的多是《老子》，而竹林名士所借用的多是《庄子》。所以其奇幻、恣纵之气轶越正始时期。

竹林玄学的重心在名教与自然的关系，这也以他们的天道观为基础。阮籍、嵇康都以老子、庄子心目中的至德之世为理想，他们身处政治漩涡中，时时有杀身之祸，所以特别向往无有是非、无有争夺、混一熙和、自然无为的世界，如阮籍的《达庄论》写道："故至道之极，混一不分，同为一体，得失无闻。伏羲氏结绳，神农教耕，逆之者死，顺之者生。又安知贪洿之为罚，而贞白之为名乎！"[1] 此为至德之世。庄子有见于后世百家蜂起、相与辩争、是非淆乱、纯白不备，于是起而倡齐一是非、逍遥无竞之论。而相比于至德之世，此犹落于下乘，"犹未闻夫太始之论，玄古之微言"[2]。在理想世界的比照下，名教世界污浊混乱，阮籍对此大张挞伐："儒墨之后，坚白并起，吉凶连物，得失在心，结徒聚党，辩说相侵。昔大齐之雄，三晋之士，尝相与瞋目张胆，分别此矣，咸以为百年之生难

[1] （三国魏）阮籍著，陈伯君校注：《达庄论》，《阮籍集校注》，中华书局 2012 年版，第 150—151 页。

[2] （三国魏）阮籍著，陈伯君校注：《达庄论》，《阮籍集校注》，中华书局 2012 年版，第 157 页。

致，而日月之蹉无常，皆盛仆马，修衣裳，美珠玉，饰帷墙，出媚君上，入欺父兄，矫厉才智，竞逐纵横，家以慧子残，国以才臣亡，故不终其天年而夭，自掊击其于世俗也。”[1] 他在《大人先生传》中也摹画此等人说：“今汝尊贤以相高，竞能以相尚，争势以相君，宠贵以相加，驱天下以趣之，此所以上下相残也。竭天地万物之至以奉声色无穷之欲，此非所以养百姓也。于是惧民之知其然，故重赏以喜之，严刑以威之；财匮而赏不供，刑尽而罚不行，乃始有亡国戮君溃败之祸。此非汝君子之为乎？汝君子之礼法，诚天下残贼、乱危、死亡之术耳，而乃目以为美行不易之道，不亦过乎！”[2] 身处这样的世界中，阮籍心怀太古，主张“超世而绝群，遗俗而独往”。他心目中的理想人格是“大人先生”，大人先生身居太古之世，与道为一，其性恬淡，不与世争。不趋利避害，不忧谗畏讥。在这样的世界中，人与人平等相处，强不凌弱，众不暴寡，无君臣父子之伦，无宗庙朝廷之礼。唯有无知无欲，修身保性。阮籍身处乱世，无法逃避，也无力与之争，心怀忧闷，只得寄意于心中的净土，聊以自慰。

阮籍由于此种境遇，志不得伸，情不得舒，郁积既久，不断沉淀发酵，当他以奇伟的诗才发抒出来，则沉雄蕴藉，意切情真。这一点最鲜明地表现在他的《咏怀》五言诗中。诗中常有世事反复、生命苦短、前路难期、不知何底之慨，胸中炽烈而口中雅淡。如其一：“夜中不能寐，起坐弹鸣琴。薄帷鉴明月，清风吹我襟。孤鸿号外野，翔鸟鸣北林。徘徊将何见，忧思独伤心。”其三：“嘉树下成蹊，东园桃与李。秋风吹飞藿，零落从此始。繁华有憔悴，堂上生荆杞。驱马舍之去，去上西山趾。一身不自

[1] （三国魏）阮籍著，陈伯君校注：《达庄论》，《阮籍集校注》，中华书局 2012 年版，第 152 页。

[2] （三国魏）阮籍著，陈伯君校注：《大人先生传》，《阮籍集校注》，中华书局 2012 年版，第 170—171 页。

保，何况恋妻子。凝霜被野草，岁暮亦云已。”其十三：“登高临四野，北望青山阿。松柏翳冈岑，飞鸟鸣相过。感慨怀辛酸，怨毒常苦多。李公悲东门，苏子狭三河。求仁自得仁，岂复叹咨嗟。”其十四：“开秋兆凉气，蟋蟀鸣床帷。感物怀殷忧，悄悄令心悲。多言焉所告，繁辞将诉谁！微风吹罗袂，明月耀清晖。晨鸡鸣高树，命驾起旋归。”[1] 桃李秋风，繁华憔悴；明月清风，孤鸿飞鸟，松岗青阿，是他的诗中常有的景物。感物殷忧，悄然心悲，志意难平又无可奈何，这些意绪情感，皆是他哲学思想的鲜明写照。

如果说阮籍主要是个诗人的话，嵇康则主要是个哲学家。他没有阮籍那么多外在的狂诞举动，也不像阮籍那样喜怒形于色，他更有哲学家的雄鸷与深沉和音乐家的俊雅与高洁。他也有一个以道家为蓝本的至德之世，此世界在伏羲之前，尧舜继其统绪。此至德之世，大道未亏，万物任其自然，静默无文。在人世进化中，此纯朴世界被打破，种种乱象肇生；下至末世，人的私心越来越重，乱象愈演愈烈，世事更加昏浊：“下逮德衰，大道沉沦。智惠日用，渐私其亲。惧物乖离，擘义画仁。利巧愈竞，繁礼屡陈。刑教争施，夭性丧真。季世陵迟，继体承资。凭尊恃势，不友不师。宰割天下，以奉其私。故君位益侈，臣路生心。竭智谋国，不吝灰沉。赏罚虽存，莫劝莫禁。若乃骄盈肆志，阻兵擅权。矜威纵虐，祸崇丘山。刑本惩暴，今以胁贤；昔为天下，今为一身。下疾其上，君猜其臣。丧乱弘多，国乃陨颠。”[2] 为了返回至德之世，先要去除私心。此私心，不是儒家所谓与公心相对的自利之心，而是道家所谓违离了至德之世的有为

[1] （三国魏）阮籍著，陈伯君校注：《咏怀》，《阮籍集校注》，中华书局 2012 年版，第 210—264 页。

[2] （三国魏）嵇康著，戴明扬校注：《太师箴》，《嵇康集校注》，中华书局 2014 年版，第 534 页。

有欲之心。嵇康著《释私论》专门论述此意：所谓君子，心不系于世俗之是非，行不违背道家之德，故能做到气静神虚，心无矜尚。心无矜尚，故能越名教而任自然；情无所欲，故能审贵贱而通物情。物情顺通，所以不违背大道；越名任心，所以不措是非。此谓君子，反之为小人。嵇康在魏晋玄学家中最明确地提出“越名教而任自然”的主张，提出君子小人之分在于是否合乎道家的自然无为理想。他的天道观是人格理想的范型，也是反对儒家礼法的根据。

嵇康是个音乐家，他的名作《声无哀乐论》是他的天道观在音乐上的贯彻。《世说新语·文学》云：“王丞相过江左，止道声无哀乐、养生、言尽意三理而已，然宛转关生，无所不入。”[1] 王导是当时玄学领袖，执清谈之牛耳，可见“声无哀乐”是当时重要的玄学论题；其他论题，可以与此连通。嵇康此篇，用的是典型的辨名析理方法，对音乐的本质，音乐作用于人的机制，人的情感与音乐的关系等，有全面、深刻的论述。他的论证以天道自然为本，焦点在音乐作为声音其本身有无哀乐的属性。

嵇康指出，一般人皆囿于儒家典籍《礼记》的说法，认为音乐和国家的兴亡盛衰相关，“治世之音安以乐，乱世之音怨以怒，亡国之音哀以思”。这一说法可以在载籍中得到证明，如孔子听到韶乐，就知道舜的德行尽善尽美；季札听到各国的音乐，就能从中判断其国势的盛衰。而嵇康认为，前人的记载其详不可得闻，真实的情况是，乐音是声音，声音是一种物理现象，是客观存在，不以听者的情绪而改变。哀、乐等情绪在听者心内，心内哀，则听任何声音都哀；心内乐，则听任何声音都乐。就如爱憎这种情感，贤否在彼，爱憎在我。如此，则“外内殊用，彼我异名”。声音以是否美妙动听为区别，无关于哀乐；哀乐之情系于内心，无关于声

[1] （南朝宋）刘义庆著，徐震堮校笺：《世说新语校笺》，中华书局1984年版，第114页。

音。孔子闻韶，叹其美善，是夸赞其音调，非必知虞舜之德。季札听各国音乐而知其盛衰兴亡，不单以声音为根据，也参考其他因素。此二事不可为声有哀乐之证。

问难者提出，声音虽是物理现象，但它在会心者耳中是有分别的。就人来说，心中悲痛者出声必哀，心中喜悦者出声必乐，这是自然反应，不会互易，可见声音和哀乐有密切关联。就如爱憎，爱之情感，必因彼之贤能；憎之情感，必因彼之不肖，此之爱憎与彼之贤否关联极大。嵇康反驳说，色彩有美丑，乐音有好恶，这是自然的、必然的。但同一音乐，有人听之而喜，有人听之而哀；同一颜色，有人见之而爱，有人见之而憎，这都是哀乐、爱憎先具于心，因当前音乐、颜色刺激而起。彼此、主客仍为二。问难者又说，人的喜怒哀乐虽是内心的事，但必表现于外，比如从一个人的表情、声言、体态上可察知其内心活动，所谓察言观色说的就是这种情况。所以声音自有哀乐，不过暗者不能识之而已。嵇康应答说，人的心情千变万化，如果说能从动作上、声音上察知，则机械的、单调的外形如何能反映千变万化的内心情感？如食辣出泪与大笑出泪，烟熏出泪与哀泣出泪，必不会乐泪甜而哀泪苦。所以声无哀乐。哀乐之情在内心，乐音之成在管弦丝竹，二者不能混淆。

问难者又说，如一个心平气和无先入之见的人，听到筝笛琵琶则容易躁动，听到琴瑟则容易安静，奏秦声则引致慷慨之情，奏齐楚则引致纯一之情，心随听到的音乐而变化，这仍说明乐声本身是有哀乐的。嵇康答复说，以上情形，固然是常见的。但不管筝笛之躁越也好，琴瑟之静闲也好，皆声音的高低、强弱、快慢，人情之静躁是对它的反应。不管静躁，其共同之处在和谐，就如佳肴万殊，其共同处在甘美。虽然和谐带来快乐，甘美带来喜悦，音乐之境带来静躁，但不能说乐音本身有哀乐。“以此言之，躁静者，声之功也；哀乐者，情之主也；不可见声有躁静之应，因谓哀乐皆由声音也。”[1] 就如宾客盈堂，听同一首乐曲，有人欣然而喜，有人惨然而悲。由此言之，乐音是一种中性的物理现象，它感动人并无一定之规；情感以心中已有的哀乐为主，遇到外感当机而发。在外的声音与在内的情感是两个领域，二者“殊途异轨，不相经纬”，怎能将哀乐加到本来纯净、平和的声音之上？

问难者最后发问道，既然乐音本身无哀乐的属性，为何移风易俗以乐为先？既然哀乐与乐音无关，为何儒家强调雅乐与郑声之分？嵇康答复说，理想的风俗，是道家所说的与纯朴的天道为一的风俗，是简易之教、无为之治的风俗。在此风俗下，君静于上，臣顺于下，玄化潜通，天人交泰。圣王用音乐移风易俗，是为了使百姓和心足于内，和气见于外，使心与天地之理相顺，气与太和之音相应。虽亦强调移风易俗莫善于乐，但道家所谓乐，乃无声之乐，与自然无为为一的乐，而且这种乐的和谐，不在八音，而在人心。移风易俗，是为了以自然和谐的无声之乐，感人心于无形，成就超越的智慧，使心灵与自然为一。世俗所谓八音之乐，也是移风易俗的工具，但根本不在音乐，而在人心：“乐之为体，以心为主，故无声之乐，民之父母也。至八音会谐，人之所悦，亦总谓之乐。然风俗移易，不在此也。”[2] 从这个角度说，声无哀乐。

嵇康的《声无哀乐论》是一篇说理充分、层层深入的哲学妙文。他的理论根据是道家的自然无为，他的理想音乐是庄子的“天籁”，他的目的是要去除儒家学者加在自然之上的种种无稽的解说，如从音律上测知国家之兴衰、战事之胜败、人物之臧否等，斩断自然与人心的过度联系，防止

[1] （三国魏）嵇康著，戴明扬校注：《嵇康集校注》，中华书局 2014 年版，第 354 页。

[2] （三国魏）嵇康著，戴明扬校注：《嵇康集校注》，中华书局 2014 年版，第 357—358 页。

二者间的牵强比附。他的另一篇重要文章《难自然好学论》，认为人的自然本性是好安而恶危，好逸而恶劳，并认为苦学六经之文，勉力仁义之教不是出自人的自然本性。因此，他攻击儒家“以明堂为丙舍，以诵讽为鬼语，以六经为芜秽，以仁义为臭腐”[1]。由此看来，《难自然好学论》与《声无哀乐论》的论述宗旨是相同的。

三、裴頠

魏晋玄学是门阀士族的思想表现。王弼的本义是想去除个体事物的局限，以道的无所不包达到守母存子、纲举目张的效果，其中仍有孔子“君子不器”的影子。但他的方法是逻辑推论，外延最大者内涵最小，道就其内涵而言是“无”。另外，他的思想以老子为依据，所以对无的一面提掇过重，因此被概括、简化为“以无为本”。流风所及，使追求玄远、不着实际、以谈玄说妙为高、以身亲细务为耻的风气在社会上蔓延开来，当时人形容此种情形：“薄综世之务，贱功烈之用，高浮游之业，埤经实之贤。人情所殉，笃夫名利。于是文者衍其辞，讷者赞其旨，染其众也。是以立言藉于虚无，谓之玄妙；处官不亲所司，谓之雅远；奉身散其廉操，谓之旷达。故砥砺之风，弥以陵迟。放者因斯，或悖吉凶之礼，而忽容止之表，渎弃长幼之序，混漫贵贱之级。其甚者至于裸裎，言笑忘宜，以不惜为弘，士行又亏矣。”（《晋书·裴頠传》）当时一些有识之士批评此种风气，针对贵无论，倡崇有之说，裴頠的《崇有论》是这方面的代表。裴頠的崇有说，立基于他的天人观。他关于宇宙本体的基本观点是，“有”即一切实存的事物，“无”即实有之物不存在；“有”有总体与个体两个论述

[1] （三国魏）嵇康著，戴明扬校注：《嵇康集校注》，中华书局2014年版，第448页。

维度。个体的有指实际存在的具体事物，总体的“有”指所有具体事物的总括。就个体来说，每一事物即是自己存在的根据，不需要一个“无”作众有的根据。

裴頠所谓道，即万有的总体，“道”是集合名词。在王弼那里，道是抽象名词，没有任何属性，从这个角度说它是无。但道又是万物所以能够存在的根源和法则，从这个角度说它是有。综合这二者，道是有无的合一，既是有，也是无，两者异名同谓，共同刻画、描述道。裴頠反对王弼对道的这种认识，认为这是导致种种虚浮、荡越的社会现象的罪魁祸首，他用“有”的实在性来定义道：“夫总混群本，宗极之道也。方以族异，庶类之品也。形象著分，有生之体也。化感错综，理迹之原也。夫品而为族，则所禀者偏，偏无自足，故凭乎外资。是以生而可寻，所谓理也。理之所体，所谓有也。有之所须，所谓资也。资有攸合，所谓宜也。择乎厥宜，所谓情也。识智既授，虽出处异业，默语殊涂，所以宝生存宜，其情一也。”（《晋书·裴頠传》）“群本”之“本”，非现象背后的本体，而是个体事物。“群本”即林林总总的个体事物，“总混”即集合。道当然是最高的，所以谓之宗极，但此“宗极之道”却不是对万有的抽象。《崇有论》的第一句也是其第一义：所谓哲学最高概念的道，即所有实际存在的事物的总会。这个总会中的每一个具体事物都有其属性和形象，每一事物靠属性和形象与其他事物相区分。属性即理，现象即迹，事物在道之总体中相感相应，由此发生运动变化。个体事物都属于一个种类，而每种事物都是特殊的，特殊即有不足，不足故须资借其他事物，被资借者与己配合完善，即所谓适宜。个体事物寻求资借、寻求完善、寻求生存，这是事物的基本欲望。所有事物皆如此，概莫能外。裴頠描述了一幅道中万物的存在相状，这些相状都以实在的“有”为基础。

社会也以有为基础，人的生产、生活、社会组织、道德规范，皆是实在的，都是从对实在事物的观察、探索中得到的："观乎往复，稽中定务。惟夫用天之道，分地之利，躬其力任，劳而后飨。居以仁顺，守以恭俭，率以忠信，行以敬让，志无盈求，事无过用，乃可济乎！故大建厥极，绥理群生，训物垂范，于是乎在。斯则圣人为政之由也。"（《晋书·裴頠传》）裴頠也追溯了贵无论产生、流行的原因，认为一些人过多的情感欲望导致他们对权力、金钱、名位的过分追求，由此带来争夺之祸，这是贵无论兴起的缘由。贵无论可以对这些弊害起到抑制、减损的作用，但由于对此宗旨的片面理解和实行中的偏颇，导致对礼法的蔑视、废弃，则是有害的。欲望可以减损但不能绝去，奢侈可以调节但不能贵无。老子教人清虚自守、卑弱自持自有其合理之处，并且与《易经》的《损》《谦》《艮》《节》诸卦所倡导的谦退、节制是一致的。但这个方面只是人格修养的一个方面。老子对之提揭过甚，至有"有生于无"之论，其作为贵无论的导源，难辞其咎。先辈儒者，如荀子、扬雄、班固等，虽对老庄贵无之论有所批评，但亦有所肯定，导致贵无之说逐渐昌炽："虚无之言，日以广衍，众家扇起，各列其说。上及造化，下被万事，莫不贵无。"（《晋书·裴頠传》）裴頠面对这样的社会局面，起而纠治，于是造崇有之论，从本体论高度批驳贵无论："夫至无者无以能生，故始生者自生也。自生而必体有，则有遗而生亏矣。生以有为已分，则虚无是有之所谓遗者也。故养既化之有，非无用之所能全也；理既有之众，非无为之所能循也。……由此而观，济有者皆有也，虚无奚益于已有之群生哉！"（《晋书·裴頠传》）这是说"无"不能生有，最早的有是自然而然存在的；自然存在，必以物质为载体，"无"指有的不存在，没有一个作为万有本体的"无"。事物都是在实存中生活的，都以其他事物的实存为前提。"济有者皆有"，故"无"不可贵。王弼所创设的不温不凉、不宫不商而为温凉、宫商之所从出的"无"实无益于众有之存在与活动。

裴頠的《崇有论》，立论皆从具体事物和现实社会着眼，其思辨高度远逊于王弼，在思想史上产生的影响也远不及王弼大。但从玄学的演进轨迹看，从后世研究者的哲学架构看，崇有论实有其不可或缺的重要性。如果说贵无论是正题，崇有论就是反题，两者针锋相对。它在名教和自然的关系上主张“名教即自然”，政治、礼法都是人类社会必然要有的，其产生和发展有社会现实的根据，因而也是自然的。“名教中自有乐地”，那种标榜自然、荡灭礼法、放浪形骸、以示抗议的做法，恰是造作、不自然的。这是《崇有论》在社会政治方面的反映。

四、郭象

郭象与王弼双峰并峙，是魏晋玄学最大的两位哲学家。郭象通过注释《庄子》阐发其思想。他的注释，玄思独到、深邃广阔，为理解庄子打开了新的蹊径。后世许多人认识的庄子，是郭象注释下的庄子，可见其影响之大。有的学者，将郭象归入崇有论一派，但郭象思想与裴頠差别相当大。裴頠针对的是贵无论，所以讲的主要是万有的实在性，对实有事物的存在方式未作深论。如《崇有论》讲到事物生来即不完善，故须互相资取；资取别的事物来完善自己，是事物的基本欲望。但对个体事物的存在方式，其意义与价值，个体事物之间的关系，个体与世界本体的关系，《崇有论》则涉及不多。而郭象对这些问题，都有深刻论述。

裴頠的崇有论延续了玄学的本体论方法，承认有一个本体，即“宗极之道”。虽然这个道是众多具体事物的集合，不同于王弼的抽象的道——无。本体论不管其内容如何，都是从总体着眼，而郭象则完全从个体着眼。从总体着眼，注重总体内各个体的本质，所以是本质论的；从个体着眼，没有了对众多个体性质的归纳、概括，唯见单个事物的样态相状，所以是现象论的。从总体着眼，个体的根据在总体，其长处是强调事物的互相联系、互相影响，容易引出整体论、系统论、外因论；从个体着眼，事物的根据在自身，其长处是强调事物的自然与应然、动与静、无对与有对等关系，容易引出命定论、内因论。郭象在这些方面的论述是丰富而深刻的。郭象的所有观点，建基于“万物独化而共成一天”这一基点上。

独化首先意味着自生。针对王弼的“天下万物皆生于无”的观点，郭象认为，任何事物既不是无生出来的，也不是别的有生出来的，万物皆自生。他论证说，无既然是无，则不能生有；有既不能被别的东西生出来，又不能生出别的东西，那只能逻辑地说是自己生出自己。但这个自己生出自己，是自然而然、无目的、无意志的，所以同时是天然。在郭象这里，自然、本然、天然是一致的。既然是自然的、天然的，就不能究问它的来源和根据。对于有，只能顺从，不能追溯，强要追溯，则先之前更有先，必然陷于“恶的无限”，所以万物的存在是“外不由于物，内不由于己”，是谓“独化”。独化即独自生化，无有凭依、根据、思欲、计度：“是以涉有物之域，虽复罔两，未有不独化于玄冥者也。故造物者无主，而物各自造，物各自造而无所待焉，此天地之正也。……今罔两之因景，犹云俱生而非待也，则万物虽聚而共成乎天，而皆历然莫不独见矣。”[1] 一般人认为罔两（影外微阴）依赖影子而有，影子依赖形体，形体依赖造物者。此造物者，即万物之本体。但郭象认为，万物皆独化，这是万物的真实表现，即“天地之正”，没有所谓本体、造物者。“玄冥”是独化的形式。“玄”者，暗黑；“冥”者，幽深。玄冥即不可见、不可知、不可言而又妙然相合。这里郭象有很强的现象学色彩。每一个事物都是独现，人只能见到其显现出来的现象，事物就是现象的无数刹那的连续体，其他皆不可说，犹

[1] （清）郭庆藩：《庄子集释》，中华书局 2012 年版，第 111—112 页。

如现象学所谓“悬置”。无数事物构成现象的总体，此即“万物虽聚而共成乎天”，但每一事物都是按照自己的自然轨迹在时间中流动，不因为或为了别的事物，此即“俱生而非待”。如唇齿相依，唇与齿各按自己本性的必然性生长，唇不为齿，齿不为唇，两者是共在的关系。唇亡而齿寒，只是人以相因相待的观点去描述两者的关系，而实无此种关系，这就是“历然莫不独见”。万物都按自己的轨迹活动，但此物对彼物产生影响，这种影响不是此物有意为之，而是其客观效果影响到彼物。郭象将此种关系描述为“彼我相因，形景俱生，虽复玄合，而非待也”。“玄合”即物各按自己的轨迹活动而其结果奇妙地形成配合关系。所以事物是“相与于无相与，相为于无相为”，这是一切事物的真相。郭象指出，独化这种观物的视点，最大长处是自作主宰，不仰赖外物，“外无所尚，内无所矜”，自然、安然地与同生一天的其他事物相处。郭象有一段警辟的话描述他的独化观点及其优长之处：“故罔两非景之所制，而景非形之所使，形非无之所化也，则化与不化，然与不然，从人之与由己，莫不自尔，吾安识其所以哉！故任而不助，则本末内外，畅然俱得，泯然无迹。若乃责此近因而忘其自尔，宗物于外，丧主于内，而爱尚生矣。虽欲推而齐之，然其所尚已存乎胸中，何夷之得有哉！”[1]

郭象的独化论表现在人生观上就是安命、顺命。既然一切都是不能究其原因、问其结果的，外不由于物，内不由于己，没有根据、理由可言，所以一切都是偶然的；而出于相同的理由，一切同时又都是必然的。此必然同时也是偶然，即“命”。命包括外在的节遇和内在的属性。外在的节遇即适然与自己直截相关者；内在的属性即生来禀赋所得的本性，如鲲鹏之抟扶摇而上，蜩与学鸠之抢榆枋之间。这都是无可如何之事，不能追溯其

[1] （清）郭庆藩：《庄子集释》，中华书局 2012 年版，第 112 页。

所从来。节遇谓命，禀得谓性，在郭象这里，性即是命，命即是性。推广开来，人的贫富寿夭、贵贱穷达皆是命；既然是命，则只能顺之，不能追问，更不能妄生是非，此谓“无心”。能以无心应物而做到极致的，就是圣人。郭象描画他心目中的圣人说：“夫圣人虽在庙堂之上，然其心无异于山林之中，世岂识之哉！徒见其戴黄屋、佩玉玺，便谓足以缨绂其心矣；见其历山川、同民事，便谓足以憔悴其神矣；岂知至至者之不亏哉！”[1] 只要无心，富贵不知为富贵，贫贱不知为贫贱，快乐地认取与延续当下，自然而然地生活，就是至德之世。自然而然者，在方法方，在圆法圆，随顺外在的节遇和内在的本性。对于社会名教，郭象并非一概反对，他认为凡是存在的，即是合理的，一切礼法制度，都是“承百代之流而会乎当今之变”的产物，即是对历史的继承和为适应当时所做的因革，所以“名教即自然”。对社会礼法，即使是那些有偏弊的礼法，也要知道偏弊的产生是必然的，是与圣王之礼法相伴而生的，因此也要安然顺之。

从魏晋玄学的发展轨迹看，王弼兼宗儒道，注《老子》注《周易》又释《论语》，认为汉末以来流行的政治、礼法制度虽不尽完善，但礼法本身为社会所必需，他认为可以有一个合乎道的、以无为本而本末兼赅的社会。之所以宗“无”是为了去掉过奢的私欲，而本末兼赅表示在无私欲障蔽的社会中使仁义礼法隆盛，这即是“名教本于自然”。阮籍、嵇康对汉末以来特别是三国后期残酷的政治斗争中表现的名实不符、礼法坏乱、名教成为政治斗争帮凶的现状痛心疾首，主张“越名教而任自然”。裴頠要批评当时荡灭礼法、鄙薄实务的现象，大力肯定名教的必要性，但对社会现实缺乏必要的批评。到郭象，以独化为思想武器，认为一切皆自然、必然、不得不然，所以“名教即自然”。既是自然，只有安然顺之；既然顺

[1] （清）郭庆藩：《庄子集释》，中华书局 2012 年版，第 28 页。

之，则对高者无企羡，对下者无轻慢，无时不是乐地。有了这种境界，入世即出世，庙堂即山林，游外即弘内，崇有即贵无。郭象设计了一个乐观地对待现状的玄妙理论，这一理论是士族放浪形骸的借口，也是他们隐忍韬光的理由。可以说，王弼的贵无是正，裴頠的崇有是反，郭象的独化是正反之合。既然是合，就既不贵无也不崇有，或既贵无也崇有，就能“随感而应，应随其时，言唯谨尔。故与化为体，流万代而冥物”[1]。

郭象的现象学方法，与千年之后的德国哲人海德格尔有异曲同工之妙。海德格尔批评西方主流思想中的本体论是走偏了方向、舍本逐末的本体论，因为它把存在者当成了存在，以知识论的主客对待为唯一视角，丢弃了哲学最应注目的“人”：人的存在的价值和意义。他要重新建立本体论——一个以人存在的方式和意义为探寻目标的“基本本体论”。所以他的眼光投向人赖以存在、依之澄明的生活全体。人只有在全体中才能显出其存在意义。但郭象的眼光投注于个体，只有在个体上，自然、必然、不得不然才能得到圆融的解释和显明的强调：不是个体在总体中的选择，而是个体的无法抗拒、无法解释的命运才是人最本质的属性。海德格尔导向的是人的无法摆脱的属性：烦、畏、操心，由此引出对传统的激愤批判；而郭象导向的是人的与生俱来的宿命：自然、必然、不得不然，由此引出对现实的愉快接受。海德格尔是由理性转向感性：由西方传统的思辨走向实际生存的感受；郭象是由感性转向理性：由中国传统哲学的重视情感、感觉转向重视逻辑推理、思辨。海德格尔喜欢老子的学说，郭象喜欢庄子的学说，他们都是对人的存在意义有深刻揭示的哲学家，但由于二人所处的时代和面对的问题、接受的传统不同，他们的思想所产生的影响也就不同。这不是对古今人的简单比附，而是对人的存在问题卓有所见的思想家

[1]（晋）郭象：《庄子序》，见（清）郭庆藩：《庄子集释》，中华书局2012年版，第3页。

在不同时代的心灵契会。

郭象的思想与方法还牵涉哲学的两大类型：预测与反观。哲学本来既可以事先对未来进行预测，也可以事后对过去进行总结。前者如《周易》，而后者较为典型的就是郭象哲学。预测能带给人现实利益，而反思虽不能说没给人带来利益，但这种利益是长远的、无形的。反思的作用是在对以往的解释、洞观、觉解中获得心灵的提纯和境界的升华。预测靠逻辑推论和冥冥中的启示、直觉，反思靠对以往的觉解、体证。比如《周易》中充满了占断和预言之辞，而郭象的解《庄》中充满了洞观、证悟性语词。除了用语上的特点外，郭象对偶然和必然关系的说明也可以作为佐证。在郭象这里，“性”就是“命”：一个事物的性质就是它的限制，它的活动被限制在性分中，不能逾越。而且由于独化，一切皆自然而然，自然而然不能用偶然、必然这些范畴去刻画。在自然而然中，偶然就是必然：“是以凡所为者，不得不为，凡所不为者，不可得为。而愚者以为之在己，不亦妄乎！”[1]这种结论，必站在事后总结的角度才能得出。事后追溯此事的发展轨迹，发现“物无妄然，必有其理”，一理一迹，皆有其不得不如此的根据，才有一切皆必然的结论。这合乎黑格尔的哲学品格：“密纳发的猫头鹰到黄昏才起飞。”黑格尔的逻辑学正是对人类已有活动的哲学总结，是装在哲学范畴框架中的人类历史特别是精神的历史。郭象这方面的思想不是在一个首尾一贯的哲学论述中展现的，而是在对《庄子》的诠释中零星地、分散地表现的，但只要将独化理论贯彻到底，必然呈现这样的哲学品格。

郭象的哲学是本体论，但是另一种本体论；他的“万物独化而共成一天”，这个“天”就是本体。这样的本体是一个网状结构，每一个个体是

[1]（清）郭庆藩：《庄子集释》，中华书局 2012 年版，第 908 页。

这个网络的纽结，个体的任何微小变化都能引起整体的变化。个体的运动虽然无意志、无目的，但其效果却与其他事物密切相关。本身无心而引起其他同样无心的事物与之密合无间，即“共成一天”。唇、齿皆不为彼此而生，但唇亡则齿寒。具体事物实际上的依持关系构成了本体。这样的本体不是逻辑分析的结果，像王弼所做的那样，而是把直觉的结果用逻辑分析说出来：独化在玄冥之境中进行，既是“玄冥之境”，就是不可论说、不可分析的。而将不可论说的加以论说，将不可分析的加以分析，正是郭象符合玄学特性的地方。郭象的本体不是老子的“道”、王弼的“无”那样的本体，而是庄子的着眼现实生活、着眼心灵感受的本体。老子的“道”、王弼的“无”有万物存在的根据、万物的总法则这样的意思，这样的本体靠逻辑分析、抽象思维得出，而在郭象这里并没有以何为“本”的问题，一切皆在呈现出的现象中进行，这个本体是现象的会聚，不是现象背后的原因和根据，它消解了根据、法则之类的概念，唯余靠直觉得到玄冥之境。“天”就是无数无待而兴的具体事物的总合，也是它们的活动场所——无数玄冥之境的总合。对独化分析出的是“外不由于物，内不由于己”，对之只能悦乐地顺承。所以郭象的本体论与他的人生论是一致的，是为他的人生论服务的。这种本体论也是贵无和崇有两种理论的融合，而“现象学地”表现出来。

郭象的无心顺有的思想，悦乐地接受性分的规定的思想，对后来禅宗特别是祖师禅有一定影响。郭象的“夫小大虽殊，而放于自得之场，则物任其性，事称其能，各当其分，逍遥一也”[1]，与禅宗的“担水砍柴，无非妙道”是一致的，而宋明理学的“不离日用常行内，直造先天未画前”，也是经由禅宗对郭象这一思想的自然展开。从玄学内部说，郭象的儒道兼

[1] （清）郭庆藩：《庄子集释》，中华书局 2012 年版，第 1 页。

宗相较于王弼，理论更加精巧，他把道家的境界融入儒家的应世中，使两者的自然合一成为士大夫精神生活中不可或缺的有机成分，庙堂与山林、游外与弘内的两极得以调解。郭象在中国哲学中承先启后的作用是很大的，他作为魏晋玄学的理论高峰是当之无愧的。

第四节　佛教哲学

佛教传入中国，是中国哲学发展的重要机缘。在长期发展中，它被气象阔大、理论学说丰富多彩的中国哲学改造，成为中国思想的有机组成部分。佛教是宗教，其中也含有哲学，它派别众多，经典浩繁，理论深刻，实践多样。佛教在中国的广袤土地上，比在它的发源地——印度，展现了更加生动、更加多姿多彩的画面。

佛教的哲学思想，虽以心性论为主，但心性论也以天道观为基础，以修行实践与天道的契合为归趣。佛教特别是在中国占统治地位的大乘佛教对天地万物的看法，一言以蔽之，曰“空”。佛教各派理论，主要在论证“空”，但取径不同。本书以僧肇、天台宗、华严宗、唯识宗、禅宗为主，说明它们的天人理论在整个佛教哲学中的表现及其特点。

一、僧肇

佛教自两汉之际传入中国起，就有理论与实践两大门类，如汉末支娄迦谶所传习的大乘空宗理论和三国时康僧会所传习的小乘禅法。佛教主张悟修并重，所以在一般大乘佛经中，既讲悟，也讲修。修是为了达到止，悟是为了达到观。修与悟、止与观互相促进、相得益彰，但每个佛教理论家在这二者中偏重不同。僧肇是大乘般若学的著名理论家，虽然他使用的术语带有“格义”阶段的痕迹，但他的理论是般若学的真实表达。他认为万法的本性是空，但人们又有对种种现象的真实感觉，僧肇用“不真故空”来调解二者的矛盾。他在《不真空论》中援据佛教基本理论，认为万法皆因缘和合而生，缘会则生，缘离则灭，没有不变的自性，故非真有；非真即是假有，假有故性空。空是万物的法性，是般若这种玄妙的智慧所要领悟的最高宗旨。法性是空，假有非无，即假有而说真空，是僧肇采用的基本方法，所谓“即物顺通，故物莫之逆；即伪即真，故性莫之易”(《不真空论》)。假有不碍真空，真空不离假有。“不真空”如幻化人，并非没有幻化人，但幻化人非真人。僧肇据此批评了当时般若学中关于空有关系的几种偏颇理论，一种是心无宗，强调心对万物不粘着，但对万物的假有本质没有论述。此宗的长处在保持心的空静，偏失在以万物为真实存在。一种是本无宗，以般若性空为根本，因此言一切皆无，“非有”是无，“非无”也是无，没有顾及常识中的“有”。一种是即色宗，只讲到万物皆因缘和合而成所以是空，没有讲到万物本身即空。僧肇指出，万法当体即空，因为它本来非真，故无须将它析为各因缘才说它空。这将导致“空粗色，不空细色”，层层拆解，递减无尽。即色宗只知道万法没有自体所以是空，不知当体即空。

僧肇又有《物不迁论》，批评常人只知万物念念迁流，没有不变的自性，因而是空，不知万物本不迁流亦可是空。他的论证方法是不离动以求静，必求静于诸动。常人所谓动的理由是过去的东西不存在于今，僧肇所谓静的理由也是过去的东西不存在于今。不存在于今，则过去未曾无；过去未曾无，则可说未有流动发生，故为静。同是一物，所见不同。在他看来，如果把时间无限分割，表面流动的事物在每一刹那是存在的。所以，“求向物于向，于向未尝无；责向物于今，于今未尝有。于今未尝有，以明物不来；于向未尝无，故知物不去。……如此，则物不相往来明矣。”此谓“各性住于一世”。僧肇论证物不迁的目的，是要破除世俗见解，即伪见真，即动见静，在世俗之物上见出佛教真谛。此与《不真空论》即物观空是一致的。

僧肇还有《般若无知论》，说要想得到佛教的智慧，必须抛弃世俗的智慧，世俗智慧抛弃得越彻底，佛教智慧得到得越充分。“夫有所知，则有所不知；以圣心无知，故无所不知。不知之知，乃曰一切知。”佛教智慧即般若，是对诸法实相的真正觉知。这种知“实而不有，虚而不无，存而不可论”。般若即在世俗世界中获得，非另有一个世界。以般若智慧观照世俗世界，则世俗之物亦可成为成佛之助。事物不变，对它的觉解变了。僧肇以出色的解空智慧将般若空宗的各种理论提了出来，为后世的论说奠定了基础。特别值得提出的是，他灵动有致的文字，是格义时期佛教文章的典范。有、无等范畴贯穿始终，就此说，他是玄学的尾声。但他又是早期佛教理论的代表。他身上兼有玄学与佛学双重品格，他是以玄学的风格、玄学的范畴论证佛学问题，他是连接玄学与佛学的思想家。从这个意义上说，佛教是靠玄学的接引才逐渐为思想家接受，开始在中国扎下根来，并发展到后来的枝繁叶茂。

二、天台、华严、唯识

天台宗的思想，融合南北方不同学风，以天人不二、心物不二为特点。中国佛教在南北朝时，受当时儒家经典解释中南北不同学风和风土人情的影响，形成了南方重义解，北方重修持的特点。随着隋统一全国，天台宗也将南北方的不同学风融合起来，形成止观双修的格局。“止”指收摄散乱之心，入于静定；“观”指由静定发生的智慧观照。止即定，观即慧。止观二者相互补助，止中有观，观中有止。天台宗大师智顗曾论两者的关系说：止是降服烦恼的基本法门，观是断除迷惑之正当途径；止是养心的资具，观是解悟的妙术；止是禅定之胜因，观是智慧之由藉。止观如车之两轮，鸟之双翼，若偏修习，即堕邪倒。天台宗的特点即止观双修，如果偏习一面，则走入邪门。天台宗实是一个融本体论、知识论和修持实践为一体的完整哲学体系。

以智顗为代表的天台宗的基本思想是一念三千。一念三千是说，万法即心即物，三千大千世界与吾心一而不二。不能说心是万法所造，也不能说万法是心所造；不能说心在前，也不能说万法在前，只要一念心起，即具三千大千世界。智顗说：“若从一心生一切法者，此则是纵；若心一时含一切法者，此即是横；纵亦不可，横亦不可，只心是一切法；一切法是心故。非纵非横，非一非异，玄妙深绝；非识所识，非言所言，所以称为不可思议境。”[1] 而且三千大千世界内的个体，互摄互入、缠绕包含，不能截然相分，形成一个浑然整体。这和止与观、定与慧互相包含、互相缠绕是一致的。一念三千是天台宗最有特色的地方，至于其一心三观、三谛圆融说，认为一心同时观真空之真谛、假有之俗谛、空有不二之中谛，三谛至相包含、圆融无碍，这与般若空宗普遍的说法相一致，智顗不过将其与自己的一念三千融会而已。

天台宗另一个具有独特意义的理论是“性具善恶”。此承一念三千而来。因为三千法中善恶皆具。按照大乘佛教的一般观点，性或理（法性、真如、佛性）是纯粹至善、超越善恶对立的。天台宗的性具善恶，意思是

[1] （隋）智顗：《摩诃止观》卷五，见石峻等编：《中国佛教思想资料选编》第二卷第一册，中华书局 1983 年版，第 36 页。

一切人皆具善恶二性，众生与佛同具染净二性，也必然同具善恶二性。一阐提（断了善根的人）虽断修善，但仍具善性；佛虽断修恶，但本具恶性。在性具善恶上，众生与佛平等；一阐提与佛的区别不在性具而在修习。这一点就像北宋程颐解释“唯上智与下愚不移”，不是不能移，而是不肯移。恶人非性中无有善，而是不肯向善；因为不肯移，所以“不移”。智𫖮这一说法是他的一念三千的必然推论，也是受中国哲学中“性善恶混”的影响，强调后天努力的结果。后天修养实践对不管何种天生资质的人都是必要的，佛与众生，平等无二，只要肯修，皆能成佛。

华严宗与天台宗最是近亲，但学说重点不同。天台宗论述三千大千世界的互相包含，其重点在即心即物，一念心与万法同时而有，世界的本质是心物不二。华严宗虽也论述心物不二，但它的重点在体用互摄互入，万法互相包含，层层无尽。天台宗重在本质的同一性，华严宗重在本质与形式结合的多样性。天台宗以止观为修习法门，因观而止，进入禅定涅槃。而华严宗则通过论证体用相即相入，一即一切，一切即一，舒卷自如，泯除对万物的执著而入涅槃。

华严宗大师法藏的《华严金狮子章》以真空喻金体，以狮子相喻假有，以十门说明空与有、体与用的不同连接方式，也说到佛教一般义理如缘起性空、“三性”、判教等。他的独特之处在对“十玄”“六相”的说明。“十玄”是看待体用关系的十个法门，主要有：金（体）与狮子（用）同时成立，各自圆满具足，体表现为用，用也表现体，各无虚歉不足。“用”各个不同为杂，“体”同一不二为纯，每一具体事物皆有体有用，所以纯杂同具。体是一，用是多；体为空，用为有，一与多、空与有相容无碍。体是同，用是异；用不同，体无二，因为体现的是同一的体，所以不同的用可以视为相同的。如金狮子鼻为金，耳为金，每一毛也为金，就同是金说，鼻是耳，耳是毛。同一个事物，若仅从体上看，则唯见体，体不可见，故名秘教；若仅从用上看，则唯见用，用可见，故名显教；或秘或显，同时成立。在体用、隐显等互相对立又统一的两者中，某一时空总以一方为主，两者或主或从，或有力或无力，同时安立，不相妨碍。此用中包含彼用，也包含彼用中包含的其他用，所以各个用互相包含，层层无尽。“一一毛中，皆有无边狮子；又复一一毛，带此无边狮子，还入一毛中。”这种境界华严宗叫“因陀罗网境界”，因为它像天帝（因陀罗）宝网上的珠光互相辉映。就一个事物说，或体或用，或隐或显，或一或多，都是心的不同观法，心可以回转跳跃而观，此谓“唯心回转”。“十玄”中包含华严宗的“四法界”说：“理法界”指体，“事法界”指用，“理事无碍法界”指理体现为事，事体现理，两者同时而有，相融无碍。“事事无碍法界”指体现理的不同事之间互相包含、相摄相入、重重无尽、融通无碍。

“六相”指事物的总相、别相、同相、异相、成相、坏相六种表现形式，它分三组来表现事物的全体与部分、相同与不同、成遂与消失。在华严宗看来，杂多的现象，都是有生灭的，其本质为空、为一，本体无有生灭。勘破现象界的虚幻，就是觉悟到空性。本性既空，现象亦无，虚无寂灭，进入涅槃。天台宗虽也说到一念三千，一念心即具三千大千世界，每一世界与三世十方中的其他世界也互相包含，但对其互含互摄的方式，没有华严宗说得这么细致深透，对事物间的关系，也没有华严宗说得这么丰富饱满。

唯识宗则从知识论角度，说明万法皆是人的心识所造。唯识宗主要继承印度大乘佛教瑜伽行派学说，其所依经典，以《瑜伽师地论》为主。主张一切现象皆识所变现，无有真实自性，故“唯识无境”。唯识宗的理论最集中地表现在玄奘杂糅唯识学十大论师的思想所译成的《成唯识论》中。唯识学的理论基础是“八识”。八识分为三组：第一组是眼、耳、鼻、舌、身、意六识，亦称“六根”，指认识事物的六种官能，形成色、声、香、味、触、法六种感觉对象，亦称“六尘”。第二组为末那识，即执识，它的功能是将六根形成的六尘执为实有。第三组为阿赖耶识，即藏识，它的功能是储藏世间、出世间一切种子和知识。种子分本有和新熏，本有即随遗传而来先天即有的种子，新熏即随后天熏习而有的种子。阿赖耶识又名“恒转”，“恒”指它的活动相续不断，永无停息；“转”指它的内容在不断变换中，永无常恒之相。此八识生起一切外境之相，并执着为实有。

唯识宗是唯一就知识论着眼论证事物虚幻的中国佛教派别，它继承了印度民族好冥想、重逻辑推论、重对事物本身的性质进行探究的品格，与中国文化重当下所及的经验、重事物的实用功能、重事物与人的道德修养的关系的品格不同，也与从本体论上讲心物关系的其他佛教宗派不同，所以在中国传承数代即衰微了。后世对唯识学的研究，除了民国期间因其可与西方知识论相对接因而引起佛教界乃至整个知识界的兴趣而呈现兴盛景象之外，因其理论繁难，文字渊奥，内容细密单调，对大众来说修习不易，故长期乏人传习，影响也不大。但对中国佛教乃至整个中国哲学来说，唯识学都是难得的诠释面向。它所代表的知识论维度与它所继承和发展的瑜伽行派，对中国哲学是一种扩展和补充。它的论证方式、它所独力传习和依靠的因明学，为缺乏逻辑学兴趣的中国哲学，打开了一扇借鉴域外文化充实自己的窗户。它所接触到的知识学中的问题，如作为认识主体的心的机能，识的种类，知识形成过程中先天与后天、个别与一般、时间与空间、具象与共象、个体知识与群体知识的关系等，皆有丰富而深刻的哲学内涵，皆能引起与西方不同的另类知识论、逻辑学思考。如现代哲学家熊十力关于量论的思考与新知识论模型的建构，就与对唯识学的吸收、改造有关。唯识学是中国哲学发展中不可或缺的理论内容。

三、《大乘起信论》、禅宗

在中国佛教史上，有一部奇特的著作《大乘起信论》。它虽托名印度著名佛教学者马鸣，但一般认为它是中国佛教学者根据魏译《楞伽经》而作，以发起人的成佛信心为目的。[1] 由于这部重要论著不属于上述几个大的中国佛教宗派，虽成书在梁、隋之际，但放在此处论述。《大乘起信论》的独特之处在于它的“真如缘起”说。所谓“真如”，指每个人生来即有的成佛的本心，此心又叫如来藏。真如缘起是说，一切法都是真如派生出来的。真如一心开二门：心真如门和心生灭门。心真如门与人生来即有的成佛本心一致；心生灭门即执著妄念随缘而生的形形色色的现象。心真如门唯觉本体，如大海水，只知其湿性；心生灭门只见念念生灭的现象，如大海水，只见其波涛万状变换不已。一心自由回转而生此二门，强调的是善恶皆由心造，心是一切的根本。此点对中国佛教各宗派都有影响。《大乘起信论》的另一个特殊之处，在于它把本体论与知识论融合在一个体系（一心）中，而以阿赖耶识统合。真如本身是体，真如表现万法是用。真如不是经验对象，不可言说，不可刻画，无法教人随顺而入，须体现为用。“体”主要用内省直觉法“体知”，“用”则通过唯识论的八识“识知”。阿赖耶识作为统合空有的本体，不仅是含藏各种种子与所识的府库，而且是真如与生灭一心二门的本体。真如的体大、相大、用大，真如的不变、随缘，皆涵括于阿赖耶识中：“所谓不生不灭与生灭和合，非一非异，名为阿黎耶识。此识有二种义，能摄一切法，生一切法。云何为二？一者觉义，二者不觉义。”[2] 其中论述觉义用本体论，而论述不觉义则用知

[1] 参见（梁）真谛著，高振农校释：《大乘起信论校释》前言，中华书局 1992 年版，第 25 页。

[2] （梁）真谛著，高振农校释：《大乘起信论校释》前言，中华书局 1992 年版，第 25 页。

识论。《大乘起信论》将二者统一于一个本体中，而且最后成佛也不走唯识宗“转识成智”的路子，而是直接觉悟心真如。《大乘起信论》把唯识学和真常心统合为一，消减了其中知识论的比重，加大了证悟本体的分量，使它更接近中国人简易直截的思维方法，将佛教中国化拉近了一步。这也是有的学者认为《大乘起信论》是中国学者根据《楞伽经》改作的理由之一。

在中国佛教史上占有重要地位，对中国哲学产生了极大影响的是禅宗。禅宗相传其创立者是释迦牟尼，其宗旨为“不立文字，教外别传，直指人心，见性成佛”。中国禅宗初祖为菩提达摩。达摩在梁武帝时来到中国，先到建康，与梁武帝谈佛机缘不契，于是渡江北上，止于嵩山少林寺，面壁经年，后传禅法与慧可，中经僧粲、道信、弘忍，终由慧能得法。六祖慧能是禅宗史上里程碑式的人物，对禅宗的理论与修行实践都有重大革新。《坛经》是他的讲法记录，集中表达了他各方面的思想。慧能后南岳怀让和青原行思两家最盛，由此二家生出沩仰宗、临济宗、曹洞宗、云门宗和法眼宗，是为禅家五宗。其中临济宗又在宋代分化出黄龙宗与杨岐宗，合称“五家七宗”。

“禅”意为“静虑”“思维修”，本是佛教各家修行的共法，至达摩方以“禅”名宗。禅宗与中国佛教其他宗派相比，其实践品格突出，理论建树不多。禅宗强调心的解悟，不以文字为高。慧能对禅宗的创造性发展，首先在提倡成佛的根据在自心，成佛的方法在顿悟。慧能强调，菩提般若之智，世人本自有之，只缘心迷不能自悟，故“本性是佛，离性无别佛”“佛向性中作，莫向身外求”。禅宗不否定外在事物的真实性，但须使心对外物不着相，保持本来的空静状态，此状态即佛，佛非在西方极乐世界：“不修即凡，一念修行，自身等佛。善知识，凡夫即佛，烦恼即菩提。前念迷即凡夫，后念悟即佛；前念著境即烦恼，后念离境即菩提。”所以慧能的修行法门以“无念为宗、无相为体，无住为本”为基础。所谓无念，不是对外境不起任何念头，而是即念而离念，不使任何念头留滞心中。无相者，于相而离相。无住者，不停住在任何念上、相上。自性上本来无一法可得，所谓“佛性常清净，何处惹尘埃”。故无念、无住即是与心之清净本体合一，即是佛性的自觉与呈现。“自性若悟，众生是佛；自性若迷，佛是众生。”一切皆在本心，“心生种种法生，心灭种种法灭”。禅宗对心的强调超过任何宗派，故又称为佛心宗。

慧能此法门，简易直截，佛徒不用念经布施，也不用“坐死在蒲团上”，无论何种方式，能达到无念、无住，便是成佛法门。这就为后来五宗禅的不拘形式、当机而发、机锋公案、擎拳瞬目等灵活生动的觉悟形式造下契机。五宗禅是彻底中国化的修行方法，继承了慧能而走得更远。如为了破除既定的道理格式，保持心的本来面目，禅宗主张打破偶像，推倒权威，甚至可以呵佛骂祖，毁像烧经。只要得悟，不拘形式，“担水砍柴，无非妙道”，一切为成佛的目标服务，手段可以灵活多样。后来的看话禅、默照禅、文字禅等应运而生，传统的四禅八定，成了虚话。禅越来越生活化，得悟越来越随意；经卷束之高阁，代之以禅师语录；成佛也从累世修行、遥不可及的目标，变成了人人可以在行住坐卧中自悟本性的简易法门。这一转换，为宋明理学的产生创造了条件。

著名历史学家陈寅恪曾说：“中国自秦以后，迄于今日，其思想之演变历程，至繁至久。要之，只为一大事因缘，即新儒学之产生，及其传衍而已。”[1] 此中“新儒学”，即宋明理学。冯友兰也说，禅宗下一转语就到了理学。此后禅宗的成佛变成了理学的成圣；禅宗的“自心是佛”变成了理学的“个个人心有仲尼”，佛性即本心、即良知；禅宗的“青青翠竹，尽是法身；郁郁黄花，无非般若”变成了理学的“性即理”；禅宗的“月

[1] 陈寅恪：《审查报告三》，载冯友兰《中国哲学史》附录，中华书局 1961 年版，第 1 页。

印万川”，变成了理学的“理一分殊”；禅宗的“担水砍柴，无非妙道”，变成了理学的“事父事君皆吾本分事”。禅宗作为佛教中国化的彻底完成，连同受它影响的道教，对理学的兴起起了极大的刺激、诱导、理论补充和实践示范的作用。故陈寅恪说：“宋儒若程若朱，皆深通佛教者，既喜其义理之高明详尽，足以救中国之缺失，而又忧其用夷变夏也。乃求得两全之法，避其名而居其实，取其珠而还其椟。采佛理之精粹以之注解四书五经，名为阐明古学，实则吸收异教。声言尊孔辟佛，实则佛之义理，已浸渍濡染，与儒教之宗传，合而为一。……自得佛教之裨助，而中国之学问，立时增长元气，别开生面。”[1]

第五节　宋代理学

理学是中国古代社会后期占统治地位的学术形态，自北宋中期创立到辛亥革命推翻清廷，延续了近千年之久。理学继承了先秦以来的儒学，吸收了佛教、道教的理论成分，结合时代需要，形成了一个包括本体论、心性论、人格修养论、理政治国论在内的广大体系。理学的先驱可以追溯到唐朝的韩愈、李翱，“宋初三先生”胡瑗、孙复、石介，范仲淹、欧阳修等也对理学的形成有重要影响。理学的实际开创者是周敦颐、二程，其重要代表人物还有张载、邵雍、朱熹及其弟子、陆九渊、王阳明及其弟子、刘宗周、黄宗羲、顾炎武、王夫之等。理学突出的品格是重视天人关系，

[1]　吴学昭：《吴宓与陈寅恪》，清华大学出版社 1992 年版，第 10—11 页。

几乎每一个理学家都是由天道观引出其人性论及修养方法，由天道观和人性论引出其理政治国论，这几方面融成一个整体。司马迁的“究天人之际，通古今之变，成一家之言”及张载的“为天地立心，为生民立命，为往圣继绝学，为万世开太平”最能道出理学家的学问精神和人生抱负。

一、周敦颐、张载、邵雍

第一个以天道为基开出思想体系的理学家是周敦颐。周敦颐以太极为本原，太极即阴阳未分的混沌之气。它从虚无寥廓（无极）中产生，在内蕴的两种对立势力的推动下产生动静；动为阳，静为阴，阴阳二气互为对方存在和运动的根据，在发展中形成水火木金土五种质能。无极所潜具的纯真无杂的本有性质（“无极之真”）与具有创生功能的物质实体——二气五行（“二五之精”）共同构成具体事物。人得二气五行的精华而生，是万物中灵明程度最高的，形体具备了，精神自然产生。由于禀得的五行之气的差异，人对外物的刺激反应也就不同，由此构成人的自然之性。自然之性对事物或中正或过与不及的反应，产生善和恶。圣人为人确立了中正仁义的标准和“主静”这一达到中正仁义的修养方法。君子按此修养必吉，小人悖此修养必凶。人与天地并列为三才，人道的仁义与天道的阴阳、地道的柔刚互相应和。知晓了人的来源和根据，知晓了人与天地的关系，也就了解了人的本质，人的死生祸福等一切方面。周敦颐为其后的理学确立了以本体宇宙论作为人的来源和人性根据的路向，此点为后世的多数理学家所取法和遵循。

此外，周敦颐处于理学早期，还沿用了此前以气说性的传统。他所谓性，指由禀气所决定的或刚或柔的本性，刚柔皆可产生过与不及。周敦颐说：“性者，刚柔善恶，中而已矣。”刚之善者，为正义、正直、果断、严毅、坚守，刚之恶者为猛烈、狭隘、固执；柔之善者为仁慈、顺从、逊让，柔之恶者为懦弱、无断、心术不正、花言巧语等。中即和谐、符合节度。中是天下之大本达道，是圣人之所以为圣人的本质。师的重要，即在于以中和教化人，使人去掉禀气中的过与不及，达于中和："师道立，则善人多；善人多，则朝廷正而天下治矣。"（《通书·师》）在周敦颐这里，仁义礼智信不是人生来具有的性的内容，而是经过后天努力达到的德行。仁指爱心，义指适宜，礼指条理，智指通达，信指固守。所谓圣人，指以此为本性而安然实行的人；贤人，指生来此五者虽有不足而能努力达到的人。周敦颐尚没有以仁义礼智信为所有人生来即具有的人性的思想。他所谓"五性"，指由禀得的五行之气所决定的人的自然本性。除此以外，人没有别的"性"。这一点，为后来留下了以理说性、以天地之性和气质之性两者合说人物之性的空间。

周敦颐的另一理论特点在对"诚"的深刻说明。诚出自《中庸》，《中庸》以诚为天道，以追求此诚为人道，以诚与明的互相辅助、共同提高为基本修养方法。周敦颐把《周易》和《中庸》结合起来，从天人关系解释诚："诚者，圣人之本。'大哉乾元，万物资始'，诚之源也；'乾道变化，各正性命'，诚斯立焉。纯粹至善者也。故曰：'一阴一阳之谓道，继之者善也，成之者性也。'"（《通书·诚上》）天道是圣人的来源，圣人是天道的表现，诚就是天道本身，天地万物的存在及其运动构成了诚的内容。它是纯粹至善，这个善是超越具体善恶的永恒价值。万物以继承天道，在自身成就天道为自己的本性。天道之诚是万物的性质和它的运行法则的本原。圣人是天道的体现，圣人是具体而微的诚体，诚是人的一切道德观念的本体和一切道德行为的来源。周敦颐以诚、神、几三者描述圣人：诚指圣人合于天道，无过与不及，故"无为"；事几虽有善恶，但圣人能认识天道，见几而作，和诚体中具体事物的运行节律吻合，故"几善恶"；圣人这种静时无为，动时及时抓住事几，自然而然地与诚体的神妙本性符合，即“神”。如果用《周易》的话来描述，则可以说：“寂然不动者，诚也；感而遂通者，神也；动而未形、有无之间者，几也。”（《通书·圣》）圣人就是对诚、神、几的实现：“无思，本也；思通，用也。几动于彼，诚动于此。无思而无不通，为圣人。”（《通书·思》）周敦颐以《周易》中的天道观为根据来构造他的哲学体系，是真正代表理学“思究天人”精神的哲学家。朱熹的形上学，很多得自对周敦颐《太极图说》和《通书》的解释；周敦颐也因为朱熹的推尊奠定了他理学开创者的地位。

张载则在气的本性和天道性命上有独特阐发，他思想的特点是“尊礼贵德，乐天安命，以《周易》为宗，以《中庸》为体，以孔孟为法，黜怪妄，辨鬼神”（《宋史·张载传》）。他的天人观鲜明地体现在下列一组命题中：“由太虚，有天之名；由气化，有道之名；合虚与气，有性之名；合性与知觉，有心之名。”（《正蒙·太和》）其中总括地解释了理学最重要的概念天、道、性、心。“天”即太虚，“太虚”语本《庄子》，指寥廓缥缈、空无一物的鸿蒙宇宙。张载借用这一概念，指充满絪缊之气的太空。太虚是气的本然状态，具体事物的形成和坏灭是气聚散的结果。太虚有“有”和“无”两个方面，“有”指气的存在与运动，“无”指太虚无形无相。虚气、有无双相合一就是“性”。性首先指气的本性，然后从中延展出人物之性。“合虚与气”，即综合太虚的无形无相与气的存在与运动。张载曾任同知太常礼院，精通礼乐，也对礼乐的天道根源——天文学有精深研究。他提出太虚这一概念，一方面是为万物的运动变化找出物质性根源，所以他提出“一物两体”：阴阳二气的斗争和融合是万物最真实的存在样态。另一方面是批评佛老，为儒家思想的重新确立扫清障碍。道家主张虚无寂灭的太虚是宇宙本原，一切都是从无中产生的。张载就此驳斥说，如果虚能生气，则虚是无限的、本原的，气是有限的、派生的，体与用断为两截，堕入老子“有生于无”之说，不知太虚是有与无、体与用的统一，两者不可截然相分。而佛家认为万法本性是空，一切可经验的现象是假有。张载就此驳斥说，真空的本体怎能产生假有的现象？如果此说成立，万象只是太虚中浮现的假象，非资借于太虚之气而有的真实存在，则太虚与万物割裂为二，陷入万物是因眼病而出现的幻象之说。张载指出，佛道两家之说都歪曲了太虚与气的真实关系，所以产生偏颇之论。“性”这一概念表示张载用儒家“有”的精神改造佛道的空、无，既张扬“有”的刚健有为，又重视“无”的无所粘滞。两者又导出他“大其心则能体天下之物”（《正蒙·大心》），拓展心胸，开廓眼量，突破经验事物的局限，认识和体证万物的真实存在及其原理的思想。

“气化即道”，也是针对佛道二教提出的。老子的道指宇宙本原和事物的最高法则，其内容是虚无寂灭。佛教的道指其最高价值、最高原理：空。张载反其道而行，他所谓“道”包含两个方面：一是万物的法则，“一阴一阳之谓道”；一是万物的流行变化过程。两个方面都以气为基础。在张载这里，道是气的原理及由此原理引起的万物的实际过程。张载说：“一物两体，气也。一故神，两故化。”（《正蒙·参两》）指出万物的物质基元——气，及气的对立统一本性：万物的神妙是因为对立面的统一，万物的变化是因为对立面的相互推荡，两者是道的基本内涵。气的对立统一是普遍的，无物不然：“气本之虚则湛一无形，感而生则聚而有象。有象斯有对，对必反其为；有反斯有仇，仇必和而解。”（《正蒙·太和》）这一思想源于《易传》的“一阴一阳之谓道，继之者善也，成之者性也”。张载的突出之处在于他对事物变化发展的内在机制及其表现的深刻说明：“变言其著，化言其渐。”（《横渠易说·系辞上》）“变则化，由粗入精也；化而裁之谓之变，以著显微也。”（《正蒙·神化》）“变”是显著的变化，“化”是隐微的变化；“变”是“顿”，“化”是“渐”；“变”为“化”提供场域，“化”为“变”积累势能。张载对气的论述的深度是前所未有的，后来的气论，如明代的罗钦顺、王廷相，明清之际的王夫之，皆以张载为蓝本。“气化即道”表明张载既重视世界的物质统一性，又重视物质呈现的样态及其原理，张扬的是刚强有为、健动不息的精神，代表着关学的特点与风格。

“合虚与气，有性之名”这一句尤为重要。后世对张载的“性”的解释众说纷纭。“性”包括太虚与气两个方面，张载本不偏向任何一方，但现代学者由于意识形态的影响，对太虚与气各有侧重。在张载这里，首出概念是“性”不是气，因为其一，“性”概念紧切孔子的“性与天道”一语。上文说到，张载以《周易》为宗，以《中庸》为体，而在《周易》《中庸》中，性与天道为首出。张载曾说：“性与天道云者，易而已矣。”（《正蒙·太和》）“圣人语性与天道之极，尽于参伍之神变易而已。”（《正蒙·太和》）易即万物的存在及其变化，它的根据是性，它的表现是天道。性与天道代表了万物的原理及由此原理引起的运动变化。《中庸》的著名命题“诚者天之道，思诚者人之道”，诚即天的性质与据此性质而有的运动，故诚即性与天道，而诚是人追求的最高修养目标：“性与天道合一存乎诚。”（《正蒙·诚明》）达到诚必须要“大心”，去除“意必固我”之私，所以“蔽固之私心，不能默然以达于性与天道”（《正蒙·有德》）。在张载哲学中，性是个比太虚、太和更加根本和重要的范畴。阐发“气”是为了说明“性与天道”。另外，原理及其展开为具体事物是可见的，而气是构成事物的基元，是不可见的，因此“性与天道”是现象地、体悟地、经验地讲，而气是本质地、根据地、理智分析地讲。就重视识度、境界和人格修养的中国哲学来说，“性与天道”比气更加重要。张载是中国哲学特点的鲜明体现者。

其二，“性”是枢纽型概念，它可以上下其讲，既上包天与道、太虚与气化两个方面，又下贯于心。张载对“性”的枢纽作用描述甚多，如：“至静无感，性之渊源，有识有知，物交之客感尔。客感客形与无感无形，惟尽性者一之。”（《正蒙·太和》）“有无虚实通为一物者，性也；不能为一，非尽性也。”（《正蒙·乾称》）“圣人尽道其间，兼体而不累者，存神其至矣。”（《正蒙·太和》）“尽性”者，即充分了解天性天道的人，可以把太虚与气、隐与显、动与静、体与用这些范畴统而一之。把以上描述归结为一句话，则“合虚与气，有性之名”（《正蒙·太和》）。同时，“合性与知觉有心之名”（《正蒙·太和》），指心包含性和知觉二者，故性下贯于心。在天、道、性、心四个根本概念中，性最主要，概括力最高。性之一字，可以直接说到天地万物的根源上、总体上。所以张载说：“性者，万物之一源，非有我之得私也。”（《正蒙·诚明》）“性通极于无，气其一物耳。”（《正蒙·乾称》）“性其总，合两也；命其受，有则也；不极总之要，则不至受之分。”（《正蒙·诚明》）这都是说“性”是极顶字、根源字，最能说明万物原理及其表现。

其三，以天性说明人性，以性包贯太虚与气说明性善恶混，强调“继之者善，成之者性”的后天工夫，这是“知礼成性”的关学宗旨的鲜明表现。张载认为天性是人性的来源，人性是天性的贯彻与表现，“天人本无二”：“天性在人，正犹水性之在冰，凝释虽异，为物一也。”（《正蒙·诚明》）“天人一物，辄生取舍，可谓知天乎？”（《正蒙·乾称》）天性有太虚与气两个方面，太虚代表天的清通湛一，气代表天的有攻有取。前者称为天地之性，后者称为气质之性。对攻取之性，有德者根据天地之性取其合理满足而已：“湛一，气之本；攻取，气之欲。口腹于饮食，鼻舌于臭味，皆攻取之性也。知德者属厌而已，不以嗜欲累其心，不以小害大、末丧本焉尔。”（《正蒙·诚明》）因性中本具清通湛一和有攻有取两者，所以张载实际上主张“性善恶混”，他说：“性未成则善恶混，故亹亹而继善者斯为善矣。”（《正蒙·诚明》）性善是人后天修养的结果，而先天的本性则“善恶混”。性善恶混以“合虚与气，有性之名”“性其总，合两也”为根据，目的是为了强调后天修养的重要性。

张载以“合性与知觉，有心之名”解说人心。心包括两个方面，一个是性，一个是知觉。性有两个方面：天地之性与气质之性。天地之性源于清通湛一的太虚，气质之性源于有攻有取的“气”。这就是心的第一个方面：“心统性情”。“性”在言说天的时候是个实然概念，即天本然地具有性的两种状态；在言说人的时候是个有道德价值意味的概念，即性既有代表人的价值理想的天地之性，也有代表人的实然存在的气质之性。天无意志，无理性；而人则有意志、有理性。人是在价值理想的感召和指引下，去除实然存在中不符合理想的部分。所以张载说：“气质之性，君子有弗性者。”（《正蒙·诚明》）这就需要有向善意志，有觉知、选择能力的心。这就是心的第二个方面：知觉。人心中向善的知觉能使人自觉地行为善去恶工夫。物只是被动地落实天地之性，而人则有目的地自觉地追求价值理想。所以张载说：“天能谓性，人谋谓能。大人尽性，不以天能为能而以人谋为能，故曰：‘天地设位，圣人成能’。”（《正蒙·诚明》）张载的“合性与知觉，有心之名”，表明心既有价值内涵，又有理智内涵，“心能尽性”，代表“人能弘道”，突出了人之为人的根本点，把人的道德自觉性充分彰显出来，为人的修养途径“知礼成性”奠定了心理基础。

张载最为人知的是“横渠四句”：为天地立心，为生民立命，为往圣继绝学，为万世开太平。“为天地立心”语本《周易》复卦“复其见天地之心”。天地之心即天地的根本性质和它表现出的自然趋向。在张载这里就是天地的生生不息精神，蓬勃的生命力和创造力。《周易》的“天地之大德曰生”，周敦颐“窗前草不除”，张载喜听驴鸣，二程“鸡雏可以观仁”所提揭的，就是这种精神。天心是人心的根据，哲学家揭示天心是为了给人找到安身立命的处所。立命于“天心”之上，才是以人合天、天人一体的；对天心的体证、解悟，才是最安稳的立命之处。以此为根据，学术就有了标准：对天心的阐发、对立命的指引才是符合儒家圣学的。在张载的时代，佛道之学经过魏晋、隋唐的充分发展，占据了思想界的中心舞台。诚如张方平所说：儒门淡泊，收拾不住，皆归释氏。张载的志向在于通过自己的独特阐释，使儒学精蕴重新彰显出来，接续上先贤所奠定的传统勿使断绝。而为天地立心、为生民立命、为往圣继绝学，最终目的是“为万世开太平”。太平基业、清明之世以全社会兴起仁爱之风、以仁爱为安身立命之处并趋赴之、儒家圣学所提倡的价值在全社会彰显和兴盛为前提。这四句话是一个整体，由天而人，由体而用，由个人而社会，由理论而实践，表达了张载作为一个有抱负、有担当、学究天人的理学家的自我期许。而且这四句话标明了儒学的“三统并建”：“为天地立心，为生民立命”是道统，“为往圣继绝学”是学统，“为万世开太平”是政统。“横渠四句”重张儒者的使命、士人的襟怀和对社会应该担负的责任，对后世产生了广泛影响。

邵雍思想的独特之处在于通过“数”来“究天人之际，通古今之变”。他的思想受道教“盗机”之说影响很大，“盗机”指人对天机的孤明先发与识取，而邵雍所“盗”之“机”，即天地万物上呈现的数理。他的思想与古希腊毕达哥拉斯的学说有相近之处，但所用方法完全不同。邵雍以《周易》的“易有太极，是生两仪，两仪生四象”为基础，用象数的方法推演天地万物。在邵雍看来，每一事物都有形体，有形体就有其数量规定性；此数量规定性非徒然形成，一定有其根据和道理。弄清了事物的数量，也就弄清了事物的道理，弄清了此事物与他事物的区别与关联。天地万物虽多，但皆可用阴阳、动静之大小刻画它。“动之大者谓之太阳，动之小者谓之少阳，静之大者谓之太阴，静之小者谓之少阴。”[1] 事物的种

[1] （宋）邵雍：《观物外篇》，《邵雍集》，郭彧整理，中华书局 2010 年版，第 159 页。

类、生长阶段都可以用太阳、少阳、太阴、少阴四者来区划。“四”成了可以套进任何事物的模型，如天有日月星辰四象，地有水火土石四物，季节有春夏秋冬四时，生物有飞潜动植四类，时间大者有元会运世，小者有岁月日辰……所以朱子说：“邵子看天下事皆成四片。”邵雍也用皇帝王霸四种类型去表现理想政治形态：“用无为则皇也，用恩信则帝也，用公正则王也，用知力则伯也。”[1] 他还用数字去推算朝代的兴替衰旺。邵雍的方法是一套机械的象数推演，把天地的无穷秘奥纳入人为的象数框架中，且过于繁细和实证。故除了象数学家对邵雍在数的运用和演算方面的造诣赞佩不置外，正统理学家对他的学问方向大多不赞成，信从者很少。

与他的天道观相应的是他认识事物的原则：“观物”。邵雍不主张在对万物的认识中加入过多的人文解释。他倡导以物观物、以理观物，反对以我观物、以心观物，认为这样才能真正地、恰如其分地认识事物：“圣人之所以能一万物之情者，谓其能反观也。所以谓之反观者，不以我观物也。不以我观物者，以物观物之谓也。既能以物观物，又安有我于其间哉！”[2] 他的以理观物、以物观物，都是以以上所说的象数体系来认识事物。他的穷理、尽性、至命，也是通过认识事物的象数原理达到对天道的认识。

与他的象数学相应的是他的易学。他将成卦的方法概括为“加一倍法”：太极、两仪、四象、八卦以至六十四卦。他认为这样成卦是自然的、事物本来蕴含的，非人为排比的结果，所以称为先天法。据此而有的八卦、六十四卦的次序图、方位图，及从中衍绎出的《经世天地四象图》《先天六十四卦方圆图》及对于这些图的说明，构成邵雍易学的主要内容。

[1] （宋）邵雍：《观物内篇》，《邵雍集》，郭彧整理，中华书局 2010 年版，第 2 页。

[2] （宋）邵雍：《观物内篇》，《邵雍集》，郭彧整理，中华书局 2010 年版，第 49 页。

邵雍称他的易学为“先天学”，以与着重结合象与数对卦爻辞进行解释的后天之学相区别。邵雍说，先天之学是心法。何谓心？在邵雍看来，既有天地之心，也有人心。天地之心指天地自然而然、不着痕迹地产生万物的性质和功能。这是一种自然倾向、自然趋势，所以用“心”来代表，“‘天地之心’者，生万物之本也”[1]。而人心是将天地的以上性质、功能与它所产生的万物，用卦的象数模拟出来。心必须清明才能实现这一点：“心为太极，人心当如止水则定，定则静，静则明。”[2]“任我则情，情则蔽，蔽则昏矣。”[3]他的易学就是以人心合天心而无所附加，故为“先天学”。

邵雍以他的先天学为窥测宇宙法则（皇极）的工具，认为可以用之经世致用，而且唯有此学才能避免人对天地万物的任意解释，从而避免扰乱天地的运行、人事的秩序，所以他将此书定名为《皇极经世书》，而这一点只有素心人才能真正做到。素心人指淡泊名利之人，中国哲学、文学中常以“渔樵”名之，“击壤”典出《论衡》，也是此意，所以他将他的诗集定名为《击壤集》《渔樵问对》。他的诗中歌咏的，正是“天心”“人心”；他的质朴恬淡、和顺乐天的人格，是他的学术的自然体现。邵雍哲学是“究天人之际”的典型。

二、二程

二程指程颢、程颐两兄弟，他们是理学的实际创立者。关于二程的研

[1]（宋）邵雍：《观物外篇》，《邵雍集》，郭彧整理，中华书局 2010 年版，第 163 页。

[2]（宋）邵雍著，（明）黄畿注：《皇极经世书》，卫绍生校理，中州古籍出版社 1993 年版，第 425 页。

[3]（宋）邵雍：《观物外篇》，《邵雍集》，郭彧整理，中华书局 2010 年版，第 152 页。

究近年来在方法上遇到的一个挑战是，二程兄弟思想上的差别有多大？首先必须承认，二程确有不同。程颢和乐坦易，程颐严毅刚方，他们性格上的差别影响到了哲学思想。另外程颢年寿不永，只有56岁，且一生为官，不能专力从事学术；程颐则大部分时间是处士，得以悠闲教授学生，创立体系，在其兄逝世后有近二十年时间将自己的思想发展至大成。近年来，以程颢为心学起始、程颐为理学起始的说法取得支配性地位，以已知语录为支点对“二先生语”加以区分的工作取得较大进展，对二程思想的研究有了更深入的挖掘。说程颢思想近于心学，程颐思想近于理学，亦非全无道理。但不可说程颢是心学，程颐是理学。本书认为，二程兄弟在对天道的体认和论证上确有不同：程颢浑融，程颐缜密；程颢着眼于全体，程颐着眼于总体中的区分；程颢倾向于直觉，程颐倾向于由格物穷理而贯通；程颢和乐地觉解和顺受本体，程颐则分涵养用敬与致知进学为两途。

程颢从对天道的认识和把握展开其全部思想。他对天道及天人关系有一个通盘的、浑融的理解：“‘忠信所以进德’，‘终日乾乾’，君子当终日对越在天也。盖上天之载，无声无臭，其体则谓之易，其理则谓之道，其用则谓之神，其命于人则谓之性，率性则谓之道，修道则谓之教。孟子去其中又发挥出浩然之气，可谓尽矣。故说神‘如在其上，如在其左右’，大小大事而只曰‘诚之不可掩如此夫’。彻上彻下，不过如此。形而上为道，形而下为器，须着如此说。器亦道，道亦器，但得道在，不系今与后，己与人。”[1] 在程颢看来，君子进德靠忠信，且须终日乾乾，精进不已，但必须建立在对天道的理解与把握上。天道既无声无臭，又丰富多彩。从存在方面说，它是变化着的万物总体，此谓之“易”；从万物的变化遵循的法则和规律方面说，天道是理；从万物的功用神妙莫测说，天道

[1]（宋）程颢、程颐：《二程集》，王孝鱼点校，中华书局2004年版，第4页。

即神，道产生万物的神妙万端、万物之间感应的天机莫测，都是“神”。天是存在、法则、运动变化的整体。天道体现于人就是人的善性，遵循天赋的善性行动就是人的现实道路，追求此道、实现此道靠的是对天的以上品格的觉解和践行。孟子的浩然之气就是将对天道的觉解落实于心而有的精神力量。天与人贯通不二、彻上彻下。程颢还强调，天道与万物是体用关系，天就体现在包括人在内的一切具体事物上，道器亦不二。诚者天之道，诚之者人之道，天与人、天与物是一以贯之，自然如此的，所以“诚之不可掩如此夫”！从这一段话可以明白地看出程颢思想的大概。另外，他言说的特点，是对经典中耳熟能详的语句的摘取、连缀、拨转，出之自然，不烦词费，简易直截又深刻、明白，此可类比于孔子所谓“天何言哉？四时行焉，百物生焉”。所以他主张，对于天道，既要深刻体认，又要出之自然。

在对天道的上述理解下，程颢的修养方法便是体认天道，顺适无违，他的《识仁篇》完整地表达了这一点：“学者须先识仁。仁者，浑然与物同体。义、礼、知、信皆仁也。识得此理，以诚敬存之而已，不须防检，不须穷索。……孟子言‘万物皆备于我’，须反身而诚，乃为大乐。……‘必有事焉而勿正，心勿忘，勿助长’，未尝致纤毫之力，此其存之之道。若存得，便合有得。”[1] 在程颢这里，天、道、性、心通而一之，所以天道体现于人便是人之性，人之性表现出来便是仁，仁是心性的内容。仁是浑然一体的，所以修养方法便是识取仁、存养仁。识取是一种对本有内容的直觉和呈现，因其本有，所以不须向外求索；因其浑然一体，所以不须防检丢失。仁是人心本有的，所以天然具备，但须反身而诚，心地光明，方能识取。识取以后，还要以诚敬的心存养，既不间断忘却，又不欲速求效，

[1] （宋）程颢、程颐：《二程集》，王孝鱼点校，中华书局 2004 年版，第 16—17 页。

这样并不十分费力。程颢的《识仁篇》，从仁心本具，到反身而诚，到勿忘勿助，皆取自孟子，这与后来的陆、王取径一致。所以说他有心学倾向是有道理的，不过他没有像陆王那样专标榜本心、良知而已。程颢这里还有一个特出的认识，即他提出义礼智信皆仁这一点，这为后来朱熹阐发仁包四德奠定了基础。不过朱熹的仁包四德是有分疏、有架构的，不像程颢是浑融的、不加分解的。这与他的哲学的浑全、直觉、收归于心这些特点是一致的。

此外，程颢的“仁者，以天地万物为一体”[1]之说，对后世影响很大。如王阳明就以万物一体为最高境界。万物一体所彰显的“通”的品格，是后世“以觉言仁”“仁以通为第一义”的先驱。近代谭嗣同即以“通”为纲领构建他的仁学系统，提出中外通、上下通、男女内外通、人我通的“四通”学说，并以之融会西方传入的“以太”概念，以以太的“无所不胶粘、不贯洽、不管络”[2]比附“通”。

程颢在修养方法上主张以诚敬之心存养仁爱。诚者虔诚精纯，敬者敬畏，不昏昧、不放逸。诚敬才能识取仁心、存养仁心，也唯有诚敬，才能澄澈、静定此心。程颢《答横渠先生定性书》论此义说：“所谓定者，动亦定，静亦定，无将迎，无内外。……夫天地之常，以其心普万物而无心；圣人之常，以其情顺万事而无情。故君子之学，莫若廓然而大公，物来而顺应。……人之情各有所蔽，故不能适道，大率患在于自私而用智。自私则不能以有为为应迹，用智则不能以明觉为自然。……与其非外而是内，不若内外之两忘也。两忘则澄然无事矣。无事则定，定则明，明则尚何应

[1] （宋）程颢、程颐：《二程集》，王孝鱼点校，中华书局2004年版，第15页。

[2] （清）谭嗣同：《仁学》，《谭嗣同集》，岳麓书社2012年版，第315页。

物之为累哉？”[1]这是说，动与静是心的境遇，定是心的状态。无论何种境遇皆可实现心定的状态。将迎是时间上的预想与滞后，内外是空间上的主体与客体。只有无将迎、无内外才能泯除主客的隔阂，廓然大公，物来顺应。而要做到这一点，一是识取天地、圣人自然之心，普照万物而无偏私，情顺万事而无障碍；一是去除自私用智之情，喜怒哀乐皆随物俯仰，此谓“不系于心而系于物”。这是程颢的天人之学向心性修养方面的延伸。程颢的定性说与其说受道家影响，毋宁说受周敦颐“一者无欲也，无欲则静虚动直”“明通公溥”(《通书·圣学》)、《周易》“寂然不动、感而遂通”的影响更大。程颢的和乐坦易尚多强调应物而不滞于物，程颐的喜好静坐，喜好体验喜怒哀乐未发时的气象，则将所受周敦颐主静说的影响推向更加深远的境地。

二程思想之同，首先在于对天理的强调。程颢曾自言：“吾学虽有所受，天理二字却是自家体贴出来。”[2]但程颢对于天理，取浑融地体证的方式，所以重在道、理、性、命通一无二识度的养成，而不在对理的内容的详细分解。程颐则重视具体事物的道理，重视理一分殊。程颐青年时，即与其兄趋向有别。他在太学做学生时，写有著名的《颜子所好何学论》，其中区别了不思而得、不勉而中、从容中道的圣人和思而得、勉而中的贤人。前者以孔子为代表，可谓“尧舜性之”；后者以颜子为代表，可谓“汤武反之”。圣人之学的特点是大而化之，贤人之学的特点是充实而有光辉。他明确说欲以贤人的苦学力行作为努力的方向。理一与分殊、一般与个别兼重是他的治学特点。只重视一般，则整体性思维胜，笼统无分；只

[1] （宋）程颢、程颐：《二程集》，王孝鱼点校，中华书局2004年版，第460—461页。

[2] （宋）程颢、程颐：《二程集》，王孝鱼点校，中华书局2004年版，第424页。

重视个别，则分析性思维胜，小处精细而容易拘泥。从伦理方面说，重视理一，则浑沦融贯的“仁”胜；重视分殊，则将整体体现于局部的“义”胜。仁胜则流于无分别，义胜则流于刻薄寡恩。只有理一而分殊，才能克服以上两种弊病。终其一生，程颐大体遵循以分殊达理一的路数。如果以《中庸》的为学之方来区分，程颢采取的是“自诚明”路向，程颐则采取“自明诚”路向。

由此，程颐认为，天下事物皆有理，理是最实在的，所谓“太虚”，不是绝对虚无，其中充满了理，故“天下无实于理者”。理虽无形无相，但却是实有的、永恒的、绝对的，先于物而在。程颐的下面这段话最能说明这一点：“冲漠无朕，万象森然已具。未应不是先，已应不是后，如百尺之木，自根本至枝叶，皆是一贯。不可道上面一段事无形无兆，却待人旋安排，引入来教入涂辙。既是涂辙，却只是一个涂辙。”[1]这是说理虽无形迹可见，但它是实有的。“森然”说众多的理同时并存。每一事物都有理，也有构成它的物质实体——气。具体事物有生灭，理无生灭。当它还未体现到具体事物上时，不能说它在先；当它落实到气上成为具体事物时，不能说它在后，理本无时间属性，不能用先后这种表示具体时间节点的范畴去描述。同时也可以说，它是既在先也在后的，如树之有根本、有枝叶，一贯而下，同时而有。理既是有，不是无，它是有内容的，它的内容就是它的规范。但这规范是天地间本有的，不是人临时安排的。这个规范，自在自为之时和实现在具体物上时是相同的。这是程颐对理的清楚明白的表达。理首先是分殊的，理一之理是对分殊之理的抽象，指宇宙间所有事物的法则和原理。在程颐这里，理一之理的内容即一阴一阳之道，具体事物的理是将此一阴一阳之道落实在、体现在气上。分殊之理各个不

[1] （宋）程颢、程颐：《二程集》，王孝鱼点校，中华书局 2004 年版，第 153 页。

同，但都是理一之理的分别的、完整的贯彻。所以程颐说："离了阴阳更无道，所以阴阳者是道也。阴阳，气也。气是形而下者，道是形而上者。形而上者则是密也。"[1] 程颐在理气二者中，更重视理的统御、支配地位。理是形而上者，它是形而下的气的根据、法则。二者不离不杂，是体与用的关系。

重视理一，引向的是对万物境界论的、伦理的、艺术的、宗教的认知；重视分殊，引向的是对万物知识论的、实证的、科学性的认知。中国哲学特别是宋代哲学的广义伦理学的性质，制约着哲学家必然考虑知识与德性的关系。程颐的解决之道是，提出并行不悖又互相影响的两个法门："涵养须用敬，进学则在致知。"[2] 涵养用敬主要在用诚敬之心涵养本具的性德，勿使受到戕害，常存于心，并用性德内蕴的价值方向规范自己的行为。而提高知识水平，则要通过穷格事物之理来实现。格物穷理是成就人格修养的最初的、最先的步骤。程颐与弟子就修养方法有一讨论："或问：'进修之术何先？'曰：'莫先于正心诚意。诚意在致知，致知在格物。格，至也，如'祖考来格'之格。凡一物上有一理，须是穷致其理。穷理亦多端：或读书，讲明义理；或论古今人物，别其是非；或应接事物而处其当，皆穷理也。'或问：'格物须物物格之，还只格一物而万理皆知？'曰：'怎生便会该通？若只格一物便通众理，虽颜子亦不敢如此道。须是今日格一件，明日又格一件，积习既多，然后脱然自有贯通处。'"[3] 这里进修之术，指全面增进人格修养的方法。人格修养主要是道德和知识两个

[1] （宋）程颢、程颐：《二程集》，王孝鱼点校，中华书局 2004 年版，第 162 页。
[2] （宋）程颢、程颐：《二程集》，王孝鱼点校，中华书局 2004 年版，第 188 页。
[3] （宋）程颢、程颐：《二程集》，王孝鱼点校，中华书局 2004 年版，第 188 页。

方面。正心诚意修养前者，格物致知修养后者。道德的增进须依赖知识的提高，而要得到知识，必须到物上去研究事物的道理。穷理的方面很多，不拘泥于某个方面，包括自然事物、社会人事、古今人物是非等。另外，格物是积累、规约、类比、贯通的活动。在格物致知中，增进知识，同时提高道德水平。程颐的格物致知说对朱熹影响极大。但程颐虽然说过，观物察己“语其大，至天地之高厚；语其小，至一物之所以然，学者皆当理会。……一草一木皆有理，须是察”[1]，但实际上他所格之物、所穷之理，偏于社会人事，对自然物强调得不够充分。后来朱熹沿着程颐的路向往前发展，对自然物的格致得到加强，使格物致知的内容大大扩展了。

在涵养方面，程颐非常强调心的空虚寂静，以之为虔敬的基础。程颐平时见人静坐，便叹其善学；他为学者立的日常功课是半日静坐，半日读书。他说：“所谓敬者，主一之谓敬。所谓一者，无适之谓一。且欲涵泳主一之义，一则无二三矣。”[2]他所谓主一，即心不散乱，即《周易》的“敬以直内”，皆强调静定专一。所以“静中体验未发气象”，便作为由他创始的道南学派的家风传给朱熹。

充分表达程颐的天人之学、展现他的理本体论的是他一生唯一手著、反复修改、晚年始正式面世的《周易程氏传》。这部书专就卦爻辞中包含的哲学义理阐释发挥，不及卜筮，且效法王弼，只注六十四卦及《彖》《象》《文言》，也信从《序卦传》，作为卦序及卦间联系的说明，不注《系辞》《说卦》《杂卦》。《周易程氏传》是典型的义理解易著作，此书自序充分表达了他的易学哲学思想。他自言，《周易》中包含的卦爻辞、卦爻

[1]（宋）程颢、程颐：《二程集》，王孝鱼点校，中华书局2004年版，第193页。

[2]（宋）程颢、程颐：《二程集》，王孝鱼点校，中华书局2004年版，第169页。

象、通过爻的进退升降所表示的变化之道、吉凶悔吝等占断之言四者中，他主要注目于辞，具体来说即其中的吉凶消长之理，进退存亡之道。通过推究这些道理，玩味卦象，可以知变化之道。而所谓占，即在观象玩辞中见，合乎道理的就吉，违背道理的即凶，吉凶不是对未来的预测，而主要是对过往的总结。君子有取于《易》者，不在卜筮，而在其中的道理。所以《周易》是彰显性命之理，教人认识世界的根本法则及其在具体事物上的体现，不是教人预卜未来、趋吉避凶的。程颐说："易，变易也，随时变易以从道也。其为书也，广大悉备，将以顺性命之理，通幽明之故，尽事物之情，而示开物成务之道也。"[1] 前代儒者解《易》，多违离这个宗旨，特别是汉代以来的象数学。他批评象数解易的根本理据"易之义本起于数"说："谓义起于数则非也。有理而后有象，有象而后有数。易因象以明理，由象以知数，得其义则象数在其中矣。必欲穷象之隐微，尽数之毫忽，乃寻流逐末，术家之所尚，非儒者之所务也，管辂、郭璞之学是也。"[2] 程颐解《易》的基本路向是由辞以观象，因象以明理。所以他的《易传序》中说："至微者理也，至著者象也。体用一源，显微无间。观会通以行其典礼，则辞无所不备。"[3] 理是精微的、不可见的，卦象、卦爻辞所表达的象是显著的、可见的；理是体，象是用，二者不离不杂；理须通过象来表现，所有的象都是表现理的；理是一，象是多，一多相融。通过对体用、显微二者作关联性思考，《周易》的解释性，它的类比、通约、象征诸特点，在理事不二、体用一源中得到了最好的贯彻；一般与个别、

[1] （宋）程颢、程颐：《二程集》，王孝鱼点校，中华书局 2004 年版，第 689 页。
[2] （宋）程颢、程颐：《二程集》，王孝鱼点校，中华书局 2004 年版，第 271 页。
[3] （宋）程颢、程颐：《二程集》，王孝鱼点校，中华书局 2004 年版，第 689 页。

抽象与具体、整体与局部、本质与现象、主因与次因等体用范畴的不同表现，都在解《易》中得到展示。中国哲学执简以御繁、执一以御万的特点，以及通过体用、一多之间的辩证性阐发开拓解释空间，增加理解维度等的思维方法，皆在程颐的易学中得到充分表达。朱熹更是在架构性思维框架中，将它作了进一步的推进，使它蕴藏的丰富内容得到更加广阔的开展。

三、朱熹、陆九渊

朱熹是北宋思想集大成的人物，他在理学、经学、史学、文学上的综合成就，在中国哲学史上几无人比肩，是中国学术当之无愧的高峰。他花费四十余年用功编著的《四书章句集注》，在科举的推动下，将儒学扩展到社会生活的各个层面，对元明清三代产生了无与伦比的影响。他与吕祖谦共同编著的《近思录》，把周敦颐、张载、二程最精要的语录编集在一起，是后世学习理学最好的读本，对理学的确立与传播起了极大作用。他的哲学在宇宙本体方面主要得自周敦颐，但将周敦颐的宇宙论改造成本体论，剔除了道家有生于无的成分。在物质构成方面，他主要继承了张载，张载的太虚即气、一物两体、神与化等思想，是他的大化论的主要思想来源，但他又用理本论转换了张载的气本论。他在修养论上吸收程颢识仁、定心、仁包四德、诚敬存养等在大处着眼的长处，但又用格物致知的细密工夫补充程颢浑沦过高、重直觉体证轻具体格物工夫的短处。他吸收程颐理的绝对性、逻辑在先、格物致知、着实用功的长处，又用格自然事物补充程颐多在人事上用功之短；对程颐解《易》说理透辟，及体用一源、显微无间、观会通以行其典礼的方法甚表赞成，但对他不涉象数，丢失“易本卜筮之书”原义的偏颇提出批评。他对邵雍数学体系的洁净精微、六通四辟、空灵而不拖泥带水表示赞扬，但又不同意他言数不言理、以数代理、不涉形下、体强用弱以及“看天下事皆成四片”的刻板模式，而用理事双行、体用不二去补充。他对湖湘学派及程门弟子的长处也能平情吸收。总之，朱熹对理学各家都能深入其中，既有亲切吸收又有中肯批评。他以求是之心，弘道之志，总汇诸家，融释锻造，构造了一个学究天人，既宏阔通达又细密平正的学术体系。后人评论他“致广大，尽精微，综罗百代”，并非虚誉。朱熹学术以形上学为本，下贯性情论、修养论、治国论，是典型的天人之学。

朱熹思想的特点是架构性，他不喜浑沦、笼统的思维方式，这一点有得于其师李侗。李侗是道南学派的传人，二程的三传弟子。他从李侗这里得到的道南家风，一是静中体验未发，二是重视具体、重视区分的思维取向：“延平之言曰：‘吾儒之学所以异于异端者，理一而分殊也。理不患其不一，所难者分殊耳。’”[1] 在几乎所有学术领域，朱熹都把求善与求真结合起来，一切建立于尽量完整真确的事实基础上，在求真的基础上求善，兼顾价值与事实两面。他在天道、人道各个方面，所用范畴都是成对的，成对范畴组成一个架构，每个架构定义明确，边界清楚，整个体系是架构的逻辑层级，如理与气、太极与阴阳、心与物、性与情、已发与未发、中与和、本体与工夫、人心与道心、见闻之知与德性之知、理一与分殊等。在这些既合一又分别、既抽象又具体的架构中，每个方面、每个细部都得到充分挖掘，然后被组合起来。在一分一合的往复、转换中，或分析，或综合，分析中有综合、综合中有分析，不同思维方式都得到训练，同时整个哲学体系得到拓展。这在喜欢总括地、含混地把握事物，思维倾向于直觉的陆王心学看来，有些支离破碎。同时，朱熹喜欢在每一架构的对立双方中分出主次，不喜平铺直叙，双方中主宰的一面往往是精神性的、代表

[1] （宋）朱熹：《延平答问》，载（清）黄宗羲：《宋元学案》，中华书局 1986 年版，第 1291 页。

价值的，另一面则是物质性的、代表存在的。这使他的思想在叙述存在时不忘价值，价值必有物质存在作承担。在二者的互动中使真与善、科学的与道德的价值皆得到张扬。在他的思想中，理学的各个方面由成熟而定型，成为此后理学的典范，规制着中国古代后期社会思想文化的主流形态。

朱熹的架构性思维，使他在一切方面形成二元结构，而二元归于一元，以体现本质统辖现象、形而上宰制形而下这一根本点。形而上者彰显的往往是伦理价值、精神趋向。以理气论为例。天地间的任何事物，都可以分析为理与气两个方面。理是形而上的，是产生事物的原理；气是形而下的，是产生事物的材质。理决定事物的性质，气决定事物的形体。对一个事物起决定作用的是理，它是此事物所以为此事物者，是此事物与他事物区别的根据。每一事物的理都是宇宙根本法则的体现，所以“理一分殊”。分殊之理的总和就是太极：“总天地万物之理，便是太极。”[1] 在朱熹看来，虽然太极与分殊之理皆理，但太极强调的是伦理一面，分殊之理强调的是科学一面。太极即道，道既有伦理义，也有科学义。太极作为理的总体、全体、整体，它的伦理义更加显豁；而分殊之理作为一事物的所以然之故，所当然之则，更能彰显它的科学义。与理、气相对一样，与太极相对的是阴阳。太极是形而上者，阴阳是形而下者，太极是“所以一阴一阳者”，仍然彰显的是形而上的主导地位。形而上者在朱熹这里担负着科学的、伦理的两种职能。

他的理气架构中，理起主导作用，它是气之所以如此运动的根据、原理和气所构成的事物上呈现出来的条理。构成事物的气是统一的，事物间的区别主要在理。理是一事物的所以然之故和所当然之则。所以然之故主要是科学的，因为中国哲学在事物的成因上没有神造万物之说，也没有目

[1] （宋）黎靖德编：《朱子语类》，王星贤点校，中华书局 1986 年版，第 2375 页。

的论意识。所当然之则则具有科学的和道德的双重含义，因为中国哲学有在自然之理上引申出道德之理，自然法则和道德法则通过类比、象征、规约可以连通为一的传统思维。理气二者中强调理，以理为主导方面，突出了科学的、实证的价值，因而朱熹是中国哲学家中少数有科学气质的哲学家之一，因此被重视道德价值的心学视为偏离了中国哲学重视人格修养的传统。朱熹重视气背后的主宰者，这表明他重视本质胜于重视现象，重视结构胜于重视解构，所以他对事物的解释往往就本质着眼。如他对仁的解释："仁者，爱之理，心之德也。"[1] 这与孟子指四端发用处说仁的路径正好相反。也正因为此，他将程颢的"义礼智信皆仁"发展为"仁包四德"："仁实贯通乎四者之中。盖偏言则一事，专言则包四者。故仁者，仁之本体；礼者，仁之节文；义者，仁之断制；智者，仁之分别。"[2] 仁是道德理性本身；礼是仁的仪式节目，没有仁的仪节是虚伪的文饰；义是对仁的选择与落实，没有仁就不会发生选择，只是出自本能，出自本能的行为没有道德价值；智首先是对善恶的区分，善恶的根据是仁与不仁，这是人最重要的区分，没有了这一点，所谓分别只是狡黠与浮慧。朱熹把四德归结为仁，就是要使分散的德目收拢，归结到人之为人的本质上来，使浮泛的变为根本的，现象的变为本质的。这是他的本质性思维在德行上的体现。就朱熹引导人探究事物的所以然，探究事物背后的理，以理为事物的本质这一点说，他比理学中的其他人与柏拉图重视事物背后理念的路向更近。朱熹重视格物致知及其在中国哲学史上形成的传统，特别是通过他的《补大学格物致知传》，"格致"两字成了"物理"的代名词，在近代中国向西方学习自然科学技术的潮流中起了很大作用。

[1] （宋）朱熹：《四书章句集注》，中华书局 2011 年版，第 50 页。

[2] （宋）朱熹：《答陈器之》，《朱熹集》，四川教育出版社 1996 年版，第 2977 页。

朱熹的天人之学体现在人上便是心性论。朱熹的心性论，以心为主轴，将性与情、中与和、已发与未发、人心与道心、存养与主敬结合起来。朱熹所谓心，含义主要有二，一是指认识器官，心天生具备认知能力，能接受、盛贮感觉材料并对之进行加工，给出认知对象的表象，有思考、推论等理性能力，此即“人心之灵莫不有知”[1]之心。二是指性的驻着之地，心能将性情这对范畴统合起来，把性受到刺激发生的反应通过情表现出来，此即“心统性情”之心。在心性这一架构中，性是形而上者，心是形而下者；性代表人之所以为人的本质，心代表作为气的凝聚的身体所具备的反应功能。性是天之所命，它的内容是仁义礼智；心是人的反应器官，它是性与情的发用之地。性无不善，心则可善可恶。心是时空中的具体存在，有动有静，性则浑然一体，无所谓动静。朱熹对心性关系有一段系统表述：“心者固所以主于身，而无动静语默之间者也。然方其静也，事物未至，思虑未萌，而一性浑然，道义全具，其所谓中，是乃心之所以为体而寂然不动者也。及其动也，事物交至，思虑萌焉，则七情迭用，各有攸主，其所谓和，是乃心之所以为用，感而遂通者也。……寂而常感，感而常寂，此心之所以周流贯彻而无一息之不仁也。然则君子之所以致中和而天地位、万物育者，在此而已。”[2]心有已发未发，可以静时涵养，动时省察。性通过心的感发表现出来，如见孺子入井而表现出恻隐之心，见嗟来之食而表现出羞恶之心，此即朱熹所谓“四端者理之发”。而心也受一般事物的激发而产生喜怒哀乐之情，此即朱熹所谓“七情者气之发”。[3]四端纯善无恶，七情则有中节、过与不及之分；中节则善，过与不及则

[1] （宋）朱熹：《四书章句集注》，中华书局 2011 年版，第 8 页。

[2] （宋）朱熹：《答张钦夫》，《朱熹集》，四川教育出版社 1996 年版，第 1403—1404 页。

[3] 参见（宋）黎靖德编：《朱子语类》，王星贤点校，中华书局 1986 年版，第 1297 页。

恶。心被理占据，为道心；被人的私欲占据，为人心。须道心为主，人心听命，才能天理流行。朱熹的四端七情之说，引发了韩国自李朝以来学者的重视与论辩，他们将心性之学推进到更加精细隐微的层面，使心的含义得到充分发掘。

朱熹最为重视、视为初学不二法门的，是格物致知。后人也把强调格物致知作为朱子学最突出的特征。格物致知也是朱熹天人之学的自然表现。朱熹的格物致知的前提是“性即理”，这是说事物的性质就是它的道理。这个道理有科学的与伦理的双重意蕴。就前者说，通过格物可以获得关于具体事物的知识；就后者说，格物致知可以激发、诱导心中的性理使之展现出来。科学知识可以满足人的物质需要，伦理供给人精神生活所需要的心的安慰。朱熹当然不是从知识和伦理对人的实用价值出发，而是从人的本性的自然活动去看待格物致知。从知识内容与求知活动特点来说，科学的与伦理的是可以通过类比、象征、隐喻等心理活动实现二者相通的。朱熹自始即设定“人之一心，万理具备”。这个“理”不是知识性的，而是性体所具有的总体性的善。性是形而上的、抽象的，心是形而下的、具体的。只有通过知识性的物理的诱导，才能使总体的性理从形上层面展现为形下层面，从而为心所知，才能把笼统化为具体，从而实现类比与连通。朱熹不会抛弃理学作为“生命的学问”的总体特征，所以伦理始终不在朱熹的考量之外。格物致知的一身二任的特点，正好满足了知识与伦理的双重需要，但这一步的实现要靠积累和贯通。所以朱熹强调“今日格一物，明日格一物”“一旦豁然贯通”。初学者如果不具备在科学和伦理两者之间作连类、贯通性思考，则所得始终为具体知识。这恰是心学讥讽朱熹“支离”的主要原因。王阳明龙场悟道确立心学立场后对朱熹格物方法的质疑清楚地说明了这一点：“先儒解格物为格天下之物，天下之物如何可格得？……纵格得草木来，如何反来诚得自家意？”（《传习录》下）

诚意是道德方面的，格物是知识方面的，朱熹没有解决两者间可能出现的断裂。所以，须在诚意的带动下去格物，格物方有着落，才能牵涉到身心上来。但朱熹格物论的一个优长之处在于，他始终强调格物明理、知识积累对于德性人格的养成作用。道德没有知识的支撑是单薄的，没有广博的知识，所明之心、所见之性是空疏的；没有获取知识的丰富的实践活动，道德修养赖以成就的人生场域将是狭窄的、封闭的，不能造就有大才的鸿儒，只能造成一乡善士式的硁硁君子。这也是尽管心学对道德的提扬警策而切近，但大多数学者仍然奉朱子学为正宗的根本原因。

朱熹之学典型地表现了宋代理学的一个特点：经学理学并重，经学中贯彻理学、表现理学，理学中展示经学、说明经学。朱熹重视五经，手著《诗集传》《周易本义》，对《书》《礼》则发凡起例，由弟子完成，对后世《春秋》解释中的牵强附会，尤所反对。就手著的经学著作看，也体现了他天人之学的特点。如《周易本义》中，他力图恢复"易本卜筮之书"的原貌，一切以文本原义为根据，将义理与象数结合起来，通过实际的卜筮活动来显现价值指向，不由过度引申道理来宣示，他认为这样会束缚《周易》的解释广度。辞、象、变、占融合为一，不单提其中一个而牺牲其他。《诗集传》也表现了这一点，该书继承北宋庆历以来的疑经风气，反对《毛诗序》将实际的社会生活画面甚至是男女情爱之诗解作美刺时君国政的政治讽喻诗的偏向，还《诗经》特别是其中的《国风》以生活画卷的本来面目。将《诗经》的风、雅、颂结合起来，"本之《二南》以求其端，参之列国以尽其变，正之于《雅》以大其规，和之于《颂》以要其止，此学《诗》之大旨也"[1]。这一理学治《诗》路向对后世《诗经》学影响很大。

[1] （宋）朱熹:《诗集传》序，中华书局 2017 年版，第 2 页。

与朱熹同时的陆九渊也是理学的重要代表人物，他的思想是天人之学的另一种形态。他不特别彰显理的本体地位，而是以心融释理。他不像朱熹采取架构性的、慎思明辨的思维方法，而是更加重视浑括、圆转、象征、类比的方法。他认为理塞乎天地，也根乎人心："万物森然于方寸之间，满心而发，充塞宇宙，无非此理。"[1]"道塞宇宙，非有所隐遁，在天曰阴阳，在地曰柔刚，在人曰仁义。故仁义者，人之本心也。"[2]"皇极之建，彝伦之叙，反是则非，终古不易。是极是彝，根乎人心，而塞乎天地。"[3]理在宇宙万物上，也在人心中。这个理不是实证地达到的，而是象征地、体悟地、类比地达到的。这个理是统一的，但表现不同：在天为阴阳，在地为柔刚，在人为仁义。而在人之仁义，又表现为人心中本来就有的道德情感。道德情感与宇宙之理统一于心："盖心，一心也，理，一理也，至当归一，精义无二，此心此理，实不容有二。"[4]在陆九渊这里，宇宙间一切事物表现出的道理，经过人心的转换、化约，都可以视为道德之理。儒家经书中讲的，如孔子的"一贯"，孟子的"道一而已""四端之心""良知良能"，《易传》的"诚"，皆不外乎此理。天下人皆有此心，此心的内容天下人皆同，故"心即理"。此心此理是最高价值，是谓"至当"；也是最终极的道理，是谓"精义"。至当、精义，内容是一致的。理在朱熹这里既有物理，也有伦理，二者属不同领域，虽说可以通过积累、贯通看出二者的共同点，把科学性的理作为修德的辅助，但两者是不

[1] （宋）陆九渊：《语录》，《陆九渊集》，钟哲点校，中华书局1980年版，第423页。

[2] （宋）陆九渊：《与赵监》，《陆九渊集》，钟哲点校，中华书局1980年版，第9页。

[3] （宋）陆九渊：《杂著》，《陆九渊集》，钟哲点校，中华书局1980年版，第269页。

[4] （宋）陆九渊：《与曾宅之》，《陆九渊集》，钟哲点校，中华书局1980年版，第4—5页。

同的。而在陆九渊这里，伦理与物理是直接同一的。心的各种功能，皆归结为道德理性的呈现；儒家千经万典，讲的无非此心此理。故“四端者，即此心也；天之所与我者，即此心也。人皆有是心，心皆具是理，心即理也。……所贵乎学者，为其欲穷此理，尽此心也”[1]。

在人身上认取宇宙法则，认取本有的仁，无须“道在迩而求之远，事在易而求之难”[2]，对本心顺承即是，无须其他工夫。陆九渊用《诗经》中称文王“不识不知，顺帝之则”、《论语》中称舜禹“巍巍乎有天下而不与焉”来说明：“人能知与焉之过，无识知之病，则此心炯然，此理坦然，物各付物，会其有极，归其有极矣。所过者化，所存者神，上下与天地同流，岂曰小补之哉？”[3] 此心炯然，此理坦然，心与理一，简易直截。哲学活动的各个环节，都被归约、简化为显发心中之理。陆九渊自认为给人指出了一条便捷的修养之途。所以，被误解为虚骄自大的“宇宙便是吾心，吾心即是宇宙”“宇宙内事，是己分内事。己分内事，是宇宙内事”[4] 等命题，就是从伦理学着眼的普遍命题：宇宙根本法则即仁，它与人心中的仁是一致的，即以上“心即理”之意。但陆九渊又认为，心中固有之理虽是一个，但它反映事物时，会自动地调整为与当下相适宜的分殊之理：“苟此心之存，则此理自明，当恻隐处自恻隐，当羞恶，当辞逊，是非在前，自能辨之。”[5] 朱熹重视的是性，是本质；陆九渊重视的是心，是

[1] （宋）陆九渊：《与李宰》，《陆九渊集》，钟哲点校，中华书局 1980 年版，第 149 页。

[2] （宋）陆九渊：《与赵监》，《陆九渊集》，钟哲点校，中华书局 1980 年版，第 9 页。

[3] （宋）陆九渊：《与赵监》，《陆九渊集》，钟哲点校，中华书局 1980 年版，第 10 页。

[4] （宋）陆九渊：《杂说》，《陆九渊集》，钟哲点校，中华书局 1980 年版，第 273 页。

[5] （宋）陆九渊：《语录上》，《陆九渊集》，钟哲点校，中华书局 1980 年版，第 396 页。

现象。朱熹是仁包四德，性中自有间架；陆九渊是情，是恻隐、羞恶、辞让、是非当几而发。朱熹所谓心首先是认识器官，所以有认识活动发生与否的已发未发、认识内容或善或恶的道心人心；陆九渊的心是道德情感，所以只讲本心及其自然发露。这里的不同，可以说是着眼点的不同，是对知识与道德在成就人格中所扮演的角色认知不同。在陆九渊这里，既然作为“生命的学问”的儒学其最后目的在成就德性人格，则何不从人最切近、本来就有的道德情感入手，何必走繁难的格物致知、积累贯通的道路？他比其他思想家更明确地认识到本心在道德活动中的基础作用、本体作用。这与康德的义务论伦理学有相同的路向，不过康德是逻辑地推证出的，而陆九渊则是实践地体证和直觉地发抒。

体现在为学之方上，陆九渊无待而兴，从读《孟子》自得，简易直截。朱熹则集北宋诸家之大成，构成一个庞大严整的体系，头绪多端。鹅湖之会，朱熹教人先泛观博览，格物穷理，陆九渊教人先立其大，自识本心。朱熹作为经学、理学大家，遍注群经，陆九渊则自称要为学者“减担”，拒绝注书。朱熹主张学者须平心易气，笃实解经，陆九渊则主张收拾精神，自作主宰，六经皆我注脚。为学之方的不同，正是他们天人之学不同的体现。鹅湖之辩中不能折服对方，是必然的，因为他们各自强调了中国哲学中成就人格的两个主要方面中的一面：尊德性与道问学。这两方面的争论是没有胜负的，不过因为两人性情趋向不同，故所开救治学者偏弊的药方有异而已。这一点在朱陆当世即有人指出：朱门弟子多学者，陆门弟子则多践履之士；陆门道问学上不及朱门，朱门尊德性上不及陆门。而在陆九渊看来，尊德性是基础，是方向；不知尊德性，焉有道问学？他强调的是人格修养的基础与方向。

第六节　明清哲学

一、王阳明

朱熹思想以其体系庞大、结构严密、价值关怀和知识追求两者兼重的品格，自南宋末期至明中期一直占据思想界的独尊地位。此种状况到王阳明崛起而宣告打破。王阳明被认为是中国历史上少数在立德、立功、立言三方面都达到高度成就的思想家。

王阳明哲学是典型的天人之学，他的学术宗旨“致良知”和最高追求“万物一体”皆体现了强烈的天人情怀。王阳明与陆九渊并称为陆王心学，但他不是直承陆九渊，而是先跟从当时的学术主流朱子学，后在实践中发现与自己的志趣、追求不符合，通过特殊的人生际遇树立自己独特的学术宗旨的。对王阳明心学立场的确立具有决定意义的事件是龙场悟道。龙场的艰苦环境和特殊遭际给了他重新反省心的诸种含蕴和它们之间的相互影响、相互结合的机会。在龙场悟道之前，他遵照朱子格物致知和涵养用敬的路径去做，但两次格竹的失败说明，他青少年时代的各种实践所追求的思想开阔、精神自由、活泼无方与具体格物活动的专一、有规范、循序渐进方法是不相应的，特别是他发现了意志比理性在撑持他渡过难关中所起的作用更大。所以格物不是像朱熹所说，以心中的认知能力获取外界事物的理，而是去掉对本心的遮蔽：“乃知天下之物本无可格者。其格物之功，只在身心上做。”（《传习录》下）不是知识、理性，而是心的意志、情感、直觉这些非理性因素在整个精神活动中所占比重更大，地位更重要。这样，他对于格物的定义也大不同于朱熹：“格者，正也，正其不正以归于正之谓也。”（《大学问》）由于强调在心上做工夫，所以物变成了意念所指向的“事”——“意之所在便是物”(《传习录》上)。事是主体见之于客体的行为，与主体的动机、意志、直觉、情感等多种精神要素密切相关，“皆从心上说”。朱熹所格之物是主体之外的客体，主与客的关系主要是平列的、知识论的。王阳明所格之物，是心中的欲望、意志、情感等项中不符合道德观念的部分，方式是伦理的、内省的、纵贯的。由于物是心中指向的“事”，而且王阳明所谓事，主要是伦理活动，所以“心外无物”。伦理活动的基础是心中的善良动机，离开了它就没有所谓道德；一切有伦理价值的活动都出于其内在的根据——心，都是心中良知的自然贯彻，伦理价值就是符合人的价值理想的“理”，所以“心外无理”。

在确立了心学立场后，传统上视为平行的工夫项目，在王阳明这里都变成了手段和目的的关系、个别和一般的关系、知识与道德的关系：格物是诚意的工夫，穷理是尽性的工夫，道问学是尊德性的工夫，博文是约礼的工夫，惟精是惟一的工夫。如惟精与惟一，在“十六字心传”中是平列的，惟精指用功纯粹不杂，惟一指用功专一、心无旁骛，但在王阳明这里，“一”指心中良知无私欲混杂，“精”指达到这一目的的功夫真切笃实。譬如米，“一”指米的纯然洁白，“精”指舂簸筛拣的功夫，两者是目的和手段的关系。王阳明的这一转换，意在使每一件事都有锤炼道德的功能，使它从单一的知识领域超拔出来，这就和朱熹有了很大不同。这一点曾使熟谙并遵循朱熹路向的人大为诧异。

王阳明与朱熹最大的不同，就在于他的致良知的双向运动。致良知是王阳明的核心宗旨，是他的一切哲学范畴最后的归着点。虽然此三字作为讲学口号是在平定宁王朱宸濠的反叛后正式提出的，但实际上王阳明一生的活动都是它的注脚，包括早年的辞章、骑射、出入佛老等各种探索活动。“致”字本有自内而外和自外而内两个方向，他的致良知一是将良知所知所现的正确价值推致于实际行为中，使行为在正确价值的范导之下，这就是王阳明说的：致良知者，“致吾心良知之天理于事事物物，则事事物物皆得其理矣”（《传习录》中）。二是将在致良知的实际活动中得到的意志锻炼、理性增进、直觉更加敏锐、情感更加真挚等诸因素都融入良知中，成为精神活动的内在包含，使它们在此后的致良知的活动中起作用。人的实践活动不断深入，良知也愈加深厚广阔。所以致良知可以为任何修养程度、任何文化层次的人所奉行。此即王阳明所说：“我这里言格物，自童子以至圣人，皆是此等工夫。……虽卖柴人亦是做得，虽公卿大夫以至天子，皆是如此做。”（《传习录》下）

陆九渊曾说：“夫子以仁发明斯道，其言浑无罅缝。孟子十字打开，更无隐遁，盖时不同也。”[1] 是说孔孟的学术宗旨皆仁，但因时代不同，其表现形式不一样。孟子的特点是“十字打开”。这个“十”字的纵轴是“尽心知性知天”，以恻隐之心内通人之性体，以此性体之仁与天道的生生不息贯通，天心人心一体而下。横轴是将此仁的萌芽扩充推展，“涓流积至沧溟水，拳石崇成泰华岑”，微弱之势能累积为广大之境地。此即孟子的“十字打开”。陆九渊继承孟子，也以十字打开为学术宗旨。但陆九渊的横轴中，所推展扩充的主要是道德理性，知识方面未加措意。而王阳明的致良如的推致义和扩充义两者并重，他所扩充的不仅有道德理性，还有知识理性，甚至还有精神结构中的其他要素。这些是统一的良知的不同方面，这些不同方面在实践中互相影响、夹辅而行，使良知的意蕴大大超过陆九渊，这就是为什么王阳明批评陆九渊“未免沿袭之累”“细看有粗处”的原因。未免沿袭之累者，在思想内涵、学术方向和所用范畴方面，轶出孟子者不多。特别是他片面强调先立其大，对知识活动在人格养成中的作用提揭不够，将广大深刻的精神内涵狭窄化、单面化。王阳明波澜壮阔的

[1] （宋）陆九渊：《陆九渊集》，钟哲点校，中华书局 1980 年版，第 398 页。

一生中经历过许多惊心动魄、性命交关的事件，这些百死千难对他情感的激荡、对他灵魂的撞击使他对世事人心有深刻的体悟，这些都沉淀、发酵为良知的蕴藏，成为他丰富的精神世界的有机成分。相较之下，陆九渊从实践的广度到精神活动的深度都逊于王阳明。

从理论层面说，王阳明将一生所学、所历、所悟、所道，熔铸成“致良知”三字，他用此三字融释儒家几乎所有重要范畴，如《论语》的仁义礼智信、忠恕、一贯、博约，《孟子》的四端、四德、扩充、尽心知性知天，《大学》的三纲领、八条目，《中庸》的性道教、已发未发、中和、诚明、尊德性与道问学，《周易》的保合太和、天地之大德曰生、穷理尽性以至于命，以及《诗》《书》《礼》中的许多重要概念。他的讲学语录的特点是义理通透，语词灵动，形式多样，不拘一格。他对儒学作了凝练、提纯、通约、融贯的工作。儒家理论的互通、互融、互释，在他这里达到了高峰，与朱熹的定义严格、边界清楚、概念成对、层次分明形成了鲜明对比。王阳明晚年曾对良知范畴的这种由高度融释能力而成就的灵动品格作了形容：“即如我‘良知’二字，一讲便明，谁不知得？若欲的见良知，却谁能见得？……良知即是《易》，‘其为道也屡迁，变动不居，周流六虚，上下无常，刚柔相易，不可为典要，惟变所适。’此知如何捉摸得？见得透时便是圣人。”（《传习录》下）与他同时和后来的人也说，阳明著作中的千言万语，都是为“致良知”三字作注脚。既然是灵动不可典要的，把握阳明思想就不能用概念分解、字析句释的方法，而应把握精神实质，运用比喻、象征、连类等非逻辑的方式得到。王阳明讲学极其灵活多样，而他的文章，特别是他数次军事活动中所写的奏疏、文告、与地方政府的往来公文等，又具体、严密、明确，与他浑融的讲学风格截然相反。这与他作为军事家在战略上大开大合与战术措置上细入毫芒是一致的。

在思想方法上，朱熹注重分析，每个概念、范畴定义明确，边界清晰，作文和讲学中皆重概念分解，王阳明则重视综合，重视在浑融的概念中各个部分的动态整合。明末大儒刘宗周在讲到王阳明的思想特点时曾说道："先生承绝学于辞章训诂之后，一反求诸心，而得其所性之觉，曰'良知'。因示人以求端用力之要，曰致良知。良知为知，见知不囿于闻见；致良知为行，见行不滞于方隅。即知即行，即心即物，即动即静，即体即用，即工夫即本体，即下即上，无之不一，以救学者支离眩骛，务华而绝根之病。"[1] 这段话十分中肯，它点出良知的根本特性为"所性之觉"，即对自己性体的自觉呈现，由此带出它的"无之不一"。性体即良知，是天道在人这一特殊物类上的体现。"性是心之体，天是性之原。"（《传习录》上）在朱熹，心是形而下的，属气的范畴；性是形而上的，属理的范畴。而在王阳明，心即性，性即理，心性理三者为一，形而上即是形而下。心性是在内的，但展现心性的实践活动是在外的；心性是本体，实践中对心性目的的实现是工夫，内外合一，工夫与本体合一。良知是知，致良知的活动是行，致良知即知行合一。致良知三字将一切概念融入自身，不仅简易直截，而且知识和道德时时相关，以救学者专在知识上用功，放弃人格修养的弊病。刘宗周认为王阳明扭转了一世学风，恢复了儒学的真面目，"可谓震霆启寐，烈耀破迷，自孔、孟以来，未有若此之深切著明者也"[2]。对照王阳明一生学行，此语并非虚誉。

不仅如此，王阳明实际上有综合朱熹和陆九渊两家的意愿。在他看来，陆九渊之学先立其大，简易直截，给学者指出了立大本、求放心的用功方向，这是其优点。但陆九渊为了强调修养方向的重要性，绝口不谈知识，有时为了强调道德性一面，甚至贬抑知识。他的思想学说只能作士人

[1] （清）黄宗羲：《明儒学案》，中华书局 1985 年版，第 6—7 页。
[2] （清）黄宗羲：《明儒学案》，中华书局 1985 年版，第 7 页。

敦品立志的帮助，不能作实践中的全体大用之学。朱熹时时强调知识的获取是道德提高的基础，没有知识支撑的道德是单薄的、狭隘的，但朱熹将涵养用敬和进学致知作为平行的工夫，知识与道德不能时时打通为一，有可能造成知识和道德的断裂。王阳明要造就实践中的活智慧，所以他欲去朱陆两家之短，合两家之长。他既批评陆学“未免沿袭之累”“细看有粗处”，又表扬他在心上用功之真切笃实；既批评朱熹心与理分而为二，学问“支离”，缺乏道德的直截统领，又表扬他知识广博，解经明晰，思想深刻，并告诫他的学生不能轻议朱熹。王阳明欲合两家之长的愿望很明显，但因中年以后事功繁忙，始终未能构造出显现此种综合的哲学系统，这大概是他临终痛惜“平生学问方才见得数分，未能与吾党共成之”的一个原因。

王阳明的良知之学对于人生论来说极具启发意义的是，他把人视为一个向未来敞开，不断超越自己的存在。人存在的意义价值是在和他面对的世界的交互作用中实现的。人和世界不只是知识的共同体，更是意义和价值的共同体。人是世界和人自己的诠释者、证明者，人是诠释性存在，人在世界中展开自己、同时展开世界，世界不是待理性认知的对象性存在，而是由全部精神活动觉解、开显、证明的与人一体的存在。这有很强的现象学意味。但当代现象学要从西方一直以来把人视为理性存在，因而主客相对的状况下解放出来，所以用非理性，如烦恼、恐惧、孤独、忧虑等实证的情感来说明人的真实存在，所以容易导向颓废、悲观、玩世不恭等个人情调。而王阳明首先体悟到的是仁、生生、健顺等天的品格，以及人用和乐的态度顺适当下，用充满阳光和力量的识度诠释出的心之本体，所以“乐是心之本体”。良知是在这样的心体基本内含上对于其他精神要素的扩展，它的基调是刚健的、有力的，它是在中国传统哲学的天人一体、由天而人的一贯而下中呈现出的乐天安命。人不能没有七情，但七情是良知的发用之地，七情中过与不及的，都被良知照彻而归于正。就如太阳一出，魑魅遁形。所以王阳明不同意朱熹道心人心并立、道心作主人心听命的观点，认为人之所以为人，只是因为有良知，七情是良知的表现场所。西方存在主义赖以证明人的存在的真实情感如烦恼等，在王阳明这里都成了被良知照彻、改正、消解的对象，没有正面价值。王阳明这一点，正是中国文化乐感特性的支撑点。

王阳明哲学具有存在主义特性的另一点是，它不具有西方柏拉图以来的传统形上学本体论特别是近代自笛卡儿以来的主客对立的性格，反而具有海德格尔存在主义的现象学方法论的基础：以对存在的研究代替对存在者的研究，以此超越传统形上学。对存在者的研究是主客二分的，是认识论的；对存在的研究是意义论的、价值论的。王阳明晚年胸襟愈发阔大，意境愈发高远，较其早年尤其具有主客合一的意义论品格。如著名的南镇观花，王阳明的视点不在花树的认识论意义，人未看花时花与人同归于寂，这个寂不仅在认识的未发生，而更在意义的未彰显。人在看花时，人和花的存在意义同时显现，花与人离开了对方都没有意义。人首先不是认识性存在，而是意义性存在，存在是决定存在者之为存在者的本质，是使一切存在者得以成立的先决条件。所以王阳明说："我的灵明，便是天地鬼神的主宰。天没有我的灵明，谁去仰他高？地没有我的灵明，谁去俯他深？鬼神没有我的灵明，谁去辩他吉凶灾祥？天地、鬼神、万物，离却我的灵明，便没有天地、鬼神、万物了；我的灵明，离却天地、鬼神、万物，亦没有我的灵明。如此，便是一气流通的，如何与他间隔得？"（《传习录》下）这是说主体与客体的依存关系是本体论的，不是知识论的；主体与客体不是作为对立物在认识活动中被认知，而是作为不可分离的双方在使对方澄明出来的过程中彰显自己的存在。而王阳明的一个特识是，在双方互为依持中，主体是更加重要的，客体是被主体的主动作为逼出其存在的，客体的性质甚至其作为现象的显现，都是主体给予的。主体是永不安分的，它在健动不息中实现自己，同时实现自己的证明者：客体。所以王阳明说："人是天地的心。"从内容上说，人是天地的生生不息精神最直截、最显明的体现者；从形式上说，人是天地间灵动性最高的生命，它在健动不息中使客体得以成立和具有意义、价值；从根源上说，人比任何其他事物意义和价值都高。"人的良知，就是草木瓦石的良知。若草木瓦石无人的良知，不可以为草木瓦石矣。岂惟草木瓦石为然，天地无人的良知，亦不可为天地矣。盖天地万物与人原是一体，其发窍之最精处，是人心一点灵明，风雨露雷、日月星辰、禽兽草木、山川土石，与人原只一体。"（《传习录》下）王阳明在具有现象学意义的思想中彰显出的仍然是中国哲学的特点：重视伦理性，关注"人的学问"。海德格尔总体上仍是西方哲学的延续，他是就知识论着眼的，他批评的首先是西方传统形上学的主客二分方法。王阳明是中国哲学特别是宋代理学的延展，他没有主客二分意识，是就伦理学着眼的，他张扬的是人得于天而备于己的健动不息的精神。海德格尔关于人的种种描述是由逻辑分析推出的，而王阳明则是由纵贯的天人视域中对人的价值、意义的解悟得出的。

王阳明的精深思想和卓著事功与他对佛道思想的吸收大有关系。像大多数理学家一样，王阳明对于佛道，吸收其思想而排斥其立场。佛道思想的精华，在其负的方法，在其精诚信仰，在其超越精神。王阳明在长期实践活动中，感受到儒学在最高层面上其精神与佛道是一致的。他认为，佛家的核心精神是不染世累，万缘放下，对于世间物不粘滞，"于念而无念"；道教的核心精神是爱养身体，道教的内丹、外丹皆在吸取天地之精华为生命茁壮之助力；儒家的核心精神是修齐治平，是穷理尽性以至于命，即内以完善自己的道德人格，外以实现治平理想，也即内圣外王之道。但王阳明认为，爱养身体与不染世累，是儒家修齐治平中本来就包含的，不是从佛道取来的。后人以为儒家只有修齐治平，这是不见其全，自小阵营。他说：“说兼取，便不是。圣人尽性至命，何物不具，何待兼取？二氏之用，皆我之用，即吾尽性至命中完养此身谓之仙，即吾尽性至命中不染世累谓之佛。但后世儒者不见圣学之全，故与二氏成二见耳。譬之厅堂三间，共为一厅，儒者不知皆吾所用，见佛氏，则割左边一间与之；见老氏，则割右边一间与之，而己则自处中间，皆举一而废百也。圣人与天地民物同体，儒、佛、老、庄皆吾之用，是之谓大道。二氏自私其身，是之谓小道。”[1] 从较低的层面看，王阳明这里说的不能说无道理，但佛道在不染世累和养生方面达到的高度和深度，却非儒学所能包含。王阳明也曾指出，佛道所长者在心性修养这些形上方面，没有治国平天下，他们是“有了上一截，遗了下一截”。像王阳明这样的大儒，形上本体、形下事物兼治，上下贯通，他对佛道精华的深度吸取是必不可免的。对佛道的吸取，成就了王阳明哲学思想的博大精深，特别是成就了良知本体的灵动无方而无粘无滞。良知是有与无的合一，“有”指它作为天赋的道德意识、精诚恻怛的仁心情怀、是非判断的准则、万物法则的凝聚、理性运用的根据等修齐治平不可或缺的这一面。“无”指良知本体原无一物、清明湛一、随物俯仰、了无挂碍这一面。王阳明晚年化境是即有而无，有不碍无，有无同时而自然无滞，他以太虚形容良知：“良知之虚，便是天之太虚；良知之无，便是太虚之无形。日月风雷、山川民物，凡有貌象形色，皆在太虚无形中发用流行，未尝作得天的障碍。圣人只是顺其良知之发用，天地万物俱在我良知的发用流行中，何尝又有一物超于良知之外，能作得障碍？”（《传习录》下）禅宗的“即心即佛”又“非心非佛”，对王阳明以上思想的形成影响尤大。

[1] （明）王阳明：《王文成公全书》第四册，中华书局 2015 年版，第 1468 页。

王阳明早年在佛道上所作的工夫都融释在良知中，成为良知的内在意蕴。他在军事、政治活动中表现出的触之不动、处变不惊、澹泊静一、超然物外等，以及他的良知的灵动无方、即体即用、所在皆是、无粘滞系缚的精神，皆得力于佛道，特别是禅学。他的“不离日用常行内，直造先天未画前”，他的用天道来规范良知，用良知来激活天道，天人一理，“良知即天”，皆是对佛道有深入取择的结果。如果说早期的“良知即天”着重从内容上着眼说良知的真诚恻怛是天的生生不息的体现的话，晚年的“良知即天”着重从形式上着眼说良知的有无合一是天的自然流行而无有障碍这一点。良知的内涵已经有了很大扩展。王阳明将佛道思想内在于自身思想中，同时又超越佛道，构建了属于自己的心学体系，在佛道思想的助力下，他的思想呈现出既笃实又空灵，既精诚专一又活泼无方的特点。没有佛道学养的吸取、熔炼，就没有王阳明的多方面成就。

王阳明的最高境界是天人一体。天人一体在他晚年的讲学中大量提到，在他晚年受弟子之请而作的教人定本《大学问》中表现得尤其鲜明。王阳明认为，一个德性充沛的人的境界是“与天地万物为一体”。但人对待万物又有轻重厚薄的价值次序，这是“良知上自然的条理”。良知的条理有先验和后得的区别。先验的条理，指人本有的分别不同差等而居之的倾向。这种倾向整合后天经验，并在其中分出价值性的、知识性的不同方面，变为人的精神的内在结构，这是后得的条理。后得的条理有迅捷、直截的优越性，它不是对当下发生的事件进行推论和思索，而是诉诸人心灵的直觉。王阳明曾说：“良知只是一个，随他发见流行处，当下具足，更无去来，不须假借。然其发见流行处，却自有轻重厚薄、毫发不容增减者，所谓天然自有之中也。”（《传习录》中）从王阳明一生经历看，他是在数次性命交关、生死搏斗的大事变中，心灵得到震撼，精神得到激发，良知中的各种储存经过检证、调整、对比、定型等步骤确定下来的。

这里要特别强调“良知上自然的条理”所具有的直觉性质。对于王阳明的晚年化境，弟子王龙溪有“开口即得本心，更无假借凑泊，如赤日当空而万象毕照”的描述。此境界全靠精进不已，精神活动的各方面互相促进，集一生理论和实践成果而后得。这些成果凝结为价值上的条理，并以直觉方式表现出来。如果对王阳明“良知上自然的条理”加以诠释和引申，可以说，它包含着“自然的人化”和“人的自然化”两个方向。“自然的人化”的一个重要方面，就是把价值、美等人类文化的成果赋予自然，使自然在保有了这些品格之后和人成为一体，以价值和美的形态参与人类的生活实践。人在自然身上发现了自己的本质，自然不再是人的异己之物，而是人抒发感怀、寄托情志的对象。自然的人化将人的理解和诠释注入自然，使自然内在化、感性化，成为“大我”的有机构成成分。王阳明的“大人者，以天地万物为一体者也”（《亲民堂记》），这种“一体”就是即道德即自然的存在。

主体通过“良知上自然的条理”将一体之仁转化为自然界中的具体物，这可以说是“人的自然化”。具体化就是呈现，在呈现中将总体的善表现为具体道德规范，将一体之仁之精诚恻怛表现为对具体事务的自然感情。这种呈现是直觉的、自然的、当下即是的，不是推证的、逻辑的、在先拟议或事后追忆的。王阳明对是非的判断，有理智和直觉两种形式。他早年强调理智的方式，主张“良知愈思愈精明”，而在晚年，良知的反应能力由于一生的磨砺而熟化，王阳明对良知愈益恃任，对事物的反应越来越倾向于直觉。但这种直觉并非率意的、任性的，而是以他半生惊心动魄的事变中精神活动的各种成分，即理性、情感、意志等的参与、积累为基础的。

王阳明晚年成熟教法称为“四句教”，对它的不同理解开启了阳明弟子发展的两大路向。而阳明弟子的分化于明代后期思想、社会所关甚大。

四句教是“无善无恶心之体，有善有恶意之动，知善知恶是良知，为善去恶是格物”，意谓人生来没有任何念头，心体是空静的，善念恶念皆后天生起。但这并不表示人性无善无恶。人性属形而上，是理论的预设；念头是形而下的，是心中生起的具体想法，两者是不同序列的范畴。人天生有良知，良知作为是非标准，对后天生起的意念进行判断。良知断定为善的就奉行，断定为恶的就去除，这就是格物。但要进行正确的道德判断，其先决条件是对善的喜好、对恶的厌恶，即“好善恶恶”。王阳明认为，对善恶的判断是否准确，取决于好善恶恶的本体是否挺立。前者是知识理性之事，可由经验积累、理性推论而达到；后者是道德理性之事，是意志的淬砺、净化，要比前者难百倍，因为它要与人与生俱来的本能、欲望作斗争。所以王阳明把它看得更根本、更重要：“良知只是个是非之心，是非只是个好恶，只好恶就尽了是非，只是非就尽了万事万变。”（《传习录》下）王阳明把是非归结为好恶，旨在强调良知这个精神活动总体中意志的基础作用、决定作用，道德意志出于良知本体本身，也有先天具备和后天淬砺两个方面，好善恶恶的意志是良知的本性，但意志的坚定程度靠后天磨砺，所以道德意志也是得于天而成于人的。

四句教是王阳明一生学术宗旨的概括，他的弟子钱德洪和王龙溪则主要着眼于先天与后天、本体与工夫的关系。王龙溪认为，既然人心本来没有任何念头，那么保持这种状态，就是与人心本体合一。他的修养方法是无念为宗，无住为本。无念者，于念而无念；无住者，不粘滞于任何形象。而良知本体本来即具，心越空灵，本体就显现得越充沛；心越寂静，本体的反应就越圆通，王龙溪曾说：“无心之心则藏密，无意之意则应圆，无知之知则体寂，无物之物则用神。”[1] 这就是他的“先天正心”之

[1] （明）王畿：《天泉证道纪》，《王畿集》，吴震编校，凤凰出版社2007年版，第1页。

学，区别于工夫派的“后天诚意”。先天正心者，通过无念、无住，保持心本来的虚寂，让本体顺畅流行于心中，与当下所遇的境象吻合为一。他不是禅宗，但有很强的禅宗色彩。这种工夫路向，与王阳明所说“我此论学，是‘无中生有’的工夫，诸公须要信得及”（《传习录》下）是一致的。王龙溪在先天与后天、本体与工夫两个方面，更加重视先天、本体。他认为，良知是人之为人的根本；在本体上着眼，才能自身流行无滞而与当下具体事物感应神妙。而钱德洪则认为，虽然良知本体人人皆具，但当它流行于心中时，不免为人固有的气禀物欲混杂，必须先有收摄保聚去除气禀物欲的工夫，才能恢复本体的清明状态，没有天生圣人。在先天与后天、本体与工夫两个方面，钱德洪更加重视后天、工夫；工夫做到了，本体才能呈露；人欲净尽，天理自然流行。王龙溪的工夫路向是“悟本体即是工夫”，钱德洪是“工夫所至即是本体”。王阳明对两个弟子皆首肯，认为他们说的都是自己平日强调的。并且说，龙溪须吸取德洪工夫，德洪须吸取龙溪本体，二人相取为用才无偏颇。但又强调，龙溪所说是为上根人立教，德洪所说是为中下根人立教；上根人世亦难遇，所以应以德洪所说为主。此即“天泉证道”，是阳明学史上一个有意义的事件。王阳明也用禅宗讲法的套路说明这一点：“有心俱是实，无心俱是幻；无心俱是实，有心俱是幻。”（《传习录》下）前者是从本体上说工夫，后者是从工夫上说本体。意谓如无良知本体，则工夫失去了根据和目的，故为幻。而在承认先天本体的基础上，着重于后天工夫，才是修养正途；以为顺承先天即足，后天无工夫可做，即是虚幻。这仍是本体工夫全提、先天后天并重的思路。

王阳明去世后，先天与后天、本体与工夫的关系问题一直是阳明弟子争论的主要问题，这个争论一直延续到明朝终结。对明代后期思想界乃至整个社会产生影响的，是先天派，特别是其中的泰州、龙溪学派。明代中期以后城市规模迅速扩大，工商业逐渐成长起来，市民阶层表现强劲，城市生活成为人们注目的中心，功利思想弥漫全社会；儒释道三教深度融合，士大夫参禅悟道、追求新奇成为时尚；思想界大胆推翻既成的道理格式，全社会普遍重视物质享受，放纵人的身体欲望，士风趋于自由开放，心学成为一世潮流。与此社会思潮相适应，王门后学中的先天派，接过王阳明“致吾心良知之天理于事事物物，则事事物物皆得其理”的口号，不管是非好丑，只管放手去做，出现了一批“以赤手搏龙蛇，非名教所能羁络”的人物。他们的思想和实践是这种社会现实的反映，又反过来对这种社会现实起了推波助澜的作用。所以明末清初思想家追究明朝灭亡的原因，多归咎于王阳明。王阳明倡良知之学本为纠正时弊，特别是纠正其中的辞章之学、功利思想、佛老之学，他思想中的自尊自立，不随流俗，不迷信权威，勇于创新及实践中的活智慧诸特点，改变了“此亦一述朱，彼亦一述朱”的学术局面，但也使当时的思想潮流、士人风习与他的初衷渐行渐远，甚至正好相反。这是阳明学对中国哲学发展所产生影响的一个重要方面。

二、刘宗周、黄宗羲

明朝末期，以天道为根据纠正王学流弊最深入的是刘宗周。刘宗周在天人关系上的一个特识是人本天，天亦本人。意谓人道来源于天道，人的行为原则应该是对天道的贯彻、顺承。而天道又是人觉解、证悟、诠释的结果。人与天是一个共生共成的统一体。刘宗周身处明末天崩地坼的剧变期，并绝食殉明。他自觉地担当起对明朝学弊进行总结的任务，认为明朝之亡，亡于士大夫精神生活的弊端，其大者有二：“今天下争言良知矣，及其弊也，猖狂者参之以情识，而一是皆良；超洁者荡之以玄虚，而夷良于贼，亦用知者之过也。……皆坐不诚之病，而求之于意根者疏矣。”[1] 这是说对王阳明的良知之学，当世有两种偏颇的理解，一是猖狂自恣者，认为良知人人皆具，天然纯净，不必着功，推致于事即可，而不知已将出于自己私意的情识夹带其中。二是追求超越者，以无善无恶为良知本体，使良知作为道德意识、道德行为的根据以及检正是非的标准等性质荡灭不存，以良知为佛家之空心。前者主要是泰州学派，后者主要是龙溪学派。他们皆以私智小慧拟议良知，不知天道诚体的性质，故陷于偏弊。刘宗周理解的天道是，在“於穆不已”的运行中，有一主宰，即北极星，它在天地中央，本身不动而控御着天道的运行，故曰“天枢”。他说：“天道积气耳，而枢纽之地，乃在北辰，故其运为一元之妙，五行顺布，无愆阳伏阴以干之。向微天枢不动者以为之主，则满虚空只是一团游气，顷刻而散，岂不人消物尽？”[2] 天的有秩序、有法则，运行不乱即“诚”，也叫“独体”。人顺承天，此天枢在人心即“意”，“意”是人的独体。在绝大部分理学家中，意指意念，是心上发生的念头，它有具体内容。朱熹、王阳明皆用此义。而在刘宗周，意不是念头，而是一种“意绪”。它没有生灭，是恒常的；它也没有具体内容，代表着超出具体善恶的恒定的价值方向。这即刘宗周所说的“意为心之所存，非所发”。刘宗周曾用指南针来形容心与意的关系：心即罗盘本身，念头即盘针的跳动，而“意”即罗盘一定指向南的性质。念非时时而起，“意”乃时时而在。刘宗周的学术宗旨是“诚意”“慎独”，即用后天诚的工夫把先天本有的独体——“意”保持下来。“诚意”即“慎独”，两者在刘宗周是一个工夫，都是后天保聚先天。

[1] （明）刘宗周：《刘宗周全集》第二册，浙江古籍出版社 2007 年版，第 278 页。

[2] （明）刘宗周：《刘宗周全集》第二册，浙江古籍出版社 2007 年版，第 269 页。

刘宗周提出“意”字，就是为了纠正上述两种弊病，给后天心念找出一个先天本有、时时而在的范导者、拨正者。这个方向是“归显于密”，旨在为时时生发、时时显现的良知，找出一个深微的、决定后天念头方向的先天秘藏。他自认为诚意之学本于天道：“意根最微，诚体本天；本天者，至善者也。以其至善，还之至微，乃见真止。”[1] 意思是，“意”是天道诚体在人心的体现，它是超出具体善恶的至善，是一切念头归于正的标准，是勘破“猖狂者参之以情识，超洁者荡之以虚玄”，使之止于至善之地的不二法门。

刘宗周从纠正王阳明良知的显发义、活动义有可能产生的弊病出发，故着重于良知的收敛方面，使之有更深一层的主宰者、决定者。在王阳明那里，良知自能收敛，自能发散，自能戒惧，自能洒落，是有着自我调节、自我整合功能的精神活动的全体，本来不需要一个比良知更加深微的东西存在。但刘宗周要纠正王学之弊，拈出《大学》的诚意、慎独，着重“意”的有主义、归正义，其以学术挽救世道人心的用意是很明显的。

刘宗周的天人之学体现在修养工夫上即“证人”。证者，体证、证得之义；人者，合乎本天而立人的价值标准的现实存在者，“证人”两字有很强的宗教意味。刘宗周办证人书院、立《证人社约》，都是为了实现“证人”的目标。他的《人谱》与证人宗旨相呼应。《人谱》中有仿周敦颐的《太极图说》而作的《人极图说》，还有《证人要旨》，详细解说了他的证人工夫的六个主要方面。一曰“凛闲居以体独”，即日常生活中不能有丝毫放逸，以体证独体。二曰“卜动念以知几”，即审察念头之善恶以做为善去恶的格物之功。三曰“谨威仪以定命”，即注重平时容貌、辞气使其合乎礼制，以知礼成性，将天命在自己身上实现出来。四曰“敦大伦以

[1] （明）刘宗周：《刘宗周全集》第二册，浙江古籍出版社 2007 年版，第 453 页。

凝道”，即将“五伦”做得尽伦尽制，在伦常中凝定天道。五曰“备百行以考旋”，意即考察自己五伦之外的琐细行为，使之无有亏缺，践行孟子“万物皆备于我，反身而诚，乐莫大焉”（《孟子·公孙丑上》）的境界。六曰“迁善改过以作圣”，在奉行以上五者后，仍会有不善者存在，仍需改过迁善以达最后的圆满之境。这六者，由天至人，由心灵至形体，由五伦之大至百行之细，对“证人”的实际途径，做了有力设计。刘宗周接续东林学派，以纠正当时学弊为己任，并以笃实的学术与修为，践行了他提出的理想学风。

黄宗羲是刘宗周的学生，学问广博，对天文历算、经史、文学都有精深研究。所编著的《明儒学案》《宋元学案》体现了他的学术史思想。他的天人之学最为充分地体现在他的“盈天地间皆心”的命题及对“一本万殊”的强调上。黄宗羲继承刘宗周的人本天，天亦本人思想，前者主要表现在他的本体论中，后者表现在他的心性论中。但二者实际是对同一个对象不同视角的诠释。黄宗羲说：“夫在天为气者，在人为心，在天为理者，在人为性。理气如是，则心性亦如是，决无异也。”[1] 理气与心性是统一的，前者着重讲世界的物质性，天地间只有一气充周，生人生物，理是气的条理。心是高度发展了的物质，是有灵知的气，所以“心即气之灵处”。万物各个不同，共同构成实在世界，世界是流行不息的整体，具体事物在流行中成就、显现自己。这种状况就是《易传》所说的“乾道变化，各正性命”。天道是一本万殊的，黄宗羲强调的是心对一本万殊的体认与诠释。

明中期以后，理气问题在学者视界中已经处于次要地位，因为它的各个方面已经被宋元学者讨论烂熟，没有多少继续发挥的空间。在三教并

[1] （清）黄宗羲：《文庄罗整菴先生钦顺》，《明儒学案》，中华书局 1985 年版，第 1109 页。

行，特别是佛教心性学大为深入，学界以空灵、玄妙为高，争言创获、务为新奇的风习下，士人更多注目的是心性论。心性不是实证的、逻辑的，而是艺术的、诠释的。黄宗羲是这一风习的倡导者、实践者，他一反中年的《孟子师说》以气为重点的视角，大讲心的决定作用。在晚年《明儒学案》的两个序言中，都以心为中心。其定本曰："盈天地皆心也，人与天地万物为一体，故穷天地万物之理，即在吾心之中。后之学者，错会前贤之意，以为此理悬空于天地万物之间，吾从而穷之，不几于义外乎？此处一差，则万殊不能归一。夫苟工夫著到，不离此心，则万殊总为一致。学术之不同，正以见道体之无尽也。"[1] 人与天地万物为一体，指万物是经过人觉解、诠释过的万物，故在吾心之中，不在天地间。与人无关的本然之理是无意义的。万物一体之心即理之总体，是"一本"；思想家用工夫去理解、解释这个一本，所得各个不同，是"分殊"。各个不同的理解的汇集、融贯，即"万殊一本"；万物一体被诠释为各个不同的思想系统，即"一本万殊"。黄宗羲认为，学问应是一本万殊、异中有同的。一本者，中国文化的核心价值、根本理念、精神基础，也即宇宙本体的道、太极。万殊者，此核心价值、根本理念在不同思想系统中的表现。如果没有一本，则离经叛道，堕入无价值的戏论；如果没有万殊，则众口一词、弥望一色，失去学术本身的价值。黄宗羲这里特别强调一本万殊中的"万殊"，这是他编著《明儒学案》的用意所在。在他看来，明朝事功与文章未必能胜前代，但儒学理论之多样，研究之深广，则度越前代。明代思想家，讲学宗旨各个不同，尤其阳明门下，对阳明思想各有发挥，在良知的有无、动静、中和、体用、本体工夫、先天后天方面，有深入阐发，"牛毛茧丝，无不剖析"，皆对一本有所发明。黄宗羲强调学术自由，强调各竭心力进

[1] （清）黄宗羲：《明儒学案序》，《明儒学案》，中华书局 1985 年版，第 7 页。

行理论创造，反对因袭、守旧，无有开发："凡倚门傍户，依样葫芦者，非流俗之士，则经生之业也。此编（指《明儒学案》）所列，有一偏之见，有相反之论，学者于其不同处，正宜著眼理会，所谓一本而万殊也。以水济水，岂是学问！"[1]这与他在政治上反对皇权专制，主张君臣协力共治天下是一致的。

三、方以智、王夫之

明清之际另一个杰特人物是方以智，方以智出身于安徽桐城学术世家，继承了重实证考据、门径宽阔的家学风格，对天文、乐律、文字声韵、书画、医药等皆有精深研究，也大量阅读当时传教士译著的西学书籍。明亡后出家，以易学为根底，对儒释道三教进行了深入阐发。他的思想，以《周易》、庄子、佛教为基础，三者烹炮于一鼎。他最重要的哲学著作《东西均》，是他天人之学的集中体现。此书架构之广大谨严，行文之恢诡谲怪，随说随扫，不落一地，都显示出其所受庄子、佛教的影响。方以智早年不喜性理之学，而好究天地之奥秘。他认为天地的本原是太极，太极即体即用，即一即多，即物质即精神，可用儒释道多种概念去描述，如太一、太无、妙有、虚满、实父、混成、玄同、天、命、心等。太极的物质构成元素是火，这也不同于传统上所说的气。作为天地法则的太极则可用一、二、三来表征。"二"者，互相对待、相反相成的事物，如昼夜、男女、生死、刚柔、清浊、虚实、明暗、有无等。"一"者，对立面的统一。天下事物没有无对待者，也没有互相对立不统一者。既对立又统一，既一分为二又合二而一，这是事物的通则。"三"指事物对立统一

[1]（清）黄宗羲：《明儒学案发凡》，《明儒学案》，中华书局 1985 年版，第 18 页。

的两个层次：两个具体事物的对立是一个层次，如上举昼对夜、男对女等；另一个层次是作为本体的太极与两个相互对待的具体事物的对待关系。太极是产生、主宰、统御、泯没具体事物的。这种模式他称之为“圆∴（音伊）三点”，上一点指太极，指本体，下两点指互相对待的具体事物。他说：“有天地对待之天，有不可对待之天；有阴阳对待之阳，有不落阴阳之阳；有善恶对待之善，有不落善恶之善，故曰：真天统天地，真阳统阴阳，真一统万一，太无统有无，至善统善恶。……无对待在对待中，然不可不亲见此无对待者也。”（《东西均·反因》）因为此“无对待者”是一切有对待者存在的根据和原因，故又称“所以”。因为太极所对者为四方八面，道体又是旋转、流动的，所以代表有对待的万物的下二点可以旋转，构成代表太极的上一点与四方的下二点的对待关系，此谓“中五四破”。“中五四破”更能形象地表现形上的、不动的太极与形下的、流动的万物的关系。这是方以智的天人之学的基本法则。方以智的这一法则受佛教华严宗的“理事无碍”、天台宗的“一心三观”的影响很大。它较《周易》的“一阴一阳之谓道”奠定的无物无对说更前进了一步：不仅物与物相对，物也与太极相对；事物不仅有形而下者的对待，也有与形而上者的相对。张载的“一物两体，一故神，两故化”对事物既对立又统一的刻画已经相当深刻了，但只说到形而下者本身，没有说到具体事物与太极、形而下与形而上的对待关系。以上是方以智吸收域外文化的精华，在对“质测”与“通几”关系的深入思考之上而有的成果。他所谓“质测”，即对具体事物的实证量度，“通几”即知道事物的哲学道理。方以智认为质测即藏通几，即实证的数量关系中即体现哲学原理。他的思想在前人的基础上进了一步。

在这一法则下方以智制定了一组刻画事物存在和运动的概念：随、泯、统。“随”者，正题，即就具体事物的彰显、呈现着眼。“泯”者，反

理小识·占候类》）万物莫不表现为时空中的具体存在，时空可析为更小的单位，万物则可表现为更具体的征象。不拘泥于事物的固定类别，从不同的时空点观察事物，才能见事物的真实、全面状态。

方以智最后强调的是心的不同观法会得到不同结果，最高的观法是一法不立，即一切认识事物的方法都是心造的，都是工具性的、权宜性的，没有永恒的、本然的、不变的事物。要以心的透悟决破一切人造的工具，返归空无一物、"白茫茫大地真干净"的本来面目。这里方以智是用佛教的三谛圆融归于真谛来作他的思想归结。他的"东西均"，先以均为陶铸一切的工具，而最后归于空均、无均；唯其空、无，所以全、真。方以智以佛教的打翻三谛、一法不立为最后的真实。方以智不是道学家，而是哲学家，他突破了儒学的泛道德论特点，而以探究天地万物存在和运动的法则为归。他的思想充满了哲学的瑰丽，但也充满了国破家亡之后的悲凉感、幻灭感。方以智的思想是明清之际有着强烈文化创造意识但又因国变而悲壮、苦闷的志士心态的反映。

明清之际又一个哲学大师是王夫之。在明亡的刺激下，王夫之有总结明亡教训，为未来中国文化建立正大、健实的思想基础的强烈愿望。他经学理学并重，以理学范导经学，以凸显儒家文化的价值观念和道德理想，避免纯经学的浩繁琐细使价值理念泯没不见；以经学体现理学，以实现中国文化广大深邃、体用合一的本来面目，避免纯理学的单薄狭窄、悬空说理而丢弃知识传统。他在数十年战乱不断、躲避兵燹的流离生活中，以"六经责我开生面，七尺从天乞活埋"的雄心壮志，发愤著书。所著包罗广泛，经学、理学、史学、文学、文字学、文献考证等皆在其中，共五十余种，是朱熹之后著作最为宏富的思想家。他的哲学，以《周易》"一阴一阳之谓道"为基础，以天人不二、体用一如为法则，理论深刻，体系一贯，文字沉雄，是中国哲学最后的高峰。他与方以智哲学方向不同，方以智论究的是宇宙法则、万物原理，而王夫之则有强烈的价值关怀和道德指向，充满了诠释精神。他的诠释，又建基于翔实的文献考据之上，反对凿空说理。他的思想是中国传统哲学的代表。

王夫之首先用《周易》来阐发他的思想。在他眼里，易学是典型的天人之学，他说："夫《易》，天人之合用也。天成乎天，地成乎地，人成乎人，不相易者也。天之所以天，地之所以地，人之所以人，不相离者也。易之则无体，离之则无用。用此以为体，体此以为用。所以然者，彻乎天地与人，惟此而已矣。故《易》显其用焉。"[1] 首先，《易》天人合用。《周易》每卦六爻，代表天、地、人，天地人源于一个共同的本体——易，此为由体而用。而天地人又构成了易之本体，天地人是一个整体，彼此不能相离。这里蕴含的思想是，人的职责是参赞天地之化育，天地离开了人的活动，只是洪荒草昧，非现实世界；人离开了天地万物，只是未脱离动物性的兽类，只有在与万物的交通中，才成就了人的全部丰富性，才获得了不同于兽类的"人"的特性。另一点是，人是天地的模拟者、解释者，《周易》就是"人更四圣，世历三古"，在漫长的历史演进中创造而成的智慧结晶。对天地人见解不同，对《周易》的解释就不同。只有在天地人三者的统一中才能实现体用一如，模拟天地人的《周易》也只有在对卦爻的整体解释中才能展现其作用。

万物的本原即"太极"，太极即存在和运动着的万物总体及其法则。太极与具体事物是体用关系，作为体的太极不是佛道的虚无，所以"体用胥有而相需以实"[2]。太极与万物不是宇宙论上的发生学关系，不是"易有

[1] （清）王夫之：《周易外传》，《船山全书》第一册，岳麓书社 2011 年版，第 983 页。

[2] （清）王夫之：《周易外传》，《船山全书》第一册，岳麓书社 2011 年版，第 861 页。

太极，是生两仪，两仪生四象，四象生八卦”，而是本体论的一多关系，太极与万物同时而有，一多互含，所以“太极有于《易》以有《易》”[1]。太极也即“道”，王夫之对道与物的关系有深刻描述：“道，体乎物之中以生天下之用者也。物生而有象，象成而有数，数资乎动以起用而有行，行而有得于道而有德。因数以推象，象自然者也，道自然而弗藉于人。乘利用以观德，德不容已者也，致其不容已而人可相道。道弗藉人，则物与人俱生以俟天之流行，而人废道；人相道，则择阴阳之粹以审天地之经，而《易》统天。”[2]道与物是体用关系，道是一般，物是个别。个体物的总汇就是道。这里暗含的是，具体事物皆在道的网络中运动，无孤立的、不与他物发生作用的事物。道非无用之预设，它规定了物的互相联系、互相影响的性质。但王夫之着重点在具体事物。具体事物都有形象，物的形象可以用时空中的数量去刻画，物因数量之不同而与其他事物相区别。数量资借事物内蕴的运动潜能而发生现实运动，事物在运动中获得宇宙普遍法则并展现出来，表现为自己的性质。由数量上推而得形象，由形象上推而至万物的根源——道。道是自然的、本然的，不因人而有，人对自然法则也不能有所增损，此谓“人废道”；但人可以通过观察、思考，掌握事物的规律，从而对道之总体发生裁成辅相的作用，此谓“人相道”。王夫之对“人废道”与“人相道”的关系论述是深刻的、精彩的。

王夫之哲学中另一精彩之处是他的“乾坤并建”思想。王夫之尝说：“大哉《周易》乎！《乾》《坤》并建以为大始，以为永成，以统六子，

[1] （清）王夫之：《周易外传》，《船山全书》第一册，岳麓书社 2011 年版，第 1025 页。

[2] （清）王夫之：《周易外传》，《船山全书》第一册，岳麓书社 2011 年版，第 821 页。

以函五十六卦之变，道大而功高，德盛而与众，故未有盛于《周易》者也。”[1] 这是说，《周易》之大、之盛，全在“乾坤并建”。乾代表天，坤代表地，乾坤并建要表达的是，天地是一切存在中首出的、根本性的，其他卦是乾坤生出的，不能与它并列。天地是本体，不是现象；是总体，不是个体。王夫之认为，以乾坤并建为特色的《周易》因此夺《连山》《归藏》之席而为卜筮之宗。《连山》为夏代之易，其首卦为艮，艮者，止也。《连山》所倡导的艮止之道突出了去除私情、摒弃物欲这一点，合于夏朝自苦为极、克己奉公这一点。但其流弊是苛苦过甚，不近人情，过于俭啬而损害人的正常生活，故为墨家所托。《归藏》为商朝之易，商朝要对夏朝拨乱反正，在人心晦暗时代倡导施予光明，在自苦刻薄的生活常态下倡导欲望的满足，但引发了某些有力量者的膨胀，以至大国欺侮小国，强国欺侮弱国，霸道横行，破坏了公平正义原则。周朝应运而生，周道尚纯，所谓纯，即《诗经·大雅》“维天之命，於穆不已；文王之德之纯，纯亦不已”之“纯”，即将纯全之天道体于自身，以人配天。天者乾坤并建之天，体之于身，则健顺不已。王夫之表彰《周易》，就是彰显乾坤并建代表的精神。

王夫之对乾坤并建发挥甚多，最重要的有三点。其一，崇德广业。天代表生机，其功能在给予万物以产生和发展的内在本性；地代表物质，其功能在给予万物以物质实体。天主宰万物之生，地与天配合，辅助万物以成。天的作用是知，即主宰方面；地的作用是能，即物质方面。天显示为“德”，即性质方面；地显示为“业”，即性质的实现与展开。知能相辅，德业相成，人的作用在将德、业两者统一、体现于自身。德者，人效法天之刚健不已，自强不息，成就君子之德；业者，人效法地之柔顺笃实，厚

[1] （清）王夫之：《周易外传》，《船山全书》第一册，岳麓书社 2011 年版，第 989 页。

德载物，成就君子之事业。而只有崇德才能广业，两者相辅相成，实现“知及仁守”，仁智双彰。这一点，是对阴阳合德、统而一之的效法与落实，它是王夫之天人之学的基础，是他一切理论的出发点。

其二，批评象数学。王夫之解《易》，主要走义理一路，但不废象数，以象数为义理的辅助。因为《易》本卜筮之书，象数是《周易》自然包含的。而象数学专研象数，废弃义理，抛弃了崇德广业、极深研几的易学正道。后世所谓象数，纯为干支的机械排列与操弄，是浮智小慧者卖弄智巧、获取利益的工具。故他对汉代京房、郑玄、虞翻，晋代郭璞、关朗，唐之李鼎祚，宋之邵雍等，皆有批评，甚至对素所服膺的朱熹，也因其《周易本义》着重象数而有批评。王夫之对邵雍图书易学的批评最能见出此意：“邵子之图，如织如绘，如饤如砌，以意计揣度，域大化于规圆矩方之中。尝试博览于天地之间，何者而相肖也？且君子之有作也，以显天道，即以昭人道，使崇德而广业焉。如邵子之图，一切皆自然排比，乘除增减，不可推移，则亦何用勤勤于德业为耶？疏节阔目，一览而尽，天地之设施，圣人之所不敢言，而言之如数家珍，此术数家举万事万理而归之前定，使人无惧而听其自始自终之术也。将无为偷安而不知命者之劝耶？”[1] 这是说象数学有天道而无人道，只讲得失，不讲是非；排甲子死数而无崇德广业，有数量之机械演算而无人文之推证衍展。它带来的负面影响，是使人一切归之前定，放弃改变现状的努力，一切在祸福上着眼而不管是非之邪正，因而是不了解儒家性命之理的邪说。

其三，批评佛道。王夫之总结明亡教训，认为有明一代士人受佛道二教浸染太深，其结果一是放弃人格修养，二是虚静太过，刚健不足。王夫之在著作中多处批评佛教道教，如在《周易外传·无妄》中，认为儒家倡

[1] （清）王夫之：《周易内传》，《船山全书》第一册，岳麓书社 2011 年版，第 668—669 页。

导的格致诚正、修齐治平的入世生活是最真实、最自然的，因为它是人从茫昧进化到文明的必然结果。以此为妄，别求真实，则陷入真正的虚妄。他批评佛教："索真不得，据妄为宗，妄无可依，别求真主。故彼为之说曰：'非因非缘，非和非合，非自非然，如梦如幻，如石女儿，如龟毛兔角；捏目成花，闻梅生液；而真人无位，浮寄肉团，三寸离钩，金鳞别觅。'率其所见，以真为妄，以妄为真。故其至也：厌弃此身，以拣净垢；有之既妄，趣死为乐；生之既妄，灭伦为净。何怪其裂天彝而毁人纪哉！"[1]意思是，佛教为了寻求出世解脱，把世间一切看成空，为了论证"空"，造出许多理论，其中最基本的就是万法因缘和合为假有，其本性为空，故须打破人世间的既成条规，包括社会秩序、伦理道德，甚至身体、生死等，一切视为虚妄而鄙弃之。王夫之又批评道家说："若夫以有为迹，以无为常，背阴抱阳，中虚成实，斥真不仁，游妄自得，故抑为之说曰：'吾有大患，为吾有身；反以为用，弱以为动，糠秕仁义，刍狗万物。'究其所归，以得为妄，以丧为真，器外求道，性外求命，阳不任化，阴不任凝。故其至也，绝弃圣智，颠倒生死；以有为妄，斗衡可折；以生为妄，哀乐俱舍。又何怪其规避昼夜之常，以冀长生之陋说哉！"[2]这里对道家的批评涉及其本体论、方法论、政治观、伦理观、身体观、生死观等。中心是其以有为妄，以无为常，鄙弃身体，破除世间一切伦理规范，追求虚静的本体，抛弃普通生活，追求长生等虚妄的东西。王夫之对佛道的批评，着重在其视真实的现世生活为虚妄，以虚妄的出世为真这个方面。他以刚健尚动的天德、人道为归结："是故圣人尽人道而合天德。合天德者，

[1] （清）王夫之：《周易外传》，《船山全书》第一册，岳麓书社 2011 年版，第 886 页。

[2] （清）王夫之：《周易外传》，《船山全书》第一册，岳麓书社 2011 年版，第 886 页。

健以存生之理；尽人道者，动以顺生之几。百年一心，战战栗栗，践其真而未逮，又何敢以此为妄而轻试之药也哉！故曰：‘先王以茂对时，育万物’，盖言生而有也。”[1] 这里的天德人道，即《周易》的“天行健，君子以自强不息”“地势坤，君子以厚德载物”。合天德，就是以健动不息、厚德载物的天地之道为效法对象，将人之所以为人者充量发展，使生命活动极尽其光彩，从精神到肉体，都展现其辉煌。这也就是他后来重点发挥的“践形”学说。尽人道者，尊重生命，珍视生命，按照发于人性的真实情感去活动，保持这样的态度，终生无违。这也就是《中庸》的“率性之谓道”。合天德，尽人道，“以茂对时”，就是王夫之认为应该采取的人生态度和生活之道。

对《震》卦的阐发也展现了这一点，他特别提揭的是《震》卦震动人心，使之醒觉奋励，免于荒怠退缩之意。王夫之对明朝末期士人物欲充塞、偷惰沉沦、晦否闭塞、不能奋发的现状心怀殷忧，主张有大震动、大刺激、大醒觉，然后心有主宰，历万变而常定。他的理想是既有震动、奋励之心，又重视物理、民事，两者相得益彰。理有心的震动而被激活，心有理的镇抚而避免狂荡。王夫之向往的是孟子知言养气得到的心有常主、心有大勇、屹立不动的大丈夫精神，认为这是此时纾国难、扶倾圮、定人心、振纲常、重建中华文化的当务之急。

王夫之对佛道二教用过工夫，深知其长短优劣所在。他也注释过《老子》《庄子》和佛教法相宗，但他注释佛老是为了深入其中，吸取其有用的养分，入室操戈更加有力。他在《老子衍》自序中申明此意说：“入其

[1]（清）王夫之：《周易外传》，《船山全书》第一册，岳麓书社 2011 年版，第 890 页。

垒，袭其辎，暴其恃，而见其瑕矣，见其瑕而后道可使复也。”[1] 这里包含的精义是，每一个有影响的哲学体系，都是道的组成部分。即使其中的错误，也是激发正确思想观念产生的参照物。道就是在不同哲学体系的相互影响、相互激发、相互攻驳问难中不断走向完满的历程。这又与庄子的“参万岁而一成纯”一致。“参万岁”是说，在人类思想历程中各构成部分是相参相入的；“一成纯”是说，在这种相参相入、激荡启发的过程中，各局部真理提炼、纯化、融合为一个统一的理想价值。王夫之的“见其瑕而后道可使复”正是这一思想的发挥。

从以上阐述可以看出，乾坤并建是王夫之哲学思想的基本点，是他构建理论大厦、判定思想正误的根据，虽主要是易学观念，但也是他天人合德、健顺相配的本体论的鲜明体现。

四、颜元、戴震

清朝建立之后，出于钳制、震慑汉族知识分子的需要，大兴文字狱，以义理阐发为主的思想学派遭到遏制，特别是其中的陆王学。清朝沿用科举取士，以程朱学为唯一正学，排斥其他思想。另外由于中国学术内部由虚返实、由宋学返汉学成为主要思潮，乾嘉朴学大盛，知识分子主要从事考证、训诂、声韵、辑佚、版本目录等文献整理工作，义理阐发居于非主流地位。清朝近三百年间没有出现过像王夫之这样融贯天人、合经学理学为一、将鲜明的价值理念体现在充沛的知识活动中的哲学大师。整个清代与哲学思想有关的一是颜元、李塨的实学思潮，一是戴震对治学方法论的讨论。

[1] （清）王夫之：《老子衍》，《船山全书》第十三册，岳麓书社 2011 年版，第 15 页。

颜元反对汉代人的皓首穷经，也反对宋明思想家的天人性命之学，认为“周公之六德、六行、六艺，孔子之四教，正学也；静坐读书，乃程、朱、陆、王为禅学、俗学所浸淫，非正务也”[1]。在他看来，明朝之亡，亡于士大夫不究实学，而从事于佛道的虚无寂灭之学。理学家以主敬致知为宗旨，以静坐读书为工夫，以讲论天人性命为学问，以注释经典、纂集史书为事业，离开了传统儒学的实事实学，所以宋明理学“集汉晋释老无用之学之大成”。必须彻底摒弃宋明理学，才能返回正大无偏的孔孟儒学，所以他倡导“习行格物”。而所格之物须是礼乐兵农、水利钱谷等关乎国计民生的实事。他甚至提出极端之论：“读书愈多愈惑，审事机愈无识，办经济愈无力。试历观宋明已事，可为痛哭。”“千余年来率天下入故纸堆中，耗尽身心气力，做弱人、病人、无用人者，皆晦庵为之。”[2] 颜元之学有强烈的功利主义色彩，反对形上学，摒弃天道性命之学对人生的指导意义，他认为最高价值在实用功利，所以将董仲舒的“正其义不谋其利，明其道不计其功”斥为“以美言掩饰空疏无用之学”。颜元是典型的实用主义者，他和弟子李塨，是中国实用文化的著名代表。

戴震是清代考据学大师，皖派的代表人物，精于天文历算、声韵训诂之学。《四库全书》天文、数学类著作的提要，多出自他的手笔。他不满足于做汉学的纯技术性工作，而要做一个思想家。他花数年之力著成的《孟子字义疏证》是这方面的代表作，他曾自言：“仆生平论述最大者，为《孟子字义疏证》一书，此正人心之要。今人无论正邪，尽以意见误名之曰

[1] （清）李塨：《颜习斋先生年谱》，载《颜元集》，中华书局 1987 年版，第 726 页。

[2] （清）颜元：《朱子语类评》，《颜元集》，中华书局 1987 年版，第 251—252 页。

‘理’，而祸斯民，故《疏证》不得不作。”[1] 纠正当世学术弊端的意图十分明显。此书所用方法即通过字义溯源、名物制度考证把握真实思想。这一方法戴震自觉甚早，他曾有《与段若膺论理书》曰：“仆自十七岁时，有志闻道，谓非求之六经、孔孟不得，非从事于字义、制度、名物，无由以通其语言。宋儒讥训诂之学，轻语言文字，是欲渡江而弃舟楫，欲登高而无阶梯也。为之卅余年，灼然知古今治乱之源在是。”[2] 他把这一治学方法用于整理古书，得出由字、词以通道的基本方法：“经之至者道也，所以明道者其词也，所以成词者字也。由字以通其词，由词以通其道，必有渐。”[3]

戴震不同于以惠栋为代表的吴派。吴派认为凡汉皆好，凡古皆是，在文字训诂上，墨守汉代经师家法，创新较少。戴震除对具体名物制度的考证解释之外，还有对形上学的追求，但所用的方法是“以汉学治宋学”。如《孟子字义疏证》，选择《孟子》的八个重要名词理、天道、性、才、道、仁义礼智、诚、权，广征博引，为之解说。在戴震看来，这些名词是理学的基本概念，这些概念搞清楚了，理学便梗概已明、大体已具。他所用的方法是考寻这些名词的本义，以原典为根据来证实。每个名词先有自己所下的定义，然后有《孟子》书中对此名词的说明，及先秦古书中的相关论说，他再自设问答，展开讨论，以说明此名词的真实意思，批评后代学者特别是程朱理学对此字义的错误理解。他认为，把原书字义搞清楚了，有关这些字的句子的意思就清楚了；这些句子的意思清楚了，义理就自然呈现出来。而义理的呈现就是道的呈现，因为道就体现在这些文句所

[1] （清）戴震：《与段若膺书》，《孟子字义疏证》，中华书局 1961 年版，第 186 页。

[2] （清）戴震：《与段若膺论理书》，《孟子字义疏证》，中华书局 1961 年版，第 184 页。

[3] （清）戴震：《与是仲明论学书》，《戴震文集》，中华书局 1980 年版，第 140 页。

表现的义理中，非离此而别有所谓道。这就是他的“由文字以通乎语言，由语言以通乎古圣贤之心志，譬之适堂坛之必循其阶，而不可以躐等”[1]的方法论原则。

戴震在乾嘉学风浓重的时代，意欲突破专意于考据而不追求道的偏狭，无疑是正确的，合乎中国文化主流的，这是他在现代研究者眼中有崇高地位的原因之一。但他欲通过考究字词原义以明道的方法却有偏颇，理由有三：

其一，哲学概念的含义是不断发展的，不同哲学家给予同一概念的含义是不同的，中国哲学尤其如此。考明一个概念的原义只是掌握了这个概念本来的意思，却不能用此去否定后来思想家从原义中引申出的有意义、有价值的后起义。如以戴震最为重视的“理”来说，他用大量考据说明，理的意思是事物据之以互相区别的纹理、条理。他根据的文献是《孟子》《周易》《中庸》《乐记》《说文解字》，但不能据此否定朱熹对理的基本定义——“所以然之故”“所当然之则”。“所以然之故”使人深入考察事物的根据、成因，使对事物的认识更加全面、深刻，更有科学精神，甚至可以引申到柏拉图的“理念”。“所当然之则”有突破偶然的、暂时的、变化的表面现象讨究其长久的、恒定的法则、本质、规律之意，同时有通过人的创造性解释把自然法则和道德法则连通起来，觉解人生的道理这一面。朱熹的引申较只说到纹理、条理，思想容量要大得多。又如“性”，戴震专从气上说，故对性的定义是：“性者，分于阴阳五行以为血气心知，品物区以别焉。”[2]但人性论的发展正在于突破自然人性论而进到社会文化所塑造的人性论，从气上说性已不如宋学将天、道、性、命融为一体对性阐

[1]（清）戴震：《古经解钩沈序》，《戴震文集》，中华书局1980年版，第146页。

[2]（清）戴震：《孟子字义疏证》，中华书局1961年版，第25页。

发得更深刻、全面。仅举以上二例，以见一斑。

其二，对具体字义的认识必须在对思想总体认识的基础上才能理解得更加准确，即由森林以观树木，才能见其真实面目。而戴震反之，他是列举一个字在不同典籍中的用法，来确定它的一般意思。但用不同典籍对同一概念作证明，其有效性是不能保证的。如“性”字条，据以为证的有《论语》的“性相近”、《周易》的“成之者性也”、《中庸》的“天命之谓性”、《大戴礼记》的“分于道谓之命，形于一谓之性”，这几种典籍中所谓“性”并非同一个意思，是否能证成《孟子》中的“性”的真正意思，仍是有疑问的。

其三，中国哲学其文化类型是真善美合一的，故重视形而上的“道”，这个道是合存在、知识、价值为一的，须通过体悟的方法去接近它，体悟道的方式是诗的、象征的、比喻的。戴震最后的目标是“通道”，所用的方法是逻辑的、推证的、单纯求真的。用这种方法得到的是道的实证表现，不是道本身。用这种方法通道，真所谓缘木求鱼，所以他始终没有描绘出他所通的道的具体内容。他欲突出逻辑的、实证的思想方法，这对逻辑学、知识论不发达的中国哲学是有价值的，但据此否定其他思维方法、其他哲学形态，则是偏颇的。与他同时的章学诚关于修撰方志应首重地理沿革之事实铺叙还是文献掌故之历史累积与他发生的争论[1]，意即在乾嘉学风风靡一世的局面下为文史争一席之地。这也从一个侧面反映出戴震的方法与目标的矛盾。

[1] 参见（清）章学诚著，叶瑛校注：《记与戴东原论修志》，《文史通义校注》，中华书局 1985 年版，第 869 页。

第三章　形上学

第一节　形上学、“本体”论

哲学是对包括人在内的万物之存在及其根据的理论探讨，它本质上是反思的、论证的、阐释的，形上学是它的基本内容。何谓形上学？形上学是英文 metaphysics 的译名，本意为“物理学后诸篇”。亚里士多德去世后，他的著作的编辑者将他关于“第一哲学”的一组论文放在关于物理学的著作之后，故有此名。这组论文主要讨论的是三个方面：一是关于“是之所以为是的科学”[1]，指对事物的存在及其性质、根据、关系等的探讨。二是关于“最高种类的是”，指对统一神的探究。三是关于“第一原理”，即事物的根本原理、一切论证和推理的基础如矛盾律等的探究。后世对这三者冠以本体论、神学和“普遍科学”之名。这三类内容都是思想的、理智的产物，不是经验所能把捉的。但它们又是最重要、最基础的，是一切学问的起点。日本哲学家井上哲次郎根据《周易》的“形而上者谓之道，形而下者谓之器”，将 metaphysics 译为“形而上学”，此后逐渐通用。

形上学最基本的内容是“是之所以为是”，但这是一句颇费分疏的话。“是”的基本意思是具体事物的存在及其性质。但有性质、可以思议的，并不限于物质性存在，抽象的、非物质的表象也属于“是”的范围。也就

[1]　英文 being，有的译为“是”，有的译为“有”，有的译为“在”，有的译为“存在”，有的译为“实存”。本书用“是”，有时根据上下文用“存在”。

是说，举凡可以定义、可以思想、有确定性质、可以言说的，都是“是”。这种对“是”的定义及据此对“是之所以为是”的推论、阐说，对西方哲学的思维方法来说有极大意义，因为它把关注重点引到决定此事物的本质上，对象的实存（existence）与否是次要的。减弱甚至剔除了物质性，存在呈现给人的是它的概念；以概念为对象的思维方式轻易地走向了本质主义。本质主义的思想方法是空灵的、逻辑的、推证的，不是物质的、现象的、感觉的。

西方哲学史探讨“是之所以为是”最早是以探讨构成事物的物质始基开始的。而被归为始基的，有水、火、气、无限、原子等。早期的西方哲学家朴素地认为，实存的万物，必定有物质性的东西作为支撑，万物可以归结为一种终极实在。寻求统一的终极实在的活动，已经为“抽象”做好了准备。在寻求物质始基的历史中，哲学家们发现，具体的东西如水、火、气等不能作为统一的基元，各种基元的共同性质是“存在”，巴门尼德是第一个将“存在”命名为“一”并提出其性质的人。“一”无开端，也无生灭，是完全的、不动的、无止境地连续的。这个“一”是理性思维的结果，它和感性经验完全不同。巴门尼德说：“别让习惯用经验的力量把你逼上这条路，只是以茫然的眼睛、轰鸣的耳朵或舌头为准绳，而要用你的理智来解决纷争的辩论。”[1] 这样，在巴门尼德的哲学中，经验世界的丰富性、异质性、动态存在性都被剔除了，剩下的是整全的、同质的、连续的“本体”，对它的把握只能是思想。本体论由此大大凸显了，作为统一的、剔除了现象的多样性的“一”所代表的本质主义思维方法逐渐成了西方哲学的核心。

柏拉图沿此波而下，他的“理念”（idea）学说是顺理成章的。不过

[1] 北京大学哲学系外国哲学史教研室编译：《西方哲学原著选读》上卷，商务印书馆 1981 年版，第 31 页。

理念虽是众多现象分而有之的本体，但它不是一，而是多；不是匀质的，而是有层级的。巴门尼德的不动不变的“一”无法说明现象的多样性、异质性，柏拉图此说即所以纠正此偏。但柏拉图的理念与现象是两个世界：理念世界是本质的、恒定的，现象世界是变动的、虚幻的。这虽然大大加深了本质主义传统，以至于怀特海得出这样的结论——西方两千多年的哲学史都是柏拉图的注脚，但引发了忠于常识的人，如亚里士多德，起而纠正此偏。他摒弃了柏拉图两个世界之分，以实存事物的共相、本质代替柏拉图的理念，以活生生的具体事物构成的现实世界取代柏拉图的彼岸的、静止的理念世界。但亚里士多德出于对现象的“所以然”的热衷，其理论最终结果仍是注目于普遍本质本身，认为不是“个体”，而是它们的“共相”才是真正的实在。共相与个体哪个更根本、更基础这一问题，引发了“唯名论”与“唯实论”的分歧。经院哲学将本质与现象的两分定型化，并用最高的本质指称上帝。“最高本质”这一假设在神学和科学中都指绝对存在，而神学对绝对存在的依从方式，起于信仰，科学则起于理性，两者分属不同领域，可以并行不悖，故虽在宗教最为兴盛的中世纪，本质主义的传统仍是延续不绝的。

本质是一事物之所以为此事物的决定者，现象的杂多、变化不定在本质的纯一、确定性面前可以忽略，只有本质是核心，是基础，是存在的必要条件。本体论的方法只能是演绎法，其基本原则是不矛盾律，这一思想在德国近代哲学家沃尔夫这里确立为“ontology”的最终定型。但在经验论者休谟看来，传统形上学关于实体的判断，既不属于分析判断，也不属于综合判断，只是一些“诡辩和幻想”。休谟提出的因果律的实在性问题，成为此后形上学的重要内容，深深印在西方哲学发展史上。休谟的以上质疑把康德“从独断的沉睡中唤醒”。康德欲建立“先天综合判断”，使经验知识也具有普遍必然性。因此他既不同意巴克莱的“存在就是被感知”这一命题对物质实在的抛弃，也不同意笛卡儿的“我思故我在”借思想建立实在。在康德眼里，事物的存在是自明的。但康德认为能被我们认识的只是经过自己的“感性的纯形式”和“知性的纯范畴”整理过的“现象”，“物自体”是我们的知性能力永远达不到的彼岸世界。作为本体的“绝对”不是在感觉中给予的，范畴也不能表达绝对。所谓本体论实际上研究的是事物的普遍性质及物质性存在与精神性存在的区别。在纯粹理性中无法实现的，康德交给实践理性。实践理性有三大公设：灵魂不灭、意志自由、上帝存在。认识无条件的事物只能经由理性。这样，康德把存在论变成了认识论。康德之后，形上学的对象扩大到了人的精神领域，这为现代哲学中形上学的内容奠定了基础。

康德提出的问题经由费希特、谢林，到黑格尔得到了解决。既有普遍必然性又符合经验的实在性这样的真正实体，只有流动的、经矛盾冲突而和解、螺旋上升至丰富性全面展开的概念体系才能刻画。黑格尔的实体是思维与存在合一的、逻辑与历史合一的、内在性质与经验性外化合一的、必然与自由合一的、抽象与具体合一的，一句话，自在而自为的。所以黑格尔在《逻辑学》论述他的最高阶段概念论时说：“概念是自由的原则，是独立存在着的实体性的力量。概念又是一个全体，这全体中的每一环节都是构成概念的一个整体，而且被设定和概念有不可分离的统一性。所以概念在它的自身同一里是自在自为地规定了的东西。”[1]黑格尔的概念体系对西方传统的本质主义是承继的，但它不停留在抽象地、主客对立地、静止地认识或呈现本质上，而是利用概念的辩证性质逻辑地转进、逐渐地彰显本体。这是一套精巧的、缜密的玄想。这一路向到此可以说叹为观止了。在此阶段，只有以实在的经验、以现代逻辑对治它的玄想逻辑才能超

[1] ［德］黑格尔：《小逻辑》，贺麟译，商务印书馆 1980 年版，第 327 页。

越它。由于科学的、实证的思维占了绝对统治地位，构成传统形上学的那些根本观念如“最高原理”“首要原因”“不动不变的一”“意志自由”“本体”等，因为它的模棱两可、无法确证而受到普遍质疑。

以反形上学为标志的实证思潮，是现代哲学的重要起点，成为20世纪上半叶西方哲学的重要内容。维特根斯坦是用分析哲学反对形上学的肇始者，他在《逻辑哲学论》中认为，绝大多数形上学问题是不能证明的，因而是没有意义的。形上学的根本错误在于“说不可说的东西”。应该把无意义的哲学命题从语言中清除出去，剩下的自然科学命题才是有价值的。后期维特根斯坦虽对前期思想有所纠正，但反对形上学是一贯的。维特根斯坦对维也纳学派的逻辑经验主义有很大影响，后者主要着眼于命题的可证实性原则，认为分析命题可由逻辑证实，综合命题可由经验证实。但形上学命题既不是分析命题，也不是综合命题，因而是不可证实的。不可证实的即是无意义的，因而必须将形上学排除在哲学之外。“拒斥形上学”是维也纳学派哲学的醒目标签。

另一个方向上对形上学有大发展的是现代德国哲学家海德格尔。海德格尔有见于现代科学思维对真正的形上学的偏离，他吸收了现象学“回到事情的本来”的直观法，创立了一套直指科学思维的“基础本体论”。他从“存在”问题入手，认为“存在”的本意是涌现、显露，即具体物的实际存在过程。古希腊哲学最早是在这个意义上使用“存在”这个概念的。而自柏拉图以后，把“存在”的活生生的状态抽象为代表本质的概念，存在成了一般、本质、范畴，认识存在不是用鲜活的直观，而是用主客二分的理性，“存在”由此变成了“存在者”。“存在”是一种状态，是众多具体存在物的关联网络，是丰富的、鲜活的、动态的，而“存在者”是一种抽离了的、孤立的、静态的知识对象，这样对存在的研究变成了对本质、范畴的研究。亚里士多德虽然把柏拉图的理念还原为现实事物的法则、规律，但研究对象仍然是本质、范畴体系。这种研究的好处是能洞察事物的本质、核心，能运用逻辑使研究结果严密、深刻，但破坏了事物原本的真实、丰富、鲜活。西方中世纪用这种方法定义上帝，确定神学的各种原则。笛卡儿又把存在简化、规约为灵魂与肉体、思维与广袤两大属性，存在愈益被遮蔽而变为存在者。在海德格尔看来，柏拉图以后是“存在被遗忘”的时代，故哲学陷入危机。他要发西方哲学几千年之覆，重新回到“存在的澄明”的原本状态。20世纪后期以来，随着政治学、伦理学等实用性质的学科逐渐受重视，随着社会批判思潮的高涨，传统形上学有回归的迹象。但由于科学思维的强大积习和功利主义在全社会的弥漫，形上学的真正复兴尚需待以时日。

从以上的简单追溯看，西方形上学最主要的是本体论。在对这一根本问题的探索中，出现了有着强烈价值意味的最高存在——上帝。另外人在反思中用以把握存在的工具如时间空间、因果、共相殊相，人在追索存在何以发生的根据中出现的灵魂、意志自由、命运等逐一出现。这些观念都不能以形而下的经验去解释，它们都作为形上学的重要方面被反复讨论。

可以看出，西方形上学最主要的是对“存在之所以为存在”的探讨。这部分内容，西方哲学归入“ontology”。这一拉丁文词语由“ontos”（意为存在物）和“ology”（意为科学分支，即“××学”）构成，即关于存在及其性质的理论，中文译为“本体论”。但中国哲学中的“本体”不同于西方哲学中的“存在”，关于“本体”的论说也不同于西方哲学的“ontology”。中国哲学中的“本体”，由两部分构成：一是“本”，指物质性或精神性事物本身的根本性、基础性；一是“体”，指确实存在的事物，它是自身功用、性质的承托者。归结起来，中国哲学的“本体”，指物质性、精神性的实体及其性质。实体既可以是单体，也可以是集合体，由此本体既可指称单个的事物，也可指称多个事物的集合。

“本体”一词如果溯其源，最初大多是“本身”的意思。“本身”既可以是精神性的，也可以是物质性的。如西汉京房在解释《艮》卦时说：“乾分三阳为长中少，至艮为少男。本体属阳，阳极则止，反生阴象。”[1]意谓乾卦由三阳爻构成，本身属阳，阳至于极则生阴。此句中的“本体”指本身，而卦乃精神性事物。唐代司马彪在解说《庄子·骈拇》时说：“性，人之本体也。骈拇、枝指、附赘、悬疣，此四者各出于形性，而非形性之正，于众人为侈耳。”[2]意谓人的身体有它的性质；骈拇、枝指是人的身体生出来的，符合身体的性质，不过是非正常的，于人为多余而已。这里的“本体”，指本来具有的性质。“性质”是抽象事物。

佛教典籍中涉及“本体”者甚多，但意义不同。如《法苑珠林》：“一切地水是我先身，一切火风是我本体。故常行放生，生生受生。”[3]佛教以地、水、火、风为“四大”，即构成万法的四种物质本原。此中前二句为互文，“先身”“本体”同义，都指构成人的物质实体。这里本体即本原，是物质性的。又如三论宗吉藏说：“般若与方便，本体是一，而随义有异，譬如金为种种物。此明权实一体，约义分二。”[4]意谓般若是智慧本身，方便是随机应用。智慧是一，权用是多；实相是一，诸法是多。如金为一味，可造成种种器物。此中“本体”已有本身、根本、作用所依持的本来之体诸义。已包含本末、一多、体用、权实、隐显诸用法，是理学关于本体的种种意蕴的先河。

理学中的本体，多指本身之意。但“本身”究竟为何，各家并不相

[1] 见卢央：《京氏易传解读》，九州出版社2004年版，第473页。

[2] （清）郭庆藩：《庄子集释》，中华书局2012年版，第312页。

[3] （唐）释道世著，周叔迦、苏晋仁校注：《法苑珠林校注》，中华书局2003年版，第1944页。

[4] （隋）吉藏：《大乘玄论》，《大正藏》第45册，第53页下—54页下。

同。如张载的“太虚无形，气之本体，其聚其散，变化之客形”（《正蒙·太和》），此中“本体”指未聚合成为万物的气本身，是物质性的。司马光有“阴阳者，易之本体，万物之所聚”[1]之说。此中“本体”指本身的内容，语本《易传》“一阴一阳之谓道，继之者善也，成之者性也”，是说易的内容即一阴一阳之道，万物都是一阴一阳之道的体现。二程以理为最根本概念，理是一事物的所以然。理是具体的，所以能说明事物的多样性。理的多样性是它的本来面目。二程以此批评张载以“清虚一大”为气之本体，认为此说无法展现事物原本的多样性。但二程不以“理”为“本体”，因为理不能派生出物质性的气。朱熹用“本体”一词较多，有时指“本身”，如《朱子语类》：“‘形而上者谓之道’一段，只是这一个道理。但即形器之本体而离乎形器，则谓之道；就形器而言，则谓之器。”[2]即理、道是与事物本身不离不杂的。有时指事物的根据，如他在解释周敦颐《太极图说》的“无极而太极”时，将太极定义为“所以动而阳、静而阴之本体”[3]。这里的“本体”是根本、根据之义。还有时指能发生具体功用的理论、法则，如《中庸》的“大哉圣人之道，洋洋乎！发育万物，峻极于天。优优大哉！礼仪三百，威仪三千。待其人而后行”一句，朱熹解释说：“圣人虽说本体如此，及做时，须事事著实。如礼乐刑政，文为制度，触处都是。”[4]意思是，圣人之道为体，礼仪三百、威仪三千等具体制度为用。这里的“本体”是总原理、道之本身之义。

到王阳明，“本体”二字所在多有。如“心之本体”“良知本体”“知

[1]（宋）司马光：《易说》卷五，清武英殿聚珍版丛书本，第 274 页。

[2]（宋）黎靖德编：《朱子语类》，王星贤点校，中华书局 1986 年版，第 1936 页。

[3]（宋）周敦颐：《周敦颐集》，陈克明点校，中华书局 1990 年版，第 1 页。

[4]（宋）黎靖德编：《朱子语类》，王星贤点校，中华书局 1986 年版，第 1584 页。

行本体”等，其中有指内容的，也有指形式、状态的，还有与工夫相对的“本体”。指内容的，如：“至善是心之本体，只是‘明明德’到‘至精至一’处便是。然亦未尝离却事物。”“知是心之本体。心自然会知：见父自然知孝，见兄自然知弟，见孺子入井自然知恻隐，此便是良知，不假外求。”（《传习录》上）这里“本体”，涉及“至善”“恻隐之心”，皆指天赋道德意识在心中的知觉。也有大量的“本体”讲的是心和良知的形式方面，即没有被私欲遮隔的本来状态，如：“有所忿懥、好乐，则不得其正。须是廓然大公，方是心之本体。”（《传习录》上）“人心本体原是明莹无滞的，原是个未发之中。”（《传习录》下）“心之本体原自不动。心之本体即是性，性即是理，性元不动，理元不动。集义是复其心之本体。”（《传习录》上）王阳明讲心、讲良知，多在两个方面着眼：至善、恻隐之心等内容，和原无一物、虚静中和的本来状态。这两个方面都是对原本的东西的分析、描述，而原本的东西即“本体”。这一义王阳明说之甚多，如“知行本体”：“此已被私欲隔断，不是知行的本体了。未有知而不行者。知而不行，只是未知。圣贤教人知行，正是要复那本体，不是着你只恁的便罢。”（《传习录》上）也有以“本质”说本体者，如：“意之本体便是知，意之所在便是物。”（《传习录》上）“意之本体便是知”指意念的本质是心理活动，以便为下句“意之所在便是物”张本，目的是以“事”转换朱熹的“物”。另有与“工夫”相对的“本体”，指原本即有的性质，作为后天工夫施加的场所，如：“‘不睹不闻’是说本体，‘戒慎恐惧’是说功夫否？先生曰：‘此处须信得本体原是不睹不闻的，亦原是戒慎恐惧的。戒慎恐惧不曾在不睹不闻上加得些子。见得真时，便谓戒慎恐惧是本体，不睹不闻是功夫亦得。’”（《传习录》下）“利根之人一悟本体，即是功夫，人己内外，一齐俱透了。其次不免有习心在，本体受蔽，故且教在意念上实落为善去恶，功夫熟后，渣滓去得尽时，本体亦明尽了。”（《传习录》

下）"'有心俱是实，无心俱是幻，是本体上说功夫。无心俱是实，有心俱是幻，是功夫上说本体。' 先生然其言。"（《传习录》下）概括以上王阳明所说，可以说，他是在四个方面用"本体"概念：本有内涵、原本样态、抽象或具体事物本身、后天工夫施加其上的先天实体。理学对本体的用法大体未超出此范围。

从以上的追溯看，"本体"两字中国哲学家所用甚多，大多指原本的、有内容、有形式、可以指称和言说的抽象或具体事物本身。各哲学家所指侧重不同，也没有对"本体"两字作论证，因而没有形成关于"本体"的理论传统。从这个意义上说，中国哲学并无"本体论"。中国现代哲学从业者的"本体论"一词，大多是在西方哲学 ontology 意义上使用的。但哲学的首要任务是对"存在"的构成、性质、状态及相互关联进行思考与阐述，作为一种古老、丰富、底蕴深厚的文化系统的理论表现，中国哲学对这些根本问题不会没有阐述，但有不同于其他文化的特点。特别是中国哲学出于天人合一的特性，天道论是形上学中最主要、最基础的内容。与西方 ontology 对应的内容，中国哲学是在天道论中阐述的。至于"最高的统一神"、因果律、意志自由、共相殊相、身心关系等，中国哲学涉及不多。于是以下三部分构成了其形上学的主要内容：（1）物质构成论——探讨万物的物质统一性及其性质，（2）宇宙演化论——探讨万物的流行及其形成历史，（3）天道意蕴论——探讨作为万物的总体的天的各种含义及其存在状态。

第二节　物质构成论

一、先秦时期的气论

中国哲学中构成万物的最小物质微粒是气，从西周伯阳父到晚清西学大规模输入，历数千年而不变。气的观念起源甚早，甲骨文、金文中已有“气”字，但作为哲学概念，起始于西周末年史官伯阳父用气解释地震的原因。《国语》记载：“伯阳父曰：周将亡矣！夫天地之气，不失其序。若过其序，民乱之也。阳伏而不能出，阴迫而不能蒸，于是有地震。今三川实震，是阳失其所而镇阴也。”（《国语·周语上》）其中提到“天地之气”，指构成万物的统一性物质基元。气分阴阳，阴阳代表两种对立的势力。这种势力的平衡即天地之序。地震是由于阳气长期被阴气所压迫而不能纾解，直到积累至阴气压迫不住而爆发，于是有地震。

《左传·昭公元年》提到“六气”，指阴、阳、风、雨、晦、明，它产生五味、五色、五声，表现为时令、节气，六气紊乱会给人带来疾病。人的情感、意志也生于六气：“民有好恶、喜怒、哀乐，生于六气。是故审则宜类，以制六志。”（《左传·昭公二十五年》）情感适中有节，才能与天地之气协调，因而身体无病。适中有节，靠礼乐规范，故礼乐对于人是不可或缺的。《左传》所说的“六气”，实际是一气的不同表现形态。气是天地万物的本原，这一思想已经很明显了。西周以来的气的观念，为中国哲学的物质构成论奠定了基调。

孔子及其创立的儒家学派，着眼点在个人道德修养及政治、伦理等人文方面，对自然探究不深，对于万物的构成基元，孔子、孟子讲得很少。孔子把万物视为自然生长的整体，注重的是它呈现的样态对人格修养的意义，所以孔子说：“天何言哉？四时行焉，百物生焉。天何言哉？”（《论语·阳货》）孟子的“浩然之气”虽也落实到物质性的气上，但它更多的是一种伦理性的心理体验。孟子说：“其为气也，至大至刚，以直养而无害，则塞于天地之间。其为气也，配义与道，无是，馁也。是集义所生者，非义袭而取之也。行有不慊于心，则馁也。”（《孟子·公孙丑上》）浩然之气的依托是气所构成的身体，但“浩然”是一种精神性体验，这种体验靠积累道义而获得精神的亢壮、充实、甚至崇高感。没有道义积累就没有这种体验，甚至一件不义之举引起的心虚、歉意或羞耻，就可使这种浩然之感荡然无存。故孟子提出“以志帅气”的修养方法：“持其志，无暴其气”，以持守正确的价值方向、专一不动的精诚状态，带动身体之气的亢壮、饱满，因此而有一往无前的勇气。孟子的浩然之气是实然的身体之气与精神性的心理体验的结合，取径于经验的、现象的内在感觉而非理论推证。他的“践形”，就是在承认身体的实在性、合理性的基础上对道德落实的全面期待。所以程颐曾发挥“践形”之说：“此言圣人尽得人道而能充其形也。盖人得天地之正气而生，与万物不同。既为人，须尽得人理，然后称其名。”[1] 孟子的浩然之气说着重点虽不在物质构成上，但对他的修养方法具有决定性意义。这一解释路向对后来儒家尤其是宋明理学影响极大。

对自然包括它的物质构成有深刻阐发的是道家。老子最明确地讲万物生成是如下一段话：“道生一，一生二，二生三，三生万物。万物负阴而抱阳，冲气以为和。”（第42章）此中“道”指虚无寥廓的宇宙，“一”指最初的混沌未分之气，“二”指包含对立两端的阴阳之气，“三”指由阴阳两端互相冲激、融合而形成的“和气”。由和气生出万物，万物由此具有产生

[1]（宋）朱熹：《四书章句集注》，中华书局2011年版，第338页。

它的气的性质：阴阳及二者的对立融合。老子这段话有多种解释，以上解释虽有过分明晰、坐实之嫌，但比其他解释更具说服力。这一解释认为，老子的物质构成基元是气，气是最小的物质微粒，它由代表宇宙本体的“道”自然生出。老子也说：“有物混成，先天地生。”（第25章）先具体事物而生的是道，道代表寥廓的宇宙，它是产生气的根源，也可以说它逻辑地包含气，所以“混成”。但混成的道中，有最初的物质基元：“道之为物，惟恍惟惚。惚兮恍兮，其中有象；恍兮惚兮，其中有物。窈兮冥兮，其中有精；其精甚真。其中有信。”（第21章）此中的“象”“物”“精”都指物质性的微粒，因其无法描述和定义，故谓“恍惚”。万物由气构成，人的身体也不例外。道的原理是“自然”，所以人的理想状态是“婴儿”，精神和肉体皆是。“专气致柔，能婴儿乎？涤除玄览，能无疵乎？”（第10章）婴儿代表精神和肉体两方面都达到最高的调和，这种状态即道家的“自然”。知此原则，精神明洁，身体协和，气服从心的调御，这是真正的强。故老子说：“知和曰常，知常曰明，益生曰祥，心使气曰强。”（第55章）特别是最后一句，明确说心能调御身体之气使它柔和，故气是构成人身体的基元。老子的物质构成论为其后道家的相关理论奠定了基础。而无论是老子还是孔子，都是中国气论传统的延续者、发扬者。

庄子在老子的基础上对物质构成论有进一步发展。庄子提出“本根”观念：“惛然若亡而存，油然不形而神，万物畜而不知，此之谓本根。可以观于天矣。”（《庄子·知北游》）本根就是构成天地万物的物质基元，因为它最根本、最基础，故谓“本根”。庄子所谓本根就是气。气由于它的恍惚不明、自然流动、无形无相、变化莫测等性质，构成万物而万物不知其为本根。气是万物的本原，万物统一于气，所以人与万物，不管贵贱高低，皆是气的不同表现。庄子说：“人之生，气之聚也；聚则为生，散则为死。……是其所美者为神奇，其所恶者为臭腐。臭腐复化为神奇，神奇复化为臭腐。故曰：‘通天下一气耳。’圣人故贵一。”（《庄子·知北游》）庄子讲的主要是人生哲学，但人生也符合万物的根本性质，所以从气讲起。对气的这种认识，主要是为了使人超脱物质的系縻，与气之本原所表现出的天地之德合一，做到“游心于淡，合气于漠，顺物自然而无容私焉”（《庄子·应帝王》）。

庄子与老子在物质构成论上指向有所不同。老子的论说重点在道，明确说到气的地方不多，且多用气来说明道的恍惚、若有若无、不能用感官把捉的性质，以彰显道的虚寂、无形无相，为他的守柔、谦下、不争的人生法则树立本体论根据。庄子的论说重点在人生，多为经验事物特别是生命的虚幻、偶然、不可执守，为他抛弃世俗荣利，独与天地精神相往来，获得洞达襟怀作说明。老子尚有较多的本体论、自然哲学意味，庄子则更多的是人生哲学，谈自然哲学是为人生哲学服务。老子是宇宙论、本体论为一的，虽然他的宇宙发生论是高度抽象的，庄子则不讲宇宙演化过程。老子讲的是柔弱胜刚强的宇宙普遍法则，庄子则完全是一套齐是非、一生死、去健羡、化贪欲，以达到“逍遥”的人生哲学。同为道家，他们的物质构成论是为各自的哲学宗旨服务的。

兴盛于战国中后期的黄老学派的物质构成论与老庄也有不同。黄老学派融合老子的道论和齐法家的法度思想，认为一切法度生于道，道是治理国家和炼养身体的统一法则。稷下黄老学的代表作《管子》四篇中关于精气的说明，集中代表了此派的物质构成论。

《管子》中的《内业》篇在中国哲学中最早提出“精气”说，认为精气是构成万物的基本材质：“凡物之精，此则为生，下生五谷，上为列星。流于天地之间，谓之鬼神；藏于胸中，谓之圣人。”精指精妙微茫之气。精妙是说它流行于一切处，自然、神妙地当机产生事物。它不可闻见，不可预知，只能以修养道术得到的洞观而获得。《管子》四篇继承了《黄帝四经》“道生法”的思想，认为精气不但是产生万物的最细微物质，也是万物的性质、法则的给予者。心的特性是喜欢宁静，不喜欢烦乱。人通过修养，使心宁静，则精气驻着于心，耳目聪明，身体强健，不受过分欲望的引诱，并能如实认识万物。所以《管子·内业》说：“形不正，德不来；中不静，心不治。正形摄德，天仁地义，则淫然而自至。神明之极，照乎知万物，中义守不忒。不以物乱官，不以官乱心，是谓中得。”《管子》中的气，比庄子有更多的伦理特性。《庄子》中的气，只是最细微的物质，它除了构成万物的形质之外，并无太多的意蕴。而精气之“精”，则有精纯、法度、神妙、健顺等性质，具有较多的伦理意味。故对精气，强调“敬守勿失，是谓成德；德成而智出，万物果得”（《管子·内业》）。精气构成万物并决定其性德，因而有自己的规律和法则。人的行为原则，在因任事物，没有私欲杂乎其中：“春秋冬夏，天之时也；山陵川谷，地之枝也；喜怒取予，人之谋也。是故圣人与时变而不化，从物而不移。能正能静，然后能定。定心在中，耳目聪明，四枝坚固，可以为精舍。”（《管子·内业》）《管子》吸收了老子的“涤除玄览”，庄子的“虚室生白”，强调心的宁静；心宁静则精气自驻，精气构成的事物自然合其仪度：“敬除其舍，精将自来。精想思之，宁念治之。严容畏敬，精将至定。得之而勿舍，耳目不淫，心无他图。正心在中，万物得度。”（《管子·内业》）另外，《管子》在精气的修养方面，吸收了儒家修习六经、变化气质的思想：“凡人之生也，必以平正，所以失之，必以喜怒忧患。是故止怒莫若《诗》，去忧莫若《乐》，节乐莫若《礼》，守礼莫若敬，守敬莫若静。内静外敬，能反其性，性将大定。”（《管子·内业》）这与老子、庄子对儒家的嘲讽，对六经的贬抑，对道德的弃绝很不相同，表现了黄老对各家兼取的宽容态度。《管子》的精气说，较之以前的气论，有了发展。对气自身的精纯性质所带来的诸方面展开，气自生法度的能动性，气的静定对人正确认识事物的基础作用，养气对人身体、精神的决定作用，都作了充分阐发，对此后荀子、《易传》、汉代的物质构成论有很大影响。

先秦时期与气论并行且相互参合，对此后物质构成论发生了极大影响的是五行说。“五行”出自《尚书·洪范》篇，为“九畴”之一。《洪范》大概作于战国初期，据说它记录的是箕子为周武王陈说的治国大法。“五行：一曰水，二曰火，三曰木，四曰金，五曰土。水曰润下，火曰炎上，木曰曲直，金曰从革，土曰稼穑。润下作咸，炎上作苦，曲直作酸，从革作辛，稼穑作甘。”“五行”不是构成事物的最小微粒，而是五种最为基本、最为常用的质料。五行说主要不是讲物质构成，而是讲质料功用。它不是抽象的，而是经验的；不是统一的，而是多元的。它的指向，较之自然知识，更多的是人的思想方法，如，火热轻且上升，水重浊且润下，木可以矫揉为曲直，金属可以熔铸为各种形状，土浑厚包藏且能供稼穑。五行作为一种物质构成的描述，对中国传统思维影响很大，它使人更多地注重原质的功能而不是它的材质，更多地将人引向经验世界而不是理性世界，更多地使人关注现象而不是它背后的本质。古希腊哲学虽也有水、火、气、无限者等物质构成学说，但都是一元论，而且是用之指代构成事物的最后基元。最为重要的是，自从原子论面世之后，它就确然不拔地成了西方物质构成论的最主要学说，主宰着西方哲学几千年的发展，甚至可以说是决定西方近代自然科学面貌的基本因素之一。而中国古老的五行说，和气分阴阳的学说一起，成了中国哲学物质构成论的基干——阴阳五行。阴阳五行说对中国文化的影响是巨大而持久的。

二、汉代及其后对阴阳五行的发展

物质构成学说在汉代受到普遍重视因而有了很大发展。这是因为，活跃于汉代的黄老思想对自然哲学有着持续的兴趣，汉儒建基于元气论之上的天人一体思想对帝国的统一和稳固有着重大作用，汉代天文学、医学、生理学的发展对物质构成基础——气的深入探讨，也起了促进作用。

汉初淮南王刘安集合门客共同撰写的《淮南子》一书，其物质构成论就有新的特点。汉代思想总体上实证性强，较少有思辨色彩，这一特点也影响到《淮南子》的物质构成论。《淮南子》认为气是宇宙万物的物质基元："天地未形，冯冯翼翼，洞洞灟灟，故曰太昭。道始于虚廓，虚廓生宇宙，宇宙生气。气有涯垠，清阳者薄靡而为天，重浊者凝滞而为地，清妙之合专易，重浊之凝竭难，故天先成而地后定。天地之袭精为阴阳，阴阳之专精为四时，四时之散精为万物。"（《淮南子·天文训》）首先，它是在宇宙发生论而不是本体论中讲气的，这是汉代实证思维的特点。宇宙最初是冥昧、虚廓、辽远的，此时一切皆无，强名之曰太昭，然后产生了道、宇宙、气、天地、万物。气是宇宙发生过程中自然产生的。有气的阶段并不是最先的，它是后起的。"精"即气，阴阳是气的两种固有属性，天地由气构成，所以带有阴阳的对立统一功能。阴阳之气的抟合产生四时，阴阳之气的散舒产生万物。这里的阐释中，气作为构成一切具体事物的原初始基地位被降低了，天、地作为万物的产生者地位被提高了；老子道论的本体论一面被消解了，宇宙论一面加强了。气作为一种思辨性的万物基元让位于有形的、可感的、君临万物的天。而气之前的冥寂、虚廓阶段，则成了修养上达到内心寂寥必须参照的宇宙原形。越辽远、虚寂，越具有可信性与权威性，这为汉代黄老学抛弃老子的思辨而向理国、治身的实用性靠近了一步，也向注重考察、描摹事物的实证属性的知识特点靠近了一步。这一意向在《淮南子·诠言训》的一段话中有清楚说明："洞同天地，浑沌为朴，未造而成物，谓之太一。同出于一，所为各异，有鸟、有鱼、有兽，谓之分物。方以类别，物以群分，性命不同，皆形于有。隔而不通，分而为万物，莫能及宗。故动而谓之生，死而谓之穷。皆为物矣，非不物而物物者也。物物者，亡乎万物之中。”“太一”为本体，万物从本体中生出，各具性命，分立殊形。而统御万有之本体，则无相无形，不属于形而下之世界。《淮南子》在价值上主张返本，其理想人格是“真人”，“真人者，未始分于太一者也”；而在现实功用上则强调万物的实际效能。它的“道生法”，“道”重在前者，“法”重在后者，两者相合为用，目的在“原天命，治心术，理好憎，适情性，则治道通矣”。《淮南子》的物质构成论与它合儒道、兼名法的黄老之旨吻合。

西汉最有体系的思想家是董仲舒，他的物质构成论的特点是儒家与阴阳家合一，把天人合一发挥到极处，为他“大一统”和德主刑辅、以理节情的政治思想、伦理思想服务。董仲舒以“元”为天地万物的构成始基：“谓一元者，大始也。……惟圣人能属万物于一，而系之元也。……元犹原也，其义以随天地终始也。……故元者为万物之本。而人之元在焉。安在乎？乃在乎天地之前。故人虽生天气及奉天气者，不得与天元本、天元命而共违其所为也。”（《春秋繁露·玉英》）“元”既是“元年”之元，也是“元气”之元，在董仲舒这里两者是统一的。在天为元气，是构成万物的原质；在纪年为初始，为《春秋》之元。天人一体，天之原即人之原。人生于天之元气，吸收天之元气成长，故须与天之法则为一。元气是一切事物的基础，故代表周天子权威的《春秋》“元年”是纪年的基础，“大一统”是《春秋》一切意蕴的基础。天地人皆元气的表现，而元气代表的是仁爱与秩序：“察于天之意，无穷极之仁也。人之受命于天也，取仁于天而仁也。是故人之受命天之尊，父兄子弟之亲，有忠信慈惠之心，有礼义廉让之行，有是非逆顺之治，文理灿然而厚，知广大而有博。唯人道为可以参天。”（《春秋繁露·王道通三》）

元气表现为阴阳、四时、五行。阴阳之配合，表现为阳尊阴卑，以阴合阳。体现在伦理关系上就是妻配合夫，子配合父，臣配合君，“君臣、父子、夫妇之义，皆取诸阴阳之道。……王道之三纲，可求于天。”（《春秋繁露·基义》）体现在国家治理原则上就是德主刑辅，厚德简刑：“天出阳，为暖以生之；地出阴，为清以成之。不暖不生，不清不成。然而计其多少之分，则暖暑居百而清寒居一。德教之与刑罚，犹此也。故圣人多其爱而少其严，厚其德而简其刑，以此配天。”（《春秋繁露·基义》）体现在人的行为上就是与四时配合，而以爱人利物为主：“是故春气暖者，天之所以爱而生之；秋气清者，天之所以严而成之；夏气温者，天之所以乐而养之；冬气寒者，天之所以哀而藏之。”（《春秋繁露·王道通三》）天道任阳不任阴，故常以爱物利物为心，安人乐人为事。

董仲舒在对五行的解释发挥上，重在相生相克，逆之则乱，顺之则治。木火土金水，与五官、五方、五德相配。如水生木，木配东方，于官为司农，于德为仁；木生火，火配南方，于官为司马，于德为智；火生土，土配中央，于官为宰辅，于德为信；土生金，金配西方，于官为司徒，于德为义；金生水，水配北方，于官为司寇，于德为礼。而五官皆有其弊，则以五行上与它相克的官来补救。如司农配木，司农之弊为朋比结党，金克木，则以司徒之义之不苟取、严方正来救正。司徒配金，司徒之弊为专权暴虐，火克金，则以司马之智之进贤无方、独见存亡之机来救正。余如此类。另外董仲舒利用五行相生相克讲灾异，如金干犯木，则有兵祸；木干犯火，则地动；火干犯土，则大旱；火干犯水，则星坠等（参见《春秋繁露·治乱五行》）。以之警示执政者勿作非为，并为预防灾祸做准备。

董仲舒以天人一体、人副天数来讲他的宇宙构成论，以系统平衡、整体和谐为特点，显示了他由《春秋》公羊学所得到的思想创发和解释张力。中间不乏拟人、类比、连通诸方法，将中国哲学中主要由道家而来的自然哲学传统和由儒家而来的人文解释传统相贯通，在讲自然时加入人文性阐发，使物质构成论的伦理色彩大大加强，对此后中国哲学“存有的连续与生机的自然”及“仁的本体论”诸特点的养成，有较大促进作用。而某些要素被谶纬扩大，是引起黄老学者对之解构的重要契机。

汉代哲学由于它的实证特点，所以气论最为发达。汉代思想家几无人不讲气，文士如扬雄，儒者如董仲舒，科学家如张衡，经学家如郑玄，哲学家如桓谭、王充，都有较系统的气的思想，创始于周代的气为万物基元的理论遂成确然不拔之势。特别是东汉的白虎观会议，以皇帝亲临决疑的形式将中国文化中的许多方面著为定本，并以国家法典的形式流布于世，其中的阴阳学说延续了《易纬》，以太初、太始、太素等为万物发生的实证阶段，以气为宇宙的物质基元，清除了道家“有生于无”的影响。五行是气构成的，被称为“五行之气”，更注重气的功能性框架及与方位、颜色、德行、礼乐等的配合。《白虎通》之后，元气说历千年而不变，不过与其他哲学范畴如理、性、心的关系愈加拓展而已。

关于气的学说的发展，不能不提到东汉后期王充。王充的贡献在于以黄老思想为本，强调气的自然无为；以“疾虚妄”为旗帜，注重知识的确实性、可征验性，反对当时流行的目的论及谶纬、流俗中各种虚假、歪曲的说法。他的思想基础是元气自然论：“天地合气，万物自生，犹夫妇合气，子自生矣。”（《论衡·自然》）天地代表阴阳，阴阳之气和合而生万物，此乃自然过程，非有目的、有意志，禀气的厚薄决定了人身体的强弱、寿命的长短、性情的善恶甚至道德的高下。他的理论来源是黄老之学，自云：“黄老之操，身中恬澹，其治无为，正身共己而阴阳自和，无心于为而物自化，无意于生而物自成。”（《论衡·自然》）

此后对物质构成论有贡献的是道教。道教本是道家、方士、民间宗教融合的产物。道教创始性著作《太平经》以元气为基础，但更注重“太平之气”，即主天的太阳之气与主地的太阴之气的调和而产生的“中和之气”。

太平之气产生万物，形成社会的清明、和谐。社会动乱是由于失去中和之气造成的。人身体内的气顺承天地之和气而得：“天使元气治，使风气养物。地以自然治，故顺善得善，顺恶得恶也。人者，顺承天地中和，以道治，主动道。凡事通而往来。此三事应天地人谶。”[1] 即天施气以养物，地自然以辅成，人顺承天地中和之道，以治国，以养身，以去罪。天地人三才道通为一。这一思想对此后道教各种养生、治平理论有较大影响。

《太平经》尚带有原始道教的驳杂与朴素。对道教理论体系化有较大推动作用的首推葛洪。他关于物质构成的理论与道教的内外丹理论密切相关。他认为万物源于气，气分阴阳、清浊。万物与人因所占时空不同因而所禀之气阴阳、清浊分数不同。人可以通过炼内丹、外丹来达到长生不老、祛病延年。内丹重在养性，讲究炼精化气、炼气化神、炼神还虚以成丹，与宇宙本真之气融合为一。外丹则外采动、植、矿物，经鼎炉烧炼而成金丹。葛洪既主张炼内丹，也主张炼外丹，或内外丹兼修。为适应炼丹中相反者互补的需要，他特别强调气的阴阳、清浊之分：“是以善摄生者，……忍怒以全阴气，抑喜以养阳气。然后先将服草木以救亏缺，后服金丹以定无穷，长生之理，尽于此矣。”[2] 葛洪又特别重视“炁”这一概念。炁指先天真元之气，与从土谷中获得的细微物质之“气”不同。葛洪提出“宝精行炁”说，“宝精”者，珍爱精气，不使过于靡费，节制嗜欲，调御性情。“行炁”者，调整呼吸，专心一意，外加工夫修炼，使体内之气顺畅流行。他说：“欲求神仙，唯当得其至要，至要者在于宝精行炁。……行炁或可以治百病，……其大要者，胎息而已。”[3] 葛洪认为炁是人肉体与精神的基础，故能内外丹兼修最好：“服药虽为长生之本，若能

[1] 王明编：《太平经合校》，中华书局 1960 年版，第 254 页。
[2] 王明：《抱朴子内篇校释》，中华书局 1985 年版，第 245—246 页。
[3] 王明：《抱朴子内篇校释》，中华书局 1985 年版，第 149 页。

兼行气者，其益甚速。若不能得药，但行气而尽其理者，亦得数百岁。”[1] 葛洪建基于其物质构成论之上的炼丹理论，是此后道教各派丹法的基础。加上行善积德可致阴骘的理论，成了后世道教以道代儒、儒道合流的通行理论。南朝时道教思想家陶弘景的如下一段话可为代表：“假令为仙者，以药石炼其形，以精灵莹其神，以和气濯其质，以善德解其缠，众法共通，无碍无滞。欲合则乘云驾龙，欲离则尸解化质。”[2]

两汉之际传入的佛教，通过与中国固有文化的融合会通，逐渐成了中国文化的一部分。但佛教以空寂的涅槃境界为追求，以对达此目标的各种修行法门的分析阐发为主，对物质构成论的兴趣远不如道教那样大。印度佛教的物质构成论，主要是四元素或“四大种”说，认为世间一切物质现象皆由地、水、火、风四种基本元素构成，有的学派认为这四种元素还可以往下分析为“极微”，即不能再小、有似于惠施所说的其小无内的“小一”。中国人所注目于佛教的，主要在因缘、生死及大乘诸宗的心性理论及修养方法，对物质构成论不多措意。在中国气的一元论面前，佛教的“四大”显得质实而不空灵，支离而不简易直截。如在中国影响至大的因缘学说，人们多注重它的缘合则生、缘离则灭这一点，对因缘的物质承担者并不注目。佛教的物质构成论在中国思想中并无影响。

魏晋玄学的重点在有无、一多、动静等问题的讨论，唯三国魏时刘邵所著《人物志》较多涉及物质构成。《人物志》是汉末以来各种品评、鉴识人才的理论、方法的总结，起于察举选官的需要，学派上属儒、道、名、阴阳各家的融合。它认为，人的禀性、才能可以从他的神气、形体、貌样看出，因为人皆由阴阳之气、五行之质构成，人的一切方面，皆此内

[1] 王明:《抱朴子内篇校释》，中华书局 1985 年版，第 114 页。

[2] （南朝）陶弘景:《答朝士访仙佛两法体相书》，见严可均辑《全梁文》，商务印书馆 1999 年版，第 492 页。

在本质决定："盖人物之本，出乎情性。……凡有血气者，莫不含元一以为质，禀阴阳以立性，体五行而著形。苟有形质，犹可即而求之。"（《人物志·九征》）此中"性"即由禀气决定的形质特点，"情"即由性决定的思维、情感、行为等的外在倾向。由情可以识性，由性可以知其才能属性。《人物志》按材质特点把人分成金木水火土五类，以之与人的肢体、德性相配，如木对应骨，金对应筋，火对应气，土对应肌，水对应血。禀受木气多的人骨胜，禀受火气多的人气胜，禀受水气多的人血胜，禀受土气多的人肌胜，禀受金气多的人筋胜。骨胜的人弘毅，弘毅是仁之质；气胜的人清朗有仪文，仪文是礼之质；肌胜的人端实贞固，贞固是信之质；筋胜的人勇敢决绝，决绝是义之质；血胜的人平畅通微，通微是智之质。除了圣人禀中和之质，五种材质无所偏，而能调御五材、变化应机外，一般人皆偏于一质。如思虑快捷的人善于把捉事机，随机而动，但短于深沉、玄奥的静的思考。反之，性情沉静的人长于思考，短于当机决断和应时而动。就像水火之光，火光外照，不能内映；水光内映，不能外照。内有何种偏质，皆表现于外："诚仁，必有温柔之色；诚勇，必有矜奋之色；诚智，必有明达之色。"（《人物志·九征》）人的内在质性通过九个方面表现出来：偏执还是平正看神气，聪明还是愚笨看精爽，乐观还是悲观看面色，懒散还是严肃看仪表，健旺还是衰弱看动作，宽缓还是褊急看说话，勇怯之势看筋，强弱之质看骨，静躁之别看气。人可就此九种外在表征而知其内在质性。而五种材质皆有偏弊：正直而不融通，则陷于刚愎；坚毅而不明智，则陷于愚戆；顺从而无毅力，则陷于游荡无归等。所以材质中和，内有澹泊之味，外有光辉之色者，世间绝少。《人物志》的结论是："物生有形，形有神精，能知精神，则穷理尽性。"（《人物志·九征》）即考察人物的性质，洞识其中的道理，把握具体人的精神内涵，掌握其形质特点，才能够物尽其用，既不错用也不浪费人才。值得注意的是，《人物志》中的五行，并非坐实为水火木金土五种材质，而只是据五行的特点而有的分类名目；五行与其他元素的匹配，也较为随意。这是汉儒阴阳五行框架的延伸，更是经验思维在人才鉴识上的表达。

隋唐佛学的重点在空有、虚实、系缚与离相等心性论问题，其物质构成论沿袭了两汉以来的元气说。唐代由于帝王的尊崇，道教特别兴盛，著名道士也多。但服从于炼丹、行气、吐纳、导引等炼养身体目的，强调道产生气，阴阳二气调和，真元之气为生命之根等，理论上没有大的开发。

三、宋明时期对气的多方面阐发

宋明时代物质构成论的特点是气与太极、理、性、心等哲学范畴结合，使具体事物的构成原因与运动过程有了多重诠释面向。周敦颐提出“无极而太极”，以无极为无形无相、虚无寥远的本体，以太极为阴阳未分的混沌微茫之气。太极中蕴含互相对反的两种势力，故动而生阳，静而生阴。阴阳二气调和，生水火木金土五行。二气五行与无极中潜在的事物性质结合，产生万物。周敦颐重提无极、太极等重要命题，广泛吸收佛道思想，重新思考本体论、宇宙发生论问题，并把它和《周易》联系起来，使儒家的形上学开辟了新的局面，达到一个新的高度。

张载提出“太虚即气”“太和之道”等观念，以太虚为气未形成万物的本然状态，气只有隐显而无有无，因而没有绝对的虚无。气分阴阳，本来含有浮沉、升降等对立而又互相感应的性质，因而产生絪缊相荡、胜负屈伸等运动。气的运动变化有自己的规律，非杂乱无序。气的既存在又无形相的性质叫“性”，气具有的运动变化功能叫“神”，气的流行展开叫“道”，气既有对立面的推荡致一，又有统一体的分而为二：“一故神，两故化。”气的微小变化叫“化”，显著改变叫“变”。变为化开辟新的局面，化的积累形成变，二者互为依持："两不立则一不可见，一不可见则两之用息。两体者，虚实也，动静也，聚散也，清浊也，其究一而已。"（《正蒙·太和》）张载最重要的概念是"性"，以与"性与天道"为代表的本体论呼应。"理"在张载这里只是气的条理，或对气的法则的强调，是非本质的，其重要性远不能与二程、朱熹相比。张载以对气的全面、深刻阐发，批评道教的有生于无和佛教的以万物为假象的观点，为儒家思想在新时代重新走向舞台中心奠定基础，对宋元明清几代思想家特别是王廷相、王夫之有很大影响。

王安石则通过五行与《洪范》其他八畴的关系阐发其政治思想，以与他的变法措施相呼应。他以五行为构成万物的物质基元："五行，天所以命万物者也。""五行也者，成变化而行鬼神，往来乎天地之间而不穷者也。"[1] 水、火、木、金、土五行是万物的物质基础，故为九畴之首。其次"敬用五事"，五事指貌、言、视、听、思，代表人君继天立极，导正自己的心、身，作为成就大业的基础，故紧接五行之后。其次"农用八政"，八政指食、货、祭祀、民政等，是人君为政必须首先重视的八个方面，故接五事。其次"协用五纪"，五纪指日月星辰等天象，是制定历法的根据，而历法是人君治理天下的时间坐标，故接八政。其次"建用皇极"，指建立最高的治理原则，故在历法协合之后。其次"乂用三德"，三德指正直、刚克、柔克，是人君治国的人格基础，故在皇极立本之后强调君主的个人品德。其次"明用稽疑"，指向有智慧的人请教以决疑难，人君有了好的人格、品德基础，还要勤于思考，有疑难及时与卿相及庶人中的智者共同商讨。其次"念用庶征"，即善于运用各种征兆如晴、雨、寒、风等以趋吉避凶。最后是"向用五福，威用六极"，指用长寿、富贵、康宁等五福

[1] （宋）王安石：《洪范传》，《王文公文集》，唐武标校，上海人民出版社 1974 年版，第 280—281 页。

鼓励臣民勉力，用疾病、贫弱、夭折等六种灾祸威吓臣民勿为非作歹。这是在五行的基础上推演出人君的各方面品质及各种施政措施。其中包含的思想是，一切皆以物质为基础，物质本身的特性是人格养成和政令考量的依据、出发点。

王安石着力发挥的，还在于五行所代表的天地之数。他吸收了《易传》与《老子》的思想，认为天一、天三、天五、天七、天九，代表天之生数；地二、地四、地六、地八、地十，代表地之成数。五行皆有偶，代表天地之数十。道立于一阴一阳之二，成于阴阳相交之和气之三，变于五行。变的形式首先是五行各有阴阳，其数为十。而五行的各个方面，代表天地间事物的性质及其变化。这就是他说的："五行之为物，其时、其位、其材、其气、其性、其形、其事、其情、其色、其声、其臭、其味，皆各有耦，推而散之，无所不通。一柔一刚，一晦一明，故有正有邪，有美有恶，有丑有好，有吉有凶，性命之理、道德之意皆在是矣。"[1]

可以看出，王安石以五行为基础，五行与阴阳结合，就它的各个方面延展，从中引申出广大的解释空间。王安石利用五行重在功能而非质料、经验性直观而非理性思辨的性质，把治理国家的各个重要方面推衍、抽绎出来。此点有似于董仲舒，但避免了董仲舒五行相生相克的机械生硬与谶纬的虚妄之处，在对物质构成的解释上别具一格。

二程是理学的实际创始人。程颢的着眼点在心中之仁德及诚敬的修养方法。程颐的着眼点主要在天理及格物致知上。朱熹在批判吸收周敦颐、张载、邵雍、二程的基础上，对物质构成论有重要阐发。朱熹的基本观点是，构成一切事物的要素有两个，一个是形式方面，即理；一个是材质方面，即气。前者为生物之本，后者为生物之具。二者相较，前者更为重要

[1] （宋）王安石：《洪范传》，《王文公文集》，唐武标校，上海人民出版社 1974 年版，第 281 页。

和根本，因为它是决定一事物的性质、此事物与他事物相区别的关键，而气则是同质的、一律的。在朱熹看来，宇宙间实际存在的只有气，而理是抽象的、潜存的。理是具体事物的逻辑根据和存在法则，是气之所以如此运动因而构成特定事物的所以然，而事物的物质材料只是气。朱熹的一个引起争论的命题“理生气”意在强调理对气的决定作用、控御作用，但物质性的气不会从非物质的理中产生出来。他的“理在气先”，也是由强调理的决定意义而逻辑地推出的，不是理气关系上的经典表述。

朱熹的重要一点是把汉唐以来用气解释太极变为用理解释太极。他反对道家的有生于无，而将无极作为太极的形容，“无极而太极”是“无形而有理”。与太极相对的是阴阳。理与气、太极与阴阳是表述物质基元与它的根据、法则的两对基本范畴，但使用场域不同：太极与阴阳用于最高、终极层面，理与气用于具体事物层面。朱熹的下面一段话，最能代表他在太极阴阳上的基本观点：“太极，形而上之道也；阴阳，形而下之器也。是以自其著者而观之，则动静不同时，阴阳不同位，而太极无不在焉。自其微者而观之，则冲漠无朕，而动静阴阳之理，已悉具于其中矣。虽然，推之于前，而不见其始之合；引之于后，而不见其终之离也。”[1]

对于在万物的构成中理与气各自的功用，朱熹还有更深入的说法，即“理同气异”和“气同而理不同”。理同气异是从“理一分殊”推出的，意思是，具体事物的理是宇宙间统一的理的分别的、不同的表现。统一的理即太极，“总天地万物之理便是太极”，具体事物的理是“人人有一太极，物物有一太极”的分殊之理。分殊之理是统一之理的表现，故理同。而气虽为一气，但有精粗清浊、正偏通塞之不同：“二气五行，交感万变，故人物之生，有精粗之不同。自一气而言之，则人物皆受是气而生；自精粗

[1] （宋）周敦颐：《太极图说》，《周敦颐集》，陈克明点校，中华书局1990年版，第4页。

而言，则人得其气之正且通者，物得其气之偏且塞者。”[1] 这是传统的气禀论与德行论的结合，它要说明的是人与物何以不同。而指向的是，人物虽不同，但都体现宇宙普遍法则，而这个法则可以通过人文性解释视为道德原理。对此朱熹比喻说，禀气清者为圣为贤，如宝珠在清水中；禀气浊者为愚为不肖，如宝珠在浊水中。宝珠如理一，禀气不同者为分殊。擦拭宝珠就是明明德。朱熹还有气异理异之说，指具体事物所禀的气不同，理在其上的表现也不同：“惟其所受之气只有许多，故其理亦只有许多。如犬马，他这形气如此，故只会得如此事。”[2] 这是就气的不同禀受所带来的理的不同表现说，与理同气异并无矛盾。

如果说朱熹的“理同气异”强调的是道德法则的普遍性和修养方法的个别性的统一，他的“气同而理不同”则重在从科学上说明万物差异的原因。气同是说构成万物的物质基元相同，理不同是说构成具体事物的时空条件不同、逻辑依据不同。“气同而理不同”是指相同的材质因个体的根据、条件不同而形成不同的事物。这是把事物的差别归结于其理不同。这一解释维度更加重要，它使人们在考察事物时更多地追究理这个“所以然之故”，把加在事物上的非科学因素特别是惯常有的伦理性的比附去除掉，仅就事物的实际成因如时间、空间、数量、结合方式、影响因素等方面加以考量。这对朱熹的格物致知论意义巨大，它教人们不但要格伦理之物，也要格科学之物；性理固然重要，物理范围尤为广大。它可以使人养成一种追根究底、将多方面因素综合考量的思维方法，一种沉潜笃实的科学精神，给喜好想象、类比的思维翅膀拴上石头。朱熹被称为中国哲学史上科

[1] （宋）黎靖德编：《朱子语类》，王星贤点校，中华书局 1986 年版，第 65 页。

[2] （宋）黎靖德编：《朱子语类》，王星贤点校，中华书局 1986 年版，第 57 页。

学精神最为突出的思想家，主要因其格物致知论中对物理的深究。而深究物理，又建基于气同而理不同之说。清末民初以“格致”为“物理学”，正因为此。

朱熹的物质构成论及与之相关联的诸因素，旨在兼顾伦理与科学两者，使人既不致成为只知伦理不知实际事务的冬烘先生，也不致成为只知实际事务不问道德指向的功利之士，从而能培养德才兼备的有用之材。所以既从万物源头、普遍法则上讲，又从事物成因、个体差异上讲。这是他“论万物之一原，则理同而气异；观万物之异体，则气犹相近而理绝不同也。气之异者，粹驳之不齐；理之异者，偏全之或异”[1]重要观点的现实关切。

朱熹之后，他的理气、太极阴阳诸说逐渐成为中国哲学关于物质构成学说的定本，其后与其理学并行的心学，关心的是心的各种意蕴及其作用，物质构成这个更多的是自然哲学的概念不在其注目之列。如陆九渊，所注目者在人的天赋道德意识，即“本心”，故以阴阳为形上者。人禀气有清浊的差别，但只要不被物欲所昏蔽，皆可心地清明。王阳明所谓气，只是良知的物质基底：“良知一也，以其妙用而言谓之神，以其流行而言谓之气，以其凝聚而言谓之精。”（《传习录》中）良知必展开为事，事必有其对象：物。物的构成基元是气。这个说明是常识性的，因为他注目的重点在良知的各种功能及其相互关系。明代中期以后，朱子学日久而弊生，哲学的中心转到对精神本体的探究，学者竞言心学。良知的先天后天、已发未发、本体工夫、动静中和等方面的探索达到十分精微的程度，黄宗羲所说的“有明文章事功，皆不及前代，独于理学，前代之所不及也，牛毛茧丝，

[1]（宋）朱熹：《答黄商伯》，《朱熹集》，四川教育出版社 1996 年版，第 2222 页。

无不辨晰，真能发先儒之所未发”[1]，正指此种情形。物质构成学说已被当成卑之无甚高论的老生常谈。可以说明代哲学有一“去实体化”的趋向。罗钦顺、王廷相欲以朱子学之笃实救正王学末流之虚浮，盛张气学，但多沿袭张载太虚即气、阴阳神化、天道自然之说，反不如心学之新奇有物、波澜阔大。

对物质构成论有所发明的，当数明清之际黄宗羲、方以智、王夫之。黄宗羲有特色的是他的“心即气”，与此紧密相连的是他“盈天地间皆气”和“盈天地间皆心”并举之说。“盈天地间皆气”是他的物质构成论，“盈天地间皆心”是他的解释学。前者继承了其师刘宗周，以气的实在论批评佛教、心学，尤其是泰州、龙溪学派，欲恢复儒家以实修实学为基础的传统。后者以王学为基础，突出心的一本万殊、活泼无方、不可典要、机杼自出的性格。两说并不矛盾，而是各有胜场。以气为万物基元，表现出的是尊重客体法则的质实性一面；以心为解释基础，表现出的是建立在学术积累、学术创造基础上对世界的理解、阐释。前者实，后者虚；前者奠基，后者生发；前者遵循常识，后者发抒心见。黄宗羲一方面考证历法，论证象数，一方面注释孟子，阐发师说。作为实证学家的黄宗羲和作为哲学家的黄宗羲有机地结合在一起。两者中，后者对他更为重要，故作为《明儒学案》序言的定本。由他草创，他儿子、后继者撰成的《宋元学案》之所以总体上不如《明儒学案》，就在于在清初的学术氛围下史学替代了哲学，抛弃了心的解释力量，由此将黄宗羲纠正明代学弊，树立正学理想的苦心抹过不见。“盈天地间皆心”是《明儒学案》的纲领，也是他浙东豪杰精神的集中展现。在他这里，心是见道的基础，是境界体验的依恃，也是以诠释展现创造精神的武器。所以他说：“盈天地间皆心也，人

[1] （清）黄宗羲：《明儒学案发凡》，《明儒学案》，中华书局 1985 年版，第 17 页。

与天地万物为一体，故穷天地万物之理，即在吾心之中。……夫苟工夫着到，不离此心，则万殊总为一致。学术之不同，正以见道体之无尽也。”[1] 学术之不同，是各个思想家的实学，而在此基础上的道，是更重要、更根本的。在道体的观照下考察具体事物，见到的是具体事物上的精神映现，故“盈天地间皆心”。

同为明清之际的方以智，也是一个实证（质测）与哲思（通几）兼顾的大思想家。他在两者关系上的基本观点是“质测即藏通几者也”，即实证学理中即蕴涵哲学道理。学者当以质测为基础，然后诠释、引申出哲学道理，不通玄理和抛弃实测都是偏弊。他尤其反对空言哲理，尝说：“有竟扫质测而冒举通几以显其宥密之神者，其流遗物。谁是合外内、贯一多而神明者乎？”[2] 又说：“质皆气也，征其端几，不离象数。彼扫器言道，离费穷隐者，偏权也。”[3] 方以智的物质基元是气，他说：“一切物皆气所为也，空皆气所实也。”“气之为质，固可见也。充一切虚，贯一切实，更何疑焉？”[4] 光也是气构成的，气是一切事物的物质基元，气凝为形，蕴发为光，窍激为声，皆是气的作用。气也是五行的物质基础：“水为润气、火为燥气、木为生气、金为杀气，以其为坚气也；土为冲和之气，是曰五行。”[5]

方以智有特色的是对“火”的阐释。他接受了李时珍君火、相火的说

[1] （清）黄宗羲：《明儒学案序》，《明儒学案》，中华书局 1985 年版，第 7 页。

[2] （明）方以智：《物理小识》自序，《方以智全书》第七册，黄山书社 2019 年版，第 96 页。

[3] （明）方以智：《天类 · 象数理气征几论》，《方以智全书》第七册，黄山书社 2019 年版，第 111 页。

[4] （明）方以智：《天类 · 气论》，《方以智全书》第七册，黄山书社 2019 年版，第 114 页。

[5] （明）方以智：《天类 · 四行五行说》，《方以智全书》第七册，黄山书社 2019 年版，第 124 页。

法，以人之阳火为“君火”，阴火为“相火”，取君主发令、宰相受命之意。也接受了元代著名医学家朱震亨的观点，杂糅物理、医学、生理学所讲的“火”，而以庄子的去欲、虚静为归结。他所谓“火”，实际是阳气。阳气是主动的、积极的，天道以阳气为主，人身也以阳气为主，所以“生以火，死以火；病生于火，而养身者亦此火”。治病首要的在平衡体中之火，身体上滋阴降火，精神上节情寡欲，“节嗜欲，寡嗔恚，阴平阳秘，中和主宰，相奉其君，其黄帝之心乎？知此火为病源者少矣”[1]。

王夫之以《周易》为重要的思想发抒之地，以物质构成论为解释《周易》的基础。他认为《周易》六十四卦，《乾》《坤》为父母，其他卦皆此父母所生。而在乾坤中，又以乾为主，因为乾从造字上说，指日出时光气之舒展，此时六阳展现，六阴退处，流行畅通，无有阻滞和遮蔽，万物因之昭苏，事物因之兴起，这是乾字的本义。[2] 而其流行中呈现出的阶段性、差异性即元亨利贞。王夫之在《周易内传》解释《乾》卦时即以此义为发挥之基础，认为“乾”即气的舒展顺通。气分阴阳，阴气主结聚，所以有形体质地；阳气主舒通，所以推荡于阴气之中而使之消散无滞。阴阳两种势力的动态平衡使万物呈现为和谐。乾始终显现出这种刚强不息的样态，故其卦德为健。王夫之复以气为基础解释“元亨利贞”。“元”为开始之义，于事物为从无肇有，继而兴起、展开：“兴起舒畅之气，为其初几。形未成，化未著，神志先舒以启运，而健莫不胜，形化皆其所昭彻，统群有而无遗，故又曰‘大’也。”（《周易内传・乾》）“亨”为顺通之义：“乾以纯阳至和至刚之德，彻群阴而䜣合之，无往不遂，阴不能为之碍也。”

[1] （明）方以智：《天类・火》，《方以智全书》第七册，黄山书社 2019 年版，第 129 页。

[2] 参见（清）王夫之：《周易稗疏・乾》，《船山全书》第一册，岳麓书社 2011 年版，第 749 页。

(《周易内传·乾》)“利”指有益，也是乾的作用：“乾纯用其舒气，遍万物而无所吝者，无所不宜，物皆于此取益焉。”(《周易内传·乾》)“贞”指正固，正才能固，表现在事物上就是：“纯阳之德，变化万有而无所偏私，因物以成物，因事以成事，无诡随，亦无屈挠，正而固矣。”(《周易内传·乾》)可以看出，王夫之以气为基础解释《周易》，就是要将《周易》建基于物质及其运行之上，加强其摹拟天地万物的实证性，批评佛道的虚无空静，批评象数学的机械排比，使《周易》作为中国哲学解释学的重要方面立于坚实的基础之上。

清代物质构成论基本上延续前人成说，没有新的创发。即使晚清一些接受了西方学术的人士，也多以中国传统的气论附会西学的光、声、电等理论。清末谭嗣同就是一个显著例证。他痛感当时中国政治、经济、军事、文化上种种弊病，倡言变革，认为当时中国最大的弊病在不通，于是提倡“仁学”。仁学的精义在“通”，通之大者有四：中外通、上下通、男女内外通、人我通。通之象为平等，通的物质基础是“以太”。以太有通同之象，有平等之象，是世间一切事物包括人的精神活动的物质基元，他说：“遍法界、虚空界、众生界，有至大、至精微，无所不胶粘、不贯洽、不管络而充满之一物焉，目不得而色，耳不得而声，口鼻不得而臭味，无以名之，名之曰‘以太’。其显于用也，孔谓之‘仁’，谓之‘元’，谓之‘性’；墨谓之‘兼爱’；佛谓之‘性海’，谓之‘慈悲’；耶谓之‘灵魂’，谓之‘爱人如己’、‘视敌如友’；格致家谓之‘爱力’、‘吸力’；咸是物也。法界由是生，虚空由是立，众生由是出。……学者第一当认明以太之体与用，始可与言仁。”[1] 谭嗣同心目中的以太，是构成一切事物的最小质点，实即原子，一切事物由以太粘砌、积聚而成。它无形无相、无意志、

[1] (清)谭嗣同:《仁学》,《谭嗣同集》，岳麓书社 2012 年版，第 315—316 页。

无目的。它自然而然表现出的无所不在、无所不通这种性质，名之为仁。它是一切科学理论、宗教教义、哲学学说的基础。晚清以来，学者大量地、囫囵吞枣地学习、附会各种西学知识，为救亡图存，消除中国之贫弱寻求良方。谭嗣同的以太说，是这一思潮的鲜明体现。

以上对中国哲学物质构成论的考察，可以发现气的这样几个特点，其一，它的统一性。气最早见于西周末年的伯阳父论地震，至清末西学大规模传入，历时两千多年，虽在气的性质、运动形态的描述上有差异，但气作为构成事物的物质基元这一点，是始终不变的。可以说，气论与中国传统哲学的历史相始终。由于气在人的心目中往往有细缊鼓荡、飘扬升降等形象，所以虽然以气为不可见的物质微粒，但它仍然带有很强的经验性。由它构成的具体物，对此种具体物的认知、摹画，也由此带上了直观的、经验的性质。由于知识的直观性、经验性，缺乏思辨性和逻辑推理，所以中国哲学较为符合常识，较少有本质和现象二分、“本质实而不现，现象现而不实”的思想，缺乏由思辨、逻辑推论带来的对本质的、深层的、经验背后的原理的探究。相比于西方古代物质构成论的多样、深入、超经验性，中国哲学的物质构成论是不同的形态。李约瑟曾认为中国的物理思想是基于波而非基于粒子。美国科学史家托比·胡弗也指出：“不同于西方受自然律支配的原子论或伊斯兰受上帝意志支配的偶因论，我们在中华文明中发现的，是一个两种基本力量（阴、阳）与五行（金、木、水、火、土）持续循环变换的有机世界。在这个宇宙中没有第一推动者，没有上帝，没有立法者。当然，它假定了存在具有一定的模式，而且还假定存在着一种万物共同遵循的独特方式（道）。但是，对于存在模式的解释不能在一组定律或机械过程中寻找，而要在有机统一的整体结构中寻找。”[1] 这

[1] ［美］托比·胡弗：《近代科学为什么诞生在西方》，周程、于霞译，北京大学出版社 2010 年版，第 238—239 页。

个解释是中肯的。气论不违背常识，易知易感，可以带来实用技术，但也容易导致比附连类、浅尝辄止、过于注重功用和结果等思想方法上的特点与倾向。中国从礼乐制度到宗教信仰，从民间风俗到思维习惯，不能说和这种物质构成论带来的结果无关。

其二，它的灵动性。气虽是表征构成事物的物质微粒。但它的细缊鼓荡、升降飞扬、有机的连续而非机械的性质，更容易与白云苍狗、野马尘埃等经验中流动的东西联系起来。它是物质的、现象的而非思辨的。这种物质构成论使人有万物皆动、皆变，与其他事物不可分割地联系在一起、处在一个统一体中的感觉。所以中国哲学充分发展了的，是万物的变动不居、周流六虚、不可典要，一切皆在流动中，无一物不变，无一息或停。这增强了中国人把握稍纵即逝的机缘的意识，也增强了这种把握能力的工巧性。所以，中国式聪明是“见几而作、不俟终日”，不是前提的确实、推理的严密、结论的经得起逻辑检验。这种思维是辩证的、整体的、有机关联的，不是逻辑的、个体的、机械的。一切皆有对，互相对反的东西相辅相成，斗争是导致和谐的手段；只有在整体中才能更好地理解个体，孤立之物不存在；一切皆有机关联，照察出一个事物的多重关联并把握其方式、机制，是认识事物的关键。

其三，它的平衡性。气分阴阳，阴阳二者平衡。尽管许多思想家出于价值构造的需要，在阴阳二者中找出主导方面，如董仲舒的“天之任阳不任阴”，是为了在君臣、父子、夫妇中确立主导者，以及在国家治理上确立任德不任刑的原则，但在万物的存在及运动上是阴阳平衡的。和谐首先是平衡，平衡点即中。但此“中”并非机械的。“中”代表合宜的性质，它的表现是“和”，和是不同事物的协调，即“和而不同”。“中和”是不同事物所构成的系统的自然协调。气的物质构成论决定动态的中和是中国哲学的首要追求。

气的以上性质，给人的连类而通、象征比喻留下了很大空间。中国哲学重视政治、伦理，在论证价值观念、道德理想时多从气这一根源处挖掘、比附和论证，以加强其本原性、必要性。比如，“仁”为一切道德意识和道德行为的根源，这一点在儒家是贯彻始终的。仁在天道上的根据是“生生”：“天地之大德曰生”。而“生生”的物质主体是气，日新不已、生而又生是气的本性。气作了仁这一重要观念的形上根据。又如王阳明的“万物一体”，也以气的流通无隔为根据：“天地万物与人原是一体，其发窍之最精处，是人心一点灵明。风雨露雷、日月星辰、禽兽草木、山川土石，与人原只一体。故五谷、禽兽之类皆可以养人，药石之类皆可以疗疾，只为同此一气，故能相通耳。”(《传习录》下)“心”是万物一体的觉知处，它是气的灵知作用，所以能作万物的“发窍处”；“气”是万物相通的物质根据，气的性质体现于心中。中国哲学家凡强调气的生生本性的，大都指向人的道德本性、道德修养。宋明理学中这一点表现得尤其突出。

第三节　宇宙演化论

在物质构成论之后，逻辑地出现的问题是，万物是如何运行的，它的动力是什么，其样态如何。中国哲学没有上帝造物说，没有“第一推动力”，没有质料和形式、现实与潜能的二分；事物的发展就是质料形式化、潜能现实化的过程这种说法并不曾有。相比于亚里士多德“不动的推动者”这样的外因，中国哲学毋宁说是内因论的。其实中国哲学并无明显的“内外”意识，事物的存在与运动由气的本性自然导致，对万物呈现的样态的把握是直观的，对它多是纵向的追根溯源，较少对剖面分析地研究。所以中国哲学中本体论和宇宙论往往缠结在一起。而在对宇宙的溯源中，也不走实证之路，因为它会导致层层上推，无有底止，故常以“有生于无”这种抽象度最高的命题作结。这样，由知性、理性的二分和认识论导向所产生的世界有无开端、构成物质的基本单位是单一的还是复合的、万物是自由的还是必然的、宇宙的产生是有原因的还是无原因的这些“二律背反”，也不会出现在中国哲学中。中国哲学是从“气的现象学”而非“原子的质性学”切入存在问题的，观照的对象往往是宏观的、大而无当的，如宇宙、道、天、万物等，它更多地指向境界而非实体、人格修养而非实证探究。所以西方哲学中宇宙论（cosmology）与本体论（ontology）的二分，在中国哲学中是较弱的。

一、道家的“道生一”

中国哲学代表存在及其场域的最高范畴是“宇宙”。此二字在战国时期的《尸子》中即已出现，其定义是“上下四方曰宇，往古来今曰宙”，宇宙指无穷无尽的时空。《庄子》中的“宇宙”与此义同。惠施有“至大无外，谓之大一；至小无内，谓之小一”的说法。“大一”即宇宙，“小一”即小至不能再分的物质微粒。但《尸子》、惠施都未对“宇宙”观念作深入探析。孔子对宇宙之宏大深邃、对天的运行变化给予人的象征、警示意义有深切感受，故有“天何言哉？四时行焉，百物生焉，天何言哉”与“子在川上曰：逝者如斯夫”之叹。在孔子眼里，天是自然事物的总体，万物自然而然地运行、生长，天并不对具体物有所指令、有所言说，整个宇宙就像川水一样，一维向前，永不回头。人应该珍惜寸阴，精进不已。宇宙万物是人格修养的参照物，对它的把握是一种人文性的觉解与阐释。

老子作为一个冷峻的哲人，历纪兴亡成败，通观天地万物，创立了以道为本原，以德为目标，以道法自然为根本原理，以守柔、谦下为行为法则的哲学系统。他的宇宙论和本体论是一致的：最早的就是最根本的，最原始的就是最纯粹的，最没有规定性的就是最丰富的。老子要把天的道德性、神秘性等人为的附加消解掉，还其自然无为的本来面目。老子用来实现他的这一设想的最高范畴是道。道的本义是所行之路，引申为必须经由的途辙、必须遵循的法则、必然从中产生的根源等义。由于它的想象的、玄推的、不可确知的性质，所以其物“混成”，其象“恍惚”：“有物混成，先天地生，……吾不知其名，字之曰道。”（第 25 章）“道之为物，惟恍惟惚。”（第 21 章）它是形而上的本体，不能用描述经验性事物的名称去指称它，如果对它强作说明，它在时间上最先，空间上最大；它本身空虚无物，功用却是实在的：“道冲而用之或不盈，渊兮似万物之宗。……湛兮似或存。吾不知其谁之子，象帝之先。”（第 4 章）它具有“有”与“无”双重性质：它的不可经验谓无，它派生出的事物谓有。有无异名，同谓之玄。“玄”即道。道产生万物的过程是“道生一，一生二，二生三，三生万物”（第 42 章）。这是中国哲学关于宇宙论最早、最典型的记述。“道”指最辽远的冥漠状态；“一”指混沌未分的最初物质，中国哲学用气指称；“二”指气的两种互相对反的势力，中国哲学用阴阳指称；“三”指阴阳的既对立又和谐的性质，即“和气”。从对立和谐中产生最初的具体事物，尔后事物辗转相生，遂成无穷之多。事物虽多，根源在道。同出一源的个体事物必是在与其他事物的关联中生长、发展的，没有孤立的、隔绝的、不与其他事物发生关联的事物。道的整体运行法则是“寂兮寥兮，独立不改，周行而不殆。……大曰逝，逝曰远，远曰反”（第 25 章）。道是绝对的，不与万物为偶，故“独立”；它是运动的，非死寂之物，故“逝”；它的运动无远弗届，无处不到，故“远”；它的性质是对立面的统一，事物必然向相反方向运动，运动达到极点，必然返归于道，“归根曰静，是谓复命”（第16章），故“反”。老子自始就把本体论、宇宙论紧紧联系在一起，使本体与现象、潜在与实现、本原与历程无法分割。此后的道家学者关于宇宙根源的阐释，都以此为基础。如庄子的“夫道，有情有信，无为无形，可传而不可受，可得而不可见，自本自根，未有天地，自古以固存。神鬼神帝，生天生地”（《庄子·大宗师》），仍有老子本体论、宇宙论合一的特点。庄子为了泯没差别，消除是非，去除成心，体证大道，也用宇宙的无始无终证明事物的无有定质：“有始也者，有未始有始也者，有未始有夫未始有始也者。有有也者，有无也者，有未始有无也者，有未始有夫未始有无也者。”（《庄子·齐物论》）严格说这不是宇宙论，只是关于万物起始的一种文字推说。但它的论证方式和语句有取于老子，并为后来的《淮南子》所袭用。

20世纪末期以来陆续出土的文献中有一些关于宇宙发生的说法，著名的有《恒先》与《太一生水》，两者皆属道家系统，大抵产生于战国中期以后。上博楚简《恒先》说：“‘恒先’无有，朴、清、虚。朴，大朴；清，太清；虚，太虚。自厌不自牣，‘域’作。有‘域’焉有‘气’，有‘气’焉有‘有’，有‘有’焉有‘始’，有‘始’焉有‘往者’。未有天地，未有作行、出生，虚清为一。……气是自生，恒莫生气。”[1] 意谓，宇宙产生于“恒先”，“恒”谓永恒，“先”谓最早。“恒先”即永恒的、产生一切的宇宙本体。它的性质是质朴、清静、空虚，但不同于具体事物的质朴、清静、空虚，而是本体性的、最高最先的，故用“太”字以示区别。恒先的特点是自足但不自限，故内蕴的创生性质产生最早的“空域”，空域自然而然地产生“气”，气产生“有”，这个“有”是茫昧不明、

[1] 参见马承源主编：《上海博物馆藏战国楚竹书》（三），上海古籍出版社2003年版，第288—289页。简文释读择善而从。

模糊不可描述的，“有”产生“始”，这个始是最初的实体，它有运动的本性，实体及其运动即“往者”。此“往”类似于《老子》“大曰逝”的“逝”，移动之意。“恒先”是先于一切物的，它无有运动，无有造作，空虚清静而统一。气自然而然从空域中产生，没有意志、没有目的，其浊重者形成地，清轻者形成天。一切都出自其本性的必然。“恒先”其实就是道的另一种表述，《恒先》所阐述的宇宙发生论是老子“道法自然”的变体。

郭店简中有《太一生水》，其中说：“太一生水，水反辅太一，是以成天。天反辅太一，是以成地。天地复相辅也，是以成神明。神明复相辅也，是以成阴阳。阴阳复相辅也，是以成四时。四时复相辅也，是以成寒热。寒热复相辅也，是以成湿燥。湿燥复相辅也，成岁而止。”[1]“太一”一词在先秦古籍中数见，道家、儒家皆有，如《庄子·天下》：“建之以常无有，主之以太一。”《吕氏春秋·大乐》：“道也者，至精也，不可为形，不可为名，强为之谓之太一。”此中“太一”皆道之别名。《礼记·礼运》：“夫礼必本于大一，分而为天地，转而为阴阳，变而为四时，列而为鬼神。”此中“大一”犹“太一”，指混沌未分之气。《太一生水》中的“太一”，指最高的统一体，产生万物的本原。“太一生水”，指从太一中生出水，此中“水”，相较五行水火木金土之“水”，有更多的具体性，且不重其“润下”的功能。“水反辅太一”，太一是体，水是用，水是万物的基元，故反辅太一，生出天地。“天地”两者互相辅助，生出神明。“神”指神妙的本性，“明”指此种本性的实际作用，“神明”互相辅助，产生阴阳。阴阳互相辅助，产生四时。四时互相辅助，产生冷热。冷热互相辅助，产生燥湿。燥湿互相辅助，产生一年中的各种事物。此中可注意的，

[1] 李零：《郭店楚简校读记》（增订本），中国人民大学出版社 2007 年版，第 41 页。

一是，太一生出天地，天地辗转生出万物，太一是天地万物的逻辑根据，它通过物质基元——水实际地生物："是故太一藏于水，行于时，周而又始，以己为万物母。"[1] 产生万物需要逻辑的、形式的原因，也需要物质的原因，而且逻辑的原因生出物质的原因，共同完成生物的需要。它兼顾了想象和实证两个方面，比道直接"产生"事物更为缜密和精巧。二是，天地、神明、阴阳、冷热、燥湿皆是互相对反的，两者互相辅助而生物，这是较早的一分为二又合二而一的思想，它继承老子的"有无相生、长短相形、高下相倾"而将之落实在本体宇宙论上，这一点对后来者特别是黄老之学产生了很大影响。

二、《易传》的"大衍"说

宇宙发生论讲得较为深入、全面的是《易传》。《易传》既有本体论，又有宇宙发生论；在宇宙发生论中，既有文字的描述，又有象数的推演。《周易》的本体是道，道是万物的本原，又是万物的原理和法则。它创生万物的过程是："易有太极，是生两仪，两仪生四象，四象生八卦。八卦定吉凶，吉凶生大业。"（《周易·系辞》）"易"即阴阳变化流行的总体，也即道。"太极"语本《庄子·大宗师》："夫道，……在太极之上而不为高，在六极之下而不为深"，指阴阳未分时的混沌状态，它是万物存在和变化的最早开端，因不能用任何经验性语言描述，故名之为"太极"。"两仪"即阴阳，也指天地。阴阳既是互相对反的势用，也是此势用的物质支撑：气。气由阴阳的互相作用，形成上升下降的物质存在即天地，天地产生春夏秋冬四时，四时产生雷、风、水、火、山、泽等具体事物，具体事

[1] 李零：《郭店楚简校读记》（增订本），中国人民大学出版社 2007 年版，第 42 页。

物辗转相生，形成丰富多彩的现实世界。现实世界中的事物对人而言有吉有凶，人在遵照《周易》的法则趋吉避凶的活动中成就事业。这是《周易》为人们刻画的宇宙论。

此论对后世影响极大，其影响表现在两个方面，一个是“元气”的物质构成思想，一个是“加一倍”的逻辑推演方法。本来在先秦时即有思想家将太极解为混沌未分的气，到汉代，受天文学和实证思维方法的影响，一般解太极为元气，元气构成天地万物。道家、道教受太极观念影响极深，将它作为宇宙论、本体论的重要观念，并用于炼气养神的修养实践。宋代周敦颐又从道教讲宇宙发生和身体炼养的《太极图》中，吸取思想营养，将它改造成了理学的宇宙发生论与修养论。朱熹又剔除其中的道教因素，把它改造成了以理为首出观念的本体论。

而邵雍则用“加一倍法”讲它的成卦之法，卦是事物的表征，成卦即成天地万物：“太极既分。两仪立矣。阳下交于阴，阴上交于阳，四象生矣。阳交于阴、阴交于阳而生天之四象；刚交于柔、柔交于刚而生地之四象，于是八卦成矣。八卦相错，然后万物生焉。是故一分为二,二分为四,四分为八，八分为十六，十六分为三十二，三十二分为六十四。故曰‘分阴分阳，迭用柔刚，故易六位而成章’也。十分为百，百分为千，千分为万，犹根之有干，干之有枝，枝之有叶，愈大则愈少，愈细则愈繁，合之斯为一，衍之斯为万。”[1] 他观察、刻画天地万物的“四府”（太阳、少阳、太阴、少阴）之法，他的日月星辰、水火土石、飞潜动植之数，乃至《先天八卦图》等，皆从此中推演出来。以上原理就是他的“先天心法”，即对本然存在、先天即有的成物原理的创造性心悟。这个原理可以

[1] （宋）邵雍：《观物外篇》,《邵雍集》，郭彧整理，中华书局 2010 年版，第 107 页。

用于一切方面，故二程、朱熹说邵子之学如空中楼阁，“四通八达”[1]。而他用此原理合阴阳错综而论卦象，谓《周易》共三十六象，对后来来知德、王夫之的卦象、卦序论有一定影响。

《周易》中另有一套以象数语言表述的即本体论即宇宙发生论的说法：“大衍之数五十，其用四十有九。分而为二以象两，挂一以象三，揲之以四以象四时，归奇于扐以象闰；五岁再闰，故再扐而后挂。……乾之策，二百一十有六，坤之策，百四十有四，凡三百有六十，当期之日。二篇之策，万有一千五百二十，当万物之数也。”（《周易·系辞》）此中“大衍”即天地之衍化。“五十”即天地之数，其不用之“一”代表太极本体，四十九代表它的用，体用一如，所以王弼说：“不用而用以之通，非数而数以之成，斯易之太极也。四十有九，数之极也。夫无不可以无明，必因于有，故常于有物之极，而必明其所由之宗也。”[2] 万物皆由太极衍化出来。具体过程是，将代表太极之用的 49 根蓍草任意分为两堆，即“分二”，象征“太极生两仪”。从两堆中任意取出一根挂于中央，即“挂一”，与两堆共同象征天地人三才。将蓍草按四根为一组去数，即“揲四”，象征“两仪生四象”。将数剩下的蓍草归在一起，即“归奇”，象征一年天数之余。乾卦 6 阳爻，每爻揲算为 36 策，共 216 策。坤卦 6 阴爻，每爻揲算为 24 策，共 144 策。乾坤两卦相加共 360 策，代表一年的天数。《周易》六十四卦，共 11520 策，代表万物之数。这是从象数角度说的宇宙发生论，它是对天地万物产生过程的高度抽象。

《周易》的特点是体用一如，它既是本体论的，也是宇宙发生论的。

[1] （宋）黎靖德编：《朱子语类》，王星贤点校，中华书局 1986 年版，第 2543 页。

[2] （魏）王弼：《周易注》，《王弼集》，楼宇烈校释，中华书局 1980 年版，第 547—548 页。

本体论着眼于万物间的关系，注重的是共时性；宇宙论着眼于万物的根源与产生秩序，注重的是历时性。前者主要是静态的空间关系，后者是动态的时间关系。前者使空间中的众多事物一时皆显，即《中庸》所谓“万物并育而不相害，道并行而不相悖”。万物在静态中才能更好地显现出其深微的本质属性、其潜在的可能性，彰显的是万物的内在关联及其整体性。后者使万物在时间中显现，其可能性逐渐展开，即《中庸》所谓“诚者物之终始，不诚无物”。诚既包含潜在性，又包含它在现实中的展开。事物在展开中互相影响、互相渗透、相即相入，使宇宙成为一个充满生机的活体。如果静态呈现的主要是“真”，则动态呈现的主要是“善”与“美”。“体”是共时、历时二者的共同起点。这个共同起点中包括动与静、时间与空间两个方向的展开。中国哲学之所以把本体论和宇宙发生论说成一个，就是要强调性质与运动的合一，本体与现象的合一，存在与价值的合一，美善与真的合一。它充满诠释的精神，主体能动的精神，人文与自然相即不二的精神。《周易》鲜明地体现了中国哲学的这一性质，使人这一宇宙的诠释者、给予者、创造者的形象充分彰显出来，所以《周易》说：“圣人有以见天下之赜，而拟诸其形容，象其物宜，是故谓之象。圣人有以见天下之动，而观其会通，以行其典礼，系辞焉以断其吉凶，是故谓之爻。……极天下之赜者存乎卦，鼓天下之动者存乎辞，化而裁之存乎变，推而行之存乎通，神而明之存乎其人，默而成之，不言而信，存乎德行。”（《周易·系辞上》）

三、汉代及其后的“无极而太极”

汉代学术因以阴阳五行为框架笼罩一切方面，总体面貌呈现质实、具体的特点。又因天文学发达，各种关于天体的解说如“盖天说”“浑天说”“宣夜说”等十分流行，所以汉代宇宙论兴盛。如汉初最重要的著作《淮南子》具有强烈的道家倾向，其篇目排列，以《原道训》始，“原道”即是对万物的本原——道的溯源。《俶真训》次之，俶者，始也，真者实也，“俶真”即是对有形事物产生过程的描述。再次《天文训》《地形训》，是对天地的构成和样态的描述。《原道训》是本体论，《俶真训》是宇宙论，作为万物本体的道同时也是最先的产生者，它说：“夫道者，覆天载地，廓四方，柝八极，高不可际，深不可测，包裹天地，禀授无形。”（《淮南子·原道训》）同时套用《庄子》“有始也者，有未始有始也者”层层上溯，认为宇宙的最初阶段，天地未剖，阴阳未判，但潜在地包含后来发展的要素于自身之内，包括万物的物质基元——气，故“天含和而未降，地怀气而未扬”（《淮南子·俶真训》）。此时的宇宙，虚无寂灭，冥漠寥廓。后来宇宙有了开始，此时天气下降，地气上升，阴阳交错，二气和合，流通于宇宙之中，有了潜在的物种，但尚未有任何可经验的行迹和征兆，后来逐渐产生了万物。《淮南子》接过《庄子》的简短论断，以玄想、逻辑推论的方式，结合汉代的天文学，给出了一个宇宙发生的详细描述。这个描述是此后几乎所有同类描述的蓝本。道的即本体即现象，即本体论即宇宙发生论，甚至其描述的质实、细碎风格，对此后扬雄、《易纬》、张衡影响很大。乃至《白虎通》这样简练、精要、具有国家法典性质的文本，其对天地、四时等的定义，都受到《淮南子》的影响。如扬雄《太玄》所谓“玄”，就是《淮南子》的“道”，不过以更加抽象、更加符号化的方式表现出来。对“玄”的描述也与后者相像：玄在幽深冥漠中展开万物，它先在地、逻辑地决定着万物的性质及其运动法则，它也自然地包含阴阳二气。人可以通过类似《周易》的占筮，认识玄及其展开的万物，由此变得聪明睿智：“玄者，幽摛万类而不见形者也。资陶虚无而生乎规，关神明而定摹，通同古今以开类，摛措阴阳而发气。……故玄聘取天下之

合而运之者也。缀之以其类，占之以其觚，晓天下之瞆瞆，莹天下之晦晦者，其唯玄乎！”（《太玄·玄摛》）

《易纬》的宇宙发生论也很典型，它在《淮南子》的基础上对宇宙发展阶段进行描述：“夫有形生于无形，乾坤安从生？故曰：有太易，有太初，有太始，有太素也。太易者，未见气也；太初者，气之始也；太始者，形之始也；太素者，质之始也。”（《易纬·乾凿度》）《易纬》的宇宙发生过程分为四个阶段，第一个是虚无寂灭、未有任何物质的阶段，第二个是有了最初的物质——气，但微茫无朕的阶段，第三个是气壮大有形迹但还未形成具体质地的阶段，第四个是气变而为五行之质的阶段。《孝经纬·钩命决》也有相近的说法。因为汉代元气说和五行说都很兴盛，元气有阴阳，阴阳二气变为水火木金土五行，五行再形成具体事物。《易纬》只解说从无形到有形的阶段，至于具体物，则是从其他物产生的，不在宇宙论的论述之列。《易纬》连同《淮南子》对此后道教的宇宙论及其神仙、医药、养生、丹道理论产生了很大影响。

《白虎通》继承了《易纬》的说法，认为“始起先有太初，然后有太始，形兆既成，名曰太素。混沌相连，视之不见，听之不闻，然后判清浊，既分，精曜出布，庶物施生”[1]。宇宙的发生，经过太初（虚无）、太始（有气）、太素（有质）几个阶段，然后有天地、万物。要提到的是，《白虎通》是学者议论，汉章帝亲临决断，汇集政治制度、社会生活、礼乐文化、伦理道德各个方面的重要著作，它可以说是汉代的百科全书，它的宇宙生成论有集合众意，归于一致的意思，尤有权威性。

张衡根据浑天说创立了他的宇宙发生论，他把道作为产生万物的根源，道演化为万物经过三个阶段：第一，宇宙最初没有任何物质的虚无

[1]（清）陈立：《白虎通疏证》，吴则虞点校，中华书局1994年版，第421页。

寂灭阶段，叫“溟涬”，是道的根。第二，自虚无中产生了气，气浑然一体，无形无相阶段，叫“庞鸿”，是道的干。第三，元气剖判，气有了阴阳、刚柔、清浊，形成了天地，天地产生万物，叫“天元”，是道的实际内容[1]。张衡的宇宙发生论的特点是，明确以道为宇宙实体，宇宙发生的几个阶段，都是道的不同表现。道是本体，也是实体，也是现象界的总和。本体着重本原、根据义，实体着重存在及演化义，现象着重杂多之总和义。道是这一切方面的总体。

自魏晋玄学以其空灵的玄思扫除汉代质实的阴阳、五行及汉易的象数以后，宇宙发生论不再兴盛，但其定型学说仍在天文历算及道教的炼丹、养生理论中流行。魏晋玄学、隋唐佛学重视的是本体论。北宋中期理学兴起，它全面吸收前人思想，发展出一套笼括天人，贯通宇宙论、心性论、修养论、治国论的庞大理论体系。理学的开创者周敦颐以简练的文字，隽永的意蕴，为理学奠定了理论基础和阐释方向。其《太极图说》借鉴了道教，讲宇宙发生论：“无极而太极。太极动而生阳，动极而静，静而生阴。静极复动。一动一静，互为其根；分阴分阳，两仪立焉。阳变阴合，而生水、火、木、金、土。五气顺布，四时行焉。五行，一阴阳也；阴阳，一太极也；太极，本无极也。五行之生也，各一其性。无极之真，二五之精，妙合而凝。‘乾道成男，坤道成女’，二气交感，化生万物。万物生生，而变化无穷焉。”[2] 其中“无极”指虚无寂灭的本原状态，“太极”指混沌未分的气。“无极而太极”，指从虚无寂灭中产生混沌未分的气，混沌之气逐渐分出阴阳两种势力，阳者动，阴者静，阴阳势能积累至极，各向

[1] 参见（汉）张衡：《灵宪》，载《中国哲学史资料选辑》（两汉之部），中华书局1960年版，第430—431页。

[2] （宋）周敦颐：《太极图说》，《周敦颐集》，陈克明点校，中华书局1990年版，第3—5页。

相反的方向转化，故互为根据。这里“两仪”指阴阳。阳动是阴阳统一体中主导的势能，阴静与阳动配合。气的运动变化自然产生水火木金土五种材质，万物是五行的自然生成。故五行统一于阴阳，阴阳统一于太极，太极来源于无极。五行各有其性质，不相混淆，也不能替代。每一具体事物都是由虚空阶段即已潜在具备的性质和二气五行提供的质料构成，两者缺一不可。具体事物又生出别的事物，辗转相生，由之无穷，共同组成丰富多彩的物质世界。这就是周敦颐为我们描绘的宇宙生成图景。但这一图景可以说是中国哲学史上的绝响，因为宇宙生成论是一种悬揣，一种推想，如果坐实了一步步往前追溯，一定会逻辑地到达一个虚无寂灭的阶段，这就堕入道家“有生于无”的理论。理学对道家、道教取其本体论而不取其宇宙论，所以朱熹要把周敦颐的宇宙论改造成本体论，以抹去其中的道家因素。此外，宇宙论倾向于实证地描绘宇宙发展的各个阶段，具有科学的性质，这也与理学所要求的空灵的、思辨的性质不同。所以宋代之后宇宙论便淡出了思想家的视野，成了少数有实证兴趣的人研讨的对象。

与宇宙生成、演化过程相关的是它的动力问题。一个过程的存在一定有此过程得以实现和完成的动力，这个动力究竟是内在的还是来源于外部，这也是与发生论相关的重要问题。中国哲学大多认为动力出自内部，即在演化的逻辑起点就已经潜在地具有了气及其对立势能，推动宇宙一步步展开。中国哲学发展得最为充分的，是气的既一分为二又合二而一的理论，即“两一说”。两一说使中国哲学呈现整体有机、灵动妙应、辩证统一、圆通融会的特点，较少机械性和直线发展、逻辑推理的思维，更无外在的造物主及“不动的推动者”的神话。这也是为何宇宙论除了在实证思维强势的汉代之外乏人问津的原因之一。

第四节　天道意蕴论

中国哲学中的形上学，充满人文精神、主体精神和洞观的玄想。西方形上学热衷讨论的问题，如宇宙最高原理、最高的绝对者——上帝、时间空间问题、因果问题、共相与殊相问题、自由与决定问题、身体与灵魂问题等，皆不在中国哲学家注目范围内，因为这些问题很多是就知识论来谈本体论的，而中国哲学注目的，是纯粹的“存在”问题，不过是就最高的、总括一切的本体着眼。这个最高的、最广大的“存在”就是天。这个“天”不是与地相对的具体物，而是“万物共成一天”的“天”。它是本体的代名词，与它处于相等序列的还有道、命、诚等。气、性等是对它的某个方面如物质支撑、性质等的规定物，而非天本身。天是即本体即表现、即价值即实证、即绝对即相对、即必然即偶然的存在，它符合中国人对形上本体的诸种诉求。对它的把握更多的是洞观的、体证的，而非逻辑的、实证的。关于天的讨论是中国哲学中最接近西方本体论的部分。在对存在的物质构成及演化历程的说明之后，就逻辑地过渡到对其性质及样态的总体说明。

由于地理环境等因素，中国先民主要从事农耕。农耕民族与天的关系最为直接，风雨露雷、寒热燥湿、四时变化直接与人的生活环境、劳作形式及收获丰歉有关。人在与天共处中认识到，天地万物有其规律、法则，人可以认识、掌握这种法则为自己服务。天与人息息相关，是人生产、生活所需的一切物质资料的来源。它是物质的、可感的，又是高远的、变幻无常的；人对许多自然现象、社会事物无法解释，无法掌控，对此常归结为偶然，甚至归结为命运。天对于中国先民是既亲切又威严、既实用又神秘、既近在眼前又高远不可及的存在，所以，中国先民在天的物质性之外，又赋予它许多文化上的附加成分。这种附加是从人对自己和所居住的环境的自觉反思开始的，因而其起源是古老的，过程是漫长的。现代人总结中国哲学关于天的各种含义，影响较大的是冯友兰的“五义说”：物质之天、主宰之天、运命之天、自然之天、义理之天。[1] 这几种含义基本囊括了关于本体的各方面意蕴。

一、物质之天

天最重要的义项是物质之天。天是人生产、生活的直接环境，人从天获得生产、生活资料，人的一切活动都建立在物质之上。人对天的种种解释、猜度、玄想等精神性活动，都是在其物质性之上发生的。物质之天成为先民对天最先、最容易肯定的性质。

物质之天有几个特征，一是它的直观性。人戴天履地，目之所视，耳之所闻，莫非天之一隅，“天之苍苍，其正色邪？其远而无所至极邪？”(《庄子·逍遥游》)“遂古之初，谁传道之？上下未形，何由考之？冥昭瞢暗，谁能极之？”(《楚辞·天问》) 是人最切近、最自然的问题。天的物质性的直接表现是，天由最基本的物质元素气所构成。“通天下一气耳”“天乃积气所生”是最一般的看法。就此点说，中国思想家是天生的“唯物论者”，所谓“唯心论”也不与此相对，而是在承认天地万物的物质性的基础上对精神活动的强调。这导致中国哲学是朴素的，不违背常识的，注重经验的，易于引向直观而非冥想、体验而非论证。像印度佛教中的种种神秘观想，古希腊哲学中的本质现象二分，在原发的中国思想中是不曾有的。

[1]　参见冯友兰：《中国哲学史》，中华书局1961年版，第55页。

二是它的功用性。天是人的生活环境的总体，是人的生活资料的直接来源；人的一切活动，都是在对天地万物的法则、功能进行认识、掌握的基础上进行的。荀子就曾说："天行有常，不为尧存，不为桀亡。""不为而成，不求而得，夫是之谓天职。如是者，虽深，其人不加虑焉；虽大，不加能焉；虽精，不加察焉，夫是之谓不与天争职。"荀子的结论是："天有其时，地有其财，人有其治，夫是之谓能参。""故明于天人之分，则可谓至人矣。"(《荀子·天论》)天的物质性减弱了它的主宰性、彼岸性，使它作为天的诸义中最直接、最强固的意义保留了下来，一直矫正或范导着人对天的基本认识，使中国哲学始终保持现实主义走向，抑制它向一神教的宗教发展。

天的物质性，它的可亲可即的现象性使中国人的知识带上了经验性、实用性、功能性特点，由此对经验背后恒定的、深刻的东西缺乏探究的兴趣；对知识成果的记载多是直观的、描述性的，重视形象不重视性质，重视功能不重视原理，对农业和与农业有关的天文、历法、地貌、气候等方面有所偏重，但皆呈现经验知识的特点。

天的物质性、功能性、经验性引发了对天的感恩、报本意识。中国先民对于天的依赖最强、最直接，对天的祭祀最盛大，"天地君亲师"，天是五祀之首。而对天地、日月、四时、土谷、山川河流、花木禽畜的祭祀又名目繁多，这使中国的宗教倾向于多神。尽管历代哲人不断对"民神杂糅"现象进行纠正，但仍然对人与神直接交通，借以表达感恩、祈求庇佑有极大兴趣。荀子说："礼有三本：天地者，生之本也；先祖者，类之本也；君师者，治之本也。"(《荀子·礼论》)把天地作为人赖以生存的本原，作为感恩的首要对象。《礼记》把宗社的意义明确设定为"报本返始"："社，所以神地之道也。地载万物，天垂象，取材于地，取法于天，是以尊天而亲地也，故教民美报焉。"(《礼记·郊特牲》)多神崇拜其实就是这种倾向的反映。这对向基督教那样的一神教发展，起了极大的阻遏作用。

三是它的此岸性。中国的学术思想主要保存在六经中。六经的记载是实在的、历史的，没有太多的神话成分。中国文化神话不发达，没有出现像古希腊那样奇诡的、富于想象力的、多方位折射社会生活的神话。中国也没有史诗，半人半神、半人半兽的诸神的多样化生命展现，在中国也是没有的。中国人侧重于实际事务。人世与天国、人与神、现世世界与想象世界对比是中国文化所缺少的。中国哲学中发达的圣人观念阻遏、消解了彼岸世界。中国的圣人不同于基督教的先知，他们是世间的人，首先是有功于世的帝王、思想家。他们不传达天意，但他们迥出常人的道德和智慧使他们的行为和思想与天所昭示的一致，“诚、神、几，曰圣人”，圣人是具体而微的天道。而这样的天是物质的、功能性的。圣人是最大限度与天合德的人。这样的圣人观加深了天的现实品格，阻塞了中国思想延伸到彼岸世界的通路，通过深刻的思辨和丰富的想象在彼岸世界中开发出深厚理论内涵的可能性也因此被封限了。日本著名东方学家中村元曾说：“众所周知，中国人的民族性通常是以常识性的和功利主义的思维方法为基础。中国知识社会所追随的哲学传统和哲学研究，是以实际目的为中心的，这些实际目的是与现实生活直接关联的。大多数中国学者对能导致成功的道德、政治和处世手段颇感兴趣。”[1] 这段话对中国人的思维特点概括得很中肯。

二、主宰之天

主宰之天相比物质之天有更强的政治、宗教意蕴。主宰之天是说，天

[1] ［日］中村元：《东方民族的思维方法》，林太、马小鹤译，浙江人民出版社 1989 年版，第 162 页。

是世间万物的主宰者，天体运行，风雨雷电，四时变化，万物生灭，人间祸福，都由一种看不见的力量宰制、控御着。这一思想在中国最早的典籍《尚书》《诗经》中记载很多。和世界上其他文明一样，处在文明发达早期的华夏民族的先人，对天这样强大、辽远、神秘莫测又时时不离的存在充满了畏惧、好奇与探其究竟的冲动，但又无法确知其原委，只好把它设想为一个有人格的精神性存在。天作为主宰者是统一的，凡是局部发生控御作用的，都把它当作统一的主宰者在具体时空中的表现。主宰之天的最大功能在政治和宗教方面。政治上的表现是，人们把政权的获得、丧失、转移都看作主宰者的意志。所谓天命、天予、天奉、天罚、天殃、天威、天讨、天秩等，皆是天的主宰作用的具体体现。

为了加强天的主宰作用的至高无上、无法违抗性质，先民们又造出“帝”的观念。帝又称上帝、天帝等，其主宰者、有人格的最高统御者的意味更加显明。天与帝相比，天的自然意味强，帝的人格意味强。但由于人格意味的增强，最高主宰者的道德性也被增强了，所谓“德合天者称帝”。天、帝的政治意义，一方面加强了君权神授的强制性、正当性，另一方面也加强了对人间的最高统治者的道德要求：只有德合天地的伟大人物才能“陟降在帝左右”（《诗经·大雅·文王》）。同时帝的道德性的增强，又彰显了“天命有德”的合理性，为最高本体的价值含义奠定了基础。而本体的价值性这一中国哲学的基本面，在政治哲学、道德哲学上的影响非常大。

但主宰之天又是天之诸义中前后改变最大的。中国文化至夏、商已高度发达，至周达到光辉灿烂的阶段。而夏商周三代文化形态有很大不同：夏代朴野无文，人们的着眼点是世间，重视个人与群体间的伦理关系。殷商是先民宗教精神的高涨、发达期，注重人与天、神等神秘力量的交通，人与人之间反倒质朴、疏简，可说是神重于人的时期。而周则人文主义兴盛，最突出的表现就是用礼乐代替天帝、鬼神等超自然力量。这一点是孔子的仁爱、礼乐思想的出发点。而孔子在此基础上又向人文主义推进了一步，奠定了中国文化重视现世，重视人伦，重视礼乐教化，重视经验知识，敬鬼神而远之诸特性的基点。后世学者总结为“夏人立教以忠，其失野，故救野莫若敬。殷人立教以敬，其失鬼，救鬼莫若文。周人立教以文，其失荡，故救荡莫若忠”[1]。此即夏尚忠，殷尚质，周尚文，三代相互补救，周而复始之说。在西周末期以至春秋时代的社会大变动中，随着人对天的认识的加深，人文主义思潮高涨，人们对天的主宰性的怀疑、批评不断增长，不信天甚至骂天的现象渐趋强烈，天的人格神的性质逐步减弱甚至丧失，天、帝变成了人们不敢亵渎但敬而远之的对象，祭天成了人间的代表——帝王、君主的重要职分，但其功能更多地具有了祈求天保佑人诸事顺遂的功利色彩。主宰之天的诸多改变，使中国文化呈现重视人世，轻视彼岸；重视礼乐，轻视信仰；重视经验，轻视冥想思辨的品格。这些文化倾向，随着中国哲学的进一步发展愈益鲜明、强烈。

三、自然之天

自然之天主要是针对主宰之天和义理之天提出的。天的高远不可即、主宰万物的产生变化这一点使探索天的奥秘的思想家对天产生了种种神秘的、拟人的联想。抬高天的地位、将天神秘化主要是为了政治的需要：“君权天授”是为了加强政权的合法性、君主权力的绝对性以及对君主权力的制约——屈君伸天；造出对天的各种新奇之论是为了权力运作中解释

[1] （清）朱彬：《礼记训纂》，中华书局 1996 年版，第 792 页。

天的需要。而这会带来对天的种种附加，产生许多新奇、悠谬、非常可怪之论。自然之天是对这类学说的批评和消解。先秦最重要的六家，取其大较，可划分为人文和自然两大派。儒家、墨家、阴阳家倾向于前者，道家、法家、名家倾向于后者。在天人合一原理之下，可以因种种人间需要对天作不同侧重的解释。强调政治、道德、合价值与合功利为一的行为，是人文派的侧重点，如儒家经常引述的经典语句，言天的道德性的有："维天之命，於穆不已。於乎不显，文王之德之纯。"（《诗经·周颂·维天之命》）"天生烝民，有物有则。民之秉彝，好是懿德。"（《诗经·大雅·烝民》）"侯服于周，天命靡常。……永言配命，自求多福。殷之未丧师，克配上帝。"（《诗经·大雅·文王》）言天的赏善罚恶的有："天道赏善而罚淫。"（《国语·周语》）"惟天阴骘下民，相协厥居。"（《尚书·洪范》）"民神怨痛，无所依怀，故神亦往焉，观其苛慝，而降之祸。"（《国语·周语》）"道而得神，是谓逢福。淫而得神，是谓贪祸。"（《国语·周语》）"天之假助不善，非祚之也，厚其凶恶而降之罚也。"（《左传·昭公十一年》）言君主、臣民应该敬天、畏天的有："敬天之怒，无敢戏豫。"（《诗经·大雅·板》）"畏天之威，于时保之。"（《诗经·周颂·我将》）言礼乐的重要性、本原性的有："'夫礼，天之经也，地之义也，民之行也。'天地之经，而民实则之。"（《左传·昭公二十五年》）"礼以顺天，天之道也。"（《左传·文公十五年》）以上关于天的各方面思想，都是人文性阐释对天的自然性的附加。此后的孔子、孟子，沿着这一方向继续延伸，都把天当作道德、政教原理的根源。而墨家的"天志"，将不被权势阶层重视的百姓诉求说成天的意志，用它来威吓、警醒统治者，"天志"是社会下层对抗统治者的理论武器。

儒墨对天的解释，基于对天人双方的深刻理解，是人的创造精神的体现，是人文化成活动的必然结果。而人的精神创造、人文化成在带给人进步、和谐、美善、幸福的同时，也伴随着大量的负面因素，如礼乐带来的虚饰，尚贤带来的争斗，亲亲带来的偏私，敬信天命带来的拘泥多畏、不敢作为，阴阳五行带来的繁琐、附会等。道家、名家等正是基于这一点盛张自然之天，把它作为与“自然的附加”作持久斗争的工具。

《老子》首先强调自然。“天”在《老子》中常与地对言，指人头顶上的苍苍之天，天亦万物中之一物。天地万物的本原和法则是“道”，“德”即道贯彻于具体事物而有的性质。老子有时也在万物的本原意义上使用“天”这一概念，对道的描述也可用以描述天。老子哲学首重“自然”，道即自然，自然则无为，道表现为“莫之命而常自然”（第51章）。“自然”是万物包括人类社会的最高法则，合乎自然的就是符合道的，顺任自然才能产生最有效的结果，所谓“无为而无不为”。老子提出自然是为了反对“有为”，消除罔顾自然法则、任意造作而产生的种种社会弊害。所以老子强调“我无为而民自化，我好静而民自正，我无事而民自富，我无欲而民自朴”（第57章）。只有“希言”才合乎“自然”，知道“自然”法则才能立于不败之地：“知常曰明，不知常，妄作，凶。知常容，容乃公，公乃全，全乃天，天乃道，道乃久，没身不殆。”（第16章）老子把他的一切思想都凝聚、寄寓在“道法自然”这一原则中，表达了他要求返回人的淳朴本性，纠治种种社会弊病的美好愿望。他对虚静、观复、柔弱谦下的强调，皆是对道的自然法则的贯彻。

庄子继承了老子的自然观念而有发展。老子多讲道而庄子多讲天，相比老子，庄子所谓天更多地具有自然而然、本来如此、无须造作等意义。老子的自然是普遍原理，庄子的自然主要是人心的法则。庄子在战国时期战争更加频仍，社会更加动荡，时局更加变幻和复杂的现实下，把“自然”更多地引向理想破灭、痛苦无奈的士人对自己心灵痛苦的抚慰、麻醉、甚至逃避。庄子向往的是超越了有限的绝对自由境界，在他看来，世俗所追求的名誉、地位、财富、寿考都是人到达自由的羁绊，要想得到逍遥境界，一定要回到人无知无欲的本来状态。空无一物的“无何有之乡”，才是人的理想居所。“若夫乘天地之正，而御六气之辩，以游无穷者，彼且恶乎待哉？故曰：至人无己，神人无功，圣人无名。”（《庄子·逍遥游》）与自然为一，与所遇俯仰，无有阻遏，无有挂碍，独与天地精神相往来，即达到逍遥。世人对此境界，懵然不知，如聋如盲。要达到逍遥，先须“齐物”。齐物一是齐一万物之天然分际，二是齐一物论是非。故须丧我，去除成心，认识道通为一的道理，听任其天然分际，“休乎天钧”“和之以天倪”。三是去除对生命的留恋，齐一生死，顺任自然，达到精神的绝对自由。在自然原则的观照下，仁义礼乐这些治国工具，皆骈拇枝指，须彻底去除。庄子的名言“牛马四足，是谓天；络马首、穿牛鼻，是谓人。故曰：无以人灭天，无以故灭命，无以得殉名。谨守而勿失，是谓返其真”（《庄子·秋水》），“不以心损道，不以人助天，是之谓真人”（《庄子·大宗师》），是对自然之旨最好的概括。

道家的自然之天，是对儒墨对天的“人文性附加”的消解，是以冷峻的眼光照彻世间一切虚假、文饰、浮华的武器，是纠治世人过分热衷奔竞、往而不返的良方。各时代的思想家，都在对天解释过度以致陷于虚妄、荒诞之时，用道家的自然之天消解、阻遏之。如荀子的“明于天人之分”，吸收稷下黄老思想，主张“圣人清其天君，正其天官，备其天养，顺其天政，养其天情，以全其天功”（《荀子·天论》），用以批评当时盛行的术数与迷信。王充用黄老学之“自然”，批评汉代流行的灾异、谴告、招致及谶纬中对自然现象的种种歪曲解释。魏晋玄学中的“越名教而任自然”，也是以老庄思想为骨架，以“自然无为”为工具，反对儒家的礼法对精神自由的束缚，如嵇康说：“下逮德衰，大道沉沦。智惠日用，渐私其亲。惧物乖离，攘义画仁。利巧愈竞，繁礼屡陈。刑教争施，夭性丧真。”[1]就是对儒家的伦常道德、礼乐教化的反对，主张回到符合人的自然天性的本真世界。到隋唐佛学，“自然”又与佛家真空假有为一的中道、不舍一法又不住一法的修行方法吻合。特别在禅宗中，“自然”是万法的实相，成佛的法门，所谓“饥来吃饭倦来眠，只此修行玄更玄”“我来问道无余说，云在青天水在瓶”是这种状态或方法的极好写照。在宋明理学中，“自然”与否成了修养境界的判断标准，不到自然，就是工夫未圆熟。程颢批评张载“恁地不熟”，自己则“闲来无事不从容，睡觉东窗日已红。万物静观皆自得，四时佳兴与人同”。邵雍的《渔樵问对》，更是对自己自然闲适生活的纪录。王阳明以良知为天道在人心中的展现，人心的明莹无滞与天的自然无碍是统一的。所以良知既“必有事焉”，又“鸢飞鱼跃”“活泼泼地”；既“时时知是知非”，又“时时无是无非”。敬畏的本质表现为洒落的形式。

总之，自然之天在中国哲学这样高度俗世化，天道人道打通为一，重视“下学上达”的学术形态中受到重视是顺理成章的。它在三教中的不同表现与互相融合，是中国哲学发展中一条重要线索。西方哲学中也有源远流长的人文与科学、宗教与俗世、理性与信仰、机械论与目的论的争论等。近世以来的思想家多认为两者各有胜场，机械论可以解释感性世界中有必然性和规律性的东西，目的论可以解释人的精神性附加带给世界的宗教的、道德的东西。两者分属于不同领域，前者是“经验判断”，属“感性世界”，后者是“先验反思判断”，属“超感性世界”，两者可以并行不悖。考察西方以上各种争论有助于我们深入思考和把握自然之天与其他意义的天的关系。

[1] （三国魏）嵇康著，戴明扬校注：《嵇康集校注》，中华书局 2014 年版，第 534 页。

四、义理之天

义理之天也是中国哲学源远流长的传统。义理之天与主宰之天有同源性，早期思想家既把天当作一种不得不然、必须遵循的道理，又将其强制性、无法违抗性视为一种具有最高权威的人格，天的主宰万物这一面被有意无意地夸大了。伴随人文主义的兴起，天的人格性逐渐被消解掉，义理性逐渐突出。义理之天更多地源于对自然事物的理性理解和经验观察，这在《诗经》《尚书》《国语》《左传》中大量提到。

义理之天所谓“义理”，本来涵盖自然规律和人文、社会的法则两方面。如《诗经》中的“天生烝民，有物有则。民之秉彝，好是懿德”（《诗经·大雅·烝民》），“帝谓文王，予怀明德……不识不知，顺帝之则。”（《诗经·大雅·皇矣》）此中“物则”指具体事物（包括人）的规律和法则，“帝则”指作为总体的宇宙万物的性质、法则。但“义理”又大量地指天的公平、正直、赏善罚恶等种种内在性质和自然倾向。如：“有夏多罪，天命殛之。”（《尚书·汤誓》）“天惟时求民主，乃大降显休命于成汤，刑殄有夏。”（《尚书·多方》）“天道盈而不溢，盛而不骄，劳而不矜其功。”（《国语·越语下》）“夫天道导可而省否。”（《国语·周语下》）“天道皇皇，日月以为常。明者以为法，微者则是行。”（《国语·越语下》）都鲜明地彰显了这一内涵。而在“维天之命，於穆不已”之后，即讲“文王之德，纯亦不已”；在“天生烝民，有物有则”之后，即讲“民之秉彝，好是懿德”，都把天作为人的道德根源，把天含具的义理作为人、物之性的内容。天是一种居高临下的存在，它真美善合一，它内含的义理是直觉地昭示的，需要人统一地体悟，所以对天不能是平面的、局部的、知性的理解；并且知天是为了则天而行，“知之匪艰，行之维艰”，行重于知，都与义理之天的内容及其形式有关。

孔子继承了《诗》《书》中义理之天的内涵而有所拓展。孔子在春秋以来对天的理性主义解释的基础上进一步消解了天的主宰成分，义理色彩大为增强。孔子不直言天的义理内涵，而是把它体现在事物的性质和法则中。“唯天为大，唯尧则之”（《论语·泰伯》），尧取法的是表现在万物中的天的理则。天的“大”，在其义理之神圣、高严，正因如此，孔子的发誓才指天为证。在孔子心目中，誓言的鉴证者不是神灵，而是有人格特征的义理；唯其是义理，才会“予所否者，天厌之！天厌之”（《论语·雍也》），才会“获罪于天，无所祷也”（《论语·八佾》），“吾谁欺？欺天乎”（《论语·子罕》）。天是义理昭彰、不能欺瞒的，所以在政治黑暗，生灵涂炭时，人们才有“天下之无道也久矣，天将以夫子为木铎”（《论语·八佾》）、“固天纵之将圣”（《论语·子罕》）的期盼。而“天生德于予”（《论语·述而》）、“天之未丧斯文”（《论语·子罕》）、“知我者其天乎”（《论语·宪问》）等语，表达的是孔子以天的义理的承担者、表现者、传承者自命的气魄和胸怀。这几则引语中的天如果还有一点“人格”的尾巴的话，那也是为了加大义理的神圣和高严，表现对天的义理的敬畏，基调是人文的、解释的、理性主义的。此点为孟子所继承和发扬。

孟子的义理之天的内涵，在以下几段话中表现得很充分：“顺天者存，逆天者亡。”“诚者天之道也，思诚者人之道也。”（《孟子·离娄上》）“尽其心者，知其性也；知其性，则知天矣。”“万物皆备于我矣，反身而诚，乐莫大焉。”（《孟子·尽心上》）人所不能违逆的，是天之理，不是人格神。作为天之道的“诚”，是天所显示的理则；人之道，在与天之理则为一。“反身而诚”者，将天之义理体会于自己心中，充满而无虚歉，挺特而无倾倒，而且体会到它与自己的心性为一，就会得到莫大的精神快乐。这是孟子从子思那里接受的最基本的思想。最为重要的是孟子对“尽心知性知天”的解释：“尽心”者，充分体验自己的“四端之心”；“知性”者，体知自己的本善之性；“知天”者，体会到天是生生不息，充满创造力和活泼泼的生命精神的实体。孟子这个思想非常重要，他把天、道、性、心四个概念打通，为人的心性树立了天道根据，为天道找到了心性这一归着点，为人的道德创造树立了天、道、性、心为一的源泉。这为儒家道德形上学开辟了新的理论路径，为中国哲学的天人合一传统拓展了新的解释路向。从思维方法上说，从物质性的、具有实证意味的“气”向空灵的、充满人文诠释的心性天道合一的路向迈进。这在儒家思想发展历程中具有全新的意义，是对孔子“性与天道不可得而闻”的深化与拓展，也是对主宰之天的遗留的深层消解。

孟子义理之天思想对此后的儒学尤其是宋明理学影响极大。董仲舒的“察于天之意，无穷极之仁也”（《春秋繁露・王道通三》），程颐、朱熹的“性即理”，陆九渊、王阳明的“心即理”“良知即天理”，胡宏的“五典，天所命也；五常，天所性也”[1]，刘宗周的“心一天也，独体不息之中，而一元常运，喜怒哀乐四气周流”[2]，都以孟子为自己思想的直接来源。而义理之天出于人对天的人文性解释，在崇尚自然之天、思维倾向于实证的思想家看来，义理属于对天的附加，无法证实。荀子批评孟子“材剧志大，闻见杂博。……甚僻违而无类，幽隐而无说，闭约而无解”（《荀子・非十二子》），即属于此类。

先秦时期义理之天的内涵奠定了中国文化的理性主义基调，消解了主宰之天的神格，树立了重视天道以规范人事的致思路向，对后世影响极大。宋明理学中的义理之天的丰富内容将在政治哲学和伦理哲学中展开论述。

[1] （宋）胡宏：《胡宏集》，吴仁华点校，中华书局 1987 年版，第 122 页。

[2] （明）刘宗周：《刘宗周全集》第二册，吴光主编，浙江古籍出版社 2007 年版，第 138 页。

五、运命之天

运命之天也是天的重要一义。“运”与“命”皆有强制的意思，运的偶然成分多，命则复杂得多，是一种感觉上偶然、理智上必然、情感上无可奈何的“自在之物”。“运”“命”合言，代表一种不得不然、无法抗拒、无法改变的必然趋势。而世间万物，“理有固然，势无必至”，理与势这一对孪生兄弟使运命之天充满了神妙、引人入胜之感。《尚书》《诗经》多言主宰之天，但随着春秋时期人文主义思潮的高涨，对天的认识的深化，天的主宰义逐渐减弱，自然性、义理性增强，人多把天归结为多种外在力量的集合而表现出的某种趋势和必然性。运命之天的出现，表示人在弱化了对主宰之天的信仰、膜拜之后，转而注重对它的必然性、强制性的顺从，及对人的内在力量的重视与挖掘。

由孔子开创的儒家首先实现了这一转变。孔子认为天辽远、深奥、不可确知，同时又有确定不疑的法则，所以不亵渎天，亦不求知天，但顺承而已。故尤赞赏尧训导舜的话：“天之历数在尔躬，允执其中。”（《论语·尧曰》）此中“历数”指天不得不然的运行趋势，有运命之意。孔子自叙成学历程，有“五十而知天命”之语。此中“天命”有多种解释，程颐谓“知天命，穷理尽性也”，朱熹谓“天命，即天道之流行而赋于物者，乃事物所以当然之故也”[1]，皆指外在的事物之理。而本书则指外在于人的各种自然、人事力量的机缘会合，它作用于个体，无法抗拒，无法避免，唯有顺应。故孔子一方面把知命作为君子的一种品德，“不知命，无以为君子”（《论语·尧曰》），另一方面又认为，知天命须得有相当的阅历和体验、觉解能力，故“五十”方能知之。而各种各样的“运命”征兆，如凤

[1] （宋）朱熹：《四书章句集注》，中华书局 1983 年版，第 54 页。

凰来仪，河出图、洛出书之类，孔子也以之为预知自己时命的符号。对于富贵寿夭等人力不能掌控之事，孔子也付之“运命”：“死生有命，富贵在天。”（《论语·颜渊》）“颜渊死，子曰：‘噫！天丧予，天丧予。’”《论语·先进》总之，孔子对无力抗拒之事常归之于运命之天，不求知之，唯求顺之。

墨子则反对运命之天，认为如果相信命运，则人的一切努力都是徒劳的，就会消解人的进取心，导致人不积极从事，因而产品匮乏、生活穷困。所以，“命者，暴王所作，穷人所述，非仁者之言也”（《墨子·非命下》）。墨子虽不主张运命之天，但认为天有意志，天意的内容是兼相爱、交相利、尊天、敬鬼神、爱人。天意是人言论、行为的标准，符合天意为善，反之为恶。并且鬼神是存在的，它在暗中赏善罚恶，以与天意相配合。

孟子关于运命之天说得比孔子明确，孟子的运命之天指一种非人力所能改变的天然结果、自然趋势，如：“莫之为而为者，天也；莫之致而至者，命也。”（《孟子·万章上》）但孟子强调人在命运面前应积极有为，命运是人行动之后的结果，人不能妄论天命而放弃努力，故孟子说：“君子创业垂统，为可继也；若夫成功，则天也。君如彼何哉？强为善而已矣。”（《孟子·梁惠王下》）君子不以运命之臧否改变初志，其所做的一切，皆在完成自己的志愿，故视一切结果为自然，对之顺适无违：“莫非命也，顺受其正。”“君子行法，以俟命而已矣。”尽人事而听天命是君子应该采取的态度：“尽其道而死者，正命也。”“君子所性，虽大行不加焉，虽穷居不损焉，分定故也。”（《孟子·尽心上》）在孟子心目中，孔子是最善于掌握命运的人，故“进以礼，退以义，得之不得曰‘有命’”（《孟子·万章上》）。孟子认为荣华富贵是外在的，它能否获得很大程度上靠命运，但仁义礼智这些道德品质，根于人性，只要努力就可以获得，故不能归之于命运。践行仁义，死而后已，这是对待命运的正确态度。不行仁义，触犯刑律而死，是“非命”。践行仁义要靠尽心知性知天，存心养性事天。在孟子这里，运命之天与义理之天逐渐融合为一，将人心、人性与天道连通，进一步消解天的外在强制性，为儒学确立了内省的、体验的、天人合德的修养方法。

《易传》所谓“命”多指天道运行的法则。其“乾道变化，各正性命”，指在天道的运化中，万物各根据自己本性的必然性运动，实现其潜藏的各种可能性，在展开自己的过程中构成与他物的新连接方式，此谓“太和”。人的行为的目的在保持此种和谐，与之合一，故“保合太和，乃利贞”。万物的根本原理是“一阴一阳之谓道”，具体事物继承这个原理而为自己的性质，成就这个原理是它的最高价值。君子的修养应遵循“穷理尽性以至于命”的途径，即由研究事物的道理，到把握其本性，到总体上认识天道的法则。落实到《周易》上，即通过观象、玩辞、察变、审占这“易有圣人之道四焉”，认识和把握《周易》这套模拟、规约天地万物的符号系统。它的着眼点在天的规律、法则本身，基调是理性主义的，一般意义上的运命、偶然、外在强制的意味甚少。

道家对运命之天论述最为深刻的是庄子。老子的最高范畴“道”即“自然”本身，它无意必、无造作，没有“自然”之外的任何属性，内无本身的逼迫，外无他者的强制，更无最高的主宰者和预定的节遇。“道”没有“运命”的意味，“自然”即排除了一切不自然的因素。

老子多讲万物的性质和原理，庄子则多讲人生的意义和价值，人的理想状态和修养方法。庄子由于对形形色色的生命样态的深刻体察，对所处之世的深深失望，产生了强烈的幻灭、悲观思想，所以关于命运的思考在他的整个述作中占有重要地位。庄子把天称为造物者，其“造物”遵循自然法则，它虽能“生天生地，神鬼神帝”，但又“自本自根”“无为无形”。庄子有比老子强烈的创生意识。老子注重的，是创生的形式和法则：自然无为；而庄子注重的，是创生的意义：生是主动的还是被动的，自为还是他造，自由还是受限，有目的还是无目的，这些问题进入他的视域，叩问着他的灵魂。在庄子这里，“命”指由内外诸条件所产生的规范、强制、逼迫，一种与逍遥境界相对的“有待”状态。这种状态来自两个方面：一个是外缘条件，个体事物作为一个结点被它所处的网状结构所束缚；一个是内缘条件，个体事物被它的内在本性所限制。个体事物一旦存在于世，便逃不出被内外诸缘所限的情况，这是它的“命”，“命”通过“运”——即当下所碰到的境遇表现出来。而人们不能追问为什么会碰到这种境遇。个体事物在宇宙的长河中，是被机缘带出的沧海一粟，对自己所处的境遇，不能预测、不能躲避，只能顺受。个体对此的感受是“天下诱然皆生而不知其所以生，同焉皆得而不知其所以得”（《庄子·骈拇》）。一片混沌，一团无可奈何。处在这样的网上节点中，在此则不能想望在彼，在彼则不能想望在此，每一个体皆被强大的外缘所裹挟，没有自由可言。就内缘言，每一个体皆被自己的本性所决定，“凫胫虽短，续之则忧；鹤胫虽长，断之则悲”（《庄子·骈拇》）。鲲鹏不能抢榆枋，斥鴳不能抟扶摇而上，庄子在描述逍遥境界时就已显示出了万物的拘限。不但有质性的拘限，还有生死的拘限，生则有死，死是生的必然结果；万物的生，就是走向死的过程，不管是小年的“朝菌不知晦朔，蟪蛄不知春秋”，还是大年的“楚之南有冥灵者，以五百岁为春，五百岁为秋。上古有大椿者，以八千岁为春，八千岁为秋”（《庄子·逍遥游》），都无法越过生死大限。不管内缘还是外缘的拘限，庄子教人用视之为“命”的办法来对待：“死生存亡，穷达贫富，贤与不肖毁誉，饥渴寒暑，是事之变，命之行也。”（《庄子·德充符》）既然是命，则只能顺受，抗拒、躲避都是徒劳的、于事无补的。庄子的理论所指向的是他视为最高人格的修德。庄子所修之德，即能洞观命运的必然性而安之若素的境界和器识：“知其不可奈何而安之若命，德之至也。”（《庄子·人间世》）而要达到以上目的，须有如下步骤：达到对天的洞观，然后在天的照察下，视万物为齐一，泯除一切差别，放弃对生死、利害、穷通、荣毁等的分别与执著，“举莛与楹，厉与西施，恢诡谲怪，道通为一”（《庄子·齐物论》）。在具备这种精神境界的情况下，“不谴是非，以与世俗处”（《庄子·天下》），一方面内心超越，一方面与物俯仰。如此，则内蕴深厚，道德充盈，可以自处，可以应世。庄子希冀用这种达观的人生智慧来应对“命”的强大制约力量，获得精神自由。庄子为我们提供了一副在浊乱之世免除心灵痛苦，获得精神慰藉的药剂。

此后的郭象，在《庄子注》中特别发展了庄子关于“命”的思想。他的“独化于玄冥之境”，将庄子着重于人对天的觉解、了悟、诠释，变成了天地万物本身的性质；将庄子外在强制性的“命”，变成了内在自然性的“独化”；将庄子表面的达观背后隐藏的痛苦与无奈，变成了“和乐”地接受与顺适。“造物者无主，而物各自造”，没有造物者，就没有外在的逼迫，也没有本性的拘限，个体物的一切都是自己如此的。因果链条上的每一环都是自己内在蕴藏、不得不然的展开。没有现象与本质，没有原因与结果，没有目的与手段，没有总体与个体，每一刹那都是“独化”过程中一个被聚焦的节点，都是个体物向人的呈现与敞开。不能追问为何如此呈现，因为一切似乎外在的东西都是内在的，一切可以作为此呈现的依凭和根据的，都是呈现者自身的内在元素。郭象要把贵无派的外因和崇有派的内因融合成为一个“本因”，本因则无因。无因的事物是一个不容分说的“正”：“不为而自能，所以为正也。”“万物必以自然为正，自然者，不为而自然者也。”（《庄子注·逍遥游第一》）郭象强调万物的自然自尔，从而将命的必然性推至极处，而这同时也就消解了命。因为自然自尔的东西是不能定义、不能解释的，也无所谓“强制”，所以不论命；不论命，因而只需顺适："乘天地之正者，即是顺万物之性也；御六气之辩者，即是游变化之途也。如斯以往，则何往而有穷哉！"（《庄子注·逍遥游第一》）郭象消解了庄子的无奈与悲悯，也消解了竹林名士的悲愤与放诞，以豁达、和乐的方式面对所遇到的一切，尽性即至命，入世即出世，名教即自然，庙堂即山林。郭象在关于命的理论上，成功地实现了融合儒道的历史使命。

东汉王充则以黄老道家的命论批评当时流行的种种对天道自然无为原理的解释性附加。他的着眼点多在人穷通、寿夭的运命，而非在事物的性质上。他的理论基础是黄老道家的自然无为："无心于物而物自化，无意于生而物自成。"（《论衡·自然》）由此王充主张人在出生时，穷通寿夭已由所禀之气的清浊厚薄所决定，这是"命"；人后天操行之善恶，这是"性"。"或性善而命凶，或性恶而命吉。……使命吉之人，虽不行善，未必无福；命凶之人，虽勉操行，未必无祸。"（《论衡·命义》）王充认为，前人主张人有正命、随命、遭命，但只有正命（由禀气决定吉凶）是实有的，随命（由操行之善恶决定吉凶）、遭命（偶然遇到的凶祸）都不能称为命。对人的穷通寿夭，王充无法从行为善恶得到解释，只好归之禀气自然说。这是他面对社会不公时的一种消极抗拒和自我解嘲。

唐代柳宗元、刘禹锡对运命之天也有较为深入的论述。柳宗元以元气自然说回答屈原对天的诘问。如屈原问，阴阳与天道本原于何处，如何运化？柳宗元答道："合焉者三，一以统同。吁炎吹冷，交错而功。"[1] 即阴、阳与天三者，实统一于元气。气的运动变化，形成阴阳两种互相对反的势力并形成天下万物，并无主持者控御其中。各种怪物、灾异，也是气造成的，不过不符合人的习见，故人诧异、惊愕甚至恐惧，由此产生种种联

[1]（唐）柳宗元：《天对》，《柳宗元集》，中华书局 1979 年版，第 365 页。

想。又如屈原问，天表现得反复无常，不知它惩罚什么，保佑什么？如齐桓公，曾九合诸侯，弭兵除暴，为五霸之首，却以杀身告终。柳宗元对此回答：“天邈以蒙，人么以离。胡克合厥道，而诘彼尤违。”[1] 意谓天邈远茫昧，难以知晓，人在天面前渺小无比，怎能参与天事？更不能指责天违背人加给它的所谓赏善罚恶功能。桓公之霸业，是因为他幸而有管仲这样的贤能辅政；他的败亡，是因为他自恃强大，对诸侯傲慢无礼，又任用奸佞，淆乱国政。是皆由于人为，而非天意。天并无赏善罚恶的功能。又如屈原问，天把政权赐给一姓统治，并告诫他保守勿失，为什么又用别姓代替他？柳宗元回答：有德者才得到天命的眷顾，而丧失政权是因为其后嗣怠惰荒淫，自失政权，天又怎么能庇佑这类自我放弃者呢？总之，天道自然，非有命定。政权兴替皆由自取，一切皆人自己招致。

刘禹锡有《天论》三篇，对于运命有较深刻的论说。他首先提出，关于天有两种截然相反的理论：一是目的论，认为天可以赏善罚恶，福善祸淫，是人世的主宰者；一是非目的论，认为天不干预人事，如雷霆击中人畜，非为惩恶，长养万物，非为奖善。盗跖之类的坏人过得顺遂，孔、颜之类的好人遭受穷厄，皆有实然的根据，非关天意。信从前者，则阴骘之说胜；信从后者，则自然之说胜。由此刘禹锡提出“天人交相胜”之说：“天之能，人固不能也；人之能，天亦有所不能也。……天之道在生植，其用在强弱；人之道在法制，其用在是非。”[2] 认为天生万物，各有其性，这是天之能，如水火伤物、木坚金利、壮而武健、老而昏眊等自然现象。人之能在于掌握自然规律，使之为人服务，订立各种政治、法律、道

[1] （唐）柳宗元：《天对》，《柳宗元集》，中华书局 1979 年版，第 391 页。

[2] （唐）刘禹锡：《天论上》，《刘禹锡集》，中华书局 1990 年版，第 67—68 页。

德规则来约束人，使社会有秩序。刘禹锡特别强调，在法大行的时候，是非出于公道，人有章可循，知为善必得赏，为恶必得罚，不把赏罚归之天意。天只是人报恩、虔敬的对象。而法小有松弛，则赏罚不必尽当，俊杰在位，但不免不贤者掺入，小人受罚，但不免无辜者掺入。人不免产生福可诈取，祸可苟免之想，遂将人无法预料之事归于天之偶然。待到法大坏，奸佞在位，忠良受祸，正义遭罚，邪慝得赏，纲纪紊乱，是非颠倒。人能胜天的信念彻底坍塌。由此刘禹锡得出结论："天恒执其所能以临乎下，非有预乎治乱云尔。人恒执其所能以仰乎天，非有预乎寒暑云尔。生乎治者，人道明，咸知其所自，故德与怨不归乎天。生乎乱者，人道昧，不可知，故由人者举归乎天。非天预乎人尔！"[1] 刘禹锡的"天人交相胜"是关于天人关系的深刻见地。他从社会治乱角度分析天的意志、运命的产生，也较前人进了一步。

此后关于运命之天的各种理论，或将运命归于偶然，或归于必然，或认为偶然即必然：人不能解释其原因，故以为偶然，而从事物皆有其不得不然的根据和理由说，即必然，两者实则一件事。王安石有一首诗可以说明此理："风吹瓦堕屋，正打破我头。瓦亦自破碎，岂但我血流。我终不嗔渠，此瓦不自由。众生造众恶，亦有一机抽。渠不知此机，故自认愆尤。此但可哀怜，劝令真正修。岂可自迷闷，与渠作冤仇。"[2] 意思是，风吹起瓦，瓦下坠砸中某人，对此人来说，是偶然的，但从瓦的角度看，却是一系列事变汇聚成的"缘在"，是必然的、有根据的。由此可以说，瓦是"不自由"的。认识到这一点，不嗔怪风、瓦，亦不怪自己。延

[1] （唐）刘禹锡：《天论上》，《刘禹锡集》，中华书局 1990 年版，第 69 页。

[2] （宋）王安石：《拟寒山拾得》，《王文公文集》，唐武标校，上海人民出版社 1974 年版，第 565 页。

伸到众生造恶，也有不得不然的外在缘由。许多人不知此点，只从主观上责怪自己做错了。从勇于知错可以原宥，但对天道运化的理解，仍嫌肤浅、片面，需加强学问修养。至于自认愆尤，心情暗淡，痛自切责，怨天尤人，更是不可取的。王安石此诗对“命”与“运”，皆从天道人事的关联处理解，于人为偶然的，于天为必然。就事件本身说，是自然而然的，无所谓偶然、必然。也可以说，偶然即必然。运命之天就是由无数自然事件构成的总体，对之应“安之若命”，淡然处之。这里有明显的老庄色彩，与他对老子的“道”、孟荀的“性”的如下解释是相应的：“道有本有末。本者，万物之所以生也；末者，万物之所以成也。本者，出之自然，故不假乎人之力而万物以生也；末者，涉乎形器，故待人力而后万物以成也。”[1]“夫太极生五行，然后利害生焉，而太极不可以利害言也。性生乎情，有情然后善恶形焉，而性不可以善恶言也。”[2]

北宋理学家张载对运命之天的讨论甚为平正无偏：“性通极于无，气其一物尔；命禀同于性，遇乃适然焉。人一己百，人十己千，然有不至，犹难语性，可以言气；行同报异，犹难语命，可以言遇。”（《正蒙·乾称》）意谓气既有清通湛一的方面，是谓“太虚”，也有嗜欲攻取的一面，是谓具体的“气”。人性是天性的体现，既有来自太虚的纯善无恶的“天地之性”，也有来自气的有善有恶的“气质之性”。人在经过艰苦努力之后所希望的不曾出现，则视之为气的适然运行，不视之为性；相同的行为招致不同的回报，则视之为偶然所遇，不视之为出于必然性的命。君子明此道理，则尽人事而听天命：“穷理尽性，则性天德，命天理，气之不可变

[1] （宋）王安石：《老子》，《王文公文集》，唐武标校，上海人民出版社1974年版，第310页。

[2] （宋）王安石：《原性》，《王文公文集》，唐武标校，上海人民出版社1974年版，第316页。

者，独死生修夭而已。”（《正蒙·诚明》）“穷理尽性”，即了知物理、人性并遵之而行，则自己的人性符合天德的要求，自己的生存合乎天道的法则。至于生死寿夭，则归于人不能左右的禀气，“照之以天”。张载还说：“义命合一存乎理。”（《正蒙·诚明》）理是正义和运命的合一，正义是理的内容，是人必须奉行的义务和使命，而奉行正义的结果或不可知。君子唯知照理而行，践仁行义，并达观地接受各种不可知的结果，对此“安之若命”。将人的处世建立在对天人性命的深刻体察之上，这是大多数理学家采取的途径。

朱熹对运命之天的论述体现在对命、数、理势等的论述上，涉及或使与莫为、应然与实然、事实与价值等。朱熹所谓“命”，指天之所赋。而基于理气关系，有所禀之性理，即仁义礼智等；有所禀之气，表现为因气之多寡厚薄而有的不同运命。《朱子语类》载：“或问‘命’字之义。曰：‘命，谓天之付与，所谓天令之谓命也。然命有两般：有以气言者，厚薄清浊之禀不同也，如所谓“道之将行、将废，命也”，“得之不得曰有命”，是也；有以理言者，天道流行，付而在人，则为仁义礼智之性，如所谓“五十而知天命”，“天命之谓性”，是也。二者皆天所付与，故皆曰命。’”[1]这一段话对“命”的解释意思很清楚。朱熹拈出命的两种意蕴，就是要指出，人是物质性存在，也是义理性存在。物质是实然的，义理是应然的。物质欲望的满足与否，很大程度是偶然的、外在的，此即孟子所谓“求之有道，得之有命，是求无益于得也，求在外者也”。而义理需求的满足与否在于自身，不依赖于外在者，此即孟子“求则得之，舍则失之，是求有益于得也，求在我者也”（《孟子·尽心上》）。至于全属外在，自己无法掌控的，如生死寿夭等，则付之天命，不为措意。朱熹论命，许多方面与孟

[1]（宋）黎靖德编：《朱子语类》，王星贤点校，中华书局1986年版，第1463页。

子相同，也与张载相合，故自言："大抵孟子此语是各就其所重言之，所以伸此而抑彼，如《论语》所说审富贵而安贫贱之意。张子所谓'养则付命于天，道则责成于己'，是也。"[1]朱熹对命的解释，是他的理气论的扩展，重点在以理节欲，以应然规范实然，具有明显的理学色彩。

与命相近的是"数"。朱熹所谓数，指事物的性质所具有的必然性。数与理有同有不同。同者在两者都有必然性，不同者在理有确定内容，且此内容有普遍性，而数则无内容，无普遍性，只表示不得不然的趋势。故理可有"性即理""理一分殊"诸发挥，而数则只论"气数"。朱熹论数，仍立基于其理气论，如："气便是数。有是理，便有是气；有是气，便有是数，物物皆然。"[2]"有气有形便有数。物有衰旺，推其始终，便可知也。"[3]数有时指自然事物所具有的规律，如："譬之草木，皆是自然恁地生，不待安排。数亦是天地间自然底物事。"[4]但数更多地指历史趋势，强调它的机缘凑合不得不然，盛衰非关人力，如论宋神宗变法："神宗极聪明，于天下事无不通晓，真不世出之主，只是头头做得不中节拍。如王介甫为相，亦是不世出之资，只缘学术不正当，遂误天下。使神宗得一真儒而用之，那里得来！此亦气数使然。"[5]聪明之主，遇不世出之相，但学术不正，又不得能治之真儒，此皆"数"使然。没有背后的主宰，也非人力有意干预，只能归之于神秘的"数"。"数"亦现象地、整体地

[1] （宋）黎靖德编：《朱子语类》，王星贤点校，中华书局1986年版，第1464页。

[2] （宋）黎靖德编：《朱子语类》，王星贤点校，中华书局1986年版，第1609页。

[3] （宋）黎靖德编：《朱子语类》，王星贤点校，中华书局1986年版，第1610页。

[4] （宋）黎靖德编：《朱子语类》，王星贤点校，中华书局1986年版，第1608页。

[5] （宋）黎靖德编：《朱子语类》，王星贤点校，中华书局1986年版，第3046页。

统观事物特别是历史事件，是不细密地运用因果推论的思维方法而有的概念。

与运命相关的另一诠释点是“理势”。“理”指事物的性质所规定的法则、规律、道理；“势”指个体事物由理所决定的某种趋势、倾向，及事物总体某一时段酝酿而成的趋势、走向。理不孤悬，必表现于事物；事物非无根据，必是理的体现。说到底，“势”就是理气双方作为矛盾的统一体互相作用而表现出的某种趋势。朱熹在理势上有“理势之必然”“理势之当然”“理势之宜然”等说法，说得最多的是“理势之必然”。理是一事物的“所以然之故”，有此事物必有构成此事物的根据与机缘，事物是理自然作用的结果，此谓“理势之必然”，朱熹又称“必然之势”。此说主要就事实一面言。事实是人考量与应对的首要因素。理在朱熹又是“所当然之则”，“则”既有法则、规则义，又有准则义。前者重在实然，后者重在应然；前者是事实判断，后者是价值判断。在中国哲学中，科学和道德、事实和价值经过思维的转换、类比、连通可以融为一体，朱熹的“所当然之则”也如此，两者是理最基本的内涵。“理势之当然”就是这一意蕴的表现。它代表一种既合目的又合规律、既符合某时段的必然趋势又符合一般道德观念的理想状态。而提出“理势之当然”的场合，往往是需要在理和欲、价值和利益之间做出抉择之时，强调的往往是价值的考量，它提醒抉择者平衡好外在的趋势的力量和内在的道德的力量两者间的关系。而“理势之宜然”多就具体事件着眼。“宜”者适宜，适宜总是对于具体而言的，具体之宜往往有妥协、权变之意。“理势之宜然”是说，理气两者角力的结果所表现的“理势”是总体的、一般性的，但它作用于个体时会被此个体的具体“理势”所改变，一般和个别、抽象原则和具体情势角力的结果就是“理势之宜然”。它是通融、权变的结果。当然，在经和权两者中，朱熹往往强调经，强调一般原则，认为行权、变通需要高超的智慧和学养，否则极易走作，在义利、理欲之辨上把捉不定，陷入见利忘义、理为欲驱的泥淖。这是朱熹不主张初学者在《春秋》上下工夫的一个理由。

从上面的论述可以看出，运命之天在朱熹这里变成了基于理气关系的命、数、理势等问题，这完全是分析的、理性主义的。现世之外的主宰者、神秘的“命”、不可知的“运”都消解不见，一切以实在论的“理气”去解释。这与他对天、鬼神、圣人等的解释是一致的。自以朱熹为代表的理学诠释基调确立后，“运命之天”逐渐少人问津，成了中国哲学一个边缘性话题。

第四章　知识论与逻辑学

人凭借天赋的认知器官进行认识活动，并凭借反省特质对认识能力、认识过程和认识结果进行反思。西方哲学和中国哲学在知识论的形态和特征上都有较大不同。自古希腊始，西方哲学的着重点即在自然哲学，注重对自然奥秘的探究，即使是对人文、社会和人本身的各种现象进行研究，也取主客二分路向，把这些现象当作认知客体进行平面的、横摄的、分析的研究。作为哲学的重要部门，西方哲学自始就建立起了发达的认识论，概念分析、逻辑推理一直是思想方法的主流。中国传统哲学关于认识的论述本来很少，现代中国哲学的认识论，是仿照西方哲学的认识论建立起来的。这固然很必要，但中国哲学有自己独特的知识论，有些与西方哲学相同，有些则很不一样。因为中国哲学的大端在人生哲学，又是在天人合一的识度中去观察和论述人生问题的，所以重视体验、直觉的方法，概念分析不很发达。但一个大的、独特的文化系统一定有它构造知识、保存和传递知识、分析和验证知识的方法，即使这种方法的记载和说明是片段的、不系统的。这里有必要区分知识论和认识论。

认识论（epistemology）是较通行的用法，人们套用以往对哲学的看法，将认识论定义为研究人类认识的本质及其发展过程的哲学理论。它侧重于认识能力及其界限、认识得以发生的诸要素、认识的实际过程、认识的结果及其验证等。相当多的人也把关于这些内容的理论叫知识论。在这派观点中，认识论就是知识论，两者是同一的。也有一种观点区分两者，认为认识论不同于知识论，前者的内容有如上述，而后者侧重于对认识结果——“知识”的研究，如知识的性质、知识的分类标准、有无“真理”、知识的验证准则等。还有更狭窄的，认为知识论只是研究什么样的认识算知识，它是不是“科学的陈述”，知识的有效性的标准。他们用分析哲学的方法对知识这一特定对象加以研究，如石里克的《普通认识论》。结论是，传统认识论就如形上学一样，是不能证实的，因而是没有意义的，应在拒斥之列。本书认为，中国哲学较少对认识过程进行探讨，它对客体事物注重其整体现象，不注重知识的具体要素；注重知识的效能，不注重其发生机制；注重具体的经验积累，不注重一般性原理的总结；注重援例经典中的记述，不重视实验归纳；注重知识的有用性，不重视对它的逻辑检验。所以，它是以知识结果而不是以认识活动为中心的，对它应该用“知识论”（theory of knowledge）更好。概括地说，“认识论”与“知识论”有以下两点大的不同：其一，前者主要是过程，后者主要是结果，前者的唯物与唯心、一元与多元，感觉与知觉、肯定与怀疑、先验与后得、经验与理性、心理与实在等认识过程和认识要素问题皆不是后者注目的。其二，前者主要是心理中的活动，后者主要是社会的、文化的活动；前者主要就认识的性质着眼，后者主要就知识的运用与结果着眼；前者多从个体的认识活动推广到人类认识活动的一般原理，后者多从整个社会对知识的运用及发生的效果看待知识的性质；前者的主观因素多，后者的客观因素多。特别是中国哲学以社会文化知识为主体，以六经为知识的保存府库、传承载体和援例来源，不重视西方哲学意义上的“认识论”，它毋宁说更是“知识论”的。所以本章题名为“知识论”，但也包括传统“认识论”的内容。

第一节　认识能力与认识过程

中国哲学注重现世生活，注重在日常生活中培养理想人格，并且可以说绝少以思考、阐述各种理论问题为业的专业哲学家，对外界是以生活化的立场去观察的，不会把观察所得极尽其逻辑含蕴地进行概念分析而达到违反常识的地步；对人的认识能力只作一般符合常识的论述，不像宗教哲学常有的由于信仰和特殊修养方法而达到的神秘观想和体验，也不像西方哲学由于认识论发达而有的对心灵或精神作用的大量的、精细的分析；中国也从未有过西方那样的机械论世思观，一直是有机的、普遍联系的思想方法占主导地位。从这个角度说，中国哲学是素朴实在论的，它的认识论也带有素朴的性质。

一、身心关系

身心问题关涉知识所以发生的根据。中国古人认为人皆有肉体，心是人的认识器官，身和心的关系是实体和功用的关系。墨家说："生，刑（形）与知处也。"（《墨子・经说上》）意思是，人的生命是形体与心知的统一，两者具备，才是一个完整的、健全的生命体。所以，认知能力是人天生具备的："知，材也。知也者，所以知也，而不必知，若明。"（《墨子・经说上》）人靠天生的认知能力感知事物，这种能力给予人感知到的材料，就像眼的明能给人感知到的色一样。墨家对人的认识所以发生的根据给了初步的、简洁的说明："知，接也。""知也者，以其知遇物而能貌之。"（《墨子・经说上》）对于认识到的景象是否和物本身契合这一点，后期墨家认为，具有正常思维功能的人的认知是天然自明的，不需怀疑的，也不用深究其过程和机制。

《管子》和《黄帝内经》用“精气”说明身与心的构成和运行机理。《管子》的《内业》篇指出，人是由气构成的，精微之气构成人的精神，粗鄙之气构成人的形体，故“灵气在心，一来一逝，其细无内，其大无外。所以失之，以躁为害。心能执静，道将自定”。由灵气构成的心，其活动神妙莫测，能用静定、无欲养心，就能保持心的清明。《黄帝内经·灵枢·本神》则从养生与疗疾的角度对形神关系进行系统阐述，它的特点是对魂魄观念的引入，说：“生之来谓之精，两精相搏谓之神，随神往来者谓之魂，并精而出入者谓之魄，所以任物者谓之心。”这是说人的身体由精气构成。精气的动静、阴阳两种势力的冲突和斗争形成了精神活动。所谓“魂”指能出入人的身体，伴随人的精神活动的灵知作用，“魄”指依附于人的身体而有的某种灵知性。魄的主动性和灵知程度较魂为弱。“魂魄”在后世论述人的精神活动时涉及极多，但它是个有较强神秘色彩的概念，在理性为主的中国知识论中常是被贬斥的对象。

荀子关于形神关系的见解在中国古代知识论中很典型。荀子首先认为形体是精神活动的支撑者，精神依托于形体，故“形具而神生，好恶、喜怒、哀乐藏焉，夫是之谓天情”(《荀子·天论》)。“天情”即天然具有的情感。心与五官的关系是：“心居中虚，以治五官。”(《荀子·天论》)心是耳目口鼻等感官的主宰和统御者，它的特点是自主、自由：“心者，形之君也，而神明之主也，出令而无所受令。”(《荀子·解蔽》)耳目鼻口各司其职，心则靠感官提供的感觉材料进行综合加工，所谓“心有征知”。“征”者，求取也，靠耳而知声音，靠目而知形色。人们一般认为，官觉和心智没有疾患的人，认识到的东西是同一的。不管《管子》《墨子》还是荀子，其知识论有强烈的价值指向，即较少讨论知识发生的过程和机制，而集中讨论心怎样才能正确地认识事物，一致的结论是保持心的虚静状态，如《管子》的“敬除其舍，精将自来。精想思之，宁念治之。严容畏敬，精将至定。得之而勿舍，耳目不淫，心无他图。正心在中，万物得度”（《管子·内业》），荀子的“虚一而静”：“心未尝不藏也，然而有所谓虚；心未尝不满也，然而有所谓一；心未尝不动也，然而有所谓静。……不以所已藏害所将受谓之‘虚’。……不以夫一害此一谓之‘一’。……不以梦剧乱知谓之‘静’。……虚一而静，谓之大清明。”（《荀子·解蔽》）认为心达到了洁净、清明状态，自然能真实地、准确地认识外物。以道家、《墨子》、荀子奠基的认识论，更多地把认识活动当作自明的、自然的过程，较少划分感觉、知觉、表象及三者在对象的呈现中各自的作用，也没有对认识能否真实反映外界事物产生怀疑。

汉初《淮南子》对人的身体和认知器官的关系有较为深入的论述，它继承了黄老道家和汉代天文学的气本论，以形、气、神三者为人的基本要素：“夫形者，生之舍也；气者，生之充也；神者，生之制也。一失位，则三者伤矣。”（《淮南子·原道训》）认为人的形体是精神的居所，气是生命的物质基原，精神、心灵是生命的制御。但最后仍归结在心的修养上：“不利货财，不贪势名。是故不以康为乐，不以慊为悲，不以贵为安，不以贱为危，形神气志，各居其宜，以随天地之所为。”（《淮南子·原道训》）没有对认识机制作详细阐述。

对形神问题有深入思考并得出了富有哲学意蕴的结论的是佛教。南朝齐梁时曾有神灭与神不灭的争论。主张神不灭者如梁武帝萧衍、著名学者沈约、曹思文等，认为形体与精神分属不同的实体，形体是没有灵知属性的物质，精神是有灵知属性的心智，两者各自存在于宇宙间，并非时时聚合于一人。人死后，形、神仍各自返回天地间，以此证明佛性是永恒存在的，并不随个体的死亡而消失。神灭论的著名代表是范缜，认为精神依托于形体，形存则神存，形谢则神灭。精神不是存在于世间的永恒实体，而是人的形体的功用，就如刀刃与锋利的关系，锋利并非独立的实体。“形质神用”，形与神不能相离，就如舍刃无利，舍利无刃，两者是同一物体的不同方面。在对答关于物质实体不都有精神属性的责难时，范缜强调，人不同于任何生物族类，人有精神，这是人之为人的根本属性。人死之后即无精神，死人不同于生人。并且生人的精神活动有不同层次，感觉等属于心之外的其他官能，思虑则只有心有；不同的人感觉、思虑水平也是不同的。神不灭论者又举古书中所记种种鬼神、灵异之事，以证明人死后精神、魂魄仍可存在。范缜则认为此类事例须区别对待，经书中所记宗庙、鬼神之事，是为了推行教化，顺从孝子之心，砥砺浇薄的风俗，属信仰范畴。而典籍中神怪、鬼魅之记载，则或是某时某人的错觉，或是为了满足人的好奇心而做的渲染，所谓“妖怪茫茫，或存或亡”，并非为了教化。至于六经中的鬼神记载，如《周易》的“载鬼一车”“故知鬼神之情状”的“鬼神”，则可视为幽明有别，于人为另类存在，不能作人死而为鬼、鬼灭而为人的证据。《神灭论》的形神相即、形质神用思想，是中国哲学在形神问题上的基本观点，具有明显的理性精神和世俗性格。此后的正统思想家基本延续了这个观点，并把它作为与灵魂不灭的宗教观念作斗争的理论武器。

二、可知与不可知

中国哲学对外界事物一般持素朴的实在论态度，肯定人的认识能力，故一般持可知论。中国上古时期由于没有专门以获得知识为业的人，有知识的人是在各级政府或贵族私邸中任职的人，他们的知识多是家族相传的，求取知识是为了应用。另外，中国自始就没有对事物的现象和本质做截然区分，“现象现而不实，本质实而不现”这样的观念在中国知识论中是没有的，也不曾有人只能认识现象，“物自身”是人的认识能力所不能达到的彼岸世界这样的想法。对明白呈现给耳目感官的感觉材料，一般认为是真实无疑的，是可知的。获取知识的途径，或是通过直接的感觉经验，或是通过传闻和书本中的记载。中国古人对直接经验一般是信受不疑、不作过细分析的；对传闻和书本中的记载，其内容或有不真实的可能，但可以用经验去检验、纠正它。总的来说，中国古代哲学对于人通过直接或间接经验获得关于外界的知识持肯定态度，中国人一般说是可知论者。

孔子作为中国文化继往开来的重要人物，作为以礼乐为主的各种知识的研究者、阐发者、教育者，除了对天这种神秘、辽远、意蕴广泛的存在敬而远之之外，对人天然具备认识能力，并且能靠这种能力获得准确可靠的知识，持肯定态度。孔子对自己的认知和定位是“我非生而知之者，好古，敏以求之者也”（《论语·述而》），认为通过勤奋学习探求，可以获得关于各个方面特别是古代文化方面的知识。孔子承认有生来即在智力上高于常人因而获取知识相对容易的人，但这种人绝少，一般人须通过主动、被动的苦学精思得到知识。这就是他说的：“生而知之者，上也；学而知之者，次也；困而学之，又其次也；困而不学，民斯为下矣。”（《论语·季氏》）孔子认为知识主要通过耳目闻见等经验得到，他评价自己：“盖有不知而作之者，我无是也。多闻，择其善者而从之，多见而识之，知之次也。”（《论语·述而》）并且认为，经验固然重要，但须通过思考，用一般概念把个别经验贯穿、归纳起来，所以纠正弟子对他多闻多见、博闻强记的看法：“‘赐也，女以予为多学而识之者与？’对曰：‘然。非与？’曰：‘非也，予一以贯之。’”（《论语·卫灵公》）孔子倡导在闻见等直接经验基础上的选择、汰滤，即使那些经过筛选后留下的较为确实的知识，也要谨慎地评价、实行：“多闻缺疑，慎言其余，则寡尤；多见缺殆，慎行其余，则寡悔。”（《论语·为政》）孔子重视直接经验与思考两者的关系，他的名言“学而不思则罔，思而不学则殆”（《论语·为政》），代表了他学思结合、不能偏废的观点，认为仅学习前人的知识而不经过自己的思考，纷然杂陈的各种观点、意见就不能形成一贯的、有系统的知识，但只有这样的知识才能够指导实践而不会令人迷惘。光凭空思索，没有通过对前人知识的甄别、考辨、归纳提炼来形成真实的、系统的知识，就会空洞、茫然，缺乏可以凭依的真实见解。这样的思考是徒劳的、没有成效的。他还提倡敏而好学、不耻下问的精神，注重在思想方法上杜绝“意、必、固、我”即悬空揣测、绝对肯定、拘泥固执、自以为是等弊病。作为儒家学派的创始者，作为当世文化巨人，孔子所奠基或强化了的知识理论，对中华文化的理性、中和品格和重视解决实际问题的思想倾向，产生了极大影响。

孟子以孔子的后继者自居，在知识论上既有明白的经验论、可知论，又有重视内省体验的一面。他重视“知言”：偏颇的言语知道它片面在哪里，夸张的言语知道它过分在哪里，不正的言语知道它邪僻在哪里，躲闪的言语知道它理屈在哪里。孟子在与杨朱、墨家及许行的辩论中发展了理性知解这一面，但他在阐发四端及它的来源时，又强调内省及体验这一面。他论证性善，就以“今人乍见孺子将入于井，皆有怵惕恻隐之心”（《孟子·公孙丑上》）这一人心的实际情况为依据，而他的“尽心知性知天”，就对人的四端之心、善良本性、天的生物之仁作了贯通性理解，认为天心是善性的来源，善性是四端之心的根据，四端是善性的表现，三者直贯而下。尽心知性知天是一种体验，一种连类而通的推想，但这仍然说明性、天这类形而上事物是可知的。孟子这种思想方法遭到了重视实证经验的荀子的批评，被认为是“僻违而无类，幽隐而无说，闭约而无解”（《荀子·非十二子》），即冷僻孤立而不讲伦类，内涵模糊不清从而不能论证，属于个人独悟而无法用共通的概念加以解说。在荀子看来，人生来具有认知外物的能力：“凡以知，人之性也；可以知，物之理也。”（《荀子·解蔽》）人靠耳目感官感知外物，耳目功能各个不同，不能互相替代，但有心综合、加工，呈现为有特定形象的知觉。心是五官的控御和统领："心居中虚以治五官，夫是之谓天君。"（《荀子·天论》）荀子对人的认知能力、对事物的可以被认知的性质抱有坚定的信任。这对以常识为主，不注重冥想和逻辑推论的中国人来说，是合理的结论。孟子注重内省体验，发展出了一套关于精神境界的学说，荀子注重对经验事物的理性认知，发展出了一套具体的认识理论。这两种思维方法都是从孔子对六经的现实主义阐释中发展出的，后世往往两者并行而互相缠绕、互相影响，形成理想和现实、内省和外知各有其应用场域，两者中和而不偏废的思维方法。到宋明理学中朱熹《补大学格物传》的"人心之灵，莫不有知，而天下之物，莫不有理。惟于理有未穷，故其知有不尽也"的实证认知，与《仁说》中"天地以生物为心者也。而人物之生，又各得夫天地之心以为心者也。故语心之德，虽其总摄贯通，无所不备，然一言以蔽之，则曰仁而已矣"的重视内省体证，仍是这两者的统一。所以，中国古代哲学有理性主义认识论的传统，不过止于与常识相应，不以逻辑为工具深加探求而已。

墨子也是可知论者，他以耳目闻见得到的直接经验为判断有无的标准："诚或闻之见之，则必以为有；莫闻莫见，则必以为无。"（《墨子·明鬼下》）这符合墨子作为从事手工劳动的人信从具体经验的特点。但将经验论认知方法推到极端，便将耳目感官的偶然幻觉也当作真实存在。如墨子以有的人在精神恍惚时"见鬼"作为鬼神存在的根据。甚至一些抽象事物的存在与否也用经验的有无来衡量，如墨子批评当时流行的命定论，认为是"凶言之所自生，而暴人之道也"（《墨子·非命上》），但他的论证却是"自古以及今，生民以来者，亦尝有见命之物，闻命之声者乎？则未尝有也"（《墨子·非命中》）。这是片面重视经验，忽视理性的推理、照察作用引致的必然结论。墨子片面的经验认知方法遭到后来王充的诘难与批判。

与墨子的经验认知方法相关的是他关于知识真伪的检验，墨子提出“三表”法：“何谓三表？子墨子言曰：有本之者，有原之者，有用之者。于何本之？上本之于古者圣王之事。于何原之？下原察百姓耳目之实。于何用之？发以为刑政，观其中国家百姓人民之利。此所谓言有三表也。”（《墨子·非命上》）“表”指古代用以测量日影长度的直立物，引申为标准。“言”即用言论表达的知识。“三表”即判断知识是否正确的三个标准。“本之”“原之”，即推本溯源，“用之”，即实施。三表法一是看言论、知识是否与古代圣王的事迹相合，二是看是否与百姓的直接经验相合，三是将之实施为法律、政治方面的实际活动，看是否产生对国家、人民有利的结果。以古代圣王的事例为标准，这与中国古代的圣王崇拜思想有关，尤以儒墨为甚。以是否合于大众耳闻目见的实际经验为判定是非的标准，这在推崇经验性归纳思维的古代中国，是很自然的。至于以行为的实际效果为知识真伪的判断标准，更是中国功利主义思想方法自然有的结果。三表法反映的是墨家功利主义、经验主义的知识论。

对可知与不可知问题有深入思考和痛切论述的是道家。不过严格来说，老子和庄子讲的都不是真正的知识论，而是人生论，是由人生的虚幻感而带出的知识的不确定性，又由世间事物的不能确知来论证追求积极的人生是无意义的、不值得的、根本无法得到的。

老子哲学，有对世事的体察、对形上事物的追求和对历史的洞观。他的最高原理是道，道不是形下的经验所可把握的，只能通过体证得到，求道也不能用寻常的认识方法：“为学日益，为道日损。损之又损，以至于无为。”（第 48 章）求取一般知识用正的、加的方法，求道用负的、减的方法。推广开来，做事的一般方法便是“无为而无不为。取天下常以无事，及其有事，不足以取天下”（第 48 章）。他心目中的圣人是与道为一的人，这种人以素朴为怀抱，清心寡欲，绝学无忧；他理想的百姓是身体强健而精神恬淡，无知无欲的人，所以他的治国原则是“绝圣弃智，民利百倍；绝仁弃义，民复孝慈；绝巧弃利，盗贼无有”（第19章）。他赞扬的是婴儿的无知无欲：无知无欲，才能进入道的门庭。他认为最高的智慧是无知，无知才能“自然”，自然才能合于道：“太上，不知有之；其次，亲而誉之；其次，畏之；其次，侮之。信不足焉，有不信焉。悠兮其贵言。功成事遂，百姓皆谓我自然。”（第17章）而以世俗智慧治国，则违离道，所以他倡导“不出户，知天下；不窥牖，见天道。其出弥远，其知弥少。是以圣人不行而知，不见而名，不为而成”（第47章）。对于百姓，不是使他们多获得知识，而是使他们放弃知识：“古之善为道者，非以明民，将以愚之。民之难治，以其智多。故以智治国，国之贼；不以智治国，国之福。知此两者亦稽式。常知稽式，是谓‘玄德’。玄德深矣，远矣，与物反矣，然后乃至大顺。”（第65章）无知无欲才能求道，因为道是与现实事物正相反的；惟其如此，道才有广大、深刻的内涵。道家的圣人是素朴的外表下藏着深奥智慧的人，所以老子对于世俗知识的看法便是“知者不博，博者不知”（第81章）。无知并且知晓无知才是符合道的人，是最高明的；不知道自己无知反而夸耀自己有知的人，是病态的人：“知不知，上；不知知，病。夫唯病病，是以不病。圣人不病，以其病病，是以不病。”（第71章）主张“见素抱朴，少思寡欲，绝学无忧”（第19章）。可以看出，老子对待知识的态度，是与他总的哲学思想一致的。

老子的哲学是一般原理，总括天地人，而庄子的哲学则主要是人生哲学。知识作为人存在的重要方面，是庄子的基本话题之一。受老子人生哲学的影响，庄子追求的是与自然为一的虚无之道。得道之人为真人，真人与道为体，全性葆真，忘年忘义，无知无欲。但庄子又有“不谴是非以与世俗处”的一面，追求即世超越，因此作为思想和交往工具的语言及连带而有的知识问题，就是庄子既要脱离又要处于其中的领域。对于具体事物，庄子认为是可知的，但经验事物无穷，人的认识范围、用于认知的精力和时间都是有限的。此外，人已知的总比未知的少得多，已知的是有限的，未知的是无限的，因此对具体知识无休止地追求是无益且无效的，故庄子有名言："吾生也有涯，而知也无涯。以有涯随无涯，殆已。"（《庄子·养生主》）辽远窅眇的自然事物，抽象的人生道理，如天之日月运行、寒暑变化，地之分野依据，生死之修短，命运之好坏，鬼神之有无这些茫然无据、微妙难知的东西，疲精悴神而追索无果，这类事物实际上是不可知的。人恃其所知，狂妄自大，不知只有知道自己的无知才能有真知，这是人的悲哀。庄子把事物设定为最终不可知的，把人的俗世求知活动视为最终徒劳无益的，目的在遏止人向外求知的冲动，掉转方向，转而追求应当求索的目标：道。庄子《齐物论》反复论证，就是为了让人知道，天下事物纷然杂陈，千状万态，人皆有自己特定的立场，怎能区别得清？关于事物的评价，人各据其立场，自是而相非，是非淆乱，不可胜纪，怎样才算是正确的判断？而且，有没有"正确"这回事，是大有疑问的。顺着俗情，就会在混乱的漩涡中打滚而永无底止。所以必须"知止"：知道知识的界限、求知的限度，是获知大道的开始。

但道是否可知？如果可知，又如何知？老子对用名言概念把握抽象的、形而上的"道"持否定态度，他的"道可道，非常道；名可名，非常名"（第1章），即已经堵塞了用经验方法认知非经验的东西这条路。庄子以其深刻的人生洞见对这一点认识尤为清楚，他假托黄帝之言说道："知者不言，言者不知，故圣人行不言之教。道不可致，德不可至。"（《庄子·知北游》）只有遵循与俗世相反的路径才能求道："无思无虑始知道，无处无服始安道，无从无道始得道。"（《庄子·知北游》）但道代表一种理想境界，一种最高归趋，代表天地万物的根源，是必须揭示的。要对不可知的去知，不可言的去言，须用不同寻常的方式，在庄子即所谓"三言"：

寓言、重言、卮言。所谓“寓言”，即寄托某种意义的语言，“重言”即借重名人名言以增加说话分量的语言，“卮言”即语义滑转不定、随说随扫、以破除成心的语言。庄子即用此类语言，展开他的论说以表达他的真意。而唯有这种语言才能表达庄子的胸怀，也正是这种语言，成就了庄子独特的话语、思想风格，成就了他道家宗师的地位。《庄子·天下》说：“以谬悠之说，荒唐之言，无端涯之辞，时恣纵而不傥，不以觭见之也。以天下为沈浊，不可与庄语。以卮言为曼衍，以重言为真，以寓言为广。”表面上谬悠、荒唐的话语，才能表达庄子的胸襟；恣纵而不觭，正是庄子与自然为一不以一偏自处自见的精神境界的写照。而“三言”是庄子言说不可言说者的语言取径，它间接回答了如何知“道”的问题：道需要寓言，通过对具体事件的描述，引发听者的联想、类比，获得关于这个故事的意谓；再对这个意谓加以延展、引申、跃动，呈现它的影像；通过对影像的解读、诠释，接近关于道的预设。道也需要“重言”，庄子所借重的人物，以在古代文化中众皆知晓的为多，如黄帝、孔子、老子、儒道两家的著名弟子、闻名于世的诸侯与王公等。重言的目的在通过肯定否定、揶揄调侃等方式，对已经定型固化的名人学说、理念间接进行评判，用看似不庄重的形式表达他所认可的思想观点。如孔子及其弟子的仁义礼乐、道德修养等，就是庄子经常援引的对象。而卮言使用最多，《庄子》通篇随处可见。通过卮言的运用，使肯定否定这种简单直言式的话语所显现的明白清晰的影像不能出现，而使捉摸不定、滑转漂移、随说随扫、不落一地这种话语方式中彰显的繁复、多义、模糊不清的影像呈现出来，朦胧的、无确定边界的影像又进而使人们对形上本体的摹写、体证呈现出来，通过曲径通幽的方式使不可言说的东西有了被认知的可能。庄子为什么采用这种言说方式、这样的文章风格？他自己的解释是：“天下沈浊，不可与庄语。”“庄语”即庄重不苟、正襟危坐式的言论。但在浊乱、沉陷、人精神迷茫之世，庄语是不合时宜的、徒劳的，所以要用“滑稽乱俗”的语言。

从老子的玄言诗到庄子的“三言”，从僧肇格义佛教的“般若无知”“涅槃无名”到后来禅宗（特别是慧能之后的祖师禅）的机锋公案、“绕路说禅”，他们用各种不同表达方式宛转地达到对欲说内容的肯定，使这一重视意象呈现而非逻辑判断的认知方式始终延续下来。这是对《诗经》的赋、比、兴修辞方式所奠定的诗性思维的发展，是中国传统哲学中“象”思维这种重要方法的展现。它扭转了逻辑思维的清晰、直遂、刚性方向，使其更多地体现为一种负的、柔性的思想方法。道家在这一点上贡献最大，而庄子将其发展到了极端。就知识论的一般性问题“可知”与“不可知”说，两者对它都不适用。因为它表面是不可知论的，但实际表达的意谓是可知论的。这是中国古代哲学用以认识形上领域的一种重要方法。而对形上领域的认知或说体证，就重视德性修养、重视胸襟境界的中国哲学来说是必需的。

第二节　名言与意谓

一、名与言

人是能思想的动物，这是一句被人们说得烂熟因而被普遍认可的话。人表达思想、情感所用的最广泛、最有效的工具是语言，特别是思想是用特殊的语言——名言概念来表达的。名包括名称和概念、范畴。名称是对一类事物的抽象性质的指称，概念、范畴更多的是对事物的本质属性有所指涉的思维形式。就概念与范畴来说，范畴是一类概念的总称，但在一般论述而非专门研究思维与语言的场合，两者往往混用。中国古代对名称和概念、范畴不作特别区分，统称“名”。研究与名相关的问题的知识系统统称“名学”。孔子有“正名”之说，但非知识论，而是着重理清礼乐、刑名、官爵等方面名称的确定内容，用之规范和匡正名实紊乱的社会现实。老子认为名是用来指谓实的，但“道”这样的万物本原、最高原理、普遍法则却不能用名来指称，名能指称的都是具体事物。庄子认为名言是引起混乱的根据，因为名言不能完全反映事物本身，不以名言而以洞见直觉照察，才能对事物有真实把握。所以，“有成与亏，故昭氏之鼓琴也；无成与亏，故昭氏之不鼓琴也”(《庄子·齐物论》)，“道昭而不道，言辩而不及，……孰知不言之辩、不道之道？若有能知，此之谓天府”(《庄子·齐物论》)。“天府”即天然的府库，万有之自然状态，非名言所能言说。

先秦名家惠施、公孙龙专注于名。惠施用名言概念构成的命题——“历物十事”来表达他的基本思想：万物都是相对的，名与物之间不具有一一对应的性质，所以是易于滑转的。他用“天与地卑，山与泽平”“日方中方睨，物方生方死”等命题来表达他的这一思想。公孙龙则与之相反，强调名言所指的确定性，他的著名命题“白马非马”辩驳的是，“白马”与“马”这两个名词内涵是不同的，“非”这个表示判断的名词的“类属”义与“等同”义必须区分清楚，否则就会引起理解上的混乱。同一名词所表示的抽象、一般义项与它表示的具体、个别义项，也需区分清楚。《坚白论》说的是名所表示的共相是独立自存的。“坚”与“白”两种共相寄寓于具体的石块上为坚白石。从具体经验说，坚、白这两种属性在同一块石头上，但从思维、语言说，有“不定所坚”的坚与“不定所白”的白，即“坚”与“白”的共相。人的思维运用和语言表达，用的都是共相。在思维世界、语言世界里，名词概念是各自独立的。《指物论》用指、物、物指、指物几个概念来描述思维世界与经验世界的关系。“指”说的是共相，共相是各自独存的，如坚、白等。“物”即可以经验的具体事物，它由若干共相组成，如一块既坚且白的石头。“物指”说的是在这块石头上的共相，它已经不是独立自存的共相本身了。“指物”说的是具体的可经验的事物是各自存在的“指”落实在它的物质承担者、呈现者之上的这种性质。没有“指物”这种性质，也就不会有指、物、物指。一般人言说，说的是“物”，如上例中的坚白石，但当思维它的属性时，思维、言说的是共相，即“指”。思维必须先有经验，经验必须通过感知器官获得，耳目感官所得到的，是“物指”；“物指”经由思维的抽象而得到“指”。公孙龙的《指物论》最后结论是人的思维中共相各个独立自存。共相是一些概念，概念是人思想的基本元素，通过概念，深化和方便了思想、语言，使人与人之间的思想交流成为可能。

《墨经》对认知的种类作了分别，分为听闻之知，亲见之知，推论之知，概念之知，行为之知。概念之知称为“名知”：“所以谓，名也；与谓，实也；名实耦，合也。”（《墨子·经说上》）意思是，用来指称事物的名词概念，叫名；被给予名称的实际事物，叫实；名和实对应，叫合。这里是从一般情况说，认为名与实有一一对应关系，还没有进一步讨论名言概念是否能完全表达意义的问题。《小取》篇说到“以名举实”，即用名词概念来描摹具体事物。它强调名的约定俗成、久长存在这一点，认为“名知”是不以耳目感官直接经验而靠约定俗成的内容而推知的知识。名必有所指谓，但已经存在的事物未必皆有名称，故“名，实名。实，不必名”（《墨子·大取》）。墨经把名分为三种：达名、类名、私名。达名是抽象程度最高的概念，如“物”，包一切事物。类名是一类事物的名称，如“马”，是马这一类事物的名称。私名是个体事物的名称，如张三。《墨经》对名的内涵与分类都作了深入思考。

荀子的《正名》篇对名词概念进行了进一步阐发。他首先把名分为刑名、爵名、文名和散名四类。“刑名”即法律、刑狱方面所用的名称；“爵名”即典章文物、等级规范、社会管理方面所用的名称；“文名”即礼乐制度、文化教育方面所用的名称；“散名”即一般事物的名称。并说明了定名应该遵循的原则：刑名从商，爵名从周，文名从礼，散名则根据约定俗成择善而从。制定名的规则是“有循于旧名，有作于新名”，其作用在“制名以指实，上以明贵贱，下以辨同异。贵贱明，同异别，如是，则志无不喻之患，事无困废之祸，此所为有名也”(《荀子·正名》)。名的制定方法是：简单概念用单字表示，谓之“单名”，如马；繁复概念用多字表示，谓之“兼名”，如白马；单名与兼名可以相互包含，如马中包含白马，而白马属于马类。概念有不同的抽象层次，从个体事物依次递增，为“共名”，最高的概念是“大共名”，即可以包括所有事物的概念，如“物”。在共名之下有别名，别名是共名的较低层次，依次递减而到个体事物：“推而别之，别则有别，至于无别然后止。”(《荀子·正名》)最好的名简单、平易、内涵明确：“径易不拂，谓之善名。”(《荀子·正名》)总之，要根据被指称事物的实际情况制定名称：“此事之所以稽实定数也，此制名之枢要也。”(《荀子·正名》)

荀子对制定名的各个方面都作了详细说明，但荀子是从社会治理而非认识论和逻辑学角度来论述名的问题的。他在战国后期社会大变革时期名实紊乱人心思治的时代背景下，想通过正名的方式来整顿名实不符的社会现状，达到社会治理目的。他有相当突出的逻辑倾向，强调事物应有明确的名称，对一些抽象事物，如性、情、事、伪、知、行等，也给了简洁而明晰的定义，以此加强论说的确定性和辩驳的有效性。他也重视客观方面的法则、制度，具有架构性思维方法。这都足以使他有可能建立一个较为纯粹的逻辑系统。但中国学术固有的以政治、教化为主要内容的趋向削弱了他的纯逻辑内容，使之附属于政治活动之下，不能在逻辑学、知识论的范围内充量发展。这在与古希腊哲学的对比中看得很清楚。

二、言与意

在言与意这一论域中，名言能否完全表达它的意谓是个重要问题。中国哲学从常识性认知出发，认为名言是可以表达意谓的，并且特别倚重直接经验，认为耳目感官呈现的物象是真实的和完整的，没有将名言本身通过辨名析理推到极点而有的偏激，反而将此类方法和命题视为怪说和琦辞加以排斥。佛教传入中国之初，中国僧俗学者都以“格义”方法来接引它。所谓格义，即用本土特别是老庄哲学中意义相近的名词概念去翻译和解释佛经中的名相。格义用的是同类相通的方法，对不熟悉的事物，用熟悉的同类事物去连通它。这种方法是“家族相似”，着眼大体而略去细节，实际上是“言不尽意”的。随着后来佛经翻译理论和实践逐渐完备，对佛教的了解逐渐深入，格义方法逐渐被抛弃，变为忠实把握文义、重要概念音译的新翻译体式，如玄奘的译经。

对言意问题有深刻讨论的是魏晋玄学。王弼认为，名言是认识事物的工具，不能不加重视：“夫不能辩名，则不可与言理；不能定名，则不可与论实也。”[1] 但这是对一般事物而言，那些微妙难识的东西，如“道”这样的形上本体，本来不是名言概念所能把握的。给它命名，只是为了指明言说对象的不得已之举，是“强为之名”。“道”“玄”等称谓，是不足以说尽其意蕴的：“名号生乎形状，称谓出乎涉求。名号不虚生，称谓不

[1] （魏）王弼著，楼宇烈校释：《老子指略》，《王弼集校释》，中华书局1980年版，第199页。

虚出。故名号则大失其旨，称谓则未尽其极。”[1] 这是王弼在注释《老子》中得到的对言意关系的一般看法。在注释《周易》中，王弼延续了这一思想，得出了“得意忘象”的方法。他在分析《周易》言（卦爻辞）、象（卦爻象）、意（卦意）三者关系时提出，“意”即一卦所蕴含的道理，是最重要的，辞和象都是表现意的工具。而意只通过象和辞来表现，故象和辞是进入意的必由之径。进入门径得到意之后，象和辞必须抛弃，否则会妨碍对于意的全面、正确理解。所以王弼提出“得意忘象”的解易原则：“意以象尽，象以言著。故言者所以明象，得象而忘言；象者，所以存意，得意而忘象。”[2] 王弼提出这一原则是为了充分发挥《周易》的类比、连通、象征这类中国哲学的思维方法，使有限的易卦与无限的事物间建立可以连通的桥梁。必须设定言不尽意，只有言不尽意，两种大体相类的事物才能找到共同的表达概念，“家族相似”所包含的解释目标才能达成。《易经》六十四卦代表六十四种境遇，它可以概括为六十四个范畴，每一范畴可容纳多种具体事物，这就为人们通过《周易》广泛认识天地间的事物提供了可能。《易传》对《周易》的这种性质作了十分精辟的概括：“易与天地准，故能弥纶天地之道。”“范围天地之化而不过，曲成万物而不遗。”（《周易·系辞上》）“其称名也小，其取类也大。”（《周易·系辞下》）王弼有取于此，试图通过触类旁通的方式，将言不尽意所具有的随概念开显带来的解释空间充分利用起来，而“类通”正是“名知”的根本特征。王弼在对《周易》的解释中很好地利用了这一点：“是故触类可为其象，合义可为其征。义苟在健，何必马乎？类苟在顺，何必牛乎？爻苟合顺，何必

[1] （魏）王弼著，楼宇烈校释：《老子指略》，《王弼集校释》，中华书局 1980 年版，第 198 页。

[2] （魏）王弼著，楼宇烈校释：《周易略例》，《王弼集校释》，中华书局 1980 年版，第 609 页。

坤乃为牛？义苟应健，何必乾乃为马？而或者定马于乾，案文责卦，有马无乾，则伪说滋漫，难可纪矣。”[1] 王弼“得意忘象”的思想方法，把握住了以《周易》为代表的中国哲学的类比、连通、象征的思维特征，并用之批评汉儒拘泥于实证而缺乏思辨，且以阴阳五行框定一切所导致的繁琐、支离，开创了一代解经新风，结出了意想不到的丰硕果实。

与言不尽意相反的是“言尽意”论，主张此说的是西晋的欧阳建。他从自然主义实在论出发，认为事物都是自然存在的，人根据对物的认识给予它名称。实不同，故名亦异；事物在不断变化，所以非有一成不变的名。名与物的关系犹如声音和回响、物体和影子的关系，两者是同一的，故名是实的真实反映。从这个角度说，言可以尽意。欧阳建的《言尽意论》不长，论证也较为简略，他依据名与实一一对应，名是物的照镜子式的反映，说：“形不待名，而方圆已著；色不俟称，而黑白以彰。然则名之于物，无施者也；言之于理，无为者也。”对名与实、言与意之间的复杂关系持常识性理解，对认识这种较为复杂的活动持简单反映，甚至直觉的立场，对《墨经》以来“名知”的复杂性并无涉及。他反对的主要是玄学中通过特殊途径鉴识人才的神秘方法，如蒋济的观察眸子可以知人的才能、钟会等人关于才能与性情趋向之间关系的“四本才性”之类。他与王弼的“言不尽意”不构成真正的辩驳。

佛教对于名言与意义的关系有深刻洞见。佛教本是义解与实修并重的宗教，传入中国之始，即有安世高的“禅数”和支娄迦谶的般若学。前者是小乘，重在“定”；后者是大乘，重在“慧”；前者主要通过直觉内省的方式，后者主要通过名相理解的方式。虽然个体的修习可有侧重，但在佛教一般理论中，两者是互相依存、夹持而行的。由于南北方风土人情和

[1] （魏）王弼著，楼宇烈校释：《周易略例》，《王弼集校释》，中华书局 1980 年版，第 609 页。

文化传统不同，南北朝时已经形成北方重修持，南方重义解的学风格局。这与南北方儒家经学学风特点一致。至隋朝统一，天台宗将南北方的不同学风统一起来，形成了解行并运、止观双修的法门。天台宗师智顗在《童蒙止观》引言中说："若夫泥洹（涅槃）之法，入乃多途，论其急要，不出止、观二法。"[1]"止"指断除一切名言、思虑、想象等心理活动，使心如止水一般寂静无痕，从而杜绝一切招致烦恼的来源，为智慧的发生奠定基础。"观"指照破错误观念，达到对佛理的觉悟性理解，心与佛的实相直接同一。止与观是互相促进的，虽有修行上的不同侧重，但都是修习佛教不可或缺的。从思想方法上说，"止"是"言语道断、心行路绝"，屏绝心的一切活动，"观"用的主要是直觉，即在彻悟状态下对佛的实相的直接契会，不经过名言概念这类思想媒介。它的作用是"照"，即将与佛的实相不契会的迷情照破，使之在佛的智慧的光亮之下。这种解悟的获得是境界洞见的，不是耳目闻见的；是内省心证的，不是概念推论的；是全体顿现的，不是分拆解析的。如华严宗的理事无碍、层层无尽的"因陀罗网"境界、天台宗的"一心三观"、净土宗的庄严佛国观等。但直觉与逻辑、言语、思维等知识获取方式又不是截然相离的，因为逻辑思维对佛教义理的理解水平越高，诱发顿悟的契机就越多，境界洞见的程度就越深，对实相的契合就越敏锐，对名言概念的超越也就越迅捷。真正的修行者是两者兼顾、相互夹持的，禅门并不排斥经教，教门也不排斥修禅。因为若只修禅定，不修智慧，就会陷于愚盲；只修智慧，不修禅定，就会陷于狂荡。定慧双修，解行兼运，才能达到对佛教的真实理解和践行。

佛教的语言观是一种独特的认识方法。它的最高追求是涅槃境界，涅槃是离言说、离文字的，但要理解和进入这种境界，又离不开言说、文字。

[1]（隋）智顗著，李安校释：《童蒙止观校释》，中华书局 1988 年版，第 1 页。

于是它的办法就是通过名言概念使人得悟，但又告诫名言概念是假设施，是不得已而用的工具，须先由言得意，后言意双遣。格义时期僧肇的《肇论》对此有完整论说。他的《不真空论》要说明的是，佛教所要得到的最高真实“空”并非空无所有，而是“不真故空”，真空、假有一时并得。不能离有觅空，而应即假求真。他的《物不迁论》将这一点贯彻到对日常事物的认识上：不断运动的事物其本质是静的，此静正从动上看出；非离动求静，须即动见静。他的《般若无知论》要说明的是，般若在于对世俗智慧的舍离，般若不离世间知识，但又不执著世间知识，执著是对获得般若的妨碍。他的《涅槃无名论》是从名言概念上对他以上思想的总结：“涅槃之道，妙尽常数，融冶二仪，涤荡万有。均天人，同一异，内视不己见，返听不我闻，未尝有得，未尝无得。经曰：涅槃非众生，亦不异众生。”[1]涅槃是一切事物的总和，是即有而无的。对它的体证是以无所得为得，得其无所得。这与印度佛教中涅槃一词的原意已相去甚远，它的绝对空虚、寂静无余的原意已经变为即动而静了。这样的本体，只能以即有而无的方式解决：“涅槃非法非非法，无闻无说，非心所知。……众人若能以无心而受，无听而听者，吾当以无言言之。”[2]所谓无言言之，即不离烦恼而得涅槃、不出魔界而入佛界之言。一方面，涅槃境界本身不能用名言表达；另一方面，涅槃境界又可以通过对名言所指称的具体事物的否定，指出其假而不真来描述、接近、证悟：“言虽不能言，然非言无以传。是以圣人终日言，而未尝言也。”[3]《般若无知论》《涅槃无名论》对名言概念与佛教最高真理的表

[1] 石峻等编：《中国佛教思想资料选编》第一卷，中华书局 1981 年版，第 166 页。

[2] 石峻等编：《中国佛教思想资料选编》第一卷，中华书局 1981 年版，第 162 页。

[3] 石峻等编：《中国佛教思想资料选编》第一卷，中华书局 1981 年版，第 148 页。

达之间的关系，说得很详尽。它是用老庄思想融会印度佛教从而使之中国化的生动实例，是长于冥想、长于探寻静止的本质的印度思想被长于现象、长于融合体用、动静，通过现象表达本体的中国思想所转化的鲜明体现。这种认识方法从此成为中国佛教的主流，对其后禅宗影响极大。

中国佛教的认识方法在禅宗这里达到多样化的统一，进展到一个新的阶段。禅宗的发展分为如来禅和祖师禅两个大的阶段，一般认为，从中国禅宗初祖菩提达摩到五祖弘忍为如来禅，六祖慧能到禅宗五家沩仰宗、临济宗、曹洞宗、云门宗、法眼宗形成前是如来禅向祖师禅过渡的阶段，从五家特别是沩仰宗开始，是祖师禅[1]。如来禅的特点是重视经教，强调藉教悟宗，主张坐禅、念佛，提倡渐修。而祖师禅则主张不拘形式，当下即得，直指人心，见性成佛。特别是推翻固定的程式，不拘一格，不持戒，不坐禅，大行棒喝、机锋等悟入方法，甚至呵佛骂祖。从唐末、五代到北宋，祖师禅一直是禅宗的主流。禅宗发展过程中曾经出现的种种形态如文字禅、看话禅、默照禅等，都是“绕路说禅”。禅的实相既然不是名词、言语可以表达的，那就可以用名词、言语来说明它的不可表达。这种用可表达的来言说不可表达的，是一切强调直觉和证悟的哲学、宗教形态广泛采用的途径。禅宗所用的机语、玄言、公案、偈颂、话头等，实际上肯定了禅是可以参究的，不过必须打破俗情所遵循的日常格套，直接针对参究者的当下心境，契会参究者的当下谜团，打破一切拘泥与执取，将可用寻常套路理解的既成方式，都看作“死句”，强调要参“活句”，即超越对言语、动作执著的生动活泼、直下顿悟的方式。当然，诱发解悟的形式多种多样，什么样的形式最契合参究者，这实际上是相当个体化的。禅宗把面向一般，有公共的逻辑、知识工具可用的传统经教，变为更加个人化的、

[1] 参见方立天:《中国佛教哲学要义》，中国人民大学出版社 2002 年版，第 1008 页。

多样化的禅修，是对修养方法多元化的肯定，是对语言、文字、动作等交流工具的深度开掘，是向着个体化、生动性甚至有些神秘的中国式交流方式的靠近。这与传统佛教的教化方式有很大不同，禅宗因此一直存在着与其他佛教派别的紧张关系，“禅宗兴而佛教亡，五宗兴而禅宗亡”的说法一直存在。历代都有僧俗两界主张将禅宗和其他门派相融合，禅教一致、禅净一致等主张也一直存在。其目的在哲学上就是强调增加大众共通的语言，减少不能共通、太过个人化的语言；更多用逻辑的、知识的力量，更少用直觉的、识自本性的力量；更多用团体共修的方式，更少用个体独悟的方式；更多采用有章可循的法门，更少采用个体独有的门径。但正是禅宗的这种独特修养方式，张扬了个体的力量，发展了灵活机动的教法，延展了精神的层面；不道之道、无法之法的本体论，逼显出了丰富多彩、气象万千的知识形态和悟入途径。它与儒家的慎独、养浩然之气等个人的、内省的、强调精神力量的修养方法一致，共同构成了中国士人重视内在超越的品格和与之相应的知识形态，充分展现了直觉与概念思维的矛盾、紧张关系，又创造性地实现了两者的曲折连通。

第三节　六经的知识分类

一、《诗》《书》《礼》《乐》

中国最有权威的典籍是六经，中国上古时代的知识最多地保存在六经中。六经性质不同，它们包含、承载的知识类型也不同。庄子说：“《诗》

以道志，《书》以道事，《礼》以道行，《乐》以道和，《易》以道阴阳，《春秋》以道名分。”（《庄子·天下》）《礼记》也说：“温柔敦厚，《诗》教也；疏通知远，《书》教也；广博易良，《乐》教也；洁静精微，《易》教也；恭俭庄敬，《礼》教也；属辞比事，《春秋》教也。”（《礼记·经解》）《诗经》有民间歌谣，有庙堂颂诗，有宗教乐歌，以赋、比、兴等表现方式，宣发人的情感、意志、想往，描述对劳动的歌颂、对爱情的憧憬，对暴虐统治的诅咒，对美好政治的向往等，展开了宏大的社会生活画面。它的表现手法、思想方式是抒情的、想象的、连类而通的，它作为中国最早的诗歌总集，保存了先民大量的知识成果。它的知识方式不是铺叙的，不是以命题、推断和论证的方式传达的，而是要人通过对诗中形象的体验、再现、阐释，接近和把握这些知识，吸取其中包含的智慧。孔子就曾经说：“小子何莫学夫诗？诗可以兴，可以观，可以群，可以怨。迩之事父，远之事君。多识于鸟兽草木之名。”（《论语·阳货》）肯定《诗经》知识府库的品格。不过《诗经》是以情感而非理智、直觉而非逻辑、取喻而非正告的方式，向后世传达了一种生动、充满情趣的知识形式，老子的玄言诗，庄子的寓言故事，屈原的骚体诗，民歌、乐府等，都是这一知识传统的体现。

《尚书》是古代各种政事文件的总集，体裁多样，有典、谟、诰、誓等，中国政治、经济、军事、文化方面的许多典章、制度、文物、人物、言语、事件等保存于其中。它也是上古时代知识的渊薮、府库。它的知识传达方式是叙述的、论断的、推证的、直言相告的。它和《诗经》正好是相反的、互补的。取得其中知识所用的思维方式是直截的，不是曲径通幽、浪漫抒情、往复曲折的。它传达的知识是较为确定和直接的，不是通过形象由体悟和阐释达到的。所以《礼记》中孔子说善于读《尚书》的人“疏通知远”，即了解许多以往的政事因而疏朗通达，而读《诗经》养成的人格特点是温柔敦厚。《诗经》因为它的体证和抒情性质，所以更多的是陶冶个人性情的，而《尚书》因为它的外在性、公共性、直言式表达，所以更多的是理智推论的，指向现实的。《尚书》是儒家知识系统和思维方式的直接来源，而道家思维方式更多的是诗式的、浪漫主义的。两相比较，可以更清楚地看出各自的知识特点。这两部经典的知识内容和表达方式，是后世儒道互补的重要依据。

礼乐是中国文化的特点。礼门类繁多，具体仪节细致甚至琐碎，《中庸》有“经礼三百，曲礼三千”之说。关于礼的经典有“三礼”：《周礼》是讲“体国经野、设官分职”的，《仪礼》是讲士大夫的行为规范的，多是对冠、婚、丧、祭等具体仪节的记述，《礼记》是对《仪礼》中的礼文所蕴含的意义的解释。在以士大夫为中坚力量的古代宗法社会，关于礼的知识是非常重要的。行为规范是实践性的，礼又是心中的观念与一定的仪式、服饰和进退趋翔的动作相配合的，掌握这方面知识不只需要心中虔敬，也是仪式、服饰合乎规范，动作娴熟的过程。所以礼是心和身、观念和动作两者互相影响、互相协调的过程。对礼的重视，对与礼相关的方面的强调，在知识论上的意义就是对形式和内容互相影响的强调。单纯对形式的分析易于趋向逻辑论证，趋向纯粹思辨。而强调形式与内容的结合则走向形下的实践，走向对仪文的外在解说，较难与形上本体结合起来。所以礼文化的兴盛滞塞了纯粹思辨的进路，加强了实践趋向，使中国古代士人强于实际事务的修习和应对而弱于形上思辨。

礼文化在知识论上的另一倾向是对分别、层级的强调。礼是彰显分别的。礼的功用就是用国家制度和观念上普遍认可的形式，把社会等级固定化、仪式化。就人这一社会存在来说，既可以从群体的一般性质研究他的共同点，也可以就个体研究他的基本性质。礼文化所依赖、所反映的是社会群体，所以熟习和受它熏染的士大夫阶层倾向于作群体性思考，群体的秩序、和谐高于就单个人思考所容易走向的对人的抽象本质的探讨。所以中国古代鲜有西方那样对人的抽象定义，如人是政治动物，人是经济动物，人是理性动物，人是符号动物等。倒是对群体秩序所需要的等级、等级的具体规定、等级的意义、如何彰显并固化它有浓厚兴趣。而从知识构成说，对礼的掌握和解说易流于琐碎，这正是道家批评儒家的主要之点，司马谈《论六家要旨》指斥儒家“累世不能通其学，当年不能究其礼”“博而寡要、劳而少功”就以此为根据。

《乐经》先秦时本有，但秦焚书后没有恢复，所以秦以后常称“五经”。乐不仅有歌唱、乐器演奏，还包括舞蹈，所以乐是音乐舞蹈的总称。一个音乐作品由乐音、乐句、乐章组合而成，它通篇体现的是和谐。乐音宫、商、角、徵、羽之间是和谐的，由乐音的不同排列组成的乐句、由乐句按一定的结构形式组成的乐章也是和谐的，乐器中钟鼓、笙竽、箫管、琴瑟的演奏，音乐与舞蹈的配合，各种乐舞道具的辅助作用等，也都是和谐的。精通音乐的孔子在与鲁国的太师谈论音乐时曾说：“乐其可知也已。始作，翕如也；从之，纯如也。皦如也，绎如也，以成矣。”（《论语·八佾》）从开始时的整齐合一，到展开中的纯粹、明亮、连绵不绝，到最后的完成，都体现着和谐。可以说，乐的本质属性、它所彰显的理念和表现出的样态，处处体现一个“和”字，故“乐以道和”。中国古代典籍中常常礼乐连言，说明古人的知识体系中礼乐是一对范畴，它们是对立统一、互相依持又互相辅助的关系。古人看重的是乐对礼的中和与调节作用，乐对礼所强调的分别加以融会，使它形成一个既有分别，又有统一的和谐总体。如果没有乐的调节，各个分立的礼容易陷入呆板、严苛、琐屑；如果没有礼的介入，乐容易陷入笼统、柔弱、没有节制和分界，特别是内容上容易陷入“郑声”之淫。两者互相调节，才能相得益彰，各臻其妙，和谐统一。孔子对礼乐二者的这种协调关系有一个很好的说明：“礼之用，和为贵。先王之道斯为美，小大由之。有所不行，知和而和，不以礼节之，亦不可行也。”（《论语·学而》）礼须用乐来调和使之协调统一，乐亦须礼来节制使有分别。孔子倡导由读《诗》而感奋兴起，由守礼而遵从各种规范，由学乐而熏陶、调节其性情。孔子心目中的完全人格与之相应：“若臧武仲之知，公绰之不欲，卞庄子之勇，冉求之艺，文之以礼乐，亦可以为成人矣。”（《论语·宪问》）智慧、节制、勇敢、多才多艺这些好的品格，都必须靠礼乐来修饰使之协调。礼乐两者的互补、协调在漫长的中国思想发展中一直受到重视。关于礼乐的知识，掌握和运用这部分知识的思想方法，也始终受到此观念的影响。

二、《周易》《春秋》

《周易》在汉代之后，受重视的程度更甚于《诗》《书》，被视为群经之首，大道之原。这多半由于汉代科技特别是天文学的发展，天人一体的影响无处不在，由此带动了对天地万物普遍法则、根本规律的探究，《周易》所彰显的一阴一阳之道深入人心，象数、义理两个解《易》方向逐渐泾渭分明。《周易》本卜筮之书，利用占筮预测未来本是大到国家小到家庭经常进行的活动，它是人与不可知领域相沟通的重要渠道，所谓“天地设位，圣人成能；人谋鬼谋，百姓与能”（《周易·系辞下》）筮人也是掌握较高文化知识，参与公私生活的重要角色。但《周易》本是一套符号（卦爻象）和文字（卦爻辞）混合的文本，这些符号的成立靠数，而符号又可以象征很多同类事物，所以数与象是《周易》的基础和进行解释的根据。而《周易》所要传达的信息、彰显的道理，又是通过文字如卦名、卦题、卦爻辞来透显的。所以义理解《易》是又一个必要方向。也就是说，对于《周易》来说，象数、义理两个方面的知识都是必需的，缺一不可的。但象数和义理这两套知识性质完全不同，象数是机械的、框定的、演绎的，而义理是灵活的、引申的、阐释的。虽然解《易》者对两者有不同侧重，但两者互相辅助，共同完成一个解释系统。在象数解《易》中，文字所表达的义理是服从于象数的，灵活的、涵括的文字往往被坐实，被狭窄化，失去了它的大部分阐释功能。而在义理解《易》中，象数也往往被弃置、穿凿，使文字的解释失去了格范性，成了任意求通的工具。好的解释是能兼顾两者，并且结合为一个整体。《周易》的知识获取手段和思维方法，总的说是充满诠释精神的，需要兼顾符号和义理两种不同思维方式，并且在两者的冲突和调解中得到新的知识。特别需要注意的是，在漫长的《周易》解释历史中，各种具体知识融进《周易》这个总框架中，利用《周易》的灵活阐释，衍生出新的知识，比如它和天文、地理、医学、兵法、哲学、艺术、器物制作、建筑营造等的结合。它的象征、连类而通、不可典要、唯变所适的思维特点成了中国哲学知识论的重要成分，易学也因此成了知识者的必备学养。

《春秋》是周代各国史书的通称。本来《尚书》《国语》等也是广义的史书，但《春秋》有它的独特性。《春秋》本是鲁国的编年史，记载了鲁国 12 个国君 240 余年的历史。孔子对《春秋》加以改作，据后世的公羊家说，这些改作中孔子用特别的“书法”，表达他对某些事件的褒贬。“《春秋》以道名分”，意即孔子通过对史实的评论，将各社会阶层应该做的事做了规定，以此彰显各级统治者的职分和权限、责任和义务，树立美好政治的标准。孟子因此说：“王者之迹熄而《诗》亡，《诗》亡然后《春秋》作。”（《孟子·离娄下》）“孔子成《春秋》而乱臣贼子惧。”（《孟子·滕文公下》）

《春秋》记事简略，后世注家沿着两个大的方向对它进行注释，一个方向是《春秋左氏传》代表的一般历史方法，即将《春秋》史实有缺漏、记载不详尽的补足，把它的起因、发生过程、人物、言论尽量完整地铺叙出来。《左传》记事多样，叙述有波澜，文字华丽富赡，是后世历史文学的重要来源。另一个方向是《春秋公羊传》《春秋谷梁传》代表的历史哲学的方法，即将孔子为什么如此书写背后的隐衷揭示出来，重在挖掘书法的“微言大义”，是后世历史哲学的重要来源，如汉代董仲舒的春秋公羊学。《春秋》及其解释著作“三传”，是阅读、理解、书写、阐发历史的典型形式，是历史知识的重要载体。《春秋》的这两种书写方式——华丽的正面铺叙和婉转的微言大义，是传达知识的两种形态。前者是叙述的、具象思维的，后者是连类而通、逻辑思维的。前者的知识风格是明显的、一览无余的，后者则是隐微宛转、富于寓意的。更重要的是，《春秋》创造了一种历史知识书写和传达的方法：经文简略，传文体裁多样，因而可以自创平台，附加补充，经传互补，挥洒多方。这就为历史理性的多姿多彩、曲折变化、灵活阐释创造了契机。尤其像中国这样历史跨度久长、历史典籍丰富、历史意识强烈且从未中断的文化，历史知识的获得、历史思维的确立、著史手法的形成，都和《春秋》奠定的基调有关。历史这种知识形式在中国文化中具有特别重要的地位。

综括以上简略的分析，可以说六经在中国的知识形式中占有重要地位，对中国文化具有笼罩性影响，各经典形成了不同的思维特点并且统合为一个整体的知识系统。中国人不喜就知识的一般形式作抽象考察，所以没有发展出西方哲学那样典型的知识论，但又不排斥抽象考察，只是更加重视具体经验而非形上思辨，重视价值与事实的综合而非仅就现象作逻辑分析，重视实践理性而非理论发挥。六经是中国古代各种知识的蕴藏者、保存者、传承者，是中国历史延展的文化支撑，是中国独特的知识论的基础。这也是经学自汉代成立至清末消亡能够长期统领中国所有学问的原因。

第四节 《墨经》的逻辑学

一、辩论的功用与概念

中国哲学主要是关于修身治国的学说，先秦各家皆注意到名的重要性。孔子认为名实问题关乎国家治理，特别在礼坏乐崩的情形下，“正名”是拨乱反正，使政治步入正确轨道的首务：“名不正则言不顺，言不顺则事不成，事不成则礼乐不兴，礼乐不兴则刑罚不中，刑罚不中则民无所措手足。”（《论语·子路》）孔门后学及孟子、荀子继承、延续了这一治国纲领。道家要去除纷然淆乱的名言概念、思想理论对社会的扰乱，回到清静无为的本来状态，故倡导“无名”。墨子面对当时的社会乱象，希望出现“强不劫弱，众不暴寡，诈不谋愚，贵不傲贱”（《墨子·天志中》）的理想之治，也倡导名实之辨。至于法家，本就以循名责实、综核名实为纲领，以实现名实相符，令行禁止的理想社会。至战国中期，稷下学宫兴盛，各家学者云集于此，考辨学术，相互借鉴、争鸣，由此推动名辩思潮大兴。出于导正论辩方式，规范名词概念，杜塞逻辑纰漏，防止滥逞技巧等目的，出现了一批专门在论辩形式上着眼的学者，中国最早的逻辑学由此产生。这突出地表现在《墨经》中。墨经包括《经》上下、《经说》上下、《大取》、《小取》六篇。今以《小取》为纲，说明《墨经》的逻辑学体系。

《墨子·小取》说：“夫辩者，将以明是非之分，审治乱之纪，明同异之处，察名实之理，处利害，决嫌疑焉。摹略万物之然，论求群言之比。以名举实，以辞抒意，以说出故。以类取，以类予。有诸己不非诸人，无诸己不求诸人。”这几句话是《小取》篇的纲领，包括了辩论和服务于辩论的逻辑学的功用与规则。辩论的功用，首先是为了明白是非及其界限，搞清国家治乱的原理，分别相同与相异之处，察明概念与所指实物各自的道理，帮助人们处置利害，决断嫌疑。这里对辩论的功用说得很充分，认为它在公私生活中起着重要作用，是帮助人们采取正确决策，处于有利地位的工具。而只有遵守逻辑规则，才有有效的辩论。《小取》篇用精辟、简洁的语言，对辩论必须遵循的逻辑规则作了说明。认为辩论是思想活动，必须运用名词概念；名词概念指涉的内容如果不统一，辩论就难以进行，所以首先要“摹略万物之然，论求群言之比”。“然”指事物的客观样态，“摹”者摹画、描述。用一个名词将某类事物的性质、基本样态固定下来，作为大家共同使用的思想、语言工具，即概念。在概念获取中，一定会有“抽象”的发生，因为事物的属性是多样的，概念所表达的，是事物的本质属性、典型样态。这就发生对多种属性的对比、选择，然后形成足以表现事物本质属性的概念，这就是“论求群言之比”，即通过辩论选择多数人认同的属性为此概念的主要内容。《小取》对概念形成过程的说明是准确的、深刻的。概念一旦形成，就有强制性、相对稳定性，所以《墨子·经说下》说：“知而不以五路，说在久。”即名词、概念的取得，不是从耳目感官的经验直接得到的，而是应用日久、约定俗成的。

《小取》概括地说到名词、概念的性质、原理，认为，名是用来指谓实际事物的，即“以名举实”。《墨子·经说上》也说：“举，拟实也。告以文名，举彼实也。”名必有它指谓的事物，包括抽象事物，但实物不一定都有名称。《墨子·大取》说：“名，实名，实不必名。”人可以通过名词获得它所指称的事物的知识，此谓“名知”。名有达名、类名、私名三个层次。“达名”即通达之名，指涵盖所有事物的名，如“物”。“类名”指一类事物的名，如“马”。“私名”指个体事物的名，如“张三”。墨经这里涉及事物分类的层次：一般、特殊、个别，与现代逻辑学中内涵与外延关系的理论非常接近。就名实关系言，《墨经》认为，名是说出来的一个声音或写出来的一个字，说话必有所谓，就像一个人的姓和他的表字相系属一样：“声出口，俱有名，若姓字俪。”（《墨子·经说上》）而名必须是实的真实摹写：“所以谓，名也；所谓，实也。名实耦，合也。”（《墨子·经说上》）

此外，《墨经》关于名的说法，涉及现代逻辑所说的同一律、矛盾律、排中律、充足理由律，它很大程度上是一个关于辩论所应遵守的逻辑规则的说明。同一律即在同一思维过程中，必须在同一意义上使用概念和判断，不能混淆、偷换概念和论题。《墨经》说：“谓而固是也，说在因。”（《墨子·经说下》）“固”即固定，“是”即一个名词的内涵，“因”即因袭。这句话的意思是，因为长期使用，一个概念的内涵已经相对固定，在具体使用时就应当因袭其固有内涵，不能随便改变。这相当于现代逻辑的同一律。《墨子·经说下》对此句解释说：“有文实也，而后谓之。无文实也，则无谓也。不若敷与美，谓是则是固美也，谓也则是非美，无谓则报也。”（《墨子·经说下》）意思是有如此事实，则用一个名称指谓它；没有这样的事实，就不能用同一个名称指谓它，否则便是假。如美之名，指谓的对象是美的，美是一固定的意象。如果是非美，就不能用此名称去指谓，如用此名称，则假。这里说的仍是同一律。《墨经》指出，辩论必须遵守同一律，否则会出现混乱。遵守同一律，所用概念要统一，此即“正名”。《墨子·经说下》解释说：“正名者，彼彼此此可，彼彼止于彼，此此止于此。彼此不可彼且此也。”这是说，两个名词，用彼和此指代，两个名词的内涵各不相同，各有分限，不能混淆。如果彼不但是彼，彼中有此，则不可。《公孙龙子·名实论》说的“彼彼止于彼，此此止于此，可。彼此而彼且此，此彼而此且彼，不可”与此相类，且用语也几乎相同。《墨经》还说：“辩，争彼也。辩胜，当也或谓之牛，或谓之非牛。是争彼也。是不俱当。不俱当，必或不当。”（《墨子·经说上》）意思是，辩论就是对一个确定对象的是与非进行争辩。比如一个动物，一方认为是牛，一方认为非牛，不能双方皆真。既然不能皆真，必有一方为假。如果皆真、皆假，就是思维混乱。亚里士多德将矛盾律表述为对立的陈述不能同时皆真，《墨经》以上所说与此完全相同。

排中律即一个命题或真或不真，此外没有其他可能。《墨经》对这一思维规律有精当的说明："谓辩无胜，必不当，说在辩。"（《墨子·经说下》）意思是，就一个确定的对象行进争辩，一方的判断为真，一方的判断为非真，必有一方为是，即辩论的胜方。如果说双方皆非胜方，则非辩论。《墨经》对此说明道："俱无胜，是不辩也。辩也者，或谓之是，或谓之非，当者胜也。"（《墨子·经说下》）就一个非此即彼的结论进行争辩，必有一真，不能出现二者皆假的情况；二者皆假，就不构成真正的辩论。真正的有意义的辩论，必是一方为真，一方为假，符合实际情况的为真。

二、判断与推理

以上是《墨经》的概念论，即就名本身的逻辑关系着眼。《小取》篇还讨论了判断论。判断论最集中地表述在两个命题中，一个是"以辞抒意"，一个是"以说出故"。"以辞抒意"，"辞"即语词，"意"即意思，用不同的语词构成一句话，表达一个意思，就是命题。命题即判断，人通过判断构成知识，若干判断构成一个知识系统。表达判断的可以是语词，也可以是公式、符号。形式不同，但都是有意谓的。无意谓即非判断。代表意谓的是名，对于名所代表的意思加以断定即形成判断。"以说出故"，即用论证说出一个判断所以成立的根据、理由和条件。"故"即前提、条件，有此前提、条件，一个现象或事物才能成立，否则不能成立。所以《墨经》给故下的定义是"故，所得而后成"。"故"分大故、小故："大故，有之必然，无之必不然。""小故，有之不必然，无之必不然。"（《墨子·经说上》)“小故”即现在所说的必要条件，没有它一现象必然不发生，但有了它此现象不必然发生。“大故”即现在所说的充分必要条件，有了它一现象必然发生，没有它此现象必然不发生。《墨经》的特出之处在于，它对一个判断之所以能够成立的多层次条件有精到的认识和说明。如《墨子·大取》说：“三物必具，然后足以生。”“夫辞以故生，以理长，以类行者也。立辞而不明于其所生，妄也。今人非道无所行，唯有强股肱，而不明于道，其困也，可立而待也。夫辞以类行者也。立辞而不明于其类，则必困矣。”语言所表达的判断的基本规则在《墨经》中被称为“语经”。一个判断必须有故、理、类三个要素。“故”即此判断能够成立的条件；“理”即道理，一个判断能够成立的大前提必不违背一般道理；“类”即同类，一个判断的成立需要它的同类已经成立作为佐证。判断、命题的产生，靠它的根据、理由；能够成立靠它不违背一般道理；使人相信、能够推论靠它的同类佐证。不知道它的产生所依赖的根据、理由，是虚妄；不知道道理、法则、规律，一定会遇到阻碍；不了解它的同类，就不能得到确信和证明，就会困顿甚至失败。《墨经》对判断的说明是严密和精致的，其中有许多同类相辅而行的例子，但对类比又有许多限制和警诫。

《墨经》的推理论尤其精彩。因为中国古人长于类比式思维，短于逻辑论证；长于具象、譬喻、寓言等，短于下定义、用定义来思辨推论。现代哲学家牟宗三在论到荀子的正名思想时即说：“由对于每一事能下一定义之心灵，即可开出两种义理之途径：(一)顺名之所以成即在表示实事之理，则可以言柏拉图之理型，而建立形式体性学(Formal ontology)，以贞定经验之现象。(二)顺定义之成一名，而反省定义所以成之手续，则可以发见亚氏(编者按：亚里士多德)之所发现，而言五谓与十畴，此即进入名学之初阶矣。然此两途，荀子皆未作出。而其肇端则近乎此，可以顺之而进乎此也。”[1] 这是说，从名思绎其背后的实，可以达到柏拉图的理念说；就名的定义分析其层次，则可达到亚里士多德的类、种、种差等定名原理，及本体、数量、性质、关系等十大范畴。总之，顺着定义名、思绎名的途径可以到达西方哲学那样的思想形态。但荀子只有名学的萌芽，未深入下去而成系统。这里说到了中国哲学思维方式的特点，这一特点在《墨经》关于推理的论述中有集中表达。

《墨经》重视通过推论得到知识，称其为“说知”，“恕，明也。恕也者，以其知论物，而其知之也著。”（《墨子・经说上》）“恕”指深刻、洞明的知识，是将已知概念作多方面推论而使自身涵盖面更广、条理更清晰。《墨经》解释“说知”为“方不障”，意思是，推论是逻辑的，是思维活动，不受具体空间的限制。《墨子》对推论而知的定义是：“闻所不知若所知，则两知之，说在告。”（《墨子・经说下》）即已知某概念的内容，如被告知另一概念与此已知概念相同，则可推知此概念的内容。已知的是“亲知”，将知的是“说知”，即推论而知。如一人在室内，闻知室外有物与室内已知物相同，则推知室外为何物。推论的原则是“名以所明正所不知，不以所不知疑所明”（《墨子・经说下》），即以已知之名推知未知，不能以未知怀疑、框定所知之名。所以，推知不以耳目闻见，是因为名的内容是经过较长时间沉淀之后定型的，这就是“知而不以五路，说在久”（《墨子・经说下》）的真实意指。荀子也说：“名无固实，约之以命实。约定俗成谓之实名。”（《荀子・正名》）

《墨经》提到或、假、效、辟、侔、援、推七种推理方法。“或”即或然，《墨子・小取》说：“或也者，不尽也。”即或然判断。与之相反的是全称判断：“尽，莫不然也。”（《墨子・经说上》）“假”即假言判断，墨经

[1] 牟宗三：《名家与荀子》，台湾学生书局 1994 年版，第 256 页。

中表示假言的还有“借”，即假设如此会出现何种结果：“假者，今不然也。”（《墨子·小取》）但《墨经》指出，假言命题有多种可能，须注意分辨。如“且入井，非入井也；止且入井，止入井也”（《墨子·小取》），意思是，将要掉入井中，并非已经掉入井中；但阻止将要掉入井中，就是阻止掉入井中。而“且夭，非夭也；寿且夭，寿夭也”（《墨子·小取》），意思是，将要夭折，非已经夭折，阻止将要夭折，就是阻止夭折。但使将要夭折的人延长生命，即“寿夭”，就是使夭折的人延长生命。“效”即标准法。效分“所效”和“效”，“所效”是标准，“效”是拿一个事物与标准对比，与标准符合的为是，不符合的为非。“辟”即“譬”，即设喻，“举他物而以明之也”。《墨经》中广用譬喻，以使高深的浅近化，抽象的具体化，难于理解的变得易于理解。“侔”即词句类比法。“侔”这个字的意思是齐等、近似。侔即“比辞而俱行”，即意思相近的词语构成的类推。《墨经》同样注意到了比辞类推的多种不同情况：“是而然”“是而不然”“不是而然”“一周而一不周”“一是而一非”。提醒人们在论辩时注意区分，否则会陷入逻辑谬误。如，白马是马，乘白马就是乘马，但一个人的亲人是人，他事奉亲人不能称为“事人”。前者是“是而然”，后者是“是而不然”。前者用作类比推理的前件是肯定的，后件也是肯定的。后者用作类比推理的前件是肯定的，后件却是否定的。“不是而然”，《墨经》举的例子是，读书，不是书，好读书，却可称作“好书”。斗鸡，不是鸡，喜好斗鸡却可以称作“好鸡”。“一周而一不周”，是说同一个词语，表示的意思有时是周遍的，有时是不周遍的。如“爱人”，爱所有的人才能称为爱人，此“人”字周遍；而“不爱人”，只要不爱任意一人，就是不爱人了，此“人”字不周遍。又如“乘马”，只要乘任意一马就是乘马，此“马”字不周遍；而不乘马，只有不乘所有的马，才是不乘马，此“马”字周遍。“一是而一非”，即用来“比辞而俱行”的辞语在不同语境中意思不同，不能一例看。如探问人得病，可以称作“问人”，而厌恶人得病，不能称作“恶人”。一匹马眼瞎，可以将此马称作“瞎马”，一匹马眼大，却不能称作“大马”。此两例中，前半句可以顺推，后半句不可以顺推，此谓“一是而一非”。“援”者援引，即援引对方的观点作为正确的前提，从而推出自己的同类观点也是正确的，《墨子·小取》说：“援也者，曰：‘子然，我奚独不可以然也？’”即，你肯定你的观点是正确的，难道我的相类观点就不因此而正确吗？这种推理方式是以同一律作基础的。“推”者推理，即用对方肯定的命题作前提，推出一个形式与之相同但内容不同的结论，看对方能否接受。如不接受此结论，就证明作为前提的观点是错误的。这就是《墨子·小取》说的：“推也者，以其所不取之，同于其所取者，予之也。‘是犹谓’也者，同也；‘吾岂谓’也者，异也。”“是犹谓”即“这等于说”，是肯定与其相同的另一种说法。“吾岂谓”即“我难道是这个意思吗”，是反驳与其相同的另一种说法。前者是在类比推理中指出其异中有同，后者是指出其同中有异。

以上譬、侔、援、推，即类比推理中的譬喻式、比辞式、援例式、归谬式，都可以说是演绎的。《墨经》中指出了演绎推理的多种复杂情况：类比推理的两项，有相同的地方，但不会完全相同；两者结果相同，但导致结果的原因不会相同；用来类比的，往往就其相同处着眼，但同者的根据不会相同。所以譬、侔、援、推这些类比推理在具体运用中有差异，比如，非直接类推经过转换，这类推理包含谬误的几率就会大增；如果推理几经转换离开了原来的限制条件，那就完全变为谬误了。所以必须严加辨察，谨慎使用，不可片面而观。这就是《墨子·小取》说的：“故言多方，殊类，异故，则不可偏观也。”另“以类取，以类予”“有诸己不非诸人，无诸己不求诸人”是讲辩论的一般规则。前句是说，辩论双方所用的物例和事项必须是同类的，不同类则辩论没有意义。比如甲乙两者同类，肯定甲则须肯定乙；而己方肯定了甲，也意味着对方须肯定乙。后句是说，在辩论中概念须同一，不能出现歧义，如果自己用了此义，就不能反驳别人也用此义；如果自己不用此义，就不能要求别人用此义。这样才能保证所用概念同一，防止滑转甚至偷换概念，这样的辩论才符合逻辑规则，因而是有意义的。

《墨经》中的逻辑是中国古代逻辑学的辉煌篇章，达到了很高的成就。它向我们揭示的是，抛开广义的思维习惯、思维倾向，就狭义的思维规律和思维形式说，人具有共同的逻辑。虽然西方、印度和中国这几大文化系统对它的表述不一样，但逻辑内容是一致的。说中国一向没有逻辑学，或说中国人在思维上用的是别样逻辑，是不通的。中国现代逻辑学家如汪奠基、沈有鼎、金岳霖等的研究成果说明了这一点。

《墨经》逻辑的出现得益于名辩思潮。名辩思潮的兴起一方面由于春秋末期以来礼坏乐崩的社会现实，相沿已久的名和迅速变动的实不相符合的情况不断发生，需要对名的内涵、形式、名与实的关系重新认识。另一方面，春秋战国诸子蜂起，百家争鸣，在不同思想的论战、交锋中，专门探讨与名辩相关问题的学者应运而生。名家是先秦诸子中重要的一家。《汉书·艺文志》说："名家者流，盖出于礼官，古者名位不同，礼亦异数。孔子曰：'必也正名乎！名不正则言不顺，言不顺则事不成。'此其所长也。及謷者为之，则苟钩釽析乱而已。"这是说，名家源出朝廷中管理礼乐的官吏，因为礼乐种类繁多，名目复杂，于是产生了专注于名的学术派别。这派的长处是确定、规正事物的名称，使名正言顺，事物秩然有序。但一些喜欢咬文嚼字的人，却专门在名词概念上搅绕，反使"怪说琦辞"产生，扰乱了正常的名实秩序。司马谈《论六家要旨》也说："名家苛察缴绕，使人不得反其意，专决于名而失人情。故曰'使人俭而善失真'。若夫控名责实，参伍不失，此不可不察也。"这也是说，名家专在名词概念上纠缠，专注于名而有时不顾实际情况，人们在辩论上胜不过他们。不过他们用确定的名称导正实物，使名与实经过对比参证而吻合对应，却是正确的、有贡献的。这里对名家的长处、短处说得很切实。

与名相关的思想，其中较为重要的可追溯到孔子。但孔子的“正名”是政治学说，即用名去纠正不符合名的实。在孔子看来，名不仅是用来指称事物的代号，更重要的是，名是它所指称的一类事物的本质属性。本质属性就是此类事物的标准。用此标准衡量它指称的事物，符合的就是好的，不符合的就是不好的。所以孔子用来纠正当世乱象的纲领是“正名”，具体来说即“君君，臣臣，父父，子子”，也就是使处在各个名分位置的人都能按照这个名分的标准去做，由此使政治、社会走上正确的轨道，实现他的治国理想。所应注意的是，孔子所说的“名”包含有一类事物的本质属性的意思，本质属性即此类事物的标准。这在名实关系上是有价值的思想。

孟子曾说自己的长处在“我知言，我善养吾浩然之气”(《孟子·公孙丑上》)。“知言”即“诐辞知其所蔽，淫辞知其所陷，邪辞知其所离，遁辞知其所穷”(《孟子·公孙丑上》)。“辞”是一个判断，一个命题，所谓诐、淫、邪、遁虽主要从内容说，但蔽、陷、离、穷仍与辞的形式有关。孟子以雄辩名震诸侯，弟子也说“外人皆称夫子好辩”，他的“知言”，他的善比喻、善推理、善引用《诗》《书》的论辩技巧，为此增色不少。孔子、孟子以上论述，可以看作名家产生、兴盛的缘由之一。而老子、庄子关于名的观点，其排除名的政治、社会内容，专就名的功能、局限、名能否真实反映实等方面的论证，也是促使名辩思潮产生的重要契机。

第五节 名家对逻辑的发展

一、惠施与辩者

名家如从大处着眼可分为惠施的“合同异”与公孙龙的“离坚白”两派。惠施的“合同异”倾向于指出相同事物中的不同。事物皆有与他物相同处，也有其独特处，差别中有同一，同一中有差别，此即“合同异”。惠施的“历物十事”即广泛考察事物，而以十个命题来说明他的以上思想。如“至大无外，谓之大一；至小无内，谓之小一”，是说具体东西的大小是相对的，再大的东西也比“大一”小，再小的东西也比“小一”大，这是大小中的合同异。“无厚不可积也，其大千里”，是说体积上的小和面积上的大可以在一个物体上，两者是度量上的合同异。“天与地卑，山与泽平”，低处的天和高处的地、低处的山岭和高处的湖泽的高度是齐等的，这是高度上的合同异。“日方中方睨，物方生方死”，太阳在正中时已经偏斜了，事物活着的某一时刻也正走向死亡，这是时间上的合同异。“大同而与小同异，此之谓小同异。万物毕同毕异，此之谓大同异”，大同小异与小同大异是不同的，虽然两者都是差别中的同一。“万物毕同”谓之大同，“毕异”谓之大异，毕同毕异仍是差别中的同一，但它是“大同异”。小同异和大同异是不同的，但皆是同与异之合。这是同异上的“合同异”。“南方无穷而有穷”，方位是具体的，方向是非具体的。南方是方位和方向的合一，方位有穷而方向无穷，它是同与异相合的。“今日适越而昔来”，今与昔是相对的，某一特定日期既是今也是昔，今日是昨日之明日，也是明日之昨日。日期是合同异的。“连环可解”，连环如规定解的方法，则有不可解之处；如不规定解的方法，则无不可解。这是相对与绝对的合一。“我知天之中央，燕之北，越之南是也”，一般情况下，燕在北，越在南，但天下之中央不是个确定的方位。既非确定，可以在越之南，也可以在燕之北。中央与四旁是同与异合一的。“泛爱万物，天地一体也”，这句是历物十事的总结，意思是，万物虽不同，但总有共同处，因此可以把万物看作一个共同体中的各个部分，由此产生对万物普遍的爱。这是万物的“合同异”。惠施想通过一种观认万物的方法，实现普爱万物的伦理目标。普爱万物就可以减少伤害，重视协助，使整个社会走向秩序与和谐。在惠施眼里，万物毕同毕异，奇诡万状，故感叹：“天地其壮乎！”但即使是口才最好的人，也无法把天地的伟大、壮美描绘下来，只好自叹“存雄无术”，用一些命题来表达自己的见解。

当时有一些辩者，观点与惠施相当，提出寓意相近的命题与惠施应对往还。《庄子·天下》所记“辩者二十一事”，即此类命题。如“卵有毛”“鸡三足”“郢有天下”“犬可以为羊”“马有卵”“丁子有尾”“火不热”“山出口”“轮不碾地”“目不见”等，其中多有与惠施合同异相近者。可见惠施在当时影响之大。

二、公孙龙

与惠施同时的著名辩者有桓团、公孙龙。《庄子·天下》说：“桓团、公孙龙辩者之徒，饰人之心，易人之意，能胜人之口，不能服人之心，辩者之囿也。”桓团的学说无有传世文献以资说明，公孙龙则有《公孙龙子》一书传世。公孙龙与惠施相反，强调名的确定性，名与实的一一对应。公孙龙的《名实论》《白马论》《坚白论》《通变论》《指物论》，各说一义，对名学的各方面作了周全的阐明。

《名实论》说的是名与实的关系问题。它提出，任何有名称的事物都有名与实两个方面：名是指谓实的名称，实是名指谓的对象。实必须有确定的内容，必须在时间、空间中有其位置："物以物其所物而不过焉，实也。实以实其所实而不旷焉，位也。"而实际存在、有时空位置的事物必有其样貌、态势，这是给予其名的基础，即其"正"："其正者，正其所实也。正其所实者，正其名也。"而好的名称，必与实相符合且具唯一性，不能用同一个名指称不同的实："其名正，则唯乎其彼此焉。……故彼彼当乎彼，则唯乎彼，其谓行彼。此此当乎此，则唯乎此，其谓行此。"这里对名与实的关系作了明确的规定。名是指谓者，实是被指谓者，两者须一一对应，此谓"名当"。名当才能施行。《名实论》对以上定名的规则作了总结："夫名，实谓也。知此之非此也，知此之不在此也，则不谓也。"不符合实的名，亦彼亦此的名，皆非正确的名。所以制定名必从两个方面考虑，一是"审其名实"，一是"慎其所谓"。《名实论》对名实关系及定名原则的论述是其后各篇的基础。

《白马论》说的是名所代表的事物的种与属的关系，以及命题中系辞的不同含义。他的中心命题是"白马非马"。这个命题表达的是，马是代表种之名，白马是代表属之名，种与属有逻辑包含关系。但此类命题常用系辞"是"表示包含关系，容易与表示等同关系的"是"相混。公孙龙的"白马非马"即指出这一点。他说："马者，所以命形也；白者，所以命色也。命色者非命形也，故曰白马非马。"这是说，马这个名只表示种类，白马这个名表示种类和属性，两者非同一，故白马非马。他还说，求马，黄马黑马皆可满足要求；求白马，则黄马黑马不能满足要求。马是种名，白马与黄马黑马是属名，种包含属，但相同序列的属则不能互相包含，所以白马非马。这一命题如仅从内涵、外延上说，道理极易明白。但公孙龙要强调的是，下定义往往用种加属差的方法，须有判定词"是"或"非"，但是或非既可表示"属于"与否，也可表示"等同"与否，两者在逻辑关系上完全不同。公孙龙正是想通过“白马非马”这个命题，指出这一点。

《白马论》的另一特出之处是提醒人们言说中相同的名有不同指谓，他说：“有白马不可谓无马者，离白之谓也。不离者，有白马不可谓有马也。故所以为有马者，独以马为有马耳，非有白马为有马。”这是说，人们说的“有白马不是无马”，是离开白的颜色而说的。假如有颜色限定，有白马就不能说有马。所以，说“有马”，是仅以马说，不是以加了颜色的白马说。这是在提醒人们，当说有某物时，此物之名为总名，而实际指谓为某个体事物。名所包含的是一般，其所指者往往为具体，判断或命题中的主语与述语总是不会完全同一的。此矛盾亦表现在下面一段对话中。问者说，已经承认有白马就是有马，那么说有白马为有黄马可以吗？当然不可以。如此说来，有马与有黄马不同，这是认为黄马非马，但又说有白马就是有马，这完全是悖乱之辞。问者以为用归谬法可以驳斥白马非马之说。但问者实际上并没有真正驳倒对方，因为有黄马、有白马与有马指谓不在同一逻辑层面。有马指有任意一马，而有黄马、有白马指有马中之一类。《白马论》反复论证的，无非此意，目的在提醒人们在使用名词概念时，注意区分相同名称的不同指谓。

《通变论》讨论由单名组成的复合名词复杂多变的情况。名称有单名，如牛、马、桃、李等，有复合名词，如牛马、桃李等。名称虽一，但指谓不同，如一个名词既可作为抽象名词，也可作为集合名词。牛、马作为抽象名词，表示这一类事物的本质属性；作为集合名词，表示这一类事物的总汇。同一名称是抽象名词还是集合名词，要根据文义来确定。《通变论》说明的是，同一个名称，它的内涵是变化的，从其相同说，是通；从其不同说，是变。《通变论》一开始就以问答形式讨论这个问题：“二有一乎？曰：二无一。曰：二有右乎？曰：二无右。曰：二有左乎？曰：二无左。曰：右可谓二乎？曰：不可。曰：左可谓二乎？曰：不可。曰：左与右可谓二乎？曰：可。”意思是，作为两个单名构成的复合名词“二”，作为抽象名词它即是“一”，则二中无一，因为抽象无包含关系。构成“二”的其中一个单名为“左”，另一个单名为“右”，若二与左右皆抽象名词，则二无左，亦无右，理由如上。若二为集合名词，左与右为它所包含的子项，则左与右构成二。下面讨论继续深入：“谓变非不变，可乎？曰：可。曰：右有与，可谓变乎？曰：可。曰：变奚？曰：右。曰：右苟变，安可谓右？苟不变，安可谓变？曰：二苟无左，又无右，二者左与右，奈何？”意思是，变不是不变，变即包含改变。如何改变？作为集合名词中的个体，如数量有增加，数量改变了，名称未变。既然有改变，就非如旧时状态；既然无改变，就不能说它变了。作为抽象名词，它所代表的事物数量改变了，此名词不会变；作为集合名词，它所包含的个体的数量改变了，这个集合物总体也会改变。如牛羊为一个名称，它既是抽象名词也是集合名词，牛或羊如有数量上的增加，牛、羊、牛羊作为抽象名词不会有改变，但作为集合名词所指谓的群体会有改变。

《通变论》还讨论了复合名词的子项的同异问题，认为构成复合名词的两个子项必须是可以类比的，否则没有逻辑意义。它用两个命题“羊合牛非马，牛合羊非鸡”来说明。从形式看，这两个判断是一致的。但从内容看，两者区别甚大。因为，牛和羊虽不同，如牛无齿，羊有齿，说羊是牛、牛是羊，不可；但二者相同的地方较多，如牛羊俱有角、俱偶蹄。牛羊与马的差别较大，如牛羊有角，马无角；马尾长，牛羊尾短等，但仍比牛羊与鸡的差别小得多。牛羊有毛，鸡有羽；牛羊四足，加上“足”之名，乃五；鸡足二，加上“足”之名，乃三，皆不同。所以，“羊合牛非马”与“牛合羊非鸡”大不同。当类比时，举牛羊与马，是可以的，如“牛羊”为复合名词，“牛马”也是。但牛羊与鸡类比，则不可；如用为类比，则为“狂举”，即无道理的胡乱类比，如从无“牛鸡”这一复合名词。

《通变论》又以颜色为例，用逻辑来说明国家政治。如青白两种颜色可以并列也可以调和。并列为“不相与”，两者各有其空间，两两相对，此即“反而对，各当其所，若左右不骊”。调和为“相与”，两种颜色合为一色。以白为主加青为黄，以青为主加白为碧。黄为正色，比喻两种颜色主副调适，相和不争；碧非正色，比喻两种颜色主副争胜，杂而不正。黄犹如君臣相和，国强祚久；碧犹如君臣争胜，两不相下，君臣之道丧失。就逻辑学讲，复合名词的子项相类，则这个复合名词是合适的，如黄；子项不相类，则这个复合名词不合适，如碧。这又和以上“羊合牛非马”“牛合羊非鸡”两个命题的区别相一致。

《通变论》提醒人们在言说和辩论中，注意同一名称之下抽象概念和集合概念的不同指谓，注意复合名词的子项的可类比性，避免发生“狂举”的逻辑错误，这些都是很精湛的思想，它与《墨经》中的很多观点是一致的。它举出的逻辑错误，今天人们仍然常犯，从这点说，它又是很实用的。

《坚白论》说明的是，一个事物的各个属性作为名称是互相分离的。“坚白论”是公孙龙的核心理论，以至于成了名家的代表称谓，名辩家所持的理论在当时被统称为“坚白同异之辞”。《坚白论》以一块白色的石头起论：“坚、白、石三，可乎？曰：不可。曰：二，可乎？曰：可。曰：何哉？曰：无坚得白，其举也二，无白得坚，其举也二。”意思是，一块白色的石头，其构成要素有三：坚、白、石。但此三者在逻辑关系上非并列地位，石是质料，白与坚是属性，石与坚白不可并列。各属性都是共相，共相各自分立，故“离坚白”。《坚白论》论证道，触摸此石时得其坚不得其白，白此时不显现；视此石时得其白不得其坚，坚此时不显现；不显现即“藏”。但此藏非人有意藏匿，只是不显现罢了。坚与白皆感觉，感觉是可以不同时的。感觉到的和感觉不到的是可以分离的。这就是“一一不相盈，故离”。这是就认识事物的第一步感觉经验说。《坚白论》接着说：“且犹白以目、以火见，而火不见，则火与目不见，而神见。神不见，而见离。坚以手，而手以捶，是捶与手知，而不知。而神与不知，神乎？是之谓离焉。”这是就感觉之上的知觉说。白在人心中的呈现需要条件，如目之视、光之亮等，而目与光本身是不能显现外物的，显现的器官是心神，但心神的显现需要目与光，当白不在心神中显现时，是离开的。相同的道理，坚在人心中的显现也需要触觉器官与碰触，心离开了这些条件是不能有坚的知觉的。这说明坚不总是出现的，当它不出现时，是离开的。这些属性也会体现在其他事物上，这说明有一些共同的属性，它们不固定在某特殊物体上，公孙龙说：“物白焉，不定其所白。物坚焉，不定其所坚。不定者，兼。恶乎其石也？”“坚未与石为坚，而物兼。未与物为坚，而坚必坚。其不坚石物而坚，天下未有若坚，而坚藏。”共同性质是此类事物皆有的，它们不体现在具体物上时，仍然不改变自己，它们不是像具体事物那样的经验性存在，但并非没有。没有它们，就没有具体事物的属性。公孙龙以此证明，任何能说得出的属性，都是共相。共相是一些观念，不是客观性存在，也非个别事物所独有。名是指代物的，物又非单一属性，“物”即若干共相构成的集合。公孙龙这个思想，实际上说到了思维及其表达的矛盾。人感觉到的都是具体，但表达、指代具体的都是一般。一般就是共相。既然是共相，就是各自独立的。语言是交流的工具，具体是无法使别人知道的。必须使用共通的观念，共通的就是“独藏”的。公孙龙的《白马论》《通变论》着重就“名”的复杂情况提醒人们不要犯逻辑错误，而《坚白论》则是论语言哲学的，是从知识论层面、存在论层面讲语言的性质。《墨经》多从逻辑学着眼，而公孙龙则进了一步，从《墨经》的逻辑学深入到语言哲学。这一点概括地体现在他的《指物论》中。

《指物论》用物、指、物指、非指四个概念来说明他的思想。“物”即存在于时间空间中的具体事物。“指”即构成具体事物之名的各自独立的共相。“物指”即体现在具体事物上的共相。“非指”即指与具体事物既合又离的性质，须结合上下文判断它说的是合还是离。《指物论》一开始就陈述它的论题：“物莫非指，而指非指。”意思是，所有的事物都由若干属性构成，每一属性都是一个共相的表现。所以“物”皆共相的集合，“物莫非指”。而共相本身，却是各自独立的。“指”必须表现在具体事物上才能显现出其性质，所以“指”即“非指”。《指物论》说：“天下无指，物无可以谓物。非指者，天下无物，可谓指乎？”意思是，没有共相，物就无法得到称谓。而所谓共相，是物的属性的抽象，没有物，也就没有共相。从这个意义说，“指”也即“物指”，“指”的“物指”的属性即“非指”。但“指”与“物指”终究是两个概念，“指也者，天下之所无也；物也者，天下之所有也”，“指”不是时空中的具体存在，“物指”是时空中具体存在的属性，故“指者，天下之所兼。天下无指者，物不可谓无指也”。“指”是共相，为事物所共有，而共相是具体事物属性的抽象，如果没有物，就没有指。物指与指两者不能混淆。虽不能混淆，但又不能截然相离。两者的关系是：没有物，就没有指，没有指，就没有物指。只有指而没有物指，就不能说所有物都是共相构成的；只有物指而没有指，此物指又从何处来？所以指即是非指，不必待表现在物上而后为非指。《指物论》道出了共相与物的不离不杂的辩证关系，说得很深刻。《坚白论》强调的是共相的实在性，认为事物的名称可分析为若干独立的共相：“天下旨独而正。”但在《指物论》中又认为共相与具体事物是不离不杂的关系。这说明《坚白论》与《指物论》两者所论重点不同，前者说的是共相间的关系，后者说的是共相与实物的关系。共相彼此是相离不杂的，而共相与实物则不离不杂。前者是名与名的关系，属语言哲学；后者是名与实的关系，属哲学一般。

公孙龙是一个真正的名家，一个名学思想家。他从名的蕴含关系，说到抽象名词与复合名词的不同及复合名词的子项的类比关系，进一步说到名所包含的各个属性是彼此分离的共相的表现，再到名谓与实谓的关系，步步深入，层层展现，由名的逻辑过渡到名的哲学，将中国古代名学推进到一个新的高度。但因为名的逻辑与名的哲学皆立足于名、着眼于名，论证又“苛察缴绕”，与国人所喜好、所擅长的实用精神、经验取向、简单直截的思维方式相悖，所以在后世没有得到发展，往往被视为不急之务和远离现实的“戏论”。《庄子・天下》对名家的评论代表了当时各家对名家的一般看法：“以反人为实，而欲以胜人为名。是以与众不适也。弱于德，强于物，其涂隩矣。由天地之道观惠施之能，其犹一蚊一虻之劳者也。其于物也何庸！……惜乎！惠施之才，骀荡而不得，逐万物而不反，是穷响以声，形与影竞走也。悲夫！”《天下》篇虽不能看作庄子本人的著作，但总是庄子一派道家的思想展现。主张“两行”“不谴是非”的庄子一派犹且有如此评价，其他学派可想而知。名家在中国思想史上乏人问津有其必然性。

三、荀子

先秦时期对名学作出贡献的思想家还有荀子。荀子主要是一个政治、社会哲学家，主张不去寻求与治国理政无关的名辩问题：“无用之辩，不急之察，弃而不治。”（《荀子・天论》）但他仍然关注那些与治国理政密切相关的名学、逻辑问题，认为名称统一、遵守逻辑规则则言论易于晓喻，言论易晓则人不容易产生疑惑，争讼易于灭熄，无争讼则易于养成诚朴的品性，而诚朴的品性又易于服从公理，服从公理才会听从政府的法令。荀子是把名与逻辑问题视为治国的有力工具，是“用之大文也，而王业之始也”（《荀子·正名》），所以有一整套关于名与逻辑的思想。

关于名，他说：“名也者，所以期累实也。辞也者，兼异实之名以论一意也。辨说也者，不异实名以喻动静之道也。期命也者，辨说之用也。辨说也者，心之象道也。心也者，道之工宰也。道也者，治之经理也。心合于道，说合于心，辞合于说，正名而期，质请而喻，辨异而不过，推类而不悖，听则合文，辨则尽故。以正道而辨奸，犹引绳以持曲直。是故邪说不能乱，百家无所窜。”（《荀子·正名》）这是说，名是用来指称一类事物的。判断是用不同的名来表达一个意思的。辩论是用相互约定的名来弄清一个道理的。要辩说，就要用互相约定的名，不能同一名而各赋其义。辩说是把心中对道的认识曲折地表达出来，心是认识道的器官，道是治理的法则。心合乎道，思想理论充分展现心之所喻，命题表现思想理论，名从形式上说合乎论说双方的约定，从内容上说又合乎它所反映的实际情况。辩论遵守逻辑规则而无错误，推类按照规则而不悖乱，听上去符合礼法规条，辩说能充分揭示其缘由。所以使用正确的名和逻辑规则来辨别错误，就像用绳墨来辨别曲直。这样各种邪僻的言论就不能扰乱正论，各家的谬说就无处躲藏。荀子是把名与逻辑问题放在关乎国家治乱兴衰的高度来认识其重要性的，在《王制》《解蔽》诸篇中他也反复强调此意。

荀子还指出当时辩者所犯的三种逻辑错误。他认为这些错误是典型的，在陈述和论辩中大量存在。第一种是“惑于用名以乱名”，即用内涵相同或相近而名称不同的词语相互搅扰。他举的例是宋钘、尹文的“见侮不辱”，墨家的“圣人不爱己”“杀盗非杀人”。侮与辱虽是不同的名，但意义相近。“见侮不辱”虽有客观上受侮但主观上可以不以为耻辱的意思，但受侮即被辱，见侮不辱是用不同的名搅乱相同的义。“杀盗”在一般用语中不与“杀人”相混，但盗亦人，在此意义上杀盗亦杀人。“杀盗非杀人”是用不同的语词搅乱同一意义。“圣人不爱已”，是说圣人是“仁者爱人”的，但“人”的一个意思是不包括已的他人，另一个意思是所有的人。如用前一义，则可得出“圣人不爱己”的结论；如用后一义，则不能得出此结论。墨家是用前一义否定后一义，逻辑上是用同一名称下的不同概念（“人”的周延义和不周延义）来搅乱“人”这个概念的一般意义。纠正的办法是“验之所以为有名而观其孰行，则能禁之矣”（《荀子·正名》），即检验概念是在哪一个义谓上被使用的，确定其内涵与外延，就可以避免此种逻辑错误。

第二种是“惑于用实以乱名”，即用特殊的实来搅乱名所代表的一般含义。荀子列举的是惠施的“山与泽平”，宋钘、尹文的“情欲寡”和后期墨家的“刍豢不加甘，大钟不加乐”。“山与泽平”的意思是，山的一般意义是高，渊的一般意义是低，但高的地方的渊有时比低的地方的山还要高。不能以此特殊的实来否定代表一般意义的名。“情欲寡”是指个别人情欲寡少是事实，但不能否定人的情欲并不寡少这个一般。有的人食美味不觉其甘，听佳音不觉其乐，但不能因此否定人食美味而甘、听佳音而乐的一般情况。人使用概念时，通常用的是它的一般意义，当然一般包含特殊，但不能用特殊去否定名所代表的一般。克服这种逻辑错误的办法是“验之所缘以同异而观其孰调，则能禁之矣”（《荀子·正名》），即检验一个概念是在同（一般）还是异（特殊）的意义上使用，两者中哪种用法更符合原意，就可以杜绝此种错误。

第三种是“惑于用名以乱实”，即用名所代表的一般抹杀或否定实中的特殊。荀子列举后期墨家的“非而谒楹”“有牛马非马也”来说明此种情况。前一例历来无善解，姑舍去不释。“有牛马非马”是说，牛马是一集合名词，也是一抽象名词。作为抽象名词，可以说有“牛马”非“马”，因为抽象名词表示的是性质而非关系。但作为集合名词，“牛马”中有马。

所以不能用“牛马”这个概念的既非牛也非马来否定“牛马”实际上包含马。也就是不能用牛马这一内涵的抽象意义否定其外延的实际情况。纠正的办法是“验之名约，以其所受悖其所辞，则能禁之矣”(《荀子·正名》)，即检验名约定俗成的用法，看它的内涵究竟谓何。用约定已久的用法反驳特殊用法对一般含义的背离，则能避免这种逻辑错误。

荀子指出，当时许多违离正道的邪说妄言，在逻辑上往往陷于此三种错谬，明白道理的人只指出其逻辑上不能成立即够了，不屑于在具体观点上同他们辩论。这也说明，荀子非常看重言论、辩说中名与逻辑的作用，把它看作王者宣示大道，统一民志，去除疑惑，整肃不良风气的重要工具。所以擅自造名以扰乱正名，使民疑惑，人多辩讼，则谓之大奸恶，犹如伪造凭证、改变度量衡等造假之罪。在当时“圣王没、天下乱、奸言起”，学者没有权势，不能以行政命令引导舆论，无法使用法律禁绝邪说奸言，只能靠论辩廓清之的情况下，名学尤其显得重要。

第六节　名、墨以后的逻辑学与知识论

一、西方逻辑学的传入

先秦名辩思潮是中国古代逻辑学的高峰。随着秦统一六国，中央集权的封建帝国确立。秦国祚太短且高度专制，政治上崇尚法家，虽借用名家的“综核名实”，但排斥名辩活动，儒、墨、道、阴阳诸家皆沉寂不昌。汉初采取无为而治，与民休息的政策，道家兴盛。自汉武帝以后，大

兴各项制度建设，儒家经学贵尚，加上战事不断，全社会注目的是政治、经济、军事等大的方面，名辩思潮归于消歇。魏晋时期，士人喜好辩论，重视名理，但多表现为言语之精妙、隽永及理论观点之雄辩，无有像《墨经》、公孙龙那样的名学专家。只有西晋的鲁胜将《经上》《经下》《经说上》《经说下》四篇编集在一起，取名为《墨经》，并用绝大精力为之作注。但鲁胜的《墨经》注后来遗失，只留下一篇《墨辩注序》，还可见他工作之仿佛。隋唐时由于佛教各派理论研究兴盛，从印度传入的佛教逻辑“因明”也随之兴起，但多限于佛教学者特别是玄奘为代表的唯识宗。因其为专家之学，故流行了较短时间就衰微了。后禅宗兴起，主张不立文字，见性成佛，倡导非逻辑的各种随机悟入方法，因明于是成了尘羹土饭。宋代理学兴起，其着重点在人格修养与政治、教化、社会治理方面，知识论、逻辑学几成绝响。宋明儒者以格物致知为修养方法的重要方面，其中虽包含知识论因素，但并未有深入细致的知识论、思维方法的阐发。

明末天主教传教士将西方逻辑学传入中国，著名学者李之藻与传教士傅汎际合作翻译了关于亚里士多德逻辑的名著《名理探》，其中涉及名的不同层次，如类、种、种差、固有非本质属性、偶有性等。清代由于“礼仪之争”，清廷驱赶传教士，名学也遭到株连，传习者寥寥。清末在列强瓜分中国，国亡无日的情势下，严复等人翻译西方科学、社会学等方面的著作，当时影响最大的是《天演论》。中国知识界于是争言“物竞天择，适者生存”，起而自强保种。严复所译名著还包括逻辑学著作《穆勒名学》和《名学浅说》，对中国人认识西方船坚炮利之外的政治、经济、法律、社会各门学问及贯穿其中的思维方法产生了较大影响。《穆勒名学》着重介绍西方的演绎法和归纳法及两者间的关系。严复将演绎法译为“外籀”，将归纳法译为“内籀”，并对两者予以定义：“内籀云者，察其曲而知其全者也，执其微以会其通者也；外籀云者，据公理以断众事者也，设定数以逆未然者也。……所谓本隐之显者，外籀也；所谓推见至隐者，内籀也。……二者即物穷理之最要途术也。”[1] 他更在此书按语中指出了逻辑和思维方法对西方文化系统的重大意义：“西学之所以翔实，天函日启，民智滋开，而一切皆归于有用者，正以此耳。”[2] 并强调，中国传统学术成就有限是由于缺乏逻辑特别是实验方法、归纳逻辑造成的；虽有演绎之法，但多用之于对内心的感悟、体证等的阐说，其据以推演的前提不是来自实验、归纳所得到的公理：“旧学之所以多无补者，其外籀非不为也，为之又未尝不如法也，第其所本者大抵心成之说，持之似有故，言之似成理，……初何尝取其公例而一考其所推概者之所诚妄乎？此学术之所以多诬，而国计民生之所以病也。”[3] 这些都是对中西双方学术方法有深刻洞察、对比而有的中肯之言。

其时佛学特别是唯识学有一勃兴气象，由此带动因明学的复苏。其因大概缘于此时中国人受西方知识论和思维方法的刺激，要在中国传统中寻找与之相应的学术，于是发现理论深奥、富于逻辑论证、排斥反逻辑的禅宗的唯识学差可比拟。复兴因明学的代表人物有杨文会、欧阳竟无、熊十力、吕澂、许地山等，其中多以西方逻辑为样板研究因明。也有反对把《墨经》、因明与西方逻辑作简单比附的，这派人以章太炎为代表。他精研《墨经》《荀子・正名》和因明，以此为主，对《墨经》中的逻辑论式和西方逻辑、因明的不同处，提出了独特的解释。此后的谭戒甫受此影响，作《墨辩发微》《公孙龙子形名发微》，尤其前书，借鉴因明，把《墨经》的研究推进到一个新的高度。

[1] （清）严复：《译〈天演论〉自序》，载［英］赫胥黎著、（清）严复译：《天演论》，商务印书馆 1981 年版，第 8—9 页。

[2] ［英］约翰・穆勒：《穆勒名学》，严复译，商务印书馆 1981 年版，第 199 页。

[3] ［英］约翰・穆勒：《穆勒名学》，严复译，商务印书馆 1981 年版，第 199 页。

二、熊十力的“量论”与理学、心学的知识方法

熊十力在知识论的研究上有其独特之处。熊十力在他的成名作《新唯识论》中将哲学分为“境论”和“量论”两部分。境论即本体论，量论即知识论，但他只完成了境论，量论没有写出，虽然常系念于此，但在《新唯识论》的几种改写本中，量论都无系统涉及，只在晚年的重要著作《原儒》中，对量论之设想有大略说明。他的量论拟分两部分，一为比量，一为证量。其中“量”皆为“知”义。“比”者比度，含有推论、比较、选择等义。熊十力之比量取自因明，但意义与之大异。他将“比量”分为上下两篇，上篇论“观物正辞”，侧重于运用耳目感官与理智等认识能力，反映、推论客观事物的相状与性质，即“实测以坚其据，推理以尽其用”[1]。与之相当的知识类型有荀子的正名，墨家的墨辩，公孙龙的白马、坚白之论，惠施的“历物十事”、韩非的综核名实等。下篇论“穷神知化”，即用辩证思维，洞彻事物的即心即物、即常即变、即有限即无限、即本体即现象等性质。两相比较，熊十力更看重的是穷神知化，认为是“哲学上穷本极源到尽头处”的见解，意蕴无穷；自己受易道启发，数十年孤苦体认才有所得。熊十力的“观物正辞”，多受中国的名学与西方传统知识论的影响，而“穷神知化”则多受《周易》《中庸》的影响；前者主要是知识论，后者同时是本体论。熊十力认为两者必须结合，才能发展出中国独特的知识论，否则仍在西方传统知识论的窠臼中。特别是，后者同时是一种洞观，可以把前者从习见的认知、思维方法中洗涤、提升出来，他说：“知识论当与宇宙论结合为一，离体用而空谈知识，其于宇宙人生诸大问题不相干涉，是乃支离琐碎之论耳，何足尚哉？学者必通辩证

[1] 熊十力：《熊十力全集》第六卷，萧萐父主编，湖北教育出版社 2001年版，第316页。

法而后可与穷神。”[1]

证量篇论涵养性智。“证量”即性智之内显，“默然自了”。这里首先要了解的是“性智”。熊十力说：“性智者，人初出母胎堕地一号，隐然呈露其乍接宇宙万象之灵感。此一灵感决非从无生有，足征人性本来潜备无穷无尽德用，是大宝藏，是一切明解之源泉，即依此明解之源说名性智。”[2]就是说，“性智”即人生来即有的本性所含具的智慧，它是人的一切精神活动的源泉，它潜在地具有无穷的认识能力。虽天生即有，但需后天修养工夫将它真实地、具体地显现出来。证量的形式是止息思维，扫除概念，使性智直觉地呈现出来：“吾人真性恒不泯绝，一旦怵然内省则本来面目赫然呈露。”[3]如何才能得到证量？熊十力认为须思维与修养交致其力。可以说，证量是一种由道德修养、知识积累所得到的“天地与我一体”“万物皆备于我”的直觉洞观，是孟子的“上下与天地同流”、陆九渊的“才自警策便与天地相似”的境界。

为什么要特别提出“证量”？熊十力是为了彰显中国知识论的特点，这就是，知识不离修养，道德境界是思维具有超越性、广阔性的基础。在“见闻之知”和“德性所知”中，后者更根本。在熊十力这里，人格是全副的、立体的，精神活动是各门类协同配合的整体。人不仅是主客对立的理智主体，更是主客合一的精神主体。人生在世，除了知性地认识事物以把握物质权能外，更有大事在，这就是在天人一体洞观的照彻下，通过与外物相涉相辅，提高德性人格。这是一种即知即行、即道德即宗教的品

[1] 熊十力：《熊十力全集》第六卷，萧萐父主编，湖北教育出版社2001年版，第324页。

[2] 熊十力：《熊十力全集》第六卷，萧萐父主编，湖北教育出版社2001年版，第324页。

[3] 熊十力：《熊十力全集》第六卷，萧萐父主编，湖北教育出版社2001年版，第320页。

格，中国学术大端儒、道、释三家皆主张此种品格，与传自西方的狭义知识论决然不同。但熊十力也指出，儒、道、释三家虽皆主张证量，但其目标与方法不同，儒家以治国平天下为目标，主张明德、亲民一而不二，立德、立功、立言“三不朽”融贯为一，立功、立言以立德为基础。所以在知识论上讲天地万物一体之性智的直觉显现这样的证量。道家道教追求虚静、追求长生，佛家追求解脱、追求空寂，所以讲对“道法自然”的直觉、对“缘起性空”的直觉这样的证量。熊十力明言：“余谈证量，自以孔子之道为依归，深感为哲学者，不可无此向上一着。”[1] 他与佛道在证量上最大的不同在于，不离比量而谈证量，不离具体知识而谈超越，不离知觉、想象、思维、推度等认知心而讲证量之直觉心，故特别申明：“余平生之学不主张反对理智或知识，而亦深感哲学当于向外求知之余，更有凝神息虑、默然自识之一境。……学者，即物穷理，知识之事；默识者，默然反己自识也。此所云已者，非小己之谓，乃通天地万物为一体之真己也。”[2] 特别是比量之第二义“穷神知化”，之所以了知万物之变化莫测，互相关联、互相含摄，去除静止、孤立的思想方法，是为证量扫除狭隘意识，建立“真己”的预备性工作。

熊十力的量论设想虽只是梗概，但大意已见。他的知识论，仍是中国传统心性之学的路数。由此可以说，熊十力不必遗憾量论未作，其实不必作，即作也无新意，因为其已经包括在境论中。熊十力量论的精髓是对境论的直觉体证，本体论与知识论是一样东西的两个方面。

宋明哲学中程朱、陆王两派的思维方法也可于比量与证量的区别、对

[1] 熊十力：《熊十力全集》第六卷，萧萐父主编，湖北教育出版社2001年版，第326页。

[2] 熊十力：《熊十力全集》第六卷，萧萐父主编，湖北教育出版社2001年版，第325—326页。

比中得到说明。程颐、朱熹一派知识论的核心命题是格物致知。朱熹的格物致知来源于程颐，又不同于程颐。朱熹解格物为到事物上去考察其道理，致知即穷尽关于此事物的知识。其实格物即审衡一个事物，并分辨其本末先后[1]。认识活动即根据已有的知识对未知事物加以研究，以此扩充已有知识。以至于道理积累多了，知识蕴蓄深厚了，就会产生认识能力上的飞跃。程朱所格之物并无种类上的限制，既包括自然事物，也包括社会事物，历史人物、事件，日常行为等。程颐曾说："凡一物上有一理，须是穷致其理。穷理亦多端：或读书，讲明义理；或论古今人物，别其是非；或应接事物而处其当，皆穷理也。"[2] 所致之知有关于自然事物的科学道理，也有关于道义、是非、当否等伦理道理。格物穷理是在主客对立的格局下进行的，是主体以其认知能力了知客体之理。即使所谓豁然贯通，也首先是对客体之理的贯通，即比度、类推、连通等归纳性知识活动。这种致知路向，是程颐、朱熹一贯坚持的，其功夫纲领即"涵养须用敬，进学则在致知"。而此语有将涵养心性与增进知识分作两项工夫来做之嫌，故遭到王阳明的质疑与批评，认为是将诚意与格物、知识与道德打成两截。王阳明则主张在诚意的带动下去格物，道德为统领，知识为辅翼，两者融为一体，克服专在知识上着眼、放松道德修养的弊病。此外朱熹强调知识活动中类推的重要性，因为他主张"理一分殊"，认为天下有一个总的道理，即"理一"，具体事物的道理都是这个总的道理的体现，即"分殊"。因为是同一个道理的体现，所以具体事物的道理是可以类推而得的："格物，非欲尽穷天下之物，但于一事上穷尽，其他可以类推。……譬如

[1] 参见张岱年：《中国哲学大纲·补遗》，《张岱年全集》第二卷，河北人民出版社 1996 年版，第 634 页。

[2] （宋）程颢、程颐：《二程集》，王孝鱼点校，中华书局 1981 年版，第 188 页。

千蹊万径，皆可以适国，但得一道而入，则可以类推而通其余矣。盖万物各具一理，而万理同出一原，此所以可推而无不通矣。”[1] 类推即就不同的理的相同处着眼，而所谓相同，亦归纳、概括、析取而得，皆是“实测取证”“观物正辞”的知识性活动的不同层次。

陆王的知识类型则更接近“证量”。陆九渊的本心、王阳明的良知，皆天道在心中的体现，而此天道，是“即存有即活动”的万物洪流，不是抽象的理则；是《中庸》所谓“大德敦化”，内中含具无数的“小德川流”，不是道家“道冲而用之或不盈”的虚无静寂的本体。它是万物的集合汇成的本体，即裴頠《崇有论》的“总混群本，宗极之道也”。此本体体现的是“天地之大德曰生”“日新之谓盛德，生生之谓易”，心中的四端、良知即此生生之德的体现。陆九渊的“天之所以与我者，即此心也”，王阳明的“良知是天理之昭明灵觉处”，都是天道在心中的体现。而认取本心、良知，只在于去掉私欲的障蔽，让本来具有的本心、良知呈现出来。所以陆九渊、王阳明重在“负的修养方法”，陆九渊所谓“剥落物欲”，王阳明所谓“为善去恶是格物”，皆是去掉心中私欲对本心的戕害与遮隔。所谓呈现，亦只是本心、良知等“性智”的“大明洞彻、默然自了”。而陆与王的差异，全在于“思维与修养交致其力”中的不同路向、不同侧重。熊十力的证量，取自阳明者甚多，故尝自言，欲懂自己的新唯识学体系，除了易学之外，须通阳明学；他自己自出佛归儒之后，终生对王阳明表敬仰之情。

[1] （宋）朱熹：《四书或问》，上海古籍出版社 2001 年版，第 21 页。

第五章　政治哲学

第一节　中国政治哲学概说

在中国诸文化门类中，政治是历代哲人投注智慧最多并得到长足发展的领域。由于中国文化基因的独特性，中国政治哲学在发端处就与西方有不同的特点。如前所述，中国先民的主体从事农耕。农耕民族的特点是附着在土地上，随着土地开发越来越大，人口繁衍越来越多，形成了以血缘为纽带的氏族，由多个氏族形成部落，由部落形成部落联盟，由部落联盟形成最早的国家。部落联盟是由较大且较有威信的部落主导的，所以形成了中国政治中德力并重的传统。由于先民从事农耕，所以与天的关系最为密切；由于先民以氏族部落形式生活，所以对宗祖有特殊的感情，祭祀活动占有重要地位，祭祀中的各种舞蹈、音乐仪节形成了后来的礼乐。除了祭祀天地、祖宗之外，与农业活动关系密切的山川、河流、土地、作物、花木、牲畜等都成了祭祀、感恩的对象，形成了以保佑人们生活美好为特征、具有强烈实用目的的多神宗教，没有形成像基督教那样以获得救赎、皈依彼岸世界的人格神为特征的宗教精神。这些文化特点对中国古代政治哲学有决定性影响。

大致说来，中国古代政治有以下几个特点。第一，法律的辅从性。法律是重要的文明成果，与整个人类的发展进步相始终。法律是国家正常运转，社会各阶层的人的各项权益得到保护的根本保证。与世界其他文明相比，中华法系虽然历史悠久，内容丰富，但政治始终处于国家各项设施的中心地位，法律只是政治的辅从，其重要性不能与政治比肩。制定法律者是国家官吏，立法活动也在朝廷领导之下，司法是行政的一部分。后世虽有专门的提举刑狱之官，但隶属地方政府，也受中央司法部门垂直领导。这种政治包含法律，行政统领立法、司法的模式与中国古代历史共始终。在先秦相当长的时期内，各诸侯国有自己制定的法律，周天子作为天下共主颁布的法律法令很多情况下难以在各诸侯国推行。秦始皇统一六国，建立秦朝，政治上最重要的措施是罢封建，立郡县，加强中央集权。但由于用法过于严苛，动辄触犯法网，导致人皆重足而立，畏法如虎，最终激起陈胜、吴广揭竿而起，致使秦国祚短促，二世而亡。这为后世反对徒法为治留下了口实，儒法合流，甚或阳儒阴法成为后世的重要统治手段，但统一的中央集权的政体形式在中国古代一直沿用，君主制历数千年不变。这个不变不是没有选择其他政治体制，而是根本没有其他体制可供选择，社会各阶层皆认为君主制是恒常不变之道，朝代更迭形式也是打天下、坐天下，再打天下、再坐天下。国家统治者不断变换，但政体形式不变。在政体形态、国家组织形式不断演进、革新的西方社会看来，这多少有些不可思议，故而称之为“超稳定结构”。

西周在夏商两代的礼的基础上加以损益，形成了盛大完备的周礼系统。礼作为与法并行的治理工具，对上到立国规制，下到社会成员的行为规范，起着巨大的制约、导正作用。礼的性质与功能，《礼记·曲礼上》说得最为全面：“道德仁义，非礼不成；教训正俗，非礼不备；分争辩讼，非礼不决；君臣上下，父子兄弟，非礼不定；宦学事师，非礼不亲；班朝、治军、莅官、行法，非礼威严不行；祷祠、祭祀，供给鬼神，非礼不诚不庄。”这是说，道德规范要靠履行礼来实现，教化百姓、移风易俗要通过礼来完成，纷争、讼狱要靠礼来决断，君臣父子等伦理名分要靠礼来彰显，师生、上下的关系要靠礼来亲附，行政、司法、管理军队，要靠礼来整齐威严，祷祠、祭祀等宗教仪式，要靠礼来诚敬、庄严。礼对于治理国家的功用，《左传》这段话说得很充分：“礼，经国家，定社稷，序民人，利后嗣者也。”（《左传·隐公十一年》）礼是治理国家、安定社稷，使社会有秩序，使宗法有依据的重要手段。礼的方面非常多，《礼记》有“经礼三百、曲礼三千”之说，它无孔不入地贯彻于整个治理系统。礼在很多方面、很多场合替代了法，礼有制度上的强制性，违礼和犯法都要受到处罚，由此削弱了法律的作用，而法律也加强了礼制、宗法作为国家治理工具的重要作用。

第二，政道弱而治道强。所谓政道，指国家政权的组织形式；所谓治道，指在政权形式确定之后治理国家的方法与措施。在中国古代历史中，各项政令、法条的内容，大多是关于具体治理措施的；政治改革也是对具体治理措施的更革，从未有关于政权形式、国家根本制度的条文。思想界历来视政权形式的讨论为禁区，谁讨论此问题谁即为大逆不道的乱臣贼子、觊觎君位的奸邪、怀不臣之心的野心家。中国古代也不乏善于治理的能臣，但缺乏政治理论家，缺乏对国家的组织原理、架构形式的深入讨论，君主制度被视为天然合理，帝王是天统治下民的代理人，传子是最好的政权转移形式。中国古代政治所长者为治道，这在历代正史、政书、各朝《会要》中表现得很充分。但从政治法理说，治道是辅从于政道的，政道缺失才导致治道特别发达；唯此治道发达，已足以使中国古代政治延续数千年之久而其根本形式不变，使中国古代虽无政道的设计、实践但政治仍能高效运行。这反过来掩盖了政道探讨的必要性，使人以治道为政道，治道的丰富与完整适所以表现政道之无缺。

中国古代历朝政治对各方面利益的调和方式也减弱了政道探讨的必要性。政治本就是为了平衡各方面利益而存在和运行的。中国古代政治中，像西方政治中常有的平衡政治和法律之间关系的斗争不多，法律只是对违反礼制和律条的惩戒，并无规定政治运作方式和规则的根本大法的意义，也没有法律至上，全民共同订立契约、遵守契约的意识。法律是政治的辅从，是帮助国家政治机器顺利运行的工具，法律的制定、颁布、实行、监察机构隶属于朝廷。在这种情形下，朝廷官吏利用对法律的解释权枉法的机会是大量存在的。中国古代对于法律公正、法纪严明的希望，寄托于“包青天”一类清官身上；像西方社会那样从根本上确定政治和法律的关系，不依靠偶然出现的清官个人而靠制度来保证的自觉意识和实践是中国古代政治所缺乏的

第三，明确的个人权益意识较为薄弱。由于大一统的中央集权是主要的政体形式，中国古代历来国家规模大，人口多，从基层到中央层次多，邻国关系复杂，所以政治主要解决的问题是君主的更替、权臣的制约、中央与地方利益的平衡、中国和周边少数民族的关系、如何消除战争和内乱等。国家保护个人利益的职能一直未能被中国古代政治家所正视，甚至个人利益是否是政治和法律问题都是有疑问的。个人在中国政治中从未走向前台，政治始终是利益集团间的制衡器，集团也只是特权阶层和少数政治寡头的工具。平衡了集团的利益，处理好了各集团之间的关系，个人也就免除了战争和赋役之苦，也就间接地施益于个人了。中国古代缺少由上下力量博弈而出现的契约，法律是官府制定出来公之于众要人遵守的。个人意识被集团意识所取代，而集团又是由特权人物主宰的。所以中国秦以前诸侯分裂割据时代的许多战争不是起于国家间利益的争夺，而常常是特权人物的个人恩怨之争，而此类恩怨又常常是“睚眦必报”的结果，所以百姓常常沦为特权人物的工具。孟子所说的“春秋无义战”很大程度是为此而发。秦汉一统之后，中央集权空前强大，个人相较集团与国家来说更显薄弱，帝王行使代天管理下民的任务，普通人作为被管理的对象，彻底丧失了权利意识，成为国家机器中无足轻重的卑微存在。由于个人在中国古

代政治生活中的缺席，使得“民本”概念成了载舟覆舟的势力考量，而非政治哲学的基本原理。由于缺乏个人意识、契约意识，所以打着“替天行道”旗号暴力推翻政权成了改朝换代的主要形式。这种形式是非制度的，有很大破坏性，这使得政治家把政治制度的合理性建筑在理念阐释上，所以中国古代政治家喜欢颂扬三代，将其作为美好政治的典范。而以仁政彰显民本，政制为体民生为用始终是执政者的基本观念，其中个体意识是很微弱的。即使后至清代的黄宗羲、龚自珍等，虽对此有所讨论，但也没有清楚的个人政治权利观念。在中国古代的长时期中，将政体本身作为研究对象系统探究它的原理的观念和著作，是比较少的。以上特点对中国古代政治哲学各个方面影响很大。

第二节　德治与法治

一、重德的源头

按照通行的文化哲学的观点，人类文明都有一个由神话到宗教，再到科学的发展历程。考察世界各大文化系统，这大体上是没错的，但中国古代政治的起源有自己的特点。中国古代神话系统不发达，没有古希腊《荷马史诗》那样的神话时代。《荷马史诗》中所具有的隐喻修辞手法，其中表现的英雄气象、人文色彩及人对神的嘲笑、蔑视等强烈的英雄主义、理想主义、浪漫主义在中国最早的文献中是不存在的。中国史书中对上古时代的记述是历史性的、质实的，较少神话色彩。根据《国语》的记载，中国在五帝之一的少昊之前，是民神不杂时代。此时上天之神和下界之民各行其是，不相交通，专司与天交通的巫、觋、祝、宗等各守其职分，不相淆乱。到少昊之末，政治衰败，九黎乱德，民与神不守其位，淆乱杂糅，各家族私与上天交通，人皆为巫史。神无威严，干涉人事；人无敬畏，祭祀不时；天下昏乱，灾祸频仍。到颛顼时代，命令重掌管天神之事，黎掌管民众之事，严格禁止民众与天神交通，人神杂糅、家家巫史局面不再，天下复归于有序。此事《尚书·吕刑》也有记载："乃命重黎，绝地天通，罔有降格。"在宗教、民政各司其职的形势下，神灵仍然以某种方式影响人间政治，这在夏、商、周三代仍然延续，但与神灵的密切程度有异。三皇五帝传闻之世结束，到了有文字记载的尧舜时代。尧重视的是敬事节俭，允恭克让，及自己道德纯备，忠于职守；政治上宗族和睦，贵贱有等，教化百姓，外交上万邦谐和，各安其境；视天为人所居住的环境，推算日月星辰的运行，制定历法，以定四时农事；注重选拔人才，用之于合适的职位。所以后来孔子称赞尧法天以治民的伟绩："大哉尧之为君也！巍巍乎！唯天为大，唯尧则之。"（《论语·泰伯》）舜继承了尧的重视德行、勤政爱民的传统，但增加了慎徽五典、敬敷五教等重视人伦教化、重视祭祀天地、重视刑法的内容，治政手法更加人文化。而到禹，不仅传承了尧、舜的治理方略，而且特别突出了养民的内容："帝念哉！德惟善政，政在养民。水、火、金、木、土、谷惟修，正德、利用、厚生惟和。"（《尚书·大禹谟》）以六府、三事为养民之具，民养才是善政，善政才显君德。另外突出了君主的自我修养：克勤于邦，克俭于家，不自满，不骄矜。还有舜禹一脉相承的治国修身要诀：人心惟危，道心惟微，惟精惟一，允执厥中。后世称为"十六字心传"。尧舜时代政治属草创，较为朴直，政治思想和治国措施多从身边经验事务着手，较少宗教性超越联想。禹建立夏朝，秉承尧舜质朴作风而有所加强，夏代政治特征如《礼记·表记》所说："夏道尊命，事鬼敬神而远之，近人而忠焉。先禄而后威，先赏而后罚，亲而不尊。”意思是，夏朝人质朴忠诚，尊重政府的教命，对鬼神之事不热衷，宁取敬而远之的态度。最为看重的是民生具体事务，人与人之间亲爱而不看重尊卑等级。政府对于人民，也是先给予生活上的物质保障然后施以法律威严，将赏善置于罚恶之先。这都是重人不重鬼神的表现。

逮及商朝，特重鬼神之事，将与上天的交通看得高于一切，用于窥探天意的手段如龟卜、占候等术数，种类繁多。从事于与鬼神相关职事的人员也较多且地位崇高。商人的鬼神名目极多且形成地位上的金字塔，处于最高位者曰帝，类似人间的政治首脑。商朝人形成对至上神——帝的崇拜，帝主宰人间一切事务，其中大者，如年成丰歉、雨旱是否及时、人的祸福、对国家的护佑与降殃等。地上的帝王必须代表人民享祭，以祈求帝的保佑。近代殷墟出土的甲骨文中，关于祭祀的记载数量居多，也可证明商朝人确实重视帝。钱穆曾说道："其实西方两民族（按指夏、周）皆是一种尚力行的民族，其风格精神颇相近似。商人尚'鬼'，则近于宗教玄想，与夏、周两族之崇重实际者迥异。"[1]

重视帝即重视超越的主宰，与超越的主宰交通的方式必是玄想的、必是不切实务的，所以《礼记·表记》评论商的文化特点说："殷人尊神，率民以事神，先鬼而后礼，先罚而后赏，尊而不亲。"尊神的结果，首先是认为政权是帝给予的："帝立子生商。""天命玄鸟，降而生商。""古帝命武汤，正域彼四方。"（《诗经·商颂》）帝不仅给予政权，而且监临政权，使执政者不得僭滥、怠惰："天命降监，下民有严。不僭不滥，不敢怠遑。"（《诗经·商颂》）政权更替，也是天意，是帝对暴君的惩罚："有夏多罪，天命殛之。"（《尚书·汤誓》）"乃命尔先祖成汤革夏。"（《尚

[1] 钱穆：《国史大纲》，商务印书馆 1996 年版，第 29 页。

书·多士》）到周朝代商，继承了夏朝的笃实精神，不喜浮夸，崇尚功利，对天、鬼神等超越存在，持敬而远之的态度。重视等级关系，重视人伦，故大兴礼乐以彰显之，重视给予百姓实惠："周人尊礼尚施，事鬼敬神而远之，近人而忠焉。其赏罚用爵列，亲而不尊。"（《礼记·表记》）周人虽重视礼乐文教，但仍重视天命，不过周人的天较之商人的帝有更多的自然成分。本来殷人的帝就是主管日、月、风、雨、花、木、六畜等自然物的神灵的总揆，同时也是先祖之神灵的总摄，帝是自然神与祖宗神的合一。而殷人的天，祖宗神的意味减弱，自然神的意味增强，这已大大减杀了它的人格神的品格，更加向自然和社会力量的总和的方向趋进。这预示着一种趋势，即重视君王的德行、重视治国理政的效果而不重视帝、天的保佑。更加理性、更加人间的这一面得到强调，政治形式上政教合一、宗教形式上一神独大的路径被阻塞。祖宗神重视的是血缘，而自然神重视的是德行，所以周人的文化表现为重视德行，有德者才能承天膺命。

周人代殷而起，也因为殷人的王败德荒淫，周人的王德馨政美。周人的文献中对此记载甚多，如："文王克明德，慎罚，……闻于上帝，帝休，天乃大命文王。"（《尚书·康诰》）"惟文王德丕承，无疆之恤。"（《尚书·君奭》）"维天之命，於穆不已；於乎不显，文王之德之纯。"（《诗经·周颂·维天之命》）周的得国得于其德，此德不仅是君主个人品德，也包括治理百姓的德政。所以周人的基本政治观念是天选择有德者辅助之："皇天无亲，惟德是辅；民心无常，惟惠之怀。"（《尚书·蔡仲之命》）"假乐君子，显显令德；宜民宜人，受禄于天，保右命之，自天申之。"（《诗经·大雅·假乐》）而丧失政权甚至丧失身命的，多因荒淫失德。非天不公，而是败德者咎由自取："非天夭民，民中绝命。"（《尚书·高宗肜日》）"天非虐，惟民自速辜。"（《尚书·酒诰》）"惟荒湎于酒，不惟自息乃逸。……庶群自酒，腥闻在上，故天降丧于殷。"（《尚书·酒诰》）"惟上帝不常，作善，降之百祥；作不善，降之百殃。”（《尚书·伊训》）“天道福善祸淫。”（《尚书·汤诰》）周人的这些观念，直接影响了以“从周”为志愿的孔子。孔子所受影响在两个方面：一个是对天的观念中神灵因素的进一步削减，另一个是孔子的“为政以德”“政者正也”思想的确立。关于第一个方面，孔子所谓天内容较为模糊，其中人格神或是具体事物如日月、山川、河流、花木、六畜等的神灵的意思很弱，祖先神灵的意思也很弱，只剩下一个各种不可抗拒的外在力量的聚合、人对之无能为力的超越性存在。它是精神与物质的双重品格，天不能直接给人以祸福，但又非与人完全无关。天是一种合义理、有善恶、须由一定的虔敬心态和肃穆仪式事奉的对象。

孟子对这种天的意义继续加以扩大，更加消减了其中的人格神意味，加重了其中的义理意味。从《尚书》《诗经》开始的自然主义阐释方向，愈益把原始部落带来的宗教性一步一步解构掉，愈益加大了其中的人文成分，使得中国文化一开始就是政大于教或政教分途的，政治因素越来越强烈，宗教因素越来越减弱。中国古代宗教从未发展为一神崇拜的宗教，也从未出现过庞大的宗教组织，因此从来没有大到使政治听命于己的地步，也没有形成政教合一的局面。外来宗教也是在政府的主导下融入本土文化，没有作为对立面与主流政治相对抗。后世因帝王崇信宗教因而发生过不少宗教干涉、影响政治的情况，如唐代诸帝为建立、巩固政权称自己为老子之后，因而大崇道教，武则天为当女皇及与李氏争夺政权因而崇佛等。中国古代历史上大多数王朝都能以儒家为主从事政治，宗教是他们辅助政权运转的手段。宗教势力大到皇权无法控制的程度是从未有过的。由商周以来的政治文化造成中国人的宗教观念淡薄，宗教情绪不强烈，故一直实行宗教宽容政策。与世界各种宗教和平相处，是中国政治的一个显著特点。

二、禅让与革命

禅让与革命问题也与德治法治有关。“禅”意为“在祖宗面前推荐”，“让”指“让出帝位”。中国政治，肇始于尧舜，但那时最多属于部落联盟时期，社会政治制度尚属草创，远没有商周以后完备。根据载籍，尧与舜是禅让，禹以后是传子。禅让制大概在尧舜之前实行了很久，但尧之前文献无征，不知其详。从对于尧的描述看，尧应不是第一个受禅的首脑。尧在位七十年，将首脑之位传于舜，是因为舜勤政爱民，忠于职守，做出了出色的勋绩，又能孝悌于家、公正于国，服众于万邦。特别是任命大禹为司空，平治水土；命弃为农官，播种百谷；命契为司徒，实行伦理教化；命皋陶为法官，创制并严肃刑狱制度，还任命了管理百工、山泽，主管各项祭祀、礼乐的官，国家因有众多有才德的人而大治。舜施政二十年，在帝位五十年，传与大禹。禹继承舜勤政爱民的传统，特别对于不听教命的有苗，采用恩威并施的手段，最后用文德感化，使有苗归附。大禹巡狩东方，死于会稽，传位于益。但三年后益又把政权交给禹的儿子启。启是贤明之主，受到诸侯的拥护，称夏后帝启。夏启平定了同姓有扈氏的叛乱，稳固了政权。启是第一个传子制度的实行者。中国此后四千多年的历史中所谓“禅让”（分让给同姓的“内禅”和外姓的“外禅”）有多次，但不外被强权者逼宫不得已让出帝位，或内忧外患当前无力应付而避难，更有实际上是攘夺而借禅让之名者。像尧舜禹这样的禅让后世是没有的。尧舜的禅让都是由首脑自己或大臣推荐，然后使他执政加以考察，几年后各方面满意才正式将王位让与。接位往往有隆重的仪式，昭告上天，晓喻四方诸侯，然后告成。

禅让是上古政治草创时期的一种君位传承制度，在家天下的观念出现之前是很自然的。上古的禅让以其公正公开、为天下苍生不为一家一姓，为后世所称颂，被视为政治的黄金时代，尤其为儒家所称道。《礼记·礼运》所理想的大同世界，就是以此想象的黄金时代为蓝本：“大道之行也，天下为公。选贤与能，讲信修睦，故人不独亲其亲，不独子其子。使老有所终，壮有所用，幼有所长，鳏、寡、孤、独、废、疾者皆有所养，男有分，女有归。货恶其弃于地也，不必藏于己；力恶其不出于身也，不必为己。是故谋闭而不兴，盗窃乱贼而不作，故外户而不闭，是谓大同。”此美好理想千百年来鼓舞了无数志士仁人为实现它而奋斗，但从政治学角度讲，却不如家天下和传子观念起的作用更大。传子制度的最大好处是，它明确了太子（大多是嫡长子）的接班人身份，断绝了野心家对君主之位的觊觎，由此避免或减少了政权交接过程中可能发生的动荡和战乱。当然也带来了传位、立嫡过程中宫廷内部争斗所引发的内乱。但两者相较，前者利大于弊。所以传子制度几与中国历史相始终。

传子制度的另一个好处是贤能辅政制度的产生。理论上国家最高首脑应该是品德和才能皆杰特之人，但中国古代历史上除少数英主特别是开国之君外，绝大多数皆平庸甚至陋劣之人。像晋惠帝这样在大饥之年问百姓何不食肉粥、被王夫之评为“惠帝之愚，古今无匹，国因以亡”[1]的白痴帝王，竟能在位十六年，正是因为有历代传承不绝的贤能辅政制度。中国古代尚贤传统，从尧、舜、禹的禅让之传贤，到启之后传子之贤人辅政，尚贤都是重要的政治内容。后来儒、墨、法家都提倡尚贤，视其为国家治理的首务。孔子赞赏周代以来的宗法制度，主张作适合当时社会条件的损益，治国方略以正名、推行仁义礼乐为先，但“仁者人也，亲亲为大；义者宜也，尊贤为大。亲亲之杀，尊贤之等，礼所生也”(《中庸》)，他认为仁爱首先体现在亲厚宗族中人上，社会正义首先体现在尊重贤能上，礼的作用首先在区别并彰显血缘的亲疏和贤能的大小上。尊贤、亲亲是治国大

[1] （清）王夫之：《读通鉴论》，《船山全书》第十册，岳麓书社 2011 年版，第 434 页。

经的两个重要方面。《周礼·天官·大宰》以“亲亲、敬故、进贤、使能”为统治术的重要内容。孔子亲亲和尚贤并重，表示他处在士大夫阶层的立场，既要维护宗法血缘这一社会基本结构，又承认新兴平民势力不断上升的现状，希望将两者调和起来。而墨子则站在平民阶层立场，认为尚贤是为政之本，主张“古者圣王甚尊尚贤而任使能，不党父兄，不偏富贵，不嬖颜色。贤者举而上之，富而贵之，以为官长；不肖者抑而废之，贫而贱之，以为徒役”(《墨子·尚贤中》)。“故古者圣王之为政，列德而尚贤。虽在农与工肆之人，有能则举之”(《墨子·尚贤上》)，反对儒家的亲亲、尊尊。法家亦重尚贤，但法家所谓贤能，既不是儒家的精通六艺、崇尚仁义礼乐之人，也不是墨家的“厚乎德行，辩乎言谈，博乎道术”(《墨子·尚贤上》)、能为民兴利除害的人。法家的贤能，是明于法律，胜任职务，忠诚君主的人，即韩非所说“所谓贤臣者，能明法辟，治官职，以戴其君者也”(《韩非子·忠孝》)。法家也反对儒家的亲亲、尊尊，主张举荐人才不问出身：“宰相必起于州部，猛将必发于卒伍。”(《韩非子·显学》)而且荐举形式不拘一格：“内举不避亲，外举不避仇”(《韩非子·说疑》)，通过听其言谈，观其所行，察其实绩，来确定是否真人才。总的来说，中国古代要求的辅政人才须德才兼备，而且汉武帝以后以儒家为主融合各家的思想成为主流，德才兼备之人须兼具各家学养，故不易得。因此常有一些变通的方式，在国家动荡，急需辅治人才时，往往以才力为主，不拘一格，如曹操所谓“今天下得无有至德之人放在民间，及果勇不顾，临敌力战；若文俗之吏，高才异质，或堪为将守；负污辱之名，见笑之行，或不仁不孝而有治国用兵之术：其各举所知，勿有所遗。”[1] 国家清平，定国安邦型人才需求不特别急迫之时，则强调德才兼备。

[1] （魏）曹操：《举贤勿拘品行令》，《曹操集》，中华书局 1959 年版，第 48—49 页。

与禅让相对的是革命。中国古代历史上经常提到的是“汤武革命”。“革命”指以武力推翻一个朝代，确切说，革命往往指以有道推翻无道的正义之战。有道无道的根据在是否符合理想政治的标准，能否得到上天的眷顾而有国命。《周易》肯定了汤武革命的正义性：“天地革而四时成，汤武革命，顺乎天而应乎人。革之时大矣哉！”（《周易·革·彖传》）孟子反驳汤放桀、武王伐纣为“弑君”之说，力辩汤武革命的正义性，将这个问题推到了尖锐对立的两端：“贼仁者谓之贼，贼义者谓之残，残贼之人谓之一夫。闻诛一夫纣矣，未闻弑君也。”（《孟子·梁惠王下》）荀子也说：“汤、武非取天下也，修其道，行其义，兴天下之同利，除天下之同害，而天下归之也。桀、纣非去天下也，反禹、汤之德，乱礼义之分，禽兽之行，积其凶，全其恶，而天下去之也。”（《荀子·正论》）认为汤武革命是以“民之父母”去除“民之怨贼”，是正义行为。这是儒家在这个问题上的主要立场和理论。墨家从下层民众立场出发，也赞成汤武革命，认为它不是一般的武力夺取政权，而是明君诛伐暴君的正义战争。而法家韩非则从君主专制的立场出发，认为“汤武革命”是臣弑其君，是不正义的，他的理由是，汤、武是臣子，国主即使是昏君，臣子也不能推翻他，君臣名分如此。并认为此风不可长，历史上之所以战乱不断，就因为有人赏誉汤武革命。所以从建立长治久安的制度考虑，也不能肯定汤武革命。

先秦思想家讨论这个问题，很多是思想观点之争，是抽象地讨论征伐而得的政权是否合法。但汉初讨论这个问题，其现实意义十分重大，因为涉及汉的政权合法性问题。汉景帝时期儒家内部的争论使这个问题空前突出，“黄生曰：‘汤、武非受命，乃弑也。’辕固生曰：‘不然。夫桀、纣虐乱，天下之心皆归汤、武，汤、武与天下之心而诛桀、纣，桀、纣之民不为之使而归汤、武，汤、武不得已而立，非受命为何？’黄生曰：‘冠虽敝，必加于首；履虽新，必关于足。何者？上下之分也。今桀、纣虽失道，然君上也；汤、武虽圣，臣下也。夫主有失行，臣下不能正言匡过以尊天子，反因过而诛之，代立践南面，非弑而何也？’辕固生曰：‘必若所云，是高帝代秦即天子之位，非邪？’于是景帝曰：‘食肉不食马肝，不为不知味；言学者无言汤、武受命，不为愚。’”结果是，这场争论结束，“是后学者莫敢明受命、放杀者。”（《史记·儒林列传》）辕固生赞成汤武革命的理由是他们代表民心，这是打天下的人通常援用的口号；黄生否定汤武革命是因为他们违反了君臣上下之分，这是坐天下的人通常拈起的道理。而两者都是一个朝代所需要的，不过运用的时间、场域不同而已。无怪乎景帝以帝王的权威劝止这场争论，实际上也为此问题的讨论设了禁区。此后董仲舒更抬出“天”来论证：不管尧舜之禅让还是汤武之革命，都是因为他们符合天意，而天意又是民意的反映：“王者亦天之子也，天以天下予尧舜，尧舜受命于天而王天下。……故其德足以安乐民者，天予之；其恶足以贼害民者，天夺之。……故夏无道而殷伐之，殷无道而周伐之，周无道而秦伐之，秦无道而汉伐之。有道伐无道，此天理也，所从来久矣，宁能至汤武而然耶？”[1] 这个问题至此已经穷尽了它的蕴奥，以后很少出现在思想家的论域中。因为此后新朝代的建立都是打下来的，又都打着吊民伐暴的旗号。打天下这一形式的合法性遂毋庸置疑。

三、逆取与顺守

与禅让和革命相关的是“逆取顺守”问题。这个问题在汉取代秦以后被尖锐地提了出来。秦用商鞅之说迅速强盛，又用韩非之术统一六国，自谓可延续长久，但二世而亡。刘邦本不喜儒家，认为自己的天下是马上打

[1] （清）苏舆撰：《春秋繁露义证》，钟哲点校，中华书局1992年版，第219—220页。

下来的，焉用诗书。但政论家贾谊著《过秦论》总结秦亡的教训，认为是秦政太苛，一任于法，不用仁义治国。在思想方法上，是不明白政治形势的改变：马上可以打天下，但不可以治天下；治天下必须用仁义，仁义治国必须用儒士，必须用诗书礼乐。必须从打天下的攻势变为治天下的守势。另一个政论家陆贾也提出著名的"逆取顺守"之说："居马上得之，宁可以马上治之乎？且汤武逆取而以顺守之，文武并用，长久之术也。"（《史记·郦生陆贾列传》）并历数历史上穷兵黩武、专任刑法亡国的例证加以说明。"逆取"，指武力打天下；"顺守"，指用仁义守天下。此处以武力为逆，以仁义为顺，说明了陆贾的儒家立场。但也提出了一个政治哲学的重要问题：暴力夺取政权与和平方式治理国家的关系。在古代中国这样的中央集权的大帝国中，用暴力改朝换代的后果是很严重的，而建立新国家，得到新政权，暴力是主要手段。但建立新国家后，必须以仁义礼乐治国，一直到政权难以为继，被新的暴力集团所推翻。新的政权也会采取仁义礼乐治国的方针。一治一乱，逆取顺守，成了中国历史的常态。汤武革命是后世暴力夺取政权的借口：吊民伐罪，以仁义取代暴虐。但也是逆取必须顺守的样板：逆取而不顺守，只是篡弑，没有政治上的合法性。这就为儒家仁义礼乐治国的必然性造下了不言自明的逻辑预设。

打天下使中国古代政治堕入一治一乱的定式，同时衍生出来许多副产品，如家天下、专制与坐天下意识、世袭等。得天下靠打，这一观念首先使战争神圣化、合理化。战争必杀伤人命，破坏生产力，搅乱社会和谐，损害自然生态，这是尽人皆知的。《老子》反战，谓"夫佳兵者，不祥之器，物或恶之，故有道不处"（第 31 章）。"以道佐人主者，不以兵强天下，其事好还。师之所处，荆棘生焉。大军之后，必有凶年。"（第 30 章）孔子虽然赞扬正义战争，但首重礼乐教化，所以总体上反对战争，肯定"善人为邦百年，亦可以胜残去杀矣"（《论语·子路》）。强调文治胜于武功，故相较《韶》乐与《武》乐，认为后者不及前者。卫灵公请教战阵之事，孔子不答而离境，以示反对。平时对战争抱极审慎的态度："子之所慎：斋、战、疾。"（《论语·述而》）虽重视军事、武备，但如果不得已在足食、足兵、民信之这三者中去掉其一，则先去军事、武备。墨子倡非攻之说，反对当时的各种战争，并历数战争对国家和人民生活造成的苦难：战事一起，国家失其常规，以应付不断变换的战争态势；人民失其常务，在上者无暇政务，在下者无暇生产；农夫离开土地，充任战士，妇女加倍纺绩，应付军需。百姓饥寒、冻馁、疾病而死于沟壑者，不可胜数。战争是国家、人民的祸害："其为不利于人也，天下之害厚矣。而王公大人乐而行之，则此乐贼灭天下之万民也，岂不悖哉！"（《墨子·非攻下》）故有倡导反对战争之人，则"天赏之，鬼富之，人誉之，使贵为天子，富有天下，名参乎天地，至今不废"。（《墨子·非攻下》）墨子还率领徒众，上说下教，到处宣传反对战争的主张。孟子公开表示反对战争，态度远比孔子激烈，对主张以武力称霸诸侯者持贬斥态度，谓"春秋无义战"；对那些自诩能使国家成为盟约之长，能扩大国土攻战必胜的所谓"良臣"，则斥为"民贼"。认为善于用兵的兵家、游说诸侯的纵横家、垦荒积粮以富国强兵的法家皆应服最重的刑罚。斥责当时诸侯间的战争是"率土地而食人肉"，描述战争给百姓带来的悲惨后果："争地以战，杀人盈野；争城以战，杀人盈城。"（《孟子·离娄上》）荀子对当时的战争也持反对态度，贬斥其兵皆为"盗兵"。他理想的军事是消除战争的军事，不是攻城略地的军事；他理想的军队是仁义之师，非强暴之师："彼兵者，所以禁暴除害也，非争夺也。故仁人之兵，所存者神，所过者化，若时雨之降，莫不说喜。"（《荀子·议兵》）他称扬的仁义之师，如汤伐夏桀，武王伐纣，"皆以仁义之兵行于天下也。故近者亲其善，远方慕其义，兵不血刃，远迩来服。德盛于此，施及四极"。他理想的战斗是："王者有诛而无战，城守不攻，兵格不击。……

不屠城，不潜军，不留众，师不越时。”（《荀子·议兵》）敌军统治区的百姓盼王师之至如大旱之盼甘霖。甚至兵家孙子，也主张尽量不用杀伐：“夫用兵之法，全国为上，破国次之。”“是故百战百胜，非善之善者也；不战而屈人之兵，善之善者也。故上兵伐谋，其次伐交，其次伐兵，其下攻城。攻城之法，为不得已。”“故善用兵者，屈人之兵而非战也，拔人之城而非攻也，毁人之国而非久也，必以全争于天下。”（《孙子兵法·谋攻篇》）强调战争首在“谋攻”，不在能战。先秦时期这些主要的思想为后世反对战争奠定了思想基础，提供了理论观点。

但中国古代历史上反对战争的呼声在强大的历史惯性和现实的功利考量面前是无比微弱的，获得政权要靠战争，其他形式反成了非常手段。它造成的后果是，打江山的才有资格坐江山，其他人毋庸染指。“天下者天下人之天下”的观念逐渐被掩蔽不见，国家是一家一姓之天下成了普通常识，“溥天之下，莫非王土；率土之滨，莫非王臣”（《诗经·小雅·北山》）这句遥远的歌词，成了几千年来确然不拔的信条。统治者如此，被统治者也如此。在这样的情势下，集权专制是基本治理形式，专制的程度，唯看帝王是否开明。开国帝王视天下为自己历尽艰辛所置的产业，继嗣帝王视天下为自己继承的祖业，而奢华甚至荒淫无度的物质享受则被视为此产业带来的利息。沿袭旧制而作一些有利于新政权的改变，成了改朝换代之后的基本施政方式。这是汉以后的基本情形，制度性建设愈益退缩而式微。

一治一乱的得国形式带来的理论问题，一是统一与分裂问题，一是正统问题。中国幅员广大，四围特别是北方游牧民族十分强大，常与中原争夺土地和资源。一治一乱带来的首先是一分一合。当周边的入侵者强大到可与中原政权相抗衡之时，争夺的结果往往是中原政权偏安一隅，少数民族政权得到大片国土而与之分庭抗礼。但中国自商周以来就是统一的国家，有统一的国土疆界，统一的语言文字、文化传统和生活方式，虽有不间断的割据、分裂，但统一是常态，因而是正确的，割据、分裂是非常态的，不正确的。特别是秦统一六国之后，罢分封、立郡县，建立了巩固的中央集权国家，更为“统一”这个历史理性的成果树立了典范。一分一合，是具体的历史势力角斗的结果，但国家的统一、富强却是历史理性造成的价值观念本身。统一基础上的协和万邦、讲信修睦、四夷来朝是基本的致治理念。

正统问题是历史书写问题，也是政治问题，因为它牵涉何种方法形成的政权才是合法的这一政治首要问题。要确定一个政权、一个国家是否正统，首先要确定何为“正”、何为“统”。但这并不容易确定。“统”有两个含义：一是综合不同观念、习俗而构成的一个共同信念，它是由“多”而为“一”；二是它必须经过历史考验而传承不绝。这就是王夫之所说的：“统之为言，合而并之之谓也，因而续之之谓也。”[1] 如韩愈所谓“道统”的“统”，是合尧舜禹汤等圣人的思想精华概括、提炼而成，也是这些圣人代代相传延续不绝的。王夫之认为，推溯中国古代政治史，并无公认的获得国家政权的正确形式。天下共主在商周已经不是一个全面的、绝对的统治者，此时各诸侯皆有自己的国君：“王畿之外，刑赏不听命，赋税不上供，天下虽合而固未合也。”[2] 至于春秋、战国礼坏乐崩时期，五霸率其协约国互相攻伐，七雄合纵连横，朝秦暮楚，共主名存实亡。此时并无所谓“统”。至于后世，一治一乱、分合不常，而分裂时期居多，即使统一时期，崛起而一统天下者也各行其是，不会全面袭用前代之法。所以中国古代历史上没有不变之统。

再说“正”。一治一乱，凭势力打天下，天下大治即正，大乱即不

[1] （清）王夫之：《读通鉴论》，《船山全书》第十册，岳麓书社 2011 年版，第 1176 页。

[2] （清）王夫之：《读通鉴论》，《船山全书》第十册，岳麓书社 2011 年版，第 1176 页。

正，舍此无有正不正之标准，“正”的观念亦无可立。如果以理想政治作为“正”的标准，则五帝、三王之时，天下大公，无盗贼、夷狄之篡据，最为正。但五帝、三王，其天命早已改易，后世不能承续。可见“正”之说不成立。王夫之对此曾说：“无所承，无所统，正不正存乎其人而已矣。正不正，人也；一治一乱，天也；犹日之有昼夜，月之有朔、弦、望、晦也。非其臣子以德之顺逆定天命之去留，而詹詹然为已亡无道之国延消谢之运，何为者邪？”[1] 他的结论是，一治一乱是历史规律，有德者得国，这是因为顺应历史法则，是为治、为正；无德者失其国，是因为违逆历史法则，其为乱，为不正。后世倡为“正统论”者，实际上是为已经灭亡了的无道之国延续国命，是愚蠢的理论。王夫之论史，不言正统，就是为了张扬“有德者昌，无德者亡”的历史定则，反对以各种借口推诿乱亡的责任，更反对不修德而妄希天命。这是对政治正当性的明确说明，也是对历史上正统之争的理论总结。

第三节　有为与无为

一、《尚书》《诗经》对有为政治的奠基

有为与无为是中国政治哲学的重要问题。有为无为既是一种哲学立场，也是一种治国方略。中国古代各家思想，都来源于六经，六经是各家

[1]（清）王夫之：《读通鉴论》，《船山全书》第十册，岳麓书社 2011 年版，第 1178 页。

思想的共同源头。有为无为思想在政治哲学的最早经典《尚书》《诗经》中已经大量地出现并被讨论了。尧舜等贤圣之君既有勤政爱民，心忧天下，公而忘私的有为精神，又有公天下，禅位于贤能，有君长之位而不居之，治国不扰民、不私意造作，施惠于民而百姓无从称誉的无为精神。以继承古先贤圣自居的儒家，具有多方面的特性，方东美尝言："总体而论，作为一派思想，儒家可谓既古且新，既静且动，既保守且进步，既有因袭，更有创造。其所以然之故，盖因所挟持者厚，所垂传者久，孕乎历史传统，由古迄今，绵延不绝，源远流长，有以致之。"[1] 儒家"游文于六经之中，留意于仁义之际；祖述尧舜，宪章文武，宗师仲尼"（《汉书·艺文志》），其总体特点是刚健有为，积极入世，以"修己以安百姓"为理想，在治国上欲修明政治，使百姓安居乐业，裁成万物，辅相天地；在修身上要立德、立功、立言兼具，塑造"通天地人之道"的理想人格。

除了《尚书》《诗经》所说的尧、舜、禹、汤、文、武、周公一类圣王的思想、措施之外，儒家政治哲学的一个重要来源是《尚书·洪范》中的"九畴"。"洪范九畴"相传为武王灭纣建立周朝之后访商朝遗贤箕子，箕子为他阐说治理国家的九大范畴之记录。其一为五行：水、火、木、金、土。五行不仅是五种物质原素，而且是五种功用方式。作为物质原素，它比"气"更具经验性、直接性、现实有用性；作为功用方式，它说出了五行的相关性能：火炎上、水润下、木可曲可直、金熔炼后可改变形状、土可生长作物。其二为"敬用五事"：貌、言、视、听、思，是从政者的五项日常行为。这些行为的规范是：容仪要严整，言语要正当，观察事物要真确，听闻要广博，思考要明达。认真做到这五者就能内外明正。其三为"农用八政"：食、货、祀、司空、司徒、司寇、宾、师，即努力

[1] 方东美：《中国哲学精神及其发展》，孙智燊译，中华书局 2012 年版，第 41 页。

管理好农业、商业、祭祀、居住、教育、司法、朝觐、军事等八种基本政务。其四为“协用五纪”：岁、月、日、星辰、历数，即观察日月星辰的运行及天象变化，制历授时，作为国人共同遵守的时间度数。其五为“建用皇极”，即建立并依据皇极。“皇极”即君主行政的基本法则，大体说来就是给人民以美好生活，使他们服从君主的领导，无结党营私的行为；及时表彰人民中好的行为，制止不好的行为；要遵守王道，公正地对待臣下，不作威作福。六是“乂用三德”，君主治国中必须运用三德：正直、刚强、柔顺。用正直对待平和的人，用刚强克制强悍的人，用柔软克制和顺的人；乱臣贼子藏奸不露的，用刚强克制，显贵大臣，用柔克制。七是“明用稽疑”，注重占卜。当时多用占卜抉择将行之事以消除疑惑。要选用合适的人充当卜筮之人，教会他们占卜的方法。有了疑难不决的事，要先自己考虑，然后再问计于卿士、庶民，最后才问及卜筮。三者皆赞同，谓之大同。大同则行事吉利，否则就有部分不利。三者都相违，就有凶险的结果，绝不能做。八是“念用庶徵”，即审察、参考各种天气征象，如雨与晴、寒与暖、大风与晴和等。天气晴和，百物就茂盛；反之一种天象太强烈，则破坏了整体和谐。君主的行为应该效法天象，如肃静、治理、明智、善谋、通达，就像雨、晴、寒、暖、风之恰如其时，而狂妄、无信、逸乐、躁急、昏昧，就如雨、晴、寒、暖、风之不合时宜。因此观察天之征象，悟得治理行为之适宜，是君主施政的帮助。九是“飨用五福，威用六极”，即用五福劝勉人向善，用六极警戒人避苦。五福即寿、富、康宁、遵行美德、高寿善终五种福乐，是人生应追求的；六极是夭折、疾病、忧愁、贫穷、邪恶、懦弱六种苦难，是人生应避免的。要重视人的普遍欲求，在治政中起到鼓励和戒免的作用。以上九条治国大经，对于君主是很重要的。它从构成百姓日常生活的物质要素，到执政者应该具备的道德、文化修养，再到治理国家应该注意的重要事项等方面，提出了从事政治者特别是最高执政者最可注重的九项大法，充满了主动的、积极有为的精神和多方面协和统一的整体性思想方法。

《诗经》中的《雅》《颂》，多歌颂文王、武王、周公、成王、宣王及诸先祖艰苦创业，及勤政爱民、举用人才、修身齐家等各项功绩。此外还有讥刺幽、厉荒淫失国等方面的内容，《诗》的基调是昂扬向上、积极有为的。所以孔子说：“诗三百，一言以蔽之，曰‘思无邪’。”（《论语·为政》）“人而不为《周南》《召南》，其犹正墙面而立也与？”（《论语·阳货》）同时《诗经》中有大量古代事物的知识，孔子说：“诗可以兴，可以观，可以群，可以怨。迩之事父，远之事君，多识于鸟兽草木之名。”（《论语·阳货》）《尚书》《诗经》奠基的有为思想，为后世儒家所继承。

二、儒、墨、法家的有为政治

孔子创立的儒家，全面继承了《诗》《书》中的主动、有为精神，他以“士不可不弘毅，任重而道远”的担当精神，和发愤忘食、乐以忘忧、好古敏求的勤奋行动，以阐扬周礼为己任，面对礼坏乐崩的局面，思有以救治。而救治之法主要在复兴礼乐，君君、臣臣、父父、子子，通过“正名”拨乱反正，使社会各阶层各按职分做事，政治因此走上轨道。孔子虽在短暂的莅官行政时推行此主张，周游列国时宣扬此主张，但因与春秋末期各诸侯国迫切追求广土众民、富国强兵的功利目的相抵牾，所以所至皆不见用。但他仍宣传仁政理想，主张以德礼之政养民、教民、治民，同时积极修养自身，以“为政在人，取人以身，修身以道，修道以仁”（《中庸》）的原则，将政治之休明，寄托于君子之修身，倡导“修己以安人，修己以安百姓”。

但孔子作为一个对天道有深刻体察，有丰富的人生智慧、政治智慧和强烈的忧患意识的思想家，有一种自然无为精神。孔子虽然“知其不可而为之”，但同时又“无可无不可”；有强烈的救世精神，但又审时度势，注重在乱世中保全自己；想有为于世，但又注重出处大节。在孔子看来，作为自然物的天可以被多种视角观察与解释，从而得出不同的结果。天既有健动不息的一面，又有自然无为的一面。所以“天地之大德曰生”“日新之谓盛德，生生之谓易”是天的根本精神，人应效法天地获得刚健、深厚的君子人格，“天行健，君子以自强不息；地势坤，君子以厚德载物”。这是取法天地的健动不息这一面，这种解释出于德性修养的目的，是人文性的诠释。但天本身又是自然而然的：“天何言哉？四时行焉，百物生焉。”没有任何自然之外的力量按照其意愿为自然设定存在样态和运行法则。自然的东西是天然完足的，人为往往是为满足少数特权者的个别利益而对自然所做的歪曲。自然物在不受干涉的运动过程中由其自适性获得了与他物的关联，这种关联是严密的、丝丝入扣的。人为的东西则因其模仿性、外在干预性往往难以达到应有的完善。孔子虽没有这样明确的解释，但他的话语中有这样的意思。“天何言哉”即不加干预，“四时行焉，百物生焉”即事物的自然合宜性。孔子的重视自然，当然有对周政尚文带来的繁缛与虚伪的偏弊进行纠正的意思，同时也是对自己一生际遇泰然处之的表示。

孔子一生处在乱世中，处乱世需要刚健有为，也需要自然无为。孔子处乱世的智慧是有为和无为的结合：“天下有道则见，无道则隐。”（《论语·泰伯》）“邦有道，则仕；邦无道，则可卷而怀之。”（《论语·卫灵公》）“邦有道则知，邦无道则愚。”（《论语·公冶长》）“不在其位，不谋其政。”（《论语·泰伯》）他对理想执政者尧、舜、禹的赞扬是：“大哉尧之为君也！巍巍乎！唯天为大，唯尧则之。荡荡乎！民无能名焉。”（《论语·泰伯》）“无为而治者，其舜也与？夫何为哉，恭己正南面而已矣。”

（《论语·卫灵公》）“巍巍乎！舜禹之有天下也，而不与焉！”（《论语·泰伯》）对隐居不仕的贤人伯夷则称赞为古之贤人，对法律、狱讼的态度则是：“听讼，吾犹人也，必也使无讼乎。”（《论语·颜渊》）总之，孔子的君子人格既有奋发有为的一面，也有向往自然的一面；既有仁德、礼法并用以治国的方面，也有无为而治的方面。孔子的人格理想和政治思想对后世影响很大。

墨家主张有为。墨子是下层劳动者的思想代表，他的兼爱、非攻的政治主张对儒家亲亲、尊尊、厚葬久丧的宗法思想的批评，他的非乐、节用对上层阶级逸乐生活的抨击，甚至“以自苦为极”的生活态度，都代表有为精神。他的为民兴利除害的理想、栖栖皇皇上说下教、“席不暇暖，突不得黔”“摩顶放踵利天下，为之”的活动方式都是有为政治的典型。

孔子的孙子子思作《中庸》，以天命之性、率性之道、修道之教为入手，以中和、诚明等修养方法为基础，以“致中和，天地位焉，万物育焉”为最高目标，以修身、尊贤、亲亲、敬大臣、体群臣、子庶民、来百工、柔远人、怀诸侯为治国之九项大法，以尊德性而道问学、致广大而尽精微、极高明而道中庸为追求大道的方法，以“溥博如天、渊泉如渊”为实得，但人格修养的最高境界却是“其唯人之所不见”“不大声以色”“衣锦尚絅”“德輶如毛”，而以“上天之载，无声无臭”为极致。《中庸》深受孔子影响，它追求的也是有为之后的无为，绚烂之后的平淡，在世之后的超越。

孟子以孔子为榜样，倡导积极有为的修身、治国之道。孟子的理想政治是奉行王道，王道的对立面是霸道。霸道即“春秋五霸”的治国之道，主要靠军事力量压服小国，崇尚功利、权谋，不重仁义、礼乐。而王道是古者圣王之道，尊崇仁义礼乐，重视民生，重视教化，人民享受美好政治带来的利惠从而心悦诚服。王道又叫仁政，其哲学基础是人人皆具的“不忍人之心”：“先王有不忍人之心，斯有不忍人之政矣。以不忍人之心行不忍人之政，治天下可运之掌上。”（《孟子·公孙丑上》）仁政在政治上效法周朝“颁爵禄”制度：一国中从天子、公卿大夫到普通农夫，等级有差，尊卑秩然，作为受禄的基础，“无君子莫治野人，无野人莫养君子”（《孟子·滕文公上》）。经济上效法周朝的井田制，强调先“正经界”，就是郊野用九分抽一的助耕之法，城市用十分之一的税率。助耕之法即井田制：“方里而井，井九百亩”，其中一百亩为公田，其余八百亩为私田，分给八家农户，八家共耕公田作为劳役地租。私田一百亩中，五亩为住宅，周围种上桑树，再养上猪、鸡、牛、羊，一家人就可无饥寒之患。这样就可以“死徒无出乡，乡田同井，出入相友，守望相助，疾病相扶持，则百姓亲睦”（《孟子·滕文公上》）。有了基本生活保障之后，再对民众加以教育：“人之有道也，饱食、暖衣、逸居而无教，则近于禽兽。圣人有忧之，使契为司徒，教以人伦：父子有亲，君臣有义，夫妇有别，长幼有序，朋友有信。”（《孟子·滕文公上》）这是对孔子先富后教思想的继承。孟子也效法孔子，周游列国，宣传他的政治主张，制止战争，养民教民。

孟子有为政治的另一方面是提出君子人格的修养方法：知言、养气。通过这种方法，树立士大夫自尊、自强、自立的独立人格和“富贵不能淫，贫贱不能移，威武不能屈”的大丈夫精神，为实现政治理想培养人才。孟子虽然处处以孔子为榜样，赞其为“圣之时者”，是不同类型的理想人格的集大成者。但他适应了战国时期新的形势需要，减弱了孔子的超越精神、无为精神，加强了有为这一面；也不像孔子专以经过损益的周公之法为效法对象，在周礼崩坏、废坠之时泛言先王，他取法的方面要宽广得多，适应当时情况的创新思想也多，所以无论在政治思想和君子人格的培养方面，都提出了更加具体的方法和更深入的内容，为儒家思想的发展作出了卓越贡献。

如果说孟子的思想有相当多的理想色彩因而与所到之国急于富国强兵的主张不合而被讥为“迂远而阔于事情”，那么同是主张有为政治的荀子，其思想中的现实成分要多得多。荀子批评孟子“法先王”而不知要领，才高志大，闻见杂博，其理论不强调后天修为，不突出社会规范，无法在现实生活中得到解释，这些都是说他过于依凭古代，不知现实急务。荀子针锋相对，主张“法后王”“隆礼”“重法”，强调培养符合当代需要的有道德修养的士君子。他的“后王”实际是统合了“先王”尧、舜的仁义之道和“后王”文王、武王的礼法之治，把两者统为一体而做了符合当时社会需要的改革。荀子倡导天人之分，反对神道设教，尊重人的创造精神。其性恶论，也是一套强调通过后天的学习、修养来纠补本性中的不足的积极有为的理论。他的政治思想体现了战国末期统一天下的时代趋势，及随之而来的强烈的有为精神。《荀子·王制》所设想的各种治国措施中充分体现了这种精神。首先，王者之政须尊重礼法，使之成为百官听政的准则，同时使百姓养成崇尚公平、中和的风气，它特别强调后者的重要性：“公平者，听之衡也；中和者，听之绳也；其有法者以法行，无法者以类举，听之尽也；偏党而无经，听之辟也。”其次，要使百姓拥护政府，遵守政令，必须“选贤良，举笃敬，兴孝悌，收孤寡，补贫穷”（《荀子·王制》），管理者必须勤政爱民，隆礼敬士，尚贤使能。再次，要解决民生问题，严禁各级官吏盘剥百姓，聚敛财富：“王者富民，霸者富士，仅存之国富大夫，亡国富筐箧、实府库。……聚敛者，召寇、肥敌、亡国、危身之道也，故明君不蹈也。”再次，要公正选举任官：“王者之论，无德不贵，无能不官，无功不赏，无罪不罚；朝无幸位，民无幸生。”要做好工商管理，使财货流通，赋税合理，买卖公平：“王者之法，等赋，政事，财万物，所以养万民也。田野什一，关市几而不征，山林泽梁，以时禁发而不税，相地而衰征。”同时管理好山林湖泊，注重鸟兽鱼鳖的生长保护。再次，注重社会等级，注重伦理规范，实行礼义教化：“天地者，生之始也；礼义者；治之始也；君子者，礼义之始也。……君臣、父子、兄弟、夫妇，始则终，终则始，与天地同理，与万世同久，夫是之谓大本。”最后，注意官吏的职能、分工、考绩等，如冢宰、司徒、司马、司空、司寇甚至工虞、巫觋，使各司其职，各尽其能；天子、诸侯、百官各有其事，达到国家和谐，政令通行。

荀子论士人的人格修养，则有俗儒、雅儒、大儒之别。他心目中的大儒，是能够继承儒家圣王治国传统而又根据时代需要加以改变的人；是能够统一制度、遵守礼法而又能灵活掌握的人；是对仁义等治国纲领深刻理解又能通达运用的人。所以用大儒治国，不仅能使国家强盛、富足、安全，而且能使天下一统，诸侯臣服，百姓拥戴，声名彰著。故“用国者，义立而王，信立而霸，权谋立而亡。三者，明主之所谨择也，仁人之所务白也。”(《荀子·王霸》）其他如论富国强兵之术，论君臣应履行的职分、士人应具备的德操，论礼乐在治国安民中的重要作用，制定正名、解蔽等思想学术的方法、规则，批评各种蛊惑人心的异端邪说，强调天人之分，确立人的职分、人在天地中的地位，高扬人的主体精神、能动精神，处处都显示其积极有为的政治立场和人生态度。

法家总的说是有为的，但法家源远流长，前后期法家思想差异很大。前期法家李悝相魏文侯，主持变法，主张尽地力之教，打击贵族宗法世袭制，在当时各国成文法的基础上，编撰出我国第一部系统的法典《法经》，对后世法律的制定产生了重大影响。商鞅辅佐秦孝公，主持变法，奖励军功，禁止私斗；重农抑商，奖励垦殖；打击宗室贵族，无军功者则削籍。坚持法治，信赏必罚，主张一切以法为基础。他的思想纲领是：“刑生力，

力生强，强生威，威生德，德生于刑。”（《商君书·说民》）

后期法家的代表人物韩非，学黄老刑名法术之学，又吸收商鞅重法、慎到重势、申不害重术的思想，主张抱法、处势、怀术，综核名实。他的理论，他的治国方略，作用点在帝王等最高统治者，最终是为国家强盛服务的，此为有为之学。而他思想中的黄老因素，特别是其中的君无为臣有为、主逸臣劳等统治术，则是无为之学。韩非的思想，是有为无为的综合。他吸收了慎到“臣事事而君无事，君逸乐而臣任劳”（《慎子·民杂》）的法术，讲君臣各有其能，不能颠倒：“明君之道，使智者尽其虑，而君因以断事，故君不穷于智；贤者敕其材，君因而任之，故君不穷于能。有功则君有其贤，有过则臣任其罪，故君不穷于名。是故不贤而为贤者师，不智而为智者正。臣有其劳，君有其成功，此之谓贤主之经也。”（《韩非子·主道》）同时，君主的好恶、趋尚要深藏不露，不能为臣下窥探到而投其所好：“君无见其所欲，君见其所欲，臣自将雕琢；君无见其意，君见其意，臣将自表异。”必须“函掩其迹，匿其端，下不能原。去其智，绝其能，下不能意”（《韩非子·主道》），这也是君主无为的运用。韩非这一法术，有得于黄老道产生万物而自处虚静的思想，是道在用臣、驭下方面的运用：“道者万物之始，是非之纪也。是以明君守始以知万物之源，治纪以知善败之端。故虚静以待令，令名自命也，令事自定也。虚则知实之情，静则知动者正。”（《韩非子·主道》）可以看出，韩非的无为之术，是为他的有为理想服务的，治术上的无为，恰好可以造成结果上的有为。这是老子“道常无为而无不为”在政治上的贯彻。

三、道家的无为政治

儒、墨两家是有为政治的主张者，推行者。道家则反之，无论立身行事还是政治思想，都主张无为。道家政治思想的代表人物是老子、庄子、慎到、稷下黄老学派，它的延伸发展则有《淮南子》、王充自然主义、魏晋玄学等。老子的无为思想，就是从政治生活的教训中得来的。老子是史官，“历记成败、祸福、存亡、古今之道”，看到历史上统治者往往为一己私利无端造作，看到强国欺凌弱国、大国欺压小国，最后以削弱、败亡而终者所在多有，于是倡守柔、谦下、不争之说。老子看到人类文明进步的过程中充满争夺、对抗、杀戮，充满统治者巧取豪夺，穷兵黩武，人民转死沟壑、颠连无告；同时，作为史官他熟知星象、占卜，洞察天道运化的规则，这都对他总结出“道法自然”的无为哲学产生影响。他的自然主义政治思想，就是他的无为哲学在政治领域的推广。

老子反对儒墨的各项主张，提出：“不尚贤，使民不争；不贵难得之货，使民不为盗；不见可欲，使民心不乱。”（第 3 章）他的理想政治是无为而治：“爱民治国，能无为乎？”（第 10 章）“圣人之治，虚其心，实其腹，弱其志，强其骨。常使民无知无欲。使夫知者不敢为，则无不治。”（第 3 章）老子的无为，即遵照事物的本来面目，不故意造作。只有行无为之政，才能达到天下大治。儒家、墨家、法家、兵家的思想，都是引起大乱的学说。最好的政治是保持人本来无知无欲的浑朴状态，智者无处使用其智，愚者也没有被智者欺负的机会。老子主张“以正治国，以奇用兵，以无事取天下”（第 57 章），正即无事、无为。而无事无为才能获得理想的治理结果。老子也认为，无为的制度能造就无为的人格，无为政治下的百姓心灵纯朴，无争夺、机诈之心：“其政闷闷，其民淳淳；其政察察，其民缺缺。”（第 58 章）实行无为政治则国家自然安静，百姓自然富足：“我无为而民自化，我好静而民自正，我无事而民自富，我无欲而民自朴。”（第 57 章）当时种种乱象，都是统治者违反无为法则，滥逞贪欲造成的：“民之饥，以其上食税之多，是以饥；民之难治，以其上之有为，是以难治。”（第 75 章）老子斥责那些贪得无厌、攘夺百姓利益的统治者是“强盗”。老子经常用水来形容他的人格理想：“上善若水。水善利万物而不争，处众人之所恶，故几于道。居善地，心善渊，与善仁，言善信，政善治，事善能，动善时。夫唯不争，故无尤。”（第 8 章）水的性格最接近道，它利万物而不与之争夺，守柔谦下，能够容纳任何物于自身之内。最好的政治也是这样，因为没有故意造作所以万事得以按照自己的法则运行而结果自然得宜。任何外加的干预都违反了事物的自然过程。所以要减少政令，少发布措施，因为这些都是表面上利民而实际上扰民的，“治大国若烹小鲜”（第 60 章）。无为是治理国家最大的法宝，而有为则是乱国之阶：“故以智治国，国之贼；不以智治国，国之福。知此两者，亦稽式。常知稽式，是谓玄德。玄德深矣，远矣，与物反矣，然后乃至大顺。”（第 65 章）自然无为，是万物的法则，了解了、掌握了这种法则，就获得了一种深刻的、玄妙的智慧。有了这种智慧，才能与宇宙法则合一。老子心目中的圣人就是具有这种智慧的人：“是以圣人处无为之事，行不言之教。万物作而不辞，生而不有，为而不恃，功成而弗居，夫唯弗居，是以不去。”（第 2 章）儒墨所提倡的种种德政美行，恰是招致国家昏乱的根由，故“绝圣弃智，民利百倍；绝仁弃义，民复孝慈；绝巧弃利，盗贼无有”（第 19 章），“大道废，有仁义；智慧出，有大伪；六亲不和，有孝慈；国家昏乱，有忠臣”（第 18 章）。老子理想的国家形态是保持了原始素朴的小国寡民，理想的政治是“为无为，事无事，味无味”（第 63 章），这种理想国家是道的表现：“道常无为而无不为。侯王若能守，万物将自化，化而欲作，吾将镇之以无名之朴。无名之朴，亦将不欲。不欲以静，天下将自正。”（第 37 章）老子的无为政治思想是当时百家争鸣中很有代表性的，它是对儒、墨、法诸家有为政治的反动，是对东周以来有为政治造成的负面社会影响的批判，有很强的现实针对性。

而庄子继承了春秋末期众多隐者、杨朱以及老子对当时社会现实的批判，结合战国的社会背景，给了更深入、更具个性化的延伸。老子虽然批判现实，但尚希望对社会加以改变使之符合理想，而庄子则对政治绝望，失去了批评的兴趣，只想在乱世中保身全生。所以他的无为，更多讲的是生死、逍遥、齐物、葆真等个体性问题。他的理想人格是“真人”：“古之真人，不知说生，不知恶死，其出不欣，其入不距，翛然而往，翛然而来而已矣。不忘其所始，不求其所终。受而喜之，忘而复之，是之谓不以心损道，不以人助天。是之谓真人。”（《庄子・大宗师》）真人是忘生死、祸福、利害、喜怒等人间事物，顺天之自然安排不妄加希求，独与天地精神相往来的人。故对政治这种入世的、人间的、有为的活动，持排斥、逃避态度。庄子拒绝齐王给予的高官厚禄，视之为披着文绣的牺牲，宁愿做一只在泥水中自得其乐的小猪，是古来为人熟知且津津乐道的故事。

庄子本其逍遥、齐物的主张，反对有为政治。他的理想是不知有国家、有道德、有家庭、有教化、有技术、有文明进步因而符合人的自然状态的至德之世：“当是时也，山无蹊隧，泽无舟梁，万物群生，连属其乡。禽兽成群，草木遂长。是故禽兽可系羁而游，乌鹊之巢可攀援而窥。夫至德之世，同与禽兽居，族与万物并，恶知乎君子小人哉！”（《庄子・马蹄》）如果这样的世界不可得，退而求其次，则求一无为而治、在宥天下的政府：“闻在宥天下，不闻治天下也。在之也者，恐天下之淫其性也；宥之也者，恐天下之迁其德也。天下不淫其性，不迁其德，有治天下者哉？”（《庄子・在宥》）“在”者放任本性，悠然自得；“宥”者宽谅容人，不变其自然本性。“在宥”就是治天下的良方，不必另有其他措施：“故君子不得已而临莅天下，莫若无为。无为也而后安其性命之情。”（《庄子・在宥》）在庄子看来，天下的昏乱都是有为政治造成的，有为政治总是以他们所想望的方式加给自然状态以多余的东西，特别是功烈、道德等，但这恰是破坏人的自然状态的罪魁祸首，正是功烈、道德教人相争相疑、相欺相害，给人带来无穷痛苦和伤害："昔者黄帝始以仁义撄人之心，尧舜于是乎股无胈、胫无毛，以养天下之形。愁其五脏以为仁义，矜其血气以规法度。……下有桀跖，上有曾史，而儒墨毕起。于是乎喜怒相疑，愚知相欺，善否相非，诞信相讥，而天下衰矣。"（《庄子·在宥》）他甚至认为儒墨的圣知、仁义是残害人的桎梏、刀锯。解除这些祸害的办法是提倡无为，返回人的自然状态："汝游心于淡，合气于漠，顺物自然而无容私焉，而天下治矣。"（《庄子·应帝王》）对仁义圣智、制度法规等所谓治国之具皆毁弃不用，听任人的自然本性，则国乃可真治："绝圣弃知，大盗乃止；擿玉毁珠，小盗不起；焚符破玺，而民朴鄙；剖斗折衡，而民不争，殚残天下之圣法，而民始可与论议。"（《庄子·胠箧》）

庄子在老子的基础上将自然无为推到极端，而且用寓言、重言、卮言的方式给人留下了充分想象、引申的余地。所以在重重束缚、处处滞碍的现实社会中，给人以解粘去缚、豁然开朗的感觉。庄子思想受到古代士大夫的喜爱，不仅具有自由主义、无政府主义倾向的人能从中找到精神同调、心灵慰藉，即使所谓礼法中人，也可借此浇心中块垒，得到"独与天地精神相往来"的放达之感。庄子不是以后天的、政治人的眼光，而是以先天的、自然人的立场，故对任何形式的社会组织、治理方式都抱反对态度。自由主义肯定好的社会制度是对人好的德性的培植与发挥，但庄子对任何形式的对人的管束、规范、形塑、改变都持否定态度。所以有论者视庄学为最极端的无政府主义思想。[1]

[1] 参见萧公权：《中国政治思想史》，中国人民大学出版社 2014 年版，第 118 页。

四、汉代政治中的有为无为之争

秦始皇本对韩非的思想十分认同，对韩非也极表敬佩。但受李斯的影响，采取了许多极端做法，使秦二世而亡，为后世留下了沉痛教训。汉朝建国，一方面要医治战争创伤，与民休息；另一方面则惩秦速亡的教训，在治国方略上改弦更张。故汉初实行黄老清静无为的政策，带来了“文景之治”的局面，取得了可观的效果。但汉武帝将儒家思想作为基本国策，却又有其必然性，这倒不在于汉武帝好大喜功，也不在北方匈奴的侵扰，而是制度建设的迫切性使然。周朝享国最久，但东周以后也是政治、经济、军事、文化各项制度变迁最为剧烈的时期。传统的贵族政治崩坏，新兴势力不断上升，国家格局亟需调整。秦统一六国，罢封建立郡县，各种制度有了初步建设，但秦国祚短促，加上国内矛盾尖锐，无力进行全面的大规模制度建设。汉立国之后，文景之治带来了经济繁荣、国力大幅提升的大好局面，藩王叛乱又暴露了制度上的许多弊端。此时黄老的清静无为政策已经不能适应社会发展的要求，亟需改革。汉武帝本是雄才大略之主，奋发有为是他的理想，于是独尊儒术，但又广泛吸纳法家思想，形成“霸王道杂之”的“汉家制度”。他又改革监察制度，推行察举任官之法，同时北征匈奴，扩大北方疆土，派张骞出使西域，又南通瓯越，东定朝鲜，积极发展国内经济。而种种新政都要以五经为根据，于是大崇经学。经学在当时不仅是思想、制度的资源，而且有实用的功能：“以《禹贡》治河，以《洪范》察变，以《春秋》决狱，以三百五篇当谏书，治一经得一经之益也。”[1] 这是制度创革时期必然发生的对传统资源的借用。

[1] （清）皮锡瑞:《经学历史》，中华书局 1959 年版，第 90 页。

今文经学的发展与天人感应学说使谶纬之学流行，其中有许多穿凿附会和非常可怪之论。成于东汉章帝之时的《白虎通》对天地自然、人伦纲常等有许多天人相类的解释。此种阐发并非全属迷信与无稽之谈，实有当时之政治需要。如邹衍的“五德终始”说，本是阴阳家言。阴阳家是先秦重要的思想流派，它的特点是将阴阳与五行统合为一，构成一个笼罩一切的框架。五德终始即综合阴阳家的五行相生相克之说、天文家的四时循环和儒家的天道人事相参之说，认为虞、夏、商、周、秦分属土、木、金、火、水五德，后一朝代是对前一朝代所属之德的相克，五德循环与五行相克对应。这一理论要表达的是，政权转移如天运不息，不会长留于一家一姓。于此告诫执政者，后来者代之而起是天意而非仅人事，人君威势不可倚恃。董仲舒讲五德说，就是限制君主权力的一种办法。但董仲舒将天人合一理论发展至极端，人世间之一切，皆与天密切相关，故提出“人副天数”说。如“官制象天”，王者制三公、九卿、二十七大夫、八十一元士，皆是三的倍数，因为天以三月为一时；分四层次，因为天有四时。又如朝廷立司农、司马、司营、司徒、司寇五者，分主农业、军事、百官、教化、司法，分别属木、火、土、金、水，分别尚仁、智、信、义、礼。立此五官以象五行，五者既相生也相克。而政制则立生、养、杀、藏，以副春、夏、秋、冬。同时天道以阴阳为大，在阴阳中又以阳为主，亲阳而疏阴，故以德教为主，刑罚为辅：“王者承天意以从事，故任德教而不任刑，刑者不可任以治世，犹阴之不可任以成岁也。”（《汉书·董仲舒传》）董仲舒不仅认为人间的一切事务须与天相应，而且认为天时时监临人间，常以妖祥来警示人事得失，从中可以见出天对人的仁爱。董仲舒还说：“后世淫佚衰微，不能统理群生，诸侯背叛，残贼良民以争壤土，废德教而任刑罚，刑罚不中则生邪气。邪气积于下，怨恶畜于上，上下不和则阴阳缪戾而妖孽生矣。此灾所缘而起也。”（《汉书·董仲舒传》）此说影响中国后世政教、文化甚大。其合理之处在将天与人置于一气流行的整体系统之中，天人一体，人的行为可影响到他所居的环境。同时灾异之说以天来制约、检束君主行为，使君主不能为所欲为，有所忌惮，并且以儒家中的政治家、哲学家来负责天象、灾异的解释，遂使它从属于经学的制度建设、文化建设之下，使之辅翼治国大经而非走入术数小道，这是古人的政治智慧。但董仲舒将这种影响说得过于直遂，于是导致各种荒诞不经之说产生、流行，特别是其中的谶纬之学。西汉哀平之际谶纬最为流行，王莽用符命为其夺取政权造势，许多小人争言符命以邀富贵，于是造成十余年“诵六艺以文奸言”的伪儒政治，当时识者斥为“开奸臣作福之路而乱天命”。此后各路野心家，又就新莽覆败之后何人受符命而得天下，造作瑞应、谶记以争取人心，当时主要有异姓更王和刘氏再兴两派。刘秀上台之前，以图谶为起事之助；上台后，宣布图谶于天下。甚至其用人不决时也借助谶记。关于汉代借天人理论以神道设教的历史，论者指出：“大略言之，武昭之世明灾异者用意多在警主安民，元成以后则倾向于抑权奸以保君国。哀平之世陈符命者为篡臣作借口；新室既败则又成止僭窃、维正统之利器。初则忠臣凭之以进谏，后则小人资之以进身。其始也臣下以灾异革命匡失败，其卒也君上取符命谶记以自固位权。邹（衍）董（仲舒）之学，至此遂名存而实亡。”[1] 此后何休由《春秋公羊传》发挥“三世”之说，对此后政治的影响绵延不绝。

谶纬之学是对汉代天人合一思想的神秘化、妖妄化解释，附加了许多人为造作的东西，但东汉时此学浸透一世学风，不仅干进希宠者多讲谶纬，甚至当时许多反谶纬者也仍袭用阴阳灾异之说，如桓谭、张衡、王符等。谶纬之学亦可视为有为政治所带来的结果。对此有为政治的有效反

[1] 萧公权：《中国政治思想史》，中国人民大学出版社 2014 年版，第 196 页。

击，只能以无为为纲领。王充以《吕氏春秋》《淮南子》、西汉黄老之学为先导，以“疾虚妄”为宗旨，以天道自然无为为思想武器，对汉代天人之学上附加的一切虚妄之说，加以总攻击。王充反对当时流行的灾异、谴告、寒温、震动诸说，认为都是对自然现象的附会。天地万物的本原是气，气的本质是自然无为：“天动不欲以生物而物自生，此则自然也；施气不欲为物而物自为，此则无为也。”（《论衡·自然》）自然无为是天地万物的本来性质、真实情况。有为、无为此时表现为对天的过度阐释与削减人为附加、返回到“恬淡无欲，无为无事”两种思想的斗争。

五、名教与自然

魏晋时期占统治地位的思想形态是玄学，名教与自然是玄学在政治上争论的焦点，也是儒道两家思想交锋的体现。严格说，中国古代历史上并没有绝对无为的政治主张，因为中国政治思想中治道强而政道弱，政道中主张无政府主义的极少，即使有，也是出于对现世政治的痛恨、失望而有的愤激之言。治道才是中国古代思想家注目的，而治道必以有为为基础。就此而言，中国人是天生的“政治动物”。魏晋玄学三派：贵无、崇有、无无，其实都是有为政治，不过有为的形式不同。“贵无”并非无政府论，它所贵之“无”即道，而道实际上是一个善的理念，一个集各方面理想的总体。如前所述，王弼的目标是崇本举末，守母存子。他所谓道即本、即母：“其为物也则混成，为象也则无形，为音也则希声，为味也则无呈。故能为品物之宗主，苞通天地，靡使不经也。”[1] 这样的本，理论上是克服了一切缺失、纰漏的完善本身，以它作基础才能最大限度地把美政的好处

[1] （魏）王弼著，楼宇烈校释：《老子指略》，《王弼集校释》，中华书局 1980 年版，第 195 页。

充分发挥出来，也才能包举、协调、整合具体的施政措施。故“执大象则天下往，用大音则风俗移也”[1]。“夫素朴之道不著，而好欲之美不隐，虽极圣明以察之，竭智虑以攻之，巧愈思精，伪愈多变，攻之弥甚，避之弥勤。则乃智愚相欺，六亲相疑，朴散真离，事有其奸。盖舍本而攻末，虽极圣智，愈致斯灾，况术之下此者乎！”[2]此则“名教本于自然”之致治论，是王弼身处汉末三国政治动荡之时，身感各种有为理论、措施所产生的弊害，起而以老子的无为矫治之。貌似无为而实则有为，是通过无为而达到有为的一种政治理论。

王弼是通过“贵无”的学说曲折地表达他的有为理想的，而竹林玄学则通过理论与实践直接表达无为的政治主张。竹林玄学公开表示他们对当世政治的轻蔑和批判，他们倾心的是个人精神状况的表达，他们选择了庄子。老子与庄子最大的区别就在老子对政治有浓厚兴趣，他要通过对道的宣说曲折地表达他的政治关怀。老子说到底是有为，而庄子则对政治失望，“哀莫大于心死”，他厝心的是如何在精神上克服、融合主体与客体的矛盾，达到“独与天地精神相往来”的境界。竹林玄学之所以选择庄子，就是要表达“越名教而任自然”的无为政治理念。阮籍的《达庄论》对此有清楚的表达：“故至道之极，混一不分，同为一体，得失无闻。……使至德之要，无外而已。大均淳固，不贰其纪，清静寂寞，空豁以俟。善恶莫之分，是非无所争。故万物反其所而得其情也。”[3]他向往的是庄子所谓至德之世，但不是以过于寓言的方式表达的：“昔者天地开辟，万物并生；

[1] （魏）王弼著，楼宇烈校释：《老子指略》，《王弼集校释》，中华书局 1980 年版，第 195 页。

[2] （魏）王弼著，楼宇烈校释：《老子指略》，《王弼集校释》，中华书局 1980 年版，第 198 页。

[3] （三国魏）阮籍著，陈伯君校注：《达庄论》，《阮籍集校注》，中华书局 2012 年版，第 150 页。

大者恬其性，细者静其形；阴藏其气，阳发其精；害无所避，利无所争；放之不失，收之不盈；亡不为夭，存不为寿；福无所得，祸无所咎。各从其命，以度相守。明者不以智胜，暗者不以愚败，弱者不以迫畏，强者不以力尽。盖无君而庶物定，无臣而万事理，保身修性，不违其纪；惟兹若然，故能长久。”[1] 他的《大人先生传》则直接道出了他何以主张无为政治的原因：“今汝尊贤以相高，竞能以相尚，争势以相君，宠贵以相加，驱天下以趣之，此所以上下相残也。……汝君子之礼法，诚天下残贼、乱危、死亡之术耳。……故不通于自然者不足以言道，暗于昭昭者不足与明达。”[2] 就是说，他是看到了各级统治者争权夺利所带来的种种恶果，所以提倡无为之政的。“无为”是纠正错误之为的，并非一种系统的政治理论。

竹林玄学的另一位代表人物嵇康甚至设想了一个没有政治活动的理想社会，以此表达对当世政治的批评。他认为，政治源起于理想之治的丧失：“茫茫在昔，罔或不宁。赫胥既往，绍以皇羲。默静无文，大朴未亏。万物熙熙，不夭不离。……下逮德衰，大道沉沦。智惠日用，渐私其亲。惧物乖离，擘义画仁。利巧愈竞，繁礼屡陈。刑教争施，夭性丧真。”[3] 他向往的是“居帝王者，无曰我尊，慢尔德音；无曰我强，肆于骄淫。弃彼佞幸，纳此遌颜”[4]，即对帝王专制跋扈、骄奢淫逸的痛斥，对直言敢谏、兼听则明的政治生态的赞扬。所以“越名教而任自然”是对名教政治所产生的弊害的批评，实际上是对清明政治的向往而非对无为政治的期

[1] （三国魏）阮籍著，陈伯君校注：《大人先生传》，《阮籍集校注》，中华书局 2012 年版，第 170 页。

[2] （三国魏）阮籍著，陈伯君校注：《大人先生传》，《阮籍集校注》，中华书局 2012 年版，第 170—171 页。

[3] （三国魏）嵇康著，戴明扬校注：《太师箴》，《嵇康集校注》，中华书局 2014 年版，第 534 页。

[4] （三国魏）嵇康著，戴明扬校注：《太师箴》，《嵇康集校注》，中华书局 2014 年版，第 535 页。

许。严格来说，中国没有真正的无为政治理论。无为政治在古希腊城邦关于何为美好政治的自由讨论中被屡屡提及，而中国古代自始就是中央集权的帝国，帝国只有“有为”而无“无为”，无论是在尧舜治世还是在桀纣乱世，都以有为为治国理念。而以五经为基本文献、以儒家为文化主流的传统加深、定型了有为理念。国家的组织方式不在君王和重臣讨论之列，无为论没有真正入场过，不过是作为有为政治产生的弊病的纠补和对照物而出现。

裴頠的《崇有论》则认为无为政治是不可能的，“有”是世界的本原，政治生活是人类社会的必需。政治作为协调人的欲求的工具，道德作为规范人的行为的根据，是人类脱离蒙昧，走向文明的自然结果：“是以贤人君子，知欲不可绝而交物有会，观乎往复，稽中定务。惟夫用天之道，分地之利，躬其力任，劳而后飨。居以仁顺，守以恭俭，率以忠信，行以敬让；志无盈求，事无过用，乃可济乎！故大建厥极，绥理群生，训物垂范，于是乎在，斯则圣人为政之由也。”政治既为必需，名教既是政治必不可少的，所以侈言超越，适所以败坏；贵无之论，实为放荡的借口。贵无论导致的直接后果是，士大夫争言玄妙，视从事具体工作为志趣卑下，争做不守礼法之人以博高名，于是政治、伦理遭到蔑弃，士大夫以行为放荡、怪诞相尚相高：“遂薄综世之务，贱功烈之用；高浮游之业，埤经世之贤。……是以立言藉于虚无，谓之玄妙；处官不亲所司，谓之雅远；奉身散其廉操，谓之旷达。故砥砺之风弥以凌迟。放者因斯，或悖吉凶之礼，而忽容止之表；渎弃长幼之序，混漫贵贱之级。其甚者至于裸裎，言笑忘宜，以不惜为弘，士行又亏矣。”《崇有论》也承认贵无论政治上有其合理性，即以简易、静一去除繁杂、混乱、欲望泛滥、争权夺利，与《周易》的《谦》卦所表征的谦虚、艮止、减损、有节一致。但这只是政治生活的一个方面，用来纠治政弊则可，若以此为政治根本原理，则有以偏概全之误。裴頠的《崇有论》是有为政治的宣言书，是在玄风大畅，贵无论当道之时对它的反击。由于它理论上的儒家立场，及适应了当时社会对士大夫的种种偏颇理论和放荡行为的厌恶，“贵无”所导致的政治弊害因此有所收敛。《崇有论》是真正的政治哲学著作，因为它不是就具体的政治问题发论，而是从哲学根本立场“崇有”而及于政治问题。也可以说，它发现了政治问题而从哲学根本理论着眼：“贱有则必外形，外形则必遗制，遗制则必忽防，忽防则必忘礼。礼制弗存，则无以为政矣。”所以它终始以“有无”立论：从开始的“夫总混群本，宗极之道也”，到末尾的“济有者皆有也，虚无奚益于已有之群生哉”，皆以有的本源性、必然性论证政治的必要性、实在性。它是有为政治的纲领性著作。郭象的理论是沿波而下，顺理成章。

郭象政治哲学的特点在兼综儒道，统合有无，在政治生活中寻求精神解脱之术。与他的哲学基本观点“独化”一致，他的政治哲学是“游外以冥内”。严格说，这不是政治哲学，因为他没有把注目点投放在政治的本质、政权的架构、君臣民关系上，而是放在从事政治的人应有的态度，也即人与政治的关系上。郭象认为，万物是一个总体，此总体中的个体皆自然而生。所谓自然，即出于其本性的必然，非有自己的目的，也不是为了完成一个外在的目的。这就是“外不资于道，内不由于己”，皆自然而然。既是自然的，就不能以外在的人为加于其上。政治也是自然而然的，因此需要“因任”。所谓圣王即因任天下者：“能令天下治，不治天下者也。故尧以不治治之，非治之而治者也。”（《庄子注·逍遥游》）有人说尧是以治为治，许由是以不治为治，儒道适成对反，郭象认为这种见解是皮相之见。尧的治是由于不治，这正是尧的高明之处。若谓只有“拱默乎山林之中”而远离政治才算不治，这只见到了老庄的一个方面。当时的从政者将治与非治截然相离，这恰是政治昏乱的根本原因。只有像尧这样的

“无用天下为”“遗天下者”，才能为真正懂得治天下的人所宗：“天下虽宗尧，而尧未尝有天下也。故窅然丧之，而尝游心于绝冥之境。虽寄坐万物之上，而未始不逍遥也。……世徒见尧之为尧，岂识其冥哉！”（《庄子注·逍遥游》）郭象所谓游外以冥内，即“虽在庙堂之上，然其心无异于山林之中，世岂识之哉！徒见其戴黄屋，佩玉玺，便谓足以缨绂其心矣；见其历山川，同民事，便谓足以憔悴其神矣，岂知至至者之不亏哉”（《庄子注·逍遥游》）。所谓“至至者”，就是“游外以冥内”的人，即郭象理想的治国者。

在这种理想政治的映照下，当时的政治皆有为政治；尤其是最高统治者，皆集大权于一身，终日役役，所行皆百官之事，这无异于老子所谓“代大匠斫者，希有不伤其手矣”。郭象批评这种现象说：“夫在上者患于不能无为，而代人臣之所司，使咎繇（皋陶）不得行其明断，后稷不得施其播殖，则群才失其任而主上困于役矣。故冕旒垂目而付之天下，天下皆得其自为，斯乃无为而无不为者也。故上下皆无为矣。但上之无为则用下，下之无为则自用也。”（《庄子注·天道》）这里郭象表明了他的“无为”哲学：在上者无为，在下者有为。而所谓有为，不过行其自然。行其自然先要泯除外物的贵贱、差等，各以所从事者为自足，消灭上下的夸耀与企求，以不平为平。这是从政者的重要一环，郭象说：“夫世之所患者，不夷也。故体大者快然谓小者为无余，质小者块然谓大者为至足。是以上下夸跂，俯仰自失。此乃生民之所惑也。惑者求正，正之者莫若先极其差而因其所谓。……然后惑者有由而反，各知其极，物安其分，逍遥者用其本步而游乎自得之场矣。”（《庄子注·秋水》）这里关键的一环是“极其差而因其所谓”，即承认差别、视为当然而因任之，因任之故齐一差别、消泯分际：“不际者，虽有物物之名，直明物之自物耳。物物者，竟无物也，际其安在乎？”（《庄子注·知北游》）当然，郭象也告诫治国者，世固有牛马，人固需服牛乘马，服牛乘马必须穿络，而牛马固不辞穿络，这是天理，是自然，故可称之为“命”。但若过分役使，超越牛马之本性，就不合天理，违反“命”了。

郭象的政治哲学有两个方面，一个方面是以老子为根据，给统治者一种以自然为本的致治方略，不能随便造作以生事，所有造作都是不合事物自然本性的。另一个方面是以庄子为本，给从政者一种心态：身在魏阙之上，心在山林之中；外可游而内可宏，游外以冥内，齐一而逍遥。也给一般人一种识见：一切皆自然，自然的就是必然的，必然的就是当然的，对待当然的东西只有一个办法——承认它、因任它。因任即与自然为一，视不平为平，视有际为无际，消灭心理上的各种夸耀与企求，在差别中心安理得。郭象哲学是魏晋玄学的高峰，在政治上折射出的是门阀世族既想有为又要在乱世中全身免祸的心理。郭象不像王弼那样超脱，用纯粹形上思辨来构建理想政治的基础；也不像竹林名士那样愤世嫉俗，对礼法政治由厌恶而憎恨，从而用行为上的放荡表达对污浊政治的反抗。他深谙儒家卷怀之道和道家“齐物而逍遥”精神而将之运用于“人命若浮萍，不知朝与夕”的混乱年代。他的思想对中国古代此后的官场哲学有很大影响。他的无为哲学起到了“有为”的作用。

六、有君与无君

有为无为在君主制度上的表现主要在“有君无君”。中国古代历史上没有对“国家”作政治学和法理学上的深入讨论，也缺乏将“君”“国”两者做明确区分的意识，君主被视为天然的国家代理人。但一个人必定属于一个确定的政治体，不可能“无国”；“国不可一日无君”，除了内忧外患造成的权力真空外，也非无君。“无君”的言论往往表达对君主政治的厌恶，但除了君主政治，中国古代历史上也没有提供别的政权形式可供选择。魏晋时期老庄盛行，给“无君论”提供了滋生的土壤。如陶渊明，设想了一个与世隔绝，无国无君，“不知有汉，无论魏晋”的世外桃源，千百年来为人津津乐道。对君主政治有所讨论，可算作政治哲学著作的是鲍敬言的《无君论》。就像绝大多数讲无为哲学的人必然取径道家一样，《无君论》也以老庄思想为蓝本。无君论的反诘者是葛洪。葛洪本是道士，他的《抱朴子》分内外篇，内篇讲道教符箓、炼丹、神仙等方术，是外丹的集大成之作。外篇论时政得失，臧否人物，代表葛洪的儒家思想。

鲍敬言认为，君主起源于末世，此时人丢失了纯朴混茫的本性，争夺不已，于是立君长以平衡欲望，协调争斗。故君主的设立是违反人的自然本性的，是不得已而采取的治理方式。他援引老庄盛称的太古至德之世作为他的理想之地：“曩古之世，无君无臣，穿井而饮，耕田而食，日出而作，日入而息。泛然不系，恢尔自得，不竞不营，无荣无辱。山无蹊径，泽无舟梁。川谷不通，则不相并兼；士众不聚，则不相攻伐。是高巢不探，深渊不漉，凤鸾栖息于庭宇，龙鳞群游于园池。饥虎可履，虺蛇可执，涉泽而鸥鸟不飞，入林而狐兔不惊。势利不萌，祸乱不作，干戈不用，城池不设。万物玄同，相忘于道。疫疠不流，民获考终。纯白在胸，机心不生，含哺而熙，鼓腹而游。其言不华，其行不饰，安得聚敛以夺民财，安得严刑以为坑阱？”（《抱朴子·诘鲍》）但此理想之世丧失之后，出现了君主及国家。为了维持国家的运转，有了各种道德观念，有了官员及其等级制度，有了军队，这些都是以强凌弱、以上欺下的工具：“尚贤，则民争名；贵货，则盗贼起；见可欲，则真正之心乱；势利陈，则劫夺之途开。造剡锐之器，长侵割之患。弩恐不劲，甲恐不坚，矛恐不利，盾恐不厚。若无凌暴，此皆可弃也。”（《抱朴子·诘鲍》）鲍敬言还特别列举桀纣之类的暴君对国家造成的巨大危害。

葛洪则针锋相对地提出，以上极尽赞美和向往的所谓“至德之世”，实际上是信奉道家学说的人的向壁虚造。洪荒之世，草昧未辟，人如禽兽一般，无识无知，茹毛饮血，草服窟居，生活资料极其匮乏，也无道德观念，处在极端困苦之中，这样的时代丝毫不值得欣企。鲍敬言只见暴君污吏所带来的残暴浊乱，而不见圣君贤臣治下的清平之世。葛洪并构画了这种美政图景：“明辟莅物，良宰匡世，设官分职，宇宙穆如也。贵贱有章，则慕赏畏罚；势齐力均，则争夺靡惮。是以有圣人作，受命自天，或结罟以畋渔，或瞻辰而钻燧，或尝卉以选粒，或构宇以仰蔽，备物致用，去害兴利。百姓欣戴，奉而尊之。君臣之道于是乎生，安有诈愚凌弱之理？”（《抱朴子·诘鲍》）这是从人类文明进步的历史说明君主制度的必然性与合理性：因为有设官分职，官各司其职，所以有良好的社会秩序；因为有贵贱的差等，及据此差等产生的价值观念，所以人知慕赏畏罚；因为有了法律制度，人的权力得到保障，所以争夺止息。而且作为尊长的，是对人类文明作出功绩，兴利除害的人，如黄帝、燧人氏、神农氏、有巢氏等，所以人乐以拥戴、尊敬。这是君主产生的正常途径，这样的社会是人类进步的自然结果。鲍敬言把桀纣这样的暴君作为历史上君主的一般情况，把暴君所造成的浊乱之世当作社会发展的一般情况，是以偏概全。葛洪着重对鲍敬言所夸大了的原始质朴的种种美妙境况进行驳斥，他指出，人在原始时期，就像婴孩知能尚未萌发，此时不是出于遵守道德和教化而不为，而是不知有为。人没有文明社会培养的种种良好习俗，而是动辄争斗；如果没有君主，人将在各种争斗中内耗殆尽：“若人与人争草莱之利，家与家讼巢窟之地，上无治枉之官，下有重类之党，则私斗过于公战，木石锐于干戈。交尸布野，流血绛路。久而无君，噍类尽矣。”（《抱朴子·诘鲍》）而且由于文明的进步，人的物质生活条件得到极大改善：原来无屋舍，穴居野处，后来有了居室；原来无殡葬，抛尸荒野，后来有了殡葬；

原来医术简陋，人多死于疾病，后来有了医疗条件的改善；原来无桥梁道路，人封闭困守，后来有了逐渐发达的交通；原来人无有婚姻制度，乱交无序，后来有了婚姻制度。总之，文明是不断进步的，进步得力于君主管理的国家。无君则人类久已灭绝。

鲍敬言又从政治设施、政府给百姓造成经济负担方面论证无君的好处，认为万物按其本来面目存在，二气本其自然规则运行，各行所是，各求所安，这是自然的本来样态，本无君臣，也无各种设施。治理国家应遵守自然法则，以不治为治，免除人的各种劳攘。况且设官分职，必然加大百姓的负担，特别是有的执政者为满足自己的私欲，横征暴敛，搞得民怨沸腾。鲍敬言对此有深切指陈："君臣既立，而变化遂滋。夫獭多则鱼扰，鹰众则鸟乱，有司设则百姓困，奉上厚则下民贫。壅崇宝货，饰玩台榭。食则方丈，衣则龙章。内聚旷女，外多鳏男。采难得之宝，贵奇怪之物，造无益之器，恣不已之欲，非鬼非神，财力安出哉？夫谷帛积，则民有饥寒之俭；百官备，则坐靡供奉之费；宿卫有徒食之众，百姓养游手之人。民乏衣食，自给已剧，况加赋敛，重以苦役。下不堪命，且冻且饥。"（《抱朴子·诘鲍》）并且断言，无道之君，无世不有，历史上大乱多于大治，有君之害，大于有君之利；与其有君，不如无之。而葛洪则历数古代圣王的事迹，认为有君之利大于无君之利。鲍敬言列举的种种患害，只要从制度上加以改进，严格各种法禁，是可以避免的。

以上鲍、葛关于有君无君的辩论，是南北朝时一场重要的政治理论交锋。所辩问题虽甚肤浅，没有涉及政治制度本身，但它反映了当时社会君主骄奢淫逸，大量靡费社会财富，官吏加收赋税，百姓不堪重负，官僚机构人浮于事，白白消耗人民膏血的社会现实。明知不可能无君，也明知不会有别种社会制度可以替代，只能幻想至德之世，借无君之论发泄对当世的不满。中国历史上后来也出现过此种无君之论，也有大量桃花源、君子国的描述，但皆不是严肃的关于国体、政体的讨论。因为中国古代没有像古希腊那样提供不同的城邦类型作国家的原型，也没有古希腊民主制那样全民参与城邦管理的事例。中国古代自始就是大一统的国家，自始就有从天子到方伯再到诸侯、卿大夫、士的权贵层级，处在最底层的民众参与国家公共事务的意识一向淡漠。即使提出“民为贵，社稷次之，君为轻”的孟子，在统治形式上也只能有“无君子莫治野人，无野人莫养君子”的观念，而这一观念是几千年来中国执政形式的主流。鲍敬言的无君论，只是在东晋政治混乱，佛教、老庄坐大之时对无为之治的一个迹近牢骚的重提。在隋唐国家统一，中央集权强势笼罩之时，即寂无嗣响了。后世如明清之际黄宗羲的《原君》、潘平格的骂君，民国时期的无政府主义者，都是反思当时的政弊而提出的，与鲍敬言的《无君论》背景与立论宗旨皆不同。

第四节　民本与君臣

一、《尚书》及孔孟的民本思想

中央集权的统一帝国是中国古代唯一的国家政权形式。这种政权形式，除了要处理好与血缘维系有关的重要力量——皇族的关系之外，另一个必须要面对和处理的，就是君主与百姓的关系，这是政治哲学的首要问题，在秦罢封建、立郡县，分封制名存实亡之后尤其如此。由于中国最早的政权形式是由邦国到邦国联盟再到简单的王朝，又由于先民以农耕为业，附着在土地上，绝少迁移，所以邦国之君与民众的关系较为直接，民众对于邦国的作用也易于显现，由此很早就发展出了民本思想。《尚书·五子之歌》就说：“皇祖有训，民可近，不可下。民为邦本，本固邦宁。予视天下，愚夫愚妇一能胜予。”人民是国家的根本，人民生活好了，居处安稳了，国家才会安宁。而且民能胜君，必须慎重对待。这里明确认识到了民众与国家的关系。这一点是从敬奉天命、免遭天罚到保民而王的过渡。所以“天听自我民听，天视自我民视”，天只是虚悬一格，最后的决定者是民众。民众是一个邦国政治的基础力量。如果追溯中国政治史，统治者自始就重视与民众的关系。尧已经将治理好百姓使之和睦相处，教民使之向善，作为亲厚王族、调节世家大姓的利益、协调各联盟成员的关系之后最重要的事情。舜使禹治水，使弃教民耕稼，使契教民文化、道德，共同办好百姓的事情。禹提出“德惟善政，政在养民”的主张，具体措施在办理好水、火、金、木、土、谷六种百姓最直接的生活要素，和正德、利用、厚生三件民生大事。周的文、武、周公看到了民众对于一个国家的重要作用，提出“敬德保民”的主张。“敬德”即尊奉天命，崇敬祖先及先哲遗命，修养自己的德行，不耽于逸乐，尽心尽职履行君主职责，慎用刑罚等。“保民”重在创造好的政治、经济条件保护人民的生命安全，使百姓安居乐业，关心民生疾苦，轻赋薄敛等。敬德保民从主体和客体两个方面规定了理想政治的标准，一直是后世君王的治国宝训。尧、舜、禹的这些治民法则是《左传》《国语》中的大量民本论述及孔子、孟子、荀子民本思想的直接来源。

从西周到春秋，天子身份有一个由天、帝等宗教性最高格位在人间的代理人（天之子）向民之主的过渡，其典型表现即承认人民在国家政治生活中的根本作用，如：“夫民，神之主也，是以圣王先成民而后致力于神。”（《左传·桓公六年》）“国将兴，听于民；将亡，听于神。”（《左传·庄公三十二年》）士大夫们在总结诸多荒淫暴虐的君主灭国亡家的教训的基础上，对君主与人民的互相依存关系也有了更清醒的认识："夫君国者，将民之与处，民实瘠矣，君安得肥？且夫私欲弘侈，则德义鲜少；德义不行，则迩者骚离，而远者距违。"（《国语·楚语上》）统治国家，最重要的是协调好与百姓的关系，要做到这一点，必须内有美德，外有善政，否则百姓不是骚乱就是逃离，甚至推翻政权，另立新主。许多思想家提出"视民如子""养民如子"的主张，认为人民是国家最重要的力量，无德无能的君主丧失王位，是"民弃其上"的结果，国家的盛衰兴替依国君与人民的关系而定："国之兴也，视民如伤，是其福也；其亡也，以民为土芥，是其祸也。"（《左传·哀公元年》）

孔子身处春秋末年的动荡时期，一生以改变"周文疲敝"，建立美好政治为理想。他的政治思想虽主要以教导统治者"为政以德"，士君子"修身以治人""修己以安百姓"，以及通过协调整个社会的伦理秩序来达到理想政治为中心，但也十分注重人民在国家中的基础地位。他提出先富后教的主张，认为先足食、足兵，然后对人民进行礼义教化；而要足食足兵，必须先取信于民。倡导爱民，具体措施主要在役使民力必须符合时令，不妨农时；赋税须合理，而以轻为原则；爱惜民力，虽凡事要遵守礼数，但以节用为原则。强调要给百姓带来实际利益，反对口惠而实不至。反对用政令压服百姓，用刑罚整齐百姓，主张"导之以德，齐之以礼，有耻且格"的化民成俗方法，从而实现长治久安。

春秋末年是中国古代政治、经济、社会各种制度发生大变动的时期，旧的礼乐制度逐渐崩坏。到了战国时代，贵族等级制度大大削弱，新兴势力扩张很快，游士活动频繁，各学派之间特别是儒、墨、道、名、阴阳各家学术交流活跃，君主与平民的政治态势发生变动，平民在政治生活中的力量逐渐上升。孔子教导弟子"修己以安百姓"，但在两者中，孔子毋宁更注重“修己”，以此为“安百姓”的前提和基础，所以孔子的注目对象主要是士大夫，提出的育人主张也主要是针对士大夫的。百姓是士君子的依从者，不具有参与政治的独立力量的意义：“君子之德风，小人之德草，草上之风必偃。”（《论语・颜渊》）到孟子，注重普通百姓，将孔子注目于士大夫转向注目于全社会，大力张扬社会正义，将士大夫的修身直接推向政治，提出仁政说，把孔子的圣君贤相治国扩展为制度性的分工合作之说：“或劳心，或劳力。劳心者治人，劳力者治于人。治于人者食人，治人者食于人。”（《孟子・滕文公上》）在这样的视野下，君臣关系是相对的，不是臣对君的单方面服从：“君之视臣如手足，则臣视君如腹心；君之视臣如犬马，则臣视君如国人；君之视臣如土芥，则臣视君如寇仇。”（《孟子・离娄下》）君臣关系如此，则君民关系便是“民为贵，社稷次之，君为轻”（《孟子・尽心下》）。一个邦国内，最重要的是人民，其次是国家，再次是君主。所谓“重要”，可有三种意思。一指力量之所在：水可载舟，亦可覆舟；二指利益之指向：国家是协调各方利益的，而占人口绝大多数的平民的利益是最重要的；三指国之主体：国君之设立本就是为了管理百姓的，失去百姓，国君即失去其存在的意义。所以孟子说：“桀纣之失天下也，失其民也；失其民者，失其心也。得天下有道：得其民，斯得天下矣。得其民有道：得其心，斯得民矣。”（《孟子・离娄上》）孟子身处战国时期，战争频仍，兵连祸结，人民丧失土地，颠沛流离，或被统治者强征赴战，他面对“争地以战，杀人盈野；争城以战，杀人盈城”（《孟子・离娄上》）的悲惨现实，故提出“善战者服上刑，连诸侯者次之，辟草莱者又次之”的说法，认为引起战争的祸首兵家、纵横家、法家是百姓的最大施害者，应担承最重的罪名。消除战争、恢复良好的国家秩序首在提倡王道，反对霸道，树立正确的义利观，提倡以仁义为国家的核心价值，摒弃“上下交征利”的偏邪局面。统治者要与人民同忧乐：“为民上而不与民同乐者，亦非也。乐民之乐者，民亦乐其乐，忧民之忧者，民亦忧其忧。”（《孟子·梁惠王下》）在经济上主张实行井田制，使人民有“恒产”，有恒产才能固定在土地上不迁徙，才能因身份上的自我肯认而重视礼义教化。而后要减轻赋税徭役，使人民“仰足以事父母，俯足以畜妻子，乐岁终身饱，凶年免于死亡”（《孟子·梁惠王上》）。孟子的民本论，及由此引出的政治、经济、社会各方面主张，在先秦时期是很突出的，也是后世儒家极力颂扬和大力继承、专制帝王极力反对的，是中国政治哲学的优良传统最主要的方面。

二、荀子的君民关系及君道、臣道论

荀子融合了儒、法、道、名各家学说，对民本思想作了大量发挥，他首先提出“天之生民，非为君也；天之立君，以为民也”（《荀子·大略》）的主张，认为一国之本在民，而非在君。封侯建藩、设官立爵，是为了办好百姓的事务，而不是为统治者：“故古者列地建国，非以贵诸侯而已；列官职，差爵禄，非以尊大夫而已。”（《荀子·大略》）这样，从天子到诸侯、大夫，都是因民而有，都是为民而设。他们虽然高高在上，是国家各级政权的尊长，但人民才是政权的基础和根本，荀子以舟和水比喻两者的关系：“君者，舟也；庶人者，水也。水则载舟，水则覆舟。君以此思危，则危将焉而不至矣。”（《荀子·哀公》）君民关系就像浮在水上的舟船，水既能载舟，也能覆舟。此喻为后世明君贤相多次提起，作为警醒最高统治者关心民生疾苦、顺通民意民情的名句。荀子还从君主职权的获得之由说明人民的根本性：人是群居动物，所以不能无分工，无分工而群居的，秩序必乱，必有争夺发生，削弱甚至消亡群居之人。有分工是群居之利，无分工是群居之害，君主的设立就是为了总管各个层级的分工，所以，“人君者，所以管分之枢要也”（《荀子·富国》）。人们拥戴君主，废弃君主，赞美君主，毁骂君主，以及政治上的尊贵、经济上的奉养，是为了使君主更有权威、更有效率地办好百姓的事，最后的目的是为了天下的根本——民。所以，对于君主，“美之者，是美天下之本也；安之者，是安天下之本也；贵之者，是贵天下之本也”（《荀子·富国》）。一切官职，须有德者担任，所谓有德者，是能办好百姓之事者：“君子以德，小人以力。力者，德之役也。百姓之力，待之而后功；百姓之群，待之而后和；百姓之财，待之而后聚；百姓之势，待之而后安；百姓之寿，待之而后长。”（《荀子·富国》）归根结底，国家是为百姓而设；政治的美恶，以百姓的事是否办好为依据。荀子批评当时赋税太重，关市太苛，官吏太污，认为弑父弑君，百姓离心，实际上是人主自己执政不好所招致的。故荀子主张：“轻田野之税，平关市之征，省商贾之数，罕兴力役，无夺农时，如是则国富矣。夫是之谓以政裕民。”（《荀子·富国》）荀子还提出多项观察国之贫富、兵之强弱、民之苦乐的方法，皆突出人民在政治上的基础地位。

荀子民本论的一个特出之点是将对待百姓的态度作为王与霸的分辨标准。他认为，要想治理好国家，必须懂得导致国家治乱兴衰的各种治理类型，而选择正确的致治之道。他提出：“故用国者，义立而王，信立而霸，权谋立而亡。三者，明主之所谨择也，仁人之所务白也。”（《荀子·王霸》）王政的首要标志是以礼义作为治国的思想基础与行动准则，把它贯彻到国家政令法律中，坚如磐石，持守不渝。参与国政的人，也是有此理想的礼义之士；所欲达到的目标，也是符合此理想。王政最显白的表现是：“行一不义，杀一无罪而得天下，仁者不为也。”（《荀子·王霸》）后世赞颂的商汤、周武这些英主，曾经实行王政并得到当世验证，而孔子提倡它，教育弟子和世主以此为理想去追求，故为百世师，声名洋溢乎中国。

荀子吸收了道家、法家的思想，认为明主居中央之位，其职分是运用权力，指挥百官，抓住关键，不亲细务，特别是选好控制百官的宰相，制定并公布统一的法律政令，明确主要的治理原则，用此统帅一切，照覆一切，所以明主与暗主的分别就在于能不能把握此要领。而所有这一切，目的是为了得到百姓的拥护。百姓心服此政教，平时愿意为君主出力，战时愿意为国家赴死，如此则天下无敌："用国者，得百姓之力者富，得百姓之死者强，得百姓之誉者荣。三得者具而天下归之，三得者亡而天下去之。"（《荀子·王霸》）而使百姓亲附、归往、称誉的具体措施是："厚德音以先之，明礼义以道之，致忠信以爱之，尚贤使能以次之，爵服赏庆以申重之，时其事、轻其任以调齐之，潢然兼覆之，养长之，如保赤子。……是故百姓贵之如帝，亲之如父母，为之出死断亡而不偷者，无它故焉，道德诚明，利泽诚厚也。"（《荀子·王霸》）

荀子政治哲学还有一个重要思想，即人治高于法治，法有待于明君贤相制定和实行，而君相的道德修养是法得以推行的基础。荀子说："有乱君，无乱国；有治人，无治法。"（《荀子·君道》）国家待君而治，法待君而行。有好的法律，但无善于法治的人，国家仍会昏乱；无好的法律，但有好的君主，会制定出好的法律来。故人是第一位的，是立法、执法的基础；法是第二位的，靠人来立法、执法："法不能独立，类不能自行，得其人则存，失其人则亡。"（《荀子·君道》）他对法和人的关系的基本看法是"法者，治之端也；君子者，法之原也"（《荀子·君道》）。有了善于立法、用法的人，立法不完备的，可以在执法中补足；法未明确规定，不足以应对当下事务的，可以在执法中根据具体情况加以调整。不知晓法律本身的意义而徒知机械搬用法律条文的，其法律知识虽然广博，但临事必乱。故相较法律本身，懂得法律本身的意义，知晓治理国家的首要之务在人才是最重要的，所以荀子说："械数者，治之流也，非治之原也；君子者，治之原也。官人守数，君子养原。”（《荀子·君道》）荀子虽有很强的法家色彩，但他终究是儒家，因为他不徒恃法任法，而强调能立法、行法的君子。而要达到这一效果，须讲求君子的人格修养；修养之要领，仍在德与礼：内以致仁，外以守礼。修身是治理国家的先决条件；治国要领，一言以蔽之，曰修身：“请问为国。曰：闻修身也，未尝闻为国也。君者仪也，民者影也，仪正而影正。君者盘也，民者水也，盘圆而水圆。”（《荀子·君道》）荀子特别指出，君主身处一国最高之位，是百官和民众效法的对象，也是思想潮流、社会风尚的引领者，所谓“楚庄王好细腰，故朝有饿人”。荀子也由此强调君主的基础地位：“君者，民之原也，原清则流清，原浊则流浊。”（《荀子·君道》）

在中国古代政治哲学的源头先秦，有多个学派强调君主的绝对地位，如儒家的君君、墨家的尚同、法家的“事在四方，要在中央；圣人执要，四方来效”（《韩非子·扬权》）等。荀子抛弃了法家君主统御臣下的法术，在肯定君主的统领地位的基础上，强调君主的修身，同时强调君主须勤政爱民。这是荀子不同于法家之处，也是荀子为儒家的证据。在法家，民众是统治者的工具，可用法律和政令压服，使之遵守名分，提供力役，爱民、教民、保民是多余的。荀子的爱民、利民虽有功利因素，如认为“有社稷者而不能爱民，不能利民，而求民之亲爱己，不可得也。民不亲不爱，而求其为己用、为己死，不可得也”（《荀子·君道》），但他一再告诫君主，欲国家强盛，疆域巩固，人民安乐，则莫若爱民、保民、教民，修好政治，醇美风俗，统一民志。所以荀子认为君道之先务在“四统”，即养民、治民、用民、辨民四种统治百姓的方法。养民主要在重农轻商，禁盗除邪；治民主要在法度公平，官吏尽职；用民主要在论德定等，量才授官；辨民主要在冠服有差，酬劳有别。能做到此“四统”，国家无虚靡之费，百官无怠政之事，士大夫无荒淫之行，众庶无奸怪之俗，美政善俗就可以实现。荀子描述此种美好政治说："隆礼至法则国有常，尚贤使能则民知方，纂论公察则民不疑，赏勉罚偷则民不怠，兼听齐明则天下归之。"（《荀子·君道》）

君主的职分、君主与百姓的关系明了了，下面最重要的事是谨慎地选择贤能的宰辅。贤能宰辅的标准是德才兼备，具体说即仁智合一："故知而不仁，不可；仁而不知，不可；既知且仁，是人主之宝也，而王霸之佐也。"（《荀子·君道》）未得宰辅，须急切寻觅；得到宰辅之才，须委以重任，不能稽迟，不能掣肘，不能心怀疑虑，更不能贪人之功攘为己有。为君之道还包括善于延揽各种人才为己所用，其中重要之点在区别人才之种类、等次而量才使用。荀子主要论述了三种吏治之材：一是忠于职守，兢业办事的普通官员，即"官人使吏之材"；二是修身端已，公正奉法，敬服礼义的士大夫官吏，即"士大夫官师之才"；三是尊君隆礼，安国爱民，尚贤使能，通权达变以协理朝政的少数高级官员，即"卿相辅佐之材"。能招徕这三种人才而量才使用，使各得其所，各安其职，各致其力，而君主自己身逸国治，有大治之功，有明君美名，这是为君之道。荀子的君道，综合了法家的主逸臣劳，儒家的修身为本、隆礼奉法，名家的以名正实，墨家的尚贤尚同，各家兼取，儒家为主。表现出一家总揽、各家相融为用的大一统思维。

荀子的臣道，也具有这样的特点。他首先区分为臣的四种类型：态臣（谄臣），篡臣，功臣，圣臣。他解释这四种臣子的表现说："内不足使一民，外不足使距难；百姓不亲，诸侯不信；然而巧敏佞说，善取宠乎上，是态臣者也。上不忠乎君，下善取誉乎民；不恤公道通义，朋党比周，以环主图私为务，是篡臣者也。内足使以一民，外足使以距难；民亲之，士信之；上忠乎君，下爱百姓而不倦，是功臣者也。上则能尊君，下则能爱民；政令教化，刑下如影；应卒遇变，齐给如响；推类接誉，以待无方，曲成制象，是圣臣者也。”（《荀子·臣道》）荀子对此四种臣子的分类、描述十分准确传神。他列举的代表人物，谄臣为苏秦、张仪，篡臣为赵国的奉阳君、齐国的孟尝君，功臣为管仲、孙叔敖，圣臣为商之伊尹、周之姜尚。荀子的结论是，用圣臣者王，用功臣者强，用篡臣者危，用谄臣者亡国。

在君臣关系上，荀子指出了五种情况：顺从君主的命令但结果有利于君主的，叫顺臣；顺从君主的命令而结果有害于君主的，叫谄臣；抗拒君主的命令但实际是有利于君主的，叫忠臣；抗拒君主之命结果也有害于君主的，叫篡臣；不顾君主荣辱，不管国家安危，只顾自己的利益的，叫国贼。在忠臣之中，荀子又区别了谏臣、诤臣、辅臣、弼臣。此四种臣子的共同特点是“从道不从君”，如伊尹、箕子、比干、伍子胥、平原君、信陵君等。明主从善如流，故喜用这四种臣子；暗主文过饰非，故排挤、杀害这四种臣子。忠臣在朝，则正义之风立，君过有人纠，敌国不敢窥伺，疆土不致丧失。而忠臣的个人才能、辅国成就有高低，故又可区分为大忠、次忠、下忠。用道德教育、感化君主，使他知道应该以圣王为模范确定治国方向的，是大忠；帮助君主确定正确方向并辅佐他实现强国之梦的，是次忠；规劝君主改正过错因而触怒君主但不稍退却的，是下忠。如周公之于成王，为大忠。管仲之于齐桓公，为次忠；伍子胥之于夫差，是下忠。至于引导君主荒淫嬉游者，阿谀君主以邀利禄者，国家危难之际卖身求荣者，是国贼。荀子论臣道，特别注重其中的刚正不阿、直言谏诤一面；论忠臣，特别注重帮助君主确定正确的价值方向并辅佐君主实现此种理想，而他自己看重的、符合当世现实的，在公正爱民，嘉纳忠言，重视礼乐教化这一面。荀子作为儒家学者的为臣理念，于此可见一斑。

荀子是先秦各家思想的集大成者，他的政治哲学内容十丰分富，几乎涉及政治生活的一切方面。在理想政治形态的设定，理想政治的实现途径，政治与经济、法律、军事、文化教育的关系等方面，论述深刻。尤其在实现理想政治的人才，即施政主体士人的品德、知识修养方面，所说尤多。但荀子的政治思想，终究受中国政治文化的总体特质的影响，以相沿相袭、行之不疑的中央集权的一统帝国为起点、为先行预设，所以论证虽然广泛深入，但治道多而政道少；治理国家的具体方略多，政治的本质、政权形式的选择、政权的法理基础这些政治哲学的根本问题涉及很少。这样，治道越详备、越全面，对政道的注目就越少。也可以说，荀子作为先秦终结期的大思想家，加重了中国古代政治哲学中重视治道这一面。这可以看作在战国末期社会剧烈变动、贵族政治大面积崩坏、新的政治形态逐渐成型、中国再一次由分裂走向统一的前夜，一次政治哲学的重新奠基。他对孟子单纯的王道理想的批评，对孔子王霸并用思想的恢复，用各家理论充实儒家的具体实践，都对此后中国政治哲学产生了影响。

三、《吕氏春秋》的儒道兼宗与民本思想

荀子之后，对政治哲学有较多涉及的是《吕氏春秋》。此书多判定为杂家，是掇拾各家思想而成，因此不特别受重视。但思想学说贵独创，而政治实践贵平正、贵调谐，所以兼采各家思想的杂家，其政治哲学更为可贵、可行，理论上亦有深刻性。首先，此书是吕不韦集门客之力而成，门客中持各家理论者皆有，而经众人反复论辩，最后由吕不韦折衷定案，实是众人智慧的结晶。《吕氏春秋》不是简单的文章撮集，而是由十二纪、八览、六论构成的成体系著作，其间有架构性逻辑考量，非机械排比；在内容选择和次序结构中，已经经过对各家理论的讨究、比较。其次，吕不韦有见于秦国自商鞅致强以来，百多年皆奉法家之道，以迅速富国强兵为唯一考量，功利至上，高压治国，蔑弃礼乐，土苴仁义，形成了简单粗暴、强势压下的政治传统。虽统一天下，但并不真为天下人所心服。吕不

韦不满此种传统，欲将儒家的仁义礼乐与法家严刑峻法、令行禁止的国家组织相结合，以宽仁替代刚猛，以礼乐教化替代穷兵黩武，也有取秦始皇而自代，完成此种政治理想之心。他集宾客作此书，实有宣示理想并邀取名誉之意。宋代高似孙曾说："始皇不好士，不韦则徕英茂、聚畯豪，簪履充庭，至以千计。始皇甚恶书也，不韦乃集简册、攻笔墨，采精录异，成一家言。吁，不韦何为若此者也？不亦异乎？"[1] 萧公权亦论及此意："《吕氏春秋》为反秦之书，则其重己贵民道体儒用之政治思想乃针对商韩而发，毫不足异。十二纪中持论每阴抑法家。……故吕书之政治意义为立新王以反秦，其思想之内容则为申古学以排法。"[2]

《吕氏春秋》接受了黄老思想，主张政治须效法天道，天道自然无为，但四时行、百物生；天主无为，地主有为，政治上应该君法天，臣法地；君道虚，臣道实，有为与无为结合："主执圆，臣处方，方圆不易，其国乃昌。"(《吕氏春秋·圜道》) 君主的职分在驾驭臣下，臣下的职责在运用具体才能治事；君主应该无为，否则其行事风格、习性癖好为臣下窥见，奸邪小人必投其所好而逞其奸谋。君臣的行事法则不能错位，错位则臣逸主劳，臣巧主拙，大权旁落，尊卑失序，国家必然衰落。而君主做到无为而无不为的关键在于加强自身德行修养，充分认识和掌握为君之道。他说："为国之本，在于为身。身为而家为，家为而国为，国为而天下为。故曰以身为家，以家为国，以国为天下。此四者，异位同本。"(《吕氏春秋·执一》) 身与家、国、天下相较，身为本；身为本，首先在于使身合于自然。《吕氏春秋》认为自然是最好的，是人的效法目标，而人则容易

[1] (宋) 高似孙:《高似孙集》，王群栗点校，浙江古籍出版社 2017 年版，第 474 页。

[2] 萧公权:《中国政治思想史》，中国人民大学出版社 2014 年版，第 209 页。

因气禀物欲而陷于过分。所以它倡导去除过分的嗜欲和智巧，返归人的自然状态："何谓反诸己也？适耳目，节嗜欲，释智谋，去巧故，而游意乎无穷之次，事心乎自然之途。"（《吕氏春秋·论人》）

自然也是最大的公，君主的产生，出于公天下的目的，因为天下不是个人私产，君主是代表公众管理国家的。政治能否清平，依据也在能否公；而公与不公，唯在是否合于自然："昔先圣王之治天下也，必先公。公则天下平矣。平得于公。尝试观于上志，有得天下者众矣，其得之以公，其失之必以偏。凡主之立也，生于公。"（《吕氏春秋·贵公》）此外，国家要富强，必有贤德之人辅佐；欲得到贤德之人，必须以公心礼贤下士，爱士敬士："非至公其孰能礼贤？"（《吕氏春秋·下贤》）礼贤敬贤，才能让贤士充分贡献其智能以佐治。而君主要有效地控制百官，办法是"正名审分"。正名者，制定正确的名称，确定名的内涵，"名正则治，名丧则乱。使名丧者，淫说也。说淫则可不可而然不然，是不是而非不非。……凡乱者，刑名不当也"（《吕氏春秋·正名》）。审分者，审察、明晓名的内涵的分际，"按其实而审其名，以求其情；听其言而察其类，无使放悖"（《吕氏春秋·审分览》）。这里的审分是双向的，既以实审名，又以名审实，这样才能名实相符，控名责实。反之，则名实紊乱，上下多劳而壅塞："名不正则人主忧劳勤苦，而官职烦乱悖逆矣。国之亡也，名之伤也，从此生矣。……故至治之务，在于正名。"（《吕氏春秋·审分览》）正名审分是君主驾驭百官的法宝，犹如马之有衔辔："有道之主，其所以使群臣者亦有辔。其辔何如？正名审分，是治之辔已。"（《吕氏春秋·审分览》）《吕氏春秋》的正名审分，是儒法两家的综合。"正名"有取于孔子。《吕氏春秋》处于战国末年各国分治、各遵其名、名实杂乱而又向往统一的时代，想以名实上的统一与政治上的统一相配合、相调谐，所以强调正名。审分则与法家的循名责实、君逸臣劳、君治百官而臣各治其事相一致，被用来补充、中和儒家。《吕氏春秋》又加入了道家的重己、贵生所包含的功成不居、事遂身退从而全生葆生的思想。所以正名审分与它倡导的天下统一后儒、道、法兼宗的治国理念是高度吻合的。

《吕氏春秋》的另一重要之点是民本思想。民本思想是儒家政治哲学的首务，孔子、孟子、荀子都有丰富论述。《吕氏春秋》的特点是，在君与民的二元结构中突出君对民的依赖，从而彰显民的重要地位。它不像当时的许多道家人物那样对国家、政权本身提出批评，而是认为，国家、君长是必要的，是草昧到文明的必然产物。人从与麋鹿禽兽杂居的状况，到独立为部落、部落联盟、国家雏形的进步过程中，必然发展为国家。有国家就会有君主，君主是为管理、统御民众而设的，君主虽然重要，但民为其本："天下，非一人之天下也，天下之天下也。"（《吕氏春秋·贵公》）"为天下长虑，莫如置天子也；为一国长虑，莫如置君也。置君非以阿君也，置天子非以阿天子也，置官长非以阿官长也。德衰世乱，然后天子利天下，国君利国，官长利官。"（《吕氏春秋·恃君》）天下为公，置君也是公天下的一种形式，非与公天下矛盾。但君须以爱民、顺民为务，只有德衰世乱，天子、诸侯、官长才破坏天下为公的原则，各以所辖为自己的私利服务。所以"安危荣辱之本在于主，主之本在于宗庙，宗庙之本在于民，民之治乱在于有司"（《吕氏春秋·务本》）。君主是国家兴衰、人民苦乐的关键，而民众是一国兴亡成败的根本，民心向背、民气衰旺、民生好坏是国家治乱的核心要素，所以"人主有能以民为务者，则天下归之矣。……上世之王者众矣，而事皆不同。其当世之急，忧民之利，除民之害同"（《吕氏春秋·爱类》）。重视民生，以民为本，为民兴利除害者，是为圣王。另外，针对秦的暴戾、躁动，《吕氏春秋》以道家的清静无为作为君主为政、修身的基础，提出："得道者必静，静者无知，知乃无知，可以言君道也。"（《吕氏春秋·君守》）只有君静，才有臣动；只有君无为，才有臣有为。在此基础上，以德政治理国家，以正义为行动准则："为天下及国，莫如以德，莫如行义。以德以义，不赏而民劝，不罚而邪止。"(《吕氏春秋·上德》)由此可见，《吕氏春秋》吸收了儒家、墨家、道家思想，用以中和、改变秦立国以来根深蒂固、浸入骨髓的暴政苛法，特别是高度的集权专制。

《吕氏春秋》的民本思想，通过提倡德政、倡导仁义来实现，其内容首先在合理役使人民："先王之使其民，若御良马，轻任新节，欲走不得，故致千里。善用其民者亦然。"(《吕氏春秋·适威》)即民之负担要轻，赋税徭役要合理，而官长又以一定的法度制约，使之实现既定的目标而又不致疲劳过甚。还要有良好的政治生态，而仁义、爱利、忠信是实现这一目标的良方："古之君民者，仁义以治之，爱利以安之，忠信以导之，务除其灾，思致其福。"(《吕氏春秋·适威》)还要培养人的合理欲望，满足人的合理欲望。无欲望则无追求，无追求则不为上所用："人之欲多者，其可得用亦多；人之欲少者，其得用亦少；无欲者，不可得用也。……善为上者，能令人得欲无穷，故人之可得用亦无穷也。"(《吕氏春秋·为欲》)这一点与道家大异，也与法家大异。道家希望民无知无欲，虚心实腹，浑浑噩噩，这样就可免于争斗。法家是用严刑峻法压制人民，限制人民，使之不能有欲望，只顺服法令即可。使人有欲而用合理的方法满足欲，这是它吸收儒家思想的地方。而要做到这一点，必须认识人的仁义本性，树立正确的义利观，知晓道义之所在，争做符合道义的事，为义而用，为义而乐："凡治国，令其民争行义也；乱国，令其民争为不义也。强国，令其民争乐用也；弱国，令其民争竞不用也。夫争行义、乐用，与争为不义、竞不用，此其为祸福也，天不能覆，地不能载。"(《吕氏春秋·为欲》)要使人之欲望通过自己的努力得到满足，其前提是统治者讲信用，所以吕氏春秋提出"贵信"的主张："凡人主必信，信而又信，谁人不亲？……

非信则百事不满也。故信之为功大矣。”（《吕氏春秋·贵信》）并反复列举，申论信的重要：“天行不信，不能成岁；地行不信，草木不大。”“君臣不信，则百姓怨诽，社稷不宁；处官不信，则少不畏长，贵贱相轻；赏罚不信，则民易犯法，不听使令。”这与孔子的“民无信不立”“信则民任焉”“人而无信，不知其可”“上好信，则民莫敢不用情”的说法是一致的。《吕氏春秋》以上论述，可以视为在秦统一六国已成定局的情境下，融合儒、墨、道、名诸家思想，对于未来政治的建言。它是为秦国长治久安而作，也是为后世政治立法。特别是其中的民本思想，是针对秦独任法家、严刑峻法、残民以逞的流弊而发，更是对儒家民为邦本、保民而王、勤政爱民传统的继承与发扬。

四、贾谊的民本思想

秦独任法家思想治国，迅速强盛，也迅速灭亡，给了当世与后世思想家一个镜鉴，一个思考此问题的契机。汉兴，从帝王、公卿到思想家都在思考同一个问题：汉何以兴，秦何以亡？这是时代之问，也是不同政治哲学之间的较量。汉初思想家贾谊以儒学为根本，杂糅道、法、名各家而成的回答，具有划时代意义。他认为，秦之速亡，在于“攻守之势异也”，即应对错置，用打天下的方法去治天下，他说：“秦王怀贪鄙之心，行自奋之智，不信功臣，不亲士民，废王道而立私爱，焚文书而酷刑法，先诈力而后仁义，以暴虐为天下始。夫并兼者高诈力，安危者贵顺权。推此言之，取与守不同术也。秦离战国而王天下，其道不易，其政不改，是其所以取之守之者无异也。”[1] 从施政措施角度看，“繁刑严诛，吏

[1] （汉）贾谊：《过秦中》，《贾谊集》，上海人民出版社 1976 年版，第 5 页。

治刻深；赏罚不当，赋敛无度。天下多事，吏不能纪；百姓困穷，而主不收恤。然后，奸伪并起，而上下相遁；蒙罪者众，刑戮相望于道，而天下苦之。……是以陈涉不用汤、武之贤，不借公侯之尊，奋臂于大泽，而天下响应者，其民危也。”[1] 贾谊认为，要改变这种局面，只有在执政思想上重张儒家以民为本的思想，他提出：“夫民者，万世之本也，不可欺。凡居于上位者，简士苦民者是谓愚，敬士爱民者是谓智。”[2] 在具体措施上，重视民生疾苦，实行养民教民的政策：“夫民者，诸侯之本也；教者，政之本也；道者，教之本也。”[3] 治政有根本法则，这就是仁义之道；国家有根本要素，这就是人民生活。民本、仁义，在先秦本是许多学派的主张，但在战国末年争相富强或说免于灭国的大形势下让位于强力、权谋，而汉朝的建立正是重提这一政治公法的绝好时机。贾谊强调说：“闻之于政也，民无不为本也。国以为本，君以为本，吏以为本。故国以民为安危，君以民为威侮，吏以民为贵贱。”[4] 君是民之君，臣是辅佐君治理人民的，所以能富民、乐民的为能臣，苦民、贫弱民的是罪人。君能选择贤能达到大治的为明君，否则为昏君。君臣吏员以能否使百姓安居乐业为职司好坏的标准。并且贾谊作出警示：“自古至于今，与民为仇者，有迟有速，而民必胜之。”[5]“故夫灾与福也，非粹在天也，必在士民也。”[6] 孔孟学说在法家盛

[1] （汉）贾谊：《过秦中》，《贾谊集》，上海人民出版社 1976 年版，第 6 页。

[2] （汉）贾谊：《大政上》，《贾谊集》，上海人民出版社 1976 年版，第 152 页。

[3] （汉）贾谊：《大政下》，《贾谊集》，上海人民出版社 1976 年版，第 156 页。

[4] （汉）贾谊：《大政上》，《贾谊集》，上海人民出版社 1976 年版，第 149 页。

[5] （汉）贾谊：《大政上》，《贾谊集》，上海人民出版社 1976 年版，第 150 页。

[6] （汉）贾谊：《大政上》，《贾谊集》，上海人民出版社 1976 年版，第 149 页。

行之时被弃之如弁髦，而汉兴之后，有秦之速亡作为见证，又逐渐为人接受。这为汉初选择黄老清静无为、与民休息的政策六十余年且取得文景之治的实效后儒家走向政治舞台的中心奠定了基础。

贾谊的远见卓识还在于，他不仅重张民本之义，而且重视对百姓进行礼义教化。他认为民众需要教化："夫民之为言也，瞑也；萌之为言也，盲也。故惟上之所扶而以之，民无不化也。"[1] 意思是，民众天生暗弱，需要在上之扶植、教化。君与臣皆有教化民众的责任，而君的责任尤重，因为他是民众的最高管理者，各级官吏的最高效法者："君能为善，则吏必能为善矣；吏能为善，则民必能为善矣。故民之不善也，吏之罪也；吏之不善也，君之过也。"[2] 君主实是风俗礼义的最后养成者，君的精神趋向对民众有直接的诱导作用，上有好之，下必效之，"道之以德教者，德教洽而民气乐；驱之以法令者，法令极而民风哀"[3]。故君对社会风气的好坏负有直接责任。教化的内容，着重在礼义、仁爱，这是针对秦的徒任法制不重视教化、徒恃强力不重视仁义的弊政而发，此内容虽在儒家远有端绪，但亦是补救当时偏弊的切实措施。

汉代至武帝进入新的统治模式，最大的变化是改变汉初以黄老之学为致治之本的方针，罢黜百家，独崇儒术。不仅重整太学，增多五经博士及弟子员额，而且大量选用儒士充任各级政权官员，设专职礼官，加强宣教力度。但又惩文景之时七国之乱的教训，加强中央集权，加强君主专断，主张刑德兼用，德主刑辅，以"本仁祖义，褒德禄贤，劝善刑暴"为基本

[1] （汉）贾谊：《大政下》，《贾谊集》，上海人民出版社 1976 年版，第 155 页。

[2] （汉）贾谊：《大政上》，《贾谊集》，上海人民出版社 1976 年版，第 152 页。

[3] （汉）贾谊：《治安策》，《贾谊集》，上海人民出版社 1976 年版，第 195—196 页。

纲领，在此基础上增强法律力量，致使法条苛酷，律令繁多；任用酷吏，实行高压政策，由此确立了“王霸杂用”的治国基调。由于突出了君主在国家政权体系中的绝对主导地位，所以汉初由政权转移的讨论留给未来执政的教诲——民本的重要性降低。又由于汉昭、宣以后政局稳定，民生状况较好，民与君的矛盾不突出，民本这一重要的政治哲学话题暂时沉寂。至东汉章帝主持修立之《白虎通》，对君权的至上性、神圣性，社会伦理纲常如三纲、六纪等从天人一体的角度作了进一步论证，并由皇帝“亲称制临决”，这些关乎国体的基本思想以相当于国宪的形式固定下来，成为上下奉守的思想和行为规则。

五、《贞观政要》中的民本与君臣关系论

汉末以来天下多故，局势动荡。三国、两晋群雄割据、战争不断；六朝以来又南北分裂，政治混乱；至隋朝统一，但国祚不长。到唐初国家安定下来后，才有总结失政教训，重新思考政治哲学诸问题的需求和余暇。唐太宗是一位雄才大略、英明有为的君主，善于纳谏，从善如流，又有房玄龄、魏徵等一班正直之臣辅佐，所以政治上较为开明，形成了赋税较轻、注重农桑、任贤使能、群僚用命的局面。军政之暇，好探讨为政之道。他对儒家君舟民水、可载可覆之理深有会心，故在各种政策纲领中首先关注君民关系，认为“为君之道，必须先存百姓。若损百姓以奉其身，犹割股以啖腹，腹饱而身毙”[1]。这是对历史上许多帝王打天下只为自己享乐因而骄奢淫逸、亡国灭身的反思。必须节嗜欲、尊大臣、体恤民艰、倾力治国，才能长治久安。他认识到，国之本在君，君之本在民，能认清君

[1] （唐）吴兢：《贞观政要》，骈宇骞译注，中华书局 2011 年版，第 1 页。

民关系，才能摆正君主、国家、人民三者的位置，所以提出“君依于国，国依于民”的主张。在与大臣王珪讨论治国要领时，王珪提出，贤圣之君为政，多志尚清静，以百姓之心为心，而亡国乱政之君，多损害百姓利益以满足一己欲望，所用之臣又非经术之儒，多阿谀邪谄以遂君之私欲、不识治国大体的人，又多重武轻文，崇法轻儒，所以君主行为既亏，国家风俗又坏。太宗对此深表赞同，认为百姓犹如树之根本，君主犹如树之枝叶，根本不摇，则枝叶荣茂。他提出君主清静无为、不扰民、不费民的主张：“凡事皆须务本，国以人为本，人以衣食为本。凡营衣食，以不失时为本。夫不失时者，在人君简静乃可致耳。若兵戈屡动，土木不息，而欲不夺农时，其可得乎？……君无为则人乐，君多欲则人苦。朕所以抑情损欲，克己自励耳。”[1] 唐太宗认识到，秦皇、汉武，内则大兴土木，追求宫室华丽，外则四时用兵，民失其业，皆多欲损国。隋炀帝穷奢极欲，不恤民情以亡国，更是殷鉴不远。唐立国未久，而且在大乱之后，不能滥兴土木以妨农时，妄起兵戈以夺民力。所以君主应该精简政令，爱惜民力：“夙夜孜孜，惟欲清静，使天下无事。遂得徭役不兴，年谷丰稔，百姓安乐。……君能清静，百姓何得不安乐乎？”[2] 这与法家的主静臣动、主逸臣劳的思想一致。从中可以看出他儒法兼宗、以儒为主的倾向。

难能可贵的是，唐太宗对君主的实质有深刻认识，认为君是百姓的代理者，君有道则百姓推戴，无道则百姓弃去另择。君权并非神授，天下也非一家一姓的私产，而是民择君为治。所以，做君主必须有敬畏之心，不能轻忽、懈怠，更不能跋扈、专断。他接受了魏徵对君主职责的看法：

[1] （唐）吴兢：《贞观政要》，骈宇骞译注，中华书局 2011 年版，第 520—521 页。

[2] （唐）吴兢：《贞观政要》，骈宇骞译注，中华书局 2011 年版，第 48 页。

“人君当神器之重，居域中之大，将崇极天之峻，永保无疆之休。不念居安思危，戒奢以俭，德不处其厚，情不胜其欲，斯亦伐根以求木茂，塞源而欲流长者也。”[1] 并夙夜不忘，勤勉实行。这是唐初政治清明，天下晏安的根本原因。

唐太宗政治哲学的另一重要之点是他的君臣关系论。他认识到打天下难，治天下亦大不易；国家长治久安最重要的是发现人才，用好人才。他登基之后，重用房玄龄、魏徵、杜如晦、王珪、李靖、李勣、马周等文臣武将。这些人有的是随他出生入死的旧部，有的是纳入幕下的原敌对营垒的谋臣，有的是随时发现的各路豪杰，唐太宗都听取他们的政见，采纳他们的进言，一体同心，协同治国。这是取得“贞观之治”的重要条件。他尝问魏徵，何谓明君、暗君，魏徵回答说：明君之所以明，在于广开言路，兼听纳下；其所以暗，在于偏听偏信，专横自用。魏徵还列举历史上成败两方面的事例加以佐证。明君治下，人才不被壅蔽沉埋，下情得以通畅上达。太宗对此深表认同，说：“每思臣下有谠言直谏，可以施于政教者，当拭目以师友待之。如此，庶几于时康道泰尔。”[2] 又说：“公等但能正词直谏，裨益政教，终不以犯颜忤旨，妄有诛责。”[3] 号召臣下直言谏诤，无需畏避。

对君臣关系的重要性他时时警惕于心，尝对群臣说：“今天下安危，系之于朕，故日慎一日，虽休勿休。然耳目股肱，寄于卿辈，既义均一体，宜协力同心，事有不安，可极言无隐。傥君臣相疑，不能备尽肝膈，

[1] （唐）吴兢：《贞观政要》，骈宇骞译注，中华书局 2011 年版，第 16 页。
[2] （唐）吴兢：《贞观政要》，骈宇骞译注，中华书局 2011 年版，第 51 页。
[3] （唐）吴兢：《贞观政要》，骈宇骞译注，中华书局 2011 年版，第 37 页。

实为国之大害也。”[1] 对君与臣在治理国家中的一体作用他也有清醒意识，说：“君臣本同治乱，共安危，若主纳忠谏，臣进直言，斯故君臣合契，古来所重。若君自贤，臣不匡正，欲不危亡，不可得也。君失其国，臣亦不能独全其家。”[2] 有这样的见解和雅量，臣下才得以畅所欲言。魏徵就曾上疏论君臣关系，与以上唐太宗的说法相呼应：“臣闻君为元首，臣作股肱，齐契同心，合而成体，体或不备，未有成人。然则首虽尊高，必资手足以成体。君虽明哲，必藉股肱以致理。……然则委弃股肱，独任胸臆，具体成理，非所闻也。……其能开至公之道，申天下之用，内尽心膂，外竭股肱，和若盐梅，固同金石者，非惟高位厚秩，在于礼之而已。”[3] 唐太宗对君臣一体同心中各自的职责也有明确认识，尝说：“夫为人臣，当进思尽忠，退思补过，将顺其美，匡救其恶，所以共为治也。曾位极台司，名器崇重，当直辞正谏，论道佐时。”[4] 对君臣关系及彼此职责高度一致的认识，奠定了唐初大治的基础，也成就了古今君臣关系的典范。

唐太宗早期兢兢业业，谨慎小心，从善如流，生活俭约。但贞观后期，逐渐追求享乐，处理朝中事务，多刚愎自用、功高自傲，对朝臣恩礼大不如前，又兴建过多，民渐疲于徭役。为防止太宗骄奢太过，不能善始善终，魏徵等诤臣曾多次劝谏，特别是“十渐不克终”，指点痛切，言辞激烈，如：“陛下贞观之始，视人如伤，恤其勤劳，爱民犹子。每存简约，

[1] （唐）吴兢：《贞观政要》，骈宇骞译注，中华书局 2011 年版，第 34 页。
[2] （唐）吴兢：《贞观政要》，骈宇骞译注，中华书局 2011 年版，第 159 页。
[3] （唐）吴兢：《贞观政要》，骈宇骞译注，中华书局 2011 年版，第 167 页。
[4] （唐）吴兢：《贞观政要》，骈宇骞译注，中华书局 2011 年版，第 20—21 页。

无所营为。顷年已来，意在奢纵，忽忘卑俭，轻用人力。”[1]“顷年已来，微有矜放，恃功业之大，意蔑前王，负圣智之明，心轻当代。”[2]希望唐太宗幡然悔悟，回归早年的英主气概。唐太宗听到谏诤，深自反省，觉得有理，于是写于内室的屏风上，朝夕省览，并命史官笔之于书，作为对后代皇帝的警诫，并达成了“战胜易，守胜难，……安不忘危，功业既彰，德教复洽，恒以此为政，宗社无由倾败”[3]的君臣共识。这是贞观之时君臣一体同心，遵守君仁臣忠伦理原则的结果。

唐太宗的君臣一体思想，突出了臣的重要地位，君臣在治理国家这一共同体中各有其职分。君、臣、民三维并举，不再是君统治民、民被君统治的两极。也不强调集权传统“君为臣纲”中君的主导、宰制作用，而是强调君臣一体中位分不同但各司其职。臣也不是君的附庸，不是君这一天之宗子的“家相”。君臣共为理政主体中的二维，这二维互相依持，一体两面。正确的君臣关系是“君臣上下，各尽至公，共相切磋，以成理道”[4]。“忠者沥其心，智者尽其策。臣无隔情于上，君能遍照于下。”（《帝范·纳谏》）有这样的认识，唐太宗才勇于求谏，善于纳谏，杜绝谗言，任人唯贤，形成唐初君臣关系和谐、群僚各尽其用的政治局面。唐代的法律制度、任官制度、谏议制度、科举制度才会比较完备，唐太宗也因此成为开明君主的典型。

[1] （唐）吴兢：《贞观政要》，骈宇骞译注，中华书局 2011 年版，第 656 页。

[2] （唐）吴兢：《贞观政要》，骈宇骞译注，中华书局 2011 年版，第 663 页。

[3] （唐）吴兢：《贞观政要》，骈宇骞译注，中华书局 2011 年版，第 669 页。

[4] （唐）吴兢：《贞观政要》，骈宇骞译注，中华书局 2011 年版，第 97 页。

六、封建与郡县

唐代对政治哲学有意义的还有关于“封建”的讨论。封建即“封土建藩”，其本意是封赏功臣和安置宗室，同时以其藩国保卫中央政府。周初的封建最为典型，但其后往往诸侯坐大，周王室被架空，尾大不掉，封建反成中央政权之害。春秋战国之兵连祸结，天下纷乱，正是封建制度演至末叶的恶果，而这也是秦始皇罢封建、立郡县最直接、最凸出的原因。汉代以后封建只成名义，其实质内容越来越少。汉初的七国之乱、西晋的八王之乱，都是宗室为争夺王位发生的，故封建为大多数政治家所反对。但封建确实有藩屏王室的作用，这在天子有威严，诸侯讲信用的情况下更加明显。后世封建只是安置宗室的一种权宜之计，失去保卫中央政权的作用。一有外敌入寇和农民造反，反抗势力可长驱直入。地方郡守非帝王同姓，多弃城而逃。如无忠义之士拼死抵抗，则都城和京畿之地易陷入危险境地。后世政治家有见于此，对封建制臧否参半。唐太宗不主张弃绝封建，故对功臣房玄龄、杜如晦、长孙无忌等皆封国公，食邑一千三百户。诏令宗室分封，传诸子孙，非有大故，不得黜免。但置功臣于宗室之上，唐高祖封赏的宗室远支子弟，无功者皆降等。

唐太宗与臣僚关于封建的议论有较大价值。《贞观政要》载，太宗主张封建的理由是，周朝实行封建制，享国八百年，秦罢侯置守，国祚短促，二世而亡。汉初吕后专权，危及刘氏，终赖宗室得以保存。所以封建是国家长久之道，必须沿用。大臣上书反驳，认为封建固然有藩屏王室的好处，但国祚长短，乃多种因素造成，非封建一种。国家兴替，主要在人的治理措施。特别是古今形势不同，不能以今世实行古代之法。封建制经历代更迭，已非旧观，原希望作为屏障的，实际上都变成了仇敌。只有实行郡县制，人才须经考核，任官必有功劳，贤能治国，君臣一体，才是强国的保证。宗室接受封赏未必就能怀为国分忧之心、拯济国家危难之志。更多的宗室子弟得先人庇荫，凭门第资望，忘记了祖宗创业之难，只图当世享乐；纨绔子弟多，胸有大志者少。而郡县制任事不论门第出身，多寒素之人，往往锐志进取，生活也易于俭朴，骄奢失身者少。故可封不大的土地给宗室，以维持其日常生活，不宜授予官职，更不能世袭。唐太宗采纳了这些意见，撤销了授予宗室及功臣世袭官职的诏令，并定立辅导太子、教戒诸王令其修德养志、守礼奉法的具体条例。唐太宗这一措施，是鉴于前代封建制引起的乱国、削国，权衡封建、郡县各自的弊端而发，是使国家安定，宗室、功臣心安的办法，后世各朝代基本上遵行。

封建与郡县的讨论带出了公私问题。赞同封建制的认为，郡县制下各级官吏层层上同于君，君是最高最后的裁决者，大权独揽，失去了共治天下之公。赞同郡县制的认为，分封宗室、功臣是亲厚其私人，不符合公天下的原则。虽然这两种对立的派别在何者为公上意见相反，但在认为公天下是政治的最高原则上则一致。这可以看作儒家“天下为公”原则在后世的巨大影响力。但由于没有对政体组织原理进行探讨的意识，所以从君主到一般士大夫，关注更多的是执政者主观的心理设意，即公平问题主要表现为执政者处心是否公正，处理政事是否平允。“公平”的反面是私嬖、邪妄，是贪赃枉法，是随意好恶。用人上的考核、黜陟一视同仁，官吏举荐上的“内举不避亲，外举不避仇”，任官上的不以貌取人，司法刑狱上的不徇私情，言路上的不因人废言、不因言废人，甚至辞气上的“不大声以色”，公主嫁妆上的平等无偏袒等，皆在公平之列，符合“理国要道，在公平正直”的原则。当然，这都是具体做法，严格说不属政治哲学。但最后皆归到民心向背上，认为凡属对百姓有利的，是为公，反之则为私。《贞观政要》说：“百姓之所恶也，我从而刑罚之，虽过乎当，百姓不以我为暴者，公也。怨旷饥寒，亦百姓之所恶也，遁而陷之法，我从而宽囿之，百姓不以我为暴者，公也。……由此言之，公之于法，无不可也，过轻亦可；私之于法，无可也，过轻则纵奸，过重则伤善。”[1] 这里完全是以动机为公平与否的标准。动机正确，出于公心，则执法实践上过轻过重皆可；动机不正确，出于私心，则执法实践上过轻过重皆恶。而所谓动机正确，出于公心，又以符合民意为标准。这显示了民本论巨大而持久的影响力。

柳宗元的《封建论》也与唐太宗有关。其撰作是因为一些大臣看到武则天代唐自立及汉初吕后专权两件事中，宗室、功臣在削除女主的势力并铲除其宗族之党中的重大作用，加上唐太宗初始欲效法三代圣王实行封建制，于是重提封建的必要性。柳宗元站在拥护郡县制的立场，对此问题作了针锋相对的回应。他认为，任何政权形式的出现，都是历史趋势造就的结果，不是上天的安排，也不是圣人的创造，因而是有根据、合逻辑的。他把这种趋势、根据叫作“势”，并追溯历史加以推证，说人在草昧期，与动物差不多，但人是群居动物，必然有最原初的“社会”。有社会就有社会成员间的争夺，于是产生了军事和道德，善于应对和解决军事和道德事务的人就是最初的首领。人的活动范围和程度逐渐扩大、加深，首领也就逐级上提：有里胥而后有县大夫，有县大夫而后有诸侯，有诸侯而后有方伯连帅，有方伯连帅而后有天子。下一级首领对上一级首领来说，就是“封建”。这都是自然产生的，故封建是自然趋势，非圣人的创造。夏商皆有封建，但因文献无征，难述其详。最典型的封建在周初。周武王大封同姓与功臣，分立五等爵位，建立大小不等的藩国。周王室强盛时各诸侯合同即朝觐天子，分立即守御邦土。后来诸侯坐大，天子被架空；东周之后，天子名存实亡，诸侯间蚕食鲸吞，并为十二大国，又演为战国七雄，

[1] （唐）吴兢：《贞观政要》，骈宇骞译注，中华书局 2011 年版，第 371 页。

最后秦统一六国。可以说，周之失在于其政治制度而不在其治理措施。秦罢封建、立郡县，是惩周朝分封之失，此亦乘历史趋势而起，非仅个人意志，所以是合理的、正确的。但秦用法家治国，严刑峻法，民不堪其苦，陈胜揭竿而起，秦仅二世而亡。秦之亡亡于其治理措施，不亡于其郡县制，“有叛人而无叛吏”。汉立，矫秦郡县之偏，恢复分封，但又引起藩王觊觎帝位的祸乱。而此乱皆藩王叛乱，非郡县官吏叛乱，“有叛国而无叛郡”。唐代又矫汉晋之偏，加强郡县，减弱宗室功臣之封，而地方军阀坐大，演为安史之乱。但此时“有叛将而无叛州”，仍是执政措施不当，并非郡县制度之罪。柳宗元还辩驳道，受分封的诸侯并不因为是自己的国土因而更加珍惜，郡县的长官亦不因为非自己的国土而漫不经心。这些外在的、次要的因素不能说明封建、郡县孰优孰劣。而周国祚长，秦国祚短，是因为各自采取的治国措施导致的，特别是商朝末年反殷的小国多，周建政后不忘小国之功，故须沿夏商旧制而封建，并非以其为天下之大公而采取之。秦立郡县符合天下之大公，但秦皇又出于延长、持久其一家一姓的私利而苛酷其法，也不能以此证明封建优于郡县。柳宗元特别提出，封建制诸侯国君是世袭的，卿大夫世卿世禄，也是世袭的。国家掌政者皆世袭，根本无法保证人才在位，不似郡县制通过推荐、考核选拔治国人才。两方制度上的优劣，不辨而明。所以周朝采取封建，是历史趋势使然；后世逐渐抛弃封建而采取郡县制，亦历史趋势使然。历史进步了，而仍想采取古代制度，是犹刻舟求剑、胶柱鼓瑟，其不适宜是必然的。

柳宗元在封建郡县上的理论是雄辩的、有说服力的。此后由于政治形势的变化，特别是五代的动荡和宋代中央集权的有效，这方面的争论、辩驳越来越少。至明末顾炎武的“寓封建之意于郡县”，是鉴于明代中央集权太重，对地方疑心太多，不得不设多种官吏管制地方事务，这加重了人民的税负。加之各级官吏从中盘剥，百姓不堪重负，导致国弱民贫，所以必须减弱中央政府的权力，加大地方政府的权力："尊令长之秩，而予之以生财治人之权，罢监司之任，设世官之奖，行辟属之法，所谓寓封建之意于郡县之中，而二千年以来之敝可以复振。"[1] 而王夫之则鉴于明末李自成和清军所过之处，长驱直入，郡县无人抵挡，望风而逃的现实，希望地方能起"封建"制藩屏京师的作用。但在郡县制长期实行已经成为中国古代政权形式的定型，无法根本改变的情况下，这些希望、议论只在某些方面有纠补偏弊的作用，并无实质意义。

君主制在中国古代历史上是贯穿始终的，关于这种政权形式的意识是牢不可破的。绝大多数情况下人们对它不作讨论，也没有是否选择它的意识，最多在具体的治理措施上作一些小的修补。事实上的君民关系、君臣关系会随现实需要而有所改变。

第五节　王政与霸政

一、北宋的王霸之辩与尊王论

经过唐末五代的动荡、分裂之后，赵匡胤被"黄袍加身"，成了新朝的君主。由于对唐藩镇割据造成的恶果的恐惧，宋一开始就选择了优待文官，以之为治国主体，并加强中央集权，削弱地方权力的政策，因此冗官大增，加上对辽和西夏用兵，财政不堪重负。北宋灭亡后，南宋对女真纳

[1] （清）顾炎武：《郡县论一》，《顾亭林诗文集》，华忱之点校，中华书局 1983 年版，第 12 页。

币求和，偏安一隅，更加重了政治危机。

两宋时期的政治哲学，王霸论与尊王论最有特色，而理学的诞生对政治思想的影响则是后世最有探讨兴趣的问题。王霸问题的重提起于宋初加强中央集权的理论需要，以及在新的时代条件下对汉唐强盛原因的再思考。北宋摆脱藩镇割据的梦魇，重建中央政府的权威需要王道论的支持。但王道重教化、重民生、重礼乐秩序，提倡君臣上下以道德修养为治平的基础，往往费时长，见效慢。而霸道重法律、重功利、重强力、重上对下的威权。于是如何在两者中取得平衡，成为新政权的思想家考虑的重点。他们不约而同地从儒家经典《周礼》中寻求平衡两者的法宝，认为它是新形势下重建国家制度体系、治理思想的依据。李觏提出“《周礼》致太平论”，张载说“《周礼》是的当之书”，王安石注释经典为他的变法服务，选择《周礼》而弃用《礼记》皆是明证。李觏认为，礼是一切制度的总称，而制度是社会生活的保障。礼有三个重要方面辅助它施行：乐、政、刑。他说：“节其和者，命之曰乐；行其怠者，命之曰政；威其不从者，命之曰刑。此礼之三支也。”[1] 乐是礼的调节和谐合，从全局上对礼进行调控。政是具体行政措施，是用制度调动和激发官吏的积极性。刑即各种惩罚措施，用于威吓、约束和惩罚不服从政令的人。这其中可以说是王霸并用，礼刑兼行。李觏提出王霸同质论，认为王与霸非截然相反，而是各有擅场。王、霸本来就是天子与诸侯的不同名号，从历史上说，皇、帝、王三者是天子之号，霸是诸侯之号。如三皇、五帝、三王皆天子，五霸皆诸侯，为方伯连帅之类。历史上实际皆王霸杂用，非有孤用其一者。在宋代新的政治形势下，应该帝王用王道，臣下用霸道；帝王用王道作根本方略以安定天下，地方用霸道致强盛而尊仰中央。他说：“所谓王道，则有之

[1] （宋）李觏：《礼论第一》，《李觏集》，王国轩点校，中华书局 2011 年版，第 7 页。

矣，安天下也。所谓霸道，则有之矣，尊京师也。”[1] 他一改儒者尊王贱霸的普遍立场，认为王霸不是一个表示价值的名称，不能认为王道是理想的，应该追求的，霸道是现实的、功利的，应该贬斥的。王霸是两种不同的致治类型、运思方略。他的理想政治是春秋时齐桓、晋文的外攘夷狄，内尊周室。可以看出，李觏的王霸论完全是为了维护中央集权，在国弱兵疲的情势下寻求富强之道，王霸不过是他借用的历史概念罢了。

对王霸问题有所发挥的，还有邵雍。邵雍以天道作为人事的根据，号为“观物”。天有春、夏、秋、冬四时，所以圣人效法天道，作《易》《书》《诗》《春秋》与之对应。相应地，历史上有三皇、五帝、三王、五霸，其特点分别是道、德、功、力，其教化百姓的方式也有化、教、劝、率的不同。化者，感化于无形；教者，以仁义道德教导人；劝者，以为民兴利除害的功烈激励人；率者，以名利之强力诱引人。道、德、功、力为体，化、教、劝、率为用。所谓圣人，即在此体用之间善于把握变化的人。皇、帝、王、霸都是理想政治，但其间有等差的不同：三皇无为而治，不期然合道于无形；五帝尚不足以合道，故为帝；三王不足以合德，故为王；五霸不足以合功，故为霸。霸不足则等而下之，为夷狄、禽兽。邵雍说：“用无为则皇也，用恩信则帝也，用公正则王也，用知力则伯也。”[2] 此处以“无为而无不为”为最高，可见邵雍所受道家的影响。但邵雍并无尊王贱霸之论，并认为霸道的出现有历史必然性。历史依循皇、帝、王、霸的轨道演进或曰退化，春秋之后的历史，不过霸道的余绪，此亦无可奈何之事，因为它有先天的理则为其主导。邵雍的特点是只客观地

[1] （宋）李觏：《常语下》，《李觏集》，王国轩点校，中华书局 2011 年版，第 372 页。

[2] （宋）邵雍：《观物外篇》，《邵雍集》，郭彧整理，中华书局 2010 年版，第 159 页。

描述历史，无有优劣评断，亦不提出实际措施改变不足。他的随物俯仰，玩心高明，为“风流人豪”处，也在于洞达天道，识阴阳之消长，从而参透历史玄机，一切付之自然。

宋代初年的另一个政治哲学论题是对中央集权的维护。孙复著《春秋尊王发微》，提倡“尊王攘夷”。认为《春秋》大旨在尊周室、贬诸侯，使天子、诸侯、卿大夫、士各在其位，各守其礼，共成国家富强、人民安乐之美政。他指出，《诗经》至《黍离》而降，《尚书》至《文侯之命》而绝，于是《春秋》乃作。他接受了孟子“《春秋》，天子之事也”“《诗》亡然后《春秋》作”“孔子成《春秋》而乱臣贼子惧”“春秋无义战”等说法，认为《春秋》不像《诗》《书》那样有美有刺，它专为贬斥不道之事而作，所谓“《春秋》无褒”。他依据这一原理，专门抉发《春秋》中会盟、战争、祭祀、礼乐、嫁娶、立嗣之事中种种“书法”所含的隐微之义。如《春秋》起始即书“春王正月”，孙复说：“欲治其末者，必先端其本；严其终者，必先正其始。元年，书王所以端本也；正月，所以正始也。其本既端、其始既正，然后以大中之法从而诛赏之。”[1] 又如定公元年只书“春王”二字，不书“正月”，孙复的解释是，此时鲁昭公新薨，定公尚未立，而季氏专鲁国之权。如果书“春王正月”四字，则正朔完整，等于承认季氏专权是合法的。不书“正月”，目的在表示“黜强臣而存公室”。又如哀公二年“纳卫世子蒯聩于戚”，指卫灵公卒，太子蒯聩受后母迫害，出奔于宋国，卫国人立蒯聩之子辄。晋赵鞅帅师纳蒯聩于戚地，蒯聩欲归国，为辄所拒。仍书“世子蒯聩”“纳于戚”者，是为了突出“曩日之世子，蒯聩当嗣，恶辄贪国叛父、逆乱人理、以灭天性”[2]。又如庄

[1] （宋）孙复：《春秋尊王发微》，赵金刚辑，中国社会科学出版社 2020 年版，第 2 页。

[2] （宋）孙复：《春秋尊王发微》，赵金刚辑，中国社会科学出版社 2020 年版，第 223 页。

公二十二年书“陈人杀其公子御寇”，孙复认为，这是为了表明诸侯杀其大夫为不合理，因为只有天子才有专杀之权，他说：“春秋之世，国无大小，其卿大夫士皆专命之，有罪无罪皆专杀之，其无王也甚矣！故孔子从而录之，以诛其恶。”[1] 又如隐公二年书“郑人伐卫”，孙复说：“吾观隐、桓之际，诸侯无小大，皆专而行之，宣、成而下，大夫无内外，皆专而行之。其无王也甚矣！故孔子从而录之，以正王法，凡侵、伐、围、入、取、灭，皆诛罪也。”[2] 意思是，天下有道，则礼乐征伐自天子出。而以上“侵”“伐”等书法，明白宣示这些战争皆诸侯间的攻伐，皆非正义之战，显示周王室已被诸侯架空，不复有礼乐征伐之专。甚至《春秋》记事始自隐公，孙复认为这是痛惜周天子衰落，诸侯坐大，天下无复有王。此中皆可看出，孙复著此书的目的在继承孔孟之意，尊周室，黜僭逼，反对诸侯专权。他以儒家“大一统”的常道为根据，借古讽今，为宋初统一之后国家威权的树立而呐喊鼓呼的意图是很明显的。此点欧阳修曾说：“先生（按指孙复）治《春秋》，不惑传注，不为曲说以乱经。其言简易，明于诸侯大夫功罪，以考时之盛衰，而推见王道之治乱，得于经之本意为多。”[3]

宋代维护中央集权的一种形式是对孟子抑君扬民的委婉批评，司马光即这一形式的代表。他有见于宋初百余年来国家稳定带来的大好局面，也为了反对王安石变法某些措施对国家长远利益的损害，所以强调加强中央集权的重要性。他曾上书论君德，认为君主德行最大者为仁、明、武三者，仁厚为首，但须有明察与武毅为辅助。论治理国家之法，认为任官、

[1] （宋）孙复：《春秋尊王发微》，赵金刚辑，中国社会科学出版社 2020 年版，第 62 页。

[2] （宋）孙复：《春秋尊王发微》，赵金刚辑，中国社会科学出版社 2020 年版，第 6—7 页。

[3] （宋）欧阳修：《孙明复先生墓志铭》，《欧阳修全集》，李逸安点校，中华书局 2001 年版，第 458 页。

信赏、必罚三者为首。任官，即统制群僚，而以赏罚分明为重要手段。这里表现出司马光政治思想中的道家、法家因素，与张载、程颐的帝王须以“正心诚意”为本的理学思想截然不同。司马光的尊君首先表现为注重君臣名分，他曾说：“天子之职莫大于礼，礼莫大于分，分莫大于名。何谓礼？纪纲是也。何谓分？君、臣是也。何谓名，公、侯、卿、大夫是也。”[1]帝王靠礼来纪纲天下，礼是一套分别君臣上下等级的制度、仪节，而这些制度、仪节靠名来区分和实现。礼是总，名是分。君主是礼与名的最终制定者、发布者，靠礼来治理国家。礼代表秩序、代表威权，其实质是对天地万物的效法。故天尊地卑，贵贱有等，君臣之位如天地之不可易、不可逆，只能顺守。

司马光据此认为，孔子如天之日月，是世人行为的模范，言论的标准。如以孔子之言衡定孟子，则多有不稳当处。如孟子的以德抗位，司马光说，君臣之义，是人伦中最大的，孟子虽大德，但尚不能与周公比肩。周公对年辈比他小的成王，尚且尽人臣之忠、辅相之责，尊之如文王、武王，非可以己之年、己之德抗成王之位。至于孟子游说诸侯时的“后车数十乘，从者数百人”（《孟子·滕文公下》），自言是为了显示师道之尊，不是为个人摆排场，司马光也提出，后人不应以此为口实，骄慢其君。如君有过，臣须劝谏；君不听谏，臣去之可，死之亦可，但不可变置其君。如殷纣之暴虐，无以复加，但以纣之亲贵，微子去之，箕子佯狂为奴，比干谏而死，孔子称此为“殷有三仁焉”（《论语·微子》），以仁人许之。孟子的“诸侯危社稷，则变置。牺牲既成，粢盛既洁，祭祀以时，然而旱干水溢，则变置社稷”（《孟子·尽心下》），不但不能改变君主之非，而且适成篡乱者的借口。司马光甚至对孟子的某些做法也不以为然。如孟子说燕国

[1] （宋）司马光：《周纪·威烈王》，《资治通鉴》，中华书局 1956 年版，第 2 页。

是可以讨伐的，因为它的国君暴虐，但必能行仁政者才能伐燕；齐国伐燕，孟子认为只是“以暴易暴”，并没有去制止。司马光评论说，军旅之事，百姓之死生、国之存亡所系，如轻易动兵，容易招致民残国危的结果。孟子明知齐伐燕非正义之事，但不加劝止，坐视它靡费国家财富、残害人民生命，实非仁者应有之举。又如《孟子》论诸侯怎样对待自己才可出仕时，说了三种可以出仕的情况：一是礼貌待己，言听计从；二是礼貌待己，但不听从己之建言；三是待己无礼，只供养饮食。第三种虽然耻辱，但可视为对士人的周济，可免于死亡，仍可勉强接受。司马光对此表示批评，认为君子之仕，是为了行道，不是为了礼遇、饮食。孔子周游天下，佛肸召请，欲往就，公山不扰召，亦欲往就，都是为了道之推行。若如孟子之言，是为饮食而仕，仍是“鬻先王之道以售其身”[1]。司马光对孟子性善之旨也明确表示反对，认为人性不可以善恶言，说人性善不可，说人性恶也不可。如瞽瞍生舜，舜生商均，恶父可生善子，善父可生恶子。而尧的儿子丹朱，舜的儿子商均，自幼及长，皆在好的教育环境之下，但皆不能改变其恶。故可说人无所谓性，更不可说善恶。

可以说，司马光对孟子的质疑，完全出于他推尊王权的思想。孟子本有较多的民本思想、反专制思想、以德抗位思想，以至于后世的极端专制君主视《孟子》如芒刺在背，下令删节。司马光视君主集权为第一要务，故对孟子提出批评。这也可看作北宋疑经思潮的一个缘由。

二、朱熹与陈亮的王霸之辩

儒学一直有两条不同的发展线索，一条着重六经中的政治内容，以民

[1] （宋）司马光：《疑孟》，《司马温公集编年笺注》，李之亮笺注，巴蜀书社 2009 年版，第 429 页。

生、治国为首务，贬斥佛道，不重视形上学，尤其不重视其中的心性之学，也不太注重身心修养，有较重的功利色彩。另一条线索注重形上学，尤对心性之学有浓厚兴趣，注重士人的身心修养，以对天道性命的体悟为一切学问的基础，政治上注重礼乐教化，贬斥功利主义。这两种儒者在宋代表现为事功派和理学的对立，争论的问题主要在王霸义利之辨。事功派的主要代表人物有薛季宣、陈傅良、陈亮、叶适等，尤以陈亮的永康学派和叶适的永嘉学派最著名。

陈亮与朱熹关于王霸、义利的辩论，涉及政治哲学的许多议题，如理想与现实、动机与效果、正义与功利、王道与霸道、历史与当今等。陈亮以汉高祖、唐太宗一类建立了大功、留下了大名的人物为榜样，鄙视心性之儒，说："世之学者，玩心于无形之表，以为卓然而有见，事物虽众，此其得之浅者，不过如枯木死灰而止耳。"[1] 又批评此类人说："自道德性命之说一兴，而寻常烂熟无所能解之人自托于其间。……于是天下之士始丧其所有，而不知适从矣。为士者耻言文章、行义，而曰'尽心知性'；居官者耻言政事、书判，而曰'学道爱人'。相蒙相欺以尽废天下之实，则亦终于百事不理而已。"[2] 主张以实际事务为学，学以致用，反对从事形上学，尤其反对以为正心诚意之学做好了，达到"溥博渊泉"地位，就自然可以建功立业之论。他驳斥批评汉武帝不事学问之说，认为汉武帝雄才大略，迥出前古，其天资不为不高，立志不为不大，典籍不为不求，为不世出之主。

而朱熹认为，陈亮这些议论是以成败论英雄，见其有大功业，即认为

[1]（宋）陈亮：《与应仲实》，《陈亮集》，邓广铭点校，中华书局1987年版，第319页。

[2]（宋）陈亮：《送吴允成运干序》，《陈亮集》，邓广铭点校，中华书局1987年版，第271页。

有大道德。实际上汉高祖、唐太宗等，论其动机，皆出于人欲之私，只是由于其善假仁义之名以行其私，故成其大功而又得仁义之美名，而当时与之争天下者，才能智术都不能与之相比。如果以其能创业建国并传世久远为得天理之正，便是以成败论是非。中国历史上祸乱交作，正是由于人只以结果论，所以天理不彰，千百年来只是架漏牵补，勉强过日。其间虽不无小康之世，而尧、舜、周公、孔子所传之道，未尝一日得行于天地之间。而陈亮则认为，如果历史真如朱熹所说的那样，道不行于天地间，那么万物怎能发育生长，人类怎能延续？汉高祖、唐太宗一类人，是治世明君，创业垂统，本领阔大，人物俊逸，虽其政治不能说完美，但说架漏牵补，却是厚诬古人。如曹操一类人，说其专以人欲行，亦无不可，但不能以此说汉唐；以此说汉唐，不但不能使世人心服，即天地鬼神亦不能接受如此不堪的评价。作如此评价的人，自处于道德制高点，认为自己说的是王道、是义，汉唐做的是霸道、是利，口说岂能代实做！陈亮又说，自己表彰汉高祖、唐太宗，只是赞扬其中的英雄业绩，阐发其中的正义之处，并非不承认他们治绩中的疵点，也并非直接崇尚霸道。

陈亮此处所说的道与朱熹不同。朱熹所谓道，乃是法则、道理、准则、理想，是绝对的，可以离事物而存在；只有是否遵循它，不能使它存在或灭绝。他说："若论道之常存，却又初非人所能预，只是此个自是亘古亘今常在不灭之物，虽千五百年被人作坏，终殄灭他不得耳。汉、唐所谓贤君，何尝有一分气力扶补得他耶？"[1]而陈亮所谓道，强调天地根本道理就在事物中，不能离事物而独存："夫道，非出于形气之表，而常

[1] （宋）朱熹：《答陈同甫》，《朱熹集》，四川教育出版社1996年版，第1592页。

行于事物之间者也。”[1]“夫道之在天下，何物非道，千途万辙，因事作则，苟能潜心玩省，于所已发处体认，则知‘夫子之道，忠恕而已’非设辞也。”[2]陈亮认为，人与天地万物并立为三，道是人与物相参所诠释、造就的，如果无人无物，则亦无所谓道。假如像朱熹说的，天地可以架漏过日，则天地为无生气之死物；人心可以牵补度日，则人为半死不活的虫豸。道无处不在，穷尽道的意蕴的，是圣人。一般人虽不能像圣人那样尽伦尽制，但也不尽是欺人罔世。欺人罔世绝不能长久。对于功利，应持正确的态度：不以功利为唯一目的，但不排斥合理的功利。如果排斥功利，则好的动机也会空无结果。许多不成功者非无正确的动机，往往是无正确的实现手段。孟子关于动机手段关系的论述被后世误解，反被指为迂阔而不切实际。陈亮自谓，他想指出的是动机论者的失误，而非赞同效果论。非仅汉唐之君，对管仲的评价也如此。管仲虽遭到后世许多儒者批评，斥之为杂霸，但管仲之功业终究不可掩，其为春秋时举足轻重甚至影响历史进程的人物，受到孔子的高度赞扬，无论如何是抹杀不掉的。迂儒的评价，自可不屑与论。陈亮自明其志：“自要做个人，非专徇管萧以下规摹也，正欲搅金银铜铁熔作一器，要以适用为主耳。亦非专为汉唐分疏也，正欲明天地常运而人为常不息，要不可以架漏牵补度时日耳。”[3]

朱熹以理想的三代作为政治标准来看后世，注重的是应然；陈亮以汉唐明君为参照，注重的是实然。应然注重的是动机，实然注重的是效果；以动机为标准，看重的是道义本身，以效果为标准，看重的是功利。以道

[1] （宋）陈亮：《勉强行道大有功》，《陈亮集》，邓广铭点校，中华书局 1987 年版，第 100 页。

[2] （宋）陈亮：《与应仲实》，《陈亮集》，邓广铭点校，中华书局 1987 年版，第 319 页。

[3] （宋）陈亮：《又乙巳春书之一》，《陈亮集》，邓广铭点校，中华书局 1987 年版，第 346—347 页。

义本身为标准，容易把正义的根据——道、理看成绝对的；以功利为标准，则道、理寓于具体事物，绝对在相对中见。以道、理为绝对，倾向于构造一个理想的王道世界，以显示对此理想的背离之不合理；而以现实为视域，倾向于承认霸道更实际、更有用，同时承认私欲对历史发展的推动作用，不主张将私欲视为洪水猛兽而斥逐殆尽。这两种对立的政治、历史观点，实际上是各自的哲学思想在政治领域的表现。

三、叶适的以经制言事功与新国本论

叶适与陈亮同属浙东功利学派，但有较大不同。陈亮提倡“推倒一世之智勇，开拓万古之心胸”，论事、为人恃才傲物，心高气雄，自谓非格物穷理、涵养心性之理学中人，而是注重现实问题，希图于当世有所建树。叶适则以经制言事功，远绍二程，近取薛季宣、陈傅良，将之熔为一炉，集功利学派之大成。

叶适注重五经，以之为一切学术的源头，主张立论须以经书为根据，否则为无根之学，他说：“读书不知接统绪，虽多无益也；为文不能关教事，虽工无益也。”[1] 但认为五经主要是经世致用之书，体会其中的道理，方有性命之学。这一点是他既讲功利之学又不废义理的根据，也是他不同于陈亮，而有取于陈傅良、薛季宣的主要之处。他认为，经书是讲道理的，更是运用道理的，这就需要对其中义理进行创造性诠释，使之在我。如对于《周易》，叶适说：“易非道也，所以用是道也。圣人有以用天下之道而名之为易。”[2] 在他看来，“易”即推移、变化之意，而推移、变化

[1] （宋）叶适：《赠薛子长》，《叶适集》，刘公纯、王孝鱼、李哲夫点校，中华书局 2010 年版，第 607 页。

[2] （宋）叶适：《易》，《叶适集》，刘公纯、王孝鱼、李哲夫点校，中华书局 2010 年版，第 695 页。

须在具体事物上实现。《周易》的八卦，象征的是八种具体事物，皆直接与民生有关。其他如彖、象等莫不如此。所以叶适最注重的是《周易·系辞》中的几句话："天地之大德曰生，圣人之大宝曰位，何以守位曰仁，何以聚人曰财，理财正辞禁民为非曰义。""见乃谓之象，形乃谓之器，制而用之谓之法，利用出入，民咸用之谓之神。"[1] 其中要义在解释《易》理、运用《易》理。

其他经书也是这样。《尚书》讲的是治理国家的常心常行，而常行出于常心，常心本于常道。《诗经》讲的是周朝兴衰的道理：周始于艰难立国，成于积累善行，削于恃力行诈，亡于骄奢淫逸。《诗》之歌咏、讽颂无非彰著此义。《春秋》当王道之衰，仁义、礼乐、是非、赏罚等治国工具紊乱而莫能用，于是变而为通过对历史事件特殊形式的评价来正名分、贬不义。经书中《周礼》的实用性格最为显明，因为它是讲建邦、设官、井田、兵法、兴利除害、器械工巧等具体事物的。因为它讲得具体，世移事变，许多制度、器物当今不能用，所以最应体会其精神而损益为用，不能食古不化，生硬照搬。总之，叶适认为，六经的精神在用："于《易》，所以见其载道之用者也；于《书》，所以见帝王之处天下之心者也；于《诗》，所以见天下之处其君之心者也；而《春秋》，所以禁其为此而反之于道，以明其必不可违天下之大义而独任其私者也。……《周礼》，六卿之书，言周公之为周。"[2] 叶适不像陈亮讥刺对传统有所持循的人是"把缆放船，积谷做米"，六经之道，正是叶适所把之缆、所积之谷。

叶适从他对经书的以上认识出发，认为功利是儒家传统中必不可少

[1] （宋）叶适：《易》，《叶适集》，刘公纯、王孝鱼、李哲夫点校，中华书局 2010 年版，第 696—697 页。

[2] （宋）叶适：《周礼》，《叶适集》，刘公纯、王孝鱼、李哲夫点校，中华书局 2010 年版，第 702—703 页。

的；儒家道统、政统、学统通而为一，离不开功利这一重要的治国之具。他尝说：“‘仁人正谊不谋利，明道不计功’，此语初看极好，细看全疏阔。古人以利与人而不自居其功，故道义光明。后世儒者行仲舒之论，既无功利，则道义者乃无用之虚语尔。”[1] 并对不讲实际问题，究心玄远、深奥领域的思想家提出批评，这些思想家崇尚老子的“道”，列子的“太始”“太素”“太极”，《礼记》的“人生而静以上”等。而孔子的“非礼勿视听言动”“学”“思”，《尚书》的“洪范九畴”，《诗经》的“有物有则”，子思的“不诚无物”，孟子的“通功易事”“万物皆备于我”等实心实学，反被抛弃。叶适对此批评道：“后学者尽废古人入德之条目，而专以心性为宗，致虚意多，实力少，测知广，凝聚狭，而尧舜以来内外交相成之道废矣。”[2] 叶适对驰心于虚无之域的批评，就是对经义导正之下功利之学的阐扬。

叶适的功利之学在政治上的一个表现是对两宋政弊的深度抉发。其一，对脱离实际、大而无当的国事议论方式进行批评。叶适认为，宋立国以来，优待知识分子，不杀言官，由此言路大开。特别庆历、元祐以来，对政教立言者甚多，但类皆肤阔浅薄，能起而实行者甚少。这虽可表示君上宽博求言之意，但上言多是立奇异之说以动视听。叶适对之建议，加强君主与主政大臣的权力，对臣僚上疏言事加强拣择、决断，停止无谓争论。他指出，有深识远见，以兴起一代帝王为己任的臣子世不多见，以汉、唐强盛之世而论，不过数人而已。而一般小臣，见识狭陋，处于一偏，其言多“计利太卑，求民太甚”，故君主须善于鉴识、选拔大臣与议

[1] （宋）叶适：《汉书三·列传》，《习学记言序目》，中华书局 1977 年版，第 324 页。

[2] （宋）叶适：《孟子·告子》，《习学记言序目》，中华书局 1977 年版，第 207 页。

朝政。特别是南宋，抗金派与和议派争辩不已，且许多人激于意气，或为猎取声名，逢迎当权大臣，立场屡改，更使建言成为无谓的空议论。叶适强调国君与重臣的决断力，就是要使宋代这样言论环境相对自由、官吏参政意识较强的时期，仍然保持传统的圣君贤相式的领导方式，减少由言论杂乱造成的决策失误。

其二，实行“王霸杂用”，使北宋君主乐于使用的令、权、法三者在君德的基础上运转更加有效。“令”者政府之命令，“权”者君主之权力，“法”者朝廷之法律。而有政令，就有留令、亏令、不从令之弊；有君主的威权，就有高高在上、独断专行的弊病；有法律，就有申韩苛法治国、高压钳制臣民不敢言事的弊病。叶适追溯汉唐之君的立国经历，认为其宣示的不过威、权、功三者。而三者皆外在的统治法，容易奏功，但不足以使人心服。故君主首先要修养君德，名位只是实行君道的凭借，不能代替君德。君德首先在于有包容众物、兼收并蓄、不猜忌臣下的度量。以此为基础，才有治民上的轻租减赋，选官上的量才适用，取言上的从善如流，也才能拒斥声色玩好，不至陷溺。叶适倾向于汉宣帝的王霸杂用，说：“汉之宣帝，有明智之才，执赏罚之柄，足以独任天下，鄙远俗儒而参之以霸道，略务宽厚而齐之以法律，其勤敏不懈，而及于工技之细，器械之微，而天下之人拱手退听，不敢有所自为以逆其上之意。”[1] 这与他的儒法兼宗、以经制言事功是一致的。

其三，论把握形势，因势利导。叶适认为，当时论治，往往援引古人成例，如三代之治，夏尚忠，商尚质，周尚文，忠、质、文三者更相为势。又以为周以封侯建藩，中央弱而地方强，尾大不掉而灭亡；秦以罢封建、立郡县，中央强而地方弱，高压强权而灭亡，中央与地方更番强弱为

[1] （宋）叶适：《君德一》，《叶适集》，刘公纯、王孝鱼、李哲夫点校，中华书局 2010 年版，第 634 页。

势。叶适认为，这都是以为天下形势在物不在己，被动应对，放弃自我创造形势的主动权，其结果必然受制于外。他举历史上治国较为成功的例子，说明其君主皆以形势在己而不在物，因而奋发有为："古之人君，若尧、舜、禹、汤、文、武，汉之高祖、光武，唐之太宗，此其人皆能以一身为天下之势；虽其功德有厚薄，治效有浅深，而要以为天下之势在己而不在物。"[1]"势"在己而不在物，才能斩断各种牵制，根据形势主动作为，如导水土、通山泽、缮甲兵、通货财等经济、军事上的具体措施。将"势"委之于外，被动应对，则莫知所从。而天下之势常在变动中，如两汉势在外戚，魏晋势在权臣，而最后不免于宦官弄权、士卒擅命。五胡乱华、西晋倾覆，亡在世族浮华，清谈误国。叶适总结以上败亡之由，认为皆在将存亡祸福之势托之于外。必须变被动为主动，营造利于己、能把握的形势。这是叶适对"势"这一政治哲学观念的考虑。他的总结是："夫势者，天下之至神也，合则治，离则乱；张则盛，弛则衰；续则存，绝则亡。臣尝考之于载籍，自有天地以来，其合离、张弛、绝续之变，凡几见矣，知其势而以一身为之，此治天下之大原也。"[2]具体到南宋的形势，叶适以为，熙宁变法，成于元丰，消沮于元祐，最后实行于南宋。其势已经养成，不能骤变；而女真占据北方半壁江山，南北相安无事，已经为天下熟习，此形势也已养成。只有不忘复仇，而不轻言恢复，积聚力量，等待时机，他说："使今之天下自安而忘战则不可，使之自危而求战，尽变而能战，又决不可也。"[3]故叶适在与女真的战与和上，看法与陈亮不同。此不同，取决于他对势的根本看法。

[1]（宋）叶适：《治势上》，《叶适集》，刘公纯、王孝鱼、李哲夫点校，中华书局2010年版，第637页。

[2]（宋）叶适：《治势上》，《叶适集》，刘公纯、王孝鱼、李哲夫点校，中华书局2010年版，第639页。

[3]（宋）叶适：《治势下》，《叶适集》，刘公纯、王孝鱼、李哲夫点校，中华书局2010年版，第643页。

其四，新国本论。叶适之国本，指优待士大夫，其中有两件紧要之事，一曰礼敬，二曰轻刑。以往论国本，大多指重视民生，爱惜民力、民财，以民为国家之根本。而叶适所谓国本，指根据当时形势制定的治国根本纲领。定此纲领，并非不知民为国家之根本，也不是说君可以不恤民而可致治，而是说，相对于爱民、恤民的老生常谈，对治国而言有更重要、更直接、更有针对性的措施，即礼敬臣下和宽恤刑法。礼敬臣下表示宋朝改变秦以来的苛法，不以君主专制治国，而与士大夫共治天下。叶适清楚这一措施对于巩固宋王朝的意义："夫士贵而后官贵，官贵而后国贵，国贵而后主尊。"[1] 君主专制的弊端，历汉、晋、隋、唐而显，君主与外戚、权贵、世族共治天下的局面一去不复返；贵族政治的各种衍余已经消失殆尽，新兴庶族势力占据政治的中心舞台已是不可动摇的趋势。叶适看到了这一趋势，并且给出了具体措施：优礼士大夫，减轻对士大夫乃至百姓的刑罚。他认为北宋立国以来这一点是一直奉行的："夫进人以礼，退人以义，而不以刑法御其臣者，无过于祖宗之世；而不使奸臣妄杀一士者，亦无过于祖宗之世。"[2] 虽南宋南北分治，国未统一，但此祖宗之法不可一日而无。这是新形势下国家长治久安的基础，也是力图恢复进而实现国家统一的基本国策，亟需培壅加强："夫二百余年之国本在是，天下安之也久矣。培之使益坚，养之使不伤，夫谁得而动之！不顾而变，其安危之端，必自是始。"[3] 叶适对于南渡以来君臣关系的一系列论述，是与历史大势、与新形势下君臣关系的特点一致的。

[1] （宋）叶适：《国本中》，《叶适集》，刘公纯、王孝鱼、李哲夫点校，中华书局2010年版，第647页。

[2] （宋）叶适：《国本中》，《叶适集》，刘公纯、王孝鱼、李哲夫点校，中华书局2010年版，第648页。

[3] （宋）叶适：《国本下》，《叶适集》，刘公纯、王孝鱼、李哲夫点校，中华书局2010年版，第650页。

其五，论士之迂阔。士之所以为士，就在于他不以近利而以正义考量天下之事，且有批判思维，不随波逐流，故常被世人讥为迂阔。但叶适认为，上古三代之时，政治清明，人皆知崇尚正义以养其功利，无所谓“迂阔”。周衰以后，诸侯争求近效，以为以义养利难以达到，并且不惮以阴险狡诈的手段求取利益。此后渐渐习非成是，反而以遵守规则，服从公义为迂阔。孔子、孟子栖栖皇皇奔走列国间，劝诸侯行仁义、黜功利、修礼乐、息争战，所到皆笑为迂阔。孔子、孟子虽不见信于当道而不改初志，叶适对此大表赞赏：“夫孔子、孟轲，所谓迂阔之最大，而后世所以有迂阔之论者自孔、孟始也。呜呼！天下自周之衰而极于亡秦之乱，天地几不立矣。所以然者，君臣上下为目前便利之计，月不图岁，朝不计夕，自以为是，而后来者无所则仰也。彼其君臣父子之道复立，礼义忠信之教复兴，乃得永存以至于今世而犹有望其无穷者，此非孔、孟迂阔之力欤！”[1] 叶适认为，北宋以来以文治为主已二百余年，但上下交相讥刺以为迂阔，所以无宏远之谋略，有的拘泥于卑近之事，有的貌似远大而实为狭陋。卑近者学世务之学，但求利太速，反而纷乱其事；貌似远大者又大而无当，取三代不可行于当世者勉强牵合，以之为酌古而御今。两者皆足以败事！叶适说：“必得真迂阔者而用之，天下其庶几乎！”[2] 而要得到这种“真迂阔者”作为各方之材，必须兴学立教。叶适由此提出“取士必先养士”。养士重在培养以经学义理为根底而又能经营实务的人才，他说：“今天下之士，虽五尺童子无不自谓知经，传写诵习，坐论圣贤。其高者谈天人，语性命，以为尧、舜、周、孔之道，技尽于此，雕琢刻画，侮玩

[1] （宋）叶适：《士学上》，《叶适集》，刘公纯、王孝鱼、李哲夫点校，中华书局 2010 年版，第 674—675 页。

[2] （宋）叶适：《士学上》，《叶适集》，刘公纯、王孝鱼、李哲夫点校，中华书局 2010 年版，第 675 页。

先王之法言，反甚于词赋。……众说溃乱，茫然而莫得其要。人文乖缪，大义不明，无甚于此，而知者曾不察欤！噫！其过在于不养耳。”[1] 叶适赞扬“迂阔”，说明他注重士的社会批判精神，士的坚持正确价值方向不向流俗低头的操守，以及士的社会公义与功利实效相结合的品格。这是叶适作为功利学派的代表人物的独特之处，也是他对当时的社会现实和士人风习的委婉批评。

四、明朝的君民关系与宽严之争

政治哲学的各个方面在明朝得到了最为典型的体现。这是因为，从政体说，它中央集权最典型，君主独裁最严重。同时，由手工业、商业、海外贸易的发展带来的城市规模扩大、市民阶层活跃、社会阶层差距缩小也最典型。如何平衡新的政治态势下各方面的关系是一个可见可触的实际问题。此外，明朝替代外族统治的元朝，它的新政治方略带来了种种结果（尤其是宦官干政和党争），明朝灭亡后，思想家对这些结果进行了反省、纠补，对未来政治进行了构想，这些政治理论上的探讨较以前更加深刻。

明初最为典型的政治事件是朱元璋滥杀功臣，和罢中书省、废丞相，五府六部直接对皇帝负责的体制变革。前者表露的是皇权、个人独裁力度加强，及纠蒙元纲纪松弛之偏，采取刚猛治国的策略。后者则是政体的改变，表示要扭转两宋相权太重，皇权被削弱，不复能统御全局这样的局面。

明初因反元，所以盛张民族、民本两大政治纲领。民族者，驱除蒙元，建立汉族政权，延续历代相传的儒家政治统绪。民本者，改变元朝蒙

[1] （宋）叶适：《士学下》，《叶适集》，刘公纯、王孝鱼、李哲夫点校，中华书局 2010 年版，第 677 页。

古上层欺压汉人的现状，恢复儒家民为邦本的传统。这两大口号相当有效。明朝建立并巩固后，民族主义失去存在的根据，而民本论则成为加强皇权的借口。如帮助朱元璋打天下的著名谋士刘基说：“天生民，不能自治，于是乎立之君，付之以生杀之权，使之禁暴诛乱，抑顽恶而扶弱善也。”(《郁离子·蛇蝎篇》) 这是认为君主权力乃天之所予，君主专制是有合理根据的。但如果君不能履行其保民、养民的职责，甚至滥政害民，则民可以替天行道，起而推翻之。在古代社会末期的明朝，这一说法本来司空见惯，卑之无甚高论。但对刘基这一崇尚道家、主张一切皆须取法自然的思想家来说，以民为本是自然的，君主专制是自然的——专制是民本的一种体现，推翻无道之君也是自然的，也是民本的体现。朱元璋对民本论是容许甚至是赞扬的，因为和君主专制并不矛盾，甚至可以借民本为专制服务。稍后的方孝孺，则是典型的儒家，以孟子的保民而王为纲领，认为君的天职是保民养民，臣的职分在辅助君主保民养民，民的职责在提供赋税、力役以完成对国家的资财供应。三者各司其职，职司不修，皆应受罚：“夫天之立君者何也？亦以不能自安其生而明其性，故使君治之也。民之奉乎君者何也？亦以不能自治与自明，而有资乎君也。……自公卿大夫至于百执事，莫不有职。而不能修其职，小则削，大则诛。”[1] 要达到保民、养民的目的，一是使民有土地可耕种，有营生之业为衣食之源。二是有礼义教化之，伦纪约束之，使民不为非作歹，渐进于善。三是推广地方自治，以乡贤、宗族之长、粮长等教导劝诫子弟，处理词讼，甚至立公田赡养、济助贫弱。方孝孺以上思想远绍孟子，也吸收了宋以来愈益深入人心的“天立君以治民”，君、臣、民各司其职的思想，其具体措施借鉴了宋代的《吕氏乡约》，更与朱元璋的“圣谕”相呼应。

[1]（明）方孝孺：《君职》，《逊志斋集》，徐光大点校，宁波出版社2000年版，第76—77页。

君民、君臣关系方面需要注意的是万历年间张居正的思想。张居正的特点是儒家为体，法家为用。他与王门学者有交往，但不喜讲学，注重实行。认为经邦济世之用，必须以学问为基础；但所谓学问，非各种闻见博杂、雕虫小技之学，而是本乎经书，并有自己真实体悟的实用之学，不是言人人殊，无谓争辩之学。具体来说，未出仕时，主修修己治人之学，以备出仕之用；为官之后，则修习与所职之官相关的学问。所以张居正居内阁首辅时罢天下书院，其目的不在防止在野者结社，利用书院议政，攻击当道，而确以为空谈无益，虚耗时光，尝说："圣贤以经术垂训，国家以经术作人。若能体认经书，便是讲明学问，何必又别标门户，聚党空谈。今后各提学官督率教官生儒，务将平日所习经书义理，着实讲求，躬行实践，以需他日之用。不许别创书院，群聚党徒，及号招他方游食无行之徒，空谈废业，因而启奔竞之门，开请托之路。"[1]张居正作为内阁首辅，认为君权必须强大，臣下必须忠君体国，尽心尽职，办事须遵守成法，勿轻言革新。即使朝廷大政需要改革，须自上而下实行，须以刚猛为宗旨。这或许可以看作对明朝中期以来政治积弊所下的猛药。

明朝政治，是在一刚一柔中徘徊行进。朱元璋太刚猛，建文帝以柔纠之。明成祖以刚猛纠建文之柔懦，特别成祖磔方孝孺，诛其十族，士气为之萧索。洪熙、宣德又纠成祖之刚猛，欲造成宽松的世风士气。英宗稍刚猛，成化、弘治又纠正之，成一小中兴局面。而自正德之后，皇帝不是耽于嬉游就是居深宫炼丹打醮，至万历，朝政荒疏延宕，柔弱因循，亟须振刷。张居正主持明神宗的改革，重点在"尊主威，定国是，振纪纲，别

[1] （明）张居正：《张居正集》第一册，张舜徽主编，荆楚书社 1987 年版，第 174 页。

瑕蠹”[1]，树立少年皇帝的权威，推行改革诸措施。特别是经济上的一条鞭法，重新丈量全国土地，防止大户偷漏赋税，减轻小户的负担等。为了给变法造声势，张居正为人们众口毁斥的秦朝政治、法律制度进行辩护，认为秦的严刑峻法、综核名实在六国争强的时代实有必要，宽仁之政不合世用。历来儒者以秦速亡为口实严斥法家，比为虎狼，实是贬斥太过。他说：“三代至秦，混沌之再辟者也。其创制立法，至今守之以为利。史称其得圣人之威。”[2] 认为圣人之法并非仁政一个方面，还有威权、严法这一面。法家正是这一面的体现。他也表彰朱元璋刚猛治国，认为是一大创举：“高皇帝以神武定天下，其治主于威强。前代繁文苛礼，乱政弊习，刬削殆尽。其所芟除夷灭，秦法不严于此矣。又混沌之再辟也。”[3] 认为在明朝士习怠惰，政治气氛萎靡，从内阁首辅到一般臣僚皆求明哲保身的情况下，加强考核，赏罚分明，统一政令，严肃纪纲，实是有针对性的有力措施。而懿文太子的仁柔，建文帝的懦弱，是对衰弱的两宋陋政的沿袭；妄改朱元璋的治国大政，犹如秦二世、扶苏。他还申论，秦之亡，不亡于其残暴，而亡于其没有好的后继者，及对六国余孽的姑息。

张居正作为改革家，站在帝王的立场拥护集权专制。出于其对当时政弊的洞悉，他认为刚猛治国正是贯彻民本思想应该有的措施。“本固邦宁”，而欲邦宁，必须本固；当时之“本”，正是对危害国家的种种弊端的整治。《尚书》的“敷教在宽”，并非一味姑息因循；刚猛治国是针对具体情势而发，非与“以民为本”的根本纲领相违背。也就是说，在张居正眼

[1] （明）张居正：《张居正集》第二册，张舜徽主编，湖北人民出版社 1994 年版，第 1152 页。

[2] （明）张居正：《张居正集》第三册，张舜徽主编，湖北人民出版社 1994 年版，第 657 页。

[3] （明）张居正：《张居正集》第三册，张舜徽主编，湖北人民出版社 1994 年版，第 658 页。

里，君主集权天经地义，是“民本”的根本保证。治国上的或刚或柔，法制上的或宽或严，吏治上的或苛或缓，都服从于国家根本利益，而国家利益就是百姓利益，两者根本上是一致的。任何治道的改变都是从百姓利益着眼的，君主、臣民是一个利益共同体，道家、法家眼里君主和百姓的根本对立是不存在的，帝王个人的有限靡费与巨大的国家财富相比也是微不足道的。这说明张居正骨子里仍是儒家，不过是实践性儒家，长于实际政务，不愿作理论探索，厌恶形上思考与心性体证，对儒家思想的撷取也是为他的执政实践服务的。

五、黄宗羲对君主制度的反思

明代乃至整个中国古代，对君主的性质，君民、君臣关系思考最为深刻有力的是黄宗羲。明朝灭亡、宗社丘墟给了思想家反省君主制度在明朝的种种表现从而思考整个君主制度利弊的绝好机会，明末清初思想家唐甄、顾炎武、黄宗羲、王夫之等皆起而对明朝甚至整个君主制度进行反思。

黄宗羲对君与臣的起源、性质、功能进行了深入推究。他认为，君起源于人群兴利除害的需要。人是群居性动物，必须有人主持所居之群发生的事务，最早的君是能以天下之利害为利害而不为个人谋私利且才能卓越者。这样君必劳苦倍于常人，人常出于好逸恶劳的本性而欲避免君位。后世的君常把自己视为手握天下生杀予夺大权的最高统治者，把国家视为一家一姓的产业，天下之财利是此产业带来的利息，据有之、靡费之是自然的。黄宗羲说：“古者以天下为主，君为客，凡君之所毕世而经营者，为天下也。今也以君为主，天下为客，凡天下之无地而得安宁者，为君也。是以其未得之也，屠毒天下之肝脑，离散天下之子女，以博我一人之产业，曾不惨然，曰‘我固为子孙创业也’。其既得之也，敲剥天下之骨髓，离散天下之子女，以奉我一人之淫乐，视为当然，曰‘此我产业之花息也’。然则为天下之大害者，君而已矣。”[1]古之君主如彼，自然受人爱戴；今之君主如此，自然受人憎恶，视之如寇仇，名之为独夫。黄宗羲对君主起源的追溯是有意义的，对君主的职能和责任也有深刻认识，因而对后世君主的批判是相当激烈的。这出于他对故国亡于异族的激愤之情，也出于对未来理想政治的期望。但在传统政治文化的影响下，当然提不出对新的国体、新的政治制度的设想，仍然寄希望于圣君贤相，甚至希望有明君知遇而贡献其治平之术。

黄宗羲对臣的起源和职能的阐述更加深刻。他认为，臣起源于社会分工的需要，因为天下之大，兆民之多，非一人所能治，必须分工共治。就此而言，臣之出仕，是为天下，非为君主个人，为天下兆民，非为一家一姓。这样，符合天下百姓公共利益的，是合理的，否则是不合理的。服从君主是服从天下之公利，不是服从君主个人。为君主个人的私利服役奔走，是宦官宫妾。所谓杀身成仁，是为天下百姓赴死，非为君主个人。但后世之为臣者，以为天下是君主囊中私物，自己是帮君主牧民的，一切站在君主的立场考虑问题。政局昏乱，万民憔悴，危及的是君主；政治清明，天下晏安，可高枕无忧的仍是君主。百姓忧苦，视为细事。黄宗羲提出：“天下之治乱，不在一姓之兴亡，而在万民之忧乐。……为臣者轻视斯民之水火，即能辅君而兴，从君而亡，其于臣道固未尝不背也。”[2]君臣之名，出于共治天下的需要，出仕是为民，非为君。不出仕，则与君为路人；出仕，则与君共治天下。仕而不以百姓之事为事，则是君的仆妾；以

[1]（清）黄宗羲：《明夷待访录》，《黄宗羲全集》第一册，浙江古籍出版社1985年版，第2页。

[2]（清）黄宗羲：《明夷待访录》，《黄宗羲全集》第一册，浙江古籍出版社1985年版，第5页。

百姓之事为事，则与君为师友。而当世许多臣子，匍匐于君主脚下，自隶于仆妾，臣道不立，造成君骄臣谄，失去君臣共治为天下万民的本意。黄宗羲这一思想，与“君臣之义，无所逃于天地之间”的君臣观完全不同。它吸收了《礼记·礼运》的天下为公之说，而孟子的民贵君轻、天爵人爵、君臣关系是相对的等思想，更是它的直接来源。

黄宗羲也批评了后世的法制系统，认为在君主以天下为囊中私物，臣皆君的奔走服役之人的前提下，法制不过是巩固私天下的工具。以百姓为目的，法方为善法；私天下之法，乃非法之法。非法之法，其创立出于利欲之私，其毁坏也出于利欲之私。坏之者固然足以害天下，创之者亦未始不害天下。如秦罢封建、立郡县，汉封同姓为王，宋解藩镇释兵权，都是为一家一姓的江山考虑，都是所谓“私法”。这样的法，条理、系统越细密，天下受法之害越多。这里所谓法，不仅是法律或法制系统，更是治国的方略、制度、措施。法律系统之优劣，具体法条之当否，尚不在对明代政治进行总体性检讨的宏大考量之列。而被黄宗羲作为参照标准的所谓三代之法，特别是其中的井田、封建、学校、军制等，实际上并不具有现实意义，只是作为批判后世“非法之法”所标立的理想而已。故黄宗羲不同意所谓“有治人而无治法”的说法，认为当时最大的政弊在丧失了三代的公天下之法。他主张“有治法而后有治人”，认为假如有公天下之法，治理之人如果采取的措施是当，法是美政的辅助；采取的措施失当，法是补救的工具。后世是私天下之法，法是施政者维护私天下的工具。法的美恶，端看立法者的意指是公还是私。这是良法恶法的分水岭。

黄宗羲还有对相权的思考。在他看来，明朝之所以没有善治，就在于朱元璋罢去宰相不立。朱元璋鉴于宋代相权太重，皇帝被架空的历史教训，罢去宰相，五府六部直接归皇帝管辖，并将之立为遗训：“以后子孙做皇帝时并不许立丞相。臣下敢有奏请设立者，文武群臣即时劾奏，将犯人凌迟，全家处死。”[1] 这条遗训成为明朝各代必须遵行的律令，由此形成皇帝“乾纲独断”“事皆亲决”的局面，对此后政治影响绝大。黄宗羲以他所构想的三代之治为对照坐标，提出三代时天子与群臣的关系是相对的，犹如诸侯与卿大夫、卿大夫与士尊卑关系之递减。后世天子逐渐绝对化，与众臣的关系非相同序列中的递减关系。这一方面造成了君主的虚骄自大，视群臣为自己的奔走服役之人，另一方面造成了臣下只知服从甚至谄媚，视君为知遇自己之家主。古人君位传贤，子不贤可另择他人；后世传子，子不贤亦不失君位，于是造成许多儿皇帝和昏庸无智之君。如有宰相，尚赖宰相传贤以补救；如无宰相，则天下糜烂无治。当时许多人看到内阁首辅权重，比之为宰相，黄宗羲则认为，宰相为一级政府，有统辖职能部门的权力，内阁首辅只是帮助皇帝批答奏章、起草诰敕的秘书班子首领，非可比拟宰相。有人将入阁办事作为自己的“相业”，不过自视过高而已。黄宗羲特别指出，不设宰相引起了明朝两大政弊，一是宦官干政，二是党争不断。因为皇帝不能倚重宰相，势不得不倚重身边近昵之人，用之传达旨意，于是宦官之权大者乘机上下其手，夹带私货，皇权由之旁落。宦官势胜时内阁之票拟，往往要看宦官脸色，内阁首辅亦成了受宦官指令之人。而部府院臣为了争夺权力，亦结党营私，追逐阁臣特别是首辅之位，造成明朝后期持续不断的党争，一直争到南明覆亡。此皆不设宰相引起的祸乱。他建议：“宰相一人，参知政事无常员。每日便殿议政，天子南面，宰相、六卿、谏官东西面以次坐。其执事皆用士人。凡章奏进呈，六科给事中主之，给事中以白宰相，宰相以白天子，同议可否。天子批红。天子不能尽，则宰相批之，下六部施行。更不用呈之御前，转发阁中票拟，阁中又缴之御前，而后下该衙门，如故事往返，使大权自宫奴出

[1]（明）朱元璋：《皇明祖训》，载《四库全书存目丛书》第 264 册，齐鲁书社 1996 年版，第 167 页。

也。”[1] 并建议六部办事机构即设在宰相的政事堂之后，有事及时会商，避免公文流转，下情不能上达。这些措施是针对明朝的政弊而发，也出于他关于君臣关系的根本观点。

黄宗羲最有创意的是关于学校的功能和作用的议论。这些议论，仍然出于他的三代理想。在他看来，三代时学校不仅是培养士人的机构，也是许多政法、文化活动的举办场所。国家层面的重要活动都应在学校进行：“学校，所以养士也。然古之圣王，其意不仅此也，必使治天下之具皆出于学校，而后设学校之意始备。……盖使朝廷之上，闾阎之细，渐摩濡染，莫不有诗书宽大之气，天子之所是未必是，天子之所非未必非，天子亦遂不敢自为非是，而公其非是于学校。是故养士为学校之一事，而学校不仅为养士而设也。”[2] 学校最重要的功能首先是用知识濡染、熏陶一切部门，使其活动有知识的含量、讨论的习惯、宽松的氛围。其次，学校是清议场所，代表对权力的监督和对政务的补缺拾遗。所以三代时，学校不仅是教育机构，更是国家政治、文化命脉所寄。三代以下，由于皇帝权力绝对化，一切以朝廷的法令为准，学校的多种功能丧失了，只成了士人的养成所，甚至被看成专与朝廷作对之地。后世科举制度确立，学校成了只是教授科举之法的地方：“而其所谓学校者，科举嚣争，富贵熏心，亦遂以朝廷之势利一变其本领，而士之有才能学术者，且往往自拔于草野之间，于学校初无与也，究竟养士一事亦失之矣。于是学校变而为书院。”[3] 而且学校稍持异议，动辄遭到迫害，毁书院、禁伪学、收捕党人，国家不仅不能养士，而

[1] （清）黄宗羲：《明夷待访录》，《黄宗羲全集》第一册，浙江古籍出版社 1985 年版，第 9 页。

[2] （清）黄宗羲：《明夷待访录》，《黄宗羲全集》第一册，浙江古籍出版社 1985 年版，第 10 页。

[3] （清）黄宗羲：《明夷待访录》，《黄宗羲全集》第一册，浙江古籍出版社 1985 年版，第 10—11 页。

适所以害士。黄宗羲向往的是东汉末年太学生议论朝政，裁量人物，以清议影响朝政，及宋代太学生伏阙捶鼓，请起李纲主持抗金大业。黄宗羲这里针对的是明朝皇帝居于深宫，所接触者不过宦官宫妾，养成妄自尊大之习，士大夫或趋附势力，或明哲保身，不敢锐身承当国家安危这种死气沉沉的局面。在他看来，士人为国命所系，士人精神的丧失，即国家生气的丧失；士人的堕落，即国家沉沦的前奏。而士人的堕落，是由于皇权绝对化，朝廷与学校对立，继而对士人群体进行打击迫害造成的。所以要效法三代，重新确立学校的应有功能，恢复士人本有的尊严，重视清议对执政的重要作用。地方上的文教事业也应托之于学校，如科举人才的荐举，郡县学官的选拔，太学祭酒的推择，甚至社会风气、文化习俗的好坏，都由学校承担，都是学官之事："故入其境，有违礼之祀，有非法之服，市悬无益之物，土留未掩之丧，优歌在耳，鄙语满街，则学官之职不修也。"[1]

黄宗羲对明朝宦官误国亦有痛切批判，他说："奄宦之祸，历汉、唐、宋而相寻无已，然未有若有明之为烈也。汉、唐、宋有干与朝政之奄宦，无奉行奄宦之朝政。今夫宰相六部，朝政所自出也，而本章之批答，先有口传，后有票拟。天下之财赋，先内库而后太仓。天下之刑狱，先东厂而后法司。其他无不皆然。则是宰相六部，为奄宦奉行之员而已。"[2] 他认为明代宦官之祸，烈于汉唐。其造成的最大危害在宦官把持宫禁一切事务，阻遏朝臣面见皇帝，诱使皇帝放纵欲望，骄奢淫逸，将皇宫（所谓"内廷"）弄成一个小圈子，与国家（所谓"外廷"）对立起来，甚至与民争利。如万历时的矿监税使，搜刮民财为皇帝私用，招致民怨沸腾甚至激成

[1] （清）黄宗羲：《明夷待访录》，《黄宗羲全集》第一册，浙江古籍出版社 1985 年版，第 14 页。

[2] （清）黄宗羲：《明夷待访录》，《黄宗羲全集》第一册，浙江古籍出版社 1985 年版，第 44 页。

民变。此外，宦官窃权，倾轧朝臣，导致宦官对皇上的主奴私昵逐渐变为臣下对君主的行为方式，许多朝臣专以谄媚主上为事，士大夫忠直之节扫地以尽。黄宗羲指出，宦官不过供洒扫之人，于皇帝为奴仆；朝臣是与皇帝共治天下之人，于皇帝为师友。奴仆所主之事为供使令洒扫，师友的责任在做好人主的“分身”，与皇帝共治天下。奴仆之贤者在能窥伺主人的喜怒，而师友之贤者在能规劝皇帝的过失。朝臣专以窥伺君主喜怒而逢迎之，则为巧言令色的小人。皇帝以对宦官的方式对待朝臣，则为舍去师友之道而相趋于奴颜婢膝之途。此习沾染既久，小儒遂忘掉与皇帝为师友之君臣大义，以为“君父，天也”，失去对皇权的监督及对君主拾遗补阙之义。他对此的建议是，回归宦官供使令洒扫的本来面目，大量裁撤宦官与其他宫人员额，减少宫中各项靡费，并严禁宦官干政，消除其造成的各方面影响。另外黄宗羲还有关于科举、兵制、田制、建都、胥吏等方面的议论。这些议论大受顾炎武的称赞：“知天下之未尝无人，百王之敝可以复起，而三代之盛可以徐还也。”[1]

黄宗羲对学校的设想引起现代学人极大关注，甚至有人比之为西方的议会。实际上两者根本不同。黄宗羲所谓学校，参照者为三代。三代学校究竟如何，文献有限，今人已难知其详。即使如黄宗羲以上所言，三代也非政务“皆决于学校”。学校的权威来自耆老、有知识的人在民众中的威望，而非其行政功能。学校是清议、荐贤场所，由学校产生、发布、运作政令势不可行。至于后世，学校逐渐成为作养人才、研究文化教育的地方，其政治功能逐渐减弱。黄宗羲欲纠正明代政弊，提高士人的参政地位，增强清议对专制政权的纠补作用，遂以假想的三代学校为议论根据。现代人想张扬民主自由这一时代趋势，批判集权专制，遂抬高黄宗羲

[1] （清）顾亭林：《与黄太冲书》，《顾亭林诗文集》，华忱之点校，中华书局 1983 年版，第 238 页。

这些议论的价值，这其实是一种现代政治意识、参政诉求的折射。黄宗羲对集权专制的批评，是明末清初思想家对明朝灭亡乃至整个传统文化的反省的时代思潮的表现。对集权专制的批评甚至痛骂在当时是较为普遍的，如唐甄曾说："自秦以来，凡为帝王者皆贼也。"[1]"自秦以来，屠杀二千余年，不可究止。嗟乎！何帝王盗贼之毒至于如此其极哉！"[2]王夫之也有大量痛斥"孤秦陋宋"的言论。但所痛骂、所指斥的实际上仍在具体政治措施上，对改变中央集权的统一帝国这种沿用数千年的"超稳定"政体形式，仍无有力设计。这一政治格局的改变，要待西方政治学、社会学传入以后国人对它们进行消化、改造并将其与中国传统政体形式融会贯通以后了。

[1] （明）唐甄：《室语》，《潜书》，吴泽民编校，中华书局 1955 年版，第 196 页。

[2] （明）唐甄：《全学》，《潜书》，吴泽民编校，中华书局 1955 年版，第 176 页。

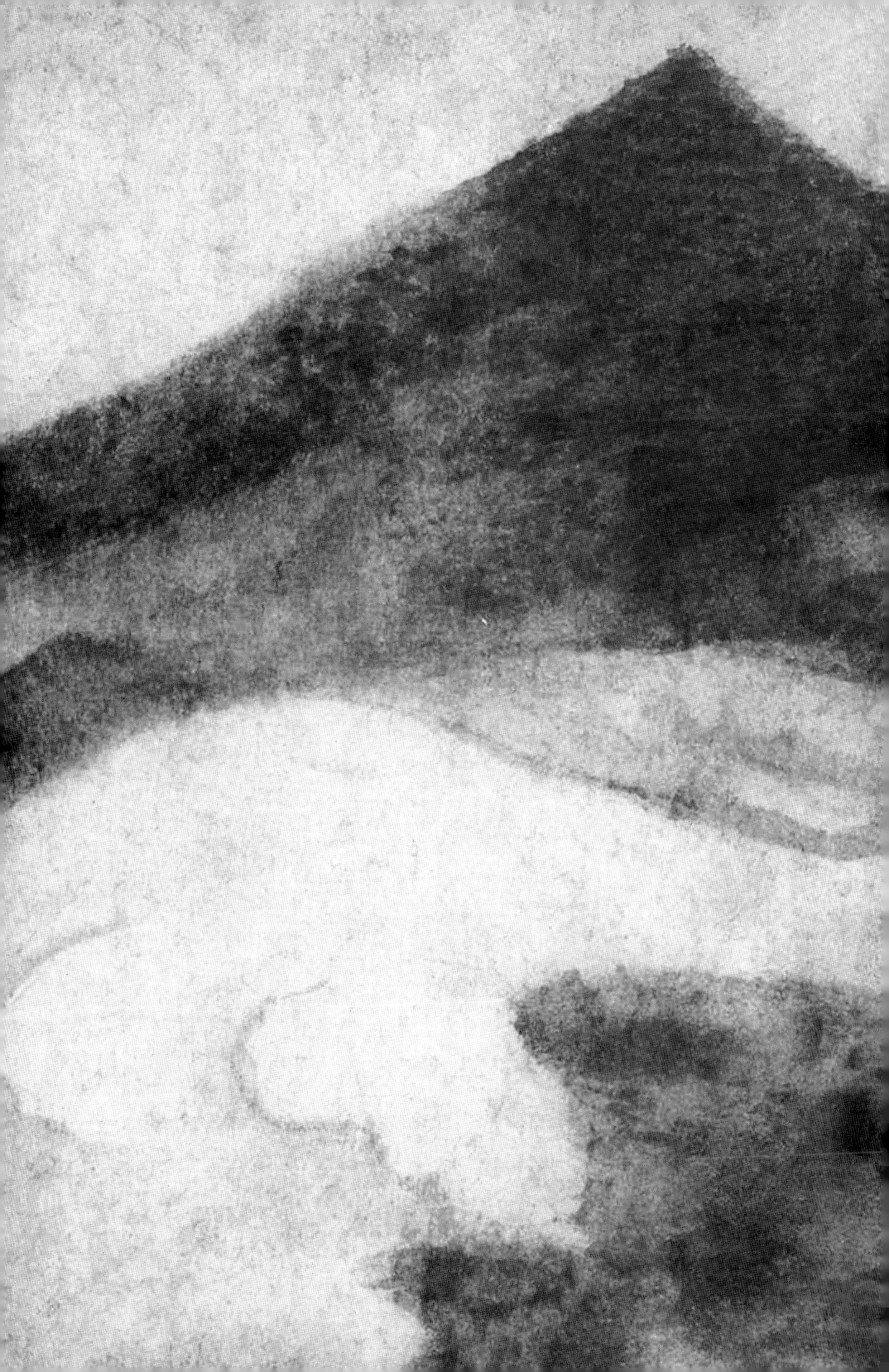

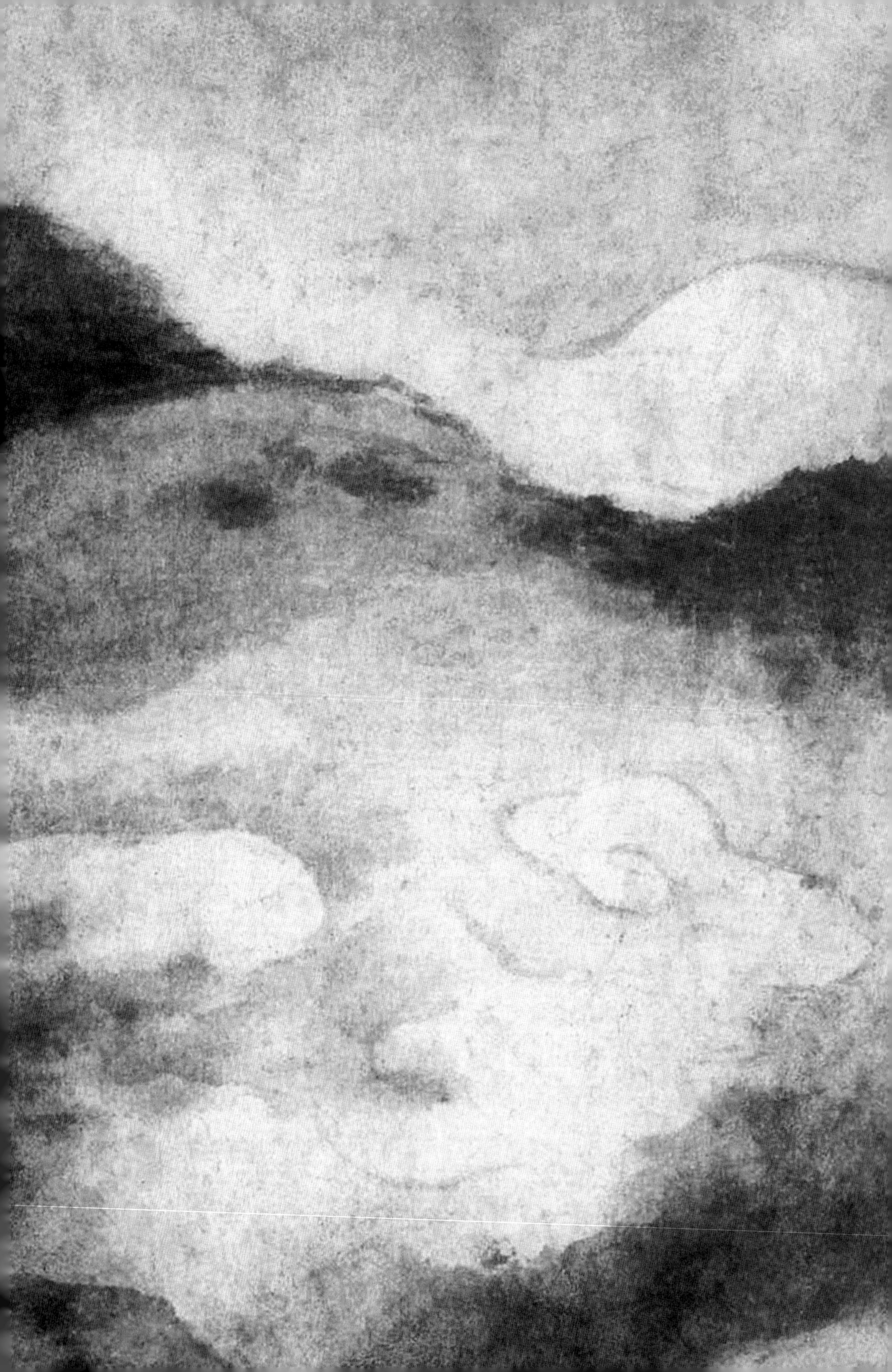

第六章　伦理学

第一节　美德伦理与中国伦理学的特点

一、美德伦理简述

伦理学是关于道德理论和道德实践的分析、判定、评价的科学，道德的核心是关于是非、善恶的解释与评判。道德现象自智人起即产生了，对道德现象的理解、判定、评价也具有悠久的历史，但系统的伦理学却是一门年轻的科学。现在的伦理学研究，大致可分为元伦理学、规范伦理学、美德伦理学。元伦理学主要讨论伦理学概念、术语，如正当、不正当、善、恶的定义和确切意义，关于伦理的判断能否被证明等。它是分析哲学的理论和方法在伦理学上的运用，是和应用伦理学完全不同的形式理论学科，它侧重的是语言及逻辑问题。所以元伦理学的代表人物也是分析哲学的代表人物，如摩尔、罗素、维特根斯坦、石里克、卡尔纳普等。规范伦理学虽也讨论是非、善恶、价值、责任等问题，但它的目的是为了给人指出该做什么，人负有什么样的道德责任，指明善的内涵，具体德目的含义，人生的意义和价值，得出这些结果的根据和方法等。规范伦理学是实践的，是导人向善的，是关乎道德内容的。规范伦理学是流行时间最长、地位最重要的伦理学形态，它的主要派别有快乐主义、直觉主义、功利主义等。美德伦理学严格说也属于规范伦理学，20 世纪后期以来，现代伦理学研究出现了种种弊端，美德伦理学于是取得了与功利主义、义务论鼎足而三的地位。美德伦理学强调和注目的是人的德性总体，不是具体的伦理规范；是人的总体修养，不是行为原则。当代道德哲学家赫斯特豪斯（R. Hursthouse）列出了美德伦理学的几大特征：（1）以行为者为中心而不是以行为为中心；（2）它更关心是什么而不是做什么；（3）它处理的是应当成为怎样的人而不是采取怎样的行为；（4）它以德性论概念如善、优秀、美德等而不是以义务论概念如正确、义务、责任等为基础；（5）它拒绝承认伦理学可以凭借那些能够提供具体行为指南的规则或原则的形式而法典化。[1] 这是一个对美德伦理学特征较好的概括，它把美德伦理学与规范伦理学特别是义务论伦理学的区别鲜明而准确地提揭了出来。

美德伦理学在西方远有端绪，在柏拉图和亚里士多德的著作中，已有对美德的论述和强调，如柏拉图在《理想国》中提出著名的四主德：智慧、勇敢、节制、公正，认为无论是国家还是个人，都需要这四种德行作为思想和行为的原则和基础。而这四者作为一个整体的不同部分是互相辅助、互相制约的。至善是最高理念，是人的行为的终极追求，但它本身无目的，它是“无为而无不为”的。善是一切事物的存在和本质的创造者，犹如太阳是可见的东西和视觉之所以可能的根据。善是对大美的静观，是从肉体的桎梏中解脱出来到达纯净灵魂，它不是快乐主义所谓快乐，也不是苏格拉底所谓知识，善是诸种德行的最高概括，是追求善的品质的人追求的结果。

亚里士多德在《尼各马科伦理学》中，以思辨的方式提出了至善、幸福、德性诸重要问题，奠定了西方伦理学的理性基调。他认为，至善是一切行为的最高追求，它是自足的，自身即是目的，而不是达到任何目的的手段。人都在追求幸福，而最大的幸福不在生活的优裕，而在实现至善的

[1] 参见［新西兰］罗莎琳德·赫斯特豪斯：《美德伦理学》，李义天译，译林出版社 2016 年版，第 27 页。

活动，合乎德性的活动本身就是快乐。德性分为两种：伦理的德性和理智的德性。前者是意志的、实践的，后者是反省的、思考的；前者出自风俗、习惯，后者出自思维。在两者中，理智的德性是更重要的，因为它指导人的行为选择，使它们在理智的统御和规范下符合中道。如四主德中的勇敢，过度即是鲁莽，不足即是怯懦。中道代表“应该”，即一事物的本性在特定时间、空间条件下的展现。理智德性是伦理德性的导航者，犹如航船上的舵手，使之从具体的、个别的事件中超拔出来，成为总体的、一般的德性。伦理德性倡导好的习俗的培养，理智德性则在于思维能力的训练。快乐是理智指导冲动使之合乎中道而带来的结果，过理智的生活是最大的幸福。在这里，德性是整体的、本质的，不是对具体德目的服从、对个别义务的履行，更不是对自身之外某个目的的追求。

亚里士多德伦理学的一个重要特点即与政治学的结合。已有学者指出，这一局面的形成首先是因为希腊文 politikos 一词有我们现在所说的“政治的”和“社会的”两层含义。所以研究政府行为和治国方术的政治学和研究总体的社会福祉的伦理学有共同的对象。另一点，政治学和伦理学都研究生活在社会中的人，不过所研究的方面不同。在亚里士多德看来，不仅伦理学，人文社会科学的许多分支都属于政治学；政治学是最高的、最有主宰力和权威的科学，因为它根据治理民众的需要设立学问种类，及由谁来研究这些学问、研究到何种程度。他说：“我们看到那些高贵的能力，如战术、理财术和讲演术都隶属于政治学。政治学让其余的科学为自己服务。它还立法规定什么事应该做，什么事不应该做。它自身的目的含蕴着其他科学的目的。所以，属人的善也就是政治科学的目的。”[1]就是说，政治学是最广义的追求人间之善的科学，其他学科都是在政治学

[1] ［古希腊］亚里士多德：《尼各马科伦理学》，苗力田译，中国社会科学出版社 1999 年版，第 3 页。

的统率下实现这一目的的附属物，所以其他科学都可算作它的分支。这与柏拉图的下列看法完全不同：伦理学是追求至善的学问，国家治理就是要实现这个目的，所以政治学从属于伦理学。亚里士多德的学术的显著特点是：他的伦理学是社会的，而他的政治学是伦理的。亚里士多德这一点可以和中国伦理学与政治学的关联相比拟。

以柏拉图特别是亚里士多德为代表的美德伦理学不仅在当时主导伦理学、政治学、教育学等，也深刻影响了整个中世纪哲学。但文艺复兴以来，随着对某些具体道德概念、道德信条的讨论，特别是近代以来自然科学方法在人文、社会各个领域的渗透，对理论的逻辑推论过程的强调，人格修养的具体化、细碎化，以及由此带来的伦理学本身的体系化、深刻化，使得美德伦理学逐渐被规范伦理学所替代。长期以来，人们所讨论的伦理学问题，往往局限在康德的义务论和边沁、密尔的功利主义。但进入现代以后，随着科技文化的广泛传播以及对科技效用的神化，道德生活逐渐边缘化，人们对修身逐渐淡漠，不相信社会有一种普遍认同的价值原则。在价值判断上，每个人都诉诸自己由局部经验和个体利益所形成的独特原则，道德纷争没有一个公认的价值原则来解决，皆以个人好恶来决定。美国哲学家麦金太尔将它形容为“道德的无序化和碎片化”：“我们所处的现实世界的道德语言，同我所描绘的想象世界的自然科学语言一样，处于一种严重的无序状态。如果这个论点是正确的，那么我们所拥有的也只是一个概念体系的残片，只是一些现在已丧失了那些赋予其意义的背景条件的片断。而我们确实所拥有的是道德的假象。”[1] 流行的哲学如分析哲学和现象学都不能察觉甚或改变这种道德碎片化现状，甚至加剧了这种局面。能够提供纠治方案的，是古代强调道德的统一性、强调知行合一的美德伦理学。就像

[1] ［美］麦金太尔：《德性之后》，龚群等译，中国社会科学出版社 1995 年版，第 4 页。

每次大的理论和社会变革都要返回到古希腊去寻找灵感一样，麦金太尔也找到了柏拉图和亚里士多德。在正文叙述之前先引入美德伦理学，就是要为中国伦理学诸特点的论述树立一个可资比较的理论参照。

二、中国伦理学的特点

重视人的本性、人的社会功能，重视人格修养在立身行事中的基础作用，重视道德修养的目标和方法，这几乎是对中国文化的普遍看法。道德在中国文化中的地位，可与宗教在西方文化中的地位相类比。这是因为，第一，中国文化的人文性质，使它带有强烈的俗世性，没有西方那样浓厚的宗教内涵。在西方文化中，宗教是深层次的、全副人格的、属灵的、出世的，伦理是浅层次的、局部的、社会的、世俗的。伦理观念、信条是人在社会实践中形成的共识，具有契约的性质。人遵守某些信条，是遵守共同信持的契约。它对人的行为的约束，对人心的冲击力，其深度和强度都不如宗教。中国文化中没有上帝造人，没有原罪，没有救赎，也没有人向神的皈依和交托。人的性质、人在宇宙中的地位、人之为人的标准、人的修养方法等在西方文化中多由宗教说明的，在中国文化中都由人本身加以说明。中国宗教是多神的，不像基督教那样有一个三位一体、笼罩一切、管束一切的唯一至上神——上帝。中国的神灵系统也有一个人间一样的等级体系，它的作用是保佑人平安、幸福，本质上是世俗的、功利的。总体说，中国文化天人合一，即体即用，追求超越但又并非将属天的归之至上神，它是宗教、伦理二相归一的。伦理学担负着寄托精神，安顿心灵，使行为合乎规范，并调整人间与天道、个人与社会、人与人之间、人的心灵与肉体之间的矛盾使之和谐的任务。中国伦理学是一套包笼广大、内涵深刻的学问体系。

第二，中国文化有强烈的实践性，持守“我欲托之空言，不如载之行事之深切著明”的信条，相信人皆具有可以修养为理想人格的潜质，但须由修养工夫实现它、成就它，所以强调修养实践。它突出的务实精神，不把何以成人这样严肃的、重要的问题仅交给理论思辨去阐明、探析。另外，中国人关于伦理的种种观点都出于政治的、道德修养的需要，所以没有多样的关于人的理论设定和相关辩论，也没有从与人种类相近的动物身上发现人的伦理特性、其起源、其本质的思路。也没有通过思辨对人类活动分门别类加以研究因而形成不同理论学科的传统，而是倾向于把有关人类活动的思考统汇成一个总的类别：伦理学。而中国人倾向于总体地、简约地对待问题的思维方法，也使伦理学有了总汇的性质，它可以说将人的活动囊括其中，变得无所不包，所以有特别的重要性。这种基础性、重要性是一贯的，从它奠基时到今天没有多大改变，而且越到中国社会后期，这个特点越强烈。以至于现代有学者将这种泛伦理文化概括为“生命的学问”。另外，中国文化以儒家为主体，儒学是中国宗法社会的理论表现，中国文化始终围绕儒家这一价值主流旋转。中国伦理思想的根源宗法制度及建筑其上的经济、社会文化制度历久不变，与之相适应的伦理文化也就经久不变。

中国文化的许多特点都适用于伦理学，其中最突出的是天人合一、知行合一、情景合一。天人合一指中国伦理学的重要观念、命题都与天道紧密相连。如“仁”这一范畴，最基本的是指对同胞的爱心，即“仁者爱人”，渐次扩大到对外物的爱，即“仁者与天地万物为一体”。在儒家的解释中，仁是宇宙万物生生不息的性质在人这一独特类别上的体现，“天地之大德曰生”是人的爱心、仁性的形上根源，天人合德。学者也自觉地把人的道德和天地相连通、相比拟。这样的连通、比拟有分有合，比如，把天的元亨利贞、春夏秋冬和人的仁义礼智对应相配，这是分；而元含具元亨利贞，春展开为春夏秋冬，仁包贯仁义礼智，这是合。把分散的、局部的、个别的道德项目概括为一个总体性观念，这是它由经验、现象向本质收拢，然后再对应天的本质“生生”。或以人投射天，认为天有“仁”的德性，如董仲舒的“天，仁也。……察于天之意，无穷极之仁也。人之受命于天也，取仁于天而仁也”(《春秋繁露·王道通三》)。又如老子的“德”，就是“道”内化于己：“德者，得也”(第38章)。道的内涵是自然无为，人的理想品质是清静无为、无知无欲，也是天人合一的。再如墨家的救民之急，也借重天的权威来说明：天不欲强者欺凌弱者，众者掠夺寡者，人的行为须与“天志”为一。伦理学上的天人合一，是中国古人注重天道、注重自然这一根本哲学思想的延伸。中国古人是自然法的拥护者、奉行者，“自然”是最本原、最权威、最可信的，与天为一，是最高的德行。“道之大原出于天，天不变，道亦不变。”“先天而天弗违，后天而奉天时”是人们奉行的准则。自然法的特性是简约、自然而然，它需要解释，解释手法多是引申的、比类而长的，所以中国的具体伦理规范多是可以互释的、言约义丰的，但又服从一个总的、无所不包的天道。

第二个特点是知行合一。这一特点的实质是行胜于知，即不注重对伦理原则、伦理规范的理论论证，而重在对它的践行。所谓道德，不在于对理论的了知，像柏拉图所做的那样，而在于实行中对意志的磨炼、对境界的体悟。牟宗三在论道德理性的三重含义时用一个命题含括中西伦理学的不同特点：中国是“道德的形上学”，西方是“道德底形上学”。意思是，中国哲学不是只看重现象界的具体事物、只重视具体功效的形下学，而是一套宏大的体证天道性命的形上学。而要想进入中国形上学，必须进行道德修养；没有人格境界，没有对宇宙人生的深切觉解，就不能进入这套形上学。“的”表类型、性质，指道德修养是中国哲学的从入之路，中国哲学是道德形态的哲学，对它的深湛把握以道德修养为前提。“底”是所有格，“道德底形上学”指对道德进行理论解析、逻辑论证，不重视具体修为。如康德道德哲学的核心是，有价值、符合道德的行为，必须出自道德义务即“绝对命令”，而非出自任何经验的或感性爱好的指令。康德把绝对命令表述为：“这样行动：你意志的准则始终能够同时用作普遍立法的原则。”[1] 这是实践理性的基本法则，其中心含义是，人自身即是目的，不是达到自身以外任何目的的手段。这是判定人的行为是否合乎道德的唯一标准。但康德用了宏大的篇幅，晦涩的语言，繁复的说明，去理论地论证这一思想。相形之下，中国伦理思想缺乏逻辑推证，少理论铺排，显得单薄、浅显。但它的重点在身行，不在口说；在证悟，不在理解；在整体人格的提高，不在对具体概念的阐发。中国伦理重视体用一源：既有整体性范畴，是为体；又有众多具体概念，是为用。若用《中庸》的话说，既有“大德敦化”，又有“小德川流”。这样的好处是，既保持整体的人格修养，又在具体德目上着手；既能在整体人格的观照下修养具体德目，又能在具体德目的修为中实现整体人格的塑造。这一点，孔子的思想和实践体现得尤为充分：既有“仁”这一总体目标，又有大量具体德目践行仁、实现仁。《论语》中那些或长或短、或下学或上达的语句，就是对以上这一特性的体现。这种体用一源的洞见式隽语系统代替了逻辑推证，但也同样有效地展现了中国人的伦理世界的丰富内容。它不以厚重的理论说服而以空灵的内涵体验，同样达到了解悟和感化的目的。

第三，情景合一。这本是美学命题，但由于中国哲学的浑融性、互通性，它也可以用作伦理学命题。在伦理学上，它体现的是修养境界的主客合一、心物融会。由于中国伦理学的美德特性，及中国人对心灵享受的偏爱，中国伦理学特别重视境界，尤其是儒道两家。西方伦理学中的智者派

[1] ［德］康德:《实践理性批判》，韩水法译，商务印书馆 1999 年版，第 31 页。

和斯多葛派也喜言心灵，但因为整体特性上对观念的明晰和逻辑论证的偏爱，西方哲学中对境界的照察和论述较中国哲学为弱。即使是对美德伦理学起了奠基作用，又在学问的广度上无人度越的亚里士多德，对德性的论证仍然是德目上具体的，逻辑上清晰的，以阐发上的雄辩和风格上的沉博取胜。他的伦理学专著《尼各马科伦理学》内涵丰富、论证充分，是最早的伦理学专著，他也因此被誉为“伦理学之父”。中国哲学特重境界。境界是觉解和体验的，不是理解和推论的。境界在涉及精神、心灵的各种学科尤其是伦理学和美学中体现尤多。

中国伦理学是重视美善合一的。美善合一的人是真正达到自由的人。在斯宾诺莎看来，自由乃认识、掌握自然法则，并自愿服从、自觉按自然法则行事。这一思想长期支配西方对自由的认识。当然西方哲学中也有大量讲自由意志的，但由于主客二分、求真与求善求美分离的久远传统，认识必然才能获得自由一直是西方哲学的主流。而在中国，美善合一是最高境界，达到这种境界才算真正的自由这一观念一直是主流。美善合一的心灵表达即情景合一。这里的“情”指追求自由的心灵，“景”指外在的具体事物。情景合一指追求自由的心灵寄托于外在的具体事物上，两者达到融合无间、忘怀一切的境地。人的最高追求是真善美合一。科学是求真的，它以对事物性质的真实把握和系统认知为目的，它与事物的关系是相对待的、有目的的。道德是求善的，它通过对道德现象的判断、理解、评价，为人的行为指出正确的规范和目标。它在人的自由上比科学进了一步，因为科学活动纯以外在事物的性质和法则为考察对象，追求的是与必然性的契合。虽然科学活动需要高度的创造天才，但人的理性的主体性和自由度是较低的。

道德活动则进了一步，人的行为是有选择的，人出于自由意志选择的行为才是可对其负责的。以行为者而不是以具体行为为中心的美德伦理学更讲自由意志，它更是意志的整体运用而不是对具体行为的因果关系的考察。功利主义注重行为的结果，义务论注重对某种道德义务的服从，它们都没有美德伦理学这样注重心灵的自由及对各种动态关系的自由调节。与美学式的胸襟相比，它们都较少关注心灵自由，因为审美是对事物的功利性质、行为结果的暂时忘怀，纯粹以美的观照、欣赏和对审美愉悦的享受为唯一体验。这时心灵达到了最高的自由。美善合一即审美境界和道德境界的合一，它的极致是万物一体。万物一体是一种洞见、一种识度、一种胸怀。它是审美的，也是道德的。它表现为一种意境，意是主观的观照、觉解，境是客观的物象，意境是一种主客交融、内外浑然的境象。这种境象一方面是显，即襟怀、洞识、情志等属于精神层面的东西寄寓在呈现的物象上，使人有所“见”。一方面是隐，呈现的物象中被人洞观的东西，观想地、叹赏地、直觉地涌现于胸中。这都超越了对具体物象的科学性、功利性思考。伦理境界会加深审美的欣趣，而审美境界会增进道德感的体验，这一体中的两面互相激发，相得益彰，共同助力精神的升华、人格的提高。

情景合一可有具体的和抽象的两种，前述《中庸》的“小德川流”和“大德敦化”可以用来说明两者的性质和关联。中国哲学是体用一源的，体代表整体、一般、本质，用代表局部、具体、功用。“小德”指代川流不息、瞬息万变的具体事物，“大德”代表变动不已、永不停止的整体运行。小德是经验的，因而是功利性存在，对它的认知给人以局部知识和具体利益；大德是不能以经验认知，只能以境界体证的，它给人的是道德境界、审美情趣等精神层面的享受。在中国哲学中，两者是一而二、二而一的。具有一定的精神修养的人具有对两者的统观性思量，所谓“下学而上达”。但富于士大夫情趣的中国哲学更重视“大德敦化”，即通过具体物象去整体地解悟美善合一的境界。这是中国伦理学偏重美德伦理、富于整体观照特质的一个表现。与此相应，直接表达士大夫精神的中国古代艺术中较多地表达了辽远、虚静、闲雅的气度与韵味，即使具体景物的摹写也富于怀抱、寄托，希冀产生与人修养相关的体验与联想，其中美善合一的性质是明显的。

第二节　五伦与五常

一、伦常与道德的区别

“五伦”指五种基本的伦常关系，“五常”指五种永恒的德行。五伦与五常合称伦常，是中国伦理思想的集中体现。在西方伦理学中，伦理与道德是通用的，伦理最早是从品格、气质等与风俗习惯相关的词语中派生的。西方伦理学源于人的世俗生活，所以与社会学关系密切，西方社会学家也往往从人的近亲猩猩那里探寻人的道德起源。“道德”这个词是为了丰富拉丁语而从希腊语转译时从“伦理”一词类推而有的，在大量命名为“伦理学”的书籍中，对伦理一词的介绍往往用道德的相关内容来代替，如梯利（F. Thilly）：“伦理学的对象是道德即有关善恶是非的现象。”[1] 弗兰克纳（W. K. Frankena）：“伦理学是哲学的一个分支；它是道德哲学，或者关于道德、道德问题和道德判断的哲学思考。”“伦理学的首要任务，就是提供一种规范理论的一般框架，借以回答何为正当或

[1] ［美］弗兰克·梯利：《伦理学概论》，何意译、苗力田校，中国人民大学出版社 1987 年版，第 4 页。

应当做什么的问题。”[1] 彼彻姆（T. L. Beauchamp）：“就其最广泛的和最为人所熟知的意义而言，道德是涉及有关正确的和错误的人类行为的各种类型的信仰。”[2] 西季威克（H. Sidgwick）：“伦理学被看作对人类合理行为的终极目的——即人的善或‘真正的善’的本质及获得此种终极目的的方法的一种研究。”[3] 而在中国，伦理指人伦关系的道理及其准则，它指向的是社会，人的共同体；道德指宇宙根本原理在个体上的体现，它指向的是个体的人。在服从自然法的中国人身上，它们都有天道的根源。伦理贯彻的是天道整体中的差异化原则：物之不齐，天之道也，物之情也。作为整体的天道必然以不同的物类表现出来，所以人伦上也必然有类别上的差异。伦的本义即类别，类别即表示差异；既是整体又有差别，必然有各不同位分应该遵守的法则。而就人类整体的行为来看，五伦是最为经典的。

“道德”两字则要复杂一些。这两个字源于道家，在老子看来，“道”是宇宙本体及其法则；“德”是道在个体事物上的贯彻与体现。《老子》：“道生之，德畜之，物形之，势成之。是以万物莫不尊道而贵德。”（第51章）《管子·心术上》：“德者，道之舍，物得以生生。”《韩非子·主道》：“道者，万物之始，是非之纪也。”《韩非子·解老》：“德者，内也，得者，外也。”朱熹也说：“德者，得也，得其道于心而不失之谓也。”[4]“德”即道体现在个体事物上所具有的性质。道不同，德也不同。根据道法自然的原则，道家认为最高的德是自然无为，儒家所谓“德”是违反道的：“失

[1] ［美］弗兰克纳：《伦理学》，关键译，三联书店1987年版，第7—9页。

[2] ［美］汤姆·L. 彼彻姆：《哲学的伦理学》，雷克勤等译，中国社会科学出版社1990年版，第9页。

[3] ［英］亨利·西季威克：《伦理学方法》，廖申白译，中国社会科学出版社1993年版，第26页。

[4] （宋）朱熹：《四书章句集注》，中华书局1983年版，第94页。

道而后德，失德而后仁”（第 38 章）。而儒家所说的德，特别是它的经典表述仁、义、礼、智、信五常，才是本书所要论述的与伦理一词相近的“道德”。

在儒家，道德作为整体，有天道上的根据：“天地之大德曰生。”人作为宇宙间的一个生物族类，禀受了天道的生生不息作为人的根本性质。而作为个体品行的“德”，也有不同指向：一般和特殊。这同样是天道差异性原则的体现。像中国这样一个以血缘为纽带、宗法社会占统治地位且实行了相当长时间的文明，家族是缩小的社会，社会是放大的家庭，家庭关系、家族活动占重要地位，社会群体意识浓厚。在这样的氛围中，伦常的重要性自不待言。而作为社会的、家族的、个体的人，担负的角色不同，规范其行为的，也有伦理的和道德的双重制约。五伦和五常便是一般的德的特殊表现。儒家处理家族和社会事务的原则是“门内之治恩掩义，门外之治义断恩”（《礼记·丧服四制》），即家族中最重要的是血缘关系，社会中最重要的是正义、礼法。就时代而言，对五伦与五常有不同侧重。先秦甚至唐以前的中国社会，更重视五伦，因为先秦两汉时宗法制度比较完整，建筑在宗法制度之上的五伦对人的制约相对较重。魏晋时虽然门阀世族为统治主体，但以老庄为骨干的玄学张扬个体精神，再加上对儒家礼法的抨击、批判，五伦有相当大的削弱。隋唐以后宗法制度崩坏，五伦更加削弱。宋代之后，理学逐渐取得统治地位，由于其更注重个人道德修养，五常的重要性逐渐超过五伦，居于道德生活的主流。就不同社会群体而言，知识阶层和普通人对五伦和五常也有不同侧重。一般而言，知识阶层更注重五常，一般人则更重视五伦。

五常和五伦一个性质上的区别是，五伦是天然的，五常是人为的。人是群居动物，一出生便落入社会群体，也自然有了伦常中的位置。五伦是人无法避免的关系。甚至动物也有这样的关系，所谓“虎狼之父子，蜂蚁之君臣”。动物群体也有一定的分工、等级，其组织的秩序井然、其配合的精巧谐和令人叹为观止。但动物凭本能活动，而人则对天然和人为的东西都试图给以理论上的解释和制度上的规定。五伦就是这样一个由血缘关系和社会关系演化、抽象、确定的群体行为规则。而五常是人为的，虽然伦理学家试图给它以天道的来源与根据，把它说成天赋的、本有的，但从具体的成人过程着眼，仁义礼智等品质是长期艰苦修养的结果。这正是中国伦理学重视修养工夫的原因。

五伦和五常还涉及一个重要的伦理问题，即公德和私德及其关系问题。五伦是社会群体的行为规范，五常是个人品德；前者指向公共领域，后者指向个体的私己领域。公共领域必然寻求普遍认同的原则，这些原则是在共同交往中实现的，所以更多地与政治、法律相关。所以五伦是相互的，处在共在关系中。五伦要求的父子有亲、君臣有义、长幼有序、夫妇有别、朋友有信，其中的亲、义、序、别、信是对双方的要求：“亲”要求父慈子孝，“义”要求君仁臣忠，“序”要求兄友弟恭，“别”要求夫唱妇随，“信”要求朋友间诚实不欺。双方都要遵守其位分，履行其义务，规范其言行。就这一点说，中国伦理不讲形式上的、抽象的平等，却有实质上的平等。另外，五伦是天然的，人的权利就包含在人生而具有的伦常中，并且权利和义务同在，所以中国哲学并不特别张扬和争辩天赋人权，也不争辩不同位分之间实际上不存在的平等权利，也没有身份上的特别诉求，人人皆伦常中的平等一员。

五伦提出甚早，《尚书·舜典》中即有“慎徽五典”“敬敷五教”的说法。慎徽五典即努力发扬五种基本的人伦规范：父义、母慈、兄友、弟恭、子孝。敬敷五教即恭谨地推行以上五伦教化。这是五伦概念的滥觞。它的特点是仅叙家庭伦理，尚没有君臣、朋友这样的社会性规范。也没有夫妇一伦，大概在尧舜这样伦理初行且男权盛行的时代，夫妇一伦尚不足以与父子、兄弟关系并列。并且部落联盟时代国家尚在雏形，君长的权威尚未如后世那样绝对，指挥中枢也没有多少属下，故也无君臣之伦。此后文明逐渐发达，至西周而大昌。孔子作为教育家和思想家，继承了以前的伦理成就，在广泛的实践与深入的思考后大力张扬伦理道德，为重整社会秩序和士人修身服务。孔子对修德的必要性和具体道德项目讲得很多，尤其是仁与礼，对伦常关系讲得较少。但《论语》有“君臣之义，如之何其废之？欲洁其身而乱大伦”（《论语·微子》）的说法，后人又以“有夫妇然后有父子”“夫妇人伦之始，王化之端”（《论语·阳货》）之意加入夫妇一伦，为从“五典”到“五伦”的完善化奠定了基础。后来思孟学派的经典表述就是在此基础上做出的。《中庸》说：“君臣也，父子也，夫妇也，昆弟也，朋友之交也：五者天下之达道也。”孟子说：“圣人有忧之，使契为司徒，教以人伦：父子有亲，君臣有义，夫妇有别，长幼有序，朋友有信。”（《孟子·滕文公上》）五伦的内容于是定型。

汉代有三纲六纪之说，三纲指君臣、父子、夫妇。六纪指诸父、兄弟、族人、诸舅、师长、朋友[1]。三纲是伦常中之大者，六纪是其小者。“三纲”乃汉代政经、文教诸制度建立和强化过程中出于集权政治和宗法制度尊君、尊父、尊夫的需要而提出的。它以汉代笼罩一切的天人合符说为基础，认为五伦中君臣、父子、夫妇为首出，象天地人三才；每一伦的双方都有主从关系，以和天有阴有阳，天道任阳不任阴之说相比附。故《白虎通》说：“君臣、父子、夫妇，六人也。所以称三纲何？一阴一阳谓之道，阳得阴而成，阴得阳而序，刚柔相配，故六人为三纲。”[2]“成”取

[1] 参见（清）陈立：《白虎通疏证》，吴则虞点校，中华书局 1994 年版，第 373 页。

[2] （清）陈立：《白虎通疏证》，吴则虞点校，中华书局 1994 年版，第 374 页。

阴阳相反相成之意，“序”取主次相序之意，强调两者既为不可或缺、相辅相成的两面，又有主从相配、上下协调的关系。但三纲的政治意义大于其伦理意义，在伦理学场合，用五伦较多。六纪是对三纲的补充，指“诸父有善，诸舅有义，族人有序，昆弟有亲，师长有尊，朋友有旧”[1]。汉代三纲、六纪并行，因有三纲之大者，故六纪多论宗法社会中家族之伦序。这可看作汉代在先秦社会组织崩坏之后重建宗法制度的努力。

孟子之后，宋明理学最重五常，但对五伦也很重视。朱熹作《白鹿洞书院揭示》，置五伦于篇首，名“五教”，并把它和“博学、审问、慎思、明辨”的为学之序、“言忠信，行笃敬，惩忿窒欲，迁善改过”的修身之要、“正其义不谋其利，明其道不计其功”的处事法则、“己所不欲，勿施于人。行有不得，反求诸己”的接物原理结合起来，作为学者的言行准则。随着《白鹿洞书院揭示》成为天下公私学校的学规，五伦更加风行，成为人立身行己之大端。

五常即仁、义、礼、智、信五种永恒的德行，也称五德、五性。“德”字起源甚早。甲骨文、金文中皆有德字，本意为遵从正直之道而有得于心，后表示正大、纯懿、美善之品行的总称。如《诗经·大雅·烝民》：“民之秉彝，好是懿德。”《尚书·皋陶谟》“行有九德”：“宽而栗，柔而立，愿而恭，乱而敬，扰而毅，直而温，简而廉，刚而塞，强而义。”《尚书·洪范》：“三德：一曰正直，二曰刚克，三曰柔克。”《周礼·地官·大司徒》：“六德：知、仁、圣、义、忠、和。”《左传》《国语》中有大量德字，皆是美好品行之意。孔子主张“为政以德”，强调士人须修养德行。教育方面对道德教育尤其重视，如：“德之不修，学之不讲，闻义不能徙，不善不能改，是吾忧也。”（《论语·述而》）教导弟子要“志于道，据于

[1] （清）陈立：《白虎通疏证》，吴则虞点校，中华书局 1994 年版，第 374 页。

德，依于仁，游于义”（《论语·述而》），“主忠信，徙义，崇德也”（《论语·颜渊》），指斥伪君子式的“乡愿”为“德之贼”（《论语·阳货》）。区别君子小人时说：“君子怀德，小人怀土；君子怀刑，小人怀惠。”（《论语·里仁》）而称述有成就的弟子“四科十哲”时，以德行居首，表示自己的使命担当时，说“天生德于予”（《论语·述而》），都把德放在首要地位。

二、五常对诸德的系统化

孔子对中国伦理学的一个重要贡献是，会聚儒家经书中的具体德目，在教育实践中根据弟子的不同情况作针对性提揭，由此把德目系统化了，并层层上提，最后把它统合于根本范畴“德”之下，对德行伦理作了集大成的工作。

《论语》中的重要德目有仁、礼、忠、恕、圣、义、孝、悌、中、和、正、敬、智、勇、恭、宽、信、敏、惠、谨、直、谅、刚、毅、清、谦、廉、耻等，其中最重要的是仁、义、礼、智、信五者。下面分别解释。

（一）仁

仁的基本意思是心中具有对同类的爱心：“仁者爱人。”它是人的美好品质，也是由这种品质发出来的情感。孔子在教育实践中渐次把从人的美好品质中发生的道德行为都归于仁，如：“刚、毅、木、讷，近仁。”（《论语·子路》）“‘能行五者于天下为仁矣。’请问之。曰：‘恭、宽、信、敏、惠。’”（《论语·阳货》）“仁者必有勇，勇者不必有仁。”（《论语·宪问》）“择不处仁，焉得知？”（《论语·里仁》）“孝弟也者，为仁之本与！”（《论语·学而》）这是孔子将智、勇、刚、毅、恭、宽、信、敏、惠、孝、悌等包含于仁中。孔子在论说古代和同时代的不同人物类型时，又将忠、清、庄敬、忠恕之道、博施济众、克己复礼等皆包含于仁中。在孔子看来，仁是全德，是众善之基，是君子修养的最高目标。所以，一方面，仁作为全德难以企及，如大弟子颜回只做到“其心三月不违仁”，其他则“日月至焉而已矣”；另一方面，仁作为追求美德的具体行为又是切近的：“仁远乎哉？我欲仁，斯仁至矣。”（《论语·述而》）作为高远的仁是理想，是追求的目标；作为切近的仁是入手处，是现实的行动。仁是高远理想和现实行动的统一，这已经开启了由多向一、由现象向本质、由分散义务向统一美德收拢的先河。后来宋明理学中二程、朱熹的仁包四德，胡宏的“仁者，心之道乎！惟仁者为能尽性至命”（《知言·天命》），都是在这一点上充拓并展开其议论的。就此说，孔子是美德伦理的奠基者。

（二）礼

礼是孔子思想中可以与仁相颉颃的重要德目。大到国家制度、典章文物，小到个人礼貌、仪节，礼的内涵非常广泛、庞杂，目的是为了彰显不同的等级位分，使人的行为有可遵行的规范。如果说仁着重于内心的道德情感，则礼着重于外在的行为准则。中国传统社会的特点是礼文化发达，故礼乐可以为致治之具。礼名目繁多，“经礼三百，曲礼三千”，《礼》为六经之一。孔子继承了重视礼、以礼为教的传统，将礼纳入伦理学说中，作为重要德目，平时教导弟子中所说甚多。

孔子把仁和礼结合起来，将内有仁爱之心，外遵礼乐规范作为士君子的首要品格。他说：“礼云礼云，玉帛云乎哉？乐云乐云，钟鼓云乎哉？”（《论语·阳货》）礼乐这些形式仪节是外在的，必须有发自仁心的真挚情感做内涵，否则只是虚套，只是繁文缛节。孔子曾借绘画中的“绘事后素”，即只有洁净的绢底上才能施绚烂的色彩，画出美丽的图画，比喻只有真实情感基础上的礼节仪文才是有价值的。还提出，君子并不排斥真实情感之上的文采，而是须两者配合适当：“质胜文则野，文胜质则史，文质彬彬，然后君子。”(《论语·雍也》) 又如：“居上不宽，为礼不敬，临丧不哀，吾何以观之哉？”(《论语·八佾》) 是说在为政、行礼的具体行动上，内心要有相应的真情实感和恭谨慎重的态度。行礼的原则是恰如其分、节俭：“礼，与其奢也，宁俭；丧，与其易也，宁戚。”(《论语·八佾》) 重视礼对行为的约束：“君子博学于文，约之以礼，亦可以弗畔矣夫。”(《论语·雍也》) 在解释克己复礼的具体内容时也说：“非礼勿视、听、言、动。”总之，孔子认为礼是人立身行事的根本：“不学礼，无以立。”(《论语·季氏》) 不懂礼，不守礼，则寸步难行。孔子哀叹当世礼坏乐崩，不仅指宗法制度的崩塌，也指道德、风俗的衰败。孔子欲正名以拨乱反正，也首在兴礼乐，成教化，其纲领是“君君、臣臣、父父、子子”，使各等级名分的人都按其名分所要求的规范去做，使整个社会步入正轨。

孔子在对礼的论述和实行中特别重视“和”：“礼之用，和为贵。先王之道，斯为美，小大由之。”(《论语·学而》) 礼是人的行为规范，但礼有多种，在礼的运用中，以和谐为最高原则。在各种礼发生冲突时，要调谐之使合于中道。但要防止走入另一个极端，即为和而和。在这种情形下，必须强调以礼为标准，防止流于圆滑，放弃原则。

因为礼在政治制度、行为准则上的重要性，后世大大地拓展了礼的内涵。孟子和荀子由于不同的时代需要和个人际遇、人格风范，分别发展了孔子的仁、礼两个方面。孟子重内心体验、推己及人，发展出性善、仁政、王道诸说，政治制度上的“班爵禄”和经济制度上的“正经界”是其仁政的自然延展。荀子重视制度和礼乐的外在约束，发展出礼论、王制、正名、性恶诸说。加上战国中期之后各派学者的争鸣、激荡，特别是稷下各派的相互影响，孔子的学说被大大充实、丰富了。就中国哲学的长期发展来看，汉代出于国家各种制度重建的需要，看重的是礼的政治、社会功能，主要发挥了荀子《礼论》《王制》中的礼乐思想。宋明看重的是仁的内在德性方面，故重视“诚”“慎独”及礼的外在规范方面，故主要发挥孟子的尊瞻视、重辞气、主敬、博文约礼方面。仁与礼是儒家德行最重要的两个方面。

（三）义

义谓正义，正义指符合道德价值和公共利益的观念或行动。自《中庸》言“义者，宜也”，后世常以“宜”言义，指自愿选择符合正义的具体行动，如《礼记·祭义》：“义者，宜此者也。”《白虎通》：“义者，宜也，断决得中也。”[1]韩愈：“博爱之谓仁，行而宜之之谓义。”（《原道》）周敦颐：“德：爱曰仁，宜曰义，理曰礼，通曰智，守曰信。”（《通书·诚几德》）程颐：“在物为理，处物为义。”[2]朱熹：“义者，事之宜也。”[3]“义者，宜也。君子见得这事合当如此，却那事合当如彼，但裁处其宜而为之，则何不利之有。”[4]这些典型的说法都表明，义指正义观念，更指符合正义因而是适宜的行动。所谓正义、适宜都指符合普遍的道德价值，即朱熹所谓“义者，天理之所宜”[5]。而实现道德价值，首先是自己的自愿选择，不出于自己的意志的强迫行为不符合义的标准。其次，为了实现道德价值，必然有对自己自然欲求的克制。二程、朱熹的这一定义是准确的：“义者，仁之断制。”[6]断者，断定、选择；制者，克制、强制。义是对仁

[1] （清）陈立：《白虎通疏证》，吴则虞点校，中华书局1994年版，第382页。

[2] （宋）程颢、程颐：《二程集》，王孝鱼点校，中华书局2004年版，第968页。

[3] （宋）朱熹：《四书章句集注》，中华书局1983年版，第52页。

[4] （宋）黎靖德编：《朱子语类》，王星贤点校，中华书局1986年版，第702页。

[5] （宋）朱熹：《四书章句集注》，中华书局1983年版，第73页。

[6] （宋）黎靖德编：《朱子语类》，王星贤点校，中华书局1986年版，第109页。

的选择和自觉实行，并在实行中承受它的结果。和仁的温情脉脉、充满爱的暖意相比，义是刚性的、激烈的。行义有时结果很惨烈、悲壮。义士往往以悲剧收场。所以朱熹曾说："仁，便是个温和底意思；义，便是惨烈刚断底意思。"[1]

孔子所谓义，多指正义，如："见得思义。"（《论语·季氏》）"君子之于天下也，无适也，无莫也，义之与比。"（《论语·里仁》）"不义而富且贵，于我如浮云。""德之不修，学之不讲，闻义不能徙，不善不能改，是吾忧也。"（《论语·述而》）孔子也讲到义和其他德目的连带关系，如勇："见义不为，无勇也。"（《论语·为政》）信："信近于义，言可复也。"（《论语·学而》）德："主忠信，徙义，崇德也。"（《论语·颜渊》）礼与逊与信："君子义以为质，礼以行之，孙以出之，信以成之。君子哉！"（《论语·卫灵公》）孔子多单言仁，孟子则仁义连言，这表明，义和仁是相连的，义是对仁的选择并实行。这是孟子对孔子的发展，也是对后世仁包四德思想的启迪。

（四）智

《论语》中无"智"字，只有"知"，二字作人格类型时通用。孔子所谓智，指明智，而明智又指道德上的洞达、有智慧，不指理智上的明敏、有知识。与智相反的是"小知"，孔子反对小知，尤警惕靠耍小聪明而得到较大的物质利益，斥其为小人行径："君子不可小知，而可大受也。小人不可大受，而可小知也。"（《论语·卫灵公》）智者是有仁德而洞达世事者，如说："里仁为美。择不处仁，焉得知！"（《论语·里仁》）"臧文仲居蔡，山节藻棁，何如其知也。"（《论语·公冶长》）"宁武子，邦有道，则知；邦无道，则愚。其知可及也，其愚不可及也。"（《论语·公冶长》）

[1] （宋）黎靖德编：《朱子语类》，王星贤点校，中华书局 1986 年版，第 110 页。

"务民之义，敬鬼神而远之，可谓知矣。"（《论语·雍也》）智者善于选择有仁人的居处，不迷信、不奢侈；在大是大非面前，识得清，立得稳，出处大节上善于做出选择；对高远而缥缈无稽之事如鬼神之类，保持明智的态度，既对之敬畏，又不过分亲近，既不亵渎神明，又保持距离。这都是美德基础上的各种明智行为。

孔子常将仁者与智者对言，作为两种基本人格类型，如："知者乐水，仁者乐山；知者动，仁者静；知者乐，仁者寿。"（《论语·雍也》）仁者胸襟阔大，眼量高远，行事沉稳，如山岳屹立不动，故不忧不惧。智者与时俱进，随物俯仰，乐受当下，故如流水随方就圆，不疑不惑。两种人格都是孔子所首肯的。但在行仁的态度上，仁者是出于内在的修养而自觉地、心安理得地实行仁，智者则是出于利益的考量而实行仁；前者类似义务论者，后者类似功利主义者，但皆持守内心的信念和准则，不同于那些富贵则骄奢淫逸、贫穷则无所不为的人："不仁者，不可以久处约，不可以长处乐。仁者安仁，知者利仁。"（《论语·里仁》）尤其是，孔子的"智"者不同于"知"者。知者指精于算计，明敏干练而弱于道德操守的人，孔子把它和仁者做比较："知及之，仁不能守之，虽得之，必失之。"（《论语·卫灵公》）孔子对此种人成就道德人格的可能性表示怀疑，说："群居终日，言不及义，好行小慧，难矣哉！"（《论语·卫灵公》）孔子理想的是德智双彰、学行兼优的人，如："子路问成人。子曰：'若臧武仲之知，公绰之不欲，卞庄子之勇，冉求之艺，文之以礼乐，亦可以为成人矣。'"（《论语·宪问》）并倡导用其他德行特别是寡欲、仁厚纠补片面的知。有德有学，才是真正的智者。在孔子眼里，仁与智是相辅相成的：仁给智以正确的价值方向和追求的信心、毅力，智给仁以具体情境中时机选择的合宜与行为的知识支撑。孔子理想的人格是智、仁、勇兼具："君子道者三，我无能焉：仁者不忧，知者不惑，勇者不惧。"（《论语·宪问》）《中庸》

把智作为“三达德”之一，视为最普遍的德性，三达德是达到五达道（即五伦）的根本途径。

孟子在孔子的基础上有所推进，将智这一伦理范畴写作“智”，与代表具体知识的“知”作了明确区分。首先，智指在伦理价值上的正确选择，如：“仁之实，事亲是也。义之实，从兄是也。智之实，知斯二者弗去是也。”（《孟子·离娄上》）“为政不因先王之道，可谓智乎？”（《孟子·离娄上》）其次，指处事策略上的明智和具体行动上的灵活性，如：“惟智者为能以小事大。故大王事獯鬻，句践事吴。”（《孟子·梁惠王下》）“所恶于智者，为其凿也。如智者若禹之行水也，则无恶于智矣。”（《孟子·离娄下》）智也指一般所谓“智巧”，如：“始条理者，智之事也；终条理者，圣之事也。智，譬则巧也；圣，譬则力也。由射于百步之外也，其至，尔力也；其中，非尔力也。”（《孟子·万章下》）做事应起始于巧妙的开局，终结于大智慧、大力量者的调整与收束。孟子似乎比孔子更加强调智的实践意义。

但孟子的创造在于把辨别是非的能力作为智，并把它说成固有的、天赋予人的：“恻隐之心，仁也。羞恶之心，义也。恭敬之心，礼也。是非之心，智也。仁、义、礼、智，非由外铄我也，我固有之也，弗思耳矣。”（《孟子·告子上》）“君子所性，仁、义、礼、智根于心。”（《孟子·尽心上》）这就把智由一般的质性上的智巧、聪明上升为人的重要德行之一，与仁、义、礼并列，地位大为提高。由此四德之名正式确立，四德作为人性的内容也由此固定。孟子此点在中国伦理学史上贡献巨大。但后世对“智”的内含定义有分歧，有的认为它只是聪明巧慧，必须在正确的价值观念指导下，它的作用才有正面意义。如明清之际的王夫之受明亡的刺激，出于重塑健实、中正的中国文化的需要，摒弃浮明之智，提出“智统四德”，即智须在仁义礼信的统御、辅助之下，须附丽于四者而行：“故夫智，不丽夫仁则察而刻，不丽乎礼则慧而轻，不丽乎义则巧而术，不丽乎信则变而谲，俱无所丽，则浮荡而炫其孤明。幻忽行则君子荒唐，机巧行则细人捭阖。故四德可德而智不可德。”[1]“君子之智以知德，仁而不愚，礼而不伪，义而不执，信而不谅，智可以周行乎四德而听四德之用。”[2] 王夫之据此批评佛老和功利主义，及当世士大夫放弃修德，世风士习奢靡、荡越、巧黠的现实，认为皆有智术而无仁义。这是一种出自强烈的批判精神而有的对智的独特发挥，与智的通行用法不同。

（五）信

信作为伦理范畴，基本意思是诚实，指说话内容真实，不欺骗；待人真诚，不虚伪；许下的诺言一定兑现，无空言。孔子主张“主忠信”：忠者，“尽己”，指尽己之力帮助别人；信者，诚实，做人须忠诚、信实，否则无法取信于人，“人而无信，不知其可”（《论语·为政》）。孔子把信作为教育的重要内容：“子以四教：文、行、忠、信。”（《论语·述而》）信不仅是得到朋友的信任：“与朋友交，言而有信。”（《论语·学而》）更重要的是执政者得到百姓的信任：“民无信不立。”（《论语·颜渊》）信是役使百姓的前提：“君子信而后劳其民，未信则以为厉己也。信而后谏，未信则以为谤己也。”（《论语·子张》）也是做事有好结果的必要条件：“宽则得众，信则民任焉，敏则有功，公则说。”（《论语·尧曰》）所以须“敬事而信”“谨而信”。孔子也把信作为仁的内容：“子张问仁于孔子，孔子曰：‘能行五者于天下，为仁矣。’请问之。曰：‘恭、宽、信、敏、惠。恭则不侮，宽则得众，信则人任焉，敏则有功，惠则足以使人。”（《论

[1] （清）王夫之：《周易外传》，《船山全书》第一册，岳麓书社 2011 年版，第 824 页。

[2] （清）王夫之：《张子正蒙注》，《船山全书》第十二册，岳麓书社 2011 年版，第 287 页。

语·阳货》）但孔子也强调，如同其他重要德性一样，信也必须有学支撑，否则会招致片面性，如迷信、固执等：“好信不好学，其蔽也贼。”（《论语·阳货》）“贼”即因为固执某种信条而贼害正义。后来孟子也说：“大人者，言不必信，行不必果。”（《孟子·离娄下》）意思是一个有高度修养的人，不仅要守信，更要在特殊的场合知变通，否则会陷于拘泥、固陋。当然这里明确说，可以变通的是“大人”。后来宋明理学也强调，信是经，变通是权，学识和修养不到一定程度的人不可以轻易行权。这也是要防止以个别例外损害基本原则。

需要指出的是，信虽然重要，但孟子并未将之列入四德之内。孟子是以心理体验最为直截、强烈因而最为显明的“四端之心”为四德的表现，信因为不是心理上的直接显现，而是对某种信念持守、不改变的意态，所以未列入四端因而未在四德之内。至汉代，以阴阳五行为框架包笼一切，四德加入信而与五行相配。汉代具有法典性质的《白虎通》称五德为“五性”，并给予其可视为官方定本的解释：“五性者何谓？仁义礼智信也。仁者，不忍也，施生爱人也。义者，宜也，断决得中也。礼者，履也，履道成文也。智者，知也。独见前闻，不惑于事，见微知著也。信者，诚也，专一不移也。”[1] 五性也称为五常，因为得“五气”而有：“人生而应八卦之体，得五气以为常，仁义礼智信也。”[2] 所谓五气，按汉代通行的解释：“木神则仁，金神则义，火神则礼，水神则智，土神则信。”[3] 并以之与五方、五色、五脏、五音等相配。

[1]（清）陈立：《白虎通疏证》，吴则虞点校，中华书局 1994 年版，第 381—382 页。

[2]（清）陈立：《白虎通疏证》，吴则虞点校，中华书局 1994 年版，第 382 页。

[3]（清）陈立：《白虎通疏证》，吴则虞点校，中华书局 1994 年版，第 381 页。

从以上五伦与五常的概况看，五伦侧重于社会性的政治、宗法等的共善，五常侧重于个人内省性的独修，而两者又是交互影响，相辅而行的。五常修养好了，可以更深刻地理解、更自觉地践行五伦，践行中遇到的实际问题也可借助五常所带来的素养更好地处理。如五常中的仁可以维系五伦的基础——人与人之间的亲爱关系："仁者人也，亲亲为大。"（《中庸》）义可以区别长幼亲疏，形成差等之爱："义者，宜也，尊贤为大。亲亲之杀，尊贤之等，礼所生也。"（《中庸》）智可以提供实行中的具体知识，礼可以帮助把握实行中的节度，信可以增加实行的信心和毅力等。而五伦可以为五德提供修养场所、修养目标，使个人融入社会群体，在"交往行为"中增进德行。两者是浑然一体中的不同方面，是美德伦理的不同实现场域。孔子对两者既分又合、既总又别的言说，为中国伦理学的美德特质奠定了基础，也为五伦特别是五常的具体内容规范了基准。后世特别是宋明理学，就是沿着孔子以上路向对美德伦理学作了全面推进。就这一点说，孔子是中国伦理学史上承前启后的关键人物。

三、孝的阐释

孝不在定型的五伦与五常中，但却极为重要。孝起源甚早，在《尚书·舜典》中有"五教"之说，其中之一即"子孝"。《左传》《国语》已经普遍地提到孝，把它作为重要的人伦规范。《论语》大量讲孝，以之为"为仁之本"。孔子讲孝，内容包括完成先人的遗愿，继承先人的志业，按礼制事奉父母、安葬和祭祀父母。有劳苦之事儿子抢先做，有好的饮食先让父母享用。平时想念父母，关心父母有无疾患。父母有过错，要委婉规谏。平时行为必须谨慎，如果使父母招致恶名，甚至陷父母于牢狱，则为大不孝。孔子关于孝的思想有一个特点：重视精神方面，如："子游问孝。子曰：‘今之孝者，是谓能养，至于犬马，皆能有养，不敬，何以别乎？’”（《论语·为政》）还说，孝最难的是长久对父母保持愉悦的神态，即“色难”，此点被《礼记》总结为“孝子之有深爱者，必有和气；有和气者，必有愉色；有愉色者，必有婉容”（《礼记·祭义》）。曾子被认为是孔子弟子中最能继承孝的，曾子关于孝说得最多，如：“孝有三：大孝尊亲，其次弗辱，其下能养。”（《礼记·祭义》）最高的孝是尊亲、爱亲，最低的孝是供养父母饮食，并且把孝和庄、忠、敬、信、勇等具体德目联系起来：“居处不庄，非孝也；事君不忠，非孝也；莅官不敬，非孝也；朋友不信，非孝也；战阵无勇，非孝也。”（《礼记·祭义》）认为孝是诸德的基础。曾子解释孝还有一个重要之点，即把孝和保护自己的身体联系起来，如：“父母全而生之，子全而归之，可谓孝矣。不亏其体，不辱其身，可谓全矣。故君子顷步而弗敢忘孝也。”（《礼记·祭义》）这也为后世把保护身体作为孝的内容奠定了基础。其后子思、孟子都把孝作为重要品德。如《中庸》以舜、文王、武王为大孝之人，孝的内容是“善继人之志，善述人之事”，并认为“大德必得其位”。这又把孝从主要是父子、兄弟间的家庭伦理提升为帝王的德业基础，为《孝经》“天子之孝”的提出创造了条件。另外，《中庸》规定了丧祭的礼制：葬礼规格，依死者的地位；祭礼规格，依生者的地位。守丧之期，一年的，到大夫为止；三年的，到天子为止；父母之丧，无论贵贱守丧时间长短一致。这一规定被后来多数朝代遵行，对后世影响很大。

《大学》的特点是孝、悌、慈连言，作为齐家的重要内容。孟子提出“尧舜之道，孝悌而已矣”，把孝悌作为儒家之道的核心。同时提出“不孝有三，无后为大”，把延续家族传衍作为孝的重要内容。提出孝与不孝的典型事项：大孝在于以自己持续的孝行感化不良的家庭成员，使之归于善，即“瞽瞍厎豫而天下之为父子者定，此之谓大孝。”（《孟子·离娄上》）而世俗的不孝主要有五项：一是懒惰不养活父母，二是喜好饮酒、赌博，三是只为自己私房积蓄财物，四是放纵自己的欲望连累父母遭受刑罚，五是好勇斗狠使父母担惊受怕。而孝子则能使父母尊荣，并得到很好的奉养。孟子的孝与不孝都很具体。荀子区别了一般的孝和较高层次、难以实行的孝。一般的孝有五者：敬重尊者，孝顺老者，敬爱长者，慈爱幼者，施惠贫贱者。这样可以使近者亲和，远者亲附，“亲近而附远，孝子之道也”（《荀子・大略》）。而较高层次的孝在“从道不从君，从义不从父”（《荀子・子道》），具体说来，如果顺从君命将导致亲人遭受耻辱、遭遇危难、陷于不义之境地，则不从君命是正义的。懂得了这个道理，行为上再恭谨、诚悫地实行，则是大孝之行。

在孔、孟、曾子论孝的基础上，战国后期曾子后学将孔子涉及孝的言论加工、编纂成一部有名的书：《孝经》。《孝经》分总论、天子之孝、诸侯之孝、卿大夫之孝、士庶人之孝，论述了孝在各等级、阶层中的表现。在总论中，首先阐明了孝的重要性，认为孝是历圣相传的“至德要道”，孝的作用在调节人际关系，使百姓和睦，上下无怨；它是诸德的根本，是教化最重要的内容。其次，阐明了行孝的层次：“身体发肤，受之父母，不敢毁伤，孝之始也。立身行道，扬名于后世，以显父母，孝之终也。”（《孝经・开宗明义》）行孝从保持父母给予的身体开始，这包含的意思是，努力崇德、修学，以良好人格立于世，勿好勇斗狠甚至作奸犯科招致刑戮，使身体残缺。在此之上，立身行道，以自己的德、业显扬于世，有功于国，使父母受到社会的尊敬，家族有光。这是更高层次的孝，重在精神的享受。这个层次已经突破了家庭范围，重在对国家、社会的贡献。再次，它把家庭、国家和个人的立身联系在一起，说：“夫孝，始于事亲，中于事君，终于立身。”（《孝经・开宗明义》）说明在家庭中行孝，是对国家作贡献的基础；反过来，对家庭、国家的贡献，也是个人孝行的目标。

这已经把忠和孝连接在一起，开启了后世“忠孝两全”“忠臣出于孝子之门”等观念。《孝经》以上关于孝的性质、功能、实践层次的论述，对后世影响极大。

在各等级层次中，天子之孝在爱亲、敬亲，将爱敬自己亲人的心加于百姓，作天下人的表率。诸侯之孝在虽处高位但虔遵法度，谨守富贵，保存社稷，安定百姓。卿大夫之孝在勤谨从事，遵守本等级在服饰、言论、行为上的规定，奉行应尽的义务，保守本家宗庙不坠。士人之孝在在家爱敬父母，在朝忠心事君，忠顺不失，以保守其禄位。庶人之孝在遵守天时地利，勤勉工作，言行谨慎，节约用度，以奉养父母。自天子以至于庶人，孝是各阶层共同奉行的基本德行。各个阶层、位分皆按规定去行孝，整个社会就是和谐的。总之，孝是“天之经、地之义、民之行”，是天地人三才的共同品质，故“人之行，莫大于孝”。

《孝经》在汉代制度重建中被置于重要位置。汉代宣扬“以孝治天下”，帝王的庙号前皆冠以“孝”字，如“孝景”“孝武”“孝宣”等。在五经博士外置传记博士，《孝经》与《论语》《孟子》《尔雅》列入传记博士。察举人才中试的称“举孝廉”，地方学校置专讲《孝经》的师傅，在刑罚上延续《孝经·五刑》“五刑之属三千，而罪莫大于不孝”之训，可见其受重视程度。后世晋元帝、梁武帝、唐玄宗、宋太宗等皆御注《孝经》，明太祖以“孝顺父母”为“圣喻”首句，命天下传习《孝经》。清代帝王皆喜注释、刊刻《孝经》。《孝经》在汉代传入朝鲜，南北朝时传入日本，18 世纪初传入欧洲，作为蒙学读物与认识中国文化的窗口。宋代之后《孝经》被列为十三经之一。

孝虽极重要，尤其在蒙学与俗文化中，但理论上孝与仁义等孰更根本却有不同看法。程颐、朱熹认为，五常德是最重要的，其中并无孝，孝只是实行仁德的下手处，但不是人的“性”的内容，性中只有仁、义、礼、智四者。程颐、朱熹意在坚守五常的根本地位，认为性是理，是形而上者，情是性的表现，是形而下者，而孝是仁之德的功用，而非仁本身，亦是形而下者。形而上、形而下分际不能乱，理对气、形而上对形而下的优先和统御地位不能变。这是程朱一派重理、重形而上的体现。而心学一派则不甚分形而上与形而下，亦不严辨理气、性情，如王阳明就认为良知是天赋的道德意识，是道德活动发生的根据，故“见父自然知孝，见兄自然知悌，见孺子入井自然知恻隐”（《传习录》上）。

第三节　人性论

一、性善恶混、性无善无恶说

“人性”即作为类的人的性质。人性论的一般定义是“关于人的本质属性的学说”。因为人可以从多方面去定义，“性质”又是个歧义众多的概念，所以古今中外关于人性的说法很多。西方一般从人的社会属性和自然属性两个方面定义人，前者如人是政治动物、人是经济动物、人是社会动物、人是趋利避害的动物，后者如人是情感动物、人是理性动物、人是符号动物、人是能反思的动物、人是二足无毛的动物等。中国古代关于人的定义，首先肯定人是不同于动物的独特类别，然后着眼于人性善恶问题。

最早提出人性问题的是周代的世硕，王充《论衡·本性》说：“周人世硕以为人性有善有恶，举人之善性，养而致之则善长；恶性，养而致之则恶长。”世硕的说法实际上是“性善恶混”，即人与生俱来的性中善与恶的成分皆有，后天培养善即为善人，培养恶即为恶人。后世主张此说者极多，西汉扬雄即说：“人之性也，善恶混。修其善则为善人，修其恶则为恶人。”（《法言·修身》）与世硕意同。

在孟子时代，人性论内容虽然众多，但唯有孟子和告子的辩论被详细记录了下来。首先，告子主张“性无善无恶”。告子谓性如同木材，仁义等品质如同木材做成的器具，器具是人为的结果，不是木材原有的。孟子的诘问是，木材当然不是器具，但做器具是顺着木材可以做成器具的性质还是违逆这一性质？如果是顺着此性质，那就说明木材本来具有做成器具的性质，而非从外得来。所以性也是本来就有的，非原无而后有。告子又以水设喻，说水并无确定的流向，东边决口就向东流，西边决口就向西流。故性无善无恶，由后天的培养而有善恶。孟子诘问道，水虽无确定的流向，但也没有向下流的性质吗？人以手拍水，水珠可溅过头顶，水也可借力冲上山去，但这都是外力即“势”使然，非水的本性，水本来有向下流的性质，故“人无有不善，水无有不下”（《孟子·告子上》），善性是人本来具有的。

其次，告子曰：“食色，性也。”（《孟子·告子上》）即认为人生来具有的东西即是人之性，就像白的东西生来就具有白的性质。告子所谓生来具有的东西，即人天生的生物本能，即上文“食色，性也”。孟子反诘道，如果把动物性的食色作为性，那么一切动物皆有此性，就像白的东西生来即有白的性质一样，若果如此，那么犬的性同于牛的性，牛的性同于人的性，人与动物就没有区别了。而人是有别于动物的独特的类，仁义礼智是这一类别的独特性质。笼统说生之谓性，在逻辑上是“不知类”。

以上辩驳，用的是类比的方法，虽然可以增加论说的力量，但因辩论的是一个抽象的概念，所以其结论是没有普遍必然性的。孟子的出发点是“人之异于禽兽者几稀”，从人不同于禽兽的特异处立论，是有独特眼光的。后来的宋明理学，正是将孟子与告子两人的观点合而为一，认为人有天地之性和气质之性两种性质。朱熹在解释告子的“生之谓性”的“生”时即说：“生，指人物之所以知觉运动者而言。告子论性，……与近世佛氏所谓作用是性者略相似。”[1] 当然孟子并非不承认人的知觉运动属性，只不过不把它当作“人性”而已，因为这些欲望的满足，有人无法左右的“命运”因素。孟子是把仁义礼智这些人生来固有而且“求则得之，舍则失之”的东西作为人之为人的本性。其理想主义的、义务论的色彩是很明显的。

二、性善论、性恶论、性三品论

（一）性善论

孟子目睹战国时诸侯间战争不断，百姓流离失所的状况，提出性善说，“孟子道性善，言必称尧舜”（《孟子·滕文公上》），以期效法孔子，用理论说教扭转、匡正当时的恶劣现实。孟子所谓性善，以人心的实际情况为根据：“乃若其情，则可以为善矣。乃所谓善也。若夫为不善，非才之罪也。”（《孟子·告子上》）此处“情”字，乃“情实”之情，指心的实际表现。孟子下文即说：“恻隐之心，人皆有之。羞恶之心，人皆有之。恭敬之心，人皆有之。是非之心，人皆有之。恻隐之心，仁也。羞恶之心，义也。恭敬之心，礼也。是非之心，智也。仁、义、礼、智，非由外铄我也，我固有之也，弗思耳矣。”（《孟子·告子上》）与以上性善恶混、性无善无恶不同，孟子的性善，是连带着心说，就心的四端而指此为性。所以孟子又说：“尽其心者，知其性也。知其性，则知天矣。”（《孟子·尽

[1]（宋）朱熹：《四书章句集注》，中华书局 1983 年版，第 326 页。

心上》）穷尽自己心的情况，可以知道自己的本性；知道自己的本性，则知道天的性质。也是就着心说性。孟子继承了子思，把心、性的内容和天连在一起，为后来以天言心性开了先河。

作为性善论的依据，孟子提出了“良知说”：“人之所不学而能者，其良能也；所不虑而知者，良知也。孩提之童无不知爱其亲者，及其长也，无不知敬其兄也。亲亲，仁也；敬长，义也。无他，达之天下也。”（《孟子·尽心上》）所谓“良”，一指善，一指本有。“良知”即人不学不虑、生而具有的天赋道德意识。良知比“良心”更多地表现了这种意识的自觉显现、为己觉知之意。良知最基本的，是爱亲、敬长的天赋能力，即“良能”。爱亲敬长即仁义，所以孟子说“仁义礼智根于心”。修养方法即将良知良能存之于己、推之于人。这里有本体有工夫，有知有行，已开后来王阳明“致良知”的先河。王阳明所说的“良知就是知，致良知的工夫就是行，致良知就是知行合一”全本于孟子，不过以其丰富的人生实践赋予其更广大深刻的内容而已。此外，孟子以四端证四德的方法，是经验的、归纳的，他的根据是人人皆有的心理经验：见孺子将入于井而皆有怵惕恻隐之心。而经验的、归纳的不具有普遍必然性，所以孟子的性善论实际上是向善论。性善是本质的、必然的，向善是现象的、或然的。但从中国传统哲学浑融的、现象学的思维方法言，向善即是性善，近似于普遍的即是本质性的。且“孟子道性善”为《孟子》本文，荀子即反其义而作《性恶》，后世论孟子，也称其为性善说。故欲改孟子“性善”为“向善”，似大可不必。

孟子性善论认为良知的内容是仁义，仁义是天赋的德性，故引《诗经》“天生烝民，有物有则。民之秉彝，好是懿德”，证明仁义是人天生的美好德行。但告子主张“仁内义外”，孟子对此进行的辩驳也富有哲学兴味。本来，仁指内心爱人的情感，义指选择此情感并将之落实为行动：

“义者，仁之断制。”[1] 故仁是温情脉脉的，义往往是刚烈惨断的，说“义外”并非无由。但孟子与告子辩论的是义的内在根据。告子认为，既然“仁者爱人”，仁是爱的内心情感，那么爱自己的弟弟，不爱陌生人，爱与不爱，都是内心的，故“仁内”。而义是敬长，敬自己的兄长，敬陌生人中的长者，是因为他们都是长者，长者是外在的，故“义外”。孟子反驳道，并非所有年长的都值得尊敬。人尊敬年长的人而不尊敬年长的马，说明尊敬的根据在自己的内心。就像既喜欢吃自己的烤肉，也喜欢吃别人的烤肉，喜欢吃烤肉的心是内在的，故仁义皆内在，“仁内义外”是错误的。孟子这里辩驳的是，仁义礼智是一个整体，是本具于心的善性的不同表现。这里仍是维护美德伦理学的统一性、整体性，美德不是对不同的德目分别践行，对不同的道德规范分别尽义务，而是履行由美德整体发出来的自然要求。

与性善说相连的是恶的来源问题。既然人从本性上说是善的，那么人性中的恶从何而来？不仅孟子的论敌问到这个问题，后世如宋明理学也常常涉及。孟子的回答是，恶是后天偏离善甚至戕害善造成的，不是本有的善性的过错。孟子引入“才”，即天生的材质这一概念，说：“若夫为不善，非才之罪也。”（《孟子・告子上》）对本善的偏离，往往由于生活环境的浸染，如丰年子弟多懒惰，是由于食物充裕，荒年子弟多暴乱，是由于食物匮乏。这并非天生的材质不同，而是环境影响所致。如同一块地播下同样的种子，但收获不同，这是因为土地的肥瘠、所受阳光雨露的多寡、施予的人工的不同所致。至于人之大恶，更是戕害本性的结果，好像山上的树木，不加栽培，反任由樵夫砍伐，牛羊啃食，终会成为草木稀疏的荒山。如果善加护持，伤害之后的荒山仍会恢复原有的繁茂，这即是复性之

[1] （宋）黎靖德编：《朱子语类》，王星贤点校，中华书局 1986 年版，第 109 页。

说。复性说对后世影响极大。凡性善论者在修养工夫上皆主复性说。唐代李翱把它和佛教的复性说相融会。宋代理学家程颐主张“先善后恶”，说：“性即理也，所谓理性是也。天下之理，原其所自，未有不善。喜怒哀乐未发，何尝不善？发而中节，则无往而不善。凡言善恶，皆先善而后恶；言吉凶，皆先吉而后凶；言是非，皆先是而后非。”[1] 性是本有的，故先善。情之未发，未有对性造成遮隔；发而中节，性如其本来表现出来，仍是善。只有情发而不中节，才对性造成遮蔽，但性之善恒如其本来。这一思想对朱熹影响极大。性善说是理学之大端，性恶说遭到否弃，综合性情两者而有的天地之性与气质之性的二本论遂为主流。

（二）性恶论

与孟子的性善论并峙的是荀子的性恶论。荀子的著名命题是“人之性恶，其善者伪也”（《荀子·性恶》）。他认为人的本性是恶的，善是后天人为的结果。荀子的论证是，人生来是趋利避害的，这就决定人好争夺、互相残害；人生来是喜好声色等感官欲望的，这就决定人是一定会破坏礼法约束而归于暴戾的。所以一定要接受法律的裁制和教育的熏化，去掉恶性带来的种种不良行为，成为知理守法合于礼乐规范的人。荀子对先天本性和后天人为做了清楚界定：“不可学，不可事，而在人者，谓之性；可学而能，可事而成之在人者，谓之伪。是性伪之分也。”（《荀子·性恶》）荀子认为，孟子主张性善，是不明辨先天和后天、生而具有和人为教化的区别。孟子认为人本性是善的，恶是离开本性导致的，既然人有离开善而追求不善的天然趋向，那就说明人性原本就是恶的。性是本来的、不可改变的，就如眼之明、耳之聪一样。既然天然具有追求恶的趋向，那就说明性是恶的。性恶，故有追求美好东西的内在动力。荀子论证性恶的一个重要根据

[1] （宋）程颢、程颐：《二程集》，王孝鱼点校，中华书局 2004 年版，第 292 页。

是礼义法度产生的目的：如果人本性是善的，礼义法度就失去了存在的理由；古代圣王之所以创造礼义法度、重视礼义法度，就因为它能对治人的恶性。因此，人的性恶是不辩自明的。这就是性恶的“符验”。而孟子的性善说是没有符验、无法证明的。

人之性恶，圣人何从而致？荀子的回答是，圣人是后天学习、积累善行的结果。如果一般人能选择善行，专心一志，仔细思考和实践，久久为功，就能成就理想人格：“积善而不息，则通于神明，参于天地矣。故圣人者，人之所积而致矣。”（《荀子·性恶》）所以荀子提出“涂之人可以为禹”的主张。圣人难以企及，世上也君子稀少，这是因为一般人不肯积善成德，修养礼义。一般人总是“妻子具而孝衰于亲，嗜欲得而信衰于友，爵禄盈而忠衰于君”（《荀子·性恶》），他们不能成就君子人格，“是不为也，非不能也”。所以必须有礼义法度约束人不使为恶，有贤师良友教诲、扶正人使之向善。这是荀子反复宣示的道理。

荀子生处天下统一趋势已经很明显的战国后期，又有综合百家，集先秦学术之大成的意愿，所以主张隆礼、重法，为新生政权的建立奠定政治、经济、法律、礼乐制度基础，他的《礼论》《乐论》《王制》诸篇，正是这一意愿的体现。而性恶论，是他加强礼法制度的人性论基础。有了性恶论，《劝学》等所主张的“学以成人”才有的放矢，《修身》《荣辱》《不苟》《儒效》《君子》等所倡导的君子人格才能实现。而揭出人性之恶，强调后天的教育、劝化对恶的导正、纠补作用，是所有制度性措施得以实现的前提。这与法家严刑峻法、重典治国的主张有相切合的一面，所以后世有人认为，荀子的性恶论将导致集权专制政治。

还有人认为，性恶论否认人有先天本善之性，它倡导的儒家成人之教，主要靠礼法的规范、纠正，这是“他律”。他律服从的是外在的规范，不是出自内心的“绝对命令”。这将会把人教成没有真情实感、依阿骑墙的口是心非之人，即孔子所斥的“乡愿”。如程颐曾说：“荀子极偏驳，只一句‘性恶’，大本已失。”[1] 朱熹也说：“荀卿则全是申韩。”[2] 谭嗣同甚至把中国数千年来的文化弊端归咎于荀子，说：“二千年来之政，秦政也，皆大盗也；二千年来之学，荀学也，皆乡愿也。惟大盗利用乡愿；惟乡愿工媚大盗。”[3] 认为不仅中国集权专制的暴虐和普通民众的软弱虚伪皆出于荀子，而且集权专制制度与荀子之学两者相互成就、相互利用，共同为祸中国社会。程颐、朱熹站在理学扬孟抑荀的立场，作出的评判有不公允的地方。荀子根据儒家“圣王尽制”的精神，重视法律、礼乐制度的建设，站在社会文化的外向性层面批评内省性、宗教性的修养路径，站在重视具体经验的理性思维立场对直觉思维、对轻视格物致知的批评，站在现实主义立场对过于理想、过于玄虚的政治、人格标准的批评，基于大一统立场对各家思想的批判性吸收，都使他的思想具有与现代社会更多的一致点。谭嗣同出于对清末甲午战败、割地赔款、列强环伺、国亡日亟、维新困难重重的激愤，及在此危难时刻对清廷及数千年礼教文化的批判，有其良苦用心，但他对荀子的偏颇态度是显然的。

（三）性三品论

两汉及其后的“性三品”论也是重要的人性学说，它实际上是对性善、性恶、性善恶混诸说的综合。它不像上述人性学说是对人的整体性质的考察与判定，而是将人分成不同层级论其性质。性三品说的流行主要在汉唐，董仲舒首先在批评孟子的基础上提出此说，认为孟子的性善说在逻

[1] （宋）程颢、程颐：《二程集》，王孝鱼点校，中华书局 2004 年版，第 262 页。

[2] （宋）黎靖德编：《朱子语类》，王星贤点校，中华书局 1986 年版，第 3255 页。

[3] （清）谭嗣同：《谭嗣同全集》，蔡尚思、方行编，中华书局 1981 年版，第 337 页。

辑上、实践上都不可通。他理解的善是“已善”，他诘难说，如果人的性生下来已经是善的，这就表明他可以“无教而如其自然”（《春秋繁露·实性》），这是说不通的。善就像米，性就像禾，米虽出于禾，但米不就是禾；性虽有善的可能，但并非本来即善。米与善是人后天行为的结果，故性善说混淆了先天与后天、质朴与人为，是不能成立的。从实践上说，政教措施是为了使人达到善。如果性已善，一切政教措施都是多余的，所以性善说“不顺于为政之道”（《春秋繁露·实性》）。

董仲舒在此基础上把人分为三类：圣人、小人、中民。圣人性善；小人又叫“斗筲之人”，性恶；中民即一般人，性可善可恶。圣人与小人皆人数极少，故可忽略不计。所谓性，指中民之性。中民之性，可善可恶，端赖后天教化如何。中民之性就像茧与蛋，蛋须待孵化才能成为雏，茧须待缫才能成为丝，故“性者天质之朴也，善者王教之化也。无其质则王教不能化，无其王教则质朴不能善”（《春秋繁露·实性》）。董仲舒强调教化的重要性，这与他天道任阳不任阴，政治上教化为主、刑罚为辅的主张是一致的。

王充也主“性三品”说，《论衡》有《本性》篇专论此义。王充从元气自然论出发，认为人皆禀受元气而生，但气有优渥、浇薄的不同，所以人也有性善性恶的不同。禀气厚的，性善；禀气薄的，性恶；禀气厚薄平衡的，性可善可恶。就像田地本来有土色、肥瘠的不同。他认为周人世硕的性善恶混是对的，但这不指单个人性中有善与恶两种潜质，而是就人之全体说，有的人性善，有的人性恶。他不同意孟子的性善和荀子的性恶，因为无法解释有的人天生即善、有的人天生即恶且终生无法改变这一事实。如尧之子丹朱、舜之子商均，生于圣人之家，教化不辍，又处于上古纯朴的生长环境，但终未成为善人，性恶故也。所以，“性本自然，善恶有质。孟子之言情性，未为实也”（《论衡·本性》）。王充也不同意告子的性无善无恶说，认为人皆有或善或恶之性，没有如白板一样无任何属性的人性：“初禀天然之姿，受纯一之质，故生而兆见，善恶可察。”（《论衡·本性》）王充认为，只有中间材质的人，没有确定的不可改变的人性，才是可善可恶的：“无分于善恶，可推移者，谓中人也。不善不恶，须教成者也。”（《论衡·本性》）这类人才是告子所喻的“决之东则东流，决之西则西流”。上品的人，无须受教；中品的人，可接受教化而导之于善；下品的人即使性恶，也可以通过教育、惩戒、劝勉，使其为善。王充由此得出人之善恶“亦在于教，不独在性”（《论衡·率性》）的结论，大力张扬后天教育对人的现实善恶的决定作用。

董仲舒、王充的性三品说，与汉代以阴阳五行说明一切的思潮是一致的。汉代无论官方对五经的解释，还是私人著述对天地万物的探究，皆以气为立论基础；举凡天文、历律、医药、稼穑、人体构造、工艺制造，无不用气来说明。董仲舒认为人性属阳，情属阴；阳气仁，阴气鄙；天道任阳不任阴，所以须以性制情。王充认为人禀阴阳之气以生，气有纯驳，故禀气纯粹的人，其性善；禀气纯驳夹杂的人，其性可善可恶；禀气污浊、驳杂的人，其性恶。这是一种纯以形而下的物质说明人性善恶的经验论。而人是可以多方面定义的复杂存在，“性”又是抽象的、理论设定的。仅以物质性的气来解释人这一多维的复杂存在，其肤浅、偏颇是不可避免的。所以王充以禀气说明人的祸福、寿夭、穷通时，陷于迷信、术数、命定论就是必然的。纵观王充《论衡》一书，他在学问类型和思维方法上的特点是知识性强而伦理性弱。他以“疾虚妄”为旗帜，目的在摧毁天人感应中出现的种种诬妄之说，以此帮助教化，“冀悟迷惑之心，使知虚实之分。实虚之分定，而华伪之文灭；华伪之文灭，则纯诚之化日以孳矣”（《论衡·对作》）。甚至可以说，他的性三品与其说是为了说明道德的来源，毋宁说是为了发泄他作为“细门孤族”不得志的怨愤，和通过学习达于较高人品自励。王充的着眼点在社会教育而非道德探讨。

性三品说在唐代的著名代表是韩愈。韩愈有《原性》一篇，专论人性。他认为，人有性有情，“性”指人与生俱来的性质，“情”指由外物触发而产生的情感。性有上中下三类，上品的人生来即善，中品的人通过后天的教育、熏陶可以为善也可以为恶，下品的人生来即恶。性的内容是仁、义、礼、智、信五德。上品的人于这五者，其中一德突出，其余四德也能实行；中品的五者皆有，但混杂不清；下品的人于其中一德特别抵触，其他四德也都违反。情的内容包括七种：喜、怒、哀、惧、爱、恶、欲。上品的人七情皆能把控适中；中品的人七情有的过分，有的不足，但有对中道的追求；下品的人于七情皆过分或者不足，只根据当下之心行事，不求合于中道。在韩愈看来，性和情是相配合的，有什么品类的性就有什么品类的情。韩愈据此批评了孟子的性善、荀子的性恶和扬雄的性善恶混，认为他们只是分别执持性三品中的一品而抛弃其余两品。韩愈也认为性虽生来俱有，但可通过学习而改变，并非不可移易，最终强调的仍是教化：“上之性，就学而易明；下之性，畏威而寡罪。是故上者可教而下者可制也。其品则孔子谓不移也。”（《原性》）韩愈关于人性的理论基本沿用了前人，但他和汉代人不同的是他不从禀气角度去论证性，而是从人之所以为人的根据——五常和七情立论。从五常七情论性，回到先秦孔孟及《礼记》，比汉代人的实证论、经验论要深刻、宏远，这已下开宋明理学天地之性和气质之性统一于人的先河。

此外，韩愈提出性三品目的是为了辟佛。他认为，当世的言性者，多持性善情恶之论。此论吸收佛教的性净情染之说，认为性本善，受情杂染而后不善。而且此论所谓性，非仁义礼智信五德，而是佛教的“空”性。所以要灭情复性。而韩愈返回孟子，以常德言性。情也并非恶，恶出于对情不能把控适中，故对情采取控御、宣导而不是简单灭除的办法。这也与他反对佛教，重新确立儒家主导地位的立场相应。他的人性论对理学产生了很大影响。

三、性二本论

宋代理学占统治地位的是性二本论。性二本论即认为人性有两个方面：天地之性与气质之性。前者源于人之为人的独特性质，也叫天命之性、本然之性、义理之性；后者源于构成人的肉体之躯的气，也叫气禀之性，或径直称为气质。对两者的解释虽人各不同，但一般认为天地之性纯善无恶，气质之性有善有恶，须以理控御气。天地之性、气质之性之说倡自张载。但张载非二元论，他所谓性，首先指气的本性。气有两个层面，一个是太虚，一个是具体事物。太虚是气之本体，即气未构成具体事物的清通湛一状态，具体事物是气这一物质基元构成的。两者的分别是："至静无感，性之渊源；有识有知，物交之客感尔。客感客形与无感无形，唯尽性者一之。"（《正蒙·太和》）太虚不像具体事物是有形的、可以互相感应的。太虚与具体事物的统一只有充分理解气之本性的人能够达到。张载说："性者，万物之一源，非有我之得私也。惟大人为能尽其道，是故立必俱立，知必周知，爱必兼爱，成不独成。彼自蔽塞而不知顺吾理者，则亦末如之何矣。"（《正蒙·诚明》）这种一而二、二而一的性质是普遍的，人、物皆然，但只有有诚明两进的修养、有万物一体情怀的人才能了知。这样，张载的本体论便引向了伦理学："湛一，气之本；攻取，气之欲。口腹于饮食，鼻舌于臭味，皆攻取之性也。知德者属厌而已，不以嗜欲累其心，不以小害大、末丧本焉尔。"（《正蒙·诚明》）清通湛一的太虚，是天地之性的来源；有攻取的构成具体事物的气，是气质之性的来源。声色臭味这些身体的欲望，属气质之性。讲究德性修养的人对此只取基本满足，不穷奢极欲。这样就可以不以小害大、以末丧本，返回天地之性。所以张载说：“形而后有气质之性，善反之，则天地之性存焉。”（《正蒙·诚明》）

张载又有“心统性情”之说，认为人有性有情。如上所说，性来源于太虚之清通湛一，情来源于气的攻取之性。性是无不善的，是一切德行的根据；情指喜、怒、哀、乐等情感，有导向恶的可能。性、情都驻着于心中，通过心表现出来。而心则盛贮性情又根据性来控御情、管束情。“善返之”，就是心调控情使之符合性的标准。张载的学问目标是“知礼成性，变化气质”，他对气的大量论述，都是为修养成人指出本体论上的根据，最后指向的是伦理学。

二程的人性论比较复杂，因为二程兄弟性格不同，有些论性的话语分属何者又不易裁定，程颐早晚年学术重点也有不同。但可根据归属已经确定的话语阐说其性论之大端。程颢思想浑融，多就后天的、经验的、现象的一边立论，与其弟程颐喜欢就形而上的“理”发论不同。他不严分天命之性与气质之性，天道性命通而一之：“上天之载，无声无臭，其体则谓之易，其理则谓之道，其用则谓之神，其命于人则谓之性，率性则谓之道，修道则谓之教。”[1] 这是从不同角度分析天这一概念。他认为人性是天命与的，这是对《中庸》“天命之谓性”一句的继承。这段话中没有提到气。但他有一段话专以气论性：“‘生之谓性’，性即气，气即性，生之谓也。……盖生之谓性，‘人生而静’以上不容说，才说性时，便已不是性也。”[2] 这是说告子所谓“生之谓性”，应从气上说。因为《礼记·乐记》“人生而静，天之性也”的“性”是无法描述的，要描述必然涉及人出生以后的气。综合看，程颢承认有天命于人的“天命之性”，又承认人有禀

[1]（宋）程颢、程颐：《二程集》，王孝鱼点校，中华书局2004年版，第4页。

[2]（宋）程颢、程颐：《二程集》，王孝鱼点校，中华书局2004年版，第10页。

气而有的“气质之性”，不过没有两者对举而言。当然他也不遗漏《中庸》所讲的修养方法：“此理，天命也。顺而循之，则道也。”[1] 仍是以天命之性调御气质之性之意。

程颐对性二元论的论述则要明确得多。因为他持明确的理气二元论。自本体论延伸到伦理学，是顺理成章的。他首先认为，性与气两者不能分离，性指人、物的性质，气指构成人、物的物质基元，两者是同一事物的两个方面。人们分开说两者，是就其概念说，而两者实不能分离，故“论性不论气，不备；论气不论性，不明。二之则不是”[2]。程颐没有天地之性、气质之性的说法，但有“理性”“气性”之分。理性即出于理之性，气性即出于气之性，他曾说：“性无不善，而有不善者才也。性即是理，理则自尧、舜至于途人，一也。才禀于气，气有清浊。禀其清者为贤，禀其浊者为愚。”[3] 性无不善，因为其内容是仁义礼智信五常，性即理。才是气表现出的特性，故有贤愚之分，其根源在禀气的清浊。前者又叫天命之性，后者又叫生之谓性。生之谓性即气质之性。

张载、程颐都讲天命之性、气质之性，但来源不同。张载所谓天地之性的根源在气，不过是气的清通湛一的本性；气质之性的根源亦在气，不过是阴阳二气的有攻有取的性质。而程颐天命之性的根源在理，气质之性的根源在气。张载是气一元论，程颐是理气二元论。两人都讲情，情本身无所谓善恶，善恶在于心根据性对情的调节、控御。控御得中是善，过与不及是恶。这一点两人是相同的。

[1] （宋）程颢、程颐：《二程集》，王孝鱼点校，中华书局 2004 年版，第 11 页。

[2] （宋）程颢、程颐：《二程集》，王孝鱼点校，中华书局 2004 年版，第 81 页。

[3] （宋）程颢、程颐：《二程集》，王孝鱼点校，中华书局 2004 年版，第 204 页。

朱熹是北宋理学的集大成者，他在张、程的基础上讲天地之性和气质之性。但讲法与之不同。朱熹要弥缝程颐理与气二分、故而天地之性与气质之性截然二分的不足，要把天地之性与气质之性说为一个整体。朱熹所谓天命之性，指理，内容是仁义礼智；所谓气质之性，指天命之性落在气质中的现实表现。他说："气质之性只是此性堕在气质之中，故随气质而自为一性，正周子所谓各一其性者。向使元无本然之性，则此气质之性又从何处得来耶？"[1] 这就是朱熹经常设的比喻：天命之性如水，气质如碗，水须盛在器皿中，故性须通过气表现出来。水盛在黑碗中看到的是黑，盛在青碗中看到的是青。此即"各一其性"。性自不变，但随气质而表现不同，两者不离不杂。不离不杂、浑融为一又叫"滚同"："所谓天命之与气质，亦相衮同。才有天命，便有气质，不能相离。"[2]"论天地之性，则专指理言；论气质之性，则以理与气杂而言之。……虽其方在气中，然气自是气，性自是性，亦不相夹杂。"[3] 并指出天命之性的内容："性是太极浑然之体，本不可以名字言。但其中含具万理，而纲理之大者有四，故命之曰仁、义、礼、智。"[4] 朱熹关于四德之间的关系及修养工夫讨论极多，此处不赘述。

需要注意的是，朱熹欲把四书中的义理融为一片，故常把天地之性说成天命之性，目的是要指出，天命之性来源于天。《中庸》"天命之谓性"，是天将性给予人。但天是非人格的存在，其"给予人"指人性生来就属于

[1] （宋）朱熹：《答徐子融》，《朱熹集》，四川教育出版社 1996 年版，第 2963 页。

[2] （宋）黎靖德编：《朱子语类》，王星贤点校，中华书局 1986 年版，第 64 页。

[3] （宋）黎靖德编：《朱子语类》，王星贤点校，中华书局 1986 年版，第 67 页。

[4] （宋）朱熹：《答陈器之》，《朱熹集》，四川教育出版社 1996 年版，第 2975 页。

人这一独特的生物类别，他的性质是天然的，非后天人为而得。朱熹要把人性论证为一个上下、左右贯通为一的多维存在。上下者，立体地看，天与人贯通；左右者，平面地看，理与气贯通。所以朱熹集大成的人性论，比此前的各种说法都深刻、全面，既有形而上的理论设定，又有形而下的经验事实。理论设定沿《中庸》、孟子而下，把人不同于其他生物族类的独特性质彰显出来，把人之为人的尊贵、高严突出出来，彰显人对于天地万物的责任和义务，突显人“参赞天地化育”，与天地并立为三的自我期许。同时自然推出修养工夫：诚明两进，存养扩充。而经验事实着重说明，人的性质必须以现实的、物质性的气为载体，高严、尊贵的人性是承托于气之上的，这又保证了人与其他物类的统一性，为其“极高明而道中庸”的品格，为其万物一体的境界找到了物质上的根据，也为主敬、慎独等修养工夫找到了着力点。宋明理学兼顾了人的人性、动物性，因此以前各种人性理论如性善论、性恶论、性无善无恶论、性善恶混、性三品等被熔于一冶，在性二本论中各得其所。在哲学形态上，形上学、人性论、修养论融为一体，美德伦理就此构造完善，中国伦理学“道德的形上学”的特点彰显无遗。

朱熹之后人性学说多相沿性二本论。陆九渊讲“本心”，本心是形而下的，故性与心一起说，不甚区别。王阳明讲良知之学，但良知既是性又是心，亦不甚区别心与性、四端与四德。如：“性善之端，须在气上始见得，若无气亦无可见矣。恻隐、羞恶、辞让、是非即是气。……若见得自性明白时，气即是性，性即是气，原无性、气之可分也。”（《传习录》中）此中“自性”就是良知，良知即性即气。此后刘宗周、黄宗羲等也提到义理之性、气质之性，但皆是借这些概念讲关于理气的哲学主张，非专论伦理学问题。

较有特色的是王夫之的“性日生日成”说。此说认为没有生来即是不再变化的所谓“本性”。人与其他事物一样，处在不断变化中。变化日新是人生命的真实状态。王夫之说："夫性者生理也，日生则日成也。"[1]"天日命之，人日受之。命之自天，受之为性。终身之永，终食之顷，何非受命之时？皆命也，则皆性也。天命之谓性，岂但初生之独受乎？"[2]"生理"即生命的机能。生命是运动的，接受天地给予的各种养分生长日新，"命曰降，性曰受"[3]，"惟命之不穷也而靡常，故性屡移而异"[4]，所以"性"是一个历程。生命里有一些生而具有的东西，如仁、义、礼、智，但这只是根，它在生命历程中被壮大或戕害，重要的是后天的熏化。可以看出，王夫之所谓"命"，指自然界的物质；"性"，谓人的生命机能。这就与中国历史上的人性论都不同。他着眼的是经验性的生命当身，张扬的是后天教化的重要。严格说这不是一种人性学说，因为"人性"即人的性质，"性质"是恒定的、不变的，只能就性质的内涵讨论，不能就性质的形式另起炉灶。所以它只反对先在的、不变的人性论，论证常在变中、以变显常的意义，而不与先前任何一种人性论构成辩驳。

四、以气论性

此后的颜元以气一元论反对程朱的理气二元，以理气皆善反对性善情恶。颜元认为，理与气皆是天的内容，两者理论上虽有分别，但实际上是统一的实体的两个方面。人的形体与性质皆是天给予的，"非气质无以为

[1] （清）王夫之：《尚书引义》，《船山全书》第二册，岳麓书社 2011 年版，第 299 页。

[2] （清）王夫之：《尚书引义》，《船山全书》第二册，岳麓书社 2011 年版，第 301 页。

[3] （清）王夫之：《思问录内篇》，《船山全书》第十二册，岳麓书社 2011 年版，第 413 页。

[4] （清）王夫之：《尚书引义》，《船山全书》第二册，岳麓书社 2011 年版，第 301 页。

性，非气质无以见性”[1]，两者是统一的生命的两个方面。气是理的显发，情是性的展露，因而都是善的。不能说性善情恶，理正气偏。恶是后天习气蒙蔽、染污性的结果。无论是修养身体的还是精神的善，都是充实、加深其固有。由此，不能分天命之性与气质之性；也不能说理纯善，气有恶。若谓善恶，则理气、性情合而为一的生命本身是善，习气对生命的遮蔽、染污是恶。修养工夫重在对习气的导正。

颜元之后，对人性论有深刻发挥的是戴震。戴震从气论出发，对性的来源、性的内涵、性与情的关系等，有独特论述。他先对“性”作了明确定义：“性者，分于阴阳五行以为血气心知，品物区以别焉，举凡既生以后所有之事，所具之能，所全之德，咸以是为其本，故《易》曰‘成之者性也’。”[2]“性”是阴阳五行在人、物上的体现。事物禀受的气不同，其性也不同，万物据此相互区别。人性由血气构成的身体和心的灵知两部分构成。其次，同类中的个体也因禀气的清浊、厚薄、偏全、昏明而各个不同，所以孔子说“性相近”不说“性相同”。事物的各个方面，它的机能、表现，皆以性为根据。人、物各以其性所构成的特殊类别存在、延续。此皆气化自然，非强力所能为。从这个意义说，可谓“天命之谓性”。戴震此解释与程颐、朱熹以天给人以性来解释“天命之谓性”大不相同。

戴震也讨论了性之善恶问题。他认为，所谓性善，指人扩充其神明达到的结果，而非人天生有本善之性。人天生只有血气、心知，血气与心知有不同的功能。人与动物的血气与心知均不同。动物只知趋利避害，知爱其同类，其“知”是本能的直觉显现。人则能思能欲，不但能思欲声色臭味，这是血气的需要，也能思仁义礼智，这是人不同于动物的地方，也是

[1] （清）颜元：《性理评》，《颜元集》，王星贤，张芥尘、郭征点校，中华书局 1987 年版，第 15 页。

[2] （清）戴震：《孟子字义疏证》，中华书局 1982 年版，第 25 页。

人“性善”的原因：“人之心知，于人伦日用，随在而知恻隐，知羞恶，知恭敬辞让，知是非，端绪可举，此之谓性善。”[1]“性善”是心知的能力，但仁义礼智之德是心知知其善端，并行动上扩充的结果：“人则能扩充其知至于神明，仁义礼智无不全也。仁义礼智非他，心之明之所止也，知之极其量也。”[2]所以戴震认为，性不是像朱子所说的那样，是天赋人受的，“如别有一物”，而是形而下的、经验性的。性善也非本然即善，而是通过修养得到的，人的血气只知趋利避害，端赖心知的好善趋向控御它：“仁义礼智非他，不过怀生畏死，饮食男女，与夫感于物而动者之皆不可脱然无之，以归于静，归于一，而恃人之心知异于禽兽，能不惑乎所行，即为懿德耳。古贤圣所谓仁义礼智，不求于所谓欲之外，不离乎血气心知。”[3]朱熹曾经强调，他提出性即理，以理为天命之性的内容，是为了排击佛教的性空，即二程所谓“吾儒本天，释氏本心”。戴震则批评程颐、朱熹，认为他们不从血气心知立论，以性为别有一物，形体之外求精神，血气心知之外求静一之道，正堕入佛教。

戴震又提出自然、必然之说。自然者，血气心知所具有的欲、情、知，因原于天地运化之自然，故谓之“自然”。必然者，此三者最后的要求与归趋：仁义礼智。因为人的心知有追求道德的要求，而道德是欲、情、知的标准，故谓之“必然”。人生而有欲望，满足欲望的是声色臭味，人对于欲望有爱、有畏。人生而有情感，情感是血气心知的宣发，故有喜有怒、有惨有舒。人生而有灵知，灵知所辨别的最根本的事物是美丑是非，人对美丑是非的感觉是好恶。这些都是自然的。但欲望的满足须遵守道德法则，情感的发作须寻求中和，美丑是非的判断须依据一定的原则，

[1]（清）戴震：《孟子字义疏证》，中华书局1982年版，第29页。
[2]（清）戴震：《孟子字义疏证》，中华书局1982年版，第28页。
[3]（清）戴震：《孟子字义疏证》，中华书局1982年版，第29页。

这是必然对自然的限制与规约。而自然须以协和必然为目的，所以戴震说："善，其必然也；性，其自然也；归于必然，适完其自然。此之谓自然之极致，天地人物之道于是乎尽。"[1]

戴震由此批评荀子的性恶论，赞扬孟子的性善论，说："荀子知礼义为圣人之教，而不知礼义亦出于性；知礼义为明于其必然，而不知必然乃自然之极则，适以完其自然也。"[2] 这是说，荀子倡性恶以突出后天学习的重要，这是正确的。但他不知礼义亦出于心知的要求，而这也是人性的自然。戴震以孟子的"理义之悦我心，犹刍豢之悦我口"（《孟子·告子上》）证明人之性善，但他所谓性，不同于孟子，更不同于朱子。戴震的性善首先是心知对于道德法则的追求，其次是通过工夫对此追求的实现。孟子的性善是人之异于禽兽的独特本性，其根据是人心的自然体验。朱子的性是天赋予人的性质，它之所以善是因为它的内容是仁义礼智等行为准则，所谓"天地人物万善至好底表德"[3]。戴震人性论的根据是经验论，以人的血气心知为立论原点："所谓仁义礼智，即以名其血气心知，所谓原于天地之化者之能协于天地之德也。"[4] 其优点是合于常识，有气一元论的坚实基础。但他以实证为根据的汉学方法阻隔了他的形上趋向。而义理之学只要拒绝形上学，拒绝纵向的天人维度，拒绝设立命题且就此命题作逻辑推论，则必然陷于单薄和表面化。戴震认为人的心知有好礼义的天性，并以此为"性善"的根据，实际上仍是根据经验观察作出的。而且他认为人与禽兽的区别在于人有理智而禽兽只有本能的直觉，这仍不如朱熹把"天命之性"作为人的特异处，并从天人一理角度所作的形上阐发更为广大、深刻。

[1] （清）戴震：《孟子字义疏证》，中华书局 1982 年版，第 44 页。
[2] （清）戴震：《孟子字义疏证》，中华书局 1982 年版，第 32 页。
[3] （宋）黎靖德：《朱子语类》，王星贤点校，中华书局 1986 年版，第 2371 页。
[4] （清）戴震：《孟子字义疏证》，中华书局 1982 年版，第 38 页。

第四节　修养工夫论

工夫论是中国哲学最有特色的部分，在与西方哲学的对比中，这一点尤其明显。西方自文艺复兴和宗教改革之后，哲学从宗教的附从地位独立出来，还原了其世俗生活的论证和写照的本色。但近代以来，特别是笛卡儿的心物平行论盛行以后，西方哲学的主流方法在理性对经验事物的逻辑论证，它的指向主要在求真。所谓求真，即将理论建立在严密的逻辑推论之下，即使对善和美这样常常求助于心灵直觉的东西也是如此。心灵的诸多要素中最重要的是理智，看待世界的方式主要是主客二分，以主体认知客体，并通过理智的不同层次的提升，建立理论系统。而宗教主要是信仰的、彼岸的，它领悟最高绝对的方法主要是灵修的、皈依的。宗教与哲学分属两个领域，“凯撒的归凯撒，上帝的归上帝”不仅是政治上政教分离的诉求，而且更是从宗教归向世俗生活的号召。这一分离对西方宗教、哲学的总体方法产生的影响广大深远，其直接表现就是：灵修对于宗教是绝对必要的，但它属于上帝，宗教主要是求善的；哲学是纯理智的，属于世间生活特别是思想家，它主要是求真的。即使有时为了论证超世间的事物，它的方法仍是理论论证的。

而中国哲学是真善美统一的，其求真求善求美是浑融的、一体的，它是“生命的学问”，美德伦理对它是最适合的。中国哲学有对绝对的寻求，但它是为了人自身品质的提升，不是为了归向某个彼岸的绝对者。中国哲学的工夫论完全是世俗的，是在世俗生活中向自己的人格理想趋近。王阳明的两句诗代表了中国工夫论的特点：“不离日用常行内，直造先天未画前。”由于工夫和修养方法在中国哲学中的普遍性，本节分儒、释、道等分别论述。

一、先秦、汉唐儒家

儒家特别注重人格修养，它的工夫论极为丰富。孔子吸收了五经中所讲的修养工夫，又加以提炼和发展。他首先把工夫的场域放在现世人群中："鸟兽不可与同群，吾非斯人之徒与而谁与？"（《论语·微子》）遗世独立的隐士在孔子眼中是只顾自身高洁，不顾现实伦常关系的人。孔子把做工夫当作个体的自觉行为，求则得之，舍则失之，非如外在的利禄，得之有命，故"我欲仁，斯仁至矣"。他还认为做工夫是修德之事，其内心享受即是福报，故说"求仁而得仁，又何怨"（《论语·述而》）。孔子心目中的理想人格是周公，周公的最大功绩在制礼作乐，为后世奠立制度、教化基础，所以孔子一生孜孜不倦，学习各种礼乐知识。孔子还继承了商周以来对天、命等形上学方面的体悟，对人的超越层面有极大兴趣。所以孔子的工夫论有两个方面，一方面是对形而上的天、命等的体悟，使人的各种行为有天道的映衬和指引。如孔子讲"下学而上达"，下学是人世间的具体行为，上达是体悟天道，两者互相辅助。孔子不断体悟人生的进境，他对自己从"十有五而志于学"到"七十而从心所欲不逾矩"的人生历程有各年龄关节的反省：从行动、人格上独立到大事上不迷惑，再从知天命到天人贯通后对世间事物的透彻理解、宽容对待，最终达到精神自由。再如孔子认为，天道自然，并不对其中的任何事物加以控御、干涉，但四时百物照样依据其本性的必然性发生、发展。知天、知命、敬畏天命是君子人格的内在要求："不知命，无以为君子。"（《论语·尧曰》）"君子有三畏：畏天命，畏大人，畏圣人之言。"（《论语·季氏》）

天道虽不可直接经验，但与人世关系极大，对天道的体悟必然落在对世间具体工夫的实践上，这是孔子的工夫论的第二个方面。具体工夫在孔子主要是学，学首先是学五经，学五经不仅要学具体知识，还要把握每一经的总体精神，如孔子认为《周易》可以教给人智慧，使人少犯错误："假我数年，卒以学易，可以无大过矣。"（《论语·述而》）他还直接引用《恒》卦的爻辞"不恒其德，或承之羞"来鼓励人们修德，故"老而喜《易》，韦编三绝"（《史记·孔子世家》）。孔子一生喜欢《诗经》，认为它的宗旨是"思无邪"，同时学《诗》可以提高人的语言修养："不学《诗》，无以言。"（《论语·季氏》）甚至认为士人不学《诗》将寸步难行："人而不为《周南》《召南》，其犹正墙面而立也与？"（《论语·阳货》）此外，诗还可以兴、观、群、怨，"迩之事父，远之事君"，并且使人掌握许多具体事物的知识，"多识于鸟兽草木之名"，培养细密的"切磋琢磨"思想方法。礼更是孔子强调的。礼从大处说是治国纲维，从小处说是人的行为规范、礼节威仪，仁、义、智、信、勇、直等多种德行必须在礼上实现，靠礼来中和，所谓"文之以礼乐，亦可以为成人矣"（《论语·宪问》）。具体行为中的"非礼勿视、听、言、动"（《论语·雍也》）更是基本规范。所以"不学礼，无以立"（《论语·季氏》）。乐也是孔子强调的。乐的最大功能在和，即调节执礼过程中出现的矛盾："礼之用，和为贵。"（《论语·学而》）孔子更重视的是音乐的平和志意、宣发郁积、调节性情、培养高雅趣味的作用。至于礼乐的教化百姓、移风易俗的作用，更是题中应有之义。孔子既注重乐的思想内容，也注重乐的形式美感，如陶醉于《韶》的尽美尽善之中，竟"三月不知肉味"。孔子精通乐，喜欢欣赏音乐、唱歌、弹琴，注重通过乐使人感奋兴起，提升境界、成就人格，故倡导"兴于《诗》，立于礼，成于乐"（《论语·泰伯》）。对于《尚书》，孔子直接涉及的不多，但孔子的圣人观，政治哲学，执政的具体措施如仁爱、敬贤、民本、信义、秩序等，取自《尚书》者甚多。对于《春秋》，孔子不多言，只说"吾犹及史之阙文也"（《论语·卫灵公》）。孔子将鲁国编年史改作为《春秋》，作为匡正时政的参照，寄托甚重，自言："知我者其唯《春秋》乎！罪我者其为《春秋》乎！”（《孟子·滕文公下》）但因孔子认为《春秋》是经理国家、正定名分、彰明等级的书，孟子所谓“《春秋》，天子之事也”（《孟子·滕文公下》），故不多讲。孔子把六经的内容提炼、简化为具体的道德项目，并结合弟子的不同情况作解说，但这些德目具有永恒的意义和广泛的效应。

学的第二个重要方面是君子人格的培养，其总纲是“志于道，据于德，依于仁，游于艺”（《论语·述而》），即以大道为追求的志向，以道德为行为的根据，以仁心为依凭的对象，以艺能为道德的滋养，故修德、讲学是人终身齐头并进的两件大事。孔子的目标是“为己之学”，首先要树立修养圣学的宏远之志：“士不可以不弘毅，任重而道远。仁以为己任，不亦重乎？死而后已，不亦远乎？”（《论语·泰伯》）还要广博地学习各种知识，提出切实的问题加以思考：“博学而笃志，切问而近思。”（《论语·子张》）方法是，学习前人与独立思考结合起来，只学习不思考，容易被多种意见淆乱而陷入迷惘；只思考不学习，则丢弃前人的有用知识而陷入失败。把两者结合起来，可得到经验知识和思维锻炼两种效益。平时内心敬谨和外在威仪并重，敬谨是威仪的内在导引，威仪是敬谨的外在助缘，故“温良恭俭让”被视为儒家五德。注意保持质朴的本色，并用后天礼乐熏陶，以变化气质，文质适中，故孔子说：“质胜文则野，文胜质则史，文质彬彬，然后君子。”（《论语·雍也》）教导弟子安贫乐道，勤勉做事，谨言慎行，不断向别人好的地方学习：“君子食无求饱，居无求安。敏于事而慎于言，就有道而正焉。可谓好学也已。”（《论语·学而》）平时在家行孝悌，在外敬爱众人，亲近有仁德的人。在修养方式上，既秉持高远的志向，又注重工夫的切近可行，力倡忠恕之道：“夫仁者，己欲立而立人，己欲达而达人。能近取譬，可谓仁之方也已。”（《论语·雍也》）“己所不欲，勿施于人。”（《论语·颜渊》）力戒奢侈，崇尚节俭：“君子泰而不骄，小人骄而不泰。”（《论语·子路》）行为持中庸之道：“子温而厉，威而不猛，恭而安。”（《论语·述而》）“过犹不及”“允执其中”，但也不机械执守，而是灵活处理，杜绝独断的、唯我独尊的思想方法：“子绝四：毋意、毋必、毋固、毋我。”（《论语·子罕》）择交要谨慎，亲近仁者，绝去小人：“益者三友，损者三友。友直，友谅，友多闻，益矣。友便辟，友善柔，友便佞，损矣。”（《论语·季氏》）总之，孔子修养工夫多样。一部《论语》，皆孔子教人做事、做人之语，亦可视为讲求美德之书。

孔子是中国伦理学美德特征的重要体现者，其修养目标是成就君子人格。这样的人格有天道、有人事，有宗教性的超越体验、有世俗性的学以成人，也可以说有立体性的纵贯，也有平面性的横摄，这已下开孟子“尽心知性知天”的“十字打开”（陆九渊语）。以上提及的数端，只是孔子修养工夫的几个侧面。

孔子而后，儒家美德伦理的继承者主要是孔门弟子、孟子、荀子、《礼记》、宋明理学等。孟子的修养工夫对孔子以上天道、人事两个方面都有承继，而最大的创造则是开出养气、知言。孟子自称“吾善养吾浩然之气”。所谓浩然之气，指一种立基于气的精神力量。它有两个方面，一个是“志”，指气的价值指向，一个是“气”，指精神所依持的物质基础。孟子说：“志，气之帅也；气，体之充也。”（《孟子·公孙丑上》）两者互相依持，又互相影响、互相辅助，“志一则动气，气一则动志”。二者相较，志更重要，故“志至焉，气次焉”。修养方法是“持其志，无暴其气”。所谓持其志，即坚持正确的价值方向，一有损害它的行为发生，则气会虚歉、疲软。而用道义培养气，则气会刚健、充满、有力，反过来加强持志的坚定。两者交养，达到极致，则有至大至刚的感觉：“以直养而无害，则塞于天地之间。”养气要“勿忘勿助”，“勿忘”即不间断，工夫要持续，不能一曝十寒；“勿助”即工夫要自然，水到渠成，不能拔苗助长，欲速求效。这是孟子的养浩然之气。一些喜好理性思维、逻辑推论的思想家视孟子此法为神秘主义。但从中国哲学长于体证的思想方法、修养方法看，实不神秘，也非无法体验、不能论证。

“知言”即了知别人言论的偏颇，“诐辞知其所蔽，淫辞知其所陷，邪辞知其所离，遁辞知其所穷”（《孟子・公孙丑上》），意思是，偏颇的言辞知道它的蒙蔽处，放荡的言辞知道它的沉溺所在，邪僻的言辞知道它违离正道处，躲闪的言辞知道它何处理屈。史称孟子好辩，知言多是在辩论中表现的，需要丰富的知识和缜密的逻辑，这都需要努力地学习。但孟子对知言没有展开论证，只是说到这四种言论对于正确的认知和行为的损害，故“圣人复起，必从吾言矣”（《孟子・公孙丑上》）。

养浩然之气和知言都需要心的洁净，而要保持心的洁净必须去除多余的欲望，故孟子提出“寡欲”的养心方法：“养心莫善于寡欲，其为人也寡欲，虽有不存焉者，寡矣。其为人也多欲，虽有存焉者，寡矣。”（《孟子・尽心下》）寡欲亦节制欲望，不使其生心害事之意，非绝去一切欲望。

另外，孟子提出知天、事天、立命的修养方法，说：“尽其心者，知其性也。知其性，则知天矣。存其心，养其性，所以事天也。夭寿不贰，修身以俟之，所以立命也。”（《孟子・尽心上》）即穷尽自己的四端之心，就知道人性是善的；知道人性是善的，就知道天的生生不息是人性、人心的来源，三者是一致的。这是继承孔子“下学而上达”“知命”的思想，并将它们融合为一，它是后世天人一体纵贯而下的直接源头。知道了这一点，也就知道了事奉天道的正确做法：把四端之心存下来，勿使受到戕害；用道义养护自己的本善之性，不管生命之或长或短，境遇之或穷或通，不改初心，矢志以往，不断修养自己，完成自己应该担当的使命和责任，此谓“立命”。在此基础上，才有“富贵不能淫，贫贱不能移，威武不能屈”的“大丈夫”精神、“说大人则藐之，勿视其巍巍然”的气概和对现实的批判勇气。孟子这些修养方法和工夫目标对后世特别是宋明理学影响极大。

如果说孟子以其理想主义人格主要发展了孔子的纵贯性的“悟”这一面的话，荀子则以其现实主义人格主要发展了横摄性的“学”这一面。荀子虽然方向上不同于孟子，但对士人的全面修养极为重视，尤其是荀子在人格类型上类似亚里士多德，所以是典型的美德伦理学。

荀子认为人性恶，故修养工夫首在“化性起伪”，即通过后天人为主要是礼义法度的学习，化除人天生好争夺、好占有的恶性。“伪”即选择正确的行为并付诸实践。荀子说：“圣人化性而起伪，伪起而生礼义，礼义生而制法度。”(《荀子·性恶》)故荀子隆礼、重法。又说：“注错习俗，所以化性也；并一而不二，所以成积也。习俗移志，安久移质，并一而不二则通于神明，参于天地矣。”(《荀子·儒效》)“注错习俗”，即选择、措置习俗中的善恶成分。“成积”即积累善行，变化气质。以此专心一志，心无旁骛，就可以了解事物的规律，决定正确的价值方向，参与天地的运化。荀子强调通过学习，增进知识，修养德性，以至积善成德：“学不可以已。”“积土成山，风雨兴焉；积水成渊，蛟龙生焉。积善成德，而神明自得，圣心备焉。”(《荀子·劝学》)对于学习的内容，荀子与孔子一样，特别重视五经，说：“学恶乎始？恶乎终？曰：其数则始乎诵经，终乎读礼；其义则始乎为士，终乎为圣人。……《礼》之敬文也，《乐》之中和也，《诗》《书》之博也，《春秋》之微也，在天地之间者毕矣。”(《荀子·劝学》)诵经重在增进知识，读礼重在规范行为。这是君子之学的两大支柱。目标则始为君子，终为圣人。具体说，《诗》《书》可以使人知识广博，《乐》可以使人性情中和，《礼》可以使人恭敬文雅，《春秋》可以使人深刻精微。一经有一经之用。其中荀子对礼乐教化人、文饰人的作用尤其重视，故特作《礼论》《乐论》，专门论述礼乐的社会教化功用，批评墨家轻视、反对礼乐的思想。唯《周易》不见荀子倡导弟子传习，大概荀子认为《易》过于虚玄甚或术数气太重。荀子不仅自己重视五经，也大力传授弟子。汉代经师多为荀子弟子，而孟子弟子传经者不多。这与荀子笃实的学风有关。另荀子的工夫论重视思想方法的训练，注重概念推理等逻辑规则，故有《正名》《解蔽》等作。由此他特别重视心的虚静、专一，倡“虚壹而静”的养心理论：“治之要在于知道。人何以知道？曰：心。心何以知？曰：虚壹而静。”（《荀子·解蔽》）即不以心中已有的妨碍将接受的，不以同时接受的互相妨碍，不以梦境或匆遽急迫搅扰心的平静，这样就能保持心的清明状态。荀子的工夫论具有典型的理性主义色彩，故对各种偏执的、迷信的、无法以理性认知的知识、理论，皆有批评，比如他的《非十二子》，就对包括孟子的内省直觉方法在内的著名学派、人物进行批评。

儒家后学的工夫论，比较多地保存在《礼记》中。其中重要的如《学记》《大学》《中庸》等。《学记》规定了学习的阶段和层次：第一年开始学习经典，立定向学之志，三年培养敬业乐群的精神，五年掌握较为广博的知识，主动地亲近老师以讨求各种方法，七年学会与同学、朋友讨论问题，学会交往益友。达到这种程度，可谓之“小成”。在此基础上，对各种知识分别其门类，举一反三，触类旁通，并志意坚定，不彷徨退缩，这可谓“大成”。达到大成，就可以担当化民成俗的责任，取得良好的治理效果了。

《大学》讲的是修齐治平的“大人之学”，其工夫分知识和道德两个方面，即三纲领、八条目，两个方面互相辅助、互相激发。道德上，发明其本有的善性，并通过具体政事，达到德性的极致，即“止于至善”。知识上，通过研究具体事物，得到它的道理，在积累既多的基础上，达到对更高的道理的体认，并借以锻炼思维能力，养成正确的思想方法。还包括保持心的真诚，即“勿自欺”；保持心的空静状态，忿懥、好乐、恐惧、忧患等情绪不过分；保持公正的待人态度等。这些都是修身的具体工夫，是齐家、治国、平天下的基础。

《中庸》的工夫论主要在“致中和”与“诚明两进”。“致中和”即情感未发生时保持心原本的不偏不倚状态，此谓“中”；已发生时控御心，使心与事的节度吻合，此即“和”。积累“中和”达到广大高明的境地，就可以正确处理天地间的事物，使万物各遂其性，“天地位焉，万物育焉”。“诚”即天地万物的本体，也指体证此本体而与之为一。故《中庸》说：“诚者天之道，诚之者人之道。”“明”即与诚为一而达到的澄明、智慧境界。《中庸》的工夫既有因诚而致明，也有因明而致诚。前者由体悟天与人的性质而达到超越性智慧，后者是通过修养、教育，从而体悟天与人的性质。两者互相辅助，共同提高，此即“诚明两进”。诚明两进的极致是“赞天地之化育”，这是修养工夫的最高理想。一般人达不到这样的高度，但可以从局部事物做起，“其次致曲，曲能有诚”。积累多了，也能接近以上理想境地。

可以看出，《大学》与《中庸》工夫特点不同，《大学》是平面的，横摄的，从格物、致知横向扩大。而《中庸》是立体的，重在对天、命、性、道的体悟，由天到人，纵贯而下。纵贯中有横向扩展，即对“君子之道费而隐”“道不远人”“凡为天下国家有九经”等具体事物的论说，末后又以无声无臭之天道归结。此即朱熹说的“其书始言一理，中散为万事，末复合为一理。‘放之则弥六合，卷之则退藏于密’”[1]。

《大学》与《中庸》工夫上的不同，代表曾子学派与思孟学派致思方向上的不同。但两者有一相同处，即都言“慎独”。“慎”即谨慎，“独”即人不知而己独知时。“慎独”即在独知时更加谨慎小心，因为此时无人监管，容易放松对自己的约束。慎独彰显的是意志的重要性，看重的是自律的力量。意志在儒家工夫论中所占地位甚重，因为儒学是俗世的学问，它不像西方文化中有彼岸的、人格神的宗教力量管束、制御人。儒家修养

[1] （宋）朱熹：《四书章句集注》，中华书局 1983 年版，第 17 页。

工夫全靠意志的力量驱迫人实现其理想、践行其义务，把人过分的、妨碍理的情欲抑制住。这说明儒家工夫论的大端符合康德的义务论伦理学，但它又不像康德主要是对“什么是道德的”的理论推证，而是一套实践的、重在修养整体人格的美德论工夫系统。慎独对美德伦理是最适宜的，故对宋明理学着重个体独修的工夫论影响极大。理学殿军刘宗周甚至以“慎独”为其哲学宗旨，说：“自昔孔门相传心法，一则曰慎独，再则曰慎独。”[1] 以慎独为儒学工夫的核心。

汉儒的人性论主要是性三品，其工夫着力点在“中民之性”。中民之性可以通过教化提升其品德修养而达到理想人格，所以汉儒普遍重视后天的“学”。董仲舒说的“性待渐于教训而后能为善。善，教训之所然也，非质朴之能至也”（《春秋繁露·实性》）可为代表。唐代文化佛教、道教因素至重。李翱是儒家，其“复性说”受佛教影响较大。认为性是天之所命，是人之所以为人的根本；情是性发动后自然而有的情感，情是对性产生迷惑的来源。情因性而有，性因情而明，两者本不相离。但情容易陷溺，除圣人能做到“寂然不动”外，一般人鲜能不受迷惑，因此须用工夫灭情复性。如水本清澈，受泥沙浑浊然后不清；火本光明，受烟的遮蔽然后不明。须澄清泥沙，除去烟的遮蔽，水之清、火之明自然恢复。李翱学宗《中庸》，他的修养工夫在《中庸》的“诚明两进”和“慎独”：“止而不息必诚，诚而不息则明，明与诚终岁不违，则能终身矣。”（《复性书》中）“止”即工夫不停息，坚持不懈，则诚明兼备。这是复性的先决条件。然后以慎独守此诚明，心思专一，不为见闻所动，即可以灭除妄情，恢复本来清净之性。李翱的复性说接受了佛教性净情染、灭情复性之说，中唐以后在受佛教浸染较深的士大夫中影响很大。

[1] （明）刘宗周：《刘宗周全集》第二册，吴光主编，浙江古籍出版社 2007 年版，第 5 页。

二、宋明理学

对先秦儒家工夫论有极大发明、拓展的是宋明理学。但理学人物极多，理论又各个不同，故简论其大端。周敦颐的修养工夫主要在“定之以中正仁义而主静，立人极焉”（《太极图说》）一句。中正仁义是修德的目标：“圣人之道，仁义中正而已矣。”（《通书·道》）而“主静”是达此目标的具体方法。主静首先要知晓宇宙本体是“诚”，诚是自然的、本然的，“乾道变化，各正性命”即诚。人要与诚合一，合的方法是顺从自然，“诚则无事矣”。主静即与诚为一而不造作，故“诚无为”。具体做法首先在保持心的专一，专一则“无欲”，无欲则静时虚寂，动时正直；虚寂则明睿、通达，正直则公正、广大。达到明、通、公、溥，则离理想人格不远了。其次是行为要谨慎，离开仁、义、礼、智、信五者的行为，皆邪僻之行：“邪动，辱也；甚焉，害也。故君子慎动。”（《通书·慎动》）还要“志伊尹之所志，学颜子之所学”（《通书·志学》），即立为国为民的志向，但要安贫乐道。周敦颐的修养方法简明扼要，但对形而上的“道”“诚”体认极深。他的“主静”方法中，佛道的影响尚在。后来二程改“主静”为“主敬”，成为理学工夫论的主流。

张载的工夫论在“知礼成性，变化气质”一语。“知礼”即学习礼乐知识并体会其制作之意，“成性”即克去气质中不利于成就理想人格的因素，具体说即克除嗜欲，克去多余的嗜欲即可返回天地之性，但须日积月累。另外，张载是在体会天道性命的基础上再返回实地用功，故“大心”也是其工夫论的重要内容。“大心”即通过体悟形上之域来廓大胸怀、眼量：“大其心则能体天下之物。物有未体，则心为有外。世人之心，止于闻见之狭；圣人尽性，不以见闻梏其心，其视天下无一物非我，孟子谓‘尽心则知性知天’以此。”（《正蒙·大心》）因此，在尊德性与道问学、致广大与尽精微、极高明与道中庸三个对子中，他常常强调前者，认为不尊德性则学问失去价值统领，无广大的视野则精微失去其通体观照，不极高明则中庸失去时措之宜的依据。所以《正蒙》前半部是以《周易》《中庸》为骨干的形上学，后半部是以《论语》《孟子》《礼记》为主的工夫论，是一个“上达”统领“下学”的全幅系统。张载非常强调勤学以变化气质，尝说：“性犹有气之恶者为病，气又有习以害之，此所以要鞭辟至于齐，强学以胜其气习。”[1] 强学就是走“由明而诚”一路，故张载自言：“自明诚者须是要穷理，穷理即是学也，所观所求皆学也。”[2]

邵雍的“先天之学”自勤学苦悟天地之奥秘而来。他的思想纲领是太极为统一之体，体不动；太极生阴阳，阴阳有动静之神妙性质。由阴阳的神妙性质产生数，数产生象，象产生器，即具体事物。重要的是掌握先天法则，即太极阴阳之原理，则可以一通百通。而要把握先天法则，就要去掉具体事物的束缚，由器到象，由象到数，由数到道、太极，所以他倡“得意忘象”的工夫论：“象、数则筌蹄也，言、意则鱼兔也。得鱼兔而忘筌蹄，则可也。”[3] 而要获得这一识度，仍要通过学与悟。邵雍特别重视悟，因为他的哲学是“先天学”，而“先天学，心法也，故图皆自中起，万化万事生乎心也”[4]。

程颢的修养工夫归结为一句话：“识得此理，以诚敬存之。”[5] 即体认

[1] （宋）张载：《张子语录》，《张载集》，章锡琛点校，中华书局 1978 年版，第 329—330 页。

[2] （宋）张载：《张子语录》，《张载集》，章锡琛点校，中华书局 1978 年版，第 330 页。

[3] （宋）邵雍：《观物外篇》，《邵雍集》，郭彧整理，中华书局 2010 年版，第 146 页。

[4] （宋）邵雍：《观物外篇》，《邵雍集》，郭彧整理，中华书局 2010 年版，第 159 页。

[5] （宋）程颢、程颐：《二程集》，王孝鱼点校，中华书局 2004 年版，第 16 页。

心中本有的仁，而用诚敬的心把它存下来并充养致大。此法得于孟子：仁义礼智根于心，工夫只在体认、存养、扩充。而识取、存养仁德，以心的廓然大公为先决条件，所以程颢工夫论中“定心”所占地位甚重。定心从场域说，动也定，静也定，不拘场合。从存在形态说，取主客不分的直觉体认之法，不以心为内、物为外，不用心物对举、以此识彼的方式：“两忘则澄然无事矣。无事则定，定则明。”[1] 从用功形式说，工夫要自然，顺从心的自然流行，不须防检它丢失，也不用到外面寻索，做到廓然大公，物来顺应，自然合乎诚敬。这又是对孟子“勿忘勿助”的继承，不过加上理学的通用范畴如诚、敬、定等而已。他尝说：“‘思无邪’，‘无不敬’，只此二句，循而行之，安得有差？有差者，皆由不敬不正也。”[2]“思无邪”即廓然大公，“无不敬”即存养仁体。程颢的工夫论，与他和乐坦易的性格特征一致。

程颐的工夫论大端为朱熹所吸取，故两人合论。他们的工夫，以“涵养须用敬，进学则在致知”[3] 为要领。此工夫分两个方面：涵养与进学。涵养即涵育、培养心性，性内在于心，须用诚敬涵养此心，去除杂扰，使性朗现无蔽。涵养又称居敬。进学即增进学识，须即物而穷究其理，使日渐增多，积累转富，豁然贯通，知识水平与认知能力同时提高。涵养与格物互相促进：“学者工夫，唯在居敬、穷理二事。此二事互相发，能穷理，则居敬工夫日益进；能居敬，则穷理工夫日益密。”[4] 具体来说，“涵

[1] （宋）程颢、程颐：《二程集》，王孝鱼点校，中华书局 2004 年版，第 461 页。

[2] （宋）程颢、程颐：《二程集》，王孝鱼点校，中华书局 2004 年版，第 20 页。

[3] （宋）程颢、程颐：《二程集》，王孝鱼点校，中华书局 2004 年版，第 188 页。

[4] （宋）黎靖德编：《朱子语类》，王星贤点校，中华书局 1986 年版，第 150 页。

养中自有穷理工夫，穷其所养之理；穷理中自有涵养工夫，养其所穷之理，两项都不相离。才见成两处，便不得”[1]。从道德与知识的关系说，涵养就是把格物得到的具体事物之理通过类推转化为德性内容，穷理就是把性体所包含的“理一”落实、下贯为具体事物的“分殊”之理。从认知角度说，涵养就是保持心的虚静，使穷理工夫在无纷扰的状态下进行，使之更有效率、更纯粹；穷理就是把新得到的理和心中已有的理融合起来，进行归纳、整理、提纯，使之更具条贯。在程颐、朱熹的工夫中，价值和知识两者都包含，不过是先分别获得，然后再统合起来使之融为一体。对初学者，朱熹尤其强调获取知识的重要性，以免堕入单薄以至空疏之弊，因此十分强调格物致知的基础地位，以此为学术重点。此点遭到心学派的反对，斥之为“支离”。

朱熹与程颐都强调格物致知，但对涵养的方法，朱熹与程颐有一定差异。程颐特别重视静坐，以之为养心的重要法门，故“每见人静坐，便叹其善学”。“程门立雪”的故事亦广为人知。虽欲以“敬”替去“静”，但终受佛道影响，仍十分重视静，道南学派中人亦皆重视此“静”字。但朱熹对“敬”情有独钟，认为它是《论语》《礼记》的核心工夫，它包括内心的“居敬”与外表威仪上的敬两者。朱熹作《敬斋箴》，其中既有外表上的“正其衣冠，尊其瞻视”“足容必重，手容必恭”，又有内心的“潜心以居，对越上帝”“防意如城”“罔敢或轻”，行为上的“出门如宾，承事如祭。战战兢兢，罔敢或易”，从中可以看到朱熹“居敬”工夫的各方面内容。朱熹作为理学的集大成者，他的工夫论也有集大成的性质，其特点是全面而易行。再加上科举的推动，遂成为后世工夫论的典型，为学者广泛采用和奉行。

[1]（宋）黎靖德编：《朱子语类》，王星贤点校，中华书局 1986 年版，第 149 页。

陆九渊和王阳明并称心学，但二人为学宗旨和修养工夫都有较大差异。陆九渊继承孟子的“养心莫善于寡欲”，以“剥落物欲”为工夫要领：“人心有病，须是剥落。剥落得一番，即一番清明，随后起来，又剥落，又清明，须是剥落得净尽方是”[1]。认为人之本心具备众理，心中之理与天地间的理是一致的。但人的各种欲望往往过分，蒙蔽心中之理的显现，故须剥落。剥落至无，心地清明，心中之理自然显现。陆九渊说自己的工夫简易直截，相对于朱熹的积累所穷之理，是“替人减担”。陆九渊称这种简易工夫为“先立乎其大”。

王阳明的工夫论可以归结为“致良知”三字。此三字既是他的学术宗旨，也是他的工夫要领。因为王阳明重视行动，他的哲学是一套实践中的活智慧，是知与行、本体与工夫的统一：良知是知，致良知的工夫是行；良知是本体，致良知的实践活动是工夫。致良知的工夫是即心即理，即内即外，即天即人的。良知是天赋的道德意识，但必须推之于实践，在实践活动中明彻其理性，坚韧其意志，中和其情感，敏捷其直觉，将心的多种获得收归于内。良知是人的德性，也是天的生生不息在心中的贯彻，所以“良知是天理之昭明灵觉处”。王阳明的工夫即内在即超越，极平实又极高远，极坦易又极峭拔，所以“不离日用常行内，直造先天未画前”。这种工夫极具普遍性：“虽卖柴人亦是做得，虽公卿大夫以至天子，皆是如此做。”（《传习录》下）所以阳明学能推展至大半个中国，弟子遍天下；弟子中高者有状元，低者有一字不识之人。它重立志，也重勤学；重理智，也重直觉；重先天本体，也重后天工夫；重知识性的横摄，也重境界性的纵贯，是天人合一、知行合一，以至“无之不一”的。

王阳明去世后，他的弟子在工夫上分成两派，一派是泰州、龙溪的

[1] （宋）陆九渊：《陆九渊集》，钟哲点校，中华书局 1980 年版，第 458 页。

“先天正心”，一派是江右学者的“后天诚意”。前者重本体，主张直悟良知即可，不必做为善去恶的具体工夫，如太阳一出，魑魅遁形。此派的特点是“悟本体即工夫”。后者认为虽有良知，但良知必通过形躯来表现，气质中本有的偏弊一定会障蔽良知，故须用为善去恶工夫。工夫用到了，偏弊去尽了，良知才会呈露。此派的特点是“工夫所至即是本体”。一般来说，前者高明爽朗，后者沉潜笃实，代表明朝中后期学者的两种工夫路向。

明代末年，在工夫论上有特点的是刘宗周的“诚意慎独”。刘宗周为矫正王门后学的“猖狂自恣”，主“诚意”之学。他的“意”是决定后天意念的先天意绪，不同于朱子、阳明“意念”之“意”。这种意是“所存”而非“所发”，就像天道运行中的“天枢”，是众星的枢纽，所以又称为“独体”。“诚意”即用工夫保持此意绪不受障蔽，“慎独”即用工夫保持此独体的纯净。所以“诚意”即“慎独”。此“意”与“独”，即人之所以为人的根本。

为了保持“意”“独体”的原本性、纯净性，必须用后天工夫体证、实现它，故刘宗周有《人谱》一书，其中说到“证人要旨”的六个方面。这六事从身到心，从内到外，从伦常之大到日常行为之细，渐渐升进，完成儒学所要求的全面人格修养。另外刘宗周的《人谱》中所列的一些具体琐碎的修养方法，有的过于严苛，遭到后来特别是现代学者的批评。

明末清初的学者，因身处异族入侵之初，所以保存中华文化和保持民族气节是两个重要着眼点，工夫论常常涉及这两点。如顾炎武的“博学于文，行己有耻”，两句皆出自《论语》，即首先要有广博的学问，这是民族文化得以传承的根本。所以他的学问宗旨在“核实”，并由此奠定了乾嘉之学的基础，他也因此被誉为“清学之祖”。其次，以孟子的“耻之于人大矣”作为立身之本，倡导士大夫在行为上要有羞耻心，实际所指在不能屈身侍奉外族入侵者。黄宗羲在民族气节上，以《周易》的“不事王侯，高尚其事”为座右铭，学术上主张实地用功，反对阳明后学中径任良知、后天不着工夫的先天正心派，表彰江右学派，认为邹守益、聂豹、罗洪先的“功夫所至即是本体”一路是阳明学的正脉，同时以经过刘宗周筛选、评点，着重反映王阳明踏实用功的《阳明传信录》为王阳明思想的真正代表。王夫之则以“六经责我开生面，七尺从天乞活埋”的诗句表达他的志向，这就是自贞理想，严守节操，并在新的时代条件下寻求学术创造，特别是六经解释上的创新，为未来中华文化的复兴奠定基础。王夫之还提出他的治学方法：“入其垒，袭其辎，暴其恃，而见其瑕。”（《老子衍·自序》）即深入对象内部，吸取其好的有用的方面，展示其得出结论的根据，见出其不足。这个方法是他做出优秀成果的根据。另外，顾、黄、王都有恢复朱子学的主导地位，为后世树立价值原则和学术范式的意愿。虽然学术趋向各异，顾炎武主要在考证学，黄宗羲主要在史学特别是思想史，王夫之主要在哲学，但他们共同代表了明亡以后的工夫趋向。

清初颜元以孔孟为理想，提倡礼乐兵农等实学，斥理学为空疏无用之学，甚至提出“必破一分程朱，始入一分孔孟”的口号。工夫上强调“习行”，并以此为书斋之名，彰显其实学意向。更将格物解释为“犯手捶打搓弄”。“习行”的内容主要是《周礼》的“三物”（六德、六行、六艺）和《尚书》的“三事”（正德、利用、厚生）。戴震以汉学方法治宋学，以血气、心知作为人的根本性质，反对心性之学，排斥理学的修养工夫，主要在典籍的考证、训诂上用力。

综观理学工夫论，我们可以发现几个鲜明的特点，首先，它继承先秦儒家重视学的传统，强调通过学来消除人的过度欲望对心灵的遮蔽，对通过学达到理想人格确信不疑，因此都重视教育。特别是经过后世科举制度的强化，逐渐形成尊师重道、教育为先的传统。其次，对价值和知识两者在人格形成中的重要作用有深刻认识。价值是知识的方向引领，知识是价值的实际依托，两者相辅相成。因此尊德性与道问学、下学与上达、悟与修并重。再次，修养工夫在现实生活、具体工作中实现，王阳明的“不离日用常行内，直造先天未画前”是其鲜明写照。随着文化逐步下移，修养成人成了全社会的普遍要求，修养方法也因此越加简便实用。最后，儒家是社会伦理的主要研究者、践行者，但中唐以后儒释道三教融合不断加深，道家的道法自然、胜私去欲，佛家的随缘自在、灭情复性等对宋明理学本体论、工夫论影响很大。

三、对圣人的解释

在儒学中，与修养工夫论密切相关的是圣人问题。“圣”的本义是耳聪目明、通达事理，故又解释为“通”。《尚书·洪范》有“睿作圣”之语，孔安国对它的解释是“于事无不通谓之圣”。圣与聪明、通达有关，是一般人难以企及的高度。孔子以“博施济众”为圣人，但认为尧、舜这样的明王也难以达到。孟子对圣人论述多而且详尽，他心目中的圣人首先是尧、舜、禹、汤、文、武、周公等为民众作出重大贡献的帝王，其次是品行高迈的有德之臣，如伯夷之“清”、伊尹之“任”、柳下惠之“和”、孔子之“时”。孟子不以圣人为神秘，认为“圣人与我同类”，不过是人中的出类拔萃者，尤其是道德高迈者，故说：“圣人，人伦之至也。”“圣人，百世之师也。”“大而化之之谓圣。”并且认为孔子是圣人中的翘楚，“自有生民以来，未有孔子也”。后世王安石也作《夫子贤于尧舜》，认为孔子之所以高出历代圣人，就因为他能根据当世需要集诸圣之大成。孟子的说法，为汉代纬书中对孔子的神化，董仲舒的“罢黜百家，独尊儒术”，魏晋玄学的“老不及圣”、儒道兼宗，韩愈的“道统说”奠定了基础。宋明理学大多认为孔子之所以高于诸圣，在于他合道统、政统，学统三者为一：以道统规正政统的方向，以政统实现道统的理想，以学统传承和延续道统、政统的血脉，形成了中华文化的基本格局。如二程就说："夫子贤于尧舜，语事功也。盖尧舜治天下，夫子又推其道以垂教万世。尧舜之道，非得孔子，则后世亦何所据哉？"[1] 在理学中，周敦颐关于圣人的说法最得后人认可，他认为圣人是天道诚体的具体而微的表现："诚者，圣人之本。""圣，诚而已矣。"(《通书·诚》) 诚即天道本身，天道诚体是万物的根源，万物及其运行是天道诚体的确立。具体来说，天道表现为诚、神、几三者。"诚"是万物本身的静态性质，故寂然不动；"神"是万物互相联系和感应中表现出的神妙莫测；"几"是事物运动的内在潜能及其微小表现。圣人能明其性质，合其感应，识其变化之幽微，故"诚、神、几，曰圣人"(《通书·圣蕴》)。天道诚体体现为道德规范，故"圣人之道，仁义中正而已矣"(《通书·道》)。持守、实行、扩充此，即追求圣人之学的基本方法。此后理学都把圣人作为天道的具体体现，"士希贤，贤希圣，圣希天"，追求成圣即与天道诚体为一。

朱熹认为圣人是裁成辅相做到极致的人。天地生人生物，圣人通过政教成人成物，补天生事物的不足，故圣人"继天之志，述天之事"。圣人又是扶持道、政、学三统并建格局并通过具体事为发扬光大者，故学术规模大而具体措施实："外极规模之大，内推至于事事物物处，莫不尽其工夫，此所以为圣贤之学。"[2] 也就是说，圣人是有天人视野、古今胸怀，又能将人类理想实现于现世的人。这样的圣人，是世间的，不是彼岸的；是人格典范，不是虚无缥缈的；是努力的方向，但很难达到。没有圣人理想，人便陷溺在世俗事务中不能超拔，没有高远的志向，没有奋斗的目

[1] （宋）朱熹：《四书章句集注》，中华书局 1983 年版，第 234 页。
[2] （宋）黎靖德编：《朱子语类》，王星贤点校，中华书局 1986 年版，第 382 页。

标，没有精诚的信念和求道的勇气。儒家的各种修养工夫，都是在圣人理想的感召和范导下设定的。

四、佛家、道家的工夫论

中国文化长期儒释道并行，道释两家的工夫论对儒家有许多刺激和启发。佛教传入中国之初，就有代表基本教理的般若性空和代表修养工夫的禅数。最早传入中国的佛教经典《佛说四十二章经》，大小乘理论兼收，其修养工夫也兼具大小乘："断欲去爱，识自心源，达佛深理，悟无为法。内无所得，外无所求。心不系道，亦不结业。无念无住，无修无证。"其后经过格义、立教、创宗三个大的阶段，中国佛教形成了纷繁复杂的理论和修养方法。其中既有各教派都遵行的"共法"，也有各教派自己的独特方法。"共法"如"六波罗蜜"，也称"六度"，指度众生到彼岸的六种法门：布施、持戒、忍辱、精进、禅定和智慧。其中布施度悭贪，持戒度毁犯，忍辱度瞋恚，精进度懈怠，禅定度散乱，智慧度愚痴。六度收摄为戒、定、慧，对治贪、瞋、痴。

就对中国文化影响较大的几大宗派来说，代表格义时代的《肇论》，其工夫在去除对世俗智慧、名相的执著，了知"般若无知""涅槃无名"，由此悟万法不真故空，真空假有，一体无二，于念念迁流中识取不动之本体。三论宗的方法在"随说随扫，不落两边"，所有论说，必须当下扫除，无有肯定，以免堕入执著。

《大乘起信论》的方法在"一心二门"。"一心"者，众生心；"二门"者，心真如门、心生灭门。心真如门者，了知不生不灭的真如本体；心生灭门者，了知依妄念而起的有种种差别的现象世界。经过修习般若，知道无明是一切杂染的根源："当知世间一切境界，皆依众生无明妄心而得住持。是故一切法，如镜中像，无体可得，唯心虚妄。”[1]“若心离于妄动，则一切境界灭，唯一真心无所不遍。此谓如来广大性智究竟之义。”[2]由是了知真如本体，心生灭门转入心真如门。知此义后，发起信心，修习五门（布施、持戒、忍辱、精进、止观），成就道果。《大乘起信论》教义综合空有二宗，其工夫亦综合空有二宗。

天台宗的工夫论融合了南北佛教不同偏重，解行兼运，止观双修。认为佛本来具“明”与“静”两种属性：性体本觉是谓明，觉体本寂是谓静，修习止观即返回佛的明静本体：“止则爱养心识之善资，观则策发神解之妙术；止是禅定之胜因，观是智慧之由藉。”[3]修成止叫做解脱，修成观叫做智慧。止观一体不二即是佛之本体。修习止观的具体法门在具缘、诃欲、弃盖（抛弃对佛性的覆盖）、调和、方便、正修、善发、觉魔、治病、证果等十科[4]。

华严宗的工夫在了知“一即一切，一切即一”的华严慧海。“一”即佛之本体，“一切”即“六相”“十玄”等“一”所展开的具体事物。一与一切，舒卷自如，唯在心之观法。知道一切即一，一即一切，即悟一切有为之法本来寂灭，一与一切，两相都尽，烦恼不生，出缠离障，入于涅槃境界。

唯识宗的工夫在“转识成智”，即勤修六度，去除“遍计所执”，树立自我与外法皆空的意识，成就“四智”，用四智转化八识。顺序是用“平

[1] （梁）真谛著，高振农校释：《大乘起信论校释》，中华书局 1992 年版，第 59 页。

[2] （梁）真谛著，高振农校释：《大乘起信论校释》，中华书局 1992 年版，第 121 页。

[3] （隋）智顗著，李安校释：《童蒙止观校释》，中华书局 1988 年版，第 1 页。

[4] 参见（隋）智顗著，李安校释：《童蒙止观校释》，中华书局 1988 年版，第 2 页。

等性智”转化第七识“末那识”，再用“妙观察智”转化第六识“意识”，再用“大圆镜智”转化第八识“阿赖耶识”。因为第八识是根本识，第八识产生“成所作智”，用之转化前五识“眼识、耳识、鼻识、舌识、身识”。八识皆转化，生死成涅槃，污染成清净，有漏成无漏，即入“圆成实性”。

禅宗的工夫是“不道之道，无修之修”。禅法传入中国之初，严守“静虑”“思维修”之义，有坐禅、息虑、数息等法。但在长期发展中与中国本土文化融合，逐渐去掉了不符合中国文化特点的内容。特别是在六祖慧能之后，禅风发生了很大变化；“五宗”兴起之后，更将慧能之法推到极端。禅宗认为万法的实相即禅，而万法是生动活泼的，不能用语言去把握，一落言诠，即成偏见，故“口是祸门”“说似一物即不中”。万法只能用直觉体验的方法诱导后学得悟，也多用肢体语言的暗示或绕路说禅的“负的方法”表达，故有“棒喝”“机锋”种种方法。修持也无特定的规程，传统佛教的布施、诵经、念佛、坐禅等，皆成了“闲家具”。禅宗倡导一种随地得悟、不拘形式、生动活泼的方法，认为只有这样才能与万法的实相吻合，才是真正的禅。它的“佛由心作”“顿悟成佛”，破除种种道理格式，倡导自力的方法，对中国哲学影响极大。

对中国民间影响极大的是净土宗。因为它简便易行，所以信众极多。净土宗以往生西方极乐净土为目标，以称名念佛为主要修行方法，以建立往生信心为重点，希望借弥陀本愿的力量，往生西方极乐净土，所以又称为念佛宗。与靠自力解脱的禅宗不同，净土信仰主要靠他力，但又与靠口密（口念真言）、身密（手结契印）、意密（心中观想）三者合力产生神秘法力的密宗不同，净土宗是显宗。唐以后出现融合不同宗派的理论和修养工夫的台净合一、禅净合一等趋势。

以上佛教各派工夫论有两个明显特点，一个是立宗理论与修养工夫的合一。有何种理论，就有何种工夫；也可以反过来说，有何种工夫方法，就有何种立宗理论。因为佛教各派最后都要落脚在修养上，理论设定靠修养工夫来实现，两者是一件事的两个方面。另一个是共法与个法的统一。因为既是佛教，就有共同遵行的工夫法门，具体说即“六度”；既是宗派，就有独特性，所持宗经不同，所行的工夫法门也就不同。这些异同，使得中国佛教多姿多彩，气象万千，但也导致了各宗派间互不相让甚至为争佛教正统互相贬低、互相诋毁的情形。

道家、道教的工夫论对儒家影响也很大。道家是哲学派别，道教是宗教，两者的修养工夫有联系也有区别。道家创始人老子创立了以道为万物本原的本体宇宙论，其工夫论在道法自然，无为而治。即效法道的自然而然，不以私意造作，回到万物的本来面目，像婴儿一样浑朴自然，无知无欲。理想的人生状态是“虚其心，实其腹，弱其志，强其骨”（第 3 章）。而处在尘世中的人，好争、逞强、多欲、贪得，应该“挫其锐，解其纷，和其光，同其尘”（第 4 章），与道代表的自然无为为一。不仅精神上要“抱一不离”，心如玄鉴，而且身体上要“抟气致柔”，绵如婴儿。这已开后来道教精神肉体兼修的先河。同时减损多余的贪求，损而又损，以至于无，故工夫重在“致虚守静”：“致虚极，守静笃，万物并作，吾以观复。”（第 16 章）致虚守静才能“知常”，知常才能明智，不知常，妄作，乃陷于凶危。领悟“反者道之动，弱者道之用”的原理，对世俗崇奉的价值，皆处其反面：“我愚人之心也哉！沌沌兮！俗人昭昭，我独昏昏；俗人察察，我独闷闷。……我独异于人，而贵食母。”（第 20 章）老子认为这些深刻的道理，是少有人能理解和持守的，须有微妙、玄通之“负的智慧”才可掌握。

庄子的工夫论不同于老子。老子重在阐述天地万物的原理、法则，给人指出应该遵循的道路，庄子则着眼于人生，给人描摹出真实的人生样态。老子的道是合宇宙论、本体论为一的，是思维提炼的结果，它的着眼点在道和物的关系。而庄子的道则是本体论的，“道”即万物的总汇，它是直觉体证的结果，着眼点在物与物的关系、物对人的意义。庄子的工夫首先在通过心斋、坐忘达到心的虚静。所谓“心斋”，即专心一志，摒弃一切内外环境对心的扰乱，与虚静的道为一：“无听之以耳而听之以心，无听之以心而听之以气。……唯道集虚。虚者，心斋也。”（《庄子·人间世》）也即郭象所谓“虚其心，则至道集于怀也”。“坐忘”即通过静坐的不同层次，忘掉肉体、精神上的一切，与道为一：“堕肢体，黜聪明，离形去知，同于大通，此谓坐忘。”（《庄子·大宗师》）这样的心境，是成就“真人”“至人”的先决条件。然后心与道俱，游于逍遥之境。再回归现世，在理想境界的观照下齐一万物、玄同是非，破除“成心”，与物俯仰，“得其环中”“和以天倪”。这就是庄子的修养工夫，一切以道为本，工夫是得道的径路。

老庄之后，黄老为道家大端。黄老以道为根据，以老子的“治人事天莫若啬”，庄子坐忘、心斋的养心之术与黄帝的治国之术相融合，创造出“道生法”的原则，认为道的无为无名是一切自然法和人为法的根据，是治国、治身的最高原理。黄老之学的工夫论首在“静因之道”。“因”者因循自然，即根据自然法则制定人世间的各种制度，特别是政治制度、法律制度，去掉人为因素尤其是权势者的偶然好恶对制度的附加。要做到“因”，首先要“静”。黄老对静论述极多，如《黄帝四经·道法》：“至正者静，至静者圣；无私者智，至智者为天下稽。”即公正无私者才能做到静，静的极至就是道家的圣人。公正无私而心地虚静的人是有智慧的人，有智慧的人是天下的法式。《管子》以“静因之道”为治国、养心之要义，如《管子·心术》说：“有道之君，其处也若无知，其应物也若偶之，静因之道也。”又说：“去欲则宣，宣则静矣；静则精，精则独立矣；独则明，明则神矣。”去掉过多的欲望，心才能虚静，虚静才能精爽，精爽才能专一，专一才能明智，明智才能与物的自然神妙为一。在《管子》看来，虚静是天地法则，也是精神修养的法则：“天之道虚，地之道静。虚则不屈，静则不变。不变则无过。”（《管子·心术》）人的身心修养，也以静为本，养静的方法首先在节制过盛的嗜欲情感：“凡人之生也，必以其欢。忧则失纪，怒则失端。忧悲喜怒，道乃无处。……静则得之，躁则失之。……心能执静，道将自定。”（《管子·内业》）精神之养如此，肉体之养也如此：“人能正静，皮肤裕宽，耳目聪明，筋伸而骨强。……敬慎无忒，日新其德，遍知天下，穷于四极。敬发其充，是谓内得。”（《管子·内业》）这些原则推广于政治则表现为圣智之君的因循自然，无为而治：“圣君任法而不任智，任数而不任说，任公而不任私，任大道而不任小物，然后身佚而天下治。……不思不虑，不忧不图，利身体，便形躯，养寿命，垂拱而天下治。”（《管子·任法》）

黄老之学从精神和肉体两个方面，论证了静的基础地位，而得到静的方法在于去嗜欲，守精气。这些工夫方法对产生于汉末的道教产生了很大影响。道教吸收了老庄和黄老的肉体、精神炼养方法，与神仙家、养生家、民间术数融合在一起，其目标在成“真人”。不过道教的真人与道家的真人相比，肉体成仙的成分更多，于是衍生出炼丹、服食等法术。炼丹分外丹、内丹。外丹采取自然界的动物、植物、矿物等，据一定的火候、时间，烧炼成金丹，服食它可以益寿延年，祛病长生。服食金丹而死的，帝王、公卿、道士、文人皆有。内丹是以自己的身体为炉鼎，炼体中产生的气，经“炼精化气”“炼气化神”“炼神还虚”诸阶段，使自己与太虚元气融成一片。道教丹法复杂多门，历代传承不绝。而对心灵虚静的追求，是道家道教的工夫核心，连同佛教的空净，对理学心性论产生了很大影响。

第五节　中国伦理学的主要议题

中国伦理学内容庞大，涉及的问题很多，本节主要讨论以下几个大的议题：善与恶、义与利、理与欲。

一、善与恶

如前所说，伦理学是关于善、应当的理论和行动的学科，但什么是善，却众说纷纭。就西方伦理学说，可分为快乐主义、直觉主义、功利主义几个大的派别。英国著名伦理学家西季威克对这几个派别的定义分别是："'利己主义'这一术语指称一种把行为规定为达到个人的幸福或快乐目的的手段的体系。这样一种体系的主导性的动机通常被说成是'自爱'。"[1] 直觉主义与功利主义恰相对照："直觉主义者根本不凭借外在标准来判断行为，在他看来，真正的道德不是与外向的行为本身而是与引发行为的心态，简言之，与'意图'和'动机'相联系的。"[2] 功利主义指："在特定的环境下，客观地正当的行为是将能产生最大整体幸福的行为，即把其幸福将受到影响的所有存在物都考虑进来的行为。我们把这种理论称为原则，把基于这种理论的方法称为'普遍快乐主义'。"[3] 按以上定义，快乐主义所认为的善是快乐，包括人的精神的、身体的快乐。但这里的善

[1] ［英］亨利・西季威克：《伦理学方法》，廖申白译，中国社会科学出版社 1993 年版，第 111 页。

[2] ［英］亨利・西季威克：《伦理学方法》，廖申白译，中国社会科学出版社 1993 年版，第 221 页。

[3] ［英］亨利・西季威克：《伦理学方法》，廖申白译，中国社会科学出版社 1993 年版，第 425 页。

并不必然指道德上与恶相对的善。因为快乐很多情况下是出于人的本能，而道德上的善是出于意志的选择。自觉选择了那些合于道德法则的行为并自觉抑制了有碍于这样的选择的行动才是有善的意义的。照这个标准，功利主义的善，即合乎最大多数人的最大幸福的行为，很多出于追求幸福的本能未必是自觉选择并且与自己的相反选择斗争的结果。快乐主义和功利主义，前者追求的是个人的快乐，后者追求的是群体的快乐、普遍的快乐，二者都是以目的为考量的。

而直觉主义者对善与恶的判断诉诸“良心”，认为人有一种天赋的资质，它本身具有好善恶恶的性质，这种性质是自明的、无须论证的，而且是必然的。它不来源于经验，理性直截以自明的形式将它展现于我们心中。与此相联系的是义务，即人必须履行按良心行动的义务。中世纪神学家大多将这种能力说成神赋予的。但有一部分哲学家秉持“良心”的观点而放弃了上帝与神。这部分学者是良心直觉论者。他们认为良心是直觉的，良心对自己和他人的行为进行判断：“良心断然地宣布某些行动本身是恶、错误、不公正的，它无须找谁商议，无须接受劝告，就可以威势凛然地尽力发挥作用，恰当地赞扬或谴责行动者。正是靠这种天赋的能力，人才成为一个道德的行动者，成为他自身的法律。”[1] 但经验论者否认良心是天赋的，他们认为一切天赋的东西实际都是后天获得的，都是经验的产物。功利主义者认为人只有快乐和痛苦这两样支配行动的原则，别无其他。良心是虚构的，它只是对自己的行为或赞成或反对的意见，而这种意见服从于功利原则，因为“快乐和痛苦是道德的伟大教师”。

康德则调和唯理论和经验论，认为“义务”范畴是先验的，但义务范畴的内容是经验的。所以“义务”范畴是一个先天综合判断。义务表现为

[1] ［美］弗兰克·梯利：《伦理学概论》，何意译、苗力田校，中国人民大学出版社 1987 年版，第 28 页。

“绝对命令”，绝对命令是无条件的，必须服从的。也就是说，实践理性存在着一个形式的原则或条件，一个义务的范畴，或者叫“应当”。它不是从经验获得的，而是先验的。绝对命令是自由意志的产物，它不受理性的观念和经验的现象的支配，自由把这个律令加在人心中，人直觉地意识到它。唯一的、绝对的善即此善良意志：“在世界之中，一般地，甚至在世界之外，除了善良意志，不可能设想一个无条件善的东西。理解、明智、判断力等，或者说那些精神上的才能勇敢、果断、忍耐等，或者说那些性格上的素质，毫无疑问，从很多方面看是善的并且令人称羡。然而，它们也可能是极大的恶，非常有害，如若那使用这些自然禀赋，其固有属性称为品质的意志不是善良的话。这个道理对幸运所致的东西同样适用。”[1]

从以上的概述可以看出，西方伦理学所注重的，是对善这一范畴进行理论探讨。这种探讨是全面、深刻的，对何为善的回答很不一致。中国哲学特别是先秦文献中，除辞书性质者外，对字义下定义的较少；它不走概念分析、逻辑推证一路，而重在行动，及对具体行动的说明。称作善的行为，当然指好的、值得赞许的，但并无对“善”的定义式说明。《尚书》已经多处提到善，如：“德无常师，主善为师；善无常主，协于克一。”（《尚书·咸有一德》）意即，德可以有很多表现，但它的共性是善；善无固定标准，但一定是统一的德行。这里把善作为与具体德目相对的普遍美行。又如：“我闻吉人为善，惟日不足；凶人为不善，亦惟日不足。”（《尚书·泰誓中》）“为善不同，同归于治；为恶不同，同归于乱。”（《尚书·蔡仲之命》）这里明确把善与恶、善与不善对言。

《老子》将善与不善作为两个互相对反的伦理概念使用：“天下皆知美之为美，斯恶已。皆知善之为善，斯不善已。”（第 2 章）并且提到“善

[1] ［德］康德：《道德形而上学原理》，苗力田译，上海人民出版社 1986 年版，第 42 页。

人”“不善人”：“善人者，不善人之师；不善人者，善人之资。”（第27章）“道者万物之奥。善人之宝，不善人之所保。”（第62章）但都没有对善进行定义和说明。其余提到善字，皆当“善于”“擅长于”等意来用，没有伦理学意义。孔子说到善的地方很多，大多指良好的内容、良善的人和行为，如：“子谓《韶》，‘尽美矣，又尽善也。’”（《论语·八佾》）“举善而教不能则劝。”（《论语·为政》）“愿无伐善，无施劳。”（《论语·公冶长》）“择其善者而从之，其不善者而改之。”（《论语·述而》）“子欲善，而民善矣。”（《论语·颜渊》）“善者好之，其不善者恶之。”（《论语·子路》）“见善如不及，见不善如探汤”（《论语·季氏》）等。可以看出，老子、孔子都把善当作公认的、自明的、无须解释的伦理原则，没有对善本身作理论阐发。

孟子对善的用法更加伦理化，如：“分人以财谓之惠，教人以善谓之忠，为天下得人者谓之仁。”（《孟子·滕文公上》）“徒善不足以为政，徒法不能以自行。”（《孟子·离娄上》）“不明乎善，不诚其身矣。”（《孟子·离娄上》）“仁、义、忠、信，乐善不倦，此天爵也”（《孟子·告子上》）等。更从中派生出双音词，如人有“善人”“善士”，行为有“善言”“善行”，政治、教化有“善国”“善政”“善教”等。特别值得提到的是，孟子对善有定义，并和其他人格层次联系起来：“可欲之谓善，有诸己之谓信，充实之谓美，充实而有光辉之谓大，大而化之之谓圣，圣而不可知之之谓神。”（《孟子·尽心下》）意思是，应该去追求的叫做善。这个定义虽极简略，但可从中看出，孟子的“善”有似于康德的“应该”，两者都是形式的。“可欲”的，即是可以作为普遍立法原则的。但康德的“善”作为道德准则是最高的，而孟子的人格却是有层次的，符合道德原则的“善人”是较低层次，在它之上还有“信”“美”“大”“圣”“神”。“信”指遵守道德法则是自觉自愿的，不是由于外在的利诱、威逼等，并且对此信守不渝，这就叫“有诸己”。这已经把道德的自律一面大大突出了：只有自律行为才是真正合乎道德的。康德的善是包括信且以信为条件的，孟子的善是较低的，善之上还有信，善与信是“美”“大”“圣”“神”的基础。“充实之谓美”，“美”即把善行积累、养育到充盈、茂盛。“充实而有光辉之谓大”，“大”即充盈、茂盛到笃厚而自然有光辉发散出来；这个光辉即人格美的内在涌起而自然表现于外，不是“揠苗助长”式的外力使然，也不是外部贴上去的人为光彩。“大而化之之谓圣”，“圣”即充实到至大，光辉外发但自然无痕。道家特别讲“化”，将自然界运行变化的无造作、无计度、不知其然而然作为理想人格的性质特征。孔子也早就有“天何言哉！四时行焉，百物生焉”之语，把“自然”作为天的根本性质。郭店竹简也把“仁义礼智圣”作为“五行”，其中“圣”是最高的。孟子的最高人格阶段是“神”：“圣而不可知之之谓神”。“神”即神妙莫测，此说吸收了《中庸》的“至诚如神”。天即神妙莫测、人鲜能知的万物自身，人的最高修养是与天为一。到“神”的阶段，可以说进入了真善美合一的美学、宗教人格。这种人格只能靠直觉体证。在通常的逻辑思维看来，这是一种神秘体验，不能描述和论证，它和子思的“诚”有相同的地方，所以荀子批评子思、孟子有神秘主义倾向。孟的善、信、美、大、圣、神代表了人格修养的层次，与西方思辨论证中的“善”有很大不同。

荀子所谓善，最多的是“善于”“擅长”之义，如尧舜善于教化、后羿善射、王良善御之类。有伦理意义的善，集中在《性恶》篇，其中有对善恶的定义：“凡古今天下之所谓善者，正理平治也；所谓恶者，偏险悖乱也。是善恶之分也已。”这是从人心的性质着眼，善指心的平正不偏，中和有序；恶指心的偏执阴险、不合正理。这是人心的本真情况，须待礼义之化，师法之治。这是荀子持性恶论的理由，但没有对善作更多论述。在用语上荀子常善恶相对，如“性善”“性恶”，而孟子多将善与不善相对。

《易传》中言及善恶的有：“元者善之长。”“积善之家，必有余庆；积不善之家，必有余殃。”“一阴一阳之谓道，继之者善也，成之者性也。”及《大有》卦的大象辞“火在天上，大有。君子以遏恶扬善，顺天休命”诸句。第一句中，“元”的意思是“发生”，元、亨、利贞代表生、长、收、藏。元者善之长，即“天地之大德曰生”。《易传》把生生不息、日新不已看作天道的根本性质，这一思想对后世影响极大，许多思想家更从天人一体角度，认为天的生生不息是人的善性的形而上根据。第二句《易传》并无详细说明，但它是后世福善祸淫思想的源头。佛教、道教昌炽之后，把它和因果报应、阴骘等联系起来，作为三教会通的重要方面。第三句中的“善”是“好”的意思，没有多少伦理意味，但后世的思想家往往从中阐发出伦理思想，认为一切事物皆是承继天道而有，天道是一切善的根源，人性因承继天道，所以是善的。最后一句，是《大有》卦的大象辞。“大”象主要根据卦所象征的事物，结合卦名的含义进行阐发。上一句言天，下一句言君子效法天道以行。此句意谓君子只有遏止恶行，发扬善行，才能顺遂天道，使自己有美好的命运。值得注意的是大象辞与卦爻辞不同，它只讲君子如何效法天道而行，不讲吉凶。趋善即是避凶。它是《周易》即占即学、导人向善性质的鲜明体现。

董仲舒所谓善，指教化的结果，不指原本的人性：“性待渐于教训而后能为善。善，教训之所然也，非质朴之所能至也。”“性者，天质之朴也；善者，王教之化也。”（《春秋繁露·实性》）教化的内容是“明天性、知仁义、重礼节、安处善、乐循理”。扬雄所谓善指符合道德的行为：“君子贵迁善，迁善者，圣人之徒与？”（《法言·学行》）遵行儒家正道，即善：“适尧、舜、文王者为正道，非尧、舜、文王者为它道。君子正而不它。”“道、德、仁、义、礼，譬诸身乎？夫道以导之，德以得之，仁以人之，义以宜之，礼以体之，天也。合则浑，离则散，一人而兼统四体者，其身全乎！”(《法言·问道》)《白虎通》讲到善时，多与恶相对而言，如“遏恶扬善”“彰其善恶”“劝善戒恶”“进善退恶”等。《礼记》对善有所说明：“修身践言，谓之善行。”“博闻强识而让，敦善行而不怠，谓之君子。”(《礼记·曲礼上》)《大学》提出“止至善”，“至善”谓最高的善，止至善强调的是美好德行的修养是无止境的，须内以“明明德”，外以“亲民”，在内外交养中趋向至善。《中庸》以“明善”“诚身”为修养要领，以“择善固执”为具体方法。王充据其“性善恶混”，提出“善恶相苞”“善恶杂厕”，认为人善恶并存于身，纯善无恶只是虚幻的理想，非真实的人。圣人而外，皆玉石杂糅；即使贤士，也是善恶互相包含。故取士在弃恶取善，犹如采玉在破石取玉。这样就可人无弃才，物无弃用。

佛教中的善恶，多指具体的行为、言语、意念等。符合戒律的，谓之善，否则为恶。佛教常善恶对言，传入中国最早的《佛说四十二章经》，即十善行对十恶行，改恶对行善。

道教讲善恶极多，特别是晋唐道教吸收儒家思想，加入福善祸淫、因果报应，故彰善瘅恶之言无书无之。典型的如《抱朴子》，其外篇《行品》中言善恶甚详。善行最高的是圣贤，其次是修道之人，再次是俗世中合于儒家道德规范的人，如孝人、仁人、智人、义人、信人、节人、忠人、廉人、贞人等，其所言恶人有悖人、逆人、凶人、佞人、暴人、谄人、虚人、贪人、劣人等，结论是：“不修善事，则为恶人；无事于大，则为小人。”(《抱朴子·刺骄》)葛洪以儒生而为道士，故《抱朴子》内篇言炼丹、符箓等道教法术，外篇言儒家为人、应事之道。

道教言善恶最多的是著名的劝善书《太上感应篇》。此书专言善恶报应，以“祸福无门，惟人自招；善恶之报，如影随形”为纲领，教人积德行善，并开列多种善行恶行警戒世人。明清以后此书在民间影响极大，对俗世善恶观有相当大的指导意义。但此书有鬼神鉴临，记录人的善恶并据此实施报应等说法，是其中的糟粕。明朝中期以后，儒释道三教融合趋势强劲，僧道中言儒家伦理蔚然成风，其代表四大高僧和净明忠孝道皆大讲儒家善恶。清代民间劝善书大量涌现，内容多融合儒释道，所言善恶很具体。

佛道对善恶的论述中哲学意义较少，其宗教意味大于俗世伦理意味。对善恶问题有较深理论探讨的是理学。

周敦颐认为善有至善和具体行为的善两种。“诚”是至善、最高的善，因为它是万物的源头，也是万物总体本身。从源头说，万物是诚的展开，此为“诚之通”；从运化流行说，诚是万物的确立，此为“诚之复”。故“诚者，圣人之本。……纯粹至善者也”(《通书·诚上》)。诚既是超越的，也是具体的；既是绝对的，也是相对的；既是本体，也是现象。前者“纯粹至善”，不与恶相对；后者是具体事物，有善有恶。此即“诚无为，几善恶”。具体事物可以分成刚柔两大类，各有善恶。刚方面的善是正义、正直、果断、严毅，恶是固执、狭隘、暴烈、强横；柔方面的善是慈爱、顺从、谦退，恶是懦弱、无断、邪佞。而“中”是两方面的适中，“和”是过与不及的调和、中节。修养目标在通过教化使以上所说的善恶达于中和，故“先觉觉后觉，暗者求于明，而师道立矣。师道立，则善人多；善人多，则朝廷正，而天下治矣”(《通书·师》)。师道、教化是实现美好政治的重要方面。

张载的善恶论综合孔孟，说：“可欲之谓善，志仁则无恶也。”(《正蒙·中正》）他的“可欲之善”的根据是天道之诚：天道之诚内在于心，即仁。志于仁即最大的善。对志仁、行仁的不渝持守即“信”：“诚善于心之谓信”，能“信”自然无恶。可注意的是，张载对善的定义颇似康德，说："有心为之，虽善，皆意也。……有意为善，利之也，假之也；无意为善，性之也，由之也。有意在善，且为未尽，况有意于未善耶！……不得已而后为，至于不得为而止，斯智矣夫！"（《正蒙·中正》）这里张载区分了行为和意念两个层次，"为善"即行为，"在善"即意念。善的行为是自然的，不出于外在的经验目的；凡有意为之的行为，皆非出于"善良意志"本身。自然的、无任何经验目的、出于内在律令的，才是发自本善之性的行为，也即孟子的"由仁义行，非行仁义也"。行为如此，意念也如此。意念中有意为善尚不可，何况有意为恶？无外在目的并且自然而然的行为，因为合于天道之诚，才是仁且智的。

此外张载把善恶和仁义联系起来。在他看来，善是应然，是值得实行的。善最基本的内容是仁义，但仁与义是有区别的。仁侧重于内心的爱，是普遍的；义侧重于正义、区分，是对仁的具体施行。孔子说"唯仁者能好人、能恶人"，张载认为前者是仁，后者是义："徒好仁而不恶不仁，则习不察，行不著。是故徒善未必尽义，徒是未必尽仁；好仁而恶不仁，然后尽仁义之道。"（《正蒙·中正》）没有负面的不仁对正面的仁的区别、警示，则容易陷入无分别的笼统。笼统无分别不是真正的善。既能好仁，又能恶不仁，才是仁义双全、完整的善。

王安石的善恶观很有特点。他不同意历史上各种关于性的学说，认为性无所谓善恶，善恶生于情："性生乎情，有情然后善恶形焉，而性不可以善恶言也。"（《原性》）善恶是对喜、怒、哀、惧等情的评价，情善然后谓之仁义，情不善然后谓之不仁。仁义皆从情起，而非来自性，故他说："善恶者，情之成名而已矣。"（《原性》）并且他辨别了孔子说的"性相近，习相远"和"惟上智与下愚不移"，认为前句是从善恶说，而性实际上是无所谓善恶的；后者是从智愚说。前句的性可以因为习之不同而改变，智愚则是天生的、不可改变的："恶者之于善也，为之则是；愚者之于智也，或不可强而有也。”（《原性》）王安石的善恶纯从后天经验角度着眼，不言修养境界，与张载强调对天道性命的体悟很不同。他的思想受老子影响很大，有强烈的道家色彩。所以言性无所谓善恶，善恶生于情，犹如太极生阴阳，情起于阴阳，而太极无情。

程颢的善恶观来源于他的性论，他认为人皆禀气而生，天生有差别，故必然有善恶，但不是互相反对的善恶先天地存在于人之“性”中。性须从后天禀气说。他反对有形而上的“性”，认为性善、性恶、性无善无恶、性善恶混诸论，皆从形而上立论，皆无形、无影、无凭据之论，故说：“盖‘生之谓性’、‘人生而静’以上不容说，才说性时，便已不是性也。凡人说性，只是说‘继之者善’也，孟子言人性善是也。”[1] 从禀气之不同说，善恶是天生的，故须加力澄治气中之恶，“用力敏勇则疾清，用力缓怠则迟清。……水之清，则性善之谓也。故不是善与恶在性中为两物相对，各自出来”[2]。程颢据此认为善恶之标准在是否合于中道，没有先天本有之善恶：“天下善恶皆天理，谓之恶者非本恶，但或过或不及便如此，如杨、墨之类。”[3] 这也是从后天之气禀或行为上论善恶，不从先天、形而上着眼。即使论天道之善，程颢也从可感的现象出发，说：“‘天地之大德曰生’，‘天地絪缊，万物化醇’，‘生之谓性’，万物之生意最可观，此元者善之长也，斯所谓仁也。”[4] 元是众善之长，而元即万物之生意，“生意”是善的本质。总之，程颢的思维特点是感觉的、现象的、非逻辑思辨的，与程颐不一样。

[1]（宋）程颢、程颐：《二程集》，王孝鱼点校，中华书局 2004 年版，第 10 页。

[2]（宋）程颢、程颐：《二程集》，王孝鱼点校，中华书局 2004 年版，第 11 页。

[3]（宋）程颢、程颐：《二程集》，王孝鱼点校，中华书局 2004 年版，第 14 页。

[4]（宋）程颢、程颐：《二程集》，王孝鱼点校，中华书局 2004 年版，第 120 页。

程颐则以理为最高范畴，理气分际甚明，所以他的善恶论与格物穷理相连。程颐有强烈的伦理意识，认为世上的事无非善恶两类，非善即恶，无有中间地带："道无无对，有阴则有阳，有善则有恶，有是则有非，无一亦无三。"[1] 这同时表明他的着眼点在具体事物的善与恶，与张载首先体认天道获得境界性的至善不同，所以他把善恶归于人之情，说："心本善，发于思虑，则有善有不善。若既发，则可谓之情，不可谓之心。"[2] 心天生是"未发之中"，具有本源性、超越性的"善"；具体善恶产生于应事接物时心的思虑、选择。心是形而下者，属气，故说到底恶产生于气："性无不善，而有不善者才也。性即是理，理则自尧、舜至于途人，一也。才禀于气，气有清浊。禀其清者为贤，禀其浊者为愚。"[3] 贤者洞明事理，故能以理驭气，以理节情。愚者纯是用气，常常私情蒙蔽天理。修养工夫在明善，明善的前提是知善，知善在格物致知："人患事系累，思虑蔽固，只是不得其要。要在明善，明善在乎格物穷理。穷至于物理，则渐久后天下之物皆能穷，只是一理。" [4] 程颐的善恶论与他重视格物致知密切相关。另外，程颐主张人皆"先善后恶"，因为人天生具备人性，"性即理"，理无有不善。情未发时，无有恶，故善；情已发而中节，亦是善；恶产生于后天之情失于中和，故先善后恶。

朱熹继承了北宋诸儒而有发展，他的善恶论亦如此，既讲天，也讲人，天是人的根据。朱熹的核心义理是"理一分殊"，理有一事一物之理，

[1] （宋）程颢、程颐：《二程集》，王孝鱼点校，中华书局 2004 年版，第 153 页。
[2] （宋）程颢、程颐：《二程集》，王孝鱼点校，中华书局 2004 年版，第 204 页。
[3] （宋）程颢、程颐：《二程集》，王孝鱼点校，中华书局 2004 年版，第 204 页。
[4] （宋）程颢、程颐：《二程集》，王孝鱼点校，中华书局 2004 年版，第 144 页。

即“分殊”，也有“总天下万物之理”，即“理一”。理一即“太极”。朱熹所谓善，其根据在理，符合理的是善，不符合理的是恶。相应于理一分殊，朱熹既讲至善，也讲具体的善。而至善既可从“理一”处讲，也可从分殊之理的积累至大处讲。前者是绝对的，不与恶相对，所以他说：“所谓太极，是天地人物万善至好底表德。”[1] 它代表普遍的价值理想。积累而大的至善，朱熹讲得最多，因为他重视一点一滴的穷理积累：“至善是个最好处，若十件事做得九件是，一件不尽，亦不是至善。”“必到极处，便是道理十分尽头，无一毫不尽，故曰至善。”[2] 这种至善的获得，靠格物致知；分殊之理积累既多，然后豁然贯通，由具体的善到一般的善。

以上是从理的客观根据说，从人的行为说，善是心对理的选择，即“择善”。人固然有天生的善性，但人也有气禀物欲。气禀有清浊，则意念发动有善有恶，情感发动有适中，有过、不及，欲望发动有合理有不合理。须用工夫去掉不善，恢复本有之善，然后用“敬”存养：“学问便要穷理、知至，直是下工夫消磨恶去，善自然渐次可复。操存是后面事，不是善恶时事。”[3] 存养之大节目在“克己复礼”，而克己复礼亦归结为明善、择善、精一执中：“尧舜相传，不过论人心道心，精一执中而已。天下只是善恶两端。……天地之理固是抑遏阴气，勿使常胜。学者之于善恶，亦要于两夹界处拦截分晓，勿使纤恶间绝善端。动静日用，时加体察，持养久之，自然成熟。”[4]

[1] （宋）黎靖德编：《朱子语类》，王星贤点校，中华书局 1986 年版，第 2371 页。

[2] （宋）黎靖德编：《朱子语类》，王星贤点校，中华书局 1986 年版，第 267—268 页。

[3] （宋）黎靖德编：《朱子语类》，王星贤点校，中华书局 1986 年版，第 86 页。

[4] （宋）黎靖德编：《朱子语类》，王星贤点校，中华书局 1986 年版，第 203 页。

陆王心学以天赋予人的本心、良知为善，它是天道的普遍法则在人心中的体现。陆九渊说："心，一心也，理，一理也，至当归一，精义无二，此心此理，实不容有二。"[1] 王阳明说："良知是天理之昭明灵觉处，故良知即是天理。"（《传习录》中）此善是绝对的，不与恶相对，它是人一切善行的根源。陆九渊认为仁义、爱敬、四端之心皆是此心此理的表现。王阳明认为良知是一切善行的基础，恶是对至善本体的偏离："至善者，心之本体。本体上才过当些子，便是恶了，不是有一个善，却又有一个恶来相对也。故善恶只是一物。"（《传习录》下）良知又是具体的善恶的标准："知善知恶是良知。"为善去恶是在具体事物上体现良知本体使之精明不爽失，为善即遵照良知的指示去做，去恶即去掉对良知的遮蔽使良知本体彰显。故心学称自己的工夫是替人减担，因而简易直截。

心学又从本心、良知的自然天成、光明朗现的表现形式说它无善无恶。陆九渊的"有所蒙蔽，有所移夺，有所陷溺，则此心为之不灵，此理为之不明"[2]，王阳明的"无善无恶心之体"，都是从这个方面着眼。王门后学中泰州、龙溪一派，以"无善无恶是为至善"为号召，认为良知天然具足，不用防检，也不用做为善去恶的具体工夫，只需将良知推致于外，即是"致良知"。这导致了放弃工夫，径任本体，不管是非好丑，只管放手去做的狂荡学风。故刘宗周拈出"意"字，以此为确定后天之知的先天准则。"意"是心之所存的恒定"意向"而非心之所发的临时"意念"。"意"是控御万物运转的"天枢"在心中的表现，因而是不与恶相对的"至善"，用以纠正王门后学中"情识而肆"一路。而刘宗周《人谱》中开

[1] （宋）陆九渊：《与曾宅之》，《陆九渊集》，钟哲点校，中华书局1980年版，第4—5页。

[2] （宋）陆九渊：《与李宰》，《陆九渊集》，钟哲点校，中华书局1980年版，第149页。

列的为善去恶工夫特别具体甚至琐细，几近宗教的严苛，以之与“意”的高严、超绝相对应。

明末清初顾、黄、王三大家出于对明亡教训的总结，都有批评阳明学的言论。顾炎武认为经学即理学，故着眼于经史考证，不喜形上议论，对善恶问题说得较少。而黄宗羲大端宗王学，对王阳明本人批评较少，对王门后学泰州、龙溪则批评不遗余力，尤其对以无善无恶说良知，导致猖狂自恣甚至败坏名教批评极多，这一点与其师刘宗周相近。

王夫之则站在朱子学立场，从性的体用角度，分析善恶，批评王学。他认为，人性有体有用，性是体，心是用：“有善者，性之体也；无恶者，性之用也。”（《思问录·内篇》）从体上看，性之善充实无夹杂；从用上看，心本身“无善无恶”，只是一虚明灵觉。必须以孔子的“苟志于仁矣，无恶也”为工夫前提。志于仁即“诚意”，意诚之后须加慎独之功保持之，否则易受邪念的侵袭。而王学倡“无善无恶心之体”，放弃了善的内容，背离了孟子性善之旨，专以心之虚明为体，这是用心之用代替心之体，只认无善无恶、知觉灵明之心，缺失善性的引导、规范，由此导致种种猖狂之行泛滥，世风士习由此大坏。王夫之此论出于对明亡的愤激之心和对由王学返归朱子学的召唤，但以“无善无恶”四字概括良知的全部内涵，甚至痛斥“王伯安之徒，舞孟子之文以惑天下而不可胜诘，悲夫”[1]，不免失于简单。

此后对善恶问题作深入阐发的是戴震的《原善》。戴震以《易传》的“一阴一阳之谓道，继之者善也，成之者性也”一语为纲领，贯通天人，涵括五常，旁及儒家其他范畴，所论广大而深入。首先，他以一阴一阳代表天道，“性”为人承于天而成于己的本质，天人一体。天的本质是生

[1] （清）王夫之：《船山经义》，《船山全书》第十三册，岳麓书社2011年版，第677页。

生不息，是为仁；生生必有条理而不紊乱，是为礼；条理必有节度，是为义，故说：“善：曰仁，曰礼，曰义，斯三者，天下之大衡也。”[1]人继天而成性，继善而成德，仁、义、礼是人性最基本的内容：“三者咸得，天下之懿德也，人物之常也；故曰‘继之者善也’，言乎人物之生，其善则与天地继承不隔者也。”[2]“信”即把仁、义、礼三者笃实地实现于自身，“智”是人血气、心知的功能，此两者属人，尚不能与仁、义、礼三者之属天比肩。而天道自然展现为万物叫做“顺”，万物的本然如此叫做“命”，恒定性叫做“常”，流行过程叫做“道”，本性之始终不渝叫做“德”，具体事物上的条理叫做“理”。人继天成性之后，即有天地间事物的共性。首先是欲望，欲望是人性的表达。然后是知觉，知觉是人性的本能。欲望受人性的范导而不失于自私，这是仁的作用；知觉受人性的指引而不蒙蔽，这是智的作用。仁、智内在包含于性。“性”天地间事物皆有，故可配阴阳五行；性的作用自然而神妙，故可配鬼神。以上各个方面，皆是从不同方面对善的刻画描述，皆是善的内在包含。

戴震也从共殊关系阐发善，认为人与物虽皆来自于天，但成于己的性质不同。人与物皆有欲，但满足欲望的方式各异；人与物皆有觉，但对觉知到的内容评价不同。善是共同的，性是殊异的。理解了善与性的既同又异的关系，才算理解了天道与人物之性：“善，以言乎天下之大共也；性，言乎成于人人之举凡自为。性，其本也。所谓善，无他焉，天地之化，性之事能，可以知善矣。”[3]就是说，善是一般，性相对于善是个别；而性又可以推衍出种种表现，其对于性又是个别。善是总名，天地生化出的具体事物，人物之性的具体表现，皆可归于善之名目之下。

[1]（清）戴震：《孟子字义疏证》，中华书局1982年版，第61页。
[2]（清）戴震：《孟子字义疏证》，中华书局1982年版，第62页。
[3]（清）戴震：《孟子字义疏证》，中华书局1982年版，第63页。

戴震提出的修养方法与对善的以上理解相应，主要在以善范导性所展开的各种事能："君子之教也，以天下之大共正人之所自为，性之事能，合之则中正，违之则邪僻，以天地之常，俾人咸知由其常也。明乎天地之顺者，可与语道；察乎天地之常者，可与语善；通乎天地之德者，可与语性。"[1] 善即最普遍的、最高的价值，所谓"天下之大共"。人的行为，合于善则为中正，违于善则为邪辟。使人明乎善、顺乎善、由乎善，即教的基本内容。

戴震以其宏阔的眼光，对善作了广泛阐说，把人得于天而成于己的各种性质皆归于善，使善与天道联系起来，突破了只言人的品行的限制。本体在善，工夫也在善。这与《孟子字义疏证》重在文献举证风格有所不同。

从以上论述可以看出，中国古代善恶议题有以下几个特点：一，中国古代思想家多言善，少言恶，在论人格、行为、言论时尤其如此，只在人性问题上有"性恶"之说，与西方思想家论列种种恶而详言之颇为不同。这大概与中国人重行轻知，不喜作空泛的理论分析且宗教意识淡漠有关。只有佛教、道教大谈恶，恶往往都很具体，且有善行加以对治，如戒定慧对治贪嗔痴、定对治散乱、施对治悭吝之类。俗世思想家讲到善恶时多谈善，不谈恶，往往善与不善对举，认为违反或不奉行善即是恶。善即"中"，不善即过与不及，即对中的丢失、偏离。这说明中国主流思想受孟子性善及《中庸》中和说影响极大。二，善代表正面价值，是价值哲学的核心概念。但中国哲学对价值本身讨论较少，具体价值指向多用"贵""尚"表达，且多只谈贵尚的对象与如此贵尚的理由，不谈贵尚本身。这说明中国哲学重视实践，较少用辨名析理的思维方法，其善恶论是为修身服务的。三，善有抽象与具体两个方面，前者又叫"至善"，指最

[1]（清）戴震：《孟子字义疏证》，中华书局 1982 年版，第 63 页。

高本体及与此本体合一的精神境界，它是超越的、永恒的、只可向之而趋的，不与恶相对。后者指具体的有价值的行为和思想，它是个别的、可以积累的。前者是理想，后者是工夫；理想靠工夫积累而实现，工夫靠理想感召、指引。一般来说，中国哲学前期，先秦、两汉说到善，多指后者。宋代以后，前者后者并举。先秦、两汉说到人格理想，一般只谈人格本身，宋代以后人格理想、修养工夫与天地万物紧密关联。这与中国哲学发展愈益丰富，天人合一的思考维度愈益多样，儒家与释道的融合愈益深广密切相关。

二、义与利

“义”在中外哲学中是个使用极其广泛的概念，从最一般的意义说，义指正义，主要有政治正义，指个人权力和社会制度上的公正、平等；经济正义，指产品分配和规则制定上的公正、平等；伦理正义，指符合社会普遍认同的道德原则，遵守共同订立的价值契约。还有其他社会和个人方面的正义。“利”指人获得的物质和精神上的利益。义与利的冲突起源于群体生活中对道德原则和利益原则的不同选择。义与利的对立和调解是历代政治家、思想家考虑和寻求解决的重要方面。

中国哲学中的义利之辨，表面看是伦理问题，但它折射的是经济、法律、政治诸方面不同人群、不同立场的争论，理论背后是现实的社会诉求。法家和道家是反道德的。老子看到社会纷乱起于人各种观念、利益的争斗，倡导符合道的自然法则的“至德之世”，认为道德是对无名之朴的破坏，是社会演进到昏乱和纷争时期的产物，故“失道而后德，失德而后仁”。老子理想的社会是人浑浑噩噩，无知无欲，不知道德为何物，故无有义与利的观念与辩争。庄子身处义与利、公与私、理与欲激烈搏战的战国中期，看到诸侯间假义行利、假公济私的事层出不穷，义利、公私纷然淆乱，于是倡齐物之论，消解道德、伦理，是非、美丑、正邪一齐皆无，“恢诡谲怪，道通为一”。此后的道家黄老之学，欲改变老庄过于消极的“自然无为”，但仍将伦理从属于自然法之下，说：“圣君任法而不任智，任数而不任说，任公而不任私，任大道而不任小物。”（《管子·任法》）主张凡事一任法，反对私智小术，反对公卿大夫将私家利益置于国家利益之上。奉行“道生法”原则，仁义、礼乐必须从属法、服从法：“所谓仁义礼乐者，皆出于法，此先圣之所以一民者也。”（《管子·任法》）

法家主张严刑峻法，以耕战富国强兵，故以儒墨的仁义礼乐为粉饰太平的不急之务，非致富强之要术。商鞅说：“仁义之不足以治天下也。……圣王者，不贵义而贵法；法必明，令必行，则已矣。”（《商君书·画策》）并且把国弱民贫的原因推到儒家之提倡仁义上：“今夫世俗治者，莫不释法度而任辩慧，后功力而进仁义，民故不务耕战。”（《商君书·慎法》）甚至把仁义道德、诗书礼乐看作寄生在国家上的有害之物：“六虱：曰礼乐，曰《诗》《书》，曰修善，曰孝弟，曰诚信，曰贞廉，曰仁义，曰非兵，曰羞战。国有十二者，上无使农战，必贫至削。”（《商君书·靳令》）道德产生于强力，只是强国之君展现其功绩借用的门面话：“力生强，强生威，威生德，德生于力。圣君独有之，故能述仁义于天下。”（《商君书·靳令》）法家反道德的思想由于秦国的迅速强盛获得了普遍认可，其中潜藏的危殆被掩蔽了。

韩非集法家之大成，也把反道德的一面推到极端。他的基本认识是：“上古竞于道德，中世逐于智谋，当今争于气力。”（《韩非子·五蠹》）如果不顾时代变迁，仍言道德仁义，是“刻舟求剑”。所以他反对道德，认为富国强兵是最大的利益，富强之术在严刑峻法，耕战为本。而不顾国家之大利，不早备祸患，不研究军事技术，专以仁义修饰门面，是亡国之道。他对比历史上的强国弱国，说："慕仁义而弱乱者，三晋也；不慕而治强者，秦也。"（《韩非子·外储说左上》）由此得出结论："故有道之主，远仁义，去智能，服之以法。是以誉广而名威，民治而国安。"（《韩非子·说疑》）

法家重视功利，尤重视国家之大利，但因为它反对道德，义利之辨无从谈起。对义利之辨有深度涉及的是儒墨两家。孔子首先把义和利直接联系起来，说："君子喻于义，小人喻于利。"（《论语·里仁》）君子首先想到的是义，小人反之，只知道利益。又说："见利思义。"（《论语·宪问》）"见得思义。"（《论语·季氏》）在面临利益时，必须考虑它是否符合道义。仅根据利益原则行动，容易招致别人的怨恨："放于利而行，多怨。"（《论语·里仁》）做事不能只看短期效应，而应放眼长远，也不能见小利而忘大义，如此则事难于成就："无欲速，无见小利。欲速，则不达；见小利，则大事不成。"（《论语·子路》）孔子既讲道德仁义，又重视国家、百姓的利益，强调两者的和谐。但在利益和道德原则发生冲突时，首先要服从道德原则，把道德放在首要地位："不义而富且贵，于我如浮云。"（《论语·述而》）"义然后取，人不厌其取。"（《论语·宪问》）正义在任何时候都是首先考虑的原则："君子之于天下也，无适也，无莫也，义之与比。"（《论语·里仁》）哪怕在道不通、行不顺的情况下，仍要坚持士人义字当先的操守："君子义以为上。"（《论语·阳货》）"君子之仕也，行其义也。道之不行，已知之矣。"（《论语·微子》）对于放弃道义、要弄小聪明以侥幸成功的人，则直截判之其事难成："群居终日，言不及义，好行小慧，难矣哉！"（《论语·卫灵公》）对有利于百姓又不浪费国家资财的事，须勇敢担承，这是仁义的一个重要原则："因民之所利而利之，斯不亦惠而不费乎？"（《论语·尧曰》）处富贵、贫贱，也须把道义放在首位："富与贵是人之所欲也，不以其道得之，不处也；贫与贱是人之所恶也，不以其道得之，不去也。”（《论语·里仁》）孔子的义利之辨，从人格修养、政治方向、经济原则各方面，为儒家奠定了基础，对后世影响很大。

孟子继承孔子，在义利之辨的深广上拓展了一步。孟子有见于当时诸侯纷争，兵连祸结，百姓流离失所；当时的游士，多以利益游说诸侯，各诸侯国君急于富强，也以利益为唯一考量，故孟子欲以仁义之道纠正之。他认为，当一个国家的各个阶层争相言利不顾仁义之道的时候，这个国家就危险了。所以孟子见梁惠王，劈头即说：“王何必曰利？亦有仁义而已矣。”“上下交征利而国危矣。”并告诉他奉行仁义的好处：“苟为后义而先利，不夺不餍。未有仁而遗其亲者也，未有义而后其君者也。”（《孟子·梁惠王上》）从带来利益的因素说，最大的是天时、地利、人和。但天时不如地利，地利不如人和。人和者，是仁政下有道义、讲和谐的民众。故“得道者多助，失道者寡助”。又告诉滕文公，遵守规则，有时会获利少；不遵守规则，会获利多。而君子宁取前者，不能诬枉道义而求取利益。孟子也劝告游士，不能仅以利害关系游说国君，如果这样，上下竞相言利，最后会出现亡国的结果：“君臣、父子、兄弟终去仁义，怀利以相接，然而不亡者，未之有也。”（《孟子·告子下》）并且他把善恶归结为对义与利的不同选择：“鸡鸣而起，孳孳为善者，舜之徒也。鸡鸣而起，孳孳为利者，跖之徒也。欲知舜与跖之分，无他，利与善之间也。”（《孟子·尽心上》）在经济上，孟子也坚持道义优先，反对不顾道义的垄断行为，称垄断市场上下其手而渔利为下贱的行为：“有贱丈夫焉，必求垄断而登之，以左右望而罔市利。”（《孟子·公孙丑下》）并主张对垄断者课以重税。

如果把孔子的义利之辨和孟子相比，则孔子言士君子的个人修养较多，而孟子从政治上、经济上说得较多。这是因为孔子对弟子的讲学语较多，而孟子游说诸侯语较多。从人格类型说，孔子温润如玉，说话较含蓄；孟子则直率，语带锋芒，常问得诸侯国君理屈词穷，“王顾左右而言他”。但在义利之辨的基本方向上，两人是一致的。

荀子从士君子的修身与治国原则两个方面讲义利之辨。修身方面，荀子认为，人之所以为人，在其有道德意识，能对趋利避害的本能加以引导：“人之所以为人者，非特以二足而无毛也，以其有辨也。……夫禽兽有父子，而无父子之亲；有牝牡，而无男女之别。故人道莫不有辨。”（《荀子·非相》）君子是士人的楷模，须坚持道义原则，符合道义的，要勇敢而为，不畏权势，不为利诱，这是“大勇”：“义之所在，不倾于权，不顾其利，举国而与之不为改视，重死持义而不桡，是士君子之勇也。”（《荀子·荣辱》）唯利是图，放弃道义，是品德修养的大害：“保利弃义谓之至贼。”（《荀子·修身》）君子与小人，诚信之悫士与奸诈之徒，全在义利上区分：“庸言必信之，庸行必慎之，畏法流俗，而不敢以其所独甚，若是则可谓悫士矣。言无常信，行无常贞，唯利所在，无所不倾，若是则可谓小人矣。”（《荀子·不苟》）利益当前，须看它是否符合道义；在义利上有正确的辨别与选择，才能立于不败之地：“欲恶取舍之权：见其可欲也，则必前后虑其可恶也者；见其可利也，则必前后虑其可害也者。而兼权之，熟计之，然后定其欲恶取舍。如是则常不失陷矣。”（《荀子·不苟》）总之，在荀子这里，义利之辨是士君子人格修养的首要考虑。

在治国上，义利之辨也关乎建立什么样的国家，养成什么样的民风的大问题，所以要首先考虑：“君人者，隆礼尊贤而王，重法爱民而霸，好利多诈而危，权谋、倾覆、幽险而尽亡矣。”（《荀子·天论》）在治国中，既要重视百姓对利益的需求，又要用道义去引导，做到义与利的协调与平衡：“义与利者，人之所两有也。虽尧舜不能去民之欲利；然而能使其欲利不克其好义也。虽桀纣亦不能去民之好义；然而能使其好义不胜其欲利也。故义胜利者为治世，利克义者为乱世。上重义则义克利，上重利则利克义。”（《荀子·大略》）因此，义利之辨是国家兴衰存亡的大问题，有国者不可丝毫忽视、懈怠。荀子的理想政治是崇尚信义、尊贤重礼的王政，其次是法制严明、尊重百姓实际利益的霸政。不讲信义，唯利是图，则是亡国之道。他主张以义正利，利从义生，这是施政措施、用人之道的关键：“先义而后利，安不恤亲疏，不恤贵贱，唯诚能之求，夫是之谓巨用之。小用之者，先利而后义，安不恤是非，不治曲直，唯便僻亲比己者之用，夫是之谓小用之。”（《荀子·王霸》）“巨用”，指任用先义后利，不为各种利益关系所左右的君子；“小用”，指任用先利后义，没有是非观念唯利是图的小人。总之，荀子在修身、治国两个方面，都坚持义字为先、以义御利的原则。

《大学》关于义利的论说也很突出。《大学》以“止于至善”为人格修养的最高境界，以“八条目”为达到至善的具体步骤，至善的重要方面即以义统利。所以提出“国不以利为利，以义为利”的著名命题，认为一个国家，不能把利益作为唯一的考量，而要首先考虑道义，利益就在奉行道义中实现。治国不可能不考虑百姓的实际利益，但只有在道义的统御、引领下，利益才是可以合法地、持续地保有的。短视的、欲速求效的利，虽暂时得到了，最终还会失去。这就是《大学》所说的“未有好义其事不终者也，未有府库财非其财者也”。《大学》告诫国家管理者：“长国家而务财用者，必自小人矣。小人之使为国家，灾害并至。虽有善者，亦无如之何矣。”须用道义为先的人治国，才能不仅安定子孙黎民，保持国祚传之久远，而且给百姓带来实际利益。而带来可持续利益的正确经济原则是：“生之者众，食之者寡，为之者疾，用之者舒，则财恒足矣。”

《易传》中关于义利的论述较少，但很警辟。《周易·乾·文言》曰：“元者，善之长也；亨者，嘉之会也；利者，义之和也；贞者，事之干也。

君子，体仁足以长人，嘉会足以合礼，利物足以和义，贞固足以干事。君子行此四德者，故曰：《乾》，元、亨、利、贞。”意思是，君子效法天道，仁、义、礼、信四种德行与此相应。“元”代表产生，是各种善行的开端，仁与之相应。“亨”者亨通，表示多种嘉美事物的汇聚，礼与之相应。“利”者利益，只有多种正义的协和才能带来真正的利益，义与之相应。“贞”者正而固，方向上的正确和品德上的坚贞才能办好事，信与之相应。元亨利贞、仁义礼信是一个整体，这里与义利之辨直接相关的是“利者，义之和也”和“利物足以和义”两句。它重点指出的是，利益是各种正义的协调、和谐。因为所谓义，有很强的时间、地点特性。在此场域符合道义的，在彼场域未必符合。所以《周易》强调“时中”，并在多个卦的解释中都提到“时义大矣哉”。利益是多种因素的合力，能带来真正利益的，一定是多种符合正义的前提和要素在特定的时间、地点的协和，故“利者，义之和”。懂得这个道理，君子在做有利的事的时候，一定要考虑符合道义这一原则。反过来说，带来符合正道的利益的才是“义”，故“利物足以和义”。这两句话表达的都是义利统一原则。所以《周易·系辞下》说：“何以守位？曰仁。何以聚人？曰财。理财正辞，禁民为非，曰义。”义是正确的价值方向和实际利益的统一。这是《易传》的义利之辨。

先秦儒家为后世的义利观奠定了基础，对中国哲学走向影响极大。

墨家的思想以功利主义为基础。墨子认为一切思想、行动皆应为民众兴利除害，舍此别无目的：“仁人之所以为事者，必兴天下之利，除去天下之害，以此为事者也。”（《墨子·兼爱中》）他所倡导的十大主张，都是为了实现以上理想，但墨子皆从功利角度加以说明。如“兼爱”，墨子说：“夫爱人者，人必从而爱之；利人者，人必从而利之；恶人者，人必从而恶之；害人者，人必从而害之。此何难之有？”（《墨子·兼爱中》）兼爱不是心中爱人情感的表达，而是为了利益交换：爱人是为了得到别人的爱，不害人是为了免除别人害己。又如“天志”，墨子认为天有意志，但天的意志是要人相爱相利，不要人相恶相害：“然而天何欲何恶者也？天必欲人之相爱相利，而不欲人之相恶相贼也。”（《墨子·法仪》）墨子的兼爱是平等地、无差别地爱一切人，所以兼爱带来的，不是一部分人的利益，而是全体人的利益。天欲使一切人得到利益，所以天的意志是施惠于一切人：“奚以知天之欲人之相爱相利，而不欲人之相恶相贼也？以其兼而爱之，兼而利之也。奚以知天兼而爱之，兼而利之也？以其兼而有之，兼而食之也。”（《墨子·法仪》）这里墨子表达的思想完全合乎“为了最大多数人的最大利益”的功利主义原则。其他如“明鬼”，鬼神也是兴利除害的，所以在暗中赏善罚恶：赏兼爱兼利者，罚相害相贼者。其他如节葬、节用、非攻、非儒、尚贤、尚同等，皆是为了实现兴利除害的功利目的。墨家的圣人即是能够实现最大多数人的最大利益的人：“圣王之道，天下之大利也。”（《墨子·节用上》）推荐出来治理国家的，必是能给百姓带来利益的：“昔者尧之举舜也，汤之举伊尹也，武丁之举傅说也，岂以为骨肉之亲，无故富贵，面目美好者哉？惟法其言，用其谋，行其道，上可而利天，中可而利鬼，下可而利人，是故推而上之。”（《墨子·尚贤下》）他判断一切思想、言论的标准是“三表”，其实质是看是否符合人民之大利。其中的“本之”，即以古代圣王的做法为依据。但古代圣王以实现人民之大利为目的。“原之”，即实地考察百姓的意见，而百姓以兴利除害为唯一诉求。“用之”即政府的政治、法律措施推行于民，看其效果是否符合百姓的利益。所以三表归根结蒂在人民的利益。看一件具体事情的是非、善恶，也以功利来衡量。如遭遇强盗必使身体受损，那么断指以存腕是值得的，因为符合“利之中取大，害之中取小”的功利原则。甚至儒家表扬的舍生取义，墨子也以功利视之：“杀己以存天下，是杀己以利天下。”（《墨子·大取》）

仁义等道德原则与利益的关系如何？《墨子》屡屡提到仁义，但如何判断行为是否符合仁义，最后也归结到功利。墨子认为，最尊贵、最明智的是天，天的意志不可不顺，顺从天志即是义：“今天下之王公大人士君子，中实将欲遵道利民，本察仁义之本，天之意不可不顺也。顺天之意者，义之法也。”（《墨子·天志中》）而天的意志是为民兴利除害，故为民兴利除害就是义。在墨子后学中，这一意思更加明显，如：“义，利；不义，害。志功为辩。”（《墨子·大取》）“义，利也。”（《墨子·经说上》）义的本质是利，分别义与不义，唯在有利与否，标准并无二法。墨子甚至说，如果以有利于天下生民为志，又有利天下的能力，那么即使不见用于世，也算义士了。这虽与墨子重行为、重结果的功利思想有别，但把义归结为利则是一致的。其他如“忠”，墨子说：“忠，以为利而强低也。”（《墨子·经说上》）忠君就是能给君主带来强盛之利。忠也归结为利。如孝，墨子说：“孝，利亲也。”（《墨子·经说上》）孝就是做对亲人有利的事，即使没有被亲人认可，也是孝的行动。孝也归结为利。人的情感，也多以利害为转移。得利而喜，失利而忧；远害而喜，得祸而忧，是人的一般表现：“利，所得而喜也。”“害，所得而恶也。”（《墨子·经说上》）对想得到的东西，要作权衡，看哪一种得利多；对厌恶的东西，也要权衡，看哪一种为害大。所谓“欲正权利，而恶正权害”“两而勿偏”（《墨子·经说上》）。遇事皆以利害为考量。

总之，墨家出于下层劳动者重视功利的思维惯性，一切以功利为解说，即使是仁义等当时习见的观念、议题，也用功利去解释。这实际上取消了义利之辨，和儒家及后世所热衷的义利关系之辩论不同。由于中国农民、手工业者数量巨大，且一直没有形成对贵族的人身依附关系，与知识阶层明显存在疏离，而与重现象轻本质的文化特点适相吻合，所以墨家虽然后世中绝了，但在“小生产像汪洋大海一样”的传统中国社会，功利主义一直影响巨大，于中国文化面貌所关极重。

汉代义利之辨最重要的是董仲舒与《盐铁论》。董仲舒治公羊春秋，多就《春秋》中的史事发挥其议论，思想受孔孟与《管子》影响很大。他认为人禀受天地之气以生，最大者为身与心两者。身心皆须养，故需利益以养其身，仁义以养其心。心不得仁义不乐，身不得利养不安，但两者相较，心的快乐重于身的安养，所以义重于利。甚至认为，人之异于禽兽者在有仁义，仁义使人有羞耻心，不像动物，纯以保存生命和获得利养为本性。但人天生的仁义之性容易为利所夺所败，故须修养人格以保持之："凡人之性，莫不善义，然而不能义者，利败之也。故君子终日言不及利，欲以勿言愧之而已，愧之以塞其源也。"（《春秋繁露·玉英》）士君子如此，管理国家者发政施仁，也不能动辄言利。好比身体，君主是百姓的心，百姓是君主的体，身体受心指挥，所以君主贵义轻利，才能在国中养成好的风气。在此基础上，董仲舒提出，治国者应该把道、理放在首位："仁人者正其道不谋其利，修其理不急其功，致无为而习俗大化，可谓仁圣矣。三王是也。"（《春秋繁露·对胶西王越大夫不得为仁》）管理国家，应该遵守正道，追求正理，不能把谋取利益放在首位。这是圣王的传统，仁政的表现。只有这样，才能引导百姓养成良好的风俗。所以，"《春秋》之义，贵信而贱诈。诈人而胜之，虽有功，君子弗为也"（《春秋繁露·对胶西王越大夫不得为仁》）。这一说法吸收了《管子》的"贤人之行其身也，忘其有名也；王主之行其道也，忘其成功也"（《管子·法法》）而有所改变。

值得注意的是，董仲舒此处说的是"正其道不谋其利，修其理不急其功"，而《汉书·董仲舒传》则改为"正其谊不谋其利，明其道不计其功"，把义与利、道与功的对立更加显豁地提了出来，容易使人望文生义。其实，董仲舒的目的是把道与理对功利的优先性提出来，使他罢黜百家独尊儒术的主张立于坚实的理论基础之上，将法家、墨家的功利主义置于儒家思想的指导与调和之下。董仲舒是儒家，治国平天下是他的理想，这一理想并不排斥功利。这同他的“人理之副天道也”的思想一致：“天常以爱利为意，以养长为事，春秋冬夏皆其用也。王者亦常以爱利天下为意，以安乐一世为事，好恶喜怒而备用也。……天出此物者，时则岁美，不时则岁恶。人主出此四者，义则世治，不义则世乱。”（《春秋繁露·王道通三》）天以时节调控暖清寒暑，人以仁义调节好恶喜怒。故义字当先是必须的，而在此基础上的利益是题中应有之义。

其次，董仲舒提出此说，与汉变秦制有关联。董仲舒在《举贤良对策》中明确说：“继治世者其道同，继乱世者其道变。今汉继大乱之后，若宜少损周之文致，用夏之忠者。”所谓损周之文，用夏之忠，就是贬损虚文，减少等级差别，限制贵族、商人的利益，发展农业，缩小贫富差别，打击与民争利。“不与民争业，然后利可均布而民可家足。此上天之理，而亦太古之道；天子之所宜法以为制，大夫之所当循以为行也。”（《举贤良对策》）这都要义字当先，以义御利。

最后，董仲舒此语，主要是说给负有治国牧民之责的帝王和臣僚的，针对的是“人主”。普通百姓从事具体工作，自然以求取利益为先。治国者通理一国一地各方面事务，协调各方面利益，当然有别于百姓。后人望文生义，认为董仲舒只讲义，不讲利，只讲道，不讲功，而且更将批评对象扩大到整个儒家，说儒家空讲道义，排斥功利，迂腐难遵。这都是片面的、肤浅的说法。也由于此，清代颜元修正此说而提出的“正其谊以谋其利，明其道而计其功”（《四书正误·戴本大学》）是多余的。董仲舒在大乱之后，汉起而兴的制度建设、文化建设中重提义利之辨，为各方面奠立思想基础的用意是至为明显的。

《盐铁论》中的义利之辨也很有名。汉昭帝始元六年（公元前81年），大将军霍光以昭帝名义，令丞相田千秋和御史大夫桑弘羊召集贤良文学六十多人讨论盐铁专卖政策的利弊，旁及文教与经济、法治与德治、儒家与法家等问题。宣帝时桓宽利用会议记录写成《盐铁论》一书。

贤良文学提出，盐铁专卖、均输等在实行过程中，出现了官家垄断、与民争利的弊端，应该取消。他们的理论依据之一，就是盐铁专卖重利轻义，导致社会风俗浇薄，舍本逐末："治人之道，防淫佚之原，广道德之端，抑末利而开仁义，毋示以利，然后教化可兴，而风俗可移也。今郡国有盐、铁、酒榷，均输，与民争利。散敦厚之朴，成贪鄙之化。是以百姓就本者寡，趋末者众。"（《盐铁论·本议》）认为治理国家，首在树立道德风气，堵塞贪鄙求利之门，坚持以农为本，以工商为末的国策。而盐、铁专卖，将本属于民的利益收归国有，既与民争利，又使百姓舍本逐末，争言利益；敦厚、朴素之风丧失，浇薄、贪婪之习昌炽。必须罢盐、铁、酒榷，均输，以便"进本退末，广利农业"。御史大夫桑弘羊则从经济角度，认为盐铁官营，利润为国家所有，可以改善财政紧张的现实；特别是武帝以来不断对匈奴用兵，国库空虚，此举可以补军费之不足。

贤良文学引据儒家圣王故事，继续从义利之辨角度，赞扬仁政，反对战争。认为战争是不得已而为之的，要尽量避免。而无战事则无军费之征，也就无盐铁专卖、与民争利之举。儒家的原则是"贵以德而贱用兵""善克者不战，善战者不师，善师者不阵。修之于庙堂，而折冲还师"（《盐铁论·本议》），希望用外交等手段，避免战争。而废道德，任兵戈，屯戍之兵死伤性命于外，百姓备战劳苦于内，两无所利。为备边而有的盐铁专卖之策，非长久之计，弭兵息战则自然可消。但御史大夫认为，战争是必要的，儒家圣王尧舜、汤武皆不废战争。当前的形势是，匈奴犯边，朔方汉官悖逆不轨，北方战事势不可免。贤良文学纵不能披坚执锐，沙场杀敌，但不能反对盐铁专卖和平准、均输等有利于胜敌的经济政策。

御史大夫还认为，即使无战事，工商业也是根本的，是助农、便农的重要行业："工不出，则农用乏；商不出，则宝货绝。农用乏，则谷不殖；宝货绝，则财用匮。"（《盐铁论·本议》）盐铁官营、平准、均输都是通财用、调缓急的适用政策，不能取消。贤良文学则认为，工商虽必要，但只是流通货物、备用器具的次要行业，不能与农业并重。更重要的是，重视工商，提高其地位，会引导百姓走上趋利之路，风习为之败坏："导民以德，则民归厚；示民以利，则民俗薄。俗薄则背义而趋利，趋利则百姓交于道而接于市。……是以王者崇本退末，以礼义防民欲，实菽粟货财。"（《盐铁论·本议》）

御史大夫继续辩驳：中国幅员广大，各地出产不同，须工商为之调运流通。人发明舟楫车马，就是为了流通货财。物产如此丰富而仍然财用不足，是因为视工商为末业，其调节有无、富国裕民的功能没有充分发挥。盐铁专卖不能罢，一个重要用意就是提高工商的地位，破除视工商专为趋利的偏颇之见。但贤良文学认为，国家财用不足、人民贫困不是因为工商业不发达，而恰是工商业太盛所致。工商太盛则利孔大开，利孔大开是导民为非的厉阶。

关于盐铁专卖的利弊，双方各据所见争持不下，这实际是儒法两家的论争，于是辩论转到儒法在治理国家的作用上。御史大夫认为，儒学不可以治国。贤良文学盛称孔孟，当做自古及今未有之圣人，但孔子宣扬道德，教化百姓，而当世不为治，其母邦鲁国国弱民贫。齐宣王褒儒重学，孟子及弟子受上大夫之禄，不任职而议论国事，但不足以抵敌弱国之燕的进攻。后齐王建被秦国擒灭，儒生与之俱俘。可见儒术不能保存君主，安定国家。贤良文学反驳道，儒者多不能握有大权，只是建言献策。而所献良策，不为昏主所采纳，所以常招致败亡之结局。儒者秉德执义，不肯枉道取容。忧国忧民，不顾个人安危拯救天下危亡的人，多有惨烈结局，不足为怪。而法家之术，重功利，轻道义，崇力量，卑仁德。虽能求一时之利，但难保长久。如商鞅，虽为秦国开帝业之基，但也为秦国树致亡之道。故“礼义者，国之基也；而权利者，政之残也”(《盐铁论·轻重》)。

《盐铁论》是西汉中期儒法交锋的实录。此时虽已在汉武帝罢黜百家、独尊儒术之后，但各家势力犹存。尤其是使秦国迅速富强的法家，从理论到实践，仍有极强的生命力。汉代的家法是“王霸杂用，义利双行”。这一治国原则在大乱之后各项制度建设中所起作用极大。义利之辨是中和法家利益至上、刚猛治国的一个重要工具，但它的真正力量，在以思想理论和人格修养为上的宋代之后才充分显现。盐铁会议之后罢去酒和关内铁器专卖，其他政策延续不变，就是儒法调和的象征。

义利之辨受到普遍重视是在宋明理学中。理学对此问题的讨论，涉及的方面更加广泛，形式也更加多样，不仅有纯粹理论的讨论，也有结合政治、经济政策的讨论。从立场看，有布衣之论，也有庙堂之议。

周敦颐认为，圣人为后世规定了应该遵行的大道，这就是仁义中正。持守它、遵行它是最为宝贵的，利益是奉行它自然带来的，弘扬它、拓充它就可与天地相配，由此参赞化育。这是易简之道，但患人不能遵行：“圣人之道，仁义中正而已矣。守之贵，行之利，廓之配天地。岂不易简？岂为难知？不守，不行，不廓耳！”(《通书·道》)周敦颐在义利之辨上的基本观点是，奉行正义而自然带出利。

张载的义利说与天道紧密相连，穷神知化是正确的义利观的基础，他说：“气有阴阳，推行有渐为化，合一不测为神。其在人也，知义用利，则神化之事备矣。德盛者，穷神则知不足道，知化则义不足云。”(《正蒙·神化》)欲定人事，必先知天道；天道的本质是神化，“神”指气的神妙本性，“化”指气的运行变化。知道了天道，也就知道了义；遵循天理而行就会带来利。这叫做“知义用利”。但这只是从人道的、“精义利用”

的角度看，若从德盛者与天之神化为一因而超越功利的角度看，则一切自然而然，知与用、义与利皆无从谈起。周敦颐与张载皆以《周易》为义理发挥的工具，但周敦颐以各卦卦德言，张载以《系辞》中的穷神知化言。前者以个别引申出一般，后者从一般落实到个别、从天贯彻到人。

张载又以《周易·系辞》中的“屈伸相感而利生”“情伪相感而利害生”，说明义利关系。认为屈伸是气的本性，至诚无伪，利益就在万物自然而然的感应变化中产生，故“感以诚也”。而情伪则是人对自然事物或真实或虚假的反应，真则有利，假则有害，故“杂之伪也”。这仍是天与人对言：顺从天道，则利益自然产生；依据人对事物的反应，则有利有害。故“体天地自然之实理，修身俟命而富贵不淫，贫贱不屈，夭寿不贰，用无不利矣”[1]。

张载的义利思想，还表现在他对《易传》“元亨利贞”的发挥上。他说：“天下之理得，元也；会而通，亨也；说诸心，利也；一天下之动，贞也。”（《正蒙·大易》）意思是，掌握天下事物的道理，这是做事的开始和基础；和会众理，依理而行，做事必定顺通；所得之利是遵行正义而来，故心安理得；所有行动皆在理的统御下、管控下，这是须信守、执持的正道。这就是张载眼里的“元亨利贞”，王夫之总结为“元、贞，体也；亨、利，用也；惟元统天下之理，故于事通而于心说。贞者，贞于其元”[2]。这一点是张载易学的精髓，故说：“《易》为君子谋，不为小人谋。故撰德于卦，虽爻有小大，及系辞其爻，必谕之以君子之义。”（《正蒙·大易》）意思是，《周易》是为君子宣示正道的，是一部崇尚正义、追

[1] （清）王夫之：《张子正蒙注》，《船山全书》第十二册，岳麓书社2011年版，第140页。

[2] （清）王夫之：《张子正蒙注》，《船山全书》第十二册，岳麓书社2011年版，第285页。

求道德的书，不像《火珠林》之类，有吉凶而无善恶，只为人资取以谋利益。在善读《周易》的人眼里，其卦爻辞皆是晓喻义和德的。在这样的视角下，元亨利贞与仁义礼信相配，乾之四德意义更加深广："仁统天下之善，礼嘉天下之会，义公天下之利，信一天下之动。"（《正蒙·大易》）元者，天地生生之仁德，故为善之长；亨者，守礼、行礼而亨通，故为嘉之会；利者，持守正义、公正地分配义之所得，故为义之和；贞者，信守天下之大道以行动，故事皆可成功。这就是张载的义利之辨，其思想方法是天人一理，以人合天。人事的任何原则，都是在对天道的通彻诠释基础上奠立的。所以王夫之认为张载《正蒙·诚明》章的核心义旨是天道基础上的义利之辨，与关于《易》道的阐发相为表里："此章释《易传》之旨而决之于义利之分，为天道物理之恒，人禽存去之防，其言深切。"[1]

邵雍则用对义利的好尚来预测朝代的治乱兴替，说："天下将治，则人必尚义也；天下将乱，则人必尚利也。尚义则谦让之风行焉，尚利则攘夺之风行焉。"[2] 邵雍既用《周易》之象数推测朝代之寿数，又用社会风俗之尚义尚利解释朝代的兴替，两者相与为说。这是他融合儒道处。而论人生境界，则以道家之兼忘义利为最高，说："君子喻于义，贤人也，小人喻于利而已。义利兼忘者，唯圣人能之。"[3] 这或许是现代学者冯友兰道德境界之上还有"天地境界"之所本。

二程的义利观甚为分明。程颢说："大凡出义则入利，出利则入义。

[1] （清）王夫之：《张子正蒙注》，《船山全书》第十二册，岳麓书社 2011 年版，第 141 页。

[2] （宋）邵雍：《观物内篇》，《邵雍集》，郭彧整理，中华书局 2010 年版，第 30 页。

[3] （宋）邵雍：《观物外篇》，《邵雍集》，郭彧整理，中华书局 2010 年版，第 173 页。

天下之事，惟义利而已。”[1] 这是说伦理判断是普遍的，没有不涉及伦理的事物；而且认为义与利不并立，非此即彼，没有中立息肩之地。程颐讲义利，往往与公私联系起来，义为公，利为私，义利之辨实际上是公私之辨：“义与利，只是个公与私也。才出义，便以利言也。”[2] 义利、公私不并立，这一点和程颢相似。他还说：“理者天下之至公；利者众人所同欲。苟公其心，不失其正理，则与众同利。”[3] 理是最公正的，所以是义；利是人人所追求的，须分别是出于公心的利还是出于私己的利。出于公心，符合正义的利益是正当的；出于私心，损人利己得到的利益是不正当的：“夫利，和义者善也，其害义者不善也。”[4] 又说：“利害者，天下之常情也。人皆知趋利而避害，圣人则更不论利害，唯看义当为不当为，便是命在其中也。”[5] 此处圣人指以孔子、孟子为代表的理想人格。他们不但把仁义作为首要原则，而且把社会正义当作应该完成的使命。而追求正义，则利益自然在其中：“圣人以义为利，义安处便为利。”[6] 以义为利，这是继承了《大学》的说法。不同的是，《大学》认为以义为利是治理国家的首要原则，而程颐则认为以义为利是道德修养的主要内容。程颐和绝大多数理学家一样，主张义以出利，说：“凡顺理无害处便是利，君子未尝不欲利。然孟子言‘何必曰利’者，盖只以利为心则有害。……仁义未尝不

[1] （宋）程颢、程颐：《二程集》，王孝鱼点校，中华书局 2004 年版，第 124 页。

[2] （宋）程颢、程颐：《二程集》，王孝鱼点校，中华书局 2004 年版，第 176 页。

[3] （宋）程颢、程颐：《二程集》，王孝鱼点校，中华书局 2004 年版，第 917 页。

[4] （宋）程颢、程颐：《二程集》，王孝鱼点校，中华书局 2004 年版，第 249 页。

[5] （宋）程颢、程颐：《二程集》，王孝鱼点校，中华书局 2004 年版，第 176 页。

[6] （宋）程颢、程颐：《二程集》，王孝鱼点校，中华书局 2004 年版，第 173 页。

利。”[1] 出于公心、符合正义的利益是应该求取的，全社会皆以利为唯一追求是必须反对的。孟子的“上下交征利，而国危矣”是有高度针对性的。董仲舒的“正其道不谋其利，修其理不急其功”也是在全社会争相言利的时代条件下对正义和道德的强调。

王安石的义利观是他的变法的理论基础。他认为儒家的经济政策尽在《周礼》一书中，故重新注解《周礼》，为他的变法服务，说：“理财乃所谓义也。一部《周礼》，理财居其半，周公岂为利哉？……盖因民之所利而利之，不得不然也。”[2] 圣人也不能不言利，为民取利，利就是义。还说：“聚天下之人，不可以无财；理天下之财，不可以无义。夫以义理天下之财，则转输之劳逸不可以不均，用度之多寡不可以不通，货贿之有无不可以不制，而经重敛散之权不可以无术。”[3] 财利是人生存的需要，义是价值原则对财利活动的调节，两者皆不可须臾离。关键是看为一己之私利还是为国家之大利。为国家之大利，就是义；为私己的目的并且与国家利益冲突的，就是不义。王安石认为自己做的都是为了国家之大利，因而是符合义的。但变法的反对者认为王安石各种变法措施追求的都是一时之利、眼前之利，它最大的害处就是引发全社会的逐利之风。如程颢就指责王安石把青年人的心术引向急功近利，其害甚于佛老：“然在今日，释氏却未消理会，大患者却是介甫之学。……如今日，却要先整顿介甫之学，坏了后生学者。”[4] 平心而论，王安石与反对派在义利观上并无大的不同，

[1] （宋）程颢、程颐：《二程集》，王孝鱼点校，中华书局 2004 年版，第 249 页。

[2] （宋）王安石：《答曾公立书》，《王文公文集》，唐武标校，上海人民出版社 1974 年版，第 97—98 页。

[3] （宋）王安石：《乞制置三司条制》，《王文公文集》，唐武标校，上海人民出版社 1974 年版，第 364 页。

[4] （宋）程颢、程颐：《二程集》，王孝鱼点校，中华书局 2004 年版，第 38 页。

都是义利统一论者。两者的不同处毋宁说在对变法措施的看法上。这是由他们即官员即学者的身份和行重于知的认识特点决定的。

朱熹继承了二程，认为义利观是人立身行事的基础，是其他一切判断的出发点："义利之说乃儒者第一义。"[1] 但有自己的特点，即把义利和理气、心物联系起来，使之有哲学理论的支撑。朱熹从孟子出发，认为义利与公私、心物、理欲是紧密关联的："仁义根于人心之固有，天理之公也。利心生于物我之相形，人欲之私也。循天理，则不求利而自无不利；殉人欲，则求利未得而害已随之。"[2] 欲与利是君子小人共同追求的，差别在求利的动机、获利的途径及用此利的方式，"天理人欲，几微之间"，毫厘之差，可以造成千里之谬。所以朱熹指出，《孟子》之书劈头即提出义利问题作为发论之始，是有深意的。学者用功之初，就须对此精察明辨。他的《白鹿洞书院揭示》把"正其义不谋其利，明其道不计其功"作为"处事之要"，置于根本地位，意即在此。他强调："古圣贤之言治，必以仁义为先，而不以功利为急。"[3] 还说："只有一个'正其谊不谋其利，明其道不计其功'。其他费心费力，用智用数，牢笼计较，都不济事，都是枉了。"[4] 表明他在义利问题上首重义字。朱熹是义利统一论者，强调践行义自然带来利，片面追求利益，不仅违犯了正义原则，而且这样的利是不能持久的："正其谊，则利自在；明其道，则功自在。专去计较利害，定未必有利，未必有功。"[5] 并且朱熹认为，求利首先要求民众之公利，公利才

[1] （宋）朱熹：《与延平李先生书》，《朱熹集》，四川教育出版社 1996 年版，第 1019 页。

[2] （宋）朱熹：《四书章句集注》，中华书局 1983 年版，第 202 页。

[3] （宋）朱熹：《送张仲隆序》，《朱熹集》，四川教育出版社 1996 年版，第 3935 页。

[4] （宋）黎靖德编：《朱子语类》，王星贤点校，中华书局 1986 年版，第 1819 页。

[5] （宋）黎靖德编：《朱子语类》，王星贤点校，中华书局 1986 年版，第 988 页。

是真正的利。他同意张载说的“利于民则可谓利，利于身利于国皆非利也”[1]，认为一己之私利，甚至与民争利的“国家之利”，都要服从民众之利。因此，义利可以归结为公私，而公利是符合道义的：“或问义利之别。曰：‘只是为己为人之分。……’”“将天下正大底道理去处置事，便公；以自家私意去处之，便私。”[2]

朱熹继承了《易传》的“利者义之和”“利物足以和义”的思想，认为义之和才能产生利：“利，是那义里面生出来底。凡事处制得合宜，利便随之，所以云‘利者义之和’，盖是义便兼得利。”[3]义之和是多样的道理、合宜在具体场景中的和谐统一。而要做到此，首先要格物穷理，懂得具体事物的是非曲直，各得其宜，还要综合考虑，使多个理处在一个和谐体中，这才是“和义”，和义才能真正有利：“义之和处便是利，如君臣父子各得其宜，此便是义之和处，安得谓之不利！”[4]“问‘利物足以和义’。曰：‘义断是非，别曲直，近于不和。然是非曲直辨，则便是利，此乃是和处也。”[5]这又回到朱熹的根本工夫格物致知上来，不穷理、不致知便不能判断理的具体合宜及其统一处，不和义便不能利物，反之亦然，两者本是一件事的两个方面。

陆九渊把义利与公私联系起来，认为义利即公私，说：“凡欲为学，当先识义利公私之辨。今所学果为何事？人生天地间，为人自当尽人道，

[1] （宋）张载：《性理拾遗》，《张载集》，章锡琛点校，中华书局1978年版，第375页。

[2] （宋）黎靖德编：《朱子语类》，王星贤点校，中华书局1986年版，第227—228页。

[3] （宋）黎靖德编：《朱子语类》，王星贤点校，中华书局1986年版，第1705页。

[4] （宋）黎靖德编：《朱子语类》，王星贤点校，中华书局1986年版，第1704—1705页。

[5] （宋）黎靖德编：《朱子语类》，王星贤点校，中华书局1986年版，第1707页。

学者所以为学，学为人而已，非有为也。”[1] 公私、义利为学者第一件事，“尽人道”，即以义、以公为人道的最高标准；“学为人”，即以追求义、追求公作为人的根本要务。而功业，即在此为己之学中实现。为己之学首重动机：“某观人不在言行上，不在功过上，直截是雕出心肝。”[2]

王阳明的义利观，体现在他的根本宗旨致良知中。他说：“所谓致知格物者，致吾心之良知于事事物物也。吾心之良知，即所谓天理也；致吾心良知之天理于事事物物，则事事物物皆得其理矣。”（《传习录》中）王阳明把一切好的东西都给了良知。良知是天理在心中的表现，天理即是义，“皆得其理”就是都符合义。良知所知之天理，即义；将良知推行于具体事物，则义为具体事物的指导原则；以义为原则，且以良知本有的理性、情感、意志、直觉等精神活动相辅助，知行合一，则自能带来利益。这就是王阳明义利观的总纲。具体说，良知即天理在人心上的显现，以当下具足、不用假借为特点，它诚、神、几合一。“诚”即良知所显现的天理本身，“神”即良知天理之运用机动灵活、神妙莫测，“几”即良知天理在心中的几微萌动。致良知即“诚、神、几”的实现，也即动机与效果的统一：将良知推致于行动，所产生的功效就是利。人只按照良知去行，利即在其中，他说：“诚、神、几曰圣人。……圣人只是知几，遇变而通耳。良知无前后，只知得见在的几，便是一了百了。”（《传习录》下）良知贵在当下的呈现与变化，离开了良知，各种机谋、算计等，只是利害之心，终是心劳日拙。邵雍“数学”的卜测、推步等，也是利害之心的表现：“若有个前知的心，就是私心，就有趋避利害的意。邵子必于前知，终是

[1] （宋）陆九渊：《陆九渊集》，钟哲点校，中华书局 1980 年版，第 470 页。
[2] （宋）陆九渊：《陆九渊集》，钟哲点校，中华书局 1980 年版，第 466 页。

利害心未尽处。”(《传习录》下)

黄宗羲继承了王阳明致良知之学及其师刘宗周严于内外、诚伪之分的精神，在义利两者中强调义的统领作用，这鲜明地体现在他对孟子的“由仁义行”与“行仁义”的解释上：“王霸之分，不在事功而在心术：事功本之心术者，所谓‘由仁义行’，王道也；只从迹上模仿，虽件件是王者之事，所谓‘行仁义’者，霸也。……譬之草木，王者是生意所发，霸者是翦彩作花耳。”[1] 王霸、义利之分，首先看它是出于仁义之心，还是出于功利之求。前者是“由仁义行”，后者是“行仁义”。他同意刘宗周“为学莫先于辨诚伪，苟不于诚上立脚，千修万修只做得禽兽路上人”[2] 的说法，主张为学须先辨义利。但由于受明代后期东南沿海地区工商业繁荣的影响，及对王阳明事功的景仰，对浙东之学功利传统的继承，黄宗羲更强调义利两者的均衡。认为义虽是利的先导，利须在义的控御下，但陋儒将仁义与事功分为两途，言仁义者以为事功派志节卑下，无天下一体的胸怀，言事功者又专着眼于纵横捭阖之术，闭口不谈仁义忠孝，遂使两者截然割裂，势同水火。黄宗羲欲调和两者，说：“古今无无事功之仁义，亦无不本仁义之事功。四民之业，各事其事，出于公者，即谓之义；出于私者，即谓之利：故不必违才易务也。”[3] 义与利以公私分，士农工商是职业分途，皆世之所需，说不得公与私。

黄宗羲更指出，割裂仁义与事功，没有健康的义利观，是导致明亡的祸根之一，他说：“自后世儒者，事功与仁义分途，于是当变乱之时，

[1]（清）黄宗羲：《黄宗羲全集》第一册，浙江古籍出版社 1985 年版，第 51 页。

[2]（明）刘宗周：《刘宗周全集》第二册，吴光主编，浙江古籍出版社 2007 年版，第 504 页。

[3]（清）黄宗羲：《黄宗羲全集》第十册，浙江古籍出版社 1994 年版，第 485 页。

力量不足以支持，听其陆沉鱼烂，全身远害，是乃遗亲后君者也。”[1] 他根据理气、心物、知行、体用统一的观点，将尊德性与道问学、义与利、志与功统一起来，他的蓝本是孟子的天道的多样性与统一性的结合。多样者，天地万物种类繁杂，变化万端；统一者，天道生生之仁无处不在，事物变化多端而有条不紊。孟子根据天道的这一性质，为利欲关系树立普遍准则，使人的行为有所持循：“天地以生物为心，仁也。其流行次序万变而不紊者，义也。……故国之所以治，天下之所以平，舍仁义更无他道。……及至战国，人心机智横生，人主之所讲求，策士之所揣摩，只在‘利害’二字，而仁义反为客矣。举世尽在利欲胶漆之中。孟子出来取日于虞渊而整顿之。七篇以此为头脑：‘未有仁而遗其亲者也，未有义而后其君者也。’正言仁义功用。”[2] 黄宗羲是在义利谐调的基础上突出义的统领性，强调只有在义的控御下才能实现两者的真正平衡。这仍是儒家义字当先、义以出利的传统观点，不过根据明代后期的社会状况有所调整。

王夫之的义利观也是在总结明亡的教训中提出的，意在破除明代后期弥漫全社会的功利倾向。王夫之认为，学习儒家之道有不同阶段，义利之辨是初学者首先要清楚的，这是圣功之始。在此基础上，渐渐达于义精仁熟的高级阶段。两者虽可分“下学”与“上达”，但本质上是统一的：“初学之始，正义而不谋利，明道而不计功；及其至也，义精仁熟，当为而为，与时偕行，而所过者化矣。圣功之始基，即天德之极致，下学上达，

[1] （清）黄宗羲：《黄宗羲全集》第一册，浙江古籍出版社 1985 年版，第 49 页。
[2] （清）黄宗羲：《黄宗羲全集》第一册，浙江古籍出版社 1985 年版，第 49 页。

一于此也。”[1] 基本立场确定了，就要树立正确的义利观。王夫之关于义利的根本见解，综合了《周易》的“立人之道曰仁与义”“情伪相感而利害生”与《尚书》的“正德、利用、厚生”，说：“立人之道曰义，生人之用曰利。出义入利，人道不立；出利入害，人用不生。……利义之际，其分别也大；利害之际，其相因也微。夫孰知义之必利，而利之非可以利者乎？……出乎义入乎害，而两者之外无有利也。”[2] 义是必须遵行的伦理法则，利是生命的物质支撑，离开了义则丧失人道，离开了利则缺乏生命的支撑。而义与利界分甚严，利与害相倚相因之理甚为精微；离开义必无利，离开利必有害。故“制害者莫大乎义，而罹害者莫凶于利。……制以义，害不期远而远矣；违其害，害有所不能违也”[3]。义利之辨最为根本，小者一人之立身行事，大者百姓之死生、国家之祸福，皆与此相关，非可等闲视之。这是王夫之在反思明亡教训中对义利之辨重要性的认识，所言痛切而警辟。

在王夫之这里，义利两者既对立又统一，“利者义之和”即两者的统一。王夫之说：“《易》曰：‘利物和义。’义足以用，则利足以和。和也者合也，言离义而不得有利也。天之所以厚人之生、正人之德者，统于五行而显焉。逆天之常，乘天之过，偷天之利，逢天之害，小人之数数于利也，则未有不为凶危之都者矣。”[4] 即是说，利物在于和义。这个义有两方面的含义，一指事物的性质，二指正义原则。前者是自然的，后者是社会

[1] （清）王夫之：《张子正蒙注》，《船山全书》第十二册，岳麓书社 2011 年版，第 167 页。

[2] （清）王夫之：《尚书引义》，《船山全书》第二册，岳麓书社 2011 年版，第 277 页。

[3] （清）王夫之：《尚书引义》，《船山全书》第二册，岳麓书社 2011 年版，第 278—279 页。

[4] （清）王夫之：《尚书引义》，《船山全书》第二册，岳麓书社 2011 年版，第 277 页。

的。从自然方面说，天生出水火木金土五者为人所利用厚生，而违反五者的原理，“逆天之常”，就会遭遇凶危。从社会正义原则说，小人不言义专言利，也会陷入凶危。根据事物的原理，加上正义的范导，就能得到真正的利益，这就是“义足以用，利足以和”，和义才能带来利物的结果。

与朱熹把义利归结为公私相反，王夫之把公私归结为义利，说：“邪正之分，分于公私；公私之辨，辨于义利。不此之察，则但以专己吝物为非，而于君子小人行仁济恶之实，未之能审，且胥天下而奔骛于小人之中矣。可勿慎乎！”[1] 在他这里，义利大于公私，因为公私仅从外在的用财方式看，义利则从内在的行为性质着眼。某些看似为私的行为，实是君子之行仁；而某些貌似为公的行为，实是小人之济恶。如仅在公私上看，容易养成伪君子之装缀、假公济私。所以王夫之把义利作为最终裁决根据，视为天理、人心存亡的枢要，国家兴替的命脉：“天理之存亡，大道之得失，天命人心之去留，公私而已矣。公私之别，义利而已矣。”[2] 从这里可以看出，王夫之伦理判断的标准只有一个：义利。义利是就行为的性质着眼，不是从动机之公私、效果之利弊看，且严正允明，避免了根据不一，争论纷纷。从中可以看出王夫之出于总结明亡教训，为未来中国文化树立正大、刚健、统一的基调所做的切实努力。

清初颜元看到宋明理学在义利之辨上过分强调义、强调动机，导致卑视功利、轻贱具体事物，故起而批判董仲舒的“正其义不谋其利，明其道不计其功”，提倡礼乐、兵农、钱谷、水利等实学，反对专在心上着力、书本中用功，倡导“习行”。在颜元看来，儒家圣人一脉相承，皆重视实

[1] （清）王夫之：《四书训义》（上），《船山全书》第七册，岳麓书社 2011 年版，第 300—301 页。

[2] （清）王夫之：《四书训义》（上），《船山全书》第七册，岳麓书社 2011 年版，第 96 页。

务，比如《尚书》的“正德、利用、厚生”,《周易》的“利用安身”等。孔子讲实学、实事更多。孟子虽说过“何必曰利”，批评单言利不讲仁义的风气，但他是为了反对当政者对百姓的盘剥、残害。而理学家动辄提起董仲舒这句话，是为了文饰其空疏无用之学。他提出将此语改为“正其义以谋其利，明其道而计其功”。颜元重视功利，是对理学的纠正和扭转，但改这两句话，实际上是不必要的。因为理学家大多是义利统一论者，其正义自然包含功利，倡导义，利就在其中了。颜元强调的“以义为利，圣贤平正道理”[1]，正是理学家普遍认同和大力提倡的。他的思想实际上是以利为先，利以存义。他提出的论据如：“世有耕种，而不谋收获者乎？世有荷网持钩，而不计得鱼者乎？”[2] 皆不构成对董仲舒的真正批判。认为“不谋”“不计”两语是佛老空无之学，更是过激之论。

戴震发挥较多的是理欲论，其义利观是自然观的表现，不是对义与利各方面关系的理论说明。在解释天道“元亨利贞”时戴震说：“生生之谓仁，元也；条理之谓礼，亨也；察条理之正而断决于事之谓义，利也；得条理之准而藏主于中之谓智，贞也。”[3] 他继承了儒家天道之元亨利贞和五常之仁义礼智相配的传统，认为元与仁是本体、根据；亨与礼是其展开、表现；义是根据仁与礼对具体事物作决断，合于此标准的是义，否则是不义，而义则自然带来利；将仁与礼藏于心中作为是非判断的标准，即贞与智。此中仁与礼是体，义与智是用。义与智两者，智是隐，义是显。仁与礼是天道的性质，智是以此为行为合义与否的内心标准，义是人根据天道选择正确的行为，因此只有选择才有合义与否。戴震实际上主张义内在地

[1] （清）颜元：《四书正误》,《颜元集》，王星贤、张芥尘、郭征点校，中华书局 1987 年版，第 163 页。

[2] （清）颜元：《颜习斋先生言行录》,《颜元集》，王星贤、张芥尘、郭征点校，中华书局 1987 年版，第 671 页。

[3] （清）戴震：《孟子字义疏证》，中华书局 1982 年版，第 63 页。

包含利，选择了义自然带来利，因为义符合天道生生之仁及其自然条理。这是从自然着眼的义利观，与戴震把自然本身作为立论根据的哲学立场吻合。

从以上简单的追溯可以看出，义利观在中国哲学中缺乏宏大精深的理论，它毋宁说是思想家立场的表达。立论大多根据《易传》的“利者义之和”，其大端是“义”字为先，义以出利，无有彻底的功利派。强调功利的大多是为现实政策提供根据，为变法服务，如汉代的桑弘羊，宋代的李觏、王安石，明代的张居正等。或者是为了批判理学，如陈亮、叶适、李贽、颜元等。说到底他们并不反对正义这个大前提。其中的原因，首先是中国历史上较少专业哲学家，大多官员即学者，研究哲学是其附属工作，所以他们的哲学不是对一种观点详细的、思辨的、富于逻辑的推论证明，而多是概略的立场表达。另外，官员的工作性质是实践的，实践是平衡的、协调的，不能专从一种理论出发，将其贯彻到底，所以总体上显得单薄、匆遽。其次，中国学术有一个共同的根源：五经。五经虽体裁不同，创作时代各异，但有一个共同的价值目标，就是五伦和五常所代表的普遍价值。两者对义利关系有大略一致的标准，这就是以义统利，义以出利。与之不同的言论，大多会招致“离经叛道”“邪说惑众”的批评。这决定了以儒家为主干的义利观的基调，各时代的思想家不过是对这一基调的不同侧重和局部调整而已。而以中央集权的统一帝国为主要形式的政体、治术与这一义利关系的经典形态是相适应的。这也是中国主流义利观自先秦以至清代变化不大的根本原因。

美国当代著名哲学家罗尔斯在他的名作《正义论》开篇即说：“正义是社会制度的首要价值，正像真理是思想体系的首要价值一样。一种理论，无论它多么精致和简洁，只要它不真实，就必须加以拒绝或修正；同样，某些法律和制度，不管它们如何有效率和有条理，只要它们不正义，就必须加以改造或废除。每个人都拥有一种基于正义的不可侵犯性，这种不可侵犯性即使以社会整体利益之名也不能逾越。……作为人类活动的首要价值，真理和正义是决不妥协的。”[1] 罗尔斯这段话说出了正义的真谛，代表了正统西方哲学对正义的信念与坚守。中国哲学中义利之辨的主流，也首先是对正义的肯认，对以正义控御功利这个根本方向的坚持。对正义的期望和追求是人类的永恒价值。

三、理与欲

理指代表正确价值方向的道理，欲指人生来即有的欲望。理欲之辨中的理内涵较单纯，但欲的内容要复杂得多。随着社会的发展，文化的进步，理欲问题的争论也逐渐多样化、复杂化。尤其宋明理学，由于对修养工夫的注重，对理欲范畴的深入探索，使理欲之辨成了一个带有普遍性的问题。

欲望的合理控制很早就受到关注，因为欲望无节制甚至放纵会伤害身体、妨害心灵的正确运用是个显然的事实。《尚书》《诗经》中对圣王的赞颂，对亡国之君的痛斥，对有国者的告诫，无一不有合理调节欲望的内容。特别是《尚书·大禹谟》提出“人心惟危，道心惟微，惟精惟一，允执厥中”，明确将道心和人心对立起来，并以明辨理欲，执守中道，精纯专一，心无旁骛为工夫要领，被理学称为“十六字心传”，产生了很大影响。孔子在继承六经传统，并用之教导弟子时，有大量警策、显明的话语。如“克己复礼”的具体内容是非礼勿视听言动，礼代表正确价值和相应的规范，视听言动代表身体的欲望，“克己”才能“复礼”。孔子告诫

[1] ［美］约翰·罗尔斯：《正义论》，何怀宏、何包钢、廖申白译，中国社会科学出版社 1988 年版，第 1—2 页。

弟子，“克伐怨欲不行”是件艰难的事情，而修养成人的条件之一就是对欲望的克制，做到“欲而不贪”。孟子明确指出，精神修养以寡欲为最切要的工夫，寡欲才能“存夜气，求放心”：“养心莫善于寡欲。其为人也寡欲，虽有不存焉者，寡矣；其为人也多欲，虽有存焉者，寡矣。”（《孟子·尽心下》）。荀子比较了几种治国类型：去欲、寡欲、节欲，认为人天生有欲，不可尽除，也不可寡少，唯当节制：“心之所可中理，则欲虽多，奚伤于治？……欲虽不可尽，可以近尽也；欲虽不可去，求可节也。”（《荀子·正名》）主张在节欲的前提下尽量满足合理欲望。但何谓合理？节欲的标准何在？荀子以为在礼：“先王恶其乱也，故制礼义以分之，以养人之欲，给人之求。使欲必不穷乎物，物必不屈于欲。”（《荀子·礼论》）而礼是道的外在表现，道是节欲的最终根据：“君子乐得其道，小人乐得其欲。以道制欲，则乐而不乱；以欲忘道，则惑而不乐。”（《荀子·乐论》）“道者理也”，荀子已开理学以理节欲之先河，故说：“是为是，非为非，能为能，不能为不能，并己之私欲，必以道夫公道通义之可以相兼容者，是胜人之道也。”（《荀子·强国》）“公道通义”即普遍认可的原理，“兼相容者”即能兼是非、能与不能、公私而加以判断，以理导欲是君子的主要修养方法，也是强国的基本法则。

墨家汲汲于救世，自奉极薄，所谓“生不歌，死无服，桐棺三寸”“以自苦为极”，以苦行著称于世。墨家以喜、怒、乐、悲、爱、恶为“六辟”，即六种易生偏弊的情感，主张用仁义调节之。倡导非乐、节葬以抨击儒家，除了节约用度之外，实有节制情感勿使过分之意，不过没有像儒家那样公开肯定人的情感然后以理节制。

道家以道法自然为根本宗旨，用道的自然无为作为人生的蓝本，主张“见素抱朴，少私寡欲”，认为人的一切祸端，皆由欲望太盛引起，过多的欲望即是过错：“祸莫大于不知足，咎莫大于欲得。故知足之足，常足矣。”（第 46 章）在政治哲学上，主张“不欲以静，天下将自定。”（第 37 章）“圣人之治，虚其心，实其腹，弱其志，强其骨。常使民无知无欲，使夫智者不敢为也。为无为，则无不治。”（第 3 章）以欲望太过将招致祸乱告诫有国者勿骄奢淫逸：“五色令人目盲，五音令人耳聋，五味令人口爽，驰骋畋猎令人心发狂，难得之货令人行妨。”（第 12 章）“我无欲，而民自朴。”（第 57 章）

庄子从精神修养的角度，无欲讲得更多，其“真人”“至人”的理想状态是“有人之形，无人之情”（《庄子・德充符》），认为欲望是成道的最大妨碍：“恶、欲、喜、怒、哀、乐，六者累德也。”（《庄子・庚桑楚》）“其嗜欲深者，其天机浅。”（《庄子・大宗师》）而普通人所谓情感，因为违反了天道自然的原理，恰是天给人的刑罚，即“遁天之刑”，真实的生命应是保持无知无欲的素朴状态：“同乎无欲，是谓素朴，素朴而民性得矣。”（《庄子・马蹄》）所以欲望昌炽是对人性的戕害：“将盈嗜欲，长好恶，则性命之情病矣。”（《庄子・徐无鬼》）道家主张“无欲”，但情感欲望是本然具有的，是人生命的支撑，无法根绝。道家实际上也是以理节欲，但因它的准宗教性质，所以对欲持贬抑态度，比儒墨更强调去欲。这一点在政权变乱，生命无常，人的心灵体验更加真切的魏晋玄学中得到了强烈呼应。如阮籍的《达庄论》《大人先生传》、嵇康的《太师箴》《释私论》中有很显著的表现。总体说，中国并无宗教式的禁欲主义，有禁欲倾向的佛教在与中国本土文化的融合中，逐渐过滤掉了其中对情感欲望抑制过甚的部分，变得世俗化、人性化了。

对理欲问题讨论最多的是宋明理学。其思想渊源在孔孟，而《礼记》中的一段话，最能表达理欲之辨的根源：“人生而静，天之性也；感于物而动，性之欲也；物至知知，然后好恶形焉。好恶无节于内，知诱于外，不能反躬，天理灭矣。”（《礼记・乐记》）这是说人生来心如白板，无任何意念，因而其天性是静的。与外物相感而发生反应，然后自然有欲求。外物进入人的心灵，被人的知觉能力所知，于是对它产生价值判断，情感也随之发生。对外物的好恶如果不加节制，知觉被纷乱的外物引去，不能返回到静的心之本体，心中各种正确的道理就会夷灭，即所谓“人化物也者，灭天理而穷人欲者也”。这里包含明显的节制欲望，以理导正情，返回本静之心体的意思。天理人欲作为一对范畴，显豁地被提了出来，成了理学的重要议题。

周敦颐从天道自然的角度论证节制情欲的必要性：“天以春生万物，止之以秋。物之生也，既成矣，不止则过焉，故得秋以成。圣人之法天，以政养万民，肃之以刑。民之盛也，欲动情胜，利害相攻，不止则贼灭无伦焉，故得刑以治。”（《通书·刑》）虽然没有把理与欲对言，但主张以政养民，以刑正民。而正民的主要内容是以理节制情欲，以刑惩治因情欲过度而作奸犯科者。其中理与欲的区别十分精微，非中正明达者不能掌理刑法。

张载则直接将天理人欲对言，说：“天良能本吾良能，顾为有我所丧尔。上达反天理，下达徇人欲者与！”（《正蒙·诚明》）天之良能即源于太虚的明德，即天地之性，人欲即源于攻取之气的种种私欲。天地之性往往被私欲戕害而丧失，故须用修养工夫回复之，此即“上达”。而被私欲蒙蔽，气质之性做主，即“下达”。故张载的修养要点在“不以嗜欲累其心，不以小害大、末丧本焉尔”（《正蒙·诚明》）。张载还说：“阳明胜则德性用，阴浊胜则物欲行。”（《正蒙·诚明》）“阳明”即天地之性，“阴浊”则不正之气。前者代表天理，后者代表私欲。仍是以理制欲、以性导情之意。张载往往把理欲归结为公私，认为理是公共的、普遍认可的，欲是私己的、出于个人利益的；应以理制欲，以公克私。他比喻说：“烛天理如向明，万象无所隐；穷人欲如专顾影间，区区于一物之中尔。”（《正蒙·大心》）天理如日月之明，普照万物；人欲如一人之影，只是自己。

“大心”就是使自己冲破小我之隔阂，得大明之普照，体证万物一体之境界。《西铭》中的目标，靠理欲、公私之辨来实现。

二程也把天理和人欲对立起来，天理是人的本善之性的内容，人欲即过分的感官欲望，人欲炽则天理被遮蔽。程颢说：“人心莫不有知，惟蔽于人欲，则亡天理也。”[1] 程颐也说：“甚矣欲之害人也！人之为不善，欲诱之也。诱之而弗知，则至于天理灭而不知反。”[2] 程颐甚至认为，天下一切祸患，皆起于人欲望太过。如峻宇雕墙，起于宫室之奢；酒池肉林，起于饮食之奢；酷滥残忍，起于刑罚之奢；穷兵黩武，起于争夺之奢。总之，都由人欲太过引起，而积累流衍，则酿成大祸。儒家经典，千言万语归结为一句话，损人欲而复天理：“先王制其本者，天理也；后人流于末者，人欲也。《损》之义，损人欲以复天理而已。”[3] 二程弟子谢良佐也说：“天理与人欲相对，有一分人欲，即减却一分天理；存一分天理，即胜得一分人欲。人欲才肆，天理灭矣。”[4] 二程及其弟子所谓天理，指中正无偏、符合价值理想的行为准则；人欲，指起于贪婪因而违反以上准则的过度欲望。符合人的价值理想的欲望，是天理，不是人欲。

朱熹对北宋理学诸家的理欲之辨作了系统综合，把理欲和理气、心性、性命、修养工夫熔为一炉，有集大成的性质。首先，朱熹认为，天理人欲不并立，不是人欲，就是天理，他说：“人之一心，天理存，则人欲亡；人欲胜，则天理灭，未有天理人欲夹杂者。学者须要于此体认省察

[1] （宋）程颢、程颐：《二程集》，王孝鱼点校，中华书局 2004 年版，第 123 页。

[2] （宋）程颢、程颐：《二程集》，王孝鱼点校，中华书局 2004 年版，第 319 页。

[3] （宋）程颢、程颐：《二程集》，王孝鱼点校，中华书局 2004 年版，第 907 页。

[4] （宋）谢良佐：《上蔡语录》卷一，《上蔡语录　东宫备览高斋漫录　乐府雅词》，阎海文点校，商务印书馆 2019 年版，第 7 页。

之。”[1] 在朱熹这里，天赋予人本善之性，只要没有私欲遮隔，善性就会显现。善性即天理，私欲即人欲，无私欲天理自然显露，非此即彼。价值判断体现于一切思想和行为中，没有无价值判断之时：“人只有个天理人欲，此胜则彼退，彼胜则此退，无中立不进退之理。凡人不进便退也。”[2] 天理人欲是本体性的，不是心上可有可无的浮现，所以朱熹主张“学者须是革尽人欲，复尽天理，方始是学。”[3] 其次，朱熹继承了程颢的“‘人心惟危’，人欲也；‘道心惟微’，天理也”[4]，对道心人心的内容与来源作了清楚的界说：“道心是知觉得道理底，人心是知觉得声色臭味底。”[5]“人自有人心、道心，一个生于血气，一个生于义理。饥寒痛痒，此人心也；恻隐、羞恶、是非、辞逊，此道心也。虽上智亦同。”[6] 在朱熹看来，性与心有明白的界限。心是形而下者，知觉是心的功能。四端来自性体，是仁义礼智在心中的显现。心中的欲望，来自身体的需要，如饥思食，寒思暖，劳思逸等。欲望极容易过度，故须靠知晓道理来控制。朱熹把人心道心之辨作为工夫要领，作为儒家道统的重要内容，说：“人莫不有是形，故虽上智不能无人心，亦莫不有是性，故虽下愚不能无道心。二者杂于方寸之间，而不知所以治之，则危者愈危，微者愈微，而天理之公卒无以胜夫人欲之私矣。……必使道心常为一身之主，而人心每听命焉，则危者安、微

[1] （宋）黎靖德编：《朱子语类》，王星贤点校，中华书局 1986 年版，第 224 页。

[2] （宋）黎靖德编：《朱子语类》，王星贤点校，中华书局 1986 年版，第 224 页。

[3] （宋）黎靖德编：《朱子语类》，王星贤点校，中华书局 1986 年版，第 225 页。

[4] （宋）程颢、程颐：《二程集》，王孝鱼点校，中华书局 2004 年版，第 126 页。

[5] （宋）黎靖德编：《朱子语类》，王星贤点校，中华书局 1986 年版，第 2010 页。

[6] （宋）黎靖德编：《朱子语类》，王星贤点校，中华书局 1986 年版，第 1487 页。

者著，而动静云为自无过不及之差矣。”[1] 理和欲皆是人本有的，但无欲则理无处落实，没有理的控御任凭欲泛滥则与禽兽无二。故须道心做主，人心听命，欲在理的控御下做到适中。朱熹说的“饮食者，天理也；要求美味，人欲也”[2]，就是对理欲之辨的通俗说明，也是对《孟子·尽心上》“形色，天性也”、《礼记·礼运》“饮食男女，人之大欲存焉”的肯定。但在实际生活中，欲望合理与否的“度”是难以精确把握的，所以王阳明归之于自己良知的判断。

陆九渊主张“心即理”，认为人之本心乃天理在心中的呈现，反对朱熹把天说成理，人说成欲，将两者截然分开：“天理人欲之言，亦自不是至论。若天是理，人是欲，则是天人不同矣。”[3] 他也反对专以惩治人欲为工夫，认为应当以挺立人之本心为主，辅之以去除对它的遮蔽：“但惩忿窒欲，未是学问事。便惩窒得全无后，也未是学。学者须是明理，须是知学，然后说得惩窒。”[4]

王阳明关于天理人欲的话语极多。他认为，良知即天理在心中的显现，良知即天理。这一点与陆九渊的“本心”相类。但王阳明主张知行合一，所以多讲致良知工夫，如：“心即理也。此心无私欲之蔽，即是天理，不须外面添一分。以此纯乎天理之心，发之事父便是孝。发之事君便是忠。发之交友治民便是信与仁。只在此心去人欲、存天理上用功便是。”（《传习录》上）王阳明认为圣人之所以为圣人，在其心纯乎天理而无一毫人欲之杂。儒家经典，千言万语只在存天理，去人欲，故修养工夫只在

[1] （宋）朱熹:《四书章句集注》，中华书局 1983 年版，第 14 页。

[2] （宋）黎靖德编:《朱子语类》，王星贤点校，中华书局 1986 年版，第 224 页。

[3] （宋）陆九渊:《陆九渊集》，钟哲点校，中华书局 1980 年版，第 395 页。

[4] （宋）陆九渊:《陆九渊集》，钟哲点校，中华书局 1980 年版，第 461 页。

此："圣人述六经，只是要正人心，只是要存天理，去人欲。"（《传习录》上）他的工夫要领是"静时念念去人欲，存天理，动时念念去人欲，存天理"（《传习录》上）。但王阳明认为，天理人欲界限模糊，虽有良知分判，但良知易受蒙蔽，不用省察克治工夫，便会错认。须真积力久，良知精明，两者才能识认分明。王阳明晚年四句教中有"知善知恶是良知，为善去恶是格物"的话，区别善恶的根据在良知，为善即存天理，去恶即灭人欲。王阳明的"念念去欲存理"，比朱熹更加普遍、峭拔。

王阳明在天理人欲之辨上，实有重本体和重工夫、重存理和重去欲之别。前者认为良知即天理，若良知无蔽，天理流行，人欲自然无法存身，如朗日当空，魑魅遁形。这是"悟本体即是工夫"。后者认为人虽有良知，但人同时是气构成的血肉之躯，良知必然被气禀物欲遮蔽，所以必须用省察克治工夫，人欲去尽，天理呈露。此是"工夫所至即是本体"。王阳明早年兢兢业业，存理去欲的话语极多，工夫多用后者。晚年工夫熟化，境界阔大，因而工夫多用前者，以正面的推致天理代替负面的克治私欲。所以泰州、龙溪等晚年入门弟子多走先天、本体一路，钱德洪、江右等早年弟子多走后天、工夫一路。

明末清初黄宗羲惩王学末流只讲推致本有，不重视修养工夫，因而导致"酒色财气不碍菩提路"盛行、士风糜烂的社会现实，表彰江右王学重视"诚敬"、着实为善去恶的修养途径。在他这里，欲有两种，一是出自气质之性的本能欲望，他称为"气质人心"。严格说，这不算作"欲"，这种欲也无所谓"去"与"存"。二是个体的人的私己欲望，这才是"欲"，这种欲需要省察克治。他说："气质人心，是浑然流行之体，公共之物也。人欲是落在方所，一人之私也。天理人欲，正是相反，此盈则彼绌，彼盈则此绌。故寡之又寡，至于无欲，而后纯乎天理。若人心气质，恶可言寡耶？”[1]他赞成孟子的寡欲说，认为所谓人欲恰好处就是天理，此天理不易把握，稍一不中，即是人欲。许多貌似天理者，恰是人欲之改头换面。只在人欲恰好处着眼，就会计较多寡，终在世情上打转。而孟子所谓寡欲，是在心上用功：“孟子养心，是学者工夫，离不得欲字。心之所向谓之欲，如欲正欲忘欲助长，皆是多欲，但以诚敬存之，便是寡欲。盖诚敬亦是欲也，在学者善观之而已。”[2]这里的“欲”字取广义，心中意念萌动，无论善恶，皆是欲。只要做到心中诚敬，就是“寡欲”。诚敬则良知本体呈露，私欲自然消解。黄宗羲处在明代末期商业、手工业发达，整个社会张扬欲望的氛围中，又反对专制君主以一己之私为天下之大公，所以承认人的本能欲望的合理性。他反对的是一己之私欲。他反对王学末流，也主要反对以公共之理的面目夹带私欲。

王夫之从总结明朝灭亡的教训出发，反对心学的“心之精神是谓圣”，提倡严于理与欲、大体与小体之分，说：“勿放其心以徇小体之攻取，而仁义之良能自不可掩。盖仁义礼智之丧于己者，类为声色臭味之所夺，不则其安佚而惰于成能者也。制之有节，不以从道而奚从乎！天地之性原存而未去，气质之性亦初不相悖害，屈伸之间，理欲分驰，君子察此而已。”[3]主张存理去欲。所存之理，即天地之性所代表的正确的价值原则；所去之欲，即气质之性中不合天理的部分。君子之道，重在省察理与欲的分际，以理制欲。理控御之下的欲，亦理而已。所以气质之性与天地之性亦可不相悖害。

在人欲上，王夫之区别了私欲与自然本能，承认人的自然本能是合理

[1]（清）黄宗羲：《黄宗羲全集》第十册，浙江古籍出版社1994年版，第153页。

[2]（清）黄宗羲：《黄宗羲全集》第一册，浙江古籍出版社1985年版，第164页。

[3]（清）王夫之：《张子正蒙注》，《船山全书》第十二册，岳麓书社2011年版，第128页。

的，但须以理控御，他说："甘食悦色，天地之化机也。……天之使人甘食悦色，天之仁也。天之仁，非人之仁也。天有以仁人，人亦有以仁天仁万物。恃天之仁而违其仁，去禽兽不远矣。"[1] 甘食悦色，是天地运化在人这一物类上的体现，是天给予人的生存手段，可以把它看作天对人的仁爱之心，本身并无对错，故"饮食男女，人之大欲存焉"。但天之仁不是人之仁。天之仁是自然的，人之仁需要修养，达到万物一体的境界。因循人的自然本能而不以理节制，则人道不立而离禽兽不远。所以王夫之说："耳目口体之攻取，仁义礼智之存发，皆自然之理，天以厚人之生而立人之道者也。"[2] 这是他在理欲之辨上的一般看法，与他批判王学，还归朱子学的方向一致。

王夫之的精彩之处是在明代后期学术下移，民众平等意识上升，"四民异业而同道"精神高涨之时提出"公理""公欲"之说，并给予切合时代精神的解释。他说："廓然见万物之公欲，而即为万物之公理。"[3] "天下之公欲，即理也；人人之独得，即公也。"[4] 这是说人的共同欲望即是合乎理的，此即孟子"好货好色与百姓同"之意。但他也说："有公理，无公欲。私欲净尽，天理流行，则公矣。天下之理得，则可以给天下之欲矣。以其欲而公诸人，未有能公者也。即或能之，所谓违道以干百姓之誉也，无所往而不称愿人也。"[5] 意思是，只有理才是公共的，欲则只有私己的性质。所谓"公欲"是某一时期私欲迎合了某种社会潮流，它本身并不一定

[1] （清）王夫之：《思问录》，《船山全书》第十二册，岳麓书社 2011 年版，第 405—406 页。

[2] （清）王夫之：《张子正蒙注》，《船山全书》第十二册，岳麓书社 2011 年版，第 137 页。

[3] （清）王夫之：《读四书大全说》，《船山全书》第六册，岳麓书社 2011 年版，第 913 页。

[4] （清）王夫之：《张子正蒙注》，《船山全书》第十二册，岳麓书社 2011 年版，第 191 页。

[5] （清）王夫之：《思问录》，《船山全书》第十二册，岳麓书社 2011 年版，第 406 页。

符合理。只有私欲净尽，才能天理流行。这时，理才恢复到原本公的性质。这很像康德所说的不掺杂任何经验的纯粹理性的命令，才能成为普遍立法的原则。在王夫之这里，公共的理，真正的理，才能满足普遍的欲。而个别的欲，不能成为公理，即使在某种情形下成为某些人的共同欲求，也只是暂时满足了某些人的愿望而已。这无非是某些人利用时风众势，违背公理，迎合某部分人的欲望。这些人不过乡愿而已。

王夫之看到明亡时某些人妄称天数，不作抵抗，忘记国家民族大义，希图个人富贵，甘愿做新朝的降臣，而以所谓“公欲”为借口，才严正提出这一问题。他说：“有公理，无公欲，公欲者习气之妄也。不择于此，则胡广、谯周、冯道亦顺一时之人情，将有谓其因时顺民如李贽者矣。酷矣哉！”[1] 这里提到的胡广、谯周、冯道，皆是口称“因时顺民”的降臣，在王夫之眼里皆顽钝无耻之人。而李贽则是以顺应人心为借口冲破理欲大防、影响一世风俗之人。王夫之在理与欲、天理与民情上，主张上合天理，下协民情，而天理是第一位的、指导性的。王夫之的理欲之辨具有深刻而紧扣时代精神的特点，这与他处于明清交替、国运绝续之际特别重视民族气节、文化批判意识紧密相关。

戴震在清代中叶理学盛行之时提出他独特的理欲论，目的在破除程朱理学强调理的先在性、绝对性，改变理与欲、义与利尖锐对立的状况，返归两者既对立又统一的本来面貌。他用的是朴学的追根溯源，言必有据，揭去后人在经典原义上的种种附加的方法。

戴震所谓理与欲，定义与程朱不同。程朱所谓理，指一类事物的“所以然之故”与“所当然之则”。所以然之故指构成此类事物的根据，所当然之则指此类事物的原理、法则。两者皆是对概念辨名析理的结果，前者

[1] （清）王夫之：《思问录》，《船山全书》第十二册，岳麓书社 2011 年版，第 428 页。

指向科学，后者即科学即伦理。就伦理方面言，所当然之则指人的行为应当依据的法则及对行为进行评价的标准。它们是绝对的、先在的、公共的。戴震所谓理指事物的法则、条理，以及此事物与他事物相区别的外在特征，是不能离开事物独立存在的：“理者，察之而几微必区以别之名也，是故谓之分理；在物之质，曰肌理，曰腠理，曰文理；得其分则有条而不紊，谓之条理。”[1] 程朱所谓欲，指与理相对，不合度、不中节的欲求，特别是出于私己目的的过分欲望，不是指人的自然本能。戴震所谓欲，指人皆具有的出于身体、精神的本能欲望。戴震引申《乐记》那段关于动静、理欲的著名论断说：“方其静也，未感于物，其血气心知，湛然无有失，故曰‘天之性’；及其感而动，则欲出于性；一人之欲，天下人之所同欲也，故曰‘性之欲’。好恶既形，遂己之好恶，忘人之好恶，往往贼人以逞欲。反躬者，以人之逞其欲，思身受之之情也。情得其平，是为好恶之节，是为依乎天理。”[2] 从双方对理欲的定义与说明看，双方各有所指，本不构成辩驳。戴震所屡屡指出并加以批评的，是程朱的理的绝对性、先在性，反复说“古人所谓理，未有如后儒之所谓理者也”[3]。

在戴震看来，欲的共通性即理，所以强调絜矩之道：“天理云者，言乎自然之分理也；自然之分理，以我之情絜人之情，而无不得其平是也。”[4] 自然之分理指人这一物类共有的性质，即人的本能欲望。它是共通的，所以是“天理”；不能推己及人的，只是一人之私见。以私见为天理，必会祸害人群：“惟以情絜情，故其于事也，非心出一意见以处之。苟舍情求理，其所谓理，无非意见也。未有任其意见而不祸斯民者。”[5] 戴震有见于理学

[1]（清）戴震：《孟子字义疏证》，中华书局 1982 年版，第 1 页。
[2]（清）戴震：《孟子字义疏证》，中华书局 1982 年版，第 2 页。
[3]（清）戴震：《孟子字义疏证》，中华书局 1982 年版，第 1 页。
[4]（清）戴震：《孟子字义疏证》，中华书局 1982 年版，第 2 页。
[5]（清）戴震：《孟子字义疏证》，中华书局 1982 年版，第 5 页。

流行已久，成为定势，尊者、贵者、长者以理为借口压制卑者、贱者、幼者的现实，故倡导絜矩之道，反对程朱所谓理，言辞甚为沉痛：“于是下之人不能以天下之同情、天下所同欲达之于上；上以理责其下，而在下之罪，人人不胜指数。人死于法，犹有怜之者；死于理，其谁怜之！呜呼，杂乎老释之言以为言，其祸甚于申韩如是也！《六经》、孔、孟之书，岂尝以理为如有物焉，外乎人之性之发为情欲者，而强制之也哉！”[1] 戴震反对把理说成先在的、得于天而具于心，也反对把理作为人的天命之性而压制人的应有情欲。而理学往往把此私见说成天理而强加于人：“自宋以来始相习成俗，则以理为‘如有物焉，得于天而具于心’，因以心之意见当之也。于是负其气，挟其势位，加以口给者，理伸；力弱气慑，口不能道辞者，理屈。呜呼，其孰谓以此制事，以此制人之非理哉！”[2]

基于以上对理欲的看法，戴震首先主张理存于欲，离欲无所谓理：“理也者，情之不爽失也；未有情不得而理得者也。”[3] 既然欲不能无，理不离欲，所以朱熹以为理出于天命之性，欲出于气质之性，前者是君子的来源，后者是小人的来源的说法大误。人只有一个来源，即血气心知；理在欲之中，欲之中节即是理。由此他反对“无欲”说，认为其出于佛老，主张欲只可寡，不可无；孟子所谓“养心莫善于寡欲”，实是节欲。欲不可少，能遂己之欲，亦能遂人之欲，则为仁人。而损人之欲以遂己之欲者，为不仁之人。所以，他主张以理节欲：“性之欲之不可无节也。节而不过，则依乎天理；非以天理为正，人欲为邪也。天理者，节其欲而不穷人欲也。是故欲不可穷，非不可有；有而节之，使无过情，无不及情，可谓之非天理乎？”[4]

[1] （清）戴震：《孟子字义疏证》，中华书局 1982 年版，第 10 页。
[2] （清）戴震：《孟子字义疏证》，中华书局 1982 年版，第 4 页。
[3] （清）戴震：《孟子字义疏证》，中华书局 1982 年版，第 1 页。
[4] （清）戴震：《孟子字义疏证》，中华书局 1982 年版，第 11 页。

由此看来，戴震的理欲观与朱熹并不矛盾，矛盾在两人对理事关系的观点不同。戴震认为理在事上，欲之中节即为理；而朱熹的理在洁净空阔的世界，是事的先在的指导原则，欲之合理即是中节。朱熹的方法是哲学的、阐释的、形而上贯通形而下的；戴震的方法是文献学的、引据经典的、以形而下代替形而上的。戴震认为可以推己及人的是公共的、普遍的；而朱熹认为理本是公共的、普遍的，故理一分殊。朱熹认为私欲可以障蔽公理，故提倡“存理去欲”；而戴震则认为欲不即是私，不善源于以私为公与欲之过当，而不源于欲本身。

纵观以上理欲之辨可以看出，由于浓重的俗世性，一神教的宗教观念淡薄，中国哲学没有禁欲主义或近于禁欲主义的主张。由于“一阴一阳之谓道”阴阳平衡的主流观念，及道家和佛教的中和作用，中国哲学中也无明显的纵欲主张。《列子·杨朱》中的纵欲说，如“欲尽一生之欢，穷当年之乐。唯患腹溢而不得恣口之饮，力惫而不得肆情于色；不遑忧名声之丑、性命之危也”“肆之而已，勿壅勿阏。……恣耳之所欲听，恣目之所欲视，恣鼻之所欲向……”，实不多见，即见亦多为调侃、滑稽、愤激之言。绝大多数哲学家主张以理节欲，不过用情感，不放纵欲望，尽量做到欲之恰好处。而用以节制欲望的理，有的认为来自永恒的道理，有的认为来自心中自明的规范，总之都主张情欲须受规范的指引。另外，中国哲学认为以理节欲是效法天道，是天虽运化万变而其节度不乱若有控御者这一点在人类生活上的体现。而行为的合于矩度又是人修养的结果。所以理欲之辨从个人角度说是为修养成为理想人格服务，从社会群体角度说是为形成公序良俗服务。苛酷过甚、不近人情地对待欲望的方式，中国哲学中是没有的。中国文化的特点是俗世的、中庸的、不偏激迷狂的。理欲之辨是中国哲学的一个侧面，对中国文化整体性格的塑造起了培固、加强的作用。

图书在版编目（C I P）数据

中国哲学概论 / 张学智著 . -- 北京 : 高等教育出版社，2022.5（2024.8 重印）
ISBN 978-7-04-058081-5

Ⅰ . ①中… Ⅱ . ①张… Ⅲ . ①哲学 – 中国 – 高等学校 – 教材 Ⅳ . ① B2

中国版本图书馆 CIP 数据核字（2022）第 026574 号

ZHONGGUO ZHEXUE GAILUN

策划编辑 吴佳宁
责任编辑 吴佳宁 吕昀曈
封面设计 王凌波
版式设计 王凌波
责任校对 胡美萍
责任印制 赵义民

出版发行 高等教育出版社
社　　址 北京市西城区德外大街4号
邮政编码 100120
购书热线 010-58581118
咨询电话 400-810-0598
网　　址 http://www.hep.edu.cn
http://www.hep.com.cn
网上订购 http://www.hepmall.com.cn
http://www.hepmall.com
http://www.hepmall.cn
印　　刷 北京盛通印刷股份有限公司
开　　本 787mm × 1092mm 1/16
印　　张 38.5
字　　数 490千字
版　　次 2022年 5月第1版
印　　次 2024年 8月第2次印刷
定　　价 86.00元

物 料 号 58081-00